インド亜大陸史話

中田　琴子

東京図書出版

インド亜大陸史話◇目次

序

三、中　世

六、現代 …… 356

イスラマバード
パキスタン
デリー
ネパール
カトマンズ
ブータン
ティンプー
インド
ダッカ
コルカタ
(カルカッタ)
バングラデシュ
ムンバイ
(ボンベイ)
ハイデラバード
チェンナイ
(マドラス)
スリランカ
スリ・ジャヤワルダナプラ・コーッテ
マレ
モルディブ

図0−1　インド亜大陸

序

米国在住中(一九八〇年代)、インド人の友人がいた。彼女(カルカッタ出身)は同じ研究所のインド人(デリー出身)と結婚したが、二人は英語で話をしていた。またインド人の友人とも英語で話をしていた。インドには大きく分けても数種類の言語があり、細かく分ければ数百の言語があるという。しかし、特に海外留学するような人は早くから英語を学んでいるので、英語は得意だった。友人一家は七年後にインドに帰国したが、一年ほどたつと、米国に戻ってきて、米国人になった。

日本人は海外で日本人に会うと、つい日本語で話をしてしまうのに、インド人同士はインド語で話せないとは不便なのではなどと思ったが、インド国内で地域が異なれば言葉も異なるので英語のほうが便利なのだ。彼らは英語が得意だから、英米ではまったく困らない。またインド人は色々な交渉が得意だとも言われていた。

インドには一九九九年の国際生物物理学会(ニューデリー)に参加した後、アグラ、ベナレス、アジャンター、ボンベイなど見物して回った。アジャンターの石窟寺院では、法隆寺金堂の壁画のルーツと言われる「蓮華手菩薩」を見て、ここに日本とのつながりがあったと感じた。

デリーなどの街中では、あちらこちらで道の真中を歩く牛や道端で横になっている牛を見かけた。ラクダが誇らしそうに顔をあげて、大きな荷車を引いているのが印象的だった。

インド料理のカレーは辛くてほとんど食べられなかったが、学会会場で用意された昼食のスープはマイルドな味でおいしかった。ホテルの朝食(洋食)は安心して食べられたが旅行が終わったころにはゲッソリやせていた。

暑くて観光のためには早朝から出かけ、昼前後は休み時間だった。昼食後、ちょっと散歩してみようかと外に出ると熱風をあびて、冷房の部屋に舞い戻った。インドではタージ・マハルをはじめとする壮麗な建物を建造する際にも職人や大工はやはり早朝から取り掛かったのだろうと思った。

アグラ城に着くと、高い城壁を自由に駆けまわる猿を見かけた。ガイドの案内で城内をめぐり、「シャー・ジャハーンは晩年、毎日ここから対岸のタージ・マハルを見て過ごしました。」というのを聞いていると、誰かが背中のリュックのポケットのチャックを開けようとした。「ダメ、開けちゃ」と言って振り向くと、気まずそうな顔をした猿が手を引っ込めた。「手鏡、貸していただけますか」とガイドが言うので、リュックのなかのポーチから、小さな長方形の鏡を取り出して渡した。ガイドはそれをそばにある柱の所定の位置にあてた。鏡のなかに、タージ・マハルがすっぽり映し出された。

二十一世紀になると、インドはIT大国と言われ、バンガロールでのコンピュータ・ネットワークを駆使した情報がとびかってきた。米国との時差を利用して、米国が夜のうちに仕事をして朝届けるというシステムは素晴らしい。

二〇二三年七月十一日、インドの人口（一四億二八六〇万人）は中国の人口（一四億二五七〇万人）を抜いて世界一になった。若い世代が多いので、新しい事に立ち向かっていける。インドはどう変わっていくのだろう。

一、先史・原史時代

1 インド亜大陸形成とモンスーン

地球は約四六億年前に太陽系のなかで誕生した。約四四億年前頃から地球表層では陸塊ができ始め、それが集合して大きくなると分裂し、集合と分裂を繰り返した。先カンブリア時代(注一)の原生代（表1-1参照）になると地球の表層は二度の極端な寒冷期（二三億年前と七億年前~六億年前）を迎え、全球凍結した。地球上のあちこちにあった大陸塊が一か所に集まり、約一八億年前に、コロンビア（ヌーナ、ネーナ）とよばれる超大陸がつくられた。コロンビアは一五億年前に分裂が始まったとされ、再び複数の大陸塊が生じた。主要な大陸塊が集合と分裂を繰り返し、その間新しい大陸地殻が成長して、大陸の総量が増加した。一〇億年前には次の超大陸ロディニアが形成されたが、七億年前ごろに分裂した。新しく出現した海洋は拡大し、太平洋が生まれた。先カンブリア時代が終わると、地球表層の環境や生相（生物学的特性）は現在の姿に近いものへと変わり始めた。顕生代(注二)の古生代の前半は、先カンブリア時代末から引き続き温暖な時代であったが、後半には寒冷期が訪れ、南半球では、大規模な氷河が発達した。古生代の末（約三億年前）には、主要大陸塊ゴンドワナ大陸（現在のアフリカ、インド、オーストラリア、南極大陸など）、ローレンシア大陸(現在の北アメリカ、グリーンランド、ヨーロッパ、アジアの大部分）、バルティカ大陸の三つの大陸が結合して超大陸パンゲア（すべての大地という意味）を形成した。パンゲア超大陸を南北二つに分けて、北部は「ローラシア大陸」、南部は「ゴンドワナ大陸」と呼ばれる（図1-1参照）。

パンゲアは約二億年前に分裂を始め、次の三段階で分裂した（吉田昌樹、二〇一四年）。

一・約一億六〇〇〇万年前に、東ゴンドワナランド（現在の南極、オーストラリア、インドが合体した大陸）

100万年	累代	代	紀	地球史の主な出来事
-4600	先カンブリア時代　冥王代			46億年前　地球の誕生
				46億年前~45億年前　海の誕生 マグマオーシャン
-4000				44億年前~40億年前　大陸の誕生
	太古代	原太古代		40億年前~38億年前　生命の誕生
		-3600		
		古太古代		
		-3200		
		中太古代		30億年前　最初の超大陸形成
		-2800		
		新太古代		27億年前　地球磁場強度の増大
-2500	原生代			23億年前　全地球凍結
		古原生代		18億年前 コロンビア（ネーナ）超大陸形成
		-1600		
		中原生代		
		-1000		10億年前　ロディニア超大陸形成
		新原生代		7億年前　全地球凍結
				6億3000万年前　全地球凍結
-542	顕生代	古生代	カンブリア紀	5億4200万年前　カンブリア爆発
			-488	
			オルドビス紀	
			-443	
			シルル紀	
			-419	
			デボン紀	
			-359	
			石炭紀	
			-299	3億年前　パンゲア超大陸形成
			ペルム紀	
-251		中生代	三畳紀	2億5000万年前　海洋無酸素事変 生物の大量絶滅
			-201	
			ジュラ紀	2億年前　恐竜の出現
			-145	
			白亜紀	
-66		新生代	古第三紀	6500万年前　生物の大量絶滅 霊長類の出現
				5000万年前　ユーラシアとインドの衝突
			-23	
			新第三紀	
			-3	
				180万年前~130万年前　ジャワ原人
0			第四紀	78万年前~68万年前　北京原人　火の使用

表1–1　地質年代区分表（〈吉田晶樹、2014年〉などより）

と西ゴンドワナランド（現在の南アメリカとアフリカ大陸が合体した大陸）との間に裂け目が生じ分裂が起こった。低地となったところに海水が流れ込み、その後の海洋底の拡大により、ゴンドワナ大陸は海によって二つに分断された。また、約一億五〇〇〇万年前には、ローラシア大陸もゴンドワナ大陸から分裂し始め、その間に新しい海が誕生した。ローラシア大陸はやがて現在のユーラシア大陸と北アメリカ大陸に分かれた。

二、一億三〇〇〇万年前に南アメリカとアフリカがマントルプルーム（マントル対流の上昇流）により分裂したと考えられている。インドは、約一億三三〇〇万年前にオーストラリアから分裂し、約一億二八〇〇万年前〜一億一八〇〇万年前に南極から分裂した。

三、約一億年前にオーストラリアとニュージーランドが南極から分裂した。マダガスカル島は約八八〇〇万年前にインドから分裂した。

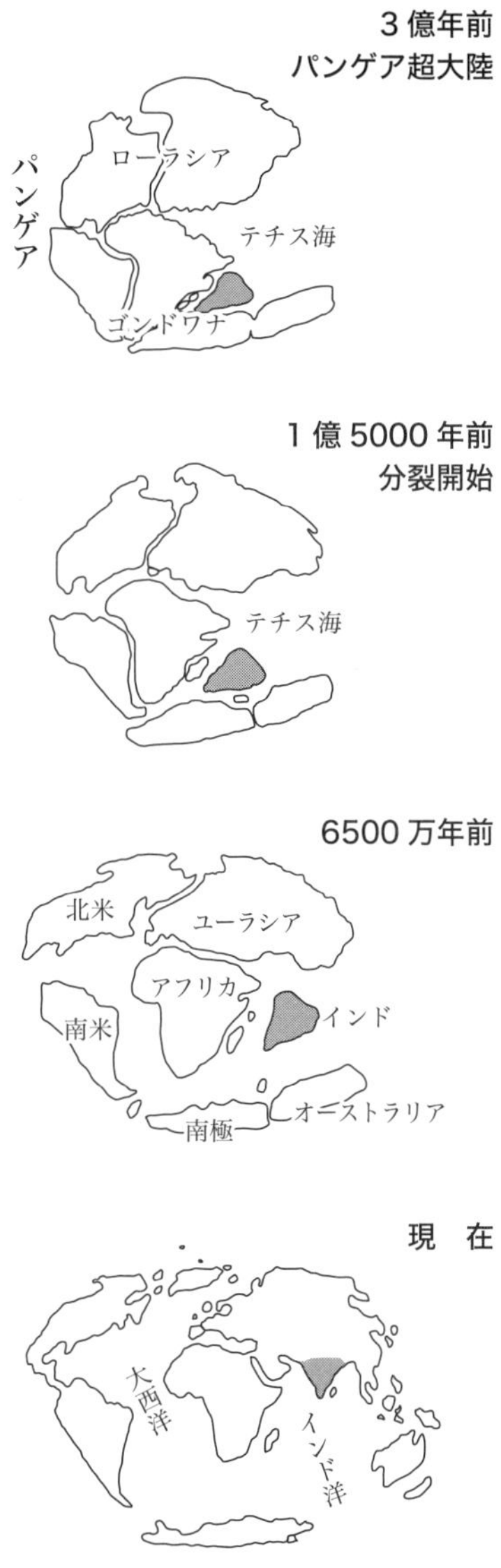

図1–1　超大陸分裂とインド亜大陸
（〈木崎甲子郎、1994年〉より）

パンゲア超大陸から分裂した各大陸はやがて現在の地球の大陸分布を形成した。初め南半球にあったインドは、ゴンドワナ大陸から分離後北上を続け（年に約一〇センチメートル）約五〇〇〇万年前～四〇〇〇万年前に赤道を越え、ユーラシア大陸に衝突する直前には、年に約二〇センチメートルの速度で北上した。ユーラシア大陸に衝突後速度は半減したが北上を続け、現在も北上を続けている。二五〇〇万年前から山脈が隆起し始め、八〇〇〇メートル級のヒマラヤ山脈ができた。チベット高原は約八〇〇万年前から高くなってきて、一〇〇万年前には、五〇〇〇メートルの高原が現れた。この巨大な衝立の出現により、大気の流れのパターンが変わり、東アジアに季節的な大雨をもたらすモンスーン（季節風）気候が成立した。インドの首都デリーでは六月～九月を除いてほとんど雨が降らないが、東北部のメーガーラヤ州チェラプンジやマウシンラムなどはベンガル湾からの湿った気流と地形効果により世界有数の年間降水量を記録している（一九九八年から二〇〇二年の年間降水量はチェラプンジで九〇七一ミリメートル～一四五三六ミリメートル、マウシンラムで一一三〇〇ミリメートル～一六〇九〇ミリメートル〈The Tribune, Chandigarh, Aug. 2003〉）。

　超大陸が分裂して複数の大陸や大海ができることは、大西洋を隔てたアフリカ大陸と南アメリカ大陸の海岸線がぴったりと合うこと、両方に動物や植物の同じ種類の化石が発見されたことなどから推測された。ウェゲナー（注三）（Alfred Lothar Wegener）は大陸移動説（注四）を発表した（一九一二年）。当初は大陸を動かす原動力に問題ありとして受け入れられなかったが、現在ではマントル対流等を用いたプレートテクトニクスによって説明されている。また、ヒマラヤ山脈の頂上付近には、かつての海の堆積物が押し上げられた地層があり、アンモナイトなど海の生物の化石が発見されている（吉田晶樹、二〇一四年）。

2 石器時代

旧石器時代

インド亜大陸(注五)に人類が住むようになったのは、約五〇万年前～三五万年前と見られている。最古の人類は石を打ち欠いてつくった道具を使っていた。旧石器時代前期（三五万年前～一〇万年前）、中期（一〇万年前～四万年前）、後期（四万年前～一万年前）の時期の遺跡が、大河の沖積平野を除く亜大陸のほぼ全域から発見されている。インダス支流のソーアン川渓谷から発見された遺跡では、礫で作られた旧石器時代の道具が多数見つかっているので、ソーアン文化と呼ばれている。マドラスの近くでも旧石器時代の同様の文化(注六)があり、精巧な手斧などが出土する。

インド中部の現マディヤ・プラデーシュ州ラーイセーン県にあるビームベートカー(注七)（ボーパールの南方四〇キロメートル）で、後期旧石器時代の人類が使用した洞窟や岩陰が見つかっている。そこからは握斧、クリーパー（包丁状石器）、石刃、スクレーパー（掻削器）、ビュラン（彫刻器）が発見されている。グジャラートの砂丘地帯の上層からは、大型剥片石器、石刃、ビュラン、スクレーパーなど一群の後期旧石器が出土している（R・S・シャルマ、一九八五年）。

中石器時代

マドラスの近くで中石器時代（紀元前八〇〇〇年─紀元前二五〇〇年頃）の遺跡が見つかっている。狩猟や漁労をする人は、細石器（石の核や石片から剥がした小さな刀や、刃のような形の大きな石片から切り出した小さな石片を加工したもの）を用いて動物の皮を剥ぎ、肉を切った。

新石器時代

インド亜大陸で新石器時代が始まったのは、紀元前六〇〇〇年頃からであるが、南インドと東インドから発見された新石器時代遺跡のなかには紀元前一〇〇〇年頃の遺跡もある。磨製石器を使っており、特に使われていた石斧の型から三つの重要な居住地域を知ることができる。

1　亜大陸西北部、カシュミール渓谷のブルザホム（シュリーナガル郊外二〇キロメートル）

台地上の竪穴に住み、狩猟・漁労生活。磨製石器、骨製の道具や武器を使用。粗製の灰色土器。飼い犬を主人と一緒に埋葬。遺跡の年代は紀元前二四〇〇年頃以降。

チランド（ガンジス、ソーン、ガンダク、ガーグラーという四つの川が合流するあたりの平原）でも新石器時代末期（紀元前一六〇〇年以降）の住居址から骨器類が発見されている。

2　南インドのゴーダーヴァリー川以南

花崗岩の丘の頂上や河岸に近い台地の上に居住。石斧、ある種の石刃を使用。

焼製の土偶が多数発見され、多数の牛・羊・山羊が飼育されていたことがわかる。

擦り石や石皿も発見された（穀物生産技術を知っていたことの証拠）。

3　東北インドのアッサム丘陵、メーガーラヤからも新石器が発見されている（年代測定方法なし）

ウッタル・プラデーシュ州ミルザーブル県とアラーハーバード県からも居住址が発見された。

アラーハーバード県の遺跡から新石器時代の米栽培を示す証拠が出土している。

新石器時代後期の住民は農耕民であり、泥と葦で造った円形ないし長方形の家に住んでいた。細石刃など磨製石器を用い、ラーギー（シコクビエ）やクラティー（タチナタマメ）を生産した。穀物の栽培や動物の家畜化が始まると、穀粒や牛乳を蓄えるための壺や、また食事用の容器が必用となった。土器を手作りし、後には足ふみロクロを回して壺を作る方法が導入された。

金石併用時代

　新石器時代の終末期に銅が使用され、石器と銅器を用いたいくつかの文化が興った。ラージャスタン東南部（アハール、ギルンドなど）、マディヤ・プラデーシュ西部（マールワー地方のカヤタ、エーランドなど）、マハーラーシュトラ西部（ジョールウェル、ダイマーバード、イナームガーオン、ナーシクなど）、東インド（チランド、パーンドゥ・ラージャール・ディビー、マヒシャーダルなど）で見つかっている。アハールでは自然銅が入手できるため、石斧と石刃が全く欠け、銅斧をはじめとする銅製品が多数出土している。ギルンドでは石刃も作られていた。ガンジス・ヤムナー両河地帯（ドアーブ）などで一括埋蔵された銅器が発見されている。斧、錐、角状武器、人型器などで、漁労、狩猟、戦闘だけでなく、職人の道具や農具としても用いられた。優れた技術と知識をもつ銅鍛冶の作品である。ガンジス河上流域の数カ所から、これらの銅器が赭色土器や泥の建造物に伴って発見されていることから、埋蔵銅器を用いた人々が定住生活を営んでいたこと、および彼らがドアーブのかなり広い地域に定着した最初期の原始的農民・職人の一部であったことがわかる。赭色土器遺跡のほとんどはドアーブの北半に分布するが、埋蔵銅器はこの地域だけでなくビハールの台地やその近隣からも発見されている。また多数の銅斧がラージャスタンのケートゴー地方で出土している（R・S・シャルマ、一九八五年）。

　黒縁赤色土器など何種類かの土器が発見されている。

　ラージャスタン東南部、マディヤ・プラデーシュ西部、マハーラーシュトラ西部に住んでいた人々は家畜（牛・羊・山羊・豚・水牛・捕獲した鹿）を飼い穀物（小麦・米）を栽培していた。黍や豆類（レンズ豆・黒ひよこ豆・八重生《ヤエナリ》〈緑豆〉・青えんどうなど）も栽培されている。マハーラーシュトラのナルマダー河岸のナウダートリーではこれ等の作物のほとんどが見つかっている。ここではペール（なつめ）と亜麻仁も生産している。デカンの黒土地帯では木綿が栽培されており、デカン南部ではラーギー、バージュラー（穀物）、および何種類かの黍が生産されていた。

　マールワーで紡錘車が発見されているので、紡績と織布の技術をもっていたことがわかる。マハーラーシュトラでは木綿、亜麻、絹の糸が見つかっている。東インドでは米を生産し、西インドでは大麦と小麦を栽培している。年代的にはマールワーと中央インドの遺跡（カヤタとエーランなど）は最も早く、マハーラーシュトラ西部と東インドの遺跡はずっと後代のものである。

ビームベートカーから南西のデカン中部にはジョールウェル文化（紀元前一四〇〇年—紀元前七〇〇年）が現れた。ジョールウェル近くのダイマーバードでは三五戸以上の集落が泥の周壁で囲まれ、イナームガーオンの集落は周壁と堀で囲まれていて、中央部には穀物倉を伴った首長と思われる住居跡も見つかっている。墓の副葬品の質と量にも差があり、この地方には集落間の格差や、住民の階層分化が生じていた。金石併用時代の開始は紀元前一八〇〇年を遡らず、その終末は紀元前一〇〇〇年頃から紀元前八〇〇年あるいはそれ以後である。

３ インダス文明の揺籃期

新石器時代（紀元前七〇〇〇年—紀元前二五〇〇年）の遺跡としては、フランス人考古学者ジャリッジ(Jean-Francois Jarrige)の率いる発掘チームが、メヘルガル（ウルドゥー語、Mehrgarh）遺跡（現在パキスタンのバローチスターン州の都市クエッタ南東）を一九七四年に発見した。発掘調査（一九七四年—一九八六年）により居住地跡が発見され、紀元前七〇〇〇年から紀元前五五〇〇年頃の小さな農村と見られた。南アジアで最初期の農耕（小麦・大麦）と牧畜（牛・羊・山羊）の痕跡があり、壁に囲まれた円形の村で日乾煉瓦の家屋に住んでいた。メヘルガル遺跡は次のように分類されている。

・一期　紀元前七〇〇〇年—紀元前五五〇〇年　農業（小麦・大麦）と半遊牧（羊・山羊・牛）民。多数の埋葬跡、歯科治療（穿孔技術）の形跡。（注八）副葬品は、籠、石器、骨器、ビーズ、腕輪、ペンダント、石斧（南アジアで最古）。装飾品は、海の貝殻、石灰石、トルコ石、ラピスラズリー(注九)。

二期　紀元前五五〇〇年—紀元前四八〇〇年　土器を伴う新石器時代。二つの屈葬墓では遺体を赭土で覆っていた。銅のリングやビーズ出土。

三期　紀元前四八〇〇年—紀元前三五〇〇年　銅器時代後期。艶のあるファイアンス(注一〇)のビーズ。女性像は彩色され、様々な髪型、装飾品付き。ロクロをもちいて土器を製作。

四期　紀元前三五〇〇年—紀元前三二五〇年

五期　紀元前三二五〇年—紀元前三〇〇〇年

六期　紀元前三〇〇〇年—紀元前二八〇〇年　中央アジア式印章（円形、方形、六角形）多数が出土。十字、卍（スワスティカ、サンスクリット語でswastika）を基調とする図柄、幾何学的デザインが刻まれている。

七期　紀元前二八〇〇年—紀元前二六〇〇年　中央アジア式印章多数出土　初期の青銅器時代

七期の直後、インダス文明(注一一)の誕生と同時に、メヘルガルの集落は放棄されている（近藤英夫、二〇〇〇年と二〇一一年）。

新石器文化以降次第に発達してきたバローチスタン丘陵の文化は儀式を行う壁や町を囲う基壇を備え、煉瓦の規格化、町計画の継続的維持など、強力な統治機構の存在を示唆するダンブ・サダート、ラフマーン・デーリー、メヘルガル、アムリーなどの地域を統括する町を生み出した。それらの農耕社会が衰退していきそれぞれの地にハラッパー文化（インダス文明）がやってきたと思われている（図1―2参照）。

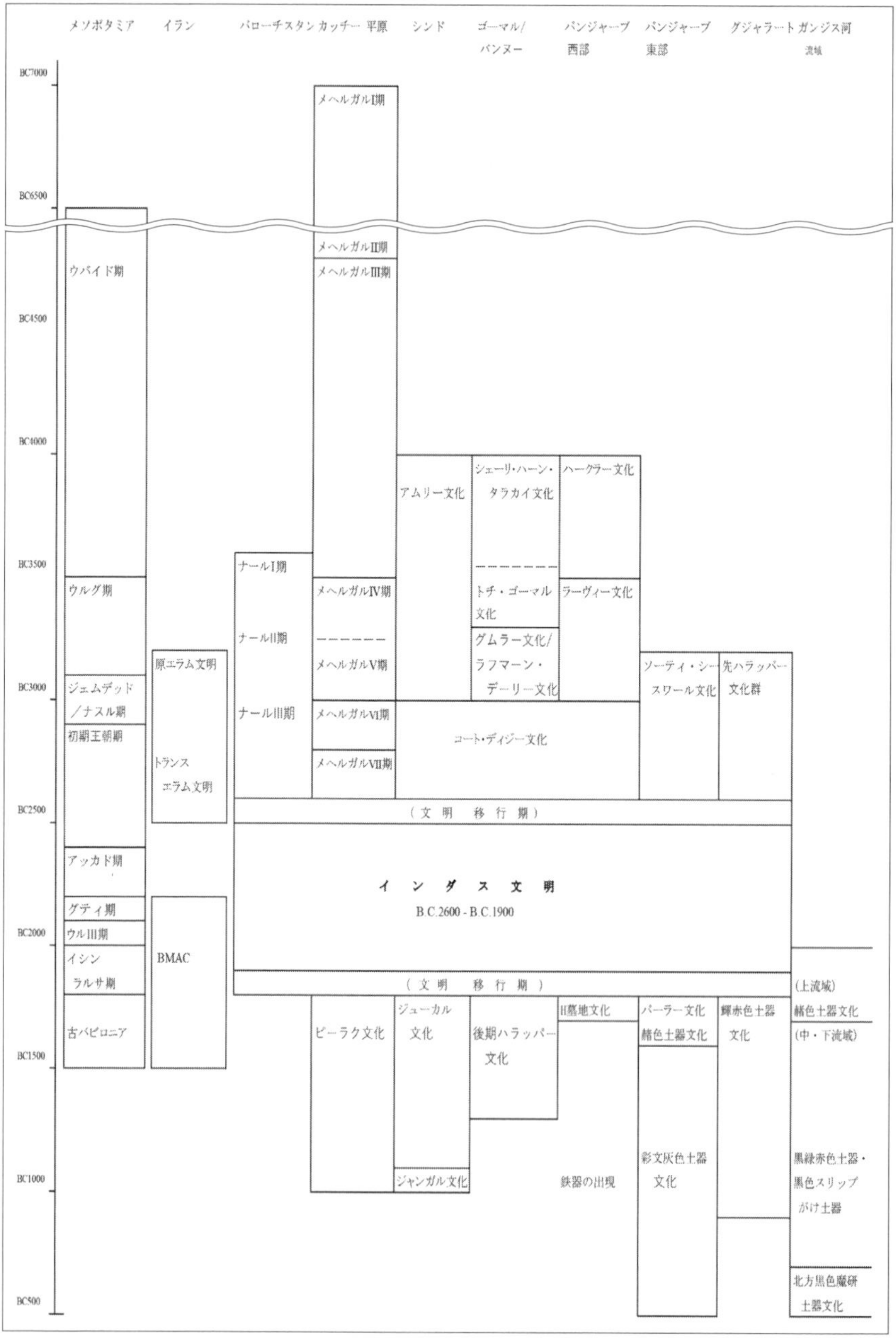

図1–2　先史時代の文化（〈近藤英夫、2011年〉などより）

パキスタンでは、一九五〇年代に入りウィーラー（R.E.M. Wheeler）を顧問に迎え、研究者を育成した。彼の指導のもとに、F・A・カーンがシンド地方のコート・ディジー（モヘンジョ・ダロの東、インダス川の対岸）の調査を行い（F.A. Khan, 1965）、インダス文明に先行した文化が展開したことを確認した。無防備のハラッパー期の居住より下層に要塞を持つ村落―もしくは堅固な要塞を持つ小町邑―が出現した。その遺跡は一六の住居の層が重なっていて、最も新しい三層は典型的なインダス文明の層、第四層は上下各層の文化の遺物が混在、残りの一二層からはハラッパー文化に先行する「コート・ディジー」と名付けられた別個の文化が発見された。コート・ディジー層の最上層（第五層）に対する放射線炭素による年代は紀元前二四六三±一四一年で、第一四層（最下の二層は除く）は紀元前二七〇〇年位であった。

　コート・ディジー遺跡では、その最盛期から大きな石積みを基壇とした厚い日乾煉瓦の周壁が築かれ、城塞部と一部市民のための市街地がわかれていた。このパターンは、モヘンジョ・ダロでも、後にくりかえされるものである。家屋の壁は要塞と同様、土台の石積の上に日乾煉瓦を用いて作られていた。床面も日乾煉瓦敷、屋根は泥を塗り固めた草ぶきの平屋根であったらしい。煉瓦は厚さ：横：縦が九：一九：三八（センチメートル）でほぼ一：二：四にあたる規格性を備えていた。彼らがインダス文明以前に、かなり組織化された社会を形成していたことがわかる。「コート・ディジー文化」の層は焼土でおおわれている層があるが、このことはその文化の古い集落がインダス文明の人々に破壊されたことを証明するものではない。

　チャート質の石刃、石核、木葉状の石鏃を出土した。土器はロクロ製で、軽く薄い。色調はピンクがかった赤色で、普通は黒色顔料で水平線を描くが、波状文、環状文を描いたものもある。土器が特徴的なインダス式魚鱗文をもっていること、テラコッタ製の(注一二)「ケーキ」と呼ぶ三角形の陶製小板をもっていることから、コート・ディジー人は部分的にはインダス文明人の先駆者であり、のちにはモヘンジョ・ダロの版図内に組み入れられた同時代人とみなされている。

同じ頃、フランスのJ・M・カサルがシンド地方のアムリーを調査し、インダス文明に先行するアムリー文化の存在が確認されている（J.M. Casal, 1964）。一九六〇年代後半から一九七〇年代にかけてインダス平原部の西北域（北西辺境州）で調査が進み、文明成立以前の拠点的集落であるラフマーン・デーリーがF・A・ドゥラーニーにより、インダス文明形成期から文明期にかけての連続した層位をもつグムラーがA・H・ダーニーによって調査された。これらの調査結果はインダス文明が突然成立したものでも、外部からの植民などで成立したのでもなく、紀元前四〇〇〇年紀以降、紀元前三〇〇〇年紀中葉まで長期にわたる地域開発の結果、成立したものであることを示している（R・E・M・ウィーラー、一九六六年）。

初期ハラッパー文化遺跡では、日乾煉瓦が使われ、インダス文明では焼成煉瓦が大量に使われている。またインダス文明期のガッガル・ハークラー涸河床流域と北部アフガン高原のショットガイ遺跡に灌漑水路の跡も発見されていて、初期ハラッパー文化とインダス文明の間に農耕技術に大きな転換があったのではないかと推測されている。

今日では、これら諸文化が推し進めた地域開発が基になって都市社会が出現したと言われている。ラフマーン・デーリーなどの拠点的集落の終焉にあたっては、戦乱などによる破壊の痕跡は確認されていない。社会の再編を促したものは決して暴力的なものではなく、交通路の変化などによると考えられている。これまでは陸路で運んでいたものが河川を利用して船で運ばれるようになり、「直接生産を行わない人々が居住する空間」である都市に大量の物資が流れ込んできた。交通路の変質により拠点的集落の再編が起こり、初期ハラッパー文化期と異なる都市が出現したと想定されている。船も車も実際の遺物にはない（木製のため朽ちて残っていない）が、サラーイ・コーラII期の彩文土器に船を描いたものがある。車はハラッパーII期やサラーイ・コーラII期、ラフマーン・デーリーII期などから土製模型が出土している。船の登場により、輸送路は河川を中心としたものになり、さらに車も加わることで、旧来の輸送・流通体系が変わった。新たな物資輸送の幹線に沿った集落が発展し、幹線から外れた集落は衰退した。

さらに、資源開発により大きな経済力を握ったところが強力になってきた。初期ハラッパー文化期には他地域の資源を取り寄せる体制ができ、農業生産用具などに材質の良いものを遠隔地から運んで使っている。こうして良質のチャート（緻密でこまかい石英からなる硬い岩石）原産地であるローフリー丘陵の採掘と加工を独占したモヘンジョ・ダロが発展してきた。ロータル遺跡は近接するアラヴァリ丘陵に紅玉髄その他の貴石の原産地があり、文明の主要産業の紅玉髄ビーズなどの装身具を製作していたことがわかっている。シンド地方のチャンフー・ダロはモヘンジョ・ダロから南に約一三〇キロメートル、紅玉髄の産地であるグジャラート地方に抜けるルート上に位置し、紅玉髄ビーズ制作工房が発見されている。元来一つの丘からできていたと考えられるこの遺跡は、浸食により三つの丘に分断されてしまった。チャンフー・ダロは今日ではインダス河から約一九キロメートル離れているが、かつてはその左岸あるいは左岸近くに位置していた。一九三一年に発見され、一九三五年から一九三六年にかけて地下水面まで発掘された。下層からハラッパー文化、ジューカル文化、ジャンガール文化（後の二文化はシンド地方のジューカルとジャンガールの両遺跡で最初に確認された文化）が発見された。ハラッパー文化の下層にどんな文化がいくつあるかはわかっていない。

インダス河口部のバーラー・コート遺跡は貝製品の製作センターであったことが明らかになっている。インダス流域から一〇〇〇キロメートル離れたショルトゥガイ（アフガニスタン北部）集落はラピスラズリーその他の鉱物資源の採掘のために建設された。

4 インダス文明

(1) 遺跡の発掘

この地の原住民と呼ばれているいくつかの民族以外に、東方や西方または海洋を渡って到来した人々がいる。それら渡来した民族のうち、その文明の一般的様相を描くことができる最古の民族はシンド河（シンド地方でのインダス河）やインダス河の渓流に生活していた民族である。紀元前三〇〇〇年代のある時期に西方から移り住んだと見られている。彼らについての知識はハラッパー、モヘンジョ・ダロおよびパンジャーブ（五つの川の意）地方その他の考古学的発掘の結果だけである。

一八二七年、英国東インド会社の兵士かつ探検家のチャールズ・マッソン（一八〇〇年―一八五三年、本名James Lewis）はパンジャーブ地方を旅行中、ハラッパーの遺跡を発見し、「これは紀元前三二六年にアレクサンドロス大王を撃退したポルス王の都シャンガラの跡ではないか」と記録した。彼はハラッパーを見た最初のヨーロッパ人である。

一八五三年、英国の考古学者アレグザンダー・カニンガム（Alexander Cunningham, 一八一四年―一八九三年）がハラッパーをトレンチ調査（注一三）した。「印章」や剥片石器を採集したが、古代のものではなくイスラム教が根づく前にあった土侯国のものと考え、そのまま英国博物館に寄託してしまった。

当時ハラッパー遺跡のマウンドからは豊富に焼きレンガが掘り出せ、付近の村人たちが日常的にこれで家屋を作っていた。一八五四年、近くのラホール（Lahore）から南のムルターン（ムルタン、Multan）に至るまで鉄道が敷かれたとき、レールの下に敷くバラス（砂利）の代わりにするため焼きレンガが大量に取り去られ、遺跡は大きなダメージを受けた。一八五六年、遺跡を再訪したカニンガムは調査の継続を断念した。カニンガムはこうした状況もふまえ、一八六二年のインド考古局の発足に尽力し、その後初代局長に任命される（一八六二年）と遺跡保護・保存の法律上の整備を行った。これはアジア初の法的な文化遺産保護活動として評価された（近藤英夫、二〇一一年）。

二十世紀になって、これらの遺物を手にした古代史家フリートは、インドにもアショーカ王の時代（紀元前三世紀）をはるかにさかのぼる先史文化があったのではないかと学会の注意を喚起した。当時のインド考古局長（在位一九〇二年―一九二八年）であった古典考古学者マーシャル（John Hubert Marshall）は、ハーグリーヴズに再調査を命じ、一九二〇年～一九二一年にはサハニ（D.R. Sahani）を派遣してハラッパーの発掘を行わせた。サハニは印章の他、銅製の利器（鋭利な刃物、器具）もみつけたので、ハラッパーが鉄器文化以前の「金石併用時代」の遺跡であることに気がついた。

その頃、バネルジー（R.D. Banerji）は、やはりマーシャルに派遣されてモヘンジョ・ダロで仏教時代の仏塔（ストゥーパ）を調べようとしていたが、仏塔の回りを掘り下げたとき、ハラッパーと同様の遺物―印章、焼煉瓦、石器、彩文土器を発見した。マーシャルはサハニとバネルジー（二人はマーシャル考古局長が育成したインド人研究者）の成果を「ロンドン画報」（一九二四年九月二〇日号）に、「長く忘れられた文明に最初の光」と題し、ハラッパー遺跡とモヘンジョ・ダロ遺跡の発掘成果として紹介した。また、クレタ島のミノア文明との類似をバネルジーの見解として紹介した（Marshall, J.H., 1924）。読者の関心は高く、紀元前三〇〇〇年紀におけるスサ（ペルシャ）とインドの交渉、印章に刻まれた文字とメソポタミアの文字との比較など「ロンドン画報」の次号以降に記載された。その後もマーシャルが一九二一年～一九二七年、マッケイ（E.J.H. Mackay）が一九二七年～一九三一年にモヘンジョ・ダロを、バッツ（M.S. Vats）が一九三三年～一九三四年にハラッパーを発掘した。遺跡がハラッパーで初めて発見されたことから通常「ハラッパー文化」と呼ばれている。

一九二二～一九二三年にはシンド州（現在のパキスタン）のラウカナ地方にある巨大な推円丘のモヘンジョ・ダロ（土地の人々が「死者の丘」と呼んでいた）の発掘から、七つの都市が存在していたことが明らかになった。その七つの都市はシンド川の氾濫か、あるいは他の原因で破壊された都市の廃墟の上に、次々に建設されたものだった。これらは巧みな都市計画に基づいたもので、主要道路は羅針盤の方位にあわせて正確にひかれ、直角に交差し、まっすぐに走って都市を数多くの正方形、または矩形の区分に分割していた。さらに一つ一つの区画が数多くの小路で縦と横の両方向に区分されていた。これらの都市には川に流れ込む巨大な排水渠に通じる精密な排水設備もあった。小さな家々に加えて、よく焼きあげられた煉瓦で建てられた豪華な建物もあり、二階建ての建物もあった。家屋の多くは井戸や浴室を備え、さらに道路にある排水設備に通じる蓋つきの排水路も設置されていた、長さ一二メートル、幅七メートル、深さ二・四メートルの浴槽をそなえた五四メートル

×三二・四メートルという大浴場もあった。浴槽は耐水構造で、底は煉瓦を縦に並べて漆喰でとめられてあり、壁面も同じく漆喰でとめている。壁の表面の煉瓦の裏側は、防湿のため二・五四センチメートルの厚さに天然アスファルトの層をおき、これをさらに煉瓦の壁で支えている。この大浴場は穹窿《キュウリュウ》（丸天井）のかかった暗渠を用いて水を満たしたり、空にしたりすることができた。さらに北側には小路をへだてて八つの小浴場を含む一区画があり、排水溝の走っている通路の両側に二列に並んでいた。それぞれの部屋はおよそ三メートル×二メートルの大きさで、二階に昇るための煉瓦造りの階段が設けられていた。一般市民は大沐浴場で沐浴し、小浴場は神官と呼ばれるような人たちのために用意されたのかもしれない。

大浴場のすぐ西に高さ一・五メートルばかりの中までびっしり煉瓦をつめて作った台からできた建物の一部を発見した。その建物は一つずつ狭い通路で区切られ、あるものはその壁面に溝がつけられてあった。当初それはハマーム（トルコ風の蒸し風呂）もしくはローマ風のオンドル式の蒸し風呂だとされた。しかし、一九五〇年には建物のほとんど大部分が発掘され、大穀物倉の低い土台壁と認められた。十文字に配置された通路は穀物倉の本体の床下の空気の流通を確実にするものである。この建物の上部構造はがっちりした木造で、東側と南側の土台の壁面に認められる縦の溝は、恐らく木製の梯子か階段の手すりの木を支えるためのものと思われた。基壇の壁面で傾斜面となっているところでは、基壇の下に置かれた荷物を引っ張り上げやすくなっていた（R・E・M・ウィーラー、一九六六年）。

しかし、湿気のある大浴場に近く、木製の建物の痕跡もなく、穀物を運び入れるスペースがなく、穀物の形跡も発見されていないため、他の用途に使われたのだろうと修正された。その後、大浴場はある種の祭儀の場であろうと考えられ、大浴場と穀物倉との位置関係から、再生・増殖の象徴として機能していたのではないかと考えられている（長田俊樹、二〇一三年）。現在は河岸から離れているが、紀元前三〇〇〇年紀には城塞のすぐそばをインダス河が流れていたらしい。城塞の南側では長い回廊と低い腰掛が設置された会堂（多分集会場として使われた）などもあり、四万〜五万人が住んでいたと言われている。

モヘンジョ・ダロで発見されたもののうちでもっとも注目すべきものは象牙、ファイアンス焼き、それに凍石などで作られた二千点をこす印章（シール）である。(注一四)肖像や模様も彫られており、これらの模様は明らかにエジプトの象形文字のような絵画文字の一種であるが、未だに解読されていない。

モヘンジョ・ダロ遺跡は、インダス河の下流にあたるが、それより上流のサッカルに「インダス河の水量調節用の大堰堤《エンティ》をつくった（一九三二年）ために地下水位があがってしまった。地表は冬期でも日中三〇度を越え乾ききっており、毛細管現象で上ってくる地下水は地表面を白い塩の殻で覆う。地下水に含まれた塩分が遺構の煉瓦面で結晶するため煉瓦はもろく崩れている（辛島昇・他、一九八〇年）。

モヘンジョ・ダロで発見された印章の船舶の図柄からインダス河流域と西アジアおよびエジプトの古代文明圏中心地とのあいだに通商・貿易などで交流があったことが推定される。メソポタミアのウルなど西アジアの古代国家の遺跡でモヘンジョ・ダロ印章が発見されたことからも確認されている（Gadd, 1932）。

ハラッパーには五一メートル×四一メートルの大きな敷地があり、そこに、東西一五メートル、南北六メートルの建物が六棟ずつ二列に並んでいる。モヘンジョ・ダロのとは形が異なるが、ウィーラーはこれを穀物倉としている。ケノイヤーは、市民ホールとみている（Kenoyer, M., 1998）。

小麦と大麦が規則的に作られていた。米もたぶん作られていたらしい。なつめ椰子をはじめとした果物類・野菜類・牛乳・魚・牛肉・羊肉・豚肉などが主な食糧であった。男性も女性も二枚の布で上半身と下半身を別々に覆い、金・銀・銅などの金属とカーネリアン（紅玉髄）・ラピスラズリー（瑠璃）、トルコ石、アメジスト（紫水晶）などの貴石でできた種々の装身具を身につけていた。発掘された化粧品・青銅製の長円形の鏡・象牙の櫛などからも高度な技術があったことが認められる。陶器・糸紡ぎ・織物・染色および人間や動物の絵や彫像の技術も高い。造船技術も進歩しており、インド内の他の地域、またペルシャ湾の港市などとのあいだで通商・貿易が行われていたことがわかる。

発掘はその後も続けられたが、第二次世界大戦後の一九四七年、インドとパキスタンは分離して独立した。独立直前のインドの考古学は英国のウィーラー(R.E.M. Wheeler)が科学的で組織化した方法論をもって指導し、多くの研究者を育てた。自らは一九四六年にハラッパー遺跡で層位学的調査を実施し、城塞を取り囲む周壁の存在を明らかにするとともに、インダス文明に先行する文化（この時点ではハラッパー城塞下層文化、後にコート・ディジー文化であることが判明）の存在を明らかにした(R.E.M. Wheeler, 1947)。

分離独立によって、インダス河本流域はほとんどパキスタン側に組み込まれたため、モヘンジョ・ダロなどインダス文明遺跡の大半はパキスタンに帰属することになった。しかしながら、英領下の考古局はカルカッタ（現コルカタ）に置かれていたため、その組織と研究者のほとんどはインドが引き継いだ。インド考古局はこれらの研究者を動員して一九五〇年代にパキスタンとの国境沿い地域で大がかりな踏査を行い、ラージャスタン地方のガッガル・ハークラー涸河床流域でカーリーバンガン遺跡を発見（A・ゴーシュ、一九五〇年）、さらにインダス流域から離れたグジャラート地方でロータル遺跡を発見した(S.R. Rao, 1973)。カーリーバンガンとロータルは一九六〇年代にはインダス文明

都市		城塞・市街地・人口	広さ(ha)	主な遺構・遺物
モヘンジョ・ダロ	パキスタンのシンド地方 インダス河岸	分離型 人口４万人位	150～200	大沐浴場、穀物倉、浴場、集会室、会議用広間、神官王石像、踊り子青銅像、印章
ハラッパー	パキスタンのパンジャーブ地方 ラーヴィー川岸	分離型 人口８万人位	150～200	穀物倉、円形作業場、労働者長屋、印章、共同墓地
ガンウェリワーラー	パキスタン チョーリスタン砂漠		85.5	(未発掘)
ラーカンジョ・ダロ	パキスタンのシンド地方 モヘンジョ・ダロから80km		250～300	(未発掘)
ラーキーガリー	インドのハリヤーナー州 ガッガル川岸		240	円筒印章、火の祭壇、共同墓地
ドーラーヴィーラー	インドのグジャラート州 カッチ湿原のカーディル島	一体型	100	沐浴場、200個以上の印章、土偶、青銅器、土器、インダス文字の大看板、穀物貯蔵庫、土坑墓、古墳
カーリーバンガン	インドのラージャスタン地方 ガッカル・ハークラー川岸	分離型	20	火の祭壇７基、円筒印章
バナーワリー	インドのガッカル地方	一体型	16	（城塞内部の建物は未調査）
ロータル	インドのグジャラート州 サバルマティ河口部	一体型	5	穀物倉、火の祭壇、ビーズ工房址、銅鍛冶工房址、印章、船着場、共同墓地

表1–2　インダス文明の主な都市

の都市遺跡であることが判明した。さらに一九七〇年代のラージャスタン地方のバナーワリー遺跡、一九九〇年代にグジャラート地方のドーラーヴィーラー遺跡の発見が続いた。ラーカンジェロ遺跡など未発掘の遺跡は今後の発掘結果が期待される。代表的な都市を表1-2に記した。

パキスタンでは新たに考古局の組織構築と研究者養成から始めなければならなかったが、フランス・米国・イタリアなど外国の調査隊の活動を数多く受け入れた。一九五〇年代にはウィーラーが顧問になり、F・A・カーンらの研究者を育成した。

一九六〇年代以降は、米国・英国・フランスの文化人類学者や考古学者、あるいは地質・水利・気象といった各方面の専門家たちがインダス文明の解明に乗り出した。タリバン問題など政情不安や政治的混乱、およびモヘンジョ・ダロ遺跡の地下水上昇による塩害やその保存補修作業などを抱えていて発掘は進んでいない。発掘されていながら報告書がなかなか出版されないケースも多い。二〇一三年までに明らかになったことを次に記す。

地域

東西一五〇〇キロメートル、南北一八〇〇キロメートルの広範囲に分布（約一三〇万平方キロメートル、ヨーロッパ西部とほぼ同じ広さ、四大文明のうち最大）。

遺跡数

約二六〇〇遺跡（Kenoyer, J.R., 2013）あるが、発掘された遺跡数は一四七遺跡である。

インド　九六遺跡
パキスタン　四七遺跡
アフガニスタン　四遺跡（うちインダス文明遺跡とされるのはショールトゥガイ遺跡のみ）

ハラッパー遺跡とモヘンジョ・ダロ遺跡が発掘された後、多くの遺跡が発掘されたが、五ヘクタール以下の小さい遺跡が多い。

遺物・遺構

・印章（凍石製が多い。一辺の長さが一〜七センチメートルの正方形、希に円形のもの）
・インダス文字
・神像や宗教的な偶像
・貴石から成るアクセサリー類
・ハラッパー式土器
・様々な形や美しい模様が描かれた陶器
・針・錐・小刀・斧（銅製・青銅製）・鋸・鎌（象牙製・青銅製・銅製）・歯のついた鋸（古代世界で初めて）・武器（盾・甲冑・槍・刀剣・短剣、矛・弓・矢・投石器）
・椅子・木製寝台の床架
・サイコロ、度量衡用のはかり、手車
・三角形土器（三角ケーキとも呼ばれる、下水溝、火の祭壇、炉などで発見されるが、用途不明）火の祭壇から見つかった角を持つ人が彫られたものはシャーマンの儀礼用と推測されている。
・多孔土器（乳加工に使用）、玩具用の粘土製乗物
・青銅製品
　銅はラージャスタンのケートリー銅山から、あるいはバルチスタンからもたらされた。錫はおそらくアフガニスタンから。遺跡から出土する青銅の道具や武器はわずかな割合の錫を含む。青銅製品の種類はかなり多く、彫像・台所用具・斧・鋸・ナイフ・槍など。
・焼成煉瓦
　煉瓦の規格は統一されていて、厚さ、横、縦の比率が一：二：四となっている。日乾煉瓦の場合、八：一六：三二（センチメートル）に作り、乾燥させて七・五：一五・五：三〇（セ

ンチメートル）になったものが多い。焼成煉瓦は七：一四：二八（センチメートル）が一般的である。ただし、ハラッパー文化の末頃（二二〇〇年―一九〇〇年）になると五：一二：二四（センチメートル）の小型煉瓦が作られるようになった。

・計画的に作られた都市、市街地は碁盤の目状の道路に沿って建てられている。

煉瓦の規格が統一されているため、その比率がそのまま煉瓦でつくられる道路に反映された。

・標準化された度量衡（注一五）

チャート（角岩）製の正方形の錘が一般的で、〇・八六グラムを一とし、一（2^0）、二（2^1）、四（2^2）、八（2^3）、一六（2^4）、三二（2^5）、六四（2^6）と二進法となっている。最も一般的な錘は一六倍の一三・七グラムである。重さが重くなると、一六〇、三二〇、六四〇、一六〇〇と十進法が使われた。

『インダス印章』

これまでに発見された印章は二〇〇〇以上ある（マハーデーヴァン「事例集成」）。

	印章数	捺されたもの
モヘンジョ・ダロ	一二三四	一一九
ハラッパー	三五〇	二八八
チャンフー・ダロ	五八	三
ロータル	八九	七五
カーリーバンガン	五六	二一
他の遺跡	一三	四
西アジア	一六	一

印面には、上方にインダス文字、下方に動物や人物もしくは神などの図柄を刻む例が大半である。文字

だけのものや幾何学文だけを刻んだものもある。動物の図柄は、実在の動物（水牛、牛、象、サイ、山羊など）と、想像上の動物（一角獣、複頭獣、有角獣）に二分されるが、一角獣が最も多く、印章全体の六〇％を占め、他はどれも五％以下である。一角獣は想像上の動物か、実在の動物か議論が分かれる。マーシャルは「一角獣は二本の角を芸術的に一本として描いた」としている（Marashall, 1931）。ケノイヤーはクラン（氏族）を示す想像上の動物とみた（Kenoyer, 1998, 2013）。

印章のサイズは、特大型（五〇～七〇ミリメートル）、大型（三五～四九ミリメートル）、中型（二〇～三四ミリメートル）、小型（一〇～一九ミリメートル）に四区分した。特大型の印章の図柄はすべて一角獣で、モヘンジョ・ダロ、ハラッパー、チャヌフ・ダロでのみ出土されている。図柄は氏族か職種を示すものであり、サイズの違いはその所有者の集団内での序列を示すと推測されている（近藤英夫、二〇一一年）。

印章に彫られた動物の向き（印影では逆になる）は右向きのものをI類、左向きのものをII類、動物柄がないものをIII類と分けて、時代的にはI類の方が古く、III類の方が新しい可能性が高いという。I類の印章の分布はガッカル(注一六)川流域のカーリーバンガン、バナーワリー、ファルマーナーなどから多く出土しているので、ガッカル川流域が印章の起源地である可能性が高い（長田俊樹、二〇一三年）。

印章の裏面に紐通しの瘤状の摘みがある。出土数は少ないが、メソポタミアやペルシャ湾岸、イラン高原や中央アジアの諸遺跡からも出土している。印章を捺した封泥《フウディ》(注一七)も発見されており、商業活動の際に用いられたものである。

遺跡発掘の問題点

・人材不足

シンド州コート・ディジー遺跡を発掘したカーン、北西辺境州のラフマーン・デーリ遺跡を発掘したドゥラーニーのように、パキスタン人による発掘もあるが、圧倒的な外国隊の活躍に比べると限定的である。

発掘の現場で活躍したパキスタン学者の多くは、ウィーラー（一八九〇年―一九七六年）の考古学トレーニング学校で独立以前に学んだ人達であるが、今はこうした人的遺産も枯渇している。

・タリバン問題

偶像を否定するイスラム原理主義のタリバンは二〇〇一年バーミヤンの大仏二体を爆破した他、カブールの国立博物館に収蔵されていた多くの遺物や像を破壊した。タリバン政権との意思の疎通は難しい。これらの問題をかかえながらも、遺跡調査は細々と行われている。

⑵ インダス文字

マーシャルは、インダス文字は全く読むことのできない文字として報告したが、英国のアッシリヤ学の権威セイス（Sayce）はペルシャ（現イラン）のスサ（Susa）で発見された「原エラム文字（Proto-Elamite script）」で記した簿記で記した簿記の泥章と性質が全く同様であると説いた。さらに、メソポタミアのキシ（Kish）において出土した凍石製の印章にモヘンジョ・ダロなどから出る印章にある一角獣の形と全く同様の形象を現しているものが発見され、インダス印章はメソポタミアの地にも達してシュメールと交流があったこともわかった。言語学的にドラヴィダ語とエラム語は同系だとする学説もあるが、イランのスサ出土の原エラム文字は現在も解読されていない。

インダス文字は、印章、凍石又はテラコッタの小板、土器への線刻、銅小板、青銅製品、象牙・獣骨などに刻まれている。後世における文字のように、パルミラ椰子の葉（貝葉）(注一六)に長文が書かれたとしても、それらは年月を経て朽ち果ててしまう。一印章当たりの文字使用数は数個から十数個。ドーラーヴィーラーで土中から発見された大看板は、木製看板に文字が刻まれて石膏のようなものが流し込まれ、木が朽ち果てた後に文字だけが残ったと考えられている。一文字の大きさは縦約三〇センチメートル、横約二〇センチメートル。遺物に記された文字資料のうち最長のものはファイアンス製の三角柱の三面に刻まれた二六文字、平均で五文字

である。一行の刻文で最長のものは一四文字よりなる。全遺物の文字を合算した総数は、二つの刻文リスト（Koskenniemi et. al., 1973とMadevan, I., 1977）で、ともに約一万三五〇〇とされている。字母数（異なった文字の数）は、どれを一つの文字（字母）と考えるかによって異なる。例えば、日本語で平仮名の「ぱ」を一字とするか、「|」「よ」「゜」の三字とするかは日本語の文字体系がわからないと決められない。パルポラは字母数を三八五（Parpola, A., 1994）、マハーデーヴァンは四一七（Mahadevan, I., 1977）、クノロゾフ（Ю. В. Кнорозов）は三〇〇以上、ウェルズは七〇〇（Wells, B., 1999）としている。表意文字にしては少なく、表音文字にしては多すぎるため、表意・表音（logosyllabic）と考えられている。右から読むが二行目は左から右へ読む。

インダス文字の解読については、一九二〇年代以降多くの研究者によってなされてきた。ヒッタイトの楔形文字との類似を説くもの、アーリア系統のサンスクリット語あるいは古代ヴェーダ語として解読を試みるものがいた。ハンター（G.R. Hunter）は、言語はドラヴィダ語と考え、後代インドのブラーフミー文字の基となったとした。一九六〇年代からクノロゾフらソヴィエト・チームとアスコ・パルポラをリーダーとするフィンランド・チームがコンピュータを使用して解析した。ソヴィエト・チームの最初の成果（一九六五年）では次のように結論した。

1. 文中の語順は一定している。
2. 修飾語は被修飾語の前に置かれる。
3. 名詞の前に置かれる名詞は形容詞として機能し、その際、接尾辞の挿入を必要としない。
4. 数詞は名詞に直接結合され、複数の語尾を必要としない。
5. 接尾辞のみが用いられて接頭辞は用いられない。
6. 二つ以上の接尾辞の結合が可能である。

フィンランド・チームは分析の詳細を報告書に記していないが、クノロゾフらの前記六つの特徴のうち、修飾語が被修飾語に先行する点と、接尾辞のみが使われ接頭辞の使用がないという点については明確に述べている（一九六九年）。以上のような文法的特徴から、両者はインダス文字の言語をドラヴィダ語と推定した。

ドラヴィダ系の諸言語(注一九)は、現在ではインドの南部に集中しているが、少数民族語としてはインド西部・中部・北部にも残っていて話されている。このことは、かつてドラヴィダ系の民族がインド亜大陸北部一帯に居住していた可能性を強く示唆するものと言える。またインド・アーリア民族の最古文献史料「リグ・ヴェーダ」（紀元前一五〇〇年―紀元前一〇〇〇年）をはじめとする広義のヴェーダ文献（とくに紀元前八世紀のブラーフマナ文献）にはドラヴィダ語からの借用語がかなりの数みられる。これも紀元前二〇〇〇年紀から紀元前一〇〇〇年紀においてアーリア民族とドラヴィダ民族が北インドで共存していないかぎり起こりえない現象であろう（辛島昇・他、一九八〇年）。しかし、個々の文字の解読ということになると、前提を必用とする、または推論に頼らなければならない。パルポラの解読では、ドラヴィダ語に仮定される「魚」と「星」の同音異義{min}である。上からみた魚と解釈されそうな記号とその派生形を同音の星を表す記号として記号の右に配置された記号により、「昴」、「北斗七星」、「北極星」を解釈しているが、なぜ「魚」と「星」が同じになるのかの理由が不明である。

二〇〇四年、スティーブ・ファーマー（Steve Farmer）らの「インダスン印章の記号は文字ではない」という記事がオンライン・ジャーナルで発表された（Farmerm, S. et.al., 2004）。ファーマーらは、「インダス印章は広大な領域において多言語を使用している社会において、宗教的・政治的意味を持つ符号であるが、言葉を書いたものではない」と述べている。通常、英語などでは同じ文の中に記号“E”が繰り返しでてくるが、インダス記号にはそういう繰り返しが非常に少ないことなどを理由にしている。

インダス文明遺跡の発掘がまだまだ進んでいないため、今後、長文のインダス文字が発掘されるかもしれない。ロゼッタ・ストーン(注二〇)のように、インダス文明地域か、メソポタミアかのいずれかで、インダス印章記号と楔形文字を併記するものの出現が期待されている。

⑶ 時代考証

ティグリス・ユーフラテス河畔の都市遺跡の地層から、ハラッパー文化の遺物が出土したため、メソポタミアの編年に照らしてインダス文明の年代の見当がつけられた。その遺物はアッカド時代からウル第三王朝を経て、イシン・ラルサ時代に至るまでの層位に集中しているので、紀元前二三〇〇年頃から紀元前一八〇〇年頃までがインダス文明の隆盛期にあたることになる。その後、何らかの原因で都市が衰亡し、地方化の傾向が強まり、全域的に小さな村落文化へと変化した。紀元前一八〇〇年から紀元前一一〇〇年がインダス文明衰退期と言われている。

また、メソポタミアのアッカド王朝（紀元前二三五〇年—二二〇〇年頃）のサルゴン王（シャルルキーン王）の戦勝記念碑（紀元前二三五〇年頃）に「キシュの王シャルルキーン。彼は三四回もの戦闘を勝ち抜き、海の縁に至るまで（あらゆる）城壁を打ち毀した。メルッハ（メルハ、Meluhha）の舟、マガン（オマーン）の舟、ティルムン（現在のバーレーン）の舟をアガデ（アッカドの首都）の港に停泊させた」と記されている。次のグティ期（紀元前二二五四年—紀元前二一一二年）、ウル第三王朝（紀元前二一〇〇年—紀元前二〇〇〇年頃）では、メソポタミアにもたらされたメルッハ産物（紅玉髄・象牙・貝・香料・木材など）の記載が見られる。これらの産物から、メルッハはインダス文明のことを指すと考えられている。

アッカド王朝期に、メルッハ人が直接赴いたことを示すものに、「メルッハの通訳」といわれる円筒印章がある。メソポタミアのいくつかの遺跡からインダス印章および封泥の出土が知られている（小磯学、二〇〇五年）。またメルッハに関する裁判資料があることから、ウルの一隅あるいは近郊にメルッハ人が居留していたようである（近藤英夫、二〇一一年）。その後しばらく、ウル第三王朝までメソポタミアの文章からメルッハが見られなくなった。メルッハの名前があらわれなくとも、産物は届いているので、王朝が代わって交易が王の独占物ではなくなり、公的商人を介するものになったと推測されている。

オマーン半島のウンム・アンナールはメソポタミアやメルッハなどと貿易をしていたが、紀元前二〇〇〇年頃に衰退し、貿易の中心は湾岸地域のティルムン（ディルムン、今日のバーレーン）に移った。ティルムン商人が銅・金・銀・ラピスラズリー・紅玉髄のビーズ・象牙・木工品などをメソポタミアにもたらした（ホルンスト・クレンゲル、一九八三年）。ティルムンが勃興した時点で、ティルムンにはメルッハやマガン、古代ペルシャの様々な産物が集められ、メソポタミアの商人たちもメルッハの商人たちもそこで商取引をした。彼らの活動を裏付けるものとして、モヘンジョ・ダロ、チャンフー・ダロ、ロータルからの湾岸式印章が出土されている。メソポタミアからメルッハにもたらされた可能性のある産物としては、羊毛や油など残らないものの他に、クロライト製石製容器やマガン産の銅がある。クロライト製石製容器はモヘンジョ・ダロから出土しており、マガンの饅頭型銅塊がロータルから出土している。

交易が商人達に任されるようになり、ティルムンやマガン、メルッハとの交易は積極的に行われるようになった。しかし理由は不明であるが、紀元前一八〇〇年頃から交易記録は途絶えてしまう。古バビロニア時代の中頃にはティルムンそのものも文書に表れる頻度が以前ほどではなくなった。インダス平原についての考古学上の調査結果には衰退が反映しており、紀元前二〇〇〇年紀中頃には完全に崩壊してしまった。気候学的調査から、当時のインドの気候がことのほか乾燥していたことが明らかになっているので、インダス平原の農業にも影響を与えて、収穫をかなり減少させたのかもしれない（ホルスト・クレンゲル、一九八三年）。

メルッハの名前は紀元前二〇〇〇年紀半ば以来アフリカの東北部を指す名称として使われるようになった。かつてはペルシャ湾の彼方の国からもたらされたものが、この地域から、特にエジプトを仲立ちとして得られるようになった。元来メルッハの地理的概念ははっきりされておらず、ペルシャ湾と紅海さえ正しく識別できていなかったので、名称が他の土地に置き換えられても支障はなかった（ホルスト・クレンゲル、一九八三年）。

最近（二〇〇〇年―二〇一三年）インダス文明についての著作や論文を執筆したウィスコンシン大学のケノイヤー（ハラッパー遺跡など発掘）とハーバード大学のメドゥ（ハラッパー遺跡など発掘）、ペンシルヴァニア大学のポーセル（インド側のロージディー遺跡、バーバルコート遺跡などの発掘）、ニューヨーク州立大学のライトら（ハラッパー遺跡など発掘）の研究によるとインダス文明盛期の年代は紀元前二六〇〇年から紀元前一九〇〇年、ポスト・ハラッパー文化期は紀元前一九〇〇年から紀元前一三〇〇年となる。

炭素一四（^{14}C）年代法を使った絶対年代を重視しているケノイヤーたちは、ハラッパー文化から後期ハラッパー文化への移行期（紀元前一九〇〇年から紀元前一八〇〇年）を一〇〇年と見ており、ポーセルは前期ハラッパー文化から盛期ハラッパー文化への移行期（紀元前二六〇〇年から紀元前二五〇〇年）を一〇〇年と見ている。

王権などを象徴する遺物

エジプト文明におけるピラミッドやメソポタミア文明におけるジッグラトのような王墓や記念碑などの建築物は、インダス文明にはみられない。共通要素としてインダス印章、インダス文字、また上下水道が整った都市があげられるが、一方地域差もある。焼成煉瓦のみが使用されているわけではなく、グジャラート州では城塞は石造りである。栽培作物にもかなりの地域差がある。墓の埋葬品から副葬品などに、特定のエリートたちへの富の集中は見られなかった。都市を築きあげている壁を注意深く調べても内部抗争や戦争による傷跡は見つかっていない。これらのことから世襲のエリート、中央集権国家、戦争がないというのが現在大多数のインダス文明研究者たちの共通した認識である。

インダス期の宗教

文明成立に先立ってインダス平原一帯に「角と植物に対する共通信仰が確立した」ととらえられている(Allchin and Allchin, 1982)。

第一段階　彩文土器に有角獣（牛、レイヨウ、山羊など）全身横向き

植物　主として菩提樹

第二段階　有角獣（主として水牛）の頭部のみ　インダス平原一帯に広く分布
菩提樹　インダス平原のみならず、アフガニスタン南部のムンディガクまで広く分布
単体で角と植物が描かれるだけでなく、両者を組み合わせて描かれるようになる。
角と植物相互の融合

第二段階の末には角表現は人物像と結びつき、カーリーバンガン出土の土板に「角と植物を頭部からはやした人物」の線刻画が描かれている。神格が付与された人物の出現を暗示しており、この共通信仰がインダス文明に引き継がれた（近藤英夫、二〇一一年）。

印章や銅製護符・土製護符に刻されたインダス文明の信仰対象は以下のとおり。

1　有角神（頭部に水牛の角と植物を生やす）
2　半人半獣神（捻れた山羊の角と植物を生やす）
3　牛男（有角）
4　一角獣
5　有角獣（複合獣）
6　水牛
7　複頭獣
8　虎と闘う神
9　菩提樹

有角神が主神であろうと言われているが、文明期には信仰表現が多様化している。メソポタミアに見られるような神殿や王宮の存在は確認されていないが、モヘンジョ・ダロの城塞部にある沐浴場はその位置と構造か

ら儀礼の場であったとも考えられている。沐浴の儀礼を通して地上の声を天上の神に伝え、同時に神の声を地に伝える。それは再生や豊穣を約束する儀式であった。増殖は大沐浴場に隣接した穀物倉に納められた食料に対しての儀式である。こうして都市と農村は結びつき、都市は農村に豊穣・再生を約束し、農村は都市へ余剰生産物を納める（辛島昇、一九八〇年）。

都市の住民が宗教的な沐浴を行っていたことは、一般の住宅に備えられた浴室から想像されており、後世のヒンドゥー教徒に継承されている。また土偶などの遺物や印章の図像から、住民の間で牡牛崇拝・聖樹崇拝・地母神崇拝・生殖器崇拝などが行われていたが、これらは後世のヒンドゥー教において見いだされる。印章には獣に囲まれた苦行者の姿をして座る神像を彫ったものがあるが、これもシヴァ神の原型と見られている。死者はそのまま葬られるか、火葬にされた。墓はいずれも小型で、規模の差は大きくない。

さらに別の儀礼施設として、カーリーバンガンやロータルにおける「火の祭壇」がある。「火の祭壇」では、犠牲獣を伴う祭祀行為が見られる。カーリーバンガンでは城塞南区と市街地東側外に祭壇が七基ある。城塞内の祭壇では、かたわらに排水溝を備えた井戸があり、水の儀礼との関連をもうかがわせる。ロータスでは、大甕数個を床に備え付けた木造建築の中に祭壇があるが、水の祭祀と火の祭祀の関係などは分かっていない（辛島昇、一九八〇年）。

インダス期の海表面

カッチ湿原にあるカーンメール遺跡は東西約一一四メートル、南北約一一〇メートル、ほぼ正方形である。城塞は石垣で囲まれていて場所によっては二重三重になっており、幅約十八メートル、現存する高さは六メートルある。石垣に使われている石はカーンメール産のものである。この城塞で戦争があった形跡は見られず、遺物の中に武器を想起させるようなものは一切ない。インダス文明期には海水面が今より二メートル高かったので、カッチ湿原は海だった。高潮や大雨の時の避難場所を兼ねていたのかもしれない。近くのシカールプル遺跡でも、城塞の外側は日乾煉瓦を一〇メートル以上の厚さに積んでいる。湿原の対岸二〇キロメートルにあるバガーサラ遺跡は五〇メートル四方の城塞に囲まれているが、城塞の壁は七メートルである。貝を数千の単位でまとめた束が三つ見つかっていて、加工中の貝も発掘されている。腕輪など貝製品を制作する工房があった。ビーズ加工も行われていた形跡があり、装身具の生産地であった。

ドーラーヴィーラー遺跡のインダス文字看板を発掘したラワトによると、カッチ県では一〇から一五キロメートルの間隔でインダス文明遺跡が見つかるという。高い城塞と等距離に遺跡が点在することから、隣の遺跡が目視できる範囲で、狼煙などで連絡がとれる距離である。城塞内には市街地に住む人々とは別の職能集団(装身具を制作する職人の集団)が住んでいた。職人たちは定住ではなく、制作した装身具を大都市に売るため季節移動をした。海洋や河川では船で、陸上では牛車やロバが使われた。こうした交易をするために、交易船の発着などの情報を狼煙で連絡したことが考えられる。また、こうした職能集団は氏族集団を母体とするもので、氏族ごとに居住地と制作する装身具が決まっていたのではないかと言われている(長田俊樹、二〇一三年)。

カッチ県からだいぶ東のサウラーシュトラ半島の付け根にロータル遺跡(五ヘクタール)があり、焼成煉瓦を積んで作られた船着場(縦二一四メートル、横三六メートル)がある。ここではインダス印章より、封泥が多く出土している。封泥には二つの印章が押印されたものがあり(送り主と運搬人が確認のために押し合う)、また同じ象の動物柄に同じインダス文字が入った印章が押印された封泥が一二個も見つかっている(荷物の運搬にかかわって同一印章を使用)。これらのことは、交易が行われていたことの証拠になると考えられており、さらにメソポタミアやペルシャ湾岸諸国との交易を思わせる出土品(円形のペルシャ湾岸印章など)が見つかっている。インダス文明期における海水準は今より二メートル高かったので、ロータルは海岸線に近かった(長田俊樹、二〇一三年)。

現在パキスタン南西部、イランとの国境付近のアラビア海に面するマクラーン海岸からかなり入ったところにあるソトカーゲン・ドール遺跡やソトカー・コー遺跡も、インダス文明期には海岸沿いにあった。海水準変動により海面が下がり、陸地も隆起したため、当時の海水面とは九・五メートルも違い、海岸から離れた位置になってしまった（長田俊樹、二〇一三年）。

『食べ物調査』

植物考古学は、遺跡から出土される植物を研究する学問で、花粉を分析してその植物を同定する。植物の細胞組織にあるプラントオパール（珪酸体）の形状によって種を特定する。歯の沈着物は歯石として残り、なかなか除去されないが、歯にこびりついた澱粉を電子顕微鏡を使って同定する。

米国ワシントン州立大学のウェーバー博士とインド人のアルミーナー・カシャップはファルマーナー遺跡の植物分析をして、出土した炭化種子から小麦・大麦・粟（エノコログサ属）・黍属を見つけた。また、遺跡の人骨の歯石からジンジャー（生姜）・ターメリック（うこん）・レンズ豆・緑豆・米・黍・バナナを食べていたことがわかった（A. Lawler, 2012）。ウェーバーたちは粟や黍が主食だった可能性も示唆している（長田俊樹、二〇一三年）。

(4) 文明の衰退

インダス文明は古バビロニア王朝が成立する紀元前一八〇〇年頃には衰退・崩壊していたと考えられている。モヘンジョ・ダロ遺跡では都市期の上層で文明の特徴であった城塞・市街地の住み分けの統制が失われ、粗末な家屋が城塞部にまで作られている。ハラッパーでは都市末期に市門がその機能を失い、ロータルでは市壁に沿って作られた「船着場」が洪水で埋まったまま放棄されている。こうした事象は遺跡の層位観察や^{14}C年代測定法により紀元前二〇〇〇年以降に起こったことがわかっている。紀元前一八〇〇年頃には、都市は完全に活動を停止した。

インダス文明期の湿潤な気候が乾燥化して文明が崩壊したという考えがあげられたが、文明期は今日とほぼ変わらない気候であった。現在考えられているのは、紀元前二〇〇〇年頃にインダス河の河口部からマクラーン沿岸にかけて土地の隆起があり、一時的に出口を失ったインダス河が洪水を頻発したことが、第一の要因である。洪水後、インダス本流はしばしば流路を変えて都市から離れた。さらにガッカル・ハークラー川が干上がって、カーリーバンガンなどの流域の都市を放棄せざるを得なくなった。このような環境変化は農耕生産力の低下をもたらし、河川の交易ネットワークを麻痺させた。それによって、都市は混乱し衰退したと言われている（辛島昇、一九八〇年）。

都市の衰退

インダス文明では、角と植物の信仰（支配原理）を紐帯として平原各地が統合された。都市は信仰を共にする無数の農村に担がれた神輿のような存在であり、そこで行われる儀礼行為を通して天と交接し、農村に再生と豊穣を約束する。それによって農村から都市へ食糧が集中する。このシステムが機能する前提は、信仰が再生と豊穣を約束することであり、石像は信仰を具体的に表すものであった。河川の流路変更・洪水・塩害などで土地が荒廃するなど、紀元前二〇〇〇年頃に起きた一連の事象により、信仰が農村に何も約束しないものになったとき、都市は打ち捨てられた。石像（神官王・神官・羊・複合獣など）はほとんど打ち欠かれて放棄された（近藤英夫、二〇一一年）。

都市文明としてのインダス文明は衰退し、広大な地域間ネットワークを支えるものも低下していった。グジャラート州地域など海水面が低下して船の航行ができなくなった可能性が高い。インダス文明は崩壊してもハラッパーやロータルなどは集落として活動していて、各地で独自の文化が展開していった。紀元前二〇〇〇年紀前半には東部パンジャーブを越えてガンジス上・中流域にまで及んだ。またカッチ平原のピーラクでは紀元前二〇〇〇年～紀元前一七〇〇年ごろに、モロコシとイネが出土し、ウマとラクダの土偶、およびウマ・ラクダ・ロバの獣骨が発見されている。

紀元前三〇〇〇年紀末には「海洋交易を軸としたペルシャ湾地域の重要性の増大や、中央アジア南部におけるバクトリア・マルギアナ考古文化複合(注一二)(ＢＭＡＣ：Bactoria-Margiana Archaeological Complex)の成立」で広域交流ネットワークが大きく再編された。紀元前二〇〇〇年紀前半に、亜大陸西北部は自らの都市経済圏は失ったが、より大きな経済圏の中にしっかりと組み込まれていた(近藤英夫、二〇一一年)。

文明の流れ

現代のインドでは、インダス文明の建物と変わらない配置の民家を見ることができ、道を行き交う牛車もインダス文明の土製品そっくりである。インダス文明衰退期(紀元前一八〇〇年―紀元前一一〇〇年)のパキスタン地域で遺跡が急減する一方、インド北部で遺跡が急増する。この北インドへの遺跡集中現象は紀元前一〇〇〇年紀の初期鉄器時代まで続くため、その文化が北インドを介して後の南アジア社会に伝えられた可能性は高い(長田俊樹、二〇一三年)。

インダス文明に代表的な下水施設や、特殊な芸術などは後世に伝わっていない。しかし無形の文化・哲学・信仰については後のヒンドゥー教に、その概観はアーリア的であるにもかかわらず、ハラッパー人の考え方が残されている。邪悪な顔付きをして座り、あるいは勝ち誇るナタラージャ〈舞踊の王〉という意味)のように踊っている姿のシヴァ神の祖型らしき像や、男根崇拝あるいは動物に払われた崇敬、特に牡牛に関する儀礼などは、ヴェーダの信仰とは無関係のものである。これらは歴史時代におけるバラモン教に支配的な要素であろうと推察されている(ウィーラー、一九六六年)。

インダス文明が解体した後、シンド地方は、明らかにその典型的な伝統は途絶えてしまったが、その地にやや別の文化(ジューカル、ジャンガル)が出現した。一方、すでに都市期の当初から南東部(カッチ・サウラーシュトラ地方)と北東部(パンジャーブ地方)とに伝わっていた伝統はシンド地方よりも長くその命脈を保った。しかし南東部は北東部よりも早く、新興の異質な文化伝統(輝赤色土器等)に同化・吸収されてしまった。北東部でも、やがて別の伝統（彩文灰色土器文化）と出合ったのちに、同化・吸収された。（図1-2参照）そして紀元前一八〇〇年頃の都市期の終末後、インダス本流域からより北東の地と（パンジャーブからガンジス平原）、南東の地（グジャラートからラージャスタン、もしくはデカン高原の北西辺）へと移っていった。そして紀元前二〇〇〇年期後半はほとんど断絶なしにそれぞれの地方における初期歴史時代につながっていった。

『歯の化学組成研究』

米国ウィスコンシン大学のマーク・ケノイヤー（Mark Kenoyer）らは、紀元前二五五〇年から紀元前二〇三〇年頃のハラッパーの墓地遺跡から人骨を発掘、歯の化学組成を分析した。歯のエナメル質を使ってストロンチウムと酸素、炭素のそれぞれ同位体分析を行うと、同位体比によって、その個体が生まれた場所がある程度特定できる。出身地が同じならばどの動物でも同じ同位体比を示すので、牛や豚の歯も使用された。ハラッパー遺跡の四〇サンプルでは非常なばらつきがあった。メソポタミアのウル遺跡の人骨二サンプルについても分析した結果、同じストロンチウム同位体比を示した。動物の骨でも同じストロンチウム同位体比であった。ハラッパーには色々な地方から人が集まってきて、その地で亡くなり埋葬されていたことを示している。

さらに女性の墓の隣に埋葬されている男性の歯を分析すると、明らかにハラッパー以外の土地から来たことを示している。よその土地からハラッパーに来て、ハラッパーの女性と結婚し、ハラッパーで亡くなってハラッパーの墓地に埋められた男性がかなり多くいたことがわかった（Kenoyer et al., 2013）。

二、古代

1 インド

(1) 前期ヴェーダ時代

『アーリア人の移動　サンスクリット学者バロウの説（一九七五年）』

インド・ヨーロッパ語を話す集団の一部は、彼らの故郷ヨーロッパから紀元前二〇〇〇年頃中央アジアに移住し、アーリア民族（インド・イラン民族）というグループを形成した。「リグ・ヴェーダ（注一）」と「アヴェスター（古代イラン語で書かれたゾロアスター教の聖典）」との比較研究や、西アジア資料に現れるアーリア民族移動の記述によると、中央アジアのアーリア民族の第一波（プロト・アーリア民族）がまず北東イランに移動し、やがてその一部が紀元前一五〇〇年頃インドへ（インド・アーリア民族）、他の一部が西進してメソポタミアへ移住した。また、紀元前一〇〇〇年頃中央アジアから第二波のアーリア民族がイラン台地に進出し、これがイラン民族になったと推論されている（辛島昇・他、一九八〇年）。

アーリア人（正確には、インド・アーリア民族）のインド進出は、インダス河上流域のパンジャーブ地方（五河地方）で、先住の農耕民を征服しつつ、牧畜を主とし農耕を副とした半定着の生活を始めた。それは幾度にもわたり、ヴェーダ文献に記されているアーリア人のインド移住以前にも同民族の来住があったことは考えられる。アーリア人がインドへの進出に成功したのには、馬と戦車（馬が引く二輪戦車）をもっていたこと、および、青銅製の優れた武器をもっていたためと考えられている。彼らはまた播種《ハシュ》・収穫・脱穀について、および季節の農作業など豊富な農業の知識をもっていた。しかし、「リグ・ヴェーダ」のなかに牛への言及が多いことから、当時のアーリア人は牧畜の民であり、彼らの戦闘のほとんどは、牛を獲得するためと思われている。また、大工・織工・皮革工・陶工などの職人についても述べているので、当時のアーリア人はこれらの作業に従事していたようである。銅あるいは青銅を意味するアヤスという語がもちいられており、彼らが金属加工技術を知っていたこともわかっている（R・S・シャルマ、一九八五年）。

アーリア人は、自然現象に神秘的な力を認める信仰をもち、天・地・太陽・風雨・雷・川などを崇拝した。その自然崇拝の伝承を集約した聖典を「ヴェーダ（Veda）」といい、紀元前一五〇〇年頃、アーリア人がインド西北地方に入った頃から、ガンジス河流域に広がり紀元前六〇〇年頃まで口伝で伝承された。ヴェーダが作られていた時代（紀元前一五〇〇年―紀元前六〇〇年）をヴェーダ時代という。「リグ・ヴェーダ」によって伝えられる紀元前一五〇〇年〜紀元前一〇〇〇年頃を前期ヴェーダ時代、アーリア人がガンジス河流域に移動し、他の三ヴェーダが作られた紀元前一〇〇〇年〜紀元前六〇〇年頃までを後期ヴェーダ時代という。

アーリア人は家族を最小の単位とし、平時には家族ないし数家族の集団で行動していたが、戦闘など重大な事態が生じた場合には部族が単位となって行動した。部族を率いた首長はラージャン（王）と呼ばれ、他部族との戦闘や牛の掠奪など、部族の守護と繁栄のために行動した。ラージャンの地位は世襲される傾向にあったが、サミティと呼ばれる部族集会で選ばれる例もある。王は部族集会（サバー、サミティ、ヴィダタ、ガナ）によって権力行使の制限を受けている。初期には婦人もサバーやヴィダタに出席していた。部族の内部には、次第にラージャンを中心とする有力な成員（ラージャニヤ）、祭式を担当する司祭者一族、一般成員（ヴィシュ）といった大まかな階層の分化が見られたが、階層間はかなり流動的であった。

日常の行政にあたっては、何人かの役人がラージャンを補佐した。特にプローヒタと呼ばれる司祭の長は重要であった。司祭者は部族の首長の活動を鼓舞し、また彼らの偉業を讃え、その報酬として多数の牛や女奴隷を受けた。次に重要な役人セーナーニーは、槍・斧・剣に巧みな指揮官であった。首長たちはバリと呼ばれる自発的な貢物を一般住民から受け取った。貢納物や戦利品は集会の席で分配された。「リグ・ヴェーダ」のなかに司法官に関する記事は見当たらないが、窃盗や強盗も発生したので、これらを監視するためにスパイが雇われた（R・S・シャルマ、一九八五年）。

アーリア人は先住民をダーサ、ダスユと呼び、また「黒い肌をした者」と呼んだ。「黒い」は象徴的に強調された表現であるが、おそらく肌の色にある程度の違いがあり、それが支配者と被支配者の区別を示していたため、「色」を意味するヴァルナ（注二）という語が身分・階級（種姓）の意味にも用いられるようになった。イランの古文献にもダーサの名が見いだされるところから、ダーサは初期アーリア人の一分派と推測されている。一方、「リグ・ヴェーダ」にでてくるダスユは、この地の先住民を意味している。アーリア人の首長はダーサに対して寛容であったが、ダスユに対しては激しい敵意を示した。両民族間には文化的違いもあり、アーリア人は先住民を奇妙な風習をもつ者、神々に憎まれた者、男根を崇拝する者などと呼んでいる。ダーサ達はプルと呼ばれる堅固な城塞に立てこもって抵抗したため、アーリア人の軍神インドラは「プランダラ（プルの破壊者）」の別名で呼ばれている。

「リグ・ヴェーダ」にはアーリア人と対等な関係をもったダーサの首長や、アーリア人の司祭をむかえたダーサのいたことも伝えられており、またアーリア人は先住民から農耕文化の諸技術を学んだ。アーリア人はしだいに牧畜から農耕へと移り、大麦などを栽培した。一方、アーリア人の奴隷や側女となった先住民の女性や、彼女らが生んだ子供たちが、アーリア人家族の成員ないし準成員として受け入れられた。

当時女性は一般に尊敬され、社会においても地位が高く、祭りや娯楽にも参加した。高度な教育も受け、ヴェーダ讃歌を作曲する者もいた。しかし女性の主な義務は息子を生むこととされていた。

『母系制』

ドラヴィダ人達は母系制であり、親子関係や相続は母方の系統によった。後世のインド人一般の命名法にも影響していて、「何某女の子」という命名法が盛んで、碑文にも現れている。インドの原語の仏典およびジャイナ教聖典では両親のことを「母と父」という。現代のドラヴィダ人は母系制ではなく、僅かにケーララ州においてのみこの習俗が認められる。「マヌ法典」(注三)にも父より母を重んずる思想が記されている。

「母への尊敬（bhakti）によりこの世界を得、父への尊敬により中（空）界を得、師への奉仕により梵界を得る。」（二・二三三）

「父は師よりも百倍、しかし母は父よりも千倍多くすぐれている。」（二・一四五）

母系制の名残はプーナの陶工たちの間にもみられる。最も大きな陶器は婦人によって作られ、そのための盤は、決して男性によっては使用されない。歴史以前の遺跡から発掘された盤は今日プーナで使われているものと同じ型であることが判明した。だからプーナの陶器製造者は、婦人が最初に陶器製造者であった時期の原始的な痕跡を保存している（中村元、一九八三年）。

『リグ・ヴェーダに現れる神』

パンジャーブ地方に移住したアーリア人は自然現象を神格化した多数の神を信仰していた。「リグ・ヴェーダ」のなかで最も多くの賛歌を捧げられているのは

インドラ　雷神かつ軍神（二五〇讃歌）　仏教の帝釈天
アグニ　火神　（二〇〇讃歌）
スーリヤ　太陽神
ヴァーユ　風神
ヴァルナ　天空神かつ司法神
パルジャニヤ　雨神

ソーマ　酒神
ルドラ　暴風神　↓　動物の神　↓　先住民起源のシヴァ神と一体化してヒンドゥー教（注四）の最高神
ヴィシュヌ　維持神　↓　保護神　↓　ヒンドゥー教の最高神
ウシャス　暁の神、女神
サラスヴァティー　河神、女神　↓　日本では弁財天
ミトラ
　契約の神　イランのミスラ、ペルシャのMithraに対応
ヤマ　↓　後に閻魔（地獄の王）
ヴィシュラヴァナ　富と財宝の神　↓　中国に伝わる過程で武神として信仰され、毘沙門天、多聞天と訳され、日本にも伝わった。

「無限」「ことば」などの抽象的観念の神格化、宇宙秩序の法則（天則《リタ》：自然の法則）の観念、万物創造への思索なども見られる。霊魂不滅の観念もあり、善行者は死界の王ヤマの君臨する天国に至ると信じられていた（辛島昇、二〇〇四年）。

リグ・ヴェーダにあらわれる神々は、最初素朴な方法で崇拝された。火が燃やされ、その火にごく普通の食物や飲物（米や牛乳など）が供物として供えられた。同時に美しい讃歌が捧げられた。礼拝の儀式は段々複雑なものとなり、礼拝者の代表として儀式をつかさどる僧侶たちが雇用されるようになった。至高神（最も力の強い神）の概念が早い時期に形成されており、「リグ・ヴェーダ」の賛歌の中に言及されている。祭祀の方法は複雑に発達し、多数の司祭者が役割を分担して長期間行われるものもあった。司祭職には特殊な訓練が必用とされたため、その職は親から子へ世襲されるようになったが、まだ排他的な司祭者やシュードラを含むカーストは成立していなかった。リグ・ヴェーダの第一〇巻におさめられた「プルシャ（原人）の歌」のなかで、四ヴァルナの身分制度の起源が「プルシャの口からバラモンが、両腕からクシャトリヤが、両腿からヴァイシャ

が、両足からシュードラが生まれた」と歌われている。この歌は次の時代に成立したヴァルナ制度に権威を与えるため、後世になってこのバラモン教最高の聖典に挿入された（辛島昇、二〇〇四年）。(注五)

『十王の戦い』

アーリア人は先住民との戦の他に、彼ら同士で戦った。彼らは五つの部族に分かれて互いに争い、時には非アーリア人の援助を求めることもあった。アーリア人の部族のなかではバラタ族とトリツ族が最も有力で両部族の司祭長をヴァシシュタが果たしていた。非アーリア人部族長を含む一〇人の王が連合して支配部族バラタ族・トリツ族に対抗した。彼らの司祭長はヴィシュヴァーミトラであった。この戦いは「十王の戦い」として「リグ・ヴェーダ」に述べられている。今日のラーヴィー河にあたるパルシュニー河の岸辺で行われ（紀元前十二世紀頃）、スダース王が率いるバラタ族・トリツ族は、プール族を中心とした十王の軍に勝利し、支配権を確立した。

この後バラタ族はプール族と連携し、クル族という新たな支配部族を形成した。さらにこのクル族はパンチャーラ族と連合してガンジス河上流域を制覇し、その首都がハスティナープラ（ハスチナープル）に置かれた。クル族の歴史は、叙事詩「マハーバーラタ」(注六)の主題となったバーラタ戦争に関連して有名である。この戦いはクル族内部のカウラヴァ一族とパーンダヴァ一族との間で紀元前九五〇年頃戦われたと推測されている。その結果、クル族の中心氏族のほとんどが事実上姿を消した。

ヨーロッパ人により、アーリア民族がつくりあげたヴェーダ聖典やその後に書かれたサンスクリット語およびプラークリット語（俗語）の作品を研究して描き出された古代インド史のイメージは、「優れた素質と文化を持ったアーリア民族が未開野蛮なインド亜大陸に侵入し、原住民を隷属階級として支配しつつ社会と文化を発達させた」というものであった。

二〇世紀に入り、非アーリア的な土着文化への関心が高まり、アーリア民族・アーリア文化一辺倒の古代史解釈に反省を求める声が強くなった。こうした時期にインダス都市文明が発見され、最古の時代のインド史は大きく書き換えられた。アーリア民族の侵入以前に、インドには高度な都市文明が栄えていて、アーリア民族はむしろ野蛮な文明破壊者だったのではないかと疑われた。インダス文明の調査・研究が進むにつれ、都市文明がアーリア民族の侵入とは関係なく衰退していったこと、また後世のインド文化がアーリア文化と土着文化との融合の上に発達したものであることが、しだいに明らかになってきた。

『母系制から男性支配へ』

どうして母系制がすたれて男性の支配に移ったかというと、男性の所有する特殊な財産が発達したときに、男性の支配に移ったらしい。一般的には、

1. 家畜（特に牛）を飼育する（食肉、乳製品、皮革、交換用、農耕及び運搬の労働力）ようになった。
2. 労働する個人を養う以上の余剰価値を生産でき、家父長制・個人の財産・階級分化が可能になった。
3. 家畜の飼育や耕作のために奴隷を使えるが、奴隷獲得のためには戦争をしなければならなかった。
4. 戦争は武士すなわち貴族が独占している金属を使用することで促進された。

こうして家父長制や貴族階級ができてきた。

しかし、若干のバントゥ（Bantu）族では、家畜は男子が飼育して男子の系統で相続し、土地は女子が耕して女子の系統で相続するというやり方が今日でも行われている（中村元、一九八三年）。

(2) 後期ヴェーダ時代

後期ヴェーダ時代の歴史は、紀元前一〇〇〇年〜紀元前六〇〇年頃にガンジス河上流域で編纂されたヴェー

ダ諸文献（サーマ・ヴェーダ、ヤジュル・ヴェーダ、アタルヴァ・ヴェーダなど）から知ることができる。

一方、ガンダーラ地方の発掘により、遺体とともに埋められた鉄器が多数出土して、紀元前一〇〇〇年頃から、鉄がこの地方で使われ始めたことがわかった。同じころ、バルチスタン、パンジャーブ東部、ウッタル・プラデーシュ西部、ラージャスタンなどでも鉄が使われ始めた。鉄製の鏃や槍先などの武器が紀元前八〇〇年頃からウッタル・プラデーシュ西部で一般に使われた。ウッタル・プラデーシュ東部やヴィデーハでは紀元前七世紀以後の遺跡から鉄器が出土した。鉄器と同じ遺跡から出土した鉢や皿は彩文をもった灰色土器であった。ヴェーダ文献と鉄器を含む彩文灰色土器遺跡から、アーリア人はバルチスタン、パンジャーブから、ラージャスタン、ガンジス河流域のウッタル・プラデーシュやヴィデーハに移動してきたことがわかる。彼らは、鉄製武器と馬に引かせる二輪戦車で、対抗してきた先住民に打ち勝った。

後期ヴェーダ時代には、布織りは女性の仕事として広く行われており、皮革加工・陶器製造・大工仕事なども大きく進歩した。黒縁赤色土器・黒釉土器・彩文灰色土器・赤色土器という四種の土器が出土した。赤色土器が最も一般的なもので、ウッタル・プラデーシュ西部のほぼ全域から出土している。しかし、この時代のもっとも特徴的な土器は彩文灰色土器で鉢と皿の二種類があり、上層階級の人々によって儀礼用および食事用にもちいられた。宝石細工など特殊専門技術も向上した。

先住民の宗教は共同体の保護神として女神（地母神）を崇拝し、性器崇拝、蛇神および樹木を崇拝していた。インドに侵入してきたアーリア人は、最初これらに嫌悪の情を感じていたが、後にドラヴィダ人と混血し融合するとシヴァ（Siva）神崇拝の中に取り入れて拝んだ。

蛇神崇拝や樹木崇拝は民間信仰の中にも著しい影響を与えた。蛇神崇拝の変形である竜神崇拝は仏教とともに日本にも渡来した。四国讃岐の金毘羅信仰で、金毘羅（Kumbhira）とはガンジス河の鰐のことである。現代にいたるまでヒンドゥー教の信仰のなかにも生きている（中村元、一九八三年）。

先住民は侵入者であるアーリア人に征服され、隷民としてアーリア人社会に編入させられた。しかし、完全にアーリア化することなく、自己の習俗・文化を守った。かえってアーリア人のサンスクリット語の中にドラヴィダ人など原住民の言語の単語が取り入れられることさえ起こった。今日でも南方インドの住民は主としてドラヴィダ人であり、ドラヴィダ語を使っている。一九八〇年代始め頃、インドには純粋のドラヴィダ人は約七千万人おり、総人口の約二割に相当する。ドラヴィダ人の中にはアーリア文化の影響を殆ど受けていない人々もかなり多い（中村元、一九八三年）。

後期ヴェーダ時代に部族集会は重要性を失い、王権が伸張した。王は世襲となり、サバーとサミティは王侯や有力者が支配した。女性の出席はもはや許されなかった。人民がその新王を望まない場合は王に抗議を申し込んだ。王が自己の意志を主張しとおすことがあるが、その場合でも、権力をもってではなく、人民の抗議に対して十分の尊敬を払いながら人民を説得した。叙事詩の王は絶対的な専制君主ではなく、兄弟や大臣たちからも非難・叱責を受けることがあった。法典に現れてくる王も、部族の長という程度のものであったらしい。やや後の法典では「（死期の近づいた）王は、罰金として取得したすべての財富をバラモンたちに施与して、子に王位（rajiya）を譲って、戦場に赴いて死ぬべし。」（「マヌ法典」九・三二三）とある。

バラモン

ガンジス川上流域に侵入してきたアーリア人たちは先住民から稲の栽培技術を学んだ。この地に定着し、農耕生活が主力になると、自然の恵みに対する人々の願望が高まってきた。バラモンは農作業に関係する祭礼においても司祭役を果たし、複雑に発展させた。祭祀を正確に行うなら神々は人々に恩寵を授けるが、これを誤ると神々は怒って災いをもたらすという。そうした複雑な祭祀の規則を会得するためには長期にわたる学習と訓練を必要とするため、司祭職は特定の集団によって世襲されるようになった。彼らは厳格な内婚規制を定めて、集団外の者との結婚を拒み、排他的な集団となることによって祭祀を独占することに成功した。またバラモンは庇護者である王の戦勝を祈願し、その返礼として、いかなる危害も彼らに加えないという保証を得た。バラモン・ヴァルナが成立した。バラモンの原語ブラーフマナはヴェーダ聖典に備わる呪術的な力（ブラフマン）をもつ者を意味している。バラモンは、自分たちを人間の姿をした神であると強調し、身分制度における最高位を要求した。

クシャトリヤ

バラモンは最高位をめぐって国家の統治や軍事を担う階級の代表ラージャニヤ（クシャトリヤ）としばしば争った。しかし、これら両階級が下位の階級を相手とする必要があるときには、争いをやめて手を結んだ。後期ヴェーダ時代の終わりごろから「両階級は他の住民を支配するために協力すべきである」と強調されるようになった。国家の統治や軍事を担うクシャトリヤ・ヴァルナは、自己の地位の正統性を宗教的に保障することを条件に、バラモンをヴァルナの最高位とし、また彼らの物質面における生活を支えた。

ヴァイシャ

庶民階級であるヴァイシャには、農業や牧畜など生産活動に従事する役割が与えられた。また職人として働く者もあった。後期ヴェーダ時代末期には交易にも従事し始めた。ヴァイシャはこの時代の唯一の貢納者で、クシャトリヤは彼らから徴収した貢納物で生計をたてていた。部族の一般成員を貢納者の地位に引き下げるまでには長い期間を必要とした。反抗的な庶民を王侯のもとに服従させるための儀礼がいくつかある。

上位三ヴァルナはヴェーダの聖句の定めるところに従ってウパヤナヤの儀式（入門式）を挙げ、聖紐を身に着けた。

シュードラ

ガンジス河上流域には、黒縁赤色土器などを遺した農耕先住民が分散的に居住しており、広大な森林地帯には狩猟採集生活を営む部族民が分散的に活動していた。彼らのなかにはいち早くアーリア文化を取り入れてアーリア社会に組み込まれる者もでたが、多くは上位ヴァルナ（アーリア人）に奉仕する隷属階級シュードラ（スードラ）とされた。

不可触民

狩猟採集生活を送っていた部族民のなかに、部族組織を維持したまま農耕社会の周縁部で生活する者がでてきた。農耕社会の成員たちは、彼らをシュードラの最下層に属する賤民として扱い、村の雑役、死体の処理や死刑の執行など不浄とされた仕事を割り当てた。後期ヴェーダ時代の末期頃、そうした賤民層をシュードラ以下の存在として不可触民チャンダーラとした。

はじめのうちヴァイシャは互いの職業にたずさわることで、バラモンとかクシャトリヤになることができた。さらにこれらの三つの階級のあいだでは結婚することもあった。それらの三つの階級のいずれの階級の人でも、シュードラと結婚することもできたし、シュードラが宗教的祭祀のための食事を調理することもできた。比較的後期の作品である「マヌ・サンヒター」でさえも、上流階級の一員が下級階級に属している少女との結婚を許している。後期ヴェーダ文献は一般に上位三ヴァルナとシュードラの間に聖紐着用の儀式を行うか否かで境界線を引いているが、王の即位に関する公《オオヤケ》の儀式のなかにシュードラの参加する儀式もある。これは彼らの一部に同じ部族の出身者がいたからである。ラタカーラ（車造り）などのような一部の職人は高い地位を与えられ、聖紐着用の儀式を行う資格をもっていた。このように後期ヴェーダ時代においても、ヴァルナの区別はそれほど明確なものではなかった。

ガンジス河上流で成立したヴァルナ制度は、その後インド亜大陸全域に伝わり、カースト社会の大きな枠組みとしての役割を果たしてきた。時代と地域によって強弱の差があり、柔軟性をもってしみ込こんでいった。

部族王政

時代が下るとパンジャーブ地方からガンジス河の上・中流域の地に、国（ジャナバタ）が数多く生まれ、それぞれクル国、バンチャーラ国のように部族名を冠して呼ばれた。サバー、サミティといった部族集会は力を失い、前代のラージャン（首長）よりはるかに大きな権力を握るラージャン（ラージャー、王）が登場してきた。彼らは異部族とその居住地をも支配下に置いたが、まだ部族内の有力者を完全に排除し専制的権力を揮うまでにはいたっていない。こうした政体は「部族王制」と呼ばれた。

『王権』

古代のインド人の王権観を伝える文献は、大きく三つに分類できる。

一　バラモン教（その展開としてのヒンドゥー教を含む）に関するヴェーダ聖典、ヒンドゥー法典
　　二大叙事詩（「マハーバーラタ」と「ラーマーヤナ」（注七））に代表される文献

二　仏教、ジャイナ教など非正統派宗教に関係する文献

三　カウティリヤの作とされる政治論書

右の第一と第三の文献の中で「国家（王国）は七要素から成る」と定義されている。七要素とは王、大臣（行政組織）、都城（都市および市民）、地方（領土および地方の住民）、国庫（財政）、軍隊、友邦（外交関係）であり、国家はこれらの要素が緊密な関係をもちながら結合することによって成り立っているという。七要素全体を統合するのは王であり、国家の運命は王の能力と行為の如何によって決まる。さらに王がいない国は大混乱に陥ると考えられた。

	（正統派バラモン思想）	（仏教など非正統派思想）
王の起源	最高神が人類社会に平和と秩序をもたらすために創出	無政府的混乱を恐れた人民が一種の社会契約により人類最初の王を選出 一般に王の神性を認めない。
最重要義務	人民の保護と社会秩序の維持 バラモン教の聖法に従って果たす	人民の保護と社会秩序の維持 普遍的理法（社会倫理、釈迦（注八）の教え等）

制度	ヴァルナ制度の秩序 / ヴァルナ制度を超越した倫理
国家	ヴェーダの祭祀は不可欠 / 特に犠牲獣を伴う祭祀の有効性を否定

王権の強化

王権の強化は王自身だけでなく、秩序と安寧を願う住民の望むものでもあった。王の地位は一般に世襲され、また王に特別な権力と神聖性を授けるための祭祀が発達した。

（a）ラージャスーヤ（即位式、開始から終了まで二年以上要する）

・祭主（即位する人物）はラトニン（「宝に等しい者」）、ラージャクリト（「王を作る者」）の家を一日ずつ訪れ、各家の神に供物を捧げる。ラトニンは次の十一人からなる。

セーナーニー（将軍）、プローヒタ（王の司祭長）、マヒーシー（正妃）、スータ（吟唱詩人）、グラーマニー（部隊長ないし村長）、クシャットリ（侍従長）、サングラヒートリ（財務長）、バーガドゥガ（税務長）、アクシャヴァーパ（賭博長）、ゴーヴィカルタナ（狩猟長）、パーラーガラ（使者）

・灌頂式

諸神への祭詞が唱えられる中で、聖河の水、海水、池・井戸の水、露など一七種からなる水を、司祭者、親族、およびクシャトリヤ階級、ヴァイシャ階級の代表者たちが灌ぐ。

この即位式には新王が帝王であることを誇示するためのシンボリックな儀式が伴い、武勇を誇示するために身近な有力者に対する戦いや牛掠奪の真似事が演じられた。王を勝者にするサイコロ賭博も行われた。

（b）ヴァージャペーヤ

ヴァージャペーヤとは「力を飲むこと」を意味する。祭主に帝王の力を授けるために、祭主を勝者にするように手配された一七台の二輪戦車競技を挙行する。勝者になった祭主は梯子のかけられた祭柱の頂上に上り、そこから祭文を唱えた。司祭者たちは、犠牲獣の肉や穀物を神々に捧げ、また王の強固な統治権と、その下における人民の繁栄を讃えた。

（c）アシュヴァメーダ（Ashwameda　馬祀祭）

王権の強化に伴い、帝王ないし帝王への野心を有する者のみに許された、馬（アシュワー）を犠牲（メダ）として神に捧げる祭祀。まず様々な条件を満たした駿馬が選ばれ祓いの儀式を済ませたのち自由にされる。馬は牧草を求めて各地を放浪するが、この馬を国王ないしはその代理者が軍隊を引き連れて守る。馬が外国の領域に入り込んだ際、馬の領域内通過を認めると、その領域は侵入した側の王の領域となった。馬の所有者である王に挑もうとする各国の王は誰でもこの馬を捕らえてよく、馬を捕らえようとすれば、両者の間に争いが起こる。宗主権をもつ国王は、自分の敵対者を打ち破ることで馬を取り返さなければならない。一年後に連れ戻された馬は祭柱に繋がれ、他の多くの動物とともに犠牲獣として殺される。祭主は自己の馬が徘徊した全土地に対する完全な支配権を得た。

即位式を構成する大小の儀式はいずれもきわめて複雑な規則に従って行われ、多数のバラモンが役割を分担しつつ参加した。彼らには、牛・馬・穀物・布・金銀・土地等の形で莫大な報酬が与えられた。ヴァルナ制度における特権的地位を求めるバラモンと支配の正統性を求める王との相互依存の関係は一段と強化された。

この時代に租税と貢物の徴収が一般化した。叙事詩によると、大きな供儀の際に王侯によって大散財がなされ、あらゆる階層の人々が饗応を受けたという。王の政務の遂行は司祭者・軍司令官・王妃・その他二～三人の高級役人に補佐された。しかし、王は常備軍をもたず、戦時には部族単位で兵が招集された。

『アーリア民族の四住期』

古代アーリア民族の人生は理論的に四つのアーシュラマ（住期）に分けられていた。

第一住期　ブラーフマーチャリヤ（学生期）　教師とともに厳格な修養生活を過ごす。

第二住期　グリハスタ（家住期）　家に帰って結婚し、家長としての生活を送る。
第三住期　ヴァーナプラスタ（林棲期）　家庭を離れ森林に隠遁し、そこで宗教的儀式を行う。
第四住期　サニヤース（遊行期）　一定の住所をもたず、神聖な思想や黙想のうちに過ごす。
　これは上位三ヴァルナに属するすべてのアーリア民族向けの規則であったが、アーリア民族のすべてがこれらの四住期を規則正しく経験する必要はなかった。学生期はすべての住期に結びついていたが、その後は自由に自分の意志に従ってその後の一つかまたは他の住期を選ぶことができた。後期ヴェーダ時代の文献には第一～第三の住期が述べられているにすぎない。第四の住期は後にマヌ法典の中で最終的に確立した。

　人々は前代と同様に、物質上の利益を求めて神々を崇拝したが、前代で際立っていたインドラとアグニに変わって、造物主プラジャーパティ（ブラフマー）が神々の最高位を占めるようになった。その他動物の神ルドラやヴィシュヌ（維持神、保護神）を特に崇拝するようになった。祈祷句は依然として唱えられたが、供儀の方がはるかに重要になり、公的にも家庭内においても盛んに行われた。公的な供儀には王と集団全体が参加し、私的な供儀は個人によってそれぞれの家で行われた。供儀の際には多数の動物、特に牛が殺された。
　ヴェーダ時代の末期頃、司祭者の優越性や祭式・儀礼に対する強い反動が起こった。その運動の中心はパンチャーラ国とヴィデーハ国であり、その地で紀元前六〇〇年頃ウパニシャッド文献が編まれた。この哲学書は儀礼を批判し、正しい思想と知識が持つ価値に重きを置いている（R・S・シャルマ、一九八五年）。

『ウパニシャッド哲学』
　後期ヴェーダ時代の文献の一つである「ウパニシャッド（奥義書）」にもとづく哲学をウパニシャッド哲学という。ウパニシャッドとは「傍らに座る」という意味で、バラモンの師から弟子への秘伝を意味する。

紀元前五〇〇年頃までに編纂されたと言われる。バラモン教が単に祭祀を司る役割だけになっていることを批判し、内面的な思索を重視し真理の探求を進める動きがでてきた。それがウパニシャッド哲学であり、宇宙と自我の根本に存在する原理について追及した。宇宙の根本原理であるブラフマン（梵）と、人間の本質であるアートマン（我）とを考え、この両者が究極的に同一であることを悟ること（梵我一如）が真理の把握であり、それにより輪廻の業、すなわち一切の苦悩を逃れて解脱が得られると説かれた。

ウパニシャッド文献に見いだされる素朴な業・輪廻説によると、「人間が死ぬとその霊魂は火葬の煙とともに月の世界にのぼり、その後、雨とともに地上にくだる。地中に入った霊魂は、食物を通じて男の体内に入り、つづいて精子として母胎に移ってから再生する」（祖先の道）。いかなる姿をとって再生するかは前世の行為によって決まる。善行を積んだものはバラモンやクシャトリヤとして、悪を行った者はシュードラや畜類として生まれる。一方、信仰を完成させた者は火葬ののちブラフマンの世界に達して、もはや輪廻することはない（神の道）。（辛島昇、二〇〇四年）

⑶ 思想・宗教

■バラモン教

インダス河を渡ってきたアーリア人たちは戦勝や牧畜、家族の繁栄などの現生利益を目的とする祭祀を熱心に行った。その際神々に捧げる賛歌「ヴェーダ」（紀元前一五〇〇年―紀元前六〇〇年）を作り、司祭階級（バラモン）によって後世まで正確に口伝された。ヴェーダ文明は次のように発展した。

1　サンヒター（本集）

①　リグ・ヴェーダ　自然現象を神格化した多数の神々などへの賛歌で、ソーマ祭（注九）を中心とする正規の祭式に使用される賛歌を含む。一〇巻より成り一〇二八賛歌

② サーマ・ヴェーダ　歌詠の集成
③ ヤジュル・ヴェーダ　祭詞の集成、詠唱に伴って行われる儀礼に関する記事
④ アタルヴァ・ヴェーダ　呪詞の集成。本来治病・息災・戦勝・求愛・和合・増益・調伏・贖《ショク》罪《ザイ》等に関する呪法・禁厭《キンエン》（呪い）に必要な賛歌を根幹とする。二十巻より成り七三一賛歌

2　ヴェーダに付随する文献（紀元前八〇〇年頃―紀元前五〇〇年頃）
ブラーフマナ（祭儀書、梵書）祭式の手順や神学的意味を説明
アーラニヤカ（森林書）　人里離れた森の中で伝授される秘儀的祭式や哲学的説明
ウパニシャッド（奥儀書）　宇宙の原理や人間の本質に関する哲学的教説。ヴェーダーンタ（ヴェーダの末尾）とも呼ばれた。

3　ヴェーダの補助学（ヴェーダーンガ）の段階
・音声学（シクシャー）
・韻律学（チャンダス）
・文法学（ヴィヤーカラナ）
・語源学（ニルクタ）
・祭事学（カルパ）
　律法経（ダルマ・シャーストラ）　天啓経（シュラウタスートラ）、
　家庭経（グリヒヤスートラ）　祭壇経（シュルバスートラ）
・天文・暦星学（ジョーティシャ）

バラモンがヴェーダ讃歌とマントラ（真言）を完璧に吟誦（ギンショウ）せねばならないと主張したため、文法学と言語学が興った。パーニニ（紀元前四世紀頃の人）が古典サンスクリット語を規律している法則を体

系化し、「アシュターディヤーイー（八章頌）」と呼ばれる文法書を作った。

宗教的な供儀を執り行う必要から、ヴェーダ時代の初期には、太陽・月・星の位置を調べて時間を計算していた。天文学の知識は祭式の時を定め、〈ヴェーダ〉を正しく理解するために必要な学問であった。これらを体系的にまとめ、また同時に祭壇を構築するための幾何学的知識が「祭壇構築学（シュルバスートラ、sulbasutra）」にまとめられた。最古の「シュルバスートラ」はバウダーヤナ（紀元前八世紀）が書いたとされる「バウダーヤナ・シュルバスートラ」である。

■新思想の興起

新宗教成立の要因

統治者としてのクシャトリヤは、祭祀万能のバラモン教と、バラモンにのみ宗教的特権を与えるヴァルナ制度に強く反発した。仏教の開祖ゴータマ・ブッダとジャイナ教のマハーヴィーラ（注一〇）とはいずれもクシャトリヤの出身である。

紀元前六〇〇年頃になると、ガンジス河中流域で鉄器の使用により森林の伐採、農耕が進み、大規模な植民が可能となった。鉄の犂先を牛に引かせて耕すために、耕牛を飼育し使用する必要があるが、ヴェーダの様々な供儀において牛が殺されたため、牛の数が徐々に減ってきた。マガダの東部・南部の辺境に住んでいた部族民も食用に牛を殺した。新しい農業経済の安定のためには、この種の屠殺はやめなければならなかった。仏教やジャイナ教では不殺生と動物の生命の尊さを力説することで、家畜が増大した。バラモンたちはやがて牛の神聖さと不殺生とを力説するようになるが、その主張は仏教の教えに起源をもっている。

ガンジス河の中・下流域ではこの時代に、カウシャーンビー（アラーハーバード近郊）、クシナガラ（現ウッタル・プラデーシュ州）、ヴァーラーナシー（バーナーラス、バナラス、ベナレス）（現ウッタル・プラデーシュ州）、ヴァイシャーリー（現ビハール州）、ラージャグリハ（パトナ南方一〇〇キロメートル）など多数の都市が興った。都市は職人や商人が多数住み、織物や地方の特産品、象牙細工や金銀宝石など多種多様の商品を扱った。(注一)貨幣が使われ始めた。貨幣の使用が交易を促しヴァイシャの重要性が高まった。商人の有力者は都市の行政にも参画した。仏教・ジャイナ教では既存のヴァルナ制度を重視しておらず、また非暴力の教えが王国間の戦いを終わらせた。その結果、交易活動が促進されるので、商人たちは社会的地位の改善を切望して仏教・ジャイナ教を支持し、多大の布施を行った。

婦人やシュードラは上位三ヴァルナと区別され、聖紐をつけてヴェーダを学ぶことも許されなかったので、仏教・ジャイナ教に改宗することで平等になった。

『六師外道』

仏教教典では、仏教以外の当時の思想家の代表者を六師外道と呼んでいる。

プーラナ・カッサパ　道徳否定論（殺生も窃盗も悪でなく、祭祀も慈善も善でない）
アジタ・ケーサカンバリン　唯物論派（地・水・火・風の四元素と虚空のみ認めた）
マッカリ・ゴーサーラ　運命決定論（宿命論）　アージーヴィカ教（邪命外道と呼ばれた）
パクダ・カッチャーヤナ　人間が不変不滅の七要素（地・水・火・風の四元素と苦・楽・霊魂）からなるという説
サンジャヤ・ベーラッティプッタ　懐疑論、不可知論
ニガンタ・ナータプッタ　相対主義、苦行主義、要素実在説　ジャイナ教

■仏教

仏教の教祖となった仏陀《ブッダ》はコーサラ国の支配下にあったカピラ王国（現ネパール南部地方のインド国境近く）の皇子シッダールタであった。仏陀とは、修行生活によって悟りを得た覚者のことである。シャーキヤ＝ムニ

（シャカ族出身の賢者）とかゴータマ＝ブッダ（ゴータマ族の覚者）とも称される。ゴータマはクシャトリヤ出身のゴートラ（氏族）である。その生没年ははっきりしないが、紀元前五六六年―紀元前四八六年説（スリランカの上座部仏教徒説）と紀元前四六三年―紀元前三八三年説（北方仏教徒説）がある。

仏陀は涅槃（ネハン）への解脱がバラモン階級のみに可能であるという偏狭な考え方の宗教を克服して、万人に共通する普遍的真理を獲得する道をめざした。煩悶に煩悶を重ね、あらゆる苦行の体験を積んだ後に、一つの高邁《コウマイ》な悟りの境地に到達することができた。その際、彼の現実世界認識の根本的出発点は、「生・老・病・死の苦―この四苦からいかにして人生を全うする（やり遂げる）か」というところにおかれていた。

仏陀によると、「人生は我執や渇愛からなる欲望により起こる苦にほかならない。この欲望を制し、苦を滅却するためには四つの真理―つまり苦・集・滅・道の四諦《シタイ》を修めなくてはならない。四諦とは、先ほどの苦が渇愛からくるもので、その渇愛を滅すためには、八つの正しい実践道（八正道―正見・正思惟・正語・正業・正命・正精進・正念・正定）を身につけなくてはならない。これを実践するならば、儀礼などに依存しなくても目的を達することができる」という。仏陀はまた、快楽と苦行の両極端を避け中道に従うように説いた。

信者の守るべき行為の規範をつぎのように定めている。

（一）他人の財産をむやみに欲しがらぬこと（不偸盗《フチユウトウ》）
（二）暴力を使わないこと（不殺生）
（三）酒を飲まぬこと（不飲酒）
（四）嘘をつかぬこと（不妄語）
（五）自堕落な行為に耽らぬこと（不邪淫）

いずれも、ほとんどの宗教で定められている社会行為と共通するものである。

仏教では庶民の言葉であるパーリ語を用い、カーストや性別に関係なく人々を受け入れた。仏陀はマガダで人々に教えを説き、クシャトリヤやヴァイシャ層に広めていった。その教えを信じた人々が出家し、僧伽《サンガ》（注一二）を作り、また在家信者も増えていった。仏陀の死後、インド各地に広がり、特に紀元前三世紀のマウリヤ朝のアショーカ王の保護のもとで全インドに広がった。仏陀の死後一〇〇年経った頃、拡大した仏教教団は伝統的・保守的な上座部と、進歩的・革新的な大衆部との二つに分裂した。アショーカ王時代には上座部仏教が主力であったので、紀元前三世紀半ばに上座部仏教がセイロン島（現スリランカ）に伝えられ（南伝仏教）、東南アジア一帯に広がった。

仏教は人々に、物事を当然のこととして受け入れるのではなく、それを検討し価値の有無によって判断すべきことを教えたので、人々の間に合理主義的考えが促進した。新しい宗教の教理を説くために、三種の聖典をパーリ語で編集した。

第一　仏陀の言葉や教えを集めたもの（経蔵）、
第二　僧伽の構成員たる僧侶の守るべき戒律を扱ったもの（律蔵）
第三　仏法に関する哲学的解説など、仏法の理論的研究を集めたもの（論蔵）

仏教でも、数学は最も重要な技芸（シルバ）の一つとして律蔵に記されている。「梵網教」（大乗仏教の経典）には左記の知識が記されている。

・日月星辰や日月食に関する知識
・計算や数法の知識
・外科手術や薬法に関する知識

仏教信者たちは、仏陀の生涯の様々な出来事を石に刻んだ。ビハールのガヤー、マディヤ・プラデーシュのサーンチーとバールフートなどで発見された門柱や玉垣の浮彫りに示されているが、当時はまだ仏陀の姿を直接表現することはなく、樹下の仏座、傘蓋を立てた仏座、あるいは聖樹（菩提樹）などでその存在を示した。

■ジャイナ教

ジャイナとは煩悩にうち勝った勝利者（ジナ）の教えという意味である。ヴァルダマーナ（紀元前六世紀―紀元前五世紀）はジナともマハーヴィーラ（偉大な雄者）とも呼ばれた。ジャイナ教の考え方ではマハーヴィーラはティールタンカラ（救済者）と呼ばれる二四人の師祖の最後の聖者である。最初の二十二人については実在したかどうかについて、信用のおける史料はない。第二十三代目のパルシュヴァナータは歴史上実在の人物であるらしいが、その生涯についてほとんど知られていない。パルシュヴァナータの死後二五〇年頃、ヴァルダマーナが活躍した。

マハーヴィーラによれば、人は前世において得た福徳と罪の大小に従って、この世で高低のヴァルナに生まれるとして、不可触民チャンダーラのなかにさえ人間の価値を求めていた。低いカーストの者も清浄で有徳な生活を送ることによって解脱に達することができるという。

マハーヴィーラは生きることを苦と考え、自己を徹底した苦行の道に投じ、霊魂の浄化を求め、浄化された霊魂は輪廻転生に落ち込むことはないと教えた。ジャイナ教に入信した者には、(一)不殺生、(二)真実語、(三)不盗、(四)無所有、(五)不淫の五大戒律の厳守を求めた。無益な殺生をせず、修行者の生活を支えるなど宗教的に正しい生涯を送るならば、死後にはその果報によって天国や高貴な家柄に生まれると説いている。七十二歳でパータリプトラ（現パトナ）市近郊で没した。

ジャイナ教は紀元前四世紀にカリンガ（オリッサ州）に伝わり、この地のカーラヴェーラ王の保護を受けた。紀元前二世紀～紀元前一世紀にはタミル・ナードゥの南部諸地方に伝わり、その後、マールワー、グジャラート、ラージャスタンに伝わった。

一世紀頃、ジャイナ教は裸行派と白衣派とに二分した。前者は厳格派で厳しい戒律を自らに課して南インドに広がった。後者は寛容派で、西部・北部インドを中心に広がった。ジャイナ教の在家信者は、不殺生戒を守るため農業や牧畜を避け、多くは都市で商業や金融業に従事した。

初期のジャイナ教は主としてバラモンによって使われていたサンスクリット語を放棄し、庶民の言葉であるプラークリット語を用いて教えを説いた。彼らの宗教文献は、グジャラートにある学問の大中心地ヴァラビーで六世紀にプラークリット語の一つアルダ・マーガディー語を用いて最終的に編集された。プラークリット諸語から多くの地方語が発達した。中世初期にはサンスクリット語もよく用いるようになった。カンナダ語でも多数の作品を著している。

ジャイナ教徒にとって、彼らの宇宙構造論(注一三)を明確にするために正しく計算することは重要であった。ジャイナ教の四補助学は、ジャイナ教徒が学ぶべき主要な学問分野で、宗教儀式を行うための正しい時と所を知るために必要とされた。

(1) タルマカタ・アヌヨーガ(宗教原理の解説)
(2) ガニタ・アヌヨーガ(数学の原理の解説)
(3) サンキヤーナ(数の知識・数学)
(4) ジョーティシャ(天文学)

ウマースヴァーティ(ウマースヴァーミン)の「ジャンブドゥヴィーパ・プラジュニャプティ」(紀元前一五〇年頃)には、円や弓形の色々な計算法が記されており、無理数、平方根の近似値が知られていた。「スーリャ・プラジュニャプティ」(紀元前五〇〇年頃)には一〇の平方根、π=3の値が示されている(佐藤任、一九八八年)。

『仏教・ジャイナ教における奴隷』

貨幣経済の進展とともに、個人間に貸借関係が生じ、負債を返却できない人のなかには奴隷に身を落とすものも出た。奴隷は一種の所有物と見られ、売買されることもあった。この奴隷はカースト制度における隷民（シュードラ）とは異なり、純経済現象としての所産である。

　仏典のなかでは四種の奴隷(dasa)の区別が認められるようになった。「生まれながらの奴隷もあれば、財をもって買われた奴隷もある。あるいは自らなったものもあり、恐怖に逐われてなった奴隷もある。これらは人の四種の奴隷である。」奴隷は仏典で見るかぎり、温情をもって遇せられ、まるで家族の一員のように考えられていた。

　やや後世の「マヌ法典」（八・四一五）では、「奴隷となる原因は七種類である。すなわち（1）軍旗のもとに捕虜となったもの、（2）食物を得るために奴隷となったもの、（3）その家に生まれたもの（＝奴隷の子）、（4）買われたもの、（5）譲渡されたもの、（6）祖先伝来のもの、（7）刑罰によって奴隷とされたものである。」ジャイナ教の聖典には、奴隷は人権を認められておらず、苛酷な処罰を受けることも記されている。ジャイナ教信徒には当時の富豪が多かったから、富商の一部ではこういうことが行われていたのであろう（中村元、一九八三年）。

■原子論
　古代インドでは、物質を解明するために経験的・観察的態度から憶測と推論によって原子論が述べられている。仏教では小乗仏教の実在論者（説一切有部）の経量部（サウトラーンティカ）と毘婆沙師（ヴァイバーンカ）は原子論を述べた。大乗仏教では認めなかった。

　ジャイナ教では、それ以上分割することのできない物質の微分子が原子で、原子は結合して集合（一つの合成された物体）を形成するとした。ニヤーヤ・ヴァイシェーシカ派（正理・勝論学派）は外界の実在を肯定し、原子原因論を主張した。また、アージーヴァイカ派、ミーマーンサー派も原子論を主張した（佐藤仁、一九八八年）。

(4) 一六大国時代

紀元前六〇〇年頃になると、鉄製の武器や農具が普及してきてガンジス河の中・下流域では大領域の国家が形成された。新しい農器具のおかげで、農民は自己の消費量をはるかに超える穀物を生産できた。余剰の生産物は王侯たちによって軍事的・行政的な必要にあてるため徴収された。また都市の住民の生活を支えた。

都市を活動拠点にする大国家が出現すると、「領土」の観念が強化され、自分の住むジャナバタ（領土）を広げようと試み始めた。国家と言ってもはじめは「地方民の大群（mahajanapada）」であったが、そのなかから強力なものが出てきて、周りを併合・淘汰し、北インドからデカン北部にかけて「一六大国」ができた。

仏典「アングッタラ・ニカーヤ」（八・四三）

一 アンガ王国（Anga）
二 マガダ王国（Magadha）
三 カーシー王国（Kasi）
四 コーサラ王国（Kosala）
五 ヴァッジ／ヴリジ／リッチャヴィ国（Vajji）
六 マッラ国（Malla）
七 チェーディ王国（Cedi/Ceti）
八 ヴァッサ／ヴァンサ王国（Vatsa/Vamsa）
九 クル王国（Kuru）
一〇 パンチャーラ王国（Pancala）
一一 マツヤ／マッチャ王国（Matsya/Macch）
一二 シューラセーナ／スラセーナ国（Surasena）

ジャイナ教の聖典（Bhagavati）

一 Anga
二 Banga
三 Magaha(Magadha)
四 Malaya
五 Malava
六 Accha
七 Vaccha (Vatsa)
八 Koccha (Kaccha?)
九 Padha (Pandha or Paundra)
一〇 Ladha (Lata or Radha)
一一 Bajji (Vajji)
一二 Moli (Malla)

一三　アッサカ国（Assaka）　　一三　Kasi（Kasi）
一四　アヴァンティ王国（Avanti）　　一四　Kosala
一五　ガンダーラ王国（Gandhara）　　一五　Avaha
一六　カンボージャ王国（Kamboja）　　一六　Sambhuttara (Sumhottara?)

一六という数字自体は観念的なものであり、順位もしばしば変わっていた。これらの大国は部族共和制国と王国とに分類できる。部族共和制国とは支配部族の有力者による集団的統治の行われる国であり、共同体ないし集団を意味するガナまたはサンガなどと呼ばれた。リッチャヴィ族の国は代表的な部族共和制国であり、諸部族を統合したヴリジ（ヴァッジ）連合の盟主の地位にあった。一六大国には入らないが、仏陀のでたシャーキヤ（釈迦）族の国もこの形態をしていた。いずれの共和制国でも、支配部族に属する者たちはクシャトリヤの出自を誇ったが、これら支配部族の中には非アーリア系の先住民も含まれている。例えば、シャーキヤ族は西方から移住してきた正統クシャトリヤであると主張しているが、実際にはヒマラヤ山麓地方で古くから定着農耕生活を営んでいた非アーリア部族（チベット・ビルマ系）であったらしい（辛島昇、二〇〇四年）。

リッチャヴィ族の団結は部族の成員の共同体意識に基づくもので、大都市ヴァイシャーリーを拠点としていた。都市の発達とともに顕著化した経済的不平等によって、共同体意識が崩され、内部崩壊を始めると、マガダ国のアジャータシャトル王（在位紀元前四九二年—紀元前四六〇年頃）に滅ぼされた。シャーキヤ族の国も隣のコーサラ国に打ち負かされ、その属国となった。

一六大国の中からパータリプトラ（華子城）に都をおくマガダ国、アヨーディアに都をおくコーサラ国、カウシャーンビー（コーサンビー）を首都としたヴァッサ国、ウッジャイン（ウッジャイニー）を首都とするアヴァンティ国は後に強大となり、仏陀時代の四大国と呼ばれた。これらの王国では、部族の制約から完全に脱却し専制的な性格をもつにいたった王が君臨していた。王を支える官僚群と軍隊（歩兵、騎兵、戦車、象の四軍からなる）も、血縁ではなく能力によって採用されたもの達を主体としていた。マガダ国の都ラージャグリハ（王舎城）の遺構のように、王国の首都は城壁に囲まれ大規模になっていた。

しかし、古代インドにおいては一つの民族（または種族）が他の民族（または種族）に征服されても、やはり「国」としての存在を保っていた。マウリヤ王朝の統一国家も、「マガダ国王」がその資格において他の国々を支配していただけにすぎない。古代インドにおける国家が地縁共同体的性格の強かったことを示しており、支配・被支配の関係を離れて国々が独自の存在を保っていた（中村元、一九八三年）。

■マガダ国

マガダ国は初期の首都ラージギル近くの地層から鉄を得ることができたため、鉄を使って土地を切り開き鋤で耕した。こうして鉱産物とくに鉄生産の一大中心地を領有していたので強力になった。バラモン文化の中心であるガンジス河上流域から離れていたので、保守的な文化や社会制度からあまり束縛されなかった。

仏陀とほぼ同時代のころ、ビンビサーラ王（在位紀元前五四四年—紀元前四九二年）がラージャグリハ（王舎城）、すなわちラージギルに都をおいて富国強兵策をとり、まずアンガ国を征服したのち、都のチャンパーに王子アジャータシャトルを太子として派遣してこの国を支配させた。また結婚政策によって自己の地位を強化した。三人の妃があったが、最初の妃はコーサラ王の娘であり、プラセーナジットの妹であった。嫁資として一〇万金の税収入のあるカーシー国の一村落を持参したという。第二妃のチェッラナーはヴァイシャーリーから来たリッチャヴィ族の王女であり、第三妃はパンジャーブのマドラ族の首長の娘であった。これらの王家との婚姻関係はビンビサーラに大きな外交的威信を与え、マガダ国が西方や北方へ拡大するための道を開いた。

マガダ国の最大の敵はウッジャインを首都とするアヴァンティ国であった。両国は戦ったが友好関係の方が得であると考えるようになった。ビンビサーラは征服と外交によって、マガダを最有力国家に築き上げた。伝説によると王子のアジャータシャトルは父王を殺して自ら即位したという。

アジャータシャトル王（在位紀元前四九二年—紀元前四六〇年頃）は、コーサラ国と長年にわたり争い、優勢のうちに終わった。コーサラ王プラセーナジットは娘をアジャータシャトルに嫁がせ、旧カーシー国を、彼の支配に委ねるという条件で和平を結ばざるを得なかった。

アジャータシャトルは、母がリッチャヴィ族の王女であったが、そのためにヴァイシャーリー攻撃を控えることはなく、リッチャヴィ族の内部に不和の種をまき、団結の崩れた一六年後に侵入し戦いに勝って領土を併合した。弩砲のような投石器や鉾付戦車という大量殺傷用の新兵器を用いたという。こうしてカーシーとヴァイシャーリーを支配して領土を拡大させた。

その頃アヴァンティ国はヴァッサ国を滅ぼし、矛先をマガダに向けていた。アヴァンティ国の近くのマディヤ・プラデーシュ東部にも鉄鉱床が存在したので、良質の鉄製武器を使用できた。

アジャータシャトルは、ラージャグリハの城塞化を進めた。その後、ウダーイン王（在位紀元前四六〇年—紀元前四四四年頃）のときパータリプトラ（華子城）に遷都した。

■シシュナーガ朝（紀元前四世紀頃）

「マハーヴァンサ（Mahavamsa，大史）」によると、アジャータシャトルの四代後の王であるナーガダーサカ王の時代、五代にわたって続いた父殺しのために「彼は父殺しの家系である」として王に相応しくないと主張した市民達によってナーガダーサカは廃位され、大臣であったシシュナーガが推挙されて王となり王朝を開いたと伝えられている。その歴史については諸種の記録で大きく異なり、シシュナーガがビンビサーラより前の王であったとする説もあるが確証はない。

シシュナーガ王はウッジャインに都を置くアヴァンティ国の勢力を倒し、一〇〇年にも及ぶマガダとアヴァンティの敵対関係を終わらせた。以後アヴァンティはマガダ国の一部となった(R・S・シャルマ、一九八五年)。

マガダはガンジス河中流域の中央に位置していた。この地の土壌はきわめて肥沃で、雨量も多く、森林を切り開けば豊かな生産が約束された。何種類もの米が生産されるなど、農民にはかなりの量の余剰生産が可能になり、それが租税の形で支配者達に吸い上げられた。また都市が発展し貨幣が使用されるようになると、マガダの王たちは商品の取引に税を課し、軍隊を維持するための富を蓄積することができた。軍隊では馬と二輪戦車の他、隣国との戦争に象を大規模に使った。

シシュナーガ王の息子のカーラーショーカ（カーカヴァルナ）王の治世に第二回仏典結集(注一四)が行われた。

■ナンダ朝

紀元前三四五年に、シシュナーガ朝はマハーパドマ(注一五)（あるいはウダヤナンディン）に簒奪されナンダ朝となった。巨大な軍事力をもち、その軍隊は八万の騎兵、二〇万の歩兵、六〇〇〇の戦象を擁していたとも言われる。象は東インドから供給され、城塞襲撃のために、また沼地など道路や他の交通手段のない土地への行進のために用いられた。ガンジス河上流に残存していた旧来のクシャトリヤ諸王国を併合してガンジス河の全流域を支配下に収め、さらにデカン東北部のカリンガ地方にも進出した。旧秩序を破壊し、経済政策の面でも成果を上げ、多種多様の打刻銀貨を発行したが、その量目は正確であった。度量衡はナンダ朝の発明と言われている。アレクサンドロス大王のインド侵入を契機に部将であったチャンドラグプタ(注一六)に滅ぼされた（紀元前三二一年）。二世代三〇年程の短期王朝であった。

(5) マウリヤ帝国（紀元前三一七年—紀元前一八〇年）

■チャンドラグプタ

クシャトリヤ出身と見られるチャンドラグプタ（在位紀元前三一七年—紀元前二九三年頃）は、宰相かつ軍師のカウティリヤ(注一七)（チャーナキア）の補佐のもとにナンダ朝を倒してマウリヤ朝を創始した。パータリプトラに攻め込み王位に就くと、軍を西に進め、アレクサンドロス帝国の東方領を継承したシリアのセレウコスから西北インドを解放した。チャンドラグプタとセレウコスは講和を結び、セレウコスは五〇〇頭の象と交換に東部アフガニスタン、バルチスタン、およびインダス河以西の地を割譲した（紀元前三〇四年）。チャンドラグプタが建設した帝国は、ビハールを中心とし、オリッサとベンガルのかなりの部分、さらに西北部インドとデカンをも加えた広大なもので、ケーララとタミル・ナードゥおよび東北インドの一部を除く全亜大陸を統治したことになる。

セレウコス朝とマウリヤ帝国の間に使節の交換が行われ、セレウコス朝からメガステネース(注一八)（Megasthenes）（紀元前三五〇年―紀元前二九〇年）がチャンドラグプタの宮廷を訪れた。メガステネースはインドでの見聞を「インド誌」として書き残した。原典はすでに失われたが、古典古代の著述家によって引用された断片を集めることによってかなりの部分が復元されており、当時のマウリヤ帝国の様子がわかる。

マウリヤ帝国では賢者の誉れ高い人々によって構成される顧問官会議が王を補佐していたという。帝国はいくつかの州にわかれ、各州には王子が太守として派遣され支配にあたり、州はさらに小さな行政単位にわけられた。発掘によって多数の都市の存在がわかっている。都市の行政には特別の注意が払われていた。パータリプトラ、カウシャーンビー、ウッジャイン、タクシラが最も重要な都市である。首都パータリプトラの行政は、それぞれ五人のメンバーから構成される六つの委員会で運営され、衛生、外国人の世話、出生・死亡の登記、秤・枡・物差しの検査、商品税の徴収、その他を扱っていた。これらの官吏に加え、中央政府には二〇を越える官庁が存在し、すくなくとも中央に近い諸地域における社会的・経済的活動を統制していた。

ローマの著述家プリニウスの記事によれば、チャンドラグプタの軍隊は歩兵六〇万人、騎兵三万人、象九〇〇〇頭を擁していたという。別の史料はマウリヤ朝が八〇〇〇台の二輪戦車を保有していたと伝えており、さらに海軍をもっていたようである。メガステネースによれば、軍隊の運営は三〇人の高官で構成する会議によって行われた。その三〇人はそれぞれ五名から構成される六翼―歩兵・騎兵・象兵・戦車・海軍・輸送―の委員会のメンバーであったという。マウリヤ朝の軍事力はナンダ朝の三倍ほどであった。法律は簡単であったが、チャンドラグプタの政府は非常な圧制を行い、残酷な刑を執行するなど厳罰主義をもって人民に対した。大帝国を確立し保持するためには、国家権力が強固でなければならず、巨大な軍隊と警察力を必要とした。

カウティリヤの「実利論」[注一九]によると、国家は領内のほとんどすべての経済活動を統制していた。土地の国有を断行し、耕作者とシュードラ労働者を使って開拓を進めた。こうして開拓された処女地は、新たに定着した農民が収める租税という形で、国家にかなりの収入をもたらした。農民からは全収穫の六分の一から四分の一を納めさせた。国家の灌漑施設から水を供給された者はその分だけ余計に税を納めねばならず、また緊急時には穀物の増産を強いられた。都市に持ち込まれる商品には市門のところで税が課せられた。国家は採鉱・酒類販売・武器製造・その他を独占的に行った。こうした強固な財政のもとに、整備された行政組織を確立した（R・S・シャルマ、一九八五年）。

今日のインドは言語・宗教・風俗・習慣を異にする多数の民族から構成されているが、このような複雑多岐の状態は極めて古い時代から現れ出ていたものである。メガステネースの伝えるところによると、当時のインドには一一八の異民族が存在していたという。プラーナ聖典[注二〇]の中にも多数の異民族を数え立てている。

チャンドラグプタは息子のビンビサーラに王位を譲るとジャイナ教の聖人バドラバーフの弟子となり、その下で苦行に打ち込み最後は絶食して餓死したと言われている。

■アショーカ王

ビンビサーラ王が病に倒れると彼は長男スシーマを後継者とするよう遺言した。アショーカ[注二一]は急遽パータリプトラへ進軍し、スシーマを殺し、他の異母兄弟の多くも殺して王位（在位紀元前二六八年―紀元前二三二年）に就いたと言われている。アショーカ王（阿育王、天愛喜見王）は、即位前から仏教に帰依し、即位後七年目には在俗信者（ウパーサカ）となった。即位後九年にカリンガ王国を征服し、王国の版図は南端を除くインド亜大陸全体となった。この戦争で一五万人がそこから移送され、十万人がそこで殺され、その幾倍かの兵士および人民が死亡した。更に、災害・殺戮・愛者との別離は、バラモン・沙門《シャモン》・他(注二二)の宗派のもの、ならびに在家にもおよんだという。アショーカはこの悲惨な事実を痛恨し、武力による征服から法による征服へ、政策を転換した。治世一〇年頃から釈迦に縁のある地を回り「法の政治」を広めた。

アショーカ王は法の巡礼においてバラモンや沙門を訪問して布施をなし、また地方の人民に法を教誡し、彼らの意見を求めた。ブッダガヤー(仏陀が修行から悟りを開くまで過ごした地)や、仏陀の生誕地ルンピニー(園)を訪れた(紀元前二四九年)。ルンピニーでは記念の石柱と石柵を造営した。またルンピニー村に対して租税を免じた。

『大地寄進』

伝説によると、アショーカ王は何もかも仏教教団に寄進してしまい、手元には何も残らなくなった。珍宝をことごとく寺院に贈り、金の器・銀の器・銅の器も贈って、最後に掌中にマンゴーの果実の半分を残すのみとなった。彼は「今や我が大きな倉を除いて、海にいたるまでのこの大地を世尊のお弟子がたの教団に寄進しましょう。」という念願を起こし、その通り実行して死んだという。アショーカ王の死去とともに、大臣達はもはや王朝の支配すべき土地が残っていない事実におどろいて、なぜ土地を全部教団に寄進してしまったのか、その由来を検討した。大臣ラーダグプタの報告によると、かつてアショーカ王は一〇〇億金を教団に寄進しようという誓願を立て、九億六千万金まで寄進したが、最後の四千万金を寄進できなかった。それで、その代償として大地全体を教団に与えてしまったということであった。大臣たちは残りの四千万金を教団に寄進して大地全体を買い戻したという。

■アショーカ王の政策

ダルマの政治

王国はインド亜大陸南端部のドラヴィダ系民族の四国（チョーラ、パーンディヤ、サティヤプトラ、ケーララプトラ）とは友好関係にあり、西隣のセレウコス朝との間にも祖父以来の使節の交換（注二三）が行われていた。アショーカ王は多くの民族・部族を抱え込んだ帝国を維持するため、征服戦争を放棄しダルマの政治の実践を宣言した。アショーカ王が行った諸施策の事績はアショーカ王碑文（注二四）に書き残されている。版図内各地の岩石や石柱に刻まれたダルマの法勅（注二五）によると、アショーカ王のダルマは孝行・慈愛・布施・協調・敬老・不殺生など社会生活に必要な倫理を基本とするものであった。また法勅の中でアショーカ王は、自己と人民の関係を父子の関係に譬え、王には人民愛護の義務が、人民には王への孝順（親に孝行を尽くし、よく従う）の義務があると説いた。王は部族民や国境を接する諸王国に対しダルマの理想を説き、カリンガ国内に残る未帰順の住民に対しては、王を父とみて従うこと、王に信頼をよせることを求めた。アショーカ王によって任命された諸官吏は、王のこの信念をすべての階層の人々に伝えるよう命ぜられた。王は王国内の住民と動物のために病院を建てまた薬草を植えた。さらに平和の使節をギリシャ人諸王国（西アジア・北アフリカ・ギリシャ本土）に送った。仏教の伝説によると、パータリプトラで第三回仏典結集を行った後、セイロン島と中央アジアに仏教布教のための伝道師を派遣したという。セイロン島へは愛息マヘンドラ（マヒンダ）を派遣した。

王は無条件で平和政策を遂行したわけではなく、むしろ帝国を統合するための現実的政策を採用している。カリンガを征服した後これを帝国に編入し、部族民に対しダルマの政治に従うよう繰り返し求めているが、同時に既存の社会秩序と正義(ダルマ)を侵害するならば彼らを討伐すると脅迫している。国内統治のためにラージューカと呼ばれる一群の官吏を任命し、必要なとき常に自由裁量で人民に賞罰を与える権限を授けている。ダルマを通じて帝国を統合しようというアショーカ王の政策は実を結んだ。カンダハル碑文によると、狩猟民や漁民が動物を殺すことを止め、定住農耕生活を始めたという（R・S・シャルマ、一九八五年）。

仏舎利

「阿育王伝」などの伝説によると、アショーカは仏滅時に建立された八塔中の七塔を開いて、仏舎利をさらに分配し、全インドに八万四千の法塔を建立したという。八万四千という数字自体は誇張であるが、アショーカ王時代の仏塔は数多く存在する。現存仏塔の中で、クシナガラ・ヴァイシャーリー・バールフート・サーンチー・アマラーヴァティー・ソーパーラーなどの諸塔は、王の建立または拡大に由来すると推定されている。アマラーヴァティーの小石柱法勅も、アショーカ王による仏塔建立を記録したものとみなされている（塚本啓祥、一九七六年）。

王は仏教のみを保護したのではなく、ジャイナ教等、他宗派に対しても寛大であり、仏教等で説かれる法（ダルマ）を第一義とする徳治主義を政治原理とし、この原理にかなう諸宗教の共存を願っていた。王はダルマが全ての宗教の教義と矛盾せず、一つの宗教の教義でもないことを表明しており、バラモン教やジャイナ教、アージーヴィカ教(注二六)には仏教と対等の位置づけをした。

社会事業

アショーカ王は全国に公路を創設し、井戸を掘り、路辺には樹を植えさせ、一定の旅程区間ごとに宿舎を設営させ、施薬院を設けるなど社会事業的諸施策を行った。アショーカ王以前には交通に関する諸施設が軍事的な目的に供せられることもあったが、彼の仏教信奉とともにもっぱら平和的な、民衆の生活向上のためにのみ用いられた。同時に強力な中央集権的政治体制の構築を目指し、官僚制度や徴税制度を整備した。ある碑文には「すべての人民は我が子である」と記されている。アショーカ王は仏教を信奉するとともに、かつての厳刑主義を寛刑主義に転じた。即位灌頂後第二六年までに二五回の囚人の釈放を行った。死刑の確定した囚人に対しても三日間の恩赦をあたえた。その間に彼の親族は自分自身のことを反省させ、来世の利益安楽を得るようにさせた（石柱詔勅、第四章）。

資産者の寄進

マウリヤ王朝時代、農村の地主あるいは都市の豪商等多大の財産を所有する人は資産者と呼ばれて特殊な社会層を構成していた。この資産者という人々が仏教教団に相当多く寄進している。商人や手工業者の寄進も多い。他方、農民層との社会的結合が薄弱で、農民として寄進した事例が見当たらなかった。ジャイナ教信徒の社会層も職業に関しては同様であったらしく、資産者階級のものが多かった。

人材登用

マウリヤ王朝時代の仏教が何故広範囲の民衆の帰依信奉を受けたのかというと、根本的にはマウリヤ王朝の成立に伴うインド社会全体の変革が、新たな思想を要望したからであろう。あらたな官僚的統一国家において、才能ある人材が官吏に登用された。アショーカ王はギリシャ人藩主にも地方開発に関する重大な任務を託している。このような新しい国家においては異民族を蔑視するバラモン教は共存できなかった。万人の平等をとき、民族的差別に拘泥しない仏教が新たに指導的役割を演ずるに至ったと考えられる。アショーカ王を中心とする時代の伝道法の卓越性、および当時の仏教が民衆の生活に入り込み、民衆のために生産を通じて結びついていたことなどが民衆の帰依信奉を得た（中村元、一九八三年）。

言語の統一

アショーカ王はインドに政治的統一をもたらし、一つのダルマと一つの言語で結び付けた。事実上一つの文字―彼の碑文のほとんどに用いられているブラーフミー文字（注二七）―で国家を結びつけたが、他にカローシュティー文字、アラム文字、ギリシャ文字などにも敬意を払い、諸言語の使用を奨励した。寛容な宗教政策を採用し、諸宗教に物質的援助を行っている。ダルマの伝道のために自分の代理である官吏を帝国のすみずみまで派遣することで、新政策の遂行が容易になっただけでなく、中央と地方の間の文化的接触が促進され、帝国の中心部で発達した物質文化がカリンガ、南部デカン、北部ベンガルなどに伝えられた。平和・不侵略・文化的征服の政策は、二世紀にわたる侵略戦争時代のあと、特に必要とされたものであり、理想的なものであった。

属州制の採用と帝国の分裂

様々な官営事業を行い、経済統制なども実施した。広大な帝国を支配するために属州制を採用し、中央部に相当するガンジス河流域の直接支配とともに、その他の領土をいくつかの州にわけ、州都に王子や王の一族を太守として派遣した。それでも帝国全域の支配は困難で、地方有力者への依存度は大きかった。アショーカ王の跡としてクナーラ、バンドゥパーリタ、ダショーナ、ダシャラタ、サムプラティ、シャーリシューカ、デーヴァヴァルマン、シャタダンヴァン、ブリハドラタなどが挙げられている。王朝は分裂して同時期に複数の王がいたと考えられている。チベット伝説によると、クナーラ王子がアショーカ王の王妃ティシャラクシターに奸計をもって傷つけられたので、クナーラの子Vigatasokaが位に即いたという。サンプラティは、ジャイナ教の伝説によると、クナーラの子でありジャイナ教の高僧によってジャイナ教を信奉するに至った。そしてアーリア人以外の国々にさえも沙門のための寺院を建てたので、ジャイナ教徒から非常に尊敬されているという。アショーカ王以後の諸王のリストが出典によりことなり、また特に有名な帝王もいないということから、マウリヤ帝国は分裂していたようである。

帝国の圧倒的な軍事的優越は失われ、諸民族の独立への動きが促された。アショーカ王の死後に、属州統治に派遣された太守は強力な軍隊を擁して中央から離反し、王朝は衰退した。

アショーカ王は征服と侵略の政策を放棄するよう子孫たちに命じ、平和政策を採用するよう勧めた。しかしながら、アショーカ王の政策が太守や諸侯に与えた影響は一時的なもので、彼らは王の死後各地で独立を宣言した。隣国の人々を改心させることができず、アショーカの死後二五年たたぬうちに、帝国の西北辺境を襲撃された。

■帝国分裂の原因

マウリヤ帝国がアショーカ王の死後分裂し始めたのには、次のような原因が考えられる（R・S・シャルマ、一九八五年）。

1．バラモンの反抗

仏教（反供儀）を養護することは、様々な供儀を執り行いその報酬で生計を立てていたバラモンに大きな損失をもたらした。彼らは自己に有利な政策を支持してくれる政権を望んだ。

2．財政の危機

軍隊や官僚を維持する経費は莫大で、人民にあらゆる種類の税を課したにもかかわらず不足していた。アショーカは仏教教団に多額の布施をし、国庫を何度も空にした。

3．圧制

ビンビサーラの治世からタクシラの市民は邪悪な大官たちの悪政に強い不満を持っていた。アショーカは、役人による定期的巡察制度を導入し、また自身も行政監督を兼ねた巡礼の旅を行ったが圧制はやまず、王の死後、タクシラは帝国からの離脱を図っている。

4．周辺地域における新しい物質的知識の普及

マガダ国形成期から優越していた政治・軍事における物質的知識は、アショーカの政策により、周辺地域に広まり、中央と地方の差がなくなった。

5．西北辺境の放置

紀元前三世紀の中央アジアではスキタイ民族が常時移動しており、中国とインドの定住民の帝国にとって大きな脅威となっていたが、アショーカ王はこれへの対策を採らなかった。スキタイ民族が南方に進出すると、パルティア民族、シャカ民族、ギリシャ人などが、それに押されてインドに向け移動し始めた。

(6) マウリヤ帝国以後

■シュンガ朝（紀元前一八〇年頃―紀元前六八年頃）

マウリヤ王朝最後の王プリハドラタは、自身の将軍プシャミトラによって滅ぼされた（紀元前一八〇年頃）。プシャミトラはシュンガ朝を興した。シュンガというのはバラモン姓であり、バラモン姓のシュンガ家のものがなぜ武器をとるに至ったかは不明であるが、古代インドにおいて珍しくはなかった。プシュヤミトラは即位後、帝王のみに許される馬祀祭《バシサイ》（アシュヴァメーダ）を挙行しており、正統派の復活に努めた。

パータリプトラの仏教教団を破壊し、仏教伝説では破仏の悪王とされているが、仏教迫害は一時的なものであったらしく、この時代に領内のサーンチーやバールフートで仏塔とそれを取り巻く諸施設が大規模に拡張されている。また一部の仏教集団では、この頃から宗教的権威を公認されているサンスクリット語を用いて経典や論書を編むようになった。

シュンガ王朝の創建と同時にマウリヤ王朝の大臣派の一人である総督ヤジニャセーナが独立しヴィダルバ国を創ったが、プシャミトラと戦って敗れた。プシャミトラはギリシャ人とも戦って勝利した。西北インドはバクトリア系ギリシャ人によって征服され、デカンでは土着諸勢力が独立した。シュンガ朝の支配はマウリヤ帝国領のほぼ三分の一にすぎず、その版図もしだいに縮小した。シュンガ朝は一〇代一一二年続いた。最後の王デーヴァブーティは淫乱であったため、一〇年統治した後、大臣ヴァースデーヴァに殺された。

■カーヌヴァ朝（紀元前六八年―紀元前二三年）

ヴァースデーヴァはカーヌヴァ王朝を創始した。紀元前六八年から紀元前二三年まで四人の王が統治した。バラモン教を国教とし、仏教はそれほど重視されなかったが、王室の人々のうちには仏教を援助し信仰する人々もいた。シュンガ朝と同様に、ガンジス河流域を支配していたにとどまる。

■カリンガ国（紀元前四世紀—紀元前三世紀、紀元前二世紀—紀元前一世紀）

インド亜大陸東部のカリンガ国は、紀元前四世紀なかばにナンダ朝に一時支配され、また紀元前三世紀なかばにアショーカ王に征服され、帝国の一州に編入された。帝国崩壊後、カリンガ国は独立しチェーディー朝第三代カーラヴェーラ（在位紀元前二世紀—紀元前一世紀頃）のもとで栄えた。彼は不殺生主義のジャイナ教の熱心な信者であった。碑文(ブバネーシュワル郊外にあるジャイナ教のハーティグンパー窟院内)によると、カーラヴェーラは文武に秀で法を守り、人民を愛護し、一切の宗派を敬い、また貯水池や運河を改修するなど公共事業に尽力したという。その一方征服事業も積極的に進め、北はガンジス河流域に進軍してギリシャ勢力と戦い、西はサータヴァーハナ朝の領土を侵し、南はタミル民族の住地に軍隊を派遣し勝利している。カーラヴェーラ以後の王朝については不明である。

(7) 西北インド

西北インドではカンボージャやガンダーラなどいくつかの小国が相互に争っていた。アケメネス朝ペルシャのダーレイオス一世(在位紀元前五二二年—紀元前四八六年)は、紀元前五一六年にこの地に侵入し、パンジャーブ、インダス河西岸、シンドを併合した。アケメネス帝国のサトラッピー（属州）は全部で二八あったが、ガンダーラは第七州、インド州（シンド、西北辺境、パンジャーブの一部）は第二〇州であった。インド州は帝国の中で最も肥沃で人口の多い州であった。毎年三六〇タラント[注二八]の砂金を貢納していたが、これは帝国のアジア諸州から送られる全歳入の三分の一に相当している。インド州の住民たちはまた、イラン軍に編入され、ギリシャとの長年の戦いにも投入された。

イランからはカローシュティー文字[注二九]が持ち込まれ、アショーカ王碑文などにも使われた。西暦三世紀頃まで使われ続けた。イランの影響は彫刻にもみられる。アショーカ王時代の記念物、特に鐘形の柱頭にはイランの様式からの借用が見られる。

■アレクサンドロス大王の侵入

ギリシャ人はイランを通じてインドの巨富について知るようになったらしい。歴史学の父ヘロドトス(注三〇)（紀元前四八四年頃―紀元前四二五年頃）やその他のギリシャ人作家たちは、インドを途方もなくすばらしい国と描いており、こうした情報がアレクサンドロス大王（在位紀元前三三六年―紀元前三二三年）にインド侵入を決意させた。

アレクサンドロスは、ペルシャ帝国を滅ぼした後、三万の軍を率いてインダス川流域に転戦した（紀元前三二七年末―紀元前三二五年秋）。当時この地域は多数の独立王国や部族共和制国家に分割されており、そのいずれもが自国の領土を維持するのに追われていたので、アレクサンドロスはこれらの小国の一つ一つを容易に征服することができた。タクシラ（タクシャシラー、タキシラ）の王アーンビーと、ジェーラム川とチェナーブ川にはさまれた地を支配する王ポーロスは、もし両者が手を組めばアレクサンドロスの軍を打ち破ったかもしれなかったが、実際には共同戦線を張ることはなく、カイバル峠を越えさせてしまった。タクシラの王アーンビーは侵略者に服従したので、この王のもとにアレクサンドロスは軍隊を増員し、また多大の財宝を手に入れた。更に前進してジェーラム河畔にいたるとポーロス王から手強い抵抗を受けた。アレクサンドロスはポーロスを打ち破りはしたが、その剛勇さと度胸に感嘆し、征服した王国を戻し与えて味方につけた。

アレクサンドロスはさらに東方に進軍しようとしたが、軍隊は従うことを拒んだ。プルータルコス(注三一)(Plutarchos)の伝えるところによると、ポーロスとの戦争は著しくマケドニア軍の志気を失わせた。一〇年間も続いた遠征のため、兵隊たちの望郷の念は極度に高まっていた。各地でインド兵の手強さを経験しており、その上、ガンジス河流域の勢力が騎兵八万人、歩兵二〇万人、戦車八〇〇〇台、象六〇〇〇頭を用意してアレクサンドロス軍を撃退しようと待ち構えているという噂を聞いて恐れをなした。ギリシャ人の歴史家アリアノス(注三二)が記しているように、「戦争の技術においてインド人は当時この地域（アジア）に住んでいたどの国民よりもはるかに優れていた」のである。

西北インドの征服地をいくつかの属領にわけ、ギリシャ人の部将を太守に任じ、また従属を誓った土着の王侯に旧領の支配を委ねた。帰路は艦隊を編成してインダス河を下り、土着の部族勢力の抵抗に苦しみつつ河口まで達し、そこから陸路を通ってインドを去った。アレクサンドロスは提督ネアルコスにインダス河口からユーフラテス河口にいたるまでの海岸と港を調査させた。遠征に従軍した著述家たちは、貴重な地理的記事を残し、また遠征した国々の確かな記録を残した。彼らはまた、古代インドの社会的・経済的状態に関する知識、例えばサティー（寡婦殉死）の風習、貧しい両親による少女売却、西北インドのすぐれた品種の牛などについて記した。アレクサンドロスはこの地から二〇万頭の牛をマケドニアに送っている。木工加工はインドで最も盛んな工芸であり、二輪戦車、ボート、船などが造られた。

アレクサンドロス大王に従属したインド諸国王はたちまちにしてギリシャ的な文物への順応を示した。大王は自分の名を刻した金貨を発行した。あらたに征服した領土を統治するために、それぞれの地方の土着の王侯を太守（サトラーベ）に任命した。そのため大王は西北インドの支配者となったにも拘わらず、政治的支配の下部組織を変更することはできなかった。民衆を直接に統治する人々の組織は旧態のままであり、人民の生活の実態にはほとんどなんの影響も及ぼさなかった。西洋人にとってはアレクサンドロスのインド遠征は重大な歴史的事実であって多数の記録が残されているが、インド人にとっては一片のモンスーン的台風にすぎなかった（中村元、一九八三年）。

大王が紀元前三二三年にバビロンで急死すると、西北インドでのギリシャ人の支配態勢はたちまち崩れ、ギリシャ人将兵は紀元前三一七年までに去った。

アレクサンドロスの西北インド侵入は、古代ヨーロッパが古代インドと密接な接触をもつ最初の機会となり、その帝国に西北インド領が加えられた。その広さはアケメネス朝のインド領をはるかに凌ぐものであった。彼の遠征は四本の異なった陸海の道を開き、ギリシャ人の商人や職人の東方への移動を可能とし、交易のための便宜をいっそう増大させた。アレクサンドロスは西北インドにギリシャ人の都市を多数建設したが、そのうち特に重要なのは、カーブル地方におけるアレクサンドリア、ジェーラム河畔のブケーファーラ、シンドのアレクサンドリアである。これらの地はマウリヤ朝に征服された後も、ギリシャ人が住んでいた。

■インド・ギリシャ人

アフガニスタン北部、オクサス川（アム川）南岸のバクトリア地方には、すでにアケメネス朝ペルシャの時代にギリシャ人の植民があったらしい。その後アレクサンドロスに征服され、彼の死後にセレウコス朝シリアの最東端領土となったが、紀元前二五〇年頃ギリシャ人ディオドトスがこの地に独立王国を建てた。同じころ西隣ではイラン系のパルティアが独立している。ディオドトスとその後継者は、失地回復をめざして到来したセレウコス朝アンティオコス三世の軍を撃退している（紀元前二〇八年）。ギリシャ勢力はその後（紀元前二〇〇年頃）、マウリヤ朝の衰退に乗じて南下し、パンジャーブ地方を支配下においた。彼らはやがて、バクトリア本土に残った勢力とパンジャーブによった勢力とに分裂したが、紀元前二世紀なかばすぎにバクトリア本土が遊牧民族に奪われたため、本拠を完全にパンジャーブに移した。当時のインドでギリシャ人はイオニアという民族名の訛ったヨーナ（ヤヴァナ）の名で呼ばれた。今日の歴史家は彼らをインド・ギリシャ人、あるいはバクトリア・インド人と呼んでいる。

インド・ギリシャ人の諸王は、ギリシャ様式の円形銀貨と方形の銅貨を発行した。金貨はバクトリア時代とクシャーナ朝以後に発行されたのみであった。貨幣の表の面には王の肖像とギリシャ語・ギリシャ文字の銘（王名と称号、裏面にはギリシャ神の像とインド語・インド文字（カローシュティー文字、まれにブラーフミー文字）の銘が打ち出されている。これらの貨幣から約四〇名のギリシャ人の王の名が知られるが、ギリシャ・インド双方の文献に伝わる者は少ない。

最も名高い王はメナンドロス一世（ミリンダ、在位紀元前一五五年頃—紀元前一三〇年頃）で、ギリシャ・ローマの文献に正義の王、偉大な征服者として伝えられている。メナンドロス一世はパンジャーブのシャーカラ（現在のシアールコート）に都を置き、アヨーディアやパータリプトラにまで侵入したが、同盟者であるインド諸王の対立のため、ガンジス流域を放棄しなければならなかった。仏僧ナーガセーナ（那先比丘）の導きによって仏教に改宗した。メナンドロスはナーガセーナに仏教に関する様々な質問をした。それらの質問とナーガセーナの返答が「ミリンダ・パンハー（ミリンダ王の問）」として知られる。

■シャカ族（紀元前二世紀末―紀元後四世紀）

紀元前二世紀末から紀元前一世紀の前半にかけて、中央アジア系遊牧民族のシャカ（サカ）族がアフガニスタンを経てインドに入り、広大な地域を支配下に置いた。少なくとも五つの支派に分かれ、インドとアフガニスタンの各地に割拠している。

1. アフガニスタンに拠った政権
2. タクシラを首都としパンジャーブを支配した政権
3. マトゥラーに本拠を置き約二世紀にわたって存続した政権
4. 西インドを領有し四世紀まで支配を続けた政権
5. 北部デカンを支配した政権

シャカ族の王たちは、それぞれにクシャトラパと称する軍人太守をあてた。クシャトラパたちは、土着勢力者を従属させせつつ支配したが、このなかでかなり長期に政権を維持できたのは、西インドを支配した一派だけで、他は紀元前後にクシャーナ朝に組み込まれた。

西インドで最も名高い王はルドラダーマン一世（在位一三〇年―一五〇年頃）で、シンド、カッチ、グジャラートを支配し、デカンのサータヴァーハナ朝からコンカン、ナルマダー川流域、マールワー、カーティヤーワールを奪回した。カーティヤーワール半島の半乾燥地帯にあるスダルシャナ湖の堤防を改修した。この人工の湖はマウリヤ朝のチャンドラグプタが建設したもので、灌漑用に使われてきた。グプタ朝のチャンドラグプタ二世によって征服された。

『ヴィクラマ暦』

紀元前五八年ごろウッジャインの王がシャカ族と巧みに戦い、一時的にではあるがその勢力を撃退することに成功した。ヴィクラマーディティヤ（剛勇なる太陽）と自ら称したこの王により、勝利の年（紀元前五八年）を第一年とするヴィクラマ暦が始められたという。このとき以後、ヴィクラマーディティヤという称号は諸王の切望の的となり、偉大な事業を成し遂げた王は強大な権力を誇示するためにこの称号を踏襲した。その結果、ヴィクラマーディティヤの称号をもつ王が今日一四人も知られている。この称号は十二世紀ごろまで、とりわけ西インドと西部デカンにおける諸王によって盛んに用いられた。

■パルティヤ（紀元前二四七年―紀元後二二四年）

中央アジアの遊牧民が建国した国で、現在のイラン、トルクメニスタン、アフガニスタン西部、パキスタン西部などを含めた。古代中国では安息と呼んだ。

西暦一世紀になると、パルティア系民族の一派であるパフラヴァ族（インド・パルティア族）が西北インドに移り、シャカ族にとってかわった。彼らは同時に並行してインド支配を行った時期があった。最も名高いのはゴンド・フェルネース（在位二〇年頃―五〇年頃）で、この王の治世にキリスト教の十二使徒の一人聖トマスがキリスト教伝道のためインドを訪れたと言われている。パルティア族の版図はギリシャ人やシャカ族の領土に比べてはるかに小さく、やがてインドの政治と社会に同化していった。二世紀初め頃サータヴァーハナ朝に滅ぼされた。

シャカ族とパルティア族は、インド・ギリシャ人の王の貨幣にならった銀貨・銅貨を発行した。貨幣銘にもギリシャ語とインド語を用い、文字もギリシャ文字とカローシュティー文字を用いている。貨幣の銘から二〇人程の王が知られているが、王の治績についてはほとんどわからない。インドに定着した両民族はインド化してしだいに民族の独自性を失った。

■クシャーナ朝（一世紀―三世紀）

中国の西隣にいた遊牧民族の月氏は、紀元前二世紀後半に匈奴に敗れたため一部を残してバクトリア方面に移動し、この地に五諸侯を置いて統治させた。五諸侯については大月氏の一族と見る説と、土着のイラン系有力者と見る説とがある。一世紀の半ば頃、五諸侯のうちのクシャーナ族が首長のクジューラ・カドフィセースのもとで強力となり、他の四諸侯を滅ぼして自ら王と称し、南下して西北インドのガンダーラ地方を支配した。彼が八十余歳で没すると、孫のウィマ・カドフィセース（在位一世紀後半―二世紀初め）が王位を継ぎ北インド中部にまで版図を広げ、一太守をおいてこの地を支配させた（「後漢書」）。クジューラ・カドフィセースは銅貨を発行し、ウィマ・カドフィセースは金貨を大量に発行した。

　ウィマ・カドフィセースの後は、息子のカニシカが王位（在位一三〇年頃―一五五年、別説一四四年―一七三年）を継いだ。クシャーナ朝はガンダーラ地方のプルシャプラ（現在のペシャワール）を首都とし、オクサス川からガンジス河まで、すなわち中央アジアのホラーサーンからウッタル・プラデーシュのヴァーラーナシーにまで（今日の国名でロシアの中央部、イランの一部、アフガニスタンの一部、パキスタンの大部分、北インドの約半分）勢力下に置いた。東部領支配のためマトゥラー（ガンジス河上流域）を副都とした。カニシカも様々な意匠を凝らした金貨を発行した。裏面にはギリシャ、ローマ、イラン、インドの神々が打ち出されている。なかでもイラン系の神が多く、王家がゾロアスター教を信奉していたことがわかる。カニシカ王は仏教にも関心を示し、カシミールで開かれた第四回仏典結集を援助した。彼が首都の近郊に建立した大塔の壮麗さは法顕[注二三]や玄奘[注二四]など後世の中国僧をも驚嘆させている。ブッダの名と肖像を打ち出したカニシカの金貨も出土している。彼の王宮では、仏教詩人アユヴァゴーシャ（馬鳴《メミョウ》）や、古代インドを代表する医師チャラカ[注二五]が活躍した。後者が著したとされる「チャラカ・サンヒター」はスシュルタ[注三六]が著した「スシュルタ・サンヒター」とならび古代インドを代表する医学書として知られる。

ギリシャ人との接触を通して天文学や占星術の影響を受け、サンスクリット語文献のなかに惑星の運行に関係するギリシャ語の単語が多数見いだされる。

カニシカ王の後の七五年程のあいだにヴァーシシュカ、フヴィシュカ、カニシカ二世、フヴィシュカ二世、ヴァースデーヴァといった五王が王位を継承したことが、碑文と貨幣から知られる。この間クシャーナ族のインド化が進んだ。ヴァースデーヴァはインド人の名であり、この王の貨幣の裏面の神像のほとんどがシヴァ神である。ヴァースデーヴァは、二二九年（太和三年）に三国時代の魏へ使節を送った大月氏王の波調と同一人物と見られている。クシャーナ朝は、イランに興ったササーン朝ペルシャの攻撃を受けアフガニスタンとインダス河以西の諸地域を失ったが、中央アジアとインドの地方政権としてなお一世紀ほど残っていた。

クシャーナ朝が興隆した時代に、その西方ではローマ帝国とパルティア王国が長年にわたる抗争を続けていた。漢帝国とローマ帝国を結ぶ内陸交易路（シルクロード）を東から西へと運ばれてきた品物は、しばしばパルティア領をさけ西北インドから西インドの諸港経由で海路ローマに送られた。クシャーナ領の商人は、絹・香料・宝石・染料などを売ってローマの黄金を獲得した。ローマでは送られてきた商品が原価の百倍で売られたという。クシャーナ領では、ローマからの大量の金貨・金塊を用いて自己の金貨を製造した。

インドの王とローマ皇帝との間に使節が二回交換されている。第一回のインド使節は二七年～二八年にティベリウス帝（在位一四年―三七年）の宮廷を訪れ、第二回の使節は一一〇年～一二〇年にトラヤヌス帝（在位九八年―一一七年）のもとに派遣された。こうしたローマとの交流を通じて、インドに新しい技術が導入された。外国の知識と技術の影響を受けて、ガラスの製造などが発達した。

⑻北・中央インド

■グプタ朝（三二〇年頃―五五〇年頃）

クシャーナ朝がササーン朝ペルシャに滅ぼされた後、グプタ朝が北インドに覇権を確立した。

グプタ家は当初クシャーナ朝に従属していたが、チャンドラグプタ一世（在位三二〇年頃―三三五年頃）の時、出身のマガダ地方からガンジス河流域に沿って勢力を伸張、パータリプトラを首都として新王朝を樹立した。即位年を紀元とするグプタ暦も創始している。王の出身はクシャトリヤではなかった可能性が高い。クシャトリヤ一族のリッチャヴィ家のクマーラデーヴィーを妃に娶り、この政略結婚を記念する金貨を発行した。両者は名前とともに並んだ姿で表され、リッチャヴィ家の名も刻まれた。

二代目のサムドラグプタ王（在位三三五年―三七六年）は征服事業を推し進め、西部を除く北インドのほぼ全域を支配した。プラヤーグラージ（現アラーハーバード）碑文はアショーカ王法勅が刻されている石柱に、彼が戦闘でおさめた勝利をサンスクリット語で刻ませた。「最高の君主」「至高のヴィシュヌ信者」などと称して遠征軍を送り、タミル地方のパッラヴァ朝やスリランカの王は恭順の意を示したという。しかし、グプタ朝の直接支配が及んだのは、現在のウッタル・プラデーシュ、ビハール、西ベンガル、ガンジス河流域、マディヤ・プラデーシュの一部で、その周辺の勢力にたいしては、定期的貢納と服従を条件に従来の支配の継続を認めたと考えられている。サムドラグプタ王は諸国遠征の後、アシュヴァメーダ犠牲祭を挙行した。グプタ王朝時代まで仏教は動物の殺生を禁止していたが、これはバラモン教の復活の兆候である。王はバラモン教の熱心な信奉者であったが、他の宗教の宗派も崇敬した。王はアシュヴァメーダを記念する金貨や、自ら七弦のハープ（サプタタントリー・ヴィーナー）を手にした金貨を発行した。

次のチャンドラグプタ二世（在位三七六年―四一四年）は娘のプラバーヴァティーの嫁ぎ先、デカンのヴァーカータカ朝ルドラセーナ二世の協力を得て西インドのシャカ族を征服し、グプタ朝の最盛期をもたらした。アラビア海に面していた貿易港のバールカッチャ（現バルーチ）の獲得は王国の経済を潤した。中心地帯のガンジス河領域とバールカッチャとを結ぶ都城のウッジャインに設けた宮廷では、学術や文芸が栄え、サンスクリット古典文化の主要舞台となった。

王は自らを「ヴィクラマーディティヤ(Vikramaditya)と名乗った。この王の治世に来訪した東晋の僧法顕は、王を「超日王」と記していて、パータリプトラ、ウッジャイン、ヴァイシャーリーなどの都市の繁栄を伝えている（法顕「仏国記」、五世紀初め）。

第四代クマーラグプタ王（在位四一四年—四五三年）の時、ビハール地方ナーランダーに仏教教学の中心として大僧院(注二七)（大学）が築かれた。インド各地と海外のヒンドゥー植民地の王や富豪たちから多額の基金をおくられて、国際的中心となっていった。

次のスカンダグプタ王（在位四五三年頃—四七〇年）の頃には国力が弱まり、金貨の発行量も純度も低下した。西北インドでは遊牧民エフタル（フーナ）に攻められたが阻止した。エフタルは六世紀の初頭に再びインドに侵入し、パンジャーブ、マールワーと中央インドの一部を征服した。しかし、エフタルはマールワーの一地方の支配者であったヤショーダルマンに撃退された。グプタ朝は多数の独立国家群に分裂し、北ベンガルとビハールのみになった。五五〇年頃、エフタルの侵攻によって滅亡した。

グプタ朝の盛時には、首都パータリプトラ、中央インドのウッジャインやマトゥラーなどで商業・交易・手工業が繁栄し、都市文化が栄えた。代々の王はヴェーダの祭式を挙行しバラモンを尊重してその文化の移植に努めたため、ヒンドゥー教が周辺地域にまで広まった。バラモンには新たに開発された周縁の土地が多く与えられた。税の優遇などの特権と引き換えにその宗教的な教化活動、バラモンの持つ暦の知識やガンジス河流域の先進地帯で発達した新しい農業技術の導入も期待された。正統派バラモンの学問としては、六学派の哲学体系（六派哲学）(注二八)がほぼ成立している。

グプタ朝は、インドの古典文化が最も発展した時期で、公用語であったサンスクリット語による文学と、美術の分野において特にめざましい。劇作家にして詩人のカーリダーサ（四世紀〜五世紀前半）は多方面で多数の作品を残したが、なかでも戯曲「シャクンタラー」は有名で、近代ヨーロッパ諸言語に翻訳されて、ゲーテも読んで非常に感動したと言われている。またこの時代には、二大叙事詩やプラーナ（古伝承）文献、「マヌ法典」なども、現在のような形に書き換えられ、整備されていった。美術作品は、建築・彫刻・絵画、いずれの面でもその古典期的完成度において、前代を大きく凌駕していると言われている。

■ヴァルダナ朝（六世紀―七世紀）

グプタ朝が衰退し、分裂状態に戻ったインドを一時的に統一したのがマガダ国のヴァルダナ朝である。ハルシャ王（在位六〇六年―六四七年）は、兄王の死後十六歳で即位、ガンジス河中流域一帯を支配していた姻戚のマウカリ朝を併合すると、その都で交通の要衝の地カニヤークブジャを自国の首都とした。東方のカーマルーパ王（アッサム西部）と同盟を結び、兄の仇敵のベンガル王シャシャーンを倒しガンジス河流域を制覇した。周辺の諸王に服属を約させ、その領内の支配は従来どおりみとめることで北インドのほぼ全域をゆるやかに統合した。ハルシャ王が後継者を残さず死去するとアラナシュが王位を簒奪した。この混乱で唐の使節王玄策が捕らえられたが、吐蕃とリッチャヴィ王朝の軍勢が侵攻して救出した。王国は急速に分裂した。

ハルシャ王の宮廷には多くの学者、文人、外国使節が集まった。この時代に唐僧玄奘がナーランダー僧院で学んだ。宮廷詩人バーナはサンスクリット語で王の一代記「ハルシャ・チャリタ」を著した。王自身も仏教思想を具現化した「ナーガーナンダ（龍王の喜び）」などの戯曲をいくつか書いた。ハルシャ王の死後、北インドは分裂割拠状態となった。

(9) デカン高原

■サータヴァーハナ朝（紀元前二三〇年―紀元後二二〇年）

サータヴァーハナ朝は、南インドのデカン高原で紀元前三世紀頃に独立したが、マウリヤ朝に圧迫されていた。アショーカ王の死後次第に勢力を拡大した。ドラヴィダ系のアーンドラ族出身でアーンドラ朝ともいう。王はバラモンと称し、ごく初期からアシュヴァメーダ馬祀祭やヴァージャペーヤなどのヴェーダの犠牲式を挙行した。彼らはヴィシュヌ派の神々を崇拝し、バラモンに惜しみなく犠牲式の報酬をはらった。

ガウタミープトラ・シャータカルニ王（在位一〇六年－一三〇年）の時に最盛期となり、シャカ族に奪われたマハーラーシュトラの領土を回復した。その後、シャカ族のルドラダーマン一世に二度敗れたが、婚姻関係があったために滅ぼされなかった。ヤジュニャ・シュリー・シャータアルニ王（在位一六五年－一九四年）はシャカ族からコンカン北部とマールワーを取り戻した。インド洋交易を通じてローマ帝国とも盛んに交易を行い、東南アジアとも交易した。

この王朝の王たちは仏教の発展も助けた。仏教は商人と職人の階級から信徒を集め、マハーラーシュトラのナーシクとジュンナル、アーンドラ・プラデーシュのアマラーヴァティーも仏教文化で繁栄した。紀元前二世紀頃からアジャンター（Ajanta）石窟寺院(注三九)などの造営を始めた。三世紀に入るとあいついで地方勢力が独立したために急速に衰退した。

ローマ帝国とサータヴァーハナ朝の間で季節風交易が行われ、都市は繁栄したが、三世紀以後ローマ帝国がインド交易を禁止したため、都市経済が成り立たなくなり衰退した。ポンディシェリーの南方四キロメートルにあるアリカメドゥー(注四〇)（Alikhamedu）遺跡は、ローマとの交易を物語っている。

『ガンディカ』

サータヴァーハナ朝においては、工芸や商業が盛んであった。商人や職人の多くは、仏教教団に惜しみなく寄進したので、記念に小さな碑銘を作った。ガンディカ（香料製造人）が度々寄進者として記された。後世にはガンディカはごく一般的な言葉であらゆる種類の小売商を指すようになった。現代のガンディーという家名はこの古い言葉から生まれた。（R・S・シャルマ、一九八五年）

■ヴァーカータカ朝（二六〇年ー五三〇年）

サータヴァーハナ朝が衰退した後、三世紀後半にヴィンディヤシャクティ一世がヴァーカータカ朝を建国した。第二代のプラヴァセーナ一世（在位二七〇年—三三〇年）は北インドのかなりの部分とデカン全体、南のアーンドラプラデーシュまで支配して、王朝でただ一人皇帝と呼ばれた。王の死後、王国は東西二つに分かれた。東の主派はナーグプル近辺を都とし、ルドラセーナ二世（五世紀初め）はグプタ朝のチャンドラグプタ二世の娘を妃に迎えてグプタ朝と同盟を結んだ。西の分派はマハーラーシュトラ北西部を都とした。ハリシェーナ王（六世紀初め）の治世では、周辺諸国を征服して強大となった。アジャンター石窟の第一六窟、第一七窟が王の臣下によって造営された由の刻文がある。彩色豊かな仏教壁画の名品が描かれた。六世紀中頃チャールキヤ朝に滅ぼされた。

■パッラヴァ朝（二七五年—八九七年）

サータヴァーハナ朝の衰退に乗じて成立した。シヴァスカンダヴァルマン（またはスカンダヴァルマン）がカーンチープラム[注四二]を都として、北はクリシュナ川から西はクンタラ地方まで版図を広げた。五世紀末以降から五七四年ごろまで、マイソール地方から勢力を拡大してきたカラブラ朝の勢力下に入ってしまったため、王朝の歴史がはっきりしない。

シンハヴィシュヌ（在位五七四年—六〇〇年）はカラブラ朝を破って王国の領域をカーヴェーリ川（カーヴィリ川）まで拡大し、パーンディヤ朝やセイロンの君主たちと抗争した。マヘーンドラヴァルマン一世（在位六〇〇年—六三〇年）の代、前期チャールキヤ朝の王プラケーシン二世によって打ち破られ、北方の地を併合された。ナラシンハヴァルマン一世（前王の子、在位六三〇年—六六八年）は、バーダーミを占領して破壊し、プラケーシン二世を敗死させた。またセイロンの王位継承戦争にも介入した。

しかし、ヴィクラマーディティヤ一世（プラケーシン二世の子）に追い払われ、前期チャールキヤ朝の復興を許した。パラメーシュヴァルマン一世（在位六七〇年―六八〇年）の代にカーンチープラムが陥落することもあったが、ナラシンハヴァルマン二世の代には再び繁栄した海外交易によって経済は発展し、唐へ使節を派遣した。周辺諸国と抗争や友好関係を繰り返していたが、アパラージタ（在位八七九年―八九七年）の代に、封臣の地位にあった後期チョーラ朝のアーディティヤ一世によって滅ぼされた。

マハーバリプラム（タミル・ナードゥ州北東部カーンチープラム県）には、五つのラタ（堂）や海岸寺院、ガネーシャ・ラタなど初期ドラヴィダ様ヒンドゥー建築の代表的遺構が多く所在し、世界遺産の文化遺産に登録された（一九八四年）。

⑽ 南端部

クリシュナ川より南に位置する南端部の高地地帯にはメガリス（巨石墓）を造っていた人々が住んでいて、アーンドラ東部とタミル・ナードゥで特に栄えた。メガリス文化は紀元前一〇〇〇年頃まで遡ることができ、紀元前五世紀から紀元前一世紀頃まで続いたところが多い。

紀元前三世紀のアショーカ王碑文に記されたパーンディヤ、チョーラ、チェーラ（ケーララ）の三国は、メガリス文化の段階にあったようである。タミル・ナードゥのメガリス文化では、死者の骨を赤色土器で作った壺に納めて、穴を掘って埋めた。副葬品に鉄器が含まれていることもある。クリシュナー河・ゴーダーヴァリー河流域ではまわりを円状に石で囲んだところに石棺を埋め、あるいは穴を掘って埋葬していた。丘陵の斜面に居住しそこで死者を埋葬した。

■パーンディヤ朝（紀元前六世紀―紀元後三世紀）

セレウコス朝の使節としてマウリヤ朝に赴いたメガステネース（紀元前三五〇年―紀元前二九〇年）は、パーンディヤについて、「この王国は真珠で有名である。またこの王国は女王が統治し、母系制である」と記している。また、サンガム文献からもパーンディヤ王国が豊かで繁栄していたことが明らかである。「ヒッパロスの風」(注四二)が発見されて、紅海とインドを航行するのも容易くなった。王たちはローマ帝国との交易(大量の真珠など)から利益を得ており、アウグストゥス帝(在位紀元前二七年—紀元後一四年)のもとに使節を派遣した。ストラボン(紀元前六四/六三年—紀元後二四年、古代ローマ時代の地理学者、歴史家、哲学者)は、「紀元前二二年、ローマ帝国にパーンディヤから使者が来訪した」という記録を残している。また、「エリュトゥラー海案内記」(注四三)には、パーンディヤに関する詳細な記述があり、真珠の取引を中心としたローマとの海外交易で繁栄した。首都はマドゥライである。

紀元前四三年から紀元前二九年までパーンディヤがセイロンを支配したという記録、および二世紀にはチョーラ朝のカーリカーラ王に支配されていたが、二一〇年頃チョーラ朝とチェーラ朝の連合軍を破ったという記録もある。近隣国との争いが続いて衰退し、パッラヴァ朝に服属した。

■チョーラ朝(紀元前三世紀—紀元後三世紀)

紀元前二世紀頃、エラーラーという王がセイロン(現スリランカ)を征服して、四十四年間支配したという。二世紀のカーリカーラ王は、カーヴェーリ河畔にプハール(カーヴェーリパッタナム)という都市を建設して、川沿いに一六〇キロメートルの堤防を築いた。この建設には、セイロンから捕虜として連れ帰った一万二〇〇〇人の奴隷が労働にあたった。プハールはチョーラ朝の都となり、商業と交易の大中心地となって、綿織物交易で栄えた。王朝は有力な海軍を擁して、ガンジス河口やイラワジ河口までも航海した。チョーラ朝はカーリカーラ王の後継者のもとで急速に衰え、都プハールは破壊された。それに代わって、チェーラ朝とパーンディヤ朝の近隣勢力が領域を拡大し、残された領土は北のパッラヴァ朝に攻撃されてほとんど奪われた。

■チェーラ朝（紀元前三世紀頃―紀元後三世紀頃）

アショーカ王の摩崖詔勅にはケーララプタとして刻まれている。チェーラ王国もローマ交易に依存しており、西方世界で大きな需要があった香辛料、特に胡椒を産し、象牙・真珠・宝石を輸出した。ローマ人はこの地方のムージリス（クランガーノルに比定）に権益の保護のため二連隊を置き、そこにアウグストゥスの寺院を建てたと言われる。サンガム文学には部族的結合をもった王国とその抗争が描かれている。パーンディヤ朝やチョーラ朝、およびセイロンとの戦争で衰弱し、利益の大きいローマ交易が衰退した三世紀頃衰え、パッラヴァ朝に服属した。

『サンガム文学』

一世紀から三世紀を中心に盛んになったタミル語の古典文芸の通称。五〇〇名近くの詩人によって作られた抒情詩を集大成した。パーンディヤ朝の首都であるマドゥライに存在した宮廷文芸院サンガム（シャンガム）で編纂されたことからサンガム文学と通称される。この時代、詩人たちは王宮から王宮へと巡って王を讃える詩を作ったという。当時のタミル地方はチョーラ朝、チェーラ朝、パーンディヤ朝の三王朝があり、詩人たちは各地の宮廷で作品を残した。世俗文学で登場人物も様々であるが、当時の社会についても書かれており歴史資料としての価値もある。

⑾ 宗教改革

■仏教

仏教はアショーカ王の時代に、カシミールやセイロンなどインド亜大陸の周縁部にまで伝えられ、マウリヤ朝崩壊後も各部派は活動をつづけていた。もともと仏教の経典や論書は俗語（プラークリット語）で著されていた。南方上座部（注四四）に今日伝わる経典のパーリ語はマガダ地方の俗語に起源を持つ言語である。一方、ガンジス川上流域で正統派バラモン教と競いつつ伝導せねばならなかった部派のなかに、聖典語・教養語としての権威をもつサンスクリット語で経典を編む傾向が現れた。この傾向はその後ますます顕著となり、ほとんどの仏教部派に広まっていった。

紀元前後に、新しい仏教の信仰のあり方が求められた。部派仏教が出家による自己救済を主眼として民衆の信仰から離れてしまったことを批判し、在家の者でも解脱の道が開かれていると主張する運動が起こった。この運動を推進するものたちは、自分たちの仏教を大乗（大きな乗物）仏教と呼び、部派仏教を小乗（小さな乗物）仏教と呼んだ。

大乗仏教では、衆生の救済のために努める弥勒菩薩や観音菩薩という大菩薩への信仰が広まった。さらに菩薩より一段高い存在である仏陀を信仰した。極楽浄土に住む阿弥陀仏に救いを求めるなら死後ただちにその浄土にむかえ入れられると信じられた。また大乗仏教の信奉者たちは多数の経典を現した。「空」の理論を説いた「般若経」、諸仏・諸菩薩の救済の力の大きさを説いた「法華経」「阿弥陀経」、菩薩の修行の段階などをといた「華厳経」がそれらを代表するもので、大乗経典を誦し、聴き、書写することが、大きな功徳をもたらす行為として奨励された。

一世紀末頃、古代における美術製作の一大中心地マトゥラー（デリーの南、ヤムナー川の中流西岸）で仏像彫刻がはじまり、マトゥラー特産の赤砂岩を用いインドの伝統技術を駆使して彫られた仏像やジナ・マハーヴィーラの像が出現した。同じころ、インドの西北辺境のガンダーラでもギリシャ（ヘレニズム）彫刻の影響を受けた仏像が出現した。緑灰色の硬い石に彫られた。マトゥラーとガンダーラでは双方とも独自に仏像を製作した（高田修、一九八七年）。ヴィンディヤ山脈以南のマハーラーシュトラでは岩石を刻んで美しい仏教窟院が造られた。ナーガールージュナコンダとアマラーヴァティでは仏伝に題材をとった浮き彫りが盛んに彫られた。

二世紀の中頃、デカンで活動したナーガールジュナ（龍樹、一五〇年—二五〇年頃）が大乗仏教の理論を大成した。大乗仏教の形態は外国人にも理解し易いため広まった。大乗仏教では唯識哲学の祖アサンガ（無着、三一〇年—三九〇年頃）とヴァスバンドゥ（世親、三二〇年頃—四〇〇年頃）が活躍した。

しかし、地域社会に密着したヒンドゥー教に次第に押されるようになった。四三〇年頃スリランカに渡ったブッダゴーサ、中国に赴いたボーディダルマ（菩提達磨、五世紀後半—六世紀前半）やパラマールタ（Paramārtha，真諦、四九九年—五六九年）が海外で活躍した。北インドから西域を経て後漢時代に中国に伝搬し（北伝仏教）、朝鮮半島を経て六世紀に日本に伝えられた。

グプタ朝では、王侯・貴族・富裕な商人などの後援支持を受け、五世紀にはナーランダー僧院（注一三）もつくられたが、グプタ朝の衰退以来、都市経済が縮小し、商人たちの経済力が低下したため、彼らの寄進に頼っていた仏教教団は経済的基盤を失っていった。

仏教は次第に民衆から離れ、いわゆる知識人の学問という性格に転換し始めた。七世紀には大乗仏教の一つの宗派として密教も生まれた。ヒンドゥー教の影響を強く受けて神秘的な呪術によって現世的な利益を図ろうとするものであった。成立当初の改革の精神は段々薄れ、初めに攻撃していた儀礼や祭式に頼るようになった。僧侶たちは徐々に民衆の生活から離れ、民衆の言語であるパーリ語を捨て、知識人の言葉であるサンスクリット語を用いた。また、偶像崇拝を大規模におこない信者たちから多くの供物を受けた。一般信者による豊富な布施と、王侯による僧院への多額の寄進とによって、僧たちの生活は安楽なものになり、七世紀までに仏教僧院は安逸を好む者たちの群がる場と化した。

仏教思想の変容もあり、パーラ朝では密教が主流となった。ブッダがヴィシュヌ神の化身（アヴァターラ）であるとの考え方も広まり、仏教はヒンドゥー教に吸収された。インドにおいて仏教は様々な場面でヒンドゥー教に敗れて消滅した。密教化した仏教は、大乗仏教が流行した中国・日本・チベットで栄えた。

■バラモン教から非正統派の仏教の攻勢に押され、また異民族の支配に屈従しつつも退勢の挽回に努めた。彼ら

はヴァルナ社会に住む人々の生活法を定めた「マヌの法典」をまとめあげた。この法典のなかで、「王は最高神が人類に秩序と安寧をもたらすために創造した神聖な存在である」とした。そうした王はクシャトリヤ出身で、ヴァルナ制度を守護する者でなければならない。ギリシャ人やシャカ族などは堕落したクシャトリヤ（ヴラーティヤ）であるから、バラモンの指導に従うならば本来のクシャトリヤ身分に復帰できるという。こうして外来民族は、それぞれの独自性を維持しつつ、インド社会に組み込まれた。

非正統派に圧倒されたバラモンたちは、それまで蔑視の対象としてきた非アーリア的な土着信仰を自己の信仰の世界に受け入れることにより、大衆の支持を得ようとした。その結果、ヴェーダの神々にかわり、シヴァやヴィシュヌなど土着信仰の要素を多く取り込んだ神々への信仰（ヒンドゥー教）が広まった。ヒンドゥー教徒が聖典として尊ぶ「バガヴァッド・ギーター（神の歌）」も四世紀頃作られた。ヴィシュヌ神（およびその化身クリシュナ）に絶対的帰依を捧げつつ生得の義務を遂行せよというヴァルナ・カースト制度の理論が説かれて、大叙事詩「マハーバーラタ」のなかの一章として挿入された。

ヒンドゥー教はバラモン教を原型とするが、明確な体系をもつ一宗教というよりむしろ、儀軌・制度・風習の一切に関わっている。バラモンたちは、カースト制度の基本となるバラモン、クシャトリヤ、ヴァイシャ、シュードラによって社会が構成されると考えていた。入信の儀式などはなく、宗教的・社会的な儀礼や慣習を共有すること、ヒンドゥー教徒の家に生まれることが決定的な条件である。多様で複雑な性格をもっていて、ウパニシャッドに代表されるような、高次の哲学的思考体系を持つとともに人々の家庭における日常的な儀礼から食事の内容や食べ方にいたるまで、具体的な生活慣習の一つ一つにも制約がある。

グプタ時代に現在の形に仕上がったマヌ法典は律法経に見られた各ヴァルナの生活規則をさらに充実させ、

一二章二六八四条にまとめ上げた作品で最高のヒンドゥー法典としての権威を長く保持し続けた。続いて「ヤージュニャヴァルキヤ法典」（一〇〇年—三〇〇年頃成立）、「ナーラダ法典」（一〇〇年—四〇〇年頃成立）をはじめとする後期ヒンドゥー法典が編まれた。これらの法典は「マヌ法典」のような総合性には欠けるが、諸規定は現実に一層適合するように整えられた。

仏教やジャイナ教が都市部を中心に勢力を拡大し始めると、クシャトリヤやヴァイシャの信者を仏教やジャイナ教に奪われ始めたことをきっかけに、それまで社会の構成員とは認めていなかった様々な先住民族を次々と認め、彼らの宗教の要素をバラモン教に取り入れる戦略を採り、森《シン》羅《ラ》万象《バンショウ》を崇拝の対象にした。バラモンは地域社会に根をおろし、祭式執行の報酬で自分と家族の生活を支え、必要とあれば農業などの経済活動にも従事した。グプタ朝時代までに大枠としてのヒンドゥー教が成立した。

ヒンドゥー教の神々の中で、最も崇拝されているのはヴィシュヌ神とシヴァ神で、それぞれを最高神とするヴィシュヌ派とシヴァ派に大きく分かれる。ヴィシュヌは一〇の化身をもつといい、仏教の開祖釈迦もその一つに数えられている。グプタ朝以前は仏教に比べてヒンドゥー寺院は圧倒的に少なかったが、以後各地に建てられ、中心の神格である神像を礼拝する習慣も広まった。ヒンドゥー教の神々の中には日本に伝わった神々もあり、七福神の大黒天・弁財天・毘沙門天などはその例である。

グプタ時代以降のヒンドゥー教では、バクティとタントリズム（密教）が発達した。バクティは最高神に愛情を込めた絶対的帰依を捧げるという信仰形態で、八世紀の南インドにおけるシヴァ神・ヴィシュヌ神の信者たちから流行した。彼らはこれら最高神からの直接の救済を求め、自分達の言語であるタミル語の宗教詩を歌いつつ寺院を巡り、神前に額ずいた。カーストや性別に関係なく誰でも最高神と結ばれうるというこのバクティ信仰は、大衆の支持を得て、北インドにまで達した。

ヒンドゥー教におけるタントリズムは絶対者との合一と神通力の獲得を求めつつ行う秘密儀礼を特色とし、

特別な聖句（マントラ）を唱えることと、特定の姿勢をとりつつ肉体と精神を制御する修行法（ヨーガ）とが重視された。タントリズムは本来、カースト差別や男女間の差別から自由であり、また人間の欲望を高低する面をもっていたため、下層民の間にもひろまった。男女が集う秘密儀礼が宗教的堕落をもたらしたこともあり、九～十二世紀に盛んであったが、以後分裂・停滞に向かった。

『古代インドの大学』

タキシラ（僧院）大学
紀元前六世紀～西暦六世紀
ナーランダー（僧院）大学
五世紀～一一九三年
ヴィクラマシーラ（僧院）大学
ヴァラビー（僧院)大学
七世紀～八世紀半ば
（名称不明）大学
十一世紀～十三世紀頃

タキシラ（現パキスタンのパンジャーブ州）
医学、科学、仏教など／イスラム勢力が破壊
ビハール中部（現ビハール州ナーランダ県中部）
グプタ朝のクマーラグプタ一世が創設
仏教・ヒンドゥー教・哲学・文法・医学・倫理・天文学・数学など
八院、三〇〇房、学生数三〇〇〇人／イスラム勢力が破壊
ビハール東部（現ビハール州東部ベーガールプ県）
パーラ朝のダルマパーラ王が創設
仏教、哲学、文法、形而上学など
教師一〇〇人以上、学生数一〇〇〇人以上／イスラム勢力が破壊
グジャラートのヴァラビー（現グジャラート州）
ドルヴァセーナ一世の姪ドゥッダーが創設
仏教教学／イスラム勢力が破壊
カーンチープラム（現タミル・ナードゥ州カーンチープラム県）
後期チョーラ朝のラージェンドラ一世が創設

ヒンドゥー教のヴェーダ学問の様々な分野
（詳細不明）

⑿ 文明遺産

様々の文化遺産があるが、特に数学・天文学および医学において同時代の世界各国より秀でていた。

哲学

・唯心的哲学　霊魂と神との関係について深く考察
・唯物的哲学　六派哲学の体系のなかのサーンキヤ体系

工芸

・染色　アジャンターの壁画（一〇〇〇年以上たっても鮮やかな色彩を保っている）
・ウーツ鋼　デリーの鉄柱（四世紀）鉄柱の銘文はグプタ朝で用いられたグプタ文字（ブラーフミー文字の一種）で書かれている。一部の学者は、鉄柱自体はずっと古く、銘文は後に付け加えられたという。

『ウーツ鋼』

インドの鋼の強靭さと表面の独特の模様、そして錆びることがないという神秘性については紀元前四世紀頃から西方に知られており、アレクサンドロス大王がタクシラのポールス王から重さ三〇ポンド（約一五キログラム）の鋼を贈られ（紀元前三二六年）喜んだという。デリーの鉄柱はウーツ鋼で作られている。古代インドのウーツ鋼の生産地は確定されていないが、今日ではハイデラバード、マイソール、サレームで製造されたものと考えられる。このウーツ鋼は、粘土で作った坩堝に鍛鉄を入れて木や木炭で浸炭させて融解し、ゆっくりと冷却した。普通のヨーロッパ鋼では炭素一％以下であるが、ウーツ鋼の炭素含有率は平均一・二〜一・八％である（佐藤任、一九八八年）。ウーツ鋼の研究からステンレス鋼などが実用化した。

数学・天文学

数学は紀元前三世紀までに発達し始めた。（図2-1参照）

十進法　数を位取りで表記

ゼロ（零）の使用　（紀元前二世紀頃発見）

アーリヤバタ（四七六年―五五〇年）パータリプトラ（クスマプラ）で活躍

ナーランダー僧院の学長と推定されている。

著作「アーリヤバティーヤ」、「アーリヤバタ・シッダーンタ」

アルファベットによる記数法

一次方程式と二次方程式と一次不定方程式の解法

円周率の近似値「π：3.14159265……、エラーラー」

（プトレマイオスの3.14166よりも正解3.14159265　に近い）

三角関数の求め方と簡単な表

地球回転説（一恒星日二三時五六分四・一秒。現在は二三時五六分四・〇九秒）

地球の自転周期と月の公転周期の比＝27.3964…（恒星月の約27.32に近い）

惑星運動論、惑星の天の緯度、その他

ヴァラーハミヒラ（五〇五年―五八七年頃）ウッジャインで活躍

著作「プリハトサンヒター」

月が地球の周りを回転し、地球が太陽の周りを回転すると述べた。ギリシャのいくつかの著作を利用して、惑星の運動とその他の天文学上の問題を説明した。

・対角線上の正方形の定理（ピタゴラスの定理にあたる）
「バウダーヤナ・シユルヴァスートラ」（紀元前８世紀）
に記載。

$3^2+4^2=5^2$　$7^2+24^2=25^2$　$12^2+5^2=13^2$

$12^2+35^2=37^2$　$15^2+8^2=17^2$　$15^2+36^2=39^2$

証明はユークリッド（ギリシャ、BC330年頃－BC275年頃）が初出。
インドではバースカラⅡ（BhaskaraⅡ）が
「代数の計算」（1150年頃）に記載。

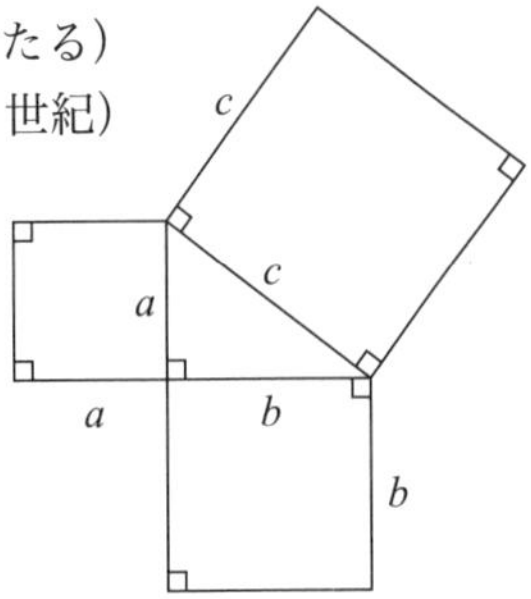

・三角関数
ヴァラーハミヒラ「パンチャ・シッダーンティカ」（6世紀）など。

$sin\theta=\frac{a}{c}$　$cos\theta=\frac{b}{c}$　$tan\theta=\frac{a}{b}$

$sin^2\theta+cos^2\theta=1$

$sin\theta=cos(\frac{\pi}{2}-\theta)$

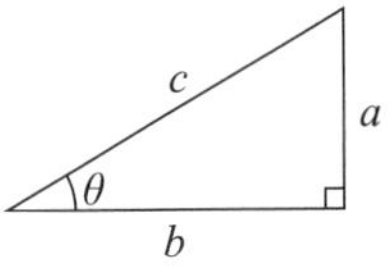

θ（度）	$sin\theta$	$cos\theta$	$tan\theta$
0	0.0	1.	0.0
30	0.5	0.8660	0.5774
45	0.7071	0.7071	1.0
60	0.8660	0.5	1.7321
90	1.0	0.0	∞

・ブラフマーグプタの定理（7世紀）
対角線が直交する不等辺四角形 $ABCD$ が
円に内接するとき、交点 E から BC へ
垂線 EH を引き、この EH が AD と交わる
点を M とすると、M は AD の中点である。

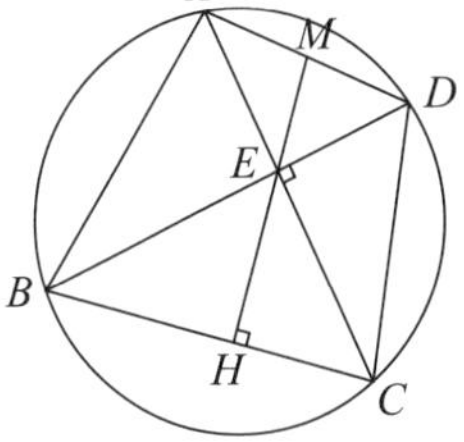

・マハーヴィハーラ　「零」の演算（9世紀）

$a+0=a$　$a-0=a$　$a\times0=0$　$a\div0=$（不能）

$0+a=a$　$0-a=-a$　$0\times a=0$　$0\div a=0$

$0+0=0$　$0-0=0$　$0\times0=0$　$0\div0=$（不定）

図2–1　古代インドの数学の例

ブラーフマグプタ（五九八年—六六五年）ウッジャインの天文台長
著作「ブラーマ・スプタ・シッダーンタ」（六二八年）中で
二次不定方程式　$x^2-92y^2=1$　の最小整数解（x=1151, y=120）を記載
0（ゼロ）の概念とその扱いを厳密に定義、無限の概念
（七七三年にバグダードに達し、0の表現を真似た記号で0がアラビア数字に加えられた）
著作「カンダ・カーディヤカ」（六六五年）
三角法をヴァラーハミヒラの時代からさらに発展させた

医学

・アーユルヴェーダ（インドの伝統医学）
スシュルタ（生没年不明、紀元前六世紀頃説、西暦二世紀—三世紀説など）
著書「スシュルタ・サンヒター」のなかで白内障、結石、帝王切開、骨折の外科的治療、整形外科などの手術や手術で使用する一二一ほどの装具を記している。病気の手当てでは、特に食事と清潔さの重要性を強調。
チャラカ（二世紀頃）
「チャラカ・サンヒター」はアーユルヴェーダ（古典医学）の医学書。アーユルヴェーダの起源は神々にあると伝えられており、仙人パドラヴァージャがインドラ神に教えを乞い、弟子アートレーヤに教えた。アートレーヤの弟子の一人アグニヴェーシャが「アグニヴェーシャ・タントラ」にまとめ、これをチャラカが改編したものとされる。
チャラカの改編は二世紀頃終わったが、その後も多数の人物の改編や注釈が付けられた。徹底して内科的治療法を説いており、諸種類の熱、ハンセン病、ヒステリー、結核について書いている。
医学書・数学書・天文学書の代表作のほとんどすべては、イスラム世界、特にアラビア人の手でアラビア語

に訳され使用された。さらにアラビア人により、西欧世界に紹介された。

文学

二大叙事詩と言われる「マハーバーラタ」と「ラーマーヤナ」、カーリ・ダーサの「シャクンタラー」（五世紀前半）、現存する最古の児童文学「パンチャタントラ」(注四五)、またジャータカ（仏教説話）などがある。文学作品も、仏教にまつわる本生譚や民間の説話、寓話等が、ペルシャ語やアラビア語に翻訳された。「千夜一夜物語」に継承され、ついでヨーロッパの色々な寓話類の中に取り入れられた。

東方世界には、仏教を介したものが圧倒的に多く広まった。中国からは法顕や、玄奘・義浄(注四六)がインドを訪れ、またインドからは鳩摩羅什《クマラジュウ》などが中国に呼び寄せられた。中国文化を介して日本にも西域・インド起源の文物が入っており、「今昔物語」天竺編などに収められている。

２ ネーパーラ王国

ネパール開闢伝説として、仏教の聖地スヴァヤンブー（スワヤンブー）寺院の由来と縁起を伝える仏典「スヴァヤンブー・プラーナ」に、「太古、カトマンズ盆地はカーリーフラダ（蛇の湖）という美しい大湖で、文殊天が湖を囲む山の南側を剣で切り開いて湖水を排出させたのでネパールの大地が生起した」と述べられている。また仏典「根本説一切有部毘奈耶《コンポンセツイチサイウブビナヤ》」には、ネパールと釈尊、高弟アーナンダ、僧団とのかかわりが記されている。

ヒンドゥー教の聖地パシュパティ寺院の由来と縁起を伝える「パシュパティ・プラーナ」や、古代インドの大叙事詩「マハーバーラタ」などにもネパール関連の伝説が載っている。ネーパーラはネパールのサンスクリット語読みである。

またネパールには、バンシャバリ（王朝王統譜）という独自の史書形式の伝承文献が残されている。主要なバンシャバリは、マッラ王朝の確立者スティティ・マッラ（在位一三八二年―一三九五年）が記させた「ゴーパーラ王朝王統譜」、ライト（D. Wright）が採取したもの、カークパトリック（W.J. Kirkpatrick）が採取したもの、ネパール語古文で記された「パーシャー（口伝）王朝王統譜」、ケーシャル図書館所蔵のバンシャバリ（部分）の完全版「ネーパーラ王朝王統譜」などがあり、王朝、王名、それぞれの王の業績などが記載されている。釈尊やアショーカ大王の来訪なども記され、またゴーパーラ王朝の八王、マヒシャパーラ王朝の三王、キラータ王朝の三二王（王朝王統譜によって王数が異なる）に関する記述があるが、いずれも史実としての信頼性は全くない。例えば、パタンのアショーカ・ストゥーバと呼ばれるものは、様式的に後期のものである。また、ケンブリッジ大学のR・アルチン教授は、土台付近で採取した有機物を^{14}Cによる炭素年代測定を行い、年代的に一二〇〇年を遡ることはできないという調査結果を出している。

ただキラータについては、古代インドの大叙事詩「マハーバーラタ」第三巻にも登場する。非インド・アーリア語系の言語を持ち、アーリア文化圏外にある山岳民族を指すが、特にネパールと結びつけられ、現にキラータを名乗る種族が東部ネパールに居住している。しかし、この人達をキラータ王朝と直接関係づけるのには懐疑的な意見が多い。キラータを特定の種族と限定せずに、〝非インド・アーリア語系の種族〟と広義の意味に考えれば、リッチャヴィ王朝が支配する以前にキラータの先住民が居住していたことは確実になる。リッチャヴィ時代の碑文で、租税や強制労務に関する名称にも非サンスクリット語が使われているので、なんらかの行政機関があったことも考えられ、キラータ時代に統治者がいた可能性もある（石井溥、一九九二年）。

古代ネパール史を実証する最古の史料は、リッチャヴィ王マーナ・デーヴァ一世（在位四六四年―五〇五年）が四六四年に遺したサンスクリット語による碑文(首都カトマンズの東一二キロメートルのチャングナラヤン)である。

三二〇年に北インドを統一してグプタ朝を興したチャンドラグプタ一世は、リッチャヴィ王家の王女と婚姻関係を結んだ。当時北ビハールのヴァイシャーリーを中心とした一帯にリッチャヴィ小王国が散在していて、その本家筋との政略結婚により、北東インドの制圧を目論んだものと思われる。これらの小王国のなかでグプタ朝への隷属を嫌った一族のヴリシャ・デーヴァは、ヒマラヤ山地のカトマンズ盆地に逃れて先住民を支配し、（注四七）ネーパーラ王国を建設した。

二代王シャンカラ・デーヴァ一世は武力によって国土を拡大し、三代王ダルマ・デーヴァはさらに国土を拡大した。この三代の王によってカトマンズ盆地を中心に現バグマティ県のほぼ全域、南方はマクワンプル一帯までを支配し、安定させた。四六四年にダルマ王が急死したため、支配下の豪族たちが離反・独立の動きを見せたが、王子のマーナ・デーヴァ一世（在位四六四年―五〇五年）が急遽即位し、東征・西征して彼らを屈伏させた。彼は強力な専制君主として自らの名を冠した王宮「マーナ宮」を造営した。銅貨「マーナ王印」を発行し、国内外の交易を奨励して経済的繁栄をはかった。マーナ一世自身は王教のヴィシュヌ派であったが、王妃たちはシヴァ派であり、タントラ系のシャクティ派（注四八）も保護していた。「マーナ王僧房」を造営し、仏教も手厚く保護し、他の宗教宗派に対して寛容だった。

マーナ一世の死後、王権が弱体化して大豪族のグプタ一族が台頭し、王を傀儡化した。バウマ・グプタにいたってはガナ・デーヴァ一世（在位五五七年頃―五六五年頃）、ガンガー・デーヴァ（在位五六七年頃）、シヴァ・デーヴァ（在位五九〇年頃―六〇四年）の三代にわたって侍従長・司法長官兼公安長官として実権を握ったばかりでなく、王の連立統治者を名乗って二頭政治体制をとった。バウマはグプタ一族のみに免税等の特典を与え、民衆には重税を課した。グプタ一族の対抗勢力であったヴァルマー一族の長アンシュ・ヴァルマーが立ち上がり、激戦のすえにバウマを打倒し、シヴァ一世への王制復古が実現した。

アンシュ・ヴァルマーが新しい連立統治者として絶大な権力をもつようになったため、シヴァ一世は退位し、アンシュ（在位六〇五年―六二一年）が事実上の王となった。彼は壮麗な「カイラーサ・クータ宮殿」を造営した。アンシュは全域的に行政権の移譲や特典を与えるなど、地方自治権拡大政策をとった。アンシュ自身はシヴァ派系のパシュパティ派であったが、シヴァ派系の他、ヴィシュヌ派各派、仏教各派を平等に庇護した。

当時、集落の形態は一〇〇戸から五〇〇戸規模の村落、複数の村落が併合した連合村落、多くの村落と連合村落を併合した都市的機能を備える大集落に分けられ、各村落に長老、有力者たちによって構成された独自の地方行政機関「パンチャーヤト（五人または五人以上の集団によって管理・運営）」があり、この機関を通じて国家行政や地方行政、地域の福利、住民間の紛争の調停などが行われた。また、宗教的事業のほか地域の福利、教育、娯楽のために必要に応じて王侯、豪族、富豪などによって設立される「ゴーシュティー（地域互助組織）」もあった。アンシュはパンチャーヤトを保護する一方、ゴーシュティーの育成に努め、宗教関係では神々の礼拝供養、聖典学習、造像など、生活関連では宿坊の建設、飲料水の供給、道路、交通の整理などのゴーシュティーが設けられた。また、治療院のために多額の経費が投じられた。当時、チベットのソンツェン・ガンポ王、北インドのハルシャ・ヴァルダナ王の二大強国にはさまれたなかで、国境を整備して国土防衛に努め、外交的に独立を堅持したことが知られている。アンシュは晩年にリッチャヴィ王統の嫡流ウダヤ・デーヴァ（在位六二一年頃）への王位返還を宣言しており、アンシュの死後、ウダヤの即位が実現した。

　アンシュの死によってバウマの孫ジシュヌ・グプタは勢力を回復し、ウダヤ王の弟ドルヴァ・デーヴァ（在位六二四年頃―六二五年頃）を擁して兄王を殺害すると、ドルヴァを王位に就けて連立統治者となった。ウダヤ王の王子ナレーンドラ・デーヴァはチベットに逃れてソンツェン王の庇護を受けた。

　ナレーンドラはソンツェン王の援護で、ネパールに攻め戻り激戦のすえに王位を奪還した。ナレーンドラ王（在位六四三年頃―六七九年頃）は自ら統治し専制君主として君臨した。ソンツェン王が没した（六四九年）後の三十年間の在位中はチベットの影響を離れて名実ともに独立国（注四九）であり、軍事力も強大であった。唐には六四七年と六五一年の二度朝貢しており、大国の礼をとっていた。

　次王シヴァ・デーヴァ二世（在位六九四年頃―七〇五年頃）の治世になるとネパールはチベットの属国と化した。六九五年の夏及び六九九年の夏にチベット王チドゥソンがネパールを訪れて滞在している。そして彼の王子がリッチャヴィ王と並立するチベット側のネパール王となっていた事実が知られている。七〇三年～

七〇四年にネパールなどの属国がチベットに反逆したが、チベットは反逆者たちを処分した。七一三年にはシヴァ二世の皇太子ジャヤ・デーヴァ二世（在位七一三年―七三三年）が即位しているが、チベット王チデックツェンが頻繁にネパールを訪れており、属国化は続いていた。チベット王朝勢力の盛衰に左右されてシャンカラ・デーヴァ二世（在位七四八年―七四九年頃）が登場し、マーナ・デーヴァ二世治世の銘文（仏教関係、七五六年頃）が出現する。チベット王朝崩壊（八四二年）後、パラ・デーヴァ王治世の銘文（八四七年頃）が出現したが、王の実在自体は不明である。チベット王朝の庇護を失ったリッチャヴィ王朝も滅亡に向かった。八七七年頃に編まれた医学経典の奥付文に「マーナ・デーヴァ三世治世に製作」という記載があった（佐伯和彦、二〇〇三年）。

3 セイロン

セイロンの古代史については、「ディーパヴァンサ（島史）」（四、五世紀）、「マハーヴァンサ（大史）」（五世紀）などがある。一応の信憑性をもつとされるが、全体の記述に仏教徒の視点からの大きなバイアスが見られることは否定できず、そのまま史実とみなすことはできない。しかし、建国についての伝説のなかにその後のスリランカの歴史を規定する重要な要素がそろっている。石碑に残された刻文は紀元前三世紀まで遡ることができる。

『ヴィジャヤ伝説』

インドのヴァンガ国の王女が隊商に混じって旅をしている途中、一頭の獅子（シンハ）にさらわれ、獅子と王女のあいだに双子の兄妹が誕生した。やがて成長した兄は獅子を殺して、妹を妃としシンハプラを都とする国を統治した。二人のあいだに生まれた長子ヴィジャヤは、大変粗暴で王国を追放されたが、大勢の供の者とランカー島（セイロン島）にたどりついた。
この島にはもともと夜叉族、龍族などの先住民が住んでいた。龍族はいち早く仏陀に帰依していたが、夜叉族の女王クベニ（Kuveni）はヴィジャヤの前にたちふさがり、その軍勢を滅ぼした。その後ヴィジャヤはクベニを懐柔し、子供をもうけたが、王位につくため南インドより妃を迎え、クベニを追い出した。王妃の側から〈シンハラ〉民族の系譜（仏教徒）がはじまり、クベニとの間の子供からプリンダー族（現在の〈ウェッダー人〉の祖先、山地部族、ヒンドゥー教徒）が生まれたという（杉本良男、一九八七年）。

現在のスリランカの人口の八〇％が話すシンハラ語は、アーリア系統の言語に属しているので、ヴィジャヤ伝説は、古代にその言語グループが北インドから移住してきたことを反映している。彼らがいつ、どの地方からやってきたかは、はっきりしないが、西北インドを介して移住してきたと推定されている。来住の年代は、島に残る最古の刻文が紀元前三世紀頃のものであることから、その二、三世紀前、おそらく紀元前五世紀頃かと推定されている。紀元前五四三年説もあり、南インドとスリランカに見られる巨石文化や甕棺葬など、さらに古い時代から南インドとセイロンに文化的関係があったとも言われている。

スリランカの考古学者、古代史研究家のなかには、オーストロ・アジア語を話す民族の住むスリランカに、最初に来住したのは南インドからのタミル族であり、彼らが古代スリランカの文明を築いたと考える者もいる。アーリア語を話すグループの来島年代との関係などは解明されていない。

ヴィジャヤは、後継者をつくる前に死期をさとり、弟のスミッタを後継者とした。スミッタは老齢のため、息子のパンドゥワスを後継者に指名した。パンドゥワスがインドから来島するまで、大臣のウパティッサが臨時の王となり、パンドゥワスがやってきて王位を継いだ。その息子のアバヤ王はインドから漂着したシャーキア族（ブッダと同じ）の王女を妃とし、その子孫がアヌラーダプラを都として国を治めたという。

「マハーヴァンサ」では、ブッダ自身が三度スリランカを訪れ、この島が仏法を守る人々によって住まわれることになるという予言がヴィジャヤ伝説の前に記され、あとには、マウリヤ朝のアショーカ王の王子マヒンダがインドから来島し、当時のデーヴァーナンピヤ・デッサ王に仏教を受け入れさせた話が記されている。

アヌラーダプラ時代

パンドゥカダーヤは五代目の王ティッサ（アバヤ王の弟）を排除し、ラジャラタ（王の国）を建国した（紀元前四三七年頃）。マルワツ川が流れる土地に都を建設し、「アヌラーダプラ」（アヌラーダはインドの女神。ハスの華・輝く星・葉で覆われた勝利の道などのシンボル。プラは町）と名付けた。アヌラーダプラはインドとの交易に便利であるが、インドからの侵略を受けやすかった。

紀元前二四三年に仏教が伝来した。このころ仏教はインド全土に広がっており、実際にセイロン島へ伝導したのは、西インドの一教団の長老らによるものとみられている（杉本良男、一九八七年）。

おそらく、デーヴァーナンピヤ・デッサ王が帰依したときから上座部仏教が受け入れられてきた。上座部仏教では大勢の比丘（ビク）達の僧院での生活が中心となるため、国家の保護を必要とし、首都にはマハーヴィハーラという大きな僧院が建てられた。この時代、低地の農業生産を促進して首都の人口を養うため、巨大貯水池が幾つも建設されている。降水量が少ないため、大規模な灌漑施設が必要であった。

このようにセイロン島の中北部から東部にかけての乾燥地帯に拠った古代政権は、アヌラーダプラを都として一〇〇〇年余り続いた。この時代を〈アヌラーダプラ時代〉（紀元前二世紀頃―一〇一七年）と呼ぶ。

デーヴァーナンピヤ・ティッサ王の次の王位は弟たちが継承することになっていた。ティッサ王の妻は息子に王位を継承させたいと思い、王弟マハナガの暗殺を計画したが、間違って息子が毒入りのマンゴーを食べて死亡した。マハナガは南部に逃れ、都ティッサマハーラーマを建設し、ルフナ国を建国した。

紀元前二〇五年頃、南インドからの侵入があり、幾度か王都が奪われた。チョーラのエラーラーはラジャラタに侵入し四四年間統治した。ドゥッタガーマニー（在位紀元前一六一年—紀元前一三七年）は、チョーラ王朝を倒して、アヌラーダプラを奪還した。ラジャラタ、ルフナラタ、マヤラタを統治してセイロン全島を統一し、アヌラーダプラに巨大な仏塔を建立した。

弟のアバヤ王の時に、パーンディヤ朝に敗北し、王はダンブッラ（キャンディの七二キロメートル北方）に匿われた。紀元前八九年にアバヤ王（在位紀元前八九年—紀元前七七年）はパーンディヤ朝をアヌラーダプラから駆逐した。その後は王位をめぐって氏族間の争いや同族内の争いが続き、一世紀末には絶えた。

紀元前一世紀の初め、アヌラーダプラにはアバヤギリ・ヴィハーラという僧院が建てられ、マハーヴィハーラと勢力を争うようになる。そこの比丘たちはより自由で、南インドで盛んになった大乗仏教的な考え方にも理解を示した。アバヤ王の建立したダンブッラ石窟寺院には多数の仏像が安置され、無数の壁画が描かれている。

三世紀のマハーセーナ王（在位二七四年—三〇一年）はジェータヴァナ・ヴィハーラを建立し、第三の勢力が生まれたが、彼らはアバヤギリに近い立場をとっていた。スリー・メーガワンナ王（在位三〇一年—三二八年）の治世九年に、カリンガ国からブラフマンの女性が仏歯（注五〇）を持って来島した。アヌラーダプラのダンマチャッカ（法輪堂）におさめられて祀られ、王権の権威の象徴となった。

中国僧法顕が、アヌラーダプラのアバヤギリに四一一年から二年間滞在した（「仏国記」）。

四二九年、パーンディヤ朝が侵入してきて、六人の長官により順次治められた。四五五年、ダートゥセナ王はパーンディヤ朝を打倒したが、息子のカーシャパ王子に殺害された。カーシャパ王（在位四七三年—四九一年）は、四七三年シーギリヤ・ロック（巨大な岩山）の上に王宮を築き、周辺に都市を建設して、この地に遷都した。弟のモッガラーナが王を倒し、モッガラーナ一世となり、アヌラーダプラに都を戻した。

4 モルディブ

モルディブ人によってモルディブの歴史が記された最古の本（アハメド・シハーブディン、一五八八年―一六五八年）によると、はじめてモルディブに住み始めたのは、西インドのカーリバンガン（現在のラージャスターン州）から渡ってきたデーヴィスであるという。デーヴィスは、ラーム環礁のイスドゥ島に住み着き、太陽や月、星などの自然を信仰の対象とし、サワミア（Sawamia）と呼ばれる宗教指導者がいた。その後レディ族（レディン族）やクンビ族と呼ばれる人々も住み着いたという民間伝承が残っている。

紀元前六世紀頃にはアーリヤス（Aryas）が住み着きヒンドゥ教を持ち込んだと考えられている。アリ環礁アリヤドゥ島からリンガが見つかり（一九五九年、諸説あり）、ヒンドゥ教が信仰されていた裏付けとされる。モルディブ北部にはインド西海岸（ケーララ州）からドラヴィダ系の人々が住み着いたとされ、南部のフヴァドゥ環礁（行政名はガーフ環礁）にはセレンディブ（セイロン）から移住もあったとされている。

前述のアハメド・シハーブディンによればモルディブ最初の王は紀元前五世紀頃にインドのカリンガ（現オリッサ州）からディーワ・マーリ（当時のモルディブと思われる）に追放されたスールダッサルナ・アーディーティヤ王子で、アーディータ朝を興した。

仏教の伝来については、セイロンの初代考古局長H・C・P・ベルが一八七九年から調査を開始した。一九二〇年から一九二二年にかけてモルディブの島々を何度も訪れ数か所で発掘調査も行い、一九四〇年の著書でモルディブにはアショーカ王による布教と同じ頃（紀元前三世紀）に上座部仏教が広まっている可能性が高いと指摘した。

一九八二年に「ノルウェーの探検家トール・ヘイエルダールがフヴァドゥ環礁の無人島、ガン島で古代文明の太陽神殿（ピラミッド）を発見した」と世界に報じられた。翌年、日本の岡村隆（探検家）が確認調査に赴き周辺の遺物に仏塔傘蓋の石片などがあるのを発見、さらに考古学や仏教学の専門家の写真・図版鑑定を経て仏塔跡であることが判明した。発掘された高い基壇の立派な石組みの表面に、白い漆喰（珊瑚石灰岩を焼いて作る古代セメント）の塗り跡が明瞭に残っていた。発掘により瓦礫の山の下には一辺が二四メートルの正方形の基壇と四方から上る階段があり、その上に伏鉢が高く聳えていたこともわかった（岡村隆、〈荒井悦代・今泉慎也、二〇二一年〉の第４章）。

一九九六年から一九九八年にかけてモルディブ政府とオスロの研究者によってカーフ環礁カーンドゥ島で大規模かつ組織化された発掘調査が行われ、大規模な僧院跡やストゥーバ（仏塔）らしき跡などが発見された。研究者たちは紀元後三世紀には仏教が信仰されていたと結論づけた。

インド洋上では交易が行われていて、モルディブは季節風を利用してやってくる商人や旅行者らが立ち寄る場所となっていた。外国人旅行者や商取引・外交の記録によって当時のモルディブの様子が明らかになっている。ローマ帝国後期の軍人アンミヌアス・マルケリヌスは四世紀にDivi（モルディブと考えられている）という国の使者がローマ皇帝ユリアヌス（Julianus　在位三六一年―三六三年）に贈り物を携えてきたことを記している。

七世紀には、モルディブ太陽朝の王が中国の唐の皇帝に贈り物を届けた（六五八年、六六二年）という記録が残っている。中国からは絹や陶器が持ち込まれた。

九世紀前半のスレイマン（八五〇年、ペルシャ商人）によればモルディブを支配していたのは女王で、タカラガイとアンバーグリス（龍涎香）、ココナツの交易が行われていた他、機織り、建築技術を称賛している。モルディブの造船は、ダウ船と同様に木片をヤシロープでつなぎ合わせ（縫合船）、つなぎ目をマッコウクジラの油で埋める手法がとられていた（荒井悦代、〈荒井悦代・今泉慎也、二〇二一年〉の第３章）。

三、中　世

1 インド

(1) イスラム教徒の侵攻

七世紀のはじめに成立したイスラム教は、政教一致で、周辺の国々を征服しながら拡大していった。インドへの関門にあるヒンドゥー三国、カーピシー王国（カーブル地域を含めバーミヤンの東まで）、ザーブリスターン王国、シンド王国は、六四九年同時に攻撃された。半世紀かけてアラブ人たちはカーブルとザーブリスターンに名義のみの宗主権を押し付けることができたが、これさえも一四年以上保持することはできなかった。最終的に八七〇年のカーブル征服まで、アラブ人たちは何度も侵略してきては打ち破られた。

かつてはローマとの交易（注一）で栄えた大商人たちが没落し、経済基盤が弱まった仏教は、徐々にヒンドゥー教に歩み寄るかたちで、その独自性を喪失し、結果としてヒンドゥー教に吸収された。現実の民衆の宗教としては、九世紀のはじめまでに消えてしまった。すでに七世紀に、玄奘が多くの大都市における仏教の衰退を記している。

七世紀前半よりシンド地域を支配していたバラモン王朝下（六二五年頃―七一一年）における仏教とヒンドゥー教との関係は非常に緊迫しており、異民族や下層階級の信徒によって支えられていた仏教は、多数派であり支配者の宗教であったヒンドゥー教と対抗関係にあった。バラモン王朝は、極端なヒンドゥー教至上主義をとり、それに対抗する仏教徒の長老を集め人質とし、仏教徒に厳しい刑罰で臨んだ。さらに日常においても差別的扱いをしたため、七一一年のムハンマド・ビン・アルカーシムのシンド侵攻に際し、仏教徒はイスラム教軍に対して協力的な態度だったという（「チャチュ・ナーマ」）。

「チャチュ・ナーマ」(注二)には仏教徒のイスラムへの改宗事例が報告されている。その典型的な事例の一つは、ニールン（現ハイデラバード近郊）における仏教僧であり、都城の長官であったバンダルカル・サーマニーの行為である。サーマニーはイスラム軍の占領政策を知り、彼らが約束に忠実で信頼できる異邦人であると理解し、イスラム軍への忠誠を誓い、彼らへの支援を申し出た。ムハンマドはサーマニーを重んじ、完全に信用した。この直後、サーマニーは、自らの仏教寺院のなかにモスクを建て、城中の人々を招集してイスラムの祈りと、その他の宗教行事を行わせた。

ニールンから約八〇キロメートルのモジャという都城でも、同様なことが起こった。この町の人々に尊敬されている仏教僧たちと、バラモン王朝の血を引く城主ヴァジャハラ王は対立していた。仏教僧たちはイスラム軍の侵攻を受けると、ヴァジャハラにムハンマドへの降伏を進言した。ヴァジャハラが拒否すると、僧たちは民衆と共にムハンマドに味方し、勝手に城門を開けて、イスラム軍を城内に招き入れた。

当時の仏教徒は、ヒンドゥー王権への対抗上、さらには仏教の不殺生の教えの実践上、ムスリムとの戦闘を自ら放棄した。また仏教徒のなかには、すすんでイスラム教に改宗したという事例もあり、また一人のイスラム聖者の努力でカシュガル部族全員（一六万人）が改宗するということもあった。そこでは精神的な信仰形態の云々よりも、より現実的な事情である経済的・政治的打算、そして部族集団特有の社会構造による平和的な改宗がなされた（小谷汪之、二〇〇七年）。

いくつもの都市で仏教団体はアラブ人たちを迎え入れ、アラブ軍と一つの協定を結んだ。その理由は、一つは仏教徒が虐殺と流血を嫌悪したため、また一つは、仏教徒の神聖な経典のなかで述べられているイスラムの軍隊によるインド征服についての預言を信じるがためと言われている。北インドのもう一方の国境地帯にいるベンガルの人々のなかにも、このような信仰があったことが、回教徒の年代記の歴史家たちによって記録されていて、これが回教徒の征服者たちの容易な勝利を説明している。

ムハンマドとシンドの国王ダーヒルとのあいだの最終的かつ決定的戦闘においてもダーヒルの司令官たちの

裏切りがあり、全滅寸前のムハンマド軍を助けた。軍象の背上でダーヒルが突然戦死したにもかかわらず、彼の軍隊は完全に行軍作戦命令に従っていた。ダーヒルの子ジャイ・シングはバーマナーバードの戦線まで退却した。ダーヒルの未亡人は首都のアロルを防御するために残り、勇敢な抗戦を続けた。しかし戦況が絶望的になった時、他の婦人たちとともに、イスラム教徒たちの掌中に落ちる不名誉から逃れるために、火の中に身を投じた。ジャイ・シングはパーマナーバードとアロルを強固に要塞化し、イスラム教徒軍を悩まし続けた。しかし、今度はシンド国のワジール（宰相）がムハンマドに味方した。また、パーマナーバードやアロルの少数の有力市民たちがムハンマドと秘密の契約を結び城塞を敵の手に渡した。度重なる裏切りによって命運はつき、シンド国は征服され、その住民と国王はイスラム教を受け入れた（P・N・チョプラ、一九九四年）。（注三）

インド亜大陸へのムスリムの拡大ルートは海路と陸路の二通りある。

海路

ペルシャ湾からアラビア海岸を通ってインドの西海岸へ向かい、インダス河口のシンド地方がいち早くイスラム化（イスマーイール派）した。

ウマイヤ朝（六六一年—七五〇年）、アッバース朝（七五〇年—一二五八年）時代

イラク　—　ペルシャ湾岸　—　アラビア海岸　—　シンド　—　インド西海岸

ファーティマ朝（九一〇年—一一七一年）時代では、

地中海　—　エジプト　—　紅海　—　アラビア半島　—　シンド　—　インド西海岸

このネットワークにのって、多くのアラブ人、ペルシャ人商人がアラビア海上を往来した。彼らのなかにはインド西海岸に住みつく者もいて、その影響を受けてイスラムに改宗する者も出てきた。こうしてムスリムのコミュニティが形成されていった。

グジャラート地方ではモスク造営が認められ、またムスリム商人たちに自治権が与えられた。最大のムスリム居住区はボンベイ（現ムンバイ）の南にあたるサイムール（現チャーウール）で、一万人程のムスリムが居

住していた。

十一世紀頃　イスマーイール派のコミュニティは、グジャラート地方から西海岸を南下し、マラバール海岸地方へ達した。

十三世紀頃　カリカット（現コジコーデ）、クイロン（コッラム）など港近くに居住。マーピラ[注四]のコミュニティができた。

十四世紀　これらの港で、アラブ産やペルシャ産の馬が大量に輸入された。

陸路

ガズナ朝やゴール朝（スンニー派）の軍隊はイランからアフガニスタンを経て北インドへ侵入した。

サーマーン朝のトルコ人奴隷兵士[注五]（マムルーク）出身のアルプテギン（在位九五五年―九六三年）は、アフガニスタンのガズナに独立政権（九五五年―一一八七年）を樹立した。そのマムルークであったセブクテギンは、アルプテギンの死後、ガズナ朝の君主（在位九七七年―九九七年）となり、パンジャーブ地方に進出して、イスラム勢力がインドに進出する口火を切った。セブクテギンの子マフムード（在位九九八年―一〇三〇年）はアフガニスタン、イランを平定して、インド内部に前後一七回出兵し、ラージプート諸侯と戦った。ヒンドゥー教の聖地マトゥラーやソムナートのヒンドゥー寺院を襲ってその財宝を掠奪した。一〇一九年はじめに、マフムードは大軍を率いて両河地方（ドアーブ）東端の都カナウジに攻め込み銀貨三〇〇万枚、奴隷五〇〇〇人、象三五〇頭とも言われた戦利品を手にして自国の都ガズナに凱旋した。グジャラ・プラティーハーラ朝は滅された。さらに一〇二四年、グジャラート地方のカーティヤーワール半島にまで遠征、海岸地帯のソムナートにある巨大ヒンドゥー寺院を攻略し破壊した。

マフムードのうち続く遠征活動は、北インドのラージプート族の社会に激しい動揺と再編の動きを引き起こした。かつてのグルジャラ・プラティーハーラ朝の勢力下にあった諸地域にはラージプート系の小王国が分立し、互いに抗争を重ねた。

　ガズナ朝は一一八七年にゴール朝（トルコ系）に滅ぼされた。ゴール朝の王ギヤースッディーン・ムハンマドの弟ムイッズッディーン（シハーブッディーン、ムハンマド・ゴーリー、在位一二〇二年―一二〇六年）がインドに侵入した。一一九一年にタラーイン（デリーから約一五〇キロメートル）でヒンドゥー連合軍に敗れたが、一一九二年には同じタラーインで勝利した。さらに東方へと転戦し、諸要地を支配下に治め、ビハール、ベンガル両地方の支配権をも掌握し、ほぼ北インド全域を勢力圏とするにいたった。ムイッズッディーンは北インド統治の権限を、自分の忠実なマムルーク（奴隷兵士）の武将クトゥブ・ウッディーン＝アイバク[注六]にまかせ、ガズナに引き返した。アイバクはデリーに本拠をおき、カナウジ、ベナレスとガンジス河沿いの重要都市を攻略した。ビハール、ベンガル両地方の支配権も掌握し、一二〇六年には、ほぼ北インド全域を勢力圏とした。同年三月、ムイッズッディーンが狂信的なイスマーイール派の信者に暗殺されると、デリーからパンジャーブ地方におけるゴール朝の中枢だったラホールへ駆けつけ、ゴール朝から独立して自らの王朝を樹立した。

■奴隷王朝（マムルーク王朝）

　アイバクにはじまる王朝（一二〇六年―一二九〇年）は、彼がマムルーク出身であり、またその後継者たちのなかにもマムルーク出身者がいたことから、奴隷王朝と呼ばれたが、即位の際に奴隷だったのはアイバクのみで、他は奴隷身分から解放された自由人やその子孫である。「クトゥビー朝」とも呼ばれる。奴隷王朝からデリーを中心としたイスラム教の五王朝をデリー・スルタン朝という。

　アイバクはケルマーン地方の総督タージ・ウッディーン・ユルドゥスの娘を妻とし、シンド地方の総督ナースィルッディーン・クバーチャに自分の姉妹を嫁がせた。さらに娘を、配下の有力な軍司令官で、やはり奴隷出身のシャムスッディーン・イルトゥトゥミシュ[注七]に嫁がせた。アイバクはスルタン[注八]の称号を名のり、イスラム勢力としてインド初の独立王朝の君主となった。一二一〇年に事故死を遂げるまで、おおむね北西方面における抗争に費やされた。

アイバクの死後、貴族たちのあるグループは息子のアーラーム・シャーに跡を継がせたが、別の貴族たちはマムルークの最有力者でアイバクの娘婿シャムスッディーン・イルトゥトゥミシュを支援してデリーに呼び寄せた。アーラーム・シャーはデリー郊外でイルトゥトゥミシュとの戦いに敗れ殺された。イルトゥトゥミシュ（在位一二一〇年—一二三六年）が即位したが、すぐにバダーウーンやベナレス、アウドなどまわりの諸侯たちに自分の権利を認めさせるために戦うことになった。好都合なことに中央アジアに現れたホラズム・シャーという外来勢力が、周りの諸侯たちを弱体化させることになった。

当時中央アジア（西トルキスタン）を支配していたのはムスリムのホラズム・シャー国で、第七代スルタン、アラーウッディーン・ムハンマドは残存していたゴール朝を滅ぼして（一二一五年）、最盛期をむかえていた。モンゴルのチンギス・ハンはこのホラズム・シャー国を攻撃目標として一二一九年から大西征に出発した。一二二〇年、ブハラ、サマルカンドを占領、翌一二二一年にはホラズム・シャー国の首都ウルゲンチを占領して、アラーウッディーン・ムハンマドを追った。このときムハンマドの嗣子、ジャラールッディーンはインダス川を越えてインドに逃れ、奴隷王朝のイルトゥトゥミシュに援助を要請したが、イルトゥトゥミシュは応じなかった。ジャラールッディーンはアフガニスタンを通ってイラン方面に逃れ、これを追ってモンゴル軍（チャガタイ・ハン軍）もインドから去った。モンゴルの脅威がうすらぐとイルトゥトゥミシュはベンガル（一二二五年）、ムルターン・シンド地方（一二二六年）、マールワー地方（一二三四年）と領土を拡大していった。

これと前後して一二二〇年代のうちに、彼はバグダードのアッバース朝カリフと外交関係を開き、一二二九年にはスルタンとしての認証状を獲得した。こうしてイルトゥトゥミシュは、名実ともにムスリムの政治的指導者たる地位を確立した。以上の点から、実質的にはイルトゥトゥミシュこそ、デリー・スルタン朝の創設者というにふさわしい（小谷汪之、二〇〇七年）。

イルトゥトゥミシュは、遠征中に都を離れている間、申し分なく国政をこなしていた娘のラズィーヤを後継者に指名していた(一二二九年)。イルトゥトゥミシュが没した時、臨終の場に居合わせたのは、息子のルクヌッディーンだった。ルクヌッディーンの母親シャー・トゥルカーンはイルトゥトゥミシュの正妃で、学者や聖者に多大な支援を行っていた。翌日、宮廷の貴族たちはルクヌッディーンを王位に即けたが、ルクヌッディーンはすぐに、快楽にふけって国政をおろそかにした。シャー・トゥルカーンはライバルたちを殺害した。身の危険をおそれたラズィーヤは、不当な扱いを受けたものが身に着ける赤い衣服をきて金曜礼拝に来た人々に訴え助けを求めた。ラズィーヤは王位（在位一二三六年―一二四〇年）に就いたが、女王ならば傀儡にできると考えて彼女を後押ししたトルコ系貴族たちとうまくいかなくなり、トルコ系の部隊に背かれて戦いに敗れた。実力のないイルトゥトゥミシュの息子たちが次々に担ぎだされた。一二四一年には、チャガタイ・ハンの軍がガズナからパンジャーブに侵入し、数年にわたって支配した。一二四六年にナースィルディーン（在位一二四六年―一二六六年）が王位に就くと、イルトゥトゥミシュの奴隷から成りあがったギヤースッディーン・バルバンが政治の実権を手中に収めていった。

一二五七年にはチャガタイ・ハン軍がムルターンを包囲したが、バルバンが反撃にでたので、ホラーサーンに戻った。バルバンは、ナースィルディーンを毒殺したようで、六十歳に近い頃に王位(在位一二六六年―一二八七年)に就くと、もっぱら内治に尽くし反乱には激しく弾圧した。一二八五年イル・ハン国のアルグーン（初代フレグの孫）軍がガズナからパンジャーブに侵入した。期待していた息子ムハンマドが、モンゴル軍との戦いで落命した。一二八七年、モンゴル軍が再びパンジャーブに侵入し、ラホールを掠奪した。この年、バルバンが病没した。まだ二十歳前後の孫ムイズッディーン・カイクバードが即位した。闘争や内乱が激化した。台頭してきたジャラールッディーン・ハルジーは、カイクバードを殺害し（一二九〇年）、自らスルタンに即位した。奴隷王朝は滅びた。(図6-6参照)

■ハルジー朝

ハルジー族は、七世紀の半ばにカーブル付近に到達しており北インドに定着していたため、アフガン人との混血が進み、彼らの習俗と習慣を取り入れていた。デリーのテュルク[注九]とはだいぶ異なる容姿と言語をもつようになっていたため、デリーのテュルク系貴族はハルジー族をテュルク系とみなしていなかった。ジャラールッディーン・ハルジー（在位一二九〇年―一二九六年）は、実権を掌握した当初、トルコ系民族の支配に慣れた貴族やデリー市民から歓迎されず、市内に入城できなかったという。官職への登用で融和策をとり貴族からの支持を増やしていった。甥のアラー・ウッディーン・ハルジーに暗殺された。アラー・ウッディーン・ハルジー（在位一二九六年―一三一六年）は卓越した軍事的才能の持ち主で、モンゴル（チャガタイ・ハン国）がインドに侵入してくるのを数度にわたって撃退した。また積極的な領土拡張策がとられ、ヒンドゥー教徒から改宗した解放奴隷のマリク・カーフールに軍を預けて、デカンや南インド遠征を敢行させ、ヤーダヴァ朝、カーカティーヤ朝、ホイサラ朝、パーンディヤ朝の首都マドゥライを落とし、デカンとインド南部の大半を占領した。アラー・ウッディーンは財政を安定させるため、税制改革を行い、ジズヤ（人頭税）を徴収した。アラー・ウッディーンが死去する（マリク・カーフールの毒殺説あり）と、マリク・カーフールはアラー・ウッディーンの息子三人を投獄または幽閉し、末子のシハーブッディーン・ウマルを王位につけて、自身の傀儡としたが、貴族たちに暗殺された。ウマルは廃され、幽閉されていたクトゥブッディーン・ムバーラクが王となった。ヒンドゥーからの改宗奴隷であるホスローを重用し、総司令官に任命したが、一三二〇年、ホスローに殺害された。ハルジー朝は滅びた。長らくモンゴル軍の侵略から北西部の領土を守ってきた将軍ガーズィー・マリクが混乱を制し、実権を握った。

■トゥグルク朝

ガーズィー・マリクは即位して、ギャースッディーン・トゥグルク（在位一三二〇年―一三二五年）と名を改めた。彼はテュルク系出身で、ハルジー朝アラー・ウッディーンのマムルークだった。ベンガル地方から凱旋して、息子のムハンマドに造らせたガンジス川の畔のクシュク（東屋、パビリオン）内で、建物の下敷きになって死亡した（アフガン・プールの悲劇（注一〇））。

第二代ムハンマド・ビン・トゥグルク（注一一）（在位一三二五年―一三五一年）は、敬虔なイスラム教徒であったが、インドを支配した最も常軌を逸する支配者の一人であった。王子時代にデカン高原への遠征を行い、カーカティーヤ朝とパーンディヤ朝を崩壊させたので、トゥグルク朝の支配は、カシミール、ラージャスタン、オリッサとマラバールなどほぼインド全域に及んだ。それまでは敵の領土を襲撃することで財源を補充してきたが、インド内ではそれができなくなり、イラン北東部に位置するホラーサーン地方やトランスオクシアナなど裕福な都市の財宝に目を向けた。この遠征のため、六〇万余の大軍をデリーに招集したが、補給の問題を考えると、デリーの人口を減らす必要があった。一三二六／一三二七年、インド中央部にある古都デーヴァギリ（ダウラターバードと改名）に、軍関係者を除いて、デリー在住の人々を強制的に移住させた。スルタンはこれらの家族がデリーに残した家を買い取り、ダウラターバード周辺の土地と金を与えたため、財政に大きな負担となった。

一三二九年―一三三〇年には、カラチル山地（ヒマラヤ山脈のどれか）へ遠征して失敗し、一〇万騎という大軍を失った。同じ時期にホラーサーン地方への遠征を計画し、計画倒れに終わり、三七万騎という大軍を組織するため投入された国庫金を無駄にした。これらの事業費用を捻出するために、次の政策をとった。

・首都デリーの穀倉地帯であるガンジス・ヤムナー両河地方に対する増税

あまりの苛斂誅求に逃散や反乱があいつぎ、これに干魃が加わって農業生産は低下し、デリー周辺は数年間にわたり破壊的な飢饉が発生した。

・代用貨幣の導入

本来の貨幣である銀貨を銅貨・真鍮に代えることによって、上昇する通貨需要に対応しようとする政策であったが、たちまち信用不安を引き起こし、三年後には放棄された。

スルタンは軍費の支払いに困り、次第に軍が消滅していった。こうしてムハンマド・ビン・トゥグルクの治世後半は政治が乱れ、各地に反乱が起こって、ヴィジャヤナガル王国（一三三六年）、ベンガル王国（一三四二年）、バフマニー王国（一三四七年）が独立した。

一三五一年、ムハンマドは反乱鎮圧のためシンド遠征中、病に倒れて死んだ。最期に居合わせた有力者たちは、ギャースッディーン・トゥグルクの弟の息子であるフィールーズ・シャーを後継者に選んだ。デリーにはムハンマドの死の知らせと、モンゴル軍の襲撃を受けた有力な貴族の死者・行方不明者の知らせが届いた。そのなかにフィールーズ・シャーの名が誤って記されていたため、ムハンマドの息子が王位に就いたが、フィールーズ・シャー（在位一三五一年―一三八八年）がデリーに戻ると即位した。反乱は激減し、治世は安泰であったが、軍事面ではむしろおろそかになった。

トゥグルク朝時代には建築活動が旺盛で、ギヤースッディーン時代のトゥグルカーバード、ムハンマド時代の新都市アーディラーバードやダウラターバードなどに続き、デリー北部のヤムナー河畔に新都市フィールーザーバード（現コートラ・フィールーズ・シャー）、今日のハウゼ・ハース池畔に残るマドラサ、パンジャーブ地方の新都市ヒサーリー・フィールーザなどが建設された。農産促進のために大規模な水路も開削された。デリー南郊のクトゥブ・ミナール（注一二）などの施設群も修築された。

フィールーズ・シャーの病死後、後継者争いが起こった。この混乱期にトルコ・モンゴル系イスラム教国のティムール（在位一三七〇年―一四〇五年）がインドに遠征してきた。一三九八年十二月にはデリーに乱入して掠奪をほしいままにし、捕虜一〇万人を足手まといとして虐殺した。一五日間とどまると、翌年一月一日には膨大な戦利品と多数の捕虜（サマルカンドのビビハニム・モスク〈金曜モスク〉の造営に充てるための職人や技術者）を連行してサマルカンドに向かった。ティムールはヒズル・ハーンをラホール・ムルターン長官に任命した。トゥグルク朝はさらに弱体化し、マールワー（一四〇一年）、グジャラート（一四〇七年）が独立するなど、ほとんど解体状態となった。

一四一二年、マフムード・シャー（在位一三九三年―一四一二年）の死とともに、トゥグルク朝が終焉すると、強力な臣下のひとり、アフガニスタン人のダウラト・ハーン・ローディーが王位に就いたが、一四一四年、ヒズル・ハーンに駆逐された。

『ティムールの遠征』

ティムールは、チンギス・ハンの偉業と肩を並べたいため、また敵対する可能性のある勢力を早期に始末したいために、たえず色々な方面を征服した。またインド遠征の目的は非イスラム教徒に対する戦いなどであった。しかし、その遠征の背後には常に経済的理由があった。本拠としたトランスオクシアナが非常に貧しい地域だったため、この地域全体を、そして首都のサマルカンドを発展させるために、生き物から消耗品まであらゆる動産や人的資源（学者・職人・工芸家など）、役立つものはなんでも奪ってくることにした。

ティムールは都市に侵入するとき、常に決まった方法をとっていた。

・原則として強姦や掠奪を禁じた。

・都市に接近すると、代表者に降伏を促し、代償金を支払えば掠奪を免れると伝えたうえで、その都市を封鎖し、徴税官を送り込んだ。徴税官には拷問を行う者たちが随行し、貢物をとりたて、市民たちに他の市民の経済状況を暴露させた。獲得した物品や貴重品は収集場に運ばれ、そこで目録を作成したのちに、トランスオクシアナに送られた。

反抗のきざしが少しでも見えると、住民の皆殺しを命令し、これには女性や少年少女への強姦が伴った。

一三八三年、ヘラートの住民が徴税官に反抗すると、ティムールはモンゴルの慣習を復活し、ヘラートの城門の外に頭蓋骨の塔を築かせた。多くの都市が同じような罰をうけた。イスファハーンでは一三八八年に徴税官が襲われる事件が起こり、ティムール軍は七万の住民の首をはねた。この都市の城壁の周囲を半分ほど歩いたある歴史家は、それぞれ一五〇〇の頭蓋骨を積み上げた塔が二八基あったと記している（フランシス・ロビンソン、二〇〇九年）。

■サイイド朝

一四一四年、ヒズル・ハーンはデリーに入った。ヒズル・ハーンがムハンマドの子孫と称したことでサイイド朝（一四一四年―一四五一年）と呼ばれた。ヒズル・ハーンはティムールやシャー・ルフ（ティムール帝国第三代君主〈在位一四〇九年―一四四七年〉）の宗主権を認めており、その代理ということで、スルタンを称することはなかった。その支配はデリーとパンジャーブの一部、ガンジス・ヤムナー両河流域の一部を抑えていたにすぎない。シャー・ルフの死後サイイド朝は衰えた。四代目のアラー・ウッディーン・アーラム・シャー（ヒズル・ハーンの曽孫）（在位一四四五年―一四五一年）のときに宰相のハミード・ハーンが権力を握ったが、一四五一年に、パンジャーブ地方を支配していたバフルール・ローディーに投獄され、サイイド朝は滅亡した。アラー・ウッディーン・アーラム・シャーは、退位させられた後、一四七八年まで年金を受け取って生活していた。

■ローディー朝

バフルール・ローディーは、アフガン系ローディー族のサンダール（指導者）で、王位（在位一四五一年―一四八九年）に就くと主要な行政官の地位にアフガン人をすえ、主要な分与地や軍の高官にもアフガン人を配置した。当時アフガン人は、優秀ではあるが、単なる兵士に過ぎないと考えられていたので、古くからの貴族たちはこうした措置に憤慨した。貴族たちはアフガン人の地位を奪い取ろうと、デリーの東約六四〇キロメートルにあるジャウンプル（シャルキー王国の首都）の王マフムード・シャルキーをデリーに呼び寄せた。マフムード・シャルキーはこの機に乗じてデリーの政争に介入し、バフルール・ローディー支配下のローディー朝がより強大となる前に牽制しておきたかったので、デリーへの招待を喜んで受け取った。デリーとジャウンプルは二七年におよぶ長期の戦争に突入し、一四七九年になって、ようやくバフルールはジャウンプルを征服し、シャルキー王国を併合した。彼はそれまでに、ムルターン、ラージャスタン、シンド、グワーリオールなどの地域で戦争してきたが、ジャウンプルとの戦争にこだわった結果、パンジャーブ地域に対する支配を失った。一四八九年、バフルールは別の軍事行動からデリーに戻った後死去した。激しい後継者争いで混乱したが、最終的に、バフルールが生前後継者に指名していたデリー総督ニザーム・ハーンが玉座につき、シカンダル・ローディー（在位一四八九年―一五一七年）の称号を名のった。次第に対抗勢力を粉砕し、ジャウンプルを支配下に収め、ビハールの併合にも成功した。グワーリオール地域での軍事上の問題に素早く対処できるように首都を南方のアーグラに遷した。しかし、北西の辺境地域をおろそかにしていたせいで、パンジャーブの族長たちが独立の気運を強めていた。内政面では異教徒にジズヤを課し、一五〇〇年にはマトゥラーのケーシャヴァ・デーヴァ・ラーイ寺院を破壊した。武力制圧した地域ではヒンドゥー寺院をモスクに置き換え、偶像を破壊した。

シカンダルの死去を受けて、貴族たちはシカンダルの有能な息子、イブラヒームとジャラールが分割統治するものと決定した。年上のイブラヒームがアーグラを都とし、ジャラールはジャウンプルを都と定めた。即位したイブラヒームはすぐさま、領土の分割統治は貴族たちの陰謀だと悟った。自分の威信が王国全土に届くようにと、王国全土を支配する君主として再度即位した（在位一五一七年―一五二六年）。イブラヒームは、おり合おうとしないジャラールを力ずくで服従させようと各地を追いかけまわし遂に毒殺した。父の代からの貴族を多く殺害、または監禁したため、貴族たちは反乱を起こした。反乱軍は粉砕されたが、双方多大の戦死者をだした。

この頃、三度にわたるサマルカンド支配に失敗したバーブル（注一三）は、アフガニスタンのカーブルに拠点をおいていたが、徐々にインド方面に目を向けるようになり、しばしば遠征してきた。そしてインドの豊かさに驚き、インドを拠点として建国しようと目指した。一五一八年～一五一九年に、バーブルはダウラト・ハーン・ローディーとイブラヒーム・ローディーに対して、かつてトルコ族に属していた地域の割譲を求める手紙と口頭による伝言を送った。ダウラト・ハーンはバーブルの使者をラホールで拘束し謁見を許さず、イブラヒーム・ローディーのもとへ行くことも許さなかった（サティーシュ・チャンドラ、一九九九年）。

一五二一年に、イブラヒーム・ローディーと対立するダウラト・ハーン・ローディーはバーブルに支援を求めた。また、メーワールの領主ラーナー・サンガらラージプートの領主たちもバーブルに出陣を要請した。バーブルはこれまでの掠奪目的の侵入とは異なる遠征を決意した。

バーブルは要請を受けて一五二四年ラホールまで進出してきたが、連合軍を組んだダウラト・ハーンがデリーのローディー朝軍勢と対戦中逃亡したので、いったんカーブルに引き返した。一五二六年、一〇万人の兵士と一〇〇〇頭の象からなるイブラヒーム・ローディー軍と一万二〇〇〇人の兵からなるバーブル軍はデリー北方のパーニーパット平原で対決した。バーブル軍は卓越した戦術と火器〔注一四〕の威力で僅か半日で戦いを制し、イブラヒーム・ローディーは戦死した。バーブル軍は一気にデリーとアーグラを占領すると、一週間後にはムガル王朝を開いた。

『シャルキー王国（ジャウンプル王国）』（一三九四年―一四七九年）

一三九四年、マフムード・シャー・トゥグルク（在位一三九四年―一四一三年）はホージャ・ハーン（マリク・サルワル）という有力な奴隷をスルタン・アッシャルキー（東方の王）（在位一三九四年―一三九九年）に任命し、ジャウンプルをその本拠地とさせた。ティムールがデリーを掠奪した後、ホージャ・ハーンは独立した君主となり、豊かな領地を支配した。国はその称号にちなんでシャルキー王国と呼ばれるようになり、壮麗な宮殿やモスク、霊廟が建てられた。ホージャの後継者たちは学問と文化を保護し、詩人や文学者、学者や聖者がジャウンプルに集まった。

最盛期には西部ウッタル・プラデーシュのアリーガルから北ビハールのダルバンガまで、北はネパールの国境から南はブンデールカンドまで広がった。デリー征服を目指し二七年に及ぶ戦争に突入したが、成功せず、一四七九年にデリーのローディー朝に併合された。

■イスラム教（回教）

六一〇年、ムハンマド（注一五）（マホメッド）（五七〇年頃―六三二年）が、アラビア半島のメッカで、唯一神アッラーの預言者としてイスラム教を創唱し周囲に広めた。イスラム教は、ユダヤ教、キリスト教の流れをくむ一神教である。

ムハンマドは、六一三年頃から公然とメッカの教えを人々に説き、貧者、奴隷たちを中心に信者を獲得したが、メッカの支配階級に迫害され、六二二年信徒とともにメジナに脱出した。これをヒジュラ（ヘジラ、聖遷）と呼び、のちにこの年をイスラム暦元年とした。この地を本拠に一つのウンマ（共同体）を形成し、「アッラーの名の下に」戦闘的布教を開始した。六三〇年にはメッカを占領し、アラビア半島を統一して、政治と宗教を一体化させた政教一致のイスラム国家を創った。

ムハンマドが伝えた神の啓示をムハンマドの弟子が記したものがコーラン（クルアーン、イスラム教の聖典）である。六三二年のムハンマドの死後は、後継者のカリフ（イスラム共同体の最高指導者）にその権威は継承され、教団もカリフのもとでヒジュラ（聖遷）が展開されて拡大していった。

イスラム教の特徴

1．一神教「アッラーの他に神は無し！」　ムハンマドは崇拝の対象ではなく単に預言者。
2．偶像崇拝の否定
3．政教一致　アッラーへの信仰によって結ばれる信者集団がすなわち国家である。
宗教的指導者であるカリフが、同時に政治上の権力者である体制が続く。

4．コーランにもとづく信仰（六信）と厳格な生活規範（五行）の尊守義務。
六信とは、アッラー（唯一絶対の神）
天使（神の使い。大天使ガブリエルとミカエル）
啓示（コーラン：神の言葉）
預言者（神の言葉を伝える人。最後の予言者はムハンマド）
来世（死後、神の前で審判を受け、信仰の正否により天国と地獄に分かれる）
宿命（神が定めた運命）
五行とは、信仰告白（神を信じることを声に出す）
礼拝（一日五回お祈りをする）
喜捨（富める者は貧しい者に与える）
断食（イスラム暦九月の一カ月間日中の飲食を断つ）
巡礼（一生に一度はメッカのカーバ神殿、メディナのムハンマドの墓に参る）
社会生活はコーランとハディース（預言者ムハンマドの言行録）に基くイスラム法（シャリーア）によって営まれる。

イスラム教の啓示はアラビア語によってムハンマドに下され、後に「コーラン」としてまとめられた。そのため、信者たちはことのほかアラビア語を大切に育て上げ、行政用語にアラビア語を使用するとともに、ギリシャ語やインドの学術をまずアラビア語に翻訳し、さらに発展させてアラビア語の著作に結実させた（注一六）（佐藤次高、一九九七年）。

急激な拡大

七世紀頃、エジプトや小アジアの国々の民衆は、ビザンツの抑圧的なキリスト教や神秘主義的なゾロアスター教（注一七）の間で身動きが取れなくなっていた。そこへ人間と神を隔てる聖職者もいなければ、神殿もなく、神の前では全ての民族や階層が平等であるという信仰が示された。これが、急激な拡大の理由と思われる。ムハンマドが亡くなった時には、イスラム教の政治的・精神的権威はアラビア半島のほぼ全域に確立されており、後継者たちによって、数年のうちにシリアとエジプトが征服された。北アフリカは六四七年から七〇九年のあいだに征服され、スペインのほぼ全土が七一三年までに従属した。東は、六三六年ペルシャ帝国を滅ぼし、六五〇年までに中央アジアのオクサス川にまで達した。オクサス川とヒンドゥー・クシ山脈との間にあるすべての国は強力なイスラム帝国に含まれた。

アラブの征服軍はイスラム信仰によって統制された規律ある軍隊であった。征服の際には、次の三通りが示された。

・イスラムに改宗する
・人頭税（ジズヤ）を納めて従来の信仰を保持する
・これらを拒否してあくまで戦う

アラブ軍は征服地のキリスト教徒やユダヤ教徒を「啓典の民（ムハンマドと同じく預言者による神の啓示を信ずる民）」と認識し、人頭税の支払いを条件にその信仰を認めていた。

スンニー派とシーア派

イスラム教の中にはいくつかの派があり、最大の派がスンニー派（スンナ派、約八五％）、次にシーア派（約一二％）、その他イバード派など（ごく少数）である。

スンニー派は、スンナ（慣行）を重視し、後継者は話し合いにより、最もふさわしい人がリーダーになるべきとする。偶像崇拝を禁止し、一日五回お祈りをする。イスラム教の指導者（モスクで説教を行う司祭）をイマームという。

シーア派はムハンマドの血筋を大事にし、後継者は初代アブー、二代目ウマル、三代目ウスマーン、四代目アリー、以後アリーの子孫となっている。一時期、ムハンマドの娘ファーティマとその夫アリーの子孫と称する者がチュニジアで挙兵して北アフリカを支配し、九一〇年にカリフを自称し、ファーティマ朝（九一〇年―一一七一年）を興した。スンニー派のアッバース朝と対立した。

一五〇一年イランでサファーヴィー王朝がシーア派となった。イランとイラクではシーア派のイスラム教が国教である。シリア政権を握っているアラウィー派はシーア派の一派。他にレバノン、アゼルバイジャンにシーア派が多い。一日三回お祈りをする。

『スーフィー運動』

ムハンマドが創始したアッラーへの絶対服従を説くイスラム教の教えが　西アジアに浸透すると、「コーラン」と「ハディース」を重視するウラマー（イスラム社会の法学者）の権威が高まっていった。その論議は次第に律法主義、形式主義になり、民衆の現世的な欲求から離れていく傾向が出てきた。そのような状況に飽きたらず、神との一体感を求めて禁欲と苦行を重ねる人々が現れ、スーフィー（スーフ〈羊毛の粗衣〉をまとう人の意）と言われて、その思想や行動がスーフィズム（神秘主義）と言われるようになった。正統派の人々からもスーフィーからも敬われているアッガッザーリー（アル・ガッザーリ、スンニー派の神学者、一〇五八年―一一一一年）は神秘主義とイスラム正統主義を調和させようとつとめた。

デリーに拠点を置いたクトゥブッディーン・バフティヤール・カーキー（一一七三年―一二三五年）と、アジメールを拠点としたムイーヌッディーン・チシュティー（一一四一年―一二三六年）が有名であった。

十五世紀と十六世紀初めにはバクティとスーフィー聖者は共通の基盤の上で活躍していて、互いに理解し合うことができた。

(2) 北方インド

七世紀半ばのハルシャ＝ヴァルダナ王の死から十二世紀末のムスリムによる北インド征服までの時代を、インド史上、ラージプート時代と呼ぶことがある。ラージプートはサンスクリット語のラージャプトラ（王子）の訛った形で、正統クシャトリヤの子孫であることを意味する。当時の北インドに割拠したラージプート諸王は、中央アジア起源のグルジャラ族などで、実際に古代クシャトリヤの子孫であったわけではない。バラモンが家系を作成して、太陽の王統（日種族）、月の王統（月種族）あるいは祭火の王統（西インドのアーブー山の祭火）のいずれかに属すると誇った。西インドのラージャスタン州はその昔ラージプターナーとも言い、州名にその名残を示している。彼らは西インド地域だけではなく、プラティハーラ朝、チャールキヤ朝、ラーシュトラクータ朝、パラマーラ朝、チャウハーン朝、チャンデーラ朝、アンベール王国、マールワー王国、メーワール王国など北インドや南のデカン地方でも活躍した。

またラージプートたちは氏族的結合を強く守り、尚武の気質に富み、戦闘に出たからには、敗残の身となって引き返してくることを最大の恥とした。妻もそのような男性は夫として家の中に迎え入れようとしなかったし、征服者に恥辱を受けるよりは潔く闘うか自決の道（寡婦殉死）をとったという。またヒンドゥー文化の伝統の擁護者をもって任じ、バラモンの庇護、寺院の建立、ヴァルナ・カースト的社会秩序の維持につとめた。

ラージプート諸国は、互いに領土を巡る争いを繰り返し、十一世紀初頭から始まるムスリムの侵攻に対しても団結して抵抗することはあまりなかった。一一九一年、ゴール朝のムハンマドの侵攻に際し、ラージプート諸国は連合して、タラーインの戦いでこれを撃退したが、翌年の戦いでは敗北し、ムスリムによるインド支配の道を開けてしまった。

■チャーハマーナ朝　（七世紀―一一九五年）

北インドのラージャスタン地方の小国でチャウハーン朝とも呼ばれた。八世紀にプラティハーラ朝が成立するとその支配下にはいった。十一世紀初頭にアフガニスタンのガズナ朝が攻めてくると、ラージプートの王朝と連合して対抗したが、プラティハーラ朝は事実上滅亡した。

十二世紀後半、勢力を拡大し、デリー北方からパンジャーブ東南端、ラージャスタンに及んだ。

一一九〇年、ゴール朝が侵略してきたが、プリトヴィーラージャ三世を中心にラージプート連合軍を結成してタラーインで交戦し勝利した（一一九一年）。しかし、翌年、同じタラーインの戦いでは、内部分裂のため敗北した。プリトヴィーラージャ三世は捕らえられ、殺された（一一九二年）。息子のゴーヴィンダラージャはゴール朝に貢納をおさめることにした。その貢納の額は非常に重かったため、プリトヴィーラージャ三世の弟ハリラージャは不満を持ち、一一九三年にゴーヴィンダラージャを追放し、自ら王となった。ゴール朝のクトゥブッディーン・アイバクにデリーを占拠された。一一九五年頃、ハリラージャはデリーを奪い返そうとしたが、アイバクに攻められ、チャーハマーナ朝は滅んだ。ハリラージャはラージャスン東端のランタンボールを拠点に、ランタンボール・チャーハマーナ朝を創始した。

■プラティハーラ朝（七二五年—一〇三六年）

グルジャラ族が建国したことから、グルジャラ・プラティハーラ朝とも言われる。グルジャラ族はおそらくフン族と一緒に中央アジアから入り込んだと言われている。彼らのなかの最も重要な部族は、七世紀〜八世紀にはラージプターナーとマールワーに独立王国を築いていた。マールワーのグルジャラ・プラティハーラ族の王は、シンド地方のアラブ人支配者たちの侵略に抵抗することで名声を得た。ラークシュトラ朝やパーラ朝と絶えず争った。国王ボージャと彼の子のマヘーンドラパーラの治世の頃に勢力は頂点に達し、首都カナウジは繁栄する都市となった。マガダとベンガルの一部さえも含み、西はカーティヤーワール半島まで拡大した。多くの馬がアラビア・西アジアからは海路で、中央アジアからは陸路で輸入された。インドで最も素晴らしい騎兵隊をもっていた。マヘーンドラパーラの死後まもなく、後継のマヒーパーラはラーシュトラクータ国の王インドラ三世に撃破され、カナウジも掠奪された。マヒーパーラは王国を短期間のうちに取り戻したが、激烈な打撃を受けて、その後衰亡した。プラティハーラ帝国内の地方勢力が次々と独立し、一〇一八年ガズナ朝のマフムードによってカナウジが破壊された。マフムードは掠奪した後パンジャーブに引き上げたので、プラティハーラ朝は細々と存続した。ヤシャパーラ（在位一〇二四年―一〇三六年）の代をもって完全に滅亡した。

■パーラ朝　（七五〇年―一一七四年）

ヴァルダナ朝は、ハルシャ王が亡くなると小国に分裂した。ゴーパーラがベンガルを統一してパーラ朝の王位（在位七五〇年頃―七七〇年頃）に就き、その子ダルマパーラ（在位七七〇年頃―八一〇年頃）はビハールを領域に加え、インド最大勢力となった。パーラの王が最も多くの象を持っていたという。ダルマパーラ王は仏教を保護し、ヴィクラマシーラ僧院を創設するとともに、ナーランダー僧院を復興させた。ガンジス上流のプラティハーラ朝、デカンのラーシュトラクータ朝との三者で激しく争った。その後まわりに攻められ、一一七四年にムスリムの侵入を受けて滅亡した。一一九三年ナーランダー僧院が、一二〇三年ヴィクラマシーラ僧院がイスラム勢に破壊された。仏教はインドにおいてほぼ消滅した。

■セーナ朝　（一〇七〇年―一二三〇年）

デカンの後期チャールキヤが北東インドに進出した際、ベンガル地方を任されたサーマンサ・セーナはセーナ朝を建国した。後期チャールキヤが衰退したため、第三代のヴィジャヤ・セーナ（在位一〇九六年―一一六〇年）は独立した。パーラ朝の最後の王ゴーヴィンダパーラを破り、王都ガウラ（北ベンガル地方）を併合した。五代目の王ラクシュマナ・セーナはカリンガなど周辺国との戦争に勝ち、ガーハダヴァーラ朝の侵入を退けた。十二世紀末より王朝の衰退が始まり、一二〇二年にゴール朝のムハンマド・バフティヤール・ハルジーの攻撃によって西北ベンガルを失い、南東ベンガルに拠点を移した。十三世紀半ばに滅亡した。

■ガーハダヴァーラ朝　（一〇八〇年代―一一九三年）

一〇八〇年代前半にガーハダヴァーラ族のチャンドラデーヴァが北インドを支配しカナウジを都にガーハダヴァーラ朝を建国した。次王ゴーヴィダチャンドラは南インドのチョーラ朝とも同盟し、北インド一帯に勢力を広げた。ジャヤチャンドラ王（在位一一七〇年―一一九三年）の治世は、チャーハマーナ朝との関係が悪化していた。あるとき、王は娘の婿選びに、各地の諸王を招待したが、プリトヴィラージャ三世は敵国の王だったため拒否された（招待しなかったとも言われる）。しかし、プリトヴィラージャ三世は従者とこっそりやってきて、ジャヤチャンドラの娘と恋仲になり、勝手に連れ去ってしまった。隣接する両国の関係は悪化した。十二世紀末に、ゴール朝の勢力が侵略してきたとき、ジャヤチャンドラはプリトヴィラージャ三世に援軍を出さず、プリトヴィラージャ三世は敗北し、ムスリム支配の道を開けてしまった。ガーハダヴァーラ朝は何とか命脈を保ったが、奴隷王朝のシャムスッディーン・イルトゥトゥミシュに滅ぼされた。

『騎兵戦法』

ヨーロッパでは、騎兵戦法は八世紀頃から用いられた。ローマ時代には長い槍や短い剣をもった歩兵が主であり、馬は指揮官が乗る二輪戦車を引くために使われていた。戦争のやり方はアラブの到来とともに変化したと一般に信じられている。アラブは大量の馬を供給し、彼らの素早い行動と馬上の射手は歩兵を無意味にした。

騎兵戦法は鉄の鐙《アブミ》の発明によって主要な戦法となった。初期の鐙は木製か一片の綱で、単に足先を支えるものだったが、鉄の鐙は重い鎧《ヨロイ》を付けた人間が落馬せずに馬に乗ることを可能にした。体にしっかり付けた槍をもって攻撃できるようになり、また衝突の衝撃によって乗り手が振り落とされないようになった。こうして、歩兵部隊が重装の騎兵部隊の攻撃を支えることは不可能になった。

また新しい型の馬具が発明され、馬が以前よりも二倍の量の積荷を引くことが可能になった。これらの発明は、おそらく東アジアからヨーロッパに伝わり、十世紀以降にインドにも広まったと言われている（サティーシュ・チャンドラ、一九九九年）。

(3) 南インド

■東ガンガ朝（五世紀末—一四三四年）

南インドのガンガ朝（三五〇年—一〇〇〇年）と区別して東ガンガ朝と呼ばれる。東ガンガ朝の起源は五世紀末と言われるが、王朝の記録が明確に現れるようになったのは、九世紀末のインドラヴァルマン（在位？—八九三年）からである。アナンダヴァルマン（在位一〇七八年—一一四七年）は最も偉大な王で、北はガンジス川、南はゴーダヴァリー川に至る広大な領土を得た。

王の死後、王位継承争いがあったようで、息子のビーマ・デーヴァ二世（在位一一七八年—一一九八年）が王位に就き戦争は終わったが、南西ベンガルは、セーナ朝の支配下に入っていて、二度と戻らなかった。ゴール朝のアイバクは北インドを制圧し、その武将ムハンマド・バフティヤール・ハルジーが、一二〇〇年以降オリッサに侵入してきた。ラージャラージャ二世（在位一一九八年—一二一一年）はこれを撃退した。ナラシンハ・デーヴァ一世（在位一二三八年—一二六四年）は奴隷王朝と四回以上戦い最後の戦いでは敗れて、オリッサの領土に侵攻された。だが、その孫ナラシンハ・デーヴァ二世（在位一二七九年—一三〇六年）はナラシンハ・デーヴァ一世の治世に奪われたオリッサの領土を奪還し、南西ベンガルから奴隷王朝の勢力を追い払い、ガンジス川まで侵攻した。このように東ガンガ朝はデリー・スルタン朝と絶え間なく戦い続けた。

バーヌ・デーヴァ三世（在位一三五二年—一三七八年）の治世では、ベンガル・スルタン朝やヴィジャヤナガル王国といった新興勢力の標的となり、フィルズ・トゥグルク・スルタンの侵略から被害を被った。バーヌ・デーヴァ三世は、オリッサに二年半の間とどまっていたスルタンに服従していたが、スルタンの離国後、独立を宣言した。ナラシンハ・デーヴァ四世（在位一三七八年―一四二四年）の治世中、デカン、ジャウンプルおよびマールワーの回教徒の支配者たちはオリッサに向けて遠遠征軍を送ったが、ナラシンハ四世はこれらの攻撃に耐え抜き、オリッサとカリンガの領土を死守した。一四二四年、バーヌ・デーヴァ四世（在位一四二四年―一四三四年）が即位したが、宰相のカピレーンドラに王座を奪われた。カピレーンオラはガジャパティ朝（一四三四年―一五四一年）を開いた。

■前期チャールキヤ朝（五四三年―七五三年）

南インドのカダンバ朝の支配から独立したキールティヴァルマン一世(在位五四三年―五六六年)はカルナータカ半島の北部バーダーミで王朝を創始した。二人の息子、プラケーシン一世（在位五六六年―五九七年）とマンガレーシャ（五九七年―六〇九年）は近隣勢力に打ち勝って領土を拡大した。プラケーシン一世の子、プラケーシン二世（在位六〇九年―六四二年）は叔父のマンガレーシャを殺して即位し、グジャラートやマールワー地方まで勢力を伸ばした。南方はパッラヴァ朝の北方を併合した。東方はアーンドラ地方を征服して、弟のヴィシュヌヴァルダナにヴェーンギー周辺の東部アーンドラ地方を治めさせた。プラケーシン二世はほぼ全デカンを支配したが、六四二年、パッラヴァ朝のマヘーンドラヴァルマン一世の息子、ナーラシンハヴァルマン一世と戦って敗死し、バーダーミを落とされた。しかし、プラケーシン二世の息子、ヴィクラマーディティヤ一世（在位六五五年―六八一年）は六五五年にパッラヴァ朝の勢力を追い払ってバーダーミを奪い返した。

ヴィクラマーディティヤ二世（在位七三三年―七四四年）の治世では、シンドに進出して南下しようとしたウマイヤ朝の勢力を防ぎ、パッラヴァ朝の首都カーンチープラムを三度も占領した。

ヴィクラマーディティヤ二世の死後、息子のキールティヴァルマン二世（在位七四四年―七五三年）は有力な封臣の一人であったダンティドゥルガ（ラーシュトラクータ朝の創始者）に王位を追われて、前期チャールキヤ朝は滅亡した。チャールキヤ家はラーシュトラクータ朝の封臣の地位に落とされた。

■東チャールキヤ朝（六二四年―一〇七〇年／一一二七九年）

前期チャールキヤ朝のプラケーシン二世によって、デカン東部のアーンドラ地方支配を任された王弟ヴィシュヌヴァルダナ一世（在位六二四年―六四一年）が、六二四年にヴェーンギーを首都に独立して東チャールキヤ朝を築いた。ラーシュトラクータ朝と八世紀から二世紀にわたって争った。また後期チャールキヤ朝とも宗主権を主張して争った。十一世紀からチョーラ朝と姻戚関係を深め、一〇七〇年、チョーラ朝の王位が空位になったことに伴い、クロートゥンガ一世がチョーラ王も兼任することとなった。

■パーンディヤ朝（六世紀後半―九二〇年）

カドゥンゴーン王（在位六世紀後半、または六世紀末から七世紀初）が独立し、その後継者たちは西海岸のケーララ地方にまで勢力を拡大したが、以後パッラヴァ朝との抗争が激化した。その後、セイロンを侵略し、その首都を陥落させたが、パッラヴァ朝とラーシュトラクータ朝の連合軍およびセイロン王に挟み撃ちされて首都マドゥライは陥落し、王は戦死した。その後も戦乱は続き、マーラヴァルマン・ラージャシンハ二世（在位九〇〇年または九〇五年―九二〇年）はセイロンに亡命し、パーンディヤ朝は滅亡した。チョーラは、チョーラ＝パーンディヤという太守をマドゥライに置いた。

■ラーシュトラクータ朝　（七五三年―九七三年）

前期チャールキヤ朝の封臣として仕えていた家系のダンティドゥルガが主家の衰退に乗じて君主を廃しデカン高原西部を支配した。王朝の第二代クリシュナ一世（在位七五六年―七七五年）は北インドではパーラ朝を破り、南インドではパッラヴァ朝を破り、強大な勢力となった。この時期にエローラ石窟寺院のヒンドゥー寺院であるカイラーサナータ寺院が掘削された。

最大の支配者になったのはゴーヴィンダ三世（在位七九三年―八一四年）で、カナウジの遠征に成功し、またマールワーを併合すると、南方のケーララ、パーンディヤ、チョーラを攻め、パッラヴァの勢力を弱めた。アモーガヴァルシャ一世（在位八一四年―八七八年）は、戦争より宗教や文学を好み、著作家であり、最初のカンダナ語による詩論を書いた。首都マーニャケータをインドのいかなる都市より勝るように建設したと言われている。王国内に多くの反乱が起こり、ようやく鎮圧されたが、十世紀末に家臣のチャールキヤ家のタイラ二世に滅ぼされた。

■後期チョーラ朝　（八四六年―一二七九年）

シャンガム文学（タミル古典文学、一世紀―三世紀）のチョーラ朝との関係は不明。ヴィジャヤーラヤ（在位八四六年―八七一年）はパッラヴァ朝がパーンディヤ朝と抗争を繰り返す過程で勢力を拡大し、八四六年パッラヴァ朝の封臣ムッタライヤル家からタンジャーヴールを奪って本拠とした。孫のアーディティヤ一世（在位八七一年―九〇七年）はパッラヴァ朝の内乱に乗じて主君のアバラージタを殺害し領地を併合した。バラーンタカ一世（在位九〇七年―九五五年）は、九二〇年、パーンディヤ朝の本拠マドゥライを陥落させた。バラーンタカ一世は、九四九年、ラーシュトラクータ朝のクリシュナ三世に敗れ、チョーラ朝北部の大半を奪われたが、バラーンタカ二世（在位九五七年―九七三年）がかなりの失地を回復した。

ラージャラージャ一世（在位九八五年―一〇一四年）とその子ラージェーンドラ一世（在位一〇一四年―一〇四四年）の時代が最盛期である。ラージャラージャ一世はチェーラ海軍を破壊し、クイロンを攻撃した。その後マドゥライを征服し、パーンディヤの王を捕らえた。北においては北西カルナータカのガンガ（西ガンガ王国）地方の北西部分を併合し、ヴェーンギーに侵入した。セイロン島に侵入し、その北部を併合した。また、西方貿易の利を確保するため、海軍力を駆使してモルディブ諸島も征服した。ラージャラージャ一世は、偉大な支配者の一人で大王と呼ばれ、領土の行政に関しても優れた制度を定めた。一〇〇〇年には土地調査を始め、地方自治を発展させた。タンジョールの寺院などを建立した。彼自身はシヴァ派であったが、ヴィシュヌ神の寺院も建立した。

ラージェーンドラ一世はパーンディヤやチェーラを併合し、セイロン島北部の征服も完成した。シュリーヴィジャヤとは親密であったが、十一世紀の初め、北宗に入貢しようとした際、マラッカ海峡通過をめぐって揉め事が起きた。(注一八) 一〇二五年、チョーラ海軍はケダをはじめマレー半島やスマトラの多くの地域を征服した。南インドのほぼ全域とセイロン島北部を支配し、さらにカリンガを越えてベンガルへ侵攻した（一〇二二年）。全長二五・六キロメートルにおよぶ巨大な灌漑用水池を造った。またヴェーダ学問の様々な分野を教授するため、大学を設立した。ラージェーンドラ一世も様々な場所に多くのシヴァ、ヴィシュヌ寺院を建て、寺院の壁面に長い刻文を書かせるという習慣を取り入れ、彼らの勝利についての歴史的記述を残した。

一〇七〇年にチョーラ朝の王位が空位になると、ラージェンドラ二世（在位一〇五二年―一〇六三年）の娘婿にあたる東チャールキヤ朝のクロートゥンガ一世（在位一〇七〇年―一一一八年）がチョーラ朝の王を兼ねた。この頃から徐々に衰運に向かい、後期パーンディヤ朝に滅ぼされた（一二七九年）。

■後期チャールキヤ朝　（九七三年―一一八九年）

チャールキヤ家は、しばらくラーシュトラクータ朝の封臣となっていたが、九七三年にタイラ二世（在位九七三年―九九七年）が、ラーシュトラクータ朝を滅ぼし、チャールキヤ朝を再興した。ヴィクラマーディティヤ六世（在位一〇七六年―一一二六年）のときが最盛期で安定していた。一一八九年ホイサラ朝に敗れて滅亡した。

■カーカティーヤ朝（一〇〇〇年―一三二六年）

十一世紀初頭から一三二六年までデカン高原東部を支配した。最初は後期チャールキヤ朝の封臣の地位にあったが、しだいに勢力を増し、十二世紀前半プローラ二世の治世に独立した。十三世紀のガナパティ王（在位一一七八年または一一九九年―一二六二年）の時最盛期を迎え、デカン西部のヤーダヴァ朝、ホイサラ朝とともに後期チョーラ朝の地に侵入し、その北部を併合した。王国の版図は拡大し海外貿易の利も得て繁栄した。

マルコ・ポーロ（一二五四年―一三二四年）は女王ルドラーンバー（在位一二六二年―一二九六年）を大きな能力と知恵をもった女性であると記している。ルドラーンバーの娘の子プラターパルドラ二世（在位一二九六年―一三二六年）が後継した。一三一〇年、ハルジー朝の遠征軍に首都ワランガルを落とされたが、貢納を差し出して和議を結び、毎年の貢納を約束した。南方への軍事行動を再開し、ネローレとカーンチーの両地方を征服した。一三二〇年にトゥグルク朝が興ると、貢納を停止した。一三二三年にはトゥグルク朝の軍勢に攻撃され滅亡に向かった。

■ホイサラ朝（一〇二二年―一三四六年）

十一世紀に、ホイサラ族はマイソール（現カルナータカ）地域における後期チャールキヤ朝の家臣になった。強力な王であったヴィクラマーディティヤ六世が亡くなると、後期チャールキヤ朝の王位継承争いが激しくなった。ホイサラ家の力は強大となり、事実上の独立行動に出るようになった。ヴィティデーヴァ（ヴィシュヌヴァルダナ、一一〇六年―一一四一年）は、最初はベールルに、その後ドヴァーラサムドラを首都として、マイソール全土を含んだ事実上の独立王国を樹立した。彼の孫のヴァイーラ・パッラーラ二世（在位一一七三年―一二二〇年）は、ヤーダヴァ朝の攻撃を受けて南遷せざるを得なくなった後期チャールキヤ朝のソーメーシュヴァラ四世を滅ぼし、正式に王国独立を宣言した（一一九〇年頃）。また、勢いに乗るヤーダヴァ朝のビッラマ五世を破って撃退し、ヤーダヴァ朝が奪ったチャールキヤ領の南半分を獲得した。王国は絶えず近隣の勢力と戦争をしていた。

十四世紀初めにデリーのイスラム勢力ハルジー朝とこれに代わったトゥグルク朝の侵入やヴィジャヤナガル

王国に圧迫されて、一四世紀半ば頃滅亡した。美術史上、ホイサラ様式と呼ばれる独特の寺院建築を残している。

■ヤーダヴァ朝（一一八五年―一三一七年）

ヤーダヴァ朝はラーシュトラクータ朝、後期チャールキヤ朝の封臣で、九世紀～十二世紀まではセーヴナプラを本拠としていたため、セーヴナ朝とも呼ばれる。十二世紀末、ピッラマ五世は後期チャールキヤ朝が王位継承争いで衰退しているのに乗じて、デーヴァギリを都に定め、一一八五年に独立した。シンガナ二世のときが全盛で勢力は拡大したが、ホイサラ朝やカーカティーヤ朝との戦に追われた。一二九四年にハルジー朝に攻撃され、ハルジー朝への貢納を約束させられた。一三一七年、ハラパーラデーヴァが反旗を翻すと、ハルジー朝はデーヴァギリを攻撃し、完全に滅ぼして領土を併合した。

■後期パーンディヤ朝（一一九〇年―一三四五年）

一二世紀になってチョーラ朝がすっかり弱体化してくると、ジャターヴァルマン・クラーシェカラ（在位一一九〇年―一二一六年）がパーンディヤ朝を再建した。これ以降を後期パーンディヤ朝と呼ぶ。ジャターヴァルマン・スンダラ・パーンディヤ一世（在位一二五一年―一二六八年）はチョーラ王を破り、ホイサラ朝の勢力を倒した。後継者のマーラヴァルマン・クラーシェカラ（在位一二六八年―一三一一年）は、チョーラ朝を滅ぼし（一二七九年）その版図を併呑した。

二人の息子があったが、非嫡出子のジャターヴァルマン・ヴィーラ・パーンディヤが後継者に選ばれた。嫡出子のジャターヴァルマン・スンダラ・パーンディヤは父親を殺して王位（王位僭称一三〇九年―一三一七年）に就いた。ヴィーラ・パーンディヤ（王位僭称一三〇九年―一三四五年）は、その父親殺しを追放した。追放されたスンダラ・パーンディヤは直ちにホイサラ王国を侵略していたハルジー朝の武将マリク・ナイブ・カーフールに助けを求めた。ヴィーラ・パーンディヤはカーフールに敵対しているホイサラ朝の支配者を援助していたので、カーフールは喜び、インド最南端のヒンドゥー王国を滅ぼさせた。
ハルジー朝の軍勢が引き返すと、ホイサラ朝とカーカティーヤ朝の草刈り場と化し、もはや王朝の実態をなしていなかった。十四世紀中葉ヴィジャヤナガル朝が興るとパーンディヤ朝の版図はほとんど吸収された。

■ヴィジャヤナガル王国（一三三六年―一六四九年）

北インドのトゥグルク朝は一三二〇年代にデカン高原南部にも遠征し、一時はほぼインド全域を支配した。しかし、その征服地では重税に対する反発が起き、ヒンドゥー教徒のなかに自立の動きが強まった。有力な説によると、カーカティーヤ朝（あるいはホイサラ朝）に仕えていたハリハラとブッカの兄弟は、一三二三年にトゥグルク朝の遠征軍の捕虜になって、デリーに連行され、イスラムに改宗してトゥグルク朝の君主ムハンマド・ビン・トゥグルクに仕えた。一三三四年以降、ムハンマドの失政により各地で反乱が起き、南インドも不穏な状態となった。ハリハラとブッカは、カルナータカ地方に派遣され、その統治にあたっていたが、ヒンドゥー勢力を結集してトゥグルク朝からの独立を考えるようになり、一三三六年に二人はデカン高原南部にヴィジャヤナガル王国を建国した。彼らはこの地方の宗教指導者ヴィディヤーラニヤにより、イスラム教からヒンドゥー教へと改宗(注一九)した。

ハリハラとブッカの父サンガマの名をとって「サンガマ朝」と名づけられ、兄のハリハラがハリハラ一世（在位一三三六年―一三五七年）として即位した。一三四二年、ホイサラ朝の王バッラーラ三世がマドゥライ・スルタン朝との戦で落命すると、その領土に侵攻し、一三四六年にホイサラ朝を滅ぼして王国の版図を広げた。

この王国は、国内にダイヤモンドをはじめとする宝石類の産出地があり、これらの宝石類と香料などの珍しい物産を利用した海外交易を活発に行っていた。西アジアやアフリカ、来航まもないポルトガル商人との取引、東南アジア諸国や中国とも交易を行い繁盛した。ここでも馬の輸入が増え、ポルトガル人の馬商人が活躍した。バフマニー朝と、交易利権をめぐって争った。オリッサのガジャパティ朝やバフマニー朝が首都ビジャヤナガルを脅かした。サンガマ朝は騒動が続き、サールヴァ・ナラシンハに王位を簒奪された（一四八六年）。サールヴァ朝で権力を揮ったナラサー・ナーヤカの子のヴィーラ・ナラシンハは父の死後一五〇五年、王位を簒奪し、「トゥルヴァ朝」を誕生させた。ビジャープルによる侵入を撃退させ、南方のウンマットゥール（マイソールの地）での反乱を鎮圧しているうちにヴィーラ・ナラシンハは没した（一五〇九年）。弟のクリシュナ・デーヴァ・ラーヤ（在位一五〇九年―一五二九年）が跡を継ぎ、反乱を征して南方を安定させ、オリッサの勢力と対決してウダヤギリを陥落させた。その後も遠征を繰り返し、シンハーチャラムにいたるまでのカリンガの地を平定し、北方ではバフマニー朝にかわって北部デカンの支配勢力となったビジャープルに対抗してライチュール地方を支配下におさめた。ゴアを占拠したポルトガル人とも友好関係を保ってアラビアからの軍馬の補給を確保した。西アジアから年に一万頭の馬が南インドのマラバール(アラビア海沿岸)諸港やカンバーヤト（キャンベイ）その他の西インドの港に輸送されていた。アラビア人といれかわったポルトガル商人たちは年間三〇〇〇頭から四〇〇〇頭の馬をホルムズからマラバールに運び、ヴィジャヤナガル王国に供給していた。クリシュナ・デーヴァ・ラーヤ王の即位後一〇年でヴィジャヤナガル王国の領土は最大となった。広大な版図を獲得する一方で、文芸を保護した。王自身はヴィシュヌ派を信仰していたが、他の宗教についても寛大で、キリスト教、イスラム教を含め、すべての宗教の信仰が許された。

バフマニー朝が分裂・対立し、互いに争っていたムスリム系諸国が連合して、ヴィジャヤナガル王国に攻め込んでくると、ついに崩壊した（一五六五年）。トゥルヴァ朝でサダーシヴァ（在位一五四三年―一五六九年）の摂政として実権を握っていたラーマラージャは戦死した。ラーマラージャの弟ティルマラは、サダーシヴァを擁して東南方のペスコンダに退き、そこを都として統治を続けた。

ティルマラは一五六九年頃サダーシヴァを廃して自ら王位（在位一五六九年―一五七二年）に就き、アーラヴィードゥ朝を興した。ヴェンカタ二世（在位一五八六年―一六一四年）は最後の偉大な王と言われ、ゴールコンダの侵入をくいとめ、クリシュナー川にいたるまでの地を回復した。その後衰退し、一六四九年ビジャープルの軍に攻撃されて滅亡した。

■バフマニー朝（一三四七年―一五二七年）

トゥグルク朝のデカン地方総督アラー・ウッディーン・ハサンがデカンのグルバルカで独立した。南に隣接するヴィジャヤナガル王国と常に抗争状態にあり、優秀な砲兵隊と騎馬隊をもってしても決定的勝利をおさめることはできなかった。無差別虐殺などをやめるため、両国の国境は当初のままという協定が結ばれた。フィールーズ・シャー（在位一三九七年―一四二二年）は、バフマニー朝随一の名君とされ、トゥンガバドラー川流域を獲得しようとしたヴィジャヤナガル王デーヴァ・ラーヤ一世（在位一四〇六年―一四二二年）を破り、多額の賠償金と象、真珠を支払わせた。

王国内には、イスラム教徒が少なかったので、歴代の王はイスラム教徒の誘致政策を積極的に展開した。そのためペルシャや中央アジア方面からも移住してくるイスラム教徒が後を絶たなかった。ところが、来住者たちの殆どが、イスラム教徒のうちでもシーア派に属していたのに対して、デカン地方に以前から住みついていたり、改宗したイスラム教徒にはスンニー派に属するものが多かった。この人種問題をも絡ませた宗派間の問題は建国後一世紀を経た十五世紀半ばに深刻になってきた。十五世紀末から各地方の長官が夫々独立し、ベラール王国（スンニー派）、ビジャーブル王国（シーア派）、アフマドナガル王国、ゴールコンダ王国（シーア派）が成立した。一五一〇年、ポルトガル提督アフォンソ・デ・アルプケルケが、ビジャープル王国の支配するゴアを攻防の末獲得した。一五二七年、カリームッラー・シャー（在位一五二五年―一五二七年）の治世に滅亡し、その版図はバフマニー宰相が樹立したビーダル王国（スンニー派）に組み込まれた。

『バクティー運動』

六世紀に南インドに興り、十六世紀までに全インドに広がった。ヒンドゥー教によるインド古来の神々

（シヴァ神やヴィシュヌ神など）への信仰を復興させようという民衆の宗教運動である。バクティとは「最高神への絶対的帰依」を意味し、「信愛」とも訳される。神を愛し念じれば救済がもたらされるとする教えである。「マハーバーラタ」のなかの一章である「バガヴァッド・ギーター」を、吟遊詩人が吟唱しながらバクティの教えを広めた。

(4) 西欧の進出

コロンブス(Christopher Columbus)は、トスカネリ(Paolo dal Pozzo Toscanelli, 一三九七年―一四八二年)の地球球体説を信じて大西洋の西航を計画し、一四九二年八月、スペイン女王イサベル一世の援助を得てサンタ・マリア号など三隻の船で出航し、一〇月バハマ諸島のグアナハニ島をインドの一部と思い上陸した。引き続くアメリゴ・ヴェスプッチ（Amerigo Vespucci）やバルボア（Vasco Nunez de Balboa）の中南米の探検によってこの地が新大陸であることが確認され、アメリゴの名にちなんでアメリカと命名された。一四九八年五月、バスコ・ダ・ガマ（Vasco da Gama）が喜望峰をまわり、インド西岸のカリカットに達し、インド航路が開かれた。この新航路発見を機にスペインとポルトガルは争って通商・植民地活動に乗り出し、両国の間で発見した土地・島の帰属をめぐって紛争が続出した。一四九三年、ローマ教皇アレクサンダー六世が教書を出し両国の進出領域を決めようとしたが、ポルトガルが不服を唱えた。翌年改めてスペイン・ポルトガル間で会議がもたれ、「トルデシリヤス条約（ポルトガル語：Tratado de Tordesilhas, スペイン語：Tratado de Tordesillas)」が締結された。これによると、ヴェルデ岬島の西方三七〇レグア（注二〇）の地点を南北に縦断する子午線（西経四六度三七分）を分界線とし、この西方全域をスペインの進出範囲、その東方全域をポルトガル進出範囲とした。一五〇六年に、この条約の分界点は教皇ユリウス二世によって承認された。

スペインはまずコロンブスが最初に上陸したサンサルバドル島、キューバ、ジャマイカなど西インド諸島（メキシコ湾東方のカリブ海域の群島）を支配し、一五二一年にはメキシコのアズテク（アステカ）帝国を撃滅、一五三三年にはペルーのインカ帝国を撃滅した。スペイン人は原住民を大量虐殺し、生き残った者も奴隷として酷使した。また、スペイン本土からの粗末な品物と原住民の銀とを交換して大量の銀を本国に持ち帰った。
ポルトガルはアフリカおよびインド洋の沿岸地域を中心に武力を背景として貿易を強行し、インド洋の制海権を獲得していった。スペインと同様にブラジル地域の原住民を大量虐殺したため中南米の原住民人口は激減し、労働力は底をついてしまった。その労働力不足を補うべく、アフリカから多くの黒人を奴隷として送り込んだ。

スペインもモルッカ諸島を目指し、マゼラン艦隊が西方に向かった（一五一九年）。マゼランは　サマール群島（現フィリピン諸島）で先住民との戦闘で殺されたが、セバスティアン・デル・カノがマゼラン艦隊の生き残りとともに一五二二年にヨーロッパに帰還した。すると地球が丸いならもう一本線を引かなければ分割の意味をなさないということになり、アジアにおける線引きのための交渉が行われた。一五二八年に「サラゴサ条約[注一二]」が批准され、モルッカ諸島の東二九七・五レグアを通る子午線を第二の境界とした。これにより東経一三三度付近が境界線となりモルッカはポルトガル支配下となった。アフリカやインドに基地をもたないスペインは、西回りでモルッカに到達した場合、そこから引き返し太平洋を東に向けて進まなければならず東風の貿易風に逆らって進むことは困難だった。そのため、賠償金（三五万ドゥカーデ）と引き換えにその権利を譲渡した。既にマゼランが到達していたフィリピンに対しては、先手権を主張して支配した。

一四九八年にインド航路が開かれて以来、ポルトガル船が頻繁にインドに来て香辛料などを持って帰るようになった。一五〇五年アルメイダが三年の任期で副王（インド総督）として二二隻の艦隊を率いてやってきた。副王となったアルメイダには外交、戦争、司法の全権が委ねられ、インド洋沿岸でポルトガルの要塞が建設された。後任のアルプケルケ（在位一五〇八年―一五一五年）と対立したが、一五〇九年帰国途中、喜望峰近くで戦死した。

ポルトガルは武力を背景に貿易を押しすすめ、一五一〇年二月にゴア(注二二)を占領した。五月に、ビジャープル王国のスルタンが五万の兵を率いて攻撃すると一旦引き揚げたが、ポルトガル本国からの増援が到着すると一一月ゴアを再び陥落させ、軍事・商業基地を築いた。総督アルブケルケは、一五一一年、香料その他の貿易を一手に握っていたマラッカを占領し、ペルシャ湾のホルムズも占領したのでポルトガル人が対ヨーロッパ貿易を左右した。一五一七年にはベンガルのチッタゴンに進出した。

アルブケルケは中国に対しては格別の礼節を以って接し、一五一三年に初渡来して以来、貿易を開始した。海禁（領民の海上交易を禁止する政策）下の明は貿易を禁止していたが、マカオ周辺海域での海賊退治に協力した褒美として、一五五七年、ポルトガルのマカオへの居留を認めた。ポルトガルはマカオを中継地として日本など東アジア周辺国と交易を行った。

2 ネパール

バネパのラーガヴァ・デーヴァがカトマンズ盆地に入ってデーヴァ朝を開いた。八七九年を始年とする新しいネパール暦(注二三)を用いた。次王シャンカラ（在位九二〇年頃）は強力であったが、その後の王たちは弱体で連立統治をつづけた。政情は不安定で、二王統治や、単独統治が一年から三年の短期間で頻繁に交代し、王権も国力も弱体化した。

ラクシュミーカーマ・デーヴァ一世（在位一〇二四年―一〇三九年頃）は強力で三王の複王制の後単独統治を実現したが、治世の末期には再び世は乱れた。その後、父子継承の五王の実在が知られている。

バースカラ・デーヴァ王（在位一〇四五年頃―一〇四七年頃）

父の王冠を売り払い、黄金の女神像を破壊したため失明した。

バラ・デーヴァ王（在位一〇四九年頃―一〇六〇年頃）

豊穣をもたらす善政に努め、ハリプラ王宮（城塞都市）を建設した。

プラディゥムナカーマ・デーヴァ王（在位一〇六三年頃―一〇六六年頃）　自ら王冠を造り戴冠式を復活させた。

ナーガールジュナ・デーヴァ王（在位一〇六七年―一〇六八年）

シャンカラ・デーヴァ二世（在位一九六九年頃―一〇八二年頃）

信仰心篤く、シヴァ神シャンカレーシュヴァラの寺院を建立し（現カトマンズ市ナクサール）、タントラ系女神バガヴァティー・マノーハラを祀った。

一〇八三年～一〇八四年、アンシュ・ヴァルマーの後裔と伝えられ、やはりデーヴァ朝を名乗る近隣の小王国のヴァーナ王らがシャンカラ二世を追放し、ラージプート朝を興した。次王ハルシャは直轄統治のカトマンズ盆地とその周辺以外に、ウダイプル、ファルピン、グルミなどの小王国を間接統治した。

その後、ベンガルのパーラ朝ラーマ・パーラ王支配下の大豪族ラーマ・デーヴァが短期的にネパールを支配したが、一〇九九年に、旧デーヴァ王家のシャンカラ二世の嫡子シヴァ王（在位一〇九九年―一一二六年）がラーマを追放して旧デーヴァ朝を復活させた。西方はネパール中西部のマガラーンタ地方まで、東方はウダイプルまで支配した。新デーヴァ王家が三代続いた後、再度旧王朝が復活した。アーナンダ王（一一四七年―一一六七年）はバクタプルにトリプラ宮を中心とした首都を建設した。彼の死後、三弟ルドラ二世、四弟アムリタ王と兄弟継承制をとった。その次にはシヴァ・デーヴァ王の皇太子マヘーンドラの嫡子ソーメーシュヴァラ・デーヴァ王（在位一一七八年―一一八三年）が即位したが、パーラ朝の実力者が一一八〇年に没すると権威を失った。パーラ朝につながるラトナ・デーヴァが王を退位に追い込みネパールを支配したが短期に終わった。新王朝のグナカーマ・デーヴァ二世（在位一一七八年頃―一一九六年）、ラクシュミーカーマ・デーヴァ二世（在位一一九二年頃―一一九七年頃）、ヴィジャヤカーマ・デーヴァ王（在位一一九二年―一二〇〇年）が連立したが衰退していった。

マッラ一族（デーヴァ族の本拠地バネパのさらに東にあるパランチョークを本拠地とする）が台頭し、マッラ一族の領袖（頭）アリ・マッラ一世（在位一二〇〇年―一二一六年）が盆地とその周辺に前期マッラ朝を興した。西方のカサ王国（別称カス・マッラ王国）、南方のティルフット王国（別称カルナータ王国）の三大勢力が分立した。

当時大飢饉と疫病の流行が続き、アリ・マッラ一世の子アバヤ・マッラ王（在位一二一六年―一二五五年）の治世には民衆の半分が死んだ。王権は弱まり、各地で反乱が続発した。政権の混乱に乗じて、カサ王国のジターリ王がネパールに来襲し、掠奪・占拠・放火をする一方、代表的な寺院に参拝した。ティルフット王ハラシンハもアナンタ王（在位一二七三年―一三〇八年）とアーナンダ王の治世（在位一三〇八年―一三二〇年）に四回襲来した。二回目の襲来では、バクタプルを制圧して三カ月間滞在し、献上金を徴収した。三回目にはパタンを制圧して一年一カ月駐留し、献上金を徴収した。ハラシンハ王の侵攻は、当時の王と王族のシャクティ・デーヴァが対抗勢力を一掃するために手引きしたものであった。

新たな実力者ルドラ・マッラは、ハラシンハ王の四回目の侵攻を撃退した。対抗勢力を倒し、周辺の豪族を屈伏させると、アーナンダ王を廃して血縁のアリ・マッラ二世を王位に就けた。新王は名のみで、ルドラが実質的な王となったが、三十歳で急死した。ルドラの王子二人も早世し、一人娘のナーヤカデーヴィーだけが残った。デリーのギヤースッディーン一世に大敗したティルフット王ハラシンハがネパール山中に逃れて客死した際、同行していた王妃デーヴァラデーヴィーと王子ジャガットシンハはルドラに庇護された。デーヴァラデーヴィーは、息子のジャガットシンハとナーヤカデーヴィーを結びつけた。二人の間に生まれた娘のラージャッラデーヴィーは王権の象徴としての権威を深めた。

ルドラの死後、権力闘争が絶えず、カサ王国やベンガルのスルタンに侵攻され、寺院や都市が破壊された。政情不安は高まり、危機的になってきたので、デーヴァラデーヴィーは権力闘争を抑えうる強力な人材を国外に求め、一三五四年に南方からクシャトリヤのスティティ・マッラを招いて孫娘のラージャッラデーヴィーと結婚させた。スティティはアルジュナ・デーヴァ王の連立統治者となったが、王を退けて、一三八二年に自分が王であることを全重臣の前で公式に宣言した。スティティ王（在位一三八二年―一三九五年）は諸侯を制して中央集権を確立し、さまざまな社会的、経済的な改革を行った。また民衆生活の向上に努め、優秀な人材を統治機構に登用し、マッラ王国を確固たるものにした。王位継承について明確にしなかったため、彼の死後、王子達の連立政権、単独政権と、変則的な統治が続いた。ヤクシャ王（在位一四二八年―一四八二年）が没すると王位継承問題で混乱が生じた。

カサ王国（カス・マッラ王国）

カシミール出自のカサ族の一族で、十一世紀初期にガルワール北部の王となったナーガ・ラージャは、東進してチベットのグゲ、プラーン、マーナサローバ（ワ）ル湖周辺を制した。さらにネパールのジュムラに南下してカサ王国を建設し、首都をシンジャーに定めた。その後、クラー・チャット王（在位一二〇七年―一二二三年頃）は、西方はクマウン、ガルワールまで、南方はカルナリ川の南部まで国土を拡大した。次王アショーカ・チャッラ（在位一二五五年頃―一二七八年頃）は仏教聖地ブッダガヤーを訪れ、巨額を投じて僧房の造営、仏像の制作を行った。

アショーカ・チャッラ王の子のジターリ・マッラ王（在位一二八七年―一二九〇年頃）は、アナンタ・マッラ王治世の一二八七年から三回にわたってカトマンズ盆地に侵攻した。放火・掠奪の他に代表的な寺院への参拝も行った。ネパールのマッラ王の栄光と名声を知り、マッラに改姓した。自らの王威を高めるためと言われている。以降のカサ王たちもマッラ姓を名乗った。カサ王国の版図が東方に広がるにつれて、彼らの言語シンジャーリー語[注一四]も東方に伝わり、カサ軍とともにカトマンズ盆地に到達した。

アーディティヤ・マッラ王（在位一三一六年頃―一三二八年）のとき、さらに南方は北インドの一部を含むタライ地方の西部から中部にかけて、東方は中部ネパールのゴルカまで支配し、大王国を形成するにいたった。

一三二一年と一三二八年の二回ネパールを侵攻してパクタプル王城（トリプラ）を破壊し、三都で放火した。二回目の侵攻直後に王は急死し、王女シャクナマーラーの夫で、ゲーラー家のチベット名ソナムがプニャ・マッラと改名して王位（在位一三二八年―一三三七年）を継いだ。次王プリトヴィー・マッラ（在位一三三八年―一三五八年頃）のとき国家繁栄の頂点に達していたが、大藩主ヤショー・ヴァルマーが首相を兼務したほか、ヴァルマー一族が大臣などの要職を占めた。しだいにヴァルマー一族に玉座と王権を包囲され、一三七八年には、マラ・ヴァルマーが公然と王を名乗るようになった。一三九三年には、大藩主メーディニー・ヴァルマーは首都シンジャーの王宮に入り、アバヤ・マッラ王（在位一三八三年―一三九一年頃）に代わってシンジャー王となった。カサ王国はアバヤ王を最後に崩壊した。

カサ王国の歴代の王は仏教の信奉者であったが、ブラーフマナやクシャトリヤを庇護してヒンドゥー社会の種姓制度を重んじ、社会秩序を保つ手段として利用した。

ティルフット王国（カルナータ王国）

ティーラブクティ（グプタ帝国の北方の辺境の国）が転化してティルフットと呼ばれるようになった。カルナータ一族の大豪族であったナーニャ・デーヴァが建国したことから、カルナータ王国とも呼ばれた。

十一世紀の後半、後期チャールキヤ朝が北東インドに進出した際、ナーニャ・デーヴァは東部タライ地方からビハール北部にかけての地域に派遣された。チャールキヤ朝が衰退したためシムラウンガルを首都としてティルフット王国を興した（一〇九七年）。

ナーニャ王（在位一〇九七年―一一三二年）は一一一一年にネパールを侵攻したが、ネパール軍のナラ・マッラに阻止された。以後、一転して友好的となり、文化交流があった。ラーマシンハ・デーヴァ王（在位一一九〇年頃―一二四五年）は、政情が混迷に陥っていたネパールにつけ込み、一二四四年に侵攻したが、阻止された。翌年にも再度侵攻して盆地北東のゴカルナまで進んで大殺戮を行った。しかし、その年に、カサ王の支配下でパルパ（現ルンピニ県）を統治していた土侯マニ・ムクンダによって退位させられた。その後一〇年間は王位を巡って有力な王族たちが争い、ハラシンハ・デーヴァという強力な王が出現した。

ハラシンハ王（在位一二八二年頃―一三二四年）は、ネパール王アナンタ・マッラ治世の一二九一年と一二九九年、次王アーナンダ・デーヴァ治世の一三一一年と一三一三年に侵攻した。一三一三年にはネパールの実力者ルドラ・マッラによって阻止された。

デリーでトゥグルク朝を興したギヤースッディーン・トゥグルク一世が一三二四年にベンガルに遠征した帰途、攻撃を恐れたハラシンハ王はトゥグルク軍に挑戦したが大敗した。首都を棄ててネパール山中に逃げ込み、ティルフット王国は滅亡した。王は一三二六年に山中で没し、同行した王妃デーヴァラデーヴィー、王子ジャガットシンハは、ルドラ・マッラに庇護された。

ティルフット王国は学者を輩出し、なかでも最後の大臣チャンデーシュヴァラは儀礼、布施、礼拝供養、家住期などをテーマに「宝庫」シリーズ七巻を著した。当時建設された寺院そのものは倒壊して廃墟と化しているが、シムラウンガル、ムルティヤ、ハリハラ・チェトラの三地域に主要な寺院、神像が集中している。中世美術の最高傑作とされるハリハラ神立像（十二世紀制作）、美術史的に王国を代表するヴィシュヌ四臂立像五体（十二世紀―十四世紀制作）が知られている。

九世紀から十二世紀にかけて、男女神の半身合体像が制作された。シヴァ神独特のリンガ上部に神面を飾った、いわゆる神面リンガについて、パラ・デーヴァ王治世一〇六〇年制作の四面リンガ（米国ニューヨークのメトロポリタン美術館蔵）などがあり、リッチャヴィ様式を伝えている。仏教美術としては釈迦像や菩薩像が数多く作られているが、そのほとんどに製作年代の記述がない。パタン・グイタ僧房の仏塔の釈迦像（一〇二四年制作）は、リッチャヴィ時代の仏像を想起させる。

シャカ暦が中心だが、一部にラクシュマナ・セーナ暦、ヴィクラマ暦が用いられ、シャカ暦とヴィクラマ暦が併記されている銘文もある。

シャカ暦　　　　　　　　　　X年　西暦　X＋七八年
ラクシュマナ・セーナ暦(注二五)　X年　西暦　X＋一二〇四年
ヴィクラマ暦(注二六)　　　　　X年　西暦　X＋五七年

3 ブータン

ブータンには、発掘された石器から、紀元前二〇〇〇年〜紀元前一五〇〇年に人が定住していたことがわかっているが、考古学的調査はまだあまり進んでいない。文字記録については、一八三二年のプナカ・ゾンの大火、一八九七年の大地震、一九〇七年のパロ・ゾンの大火などにより記録の大部分が失われたため、それ以前の歴史は伝説によるものが多い。

古代のブータンの一部の人々はアニミズム(注二七)の一種で、ヒマラヤの一帯で広まっていたボン教(注二八)を信じていた。伝説によると、七世紀にチベットを広く統一した王であるソンツェン・ガンボ（在位五九三年―六三八年、六四三年―六四九／六五〇年）は、チベットは御し難く荒々しい魔女（精霊女）が覆いかぶさる土地であるとみてその身体を釘付けし、悪行を封じるために一〇八の仏教のお寺を建てた。西ブータンのパロで魔女の右足を、中央ブータンのブムタンで左膝を打ち付けた。有名なパロのキチュ・ラカンやブムタンのジャンパ・ラカンなどは、ソンツェン・ガンボが建立したと言われている。

八世紀にスワート地方（現パキスタン）出身のグル・リンポチェ（パドマ・パンサ）は、抗争で窮地に陥ったブムタンの王シンドゥ・ラジャを救うためにブータンに初めてきた。その後、パドマ・パンサはチベットとブータンを何度も往復しながら、各地でニンマ派の仏教を広めたという。

チベット王ラン・ダルマ（在位八三六年―八四二年）は仏教を禁じ仏教の建物を壊した。そのため仏教は消滅し、ラセー・ツァンマ王子（仏教を保護したティデ・ソン・ツェン王の子、ラン・ダルマ王の兄弟）をはじめ仏教僧はブータンに移住した。

十一、十二世紀にはチベットの仏教が復興した。いくつもの宗派が現れ、勢力拡大に凌ぎを削った。ブータンに最も近い宗派は、カギュ派の支流パクモドゥ派から派生したドゥク派である。ツァン地方のギャ氏の出であるツァンパ・ギャレー（一一六一年―一二一一年）が開いた一派で、総本山を先祖の地ラルンにおいた。十三世紀前半、二代座主となった甥[注二九]のダルマ・センゲの命により、パジョ・ドゥゴム・シクポ（東チベットのカム出身）が西ブータンに派遣されて、ティンブ谷上流にタンゴ寺を建立した。パジョの子孫はティンプとパロに定住した。同じ頃、ソンツェン・ガンポ王の妃、文成公主[注三〇]が招来した仏像（デム）の堂守デムデムが先祖と伝えられる一族がドゥク派開祖のもとで修行したあと、国境近くのラヤ、ガサに入ってオプツォ家を構えた。総本山ラルン寺座主は西ブータンのパジョ一族と婚姻関係をもち、パジョ一族の勢力は強大になった。

十五世紀以降、座主は、化身[注三一]による相続が一般的になった。ドゥク派でも、最高権力者の継承者として、化身認定された者が相続するという化身制度がとられるようになった。先に十三代座主ゲルワンジェ・キンガ・ペンジョルがチャ氏のジャムヤン・チェキ・タクパに化身し、ジャムヤンはドゥク派最高の学僧ペマ・カルポに、ペマはチョンゲ領主の子に生まれ変わると遺言したため、ドゥク派の直系ンガワン・ナムゲル（ナワン・ナムギャル）とゲルワンジェ化身系譜のチョンゲ領主の子が座主の座を争った。十六代座主はンガワンに十七代座主を譲ったが、裁定役のツァン地方の摂政がチョンゲ候補を支持したため、身の危険を感じたンガワンは、一六一六年にチベットを去り、ドゥク派が居住する西ブータンに逃れた。

④ セイロン

セイロンは古くから東洋と西洋を結ぶ交易ルートの中継地で、七、八世紀、アラブの商人が来島し、宝石やシナモンの取引をした。南西海岸にムスリムのコミュニティができた。

六八四年にパッラヴァ朝の力を借りて王になったマーナヴァンマ王は、その後、宮廷に勢力を張っていたタミル人の力をそぐのに苦労した。一方、南インドではパッラヴァ朝とパーンディヤ朝が争っていた。セイロンはそれに巻き込まれ、九世紀にはパーンディヤ朝に首都をおとされた。十世紀にはパッラヴァ朝を倒したチョーラ朝(ヒンドゥー教徒)が台頭し、パーンディヤ朝をも攻略し、アヌラーダプラに逃げ込んだ最後の王マーラヴァルマン・ラージャシンハ二世を追ってセイロンへ攻め込んできた。一〇一七年、ミヒンドゥ五世は捕らえられた。チョーラ朝のラージャラージャ一世（在位九八五年―一〇一四年）がアヌラーダプラを占領し、ラジャラタ（王の国）の北部を支配した。息子のラージェーンドラ一世（在位一〇一四年―一〇四四年）は、アヌラーダプラから、ポロンナルワ（プラスティヤ・ナガラ）に遷都した。東海岸の良港トリンコマリーその他の港を押さえて、東西海上交易に励んだ。ポロンナルワに遷されてからの約二〇〇年あまりを〈ポロンナルワ時代〉（一〇一七年～一二五五年）とよぶ。チョーラは仏教寺院を破壊し、シヴァ寺院などを建立した。

一〇五五年、ルフナラタの五代目の王カッシャパ六世はチョーラ朝をセイロン島から排除して、ポロンナルワを都とした。カッシャパ六世は、ヴィジャヤバーフ一世（在位一〇五五年―一一一〇年）と改称し、都の名を「ヴィジャヤ・ラジャ・プラ」に変更した。王はラジャラタ、ルフナラタ、ダッキナデサの三カ国を統治し、インドのカリンガ国の娘と結婚した。戦争で荒廃した水利施設を整備し、ポロンナルワに仏歯寺を建立した。パガン（現在のミャンマー）の王アノーヤターに支援を依頼し、パガンから僧侶を招くなど、仏教の保護に力を注いだ。

パラークラマバーフ一世（在位一一五三年―一一八六年）は叔父からダッキナデサの王位を継ぎ、マラヤラタ（山岳地帯）を制圧し、マラヤラタの軍隊を掌握した。ラジャラタのガジャバーフ二世を倒して、ラジャラタの王に即位し、ルフナラタの王にも即位してセイロン全島を統一し（一一五三年）、ポロンナルワ時代の絶盛期を迎えた。王は巨大な貯水池「パラークラマサムドラ（パラークラマの海）」を造り、ポロンナルワに宮殿、アタダーゲ（初期の仏歯寺）など多くの建物を建造した。ラマンナ（ミャンマー）、南インドのチョーラ朝、パーンディヤ朝とも戦い、インドのラーメーシュワラム（現ラーマナータプラム県の都市）を支配した。

一一八七年、インドのカリンガ国出身のニッサンカ王が全島を統治して、ラマンナ、カンボジア、ラーメーシュワラム（南インド）と友好関係を作り、経済的にも政治的にも安定した。熱心な仏教徒だったニッサンカ王は、沐浴場・石仏・宮殿・パビリオンなどをポロンナルワに建造した。ダンブッラの石窟寺院に金メッキを施した仏像七〇体を寄進した。

後期パーンディヤ朝が建国される（一一九〇年）と、ポロンナルワ王国は侵略を受けるようになった。ニッサンカ王の死後、後継者争いで、王国は衰退に向かった。この王統の最後、カリンガから来たマーガ（在位一二一五年―一二三六年）が、ポロンナルワを占領したが、拠点をジャフナに移し、ヤールパーナム（ジャフナ王国）を建国した（一二一五年）。

一二四七年、マレー半島のジャーヴァカ国（タンブラリンガ）からチャンドラバーヌが侵入し、南方ダンバデニヤに首都を移していたシンハラ王統と争って敗れたが、北のジャフナを占領してそこに勢力を築いた。シンハラ王統と結ぶパーンディヤ朝が侵入してチャンドラバーヌは殺された。再度侵入したパーンディヤ朝がジャフナ王国を従属させた。ジャフナは一三二三年独立した。

南インドにイスラム教徒が入ってきたのは十世紀頃で、セイロンにも同じころムスリムが移住してきた。ポロンナルワ時代に南インドとの交易を行ったのはムスリムであった。

一二八四年、元のクビライの使節イクミッシュが来島し、クビライの命により、セイロン島の仏舎利・仏鉢を持ち帰った（「元史」巻一三一「亦黒迷失伝」）。一二九二年には、元からフレグ・ウルスに向かう途中のマルコ・ポーロがセイロン島に立ち寄った。

後期パーンディヤ朝のマーラヴァルマン・クラシェーカラがセイロンに遠征軍を送り、仏歯を持ち帰ったが、パラークラマバーフ三世は従属を誓い、仏歯を取り戻した（一三〇二年）（P・N・チョプラ、一九九四年）。

打ち続く混乱は、首都ポロンナルワの水利施設を荒廃させ、十三世紀末、シンハラ政権はポロンナルワを最終的に放棄した。シンハラ王統はダンバデニヤからヤーパフワ（一二七二年―一二八四年）、一時ポロンナルワ（一二八四年―一二九三年）、クルナーガラ（一二九三年―一三四一年）、ガンポラ（一三四一年―一三七一年）と遷都した。

ガンポラの政権は十四世紀中葉、ラカーティラカ寺院、ガダラーデニヤ寺院など、ヒンドゥー教の影響を多分に示す仏教寺院を山中に建立したが、その世紀の末にはケーララから移住したアラハコーナール家に実権を握られ、西海岸のコーッテ（現スリ・ジャヤワルダナプラ・コーッテ）に進出した。ヴィジャヤバーフ六世(注二二)はコロンボに停泊中の鄭和船団（第三次航海〈一四〇九年―一四一一年〉中）を攻撃したが、鄭和に反撃された。王とその家族は明に連れ去られ、王国は滅亡した。

それとは関係なしに、コーッテではパラークラマバーフ六世（在位一四一一年―一四六六年）が勢力を拡大してジャフナをも落とし、その地の統治を養子のサプマルにまかせた。パラークラマバーフ六世によって南北政権は統一されたが、その死後に王位継承争いが生じた。サプマルが勝ってコーッテ王となったが、その内紛により、ジャフナ王国は再び独立した（一四六七年）。ウダ・ラタ地方は自立を宣言し、センカダガラプラ（現キャンディ）に遷都し、センカダガラ王国として独立した（一四七四年）。

一四七五年、ペグー王朝の王ダンマゼーディーは仏僧二二名をセイロン島に送った。彼らはケラニ（カルヤーニ）川で具足戒を受けて帰国した。

5 モルディブ

アハメド・シハーブディンによれば、イスラムへの改宗の約一五〇〇年前に、太陽朝の最後の女王ダマハルが、月王朝の王子（インドのカリンガ出身）と結婚し、モルディブに月王朝を新たに興した。月王朝のマハバーラナ王（在位一一二一年〈または一一一七年〉―一一四一年）は北部の環礁に侵攻していたインドのチョーラ朝を排除してモルディブを統一した。その後甥が一一四二年（諸説あり）に跡を継ぎ、一一五三年にイスラム教に改宗し、ティームゲ王朝（一一四二年？―一三八八年）を興し、スルタンとなった。イスラム教に改宗の際、仏教の僧院は王の命令によって取り壊され、島にあった仏教団体は解散させられ、僧院跡にモスクが建設され、モスクの維持のために土地が与えられた。モスク建造の際に銅板にエヴィーラ文字（デイベヒ語の古い表記）で記した寄進目録ロアマファーヌ（Loamafanu）が作られた。それがラーム環礁のイスドゥ島（一一九五年に記入）と同環礁のダンビドゥ島（一一九六年に記入）で発見された。銅板にはモスクを建設した王、および先代の四人の王の名前、王の業績や大臣の名前、当時の風習が記されていた。司法制度が整っていたことを示す記述もあり、イスラム教に改宗する以前から紛争解決のための慣習法および制度があったことを示している。改宗以降はイスラム法と慣習法に基づいて判決が下された。

一三四三年、イスラム教徒で旅行家のイブン・バットゥータ[注二三]（一三〇四年―一三六八年）が来島した。イブン・バットゥータは首都マレのフライデー・モスクで銘板のアラビア文字を写し取り、これらの島にイスラム教を導入した英雄の名前を「アブール・バラカート・ユースフ」と読み取った。これには「ベルベルの人」を意味する地理的接尾辞「アル・ベルベリー」が添えられていて、イスラム教が大西洋もしくは地中海からエジプトと紅海を経由してインド洋にはいり、そこからモルディブに導入されたことを示唆している。しかし、イスラム教研究者の英国人A．D．フォーブは、実際には、「アブール・バラカート・ユースフはペルシャ湾経由で来島した」という。（アラビア語の文字における点のあるなしで「タブリースの人」と「ベルベルの人」が区別されるため、点を読み違えたらしい）。

モルディブの王統年代記「タリク」（細い銅板にディベヒ文字で記したもの）によると、一一四一年から非イスラム教徒の王が支配し、一一五三年にイスラム教に改宗した。王と全島民がイスラム教に改宗した際には、異国人が奇跡を起こして首尾よく島民を改宗させたという。タリクには「頭が天に届かんばかりの」ジニ（魔神）

を呼び出したとある。これは凧を使ったと思われるが、モルディブ全島民を改宗させるには、異国の訪問者がそうしたトリックを用いることだけでは不十分と見られている。鬼神の伝説を信じていたイブン・バットゥータは、次のように解釈した。

海からやってくる鬼神（明かりを飾り立てた船）が月に一度やってきて、島民がささげる生娘を辱め殺していた。このとき、神々しいコーランを暗唱しているマグレブ（北アフリカ）のアブール・バラカートがやってきて、マハル（マレ）島の一老女の家に泊まった。彼女の娘が、今にもその魔神に殺されるということを聞き、アブール・バラカートは娘に代わり、偶像を祀った海辺の寺院へ行ってコーランを朗唱した。窓越しに悪魔が近づいてくる姿がみえたが、そのまま朗唱を続けた。悪魔は読経の聞こえるところまでくると、さっと海に飛び込み姿を消した。マグレブ人は夜が明けても夢中でコーランを朗唱していた。島民たちは彼をシャヌーラーザという王のもとに案内して、この珍しい出来事を報告すると、王はことのほか驚いた。マグレブ人は王にイスラム教への帰依をすすめた。王は「来月まで滞在してほしい。このたびのことをもう一度行い悪魔を追い払ったら改宗しましょう」と言った。翌月のはじめにマグレブ人はまた例の寺院に連れていかれたが、悪魔は姿を見せなかった、王とその家臣たちが来てその熱心な読経ぶりを目のあたりに見、それから彼らは偶像を壊し、寺院を完全に破壊した。島民たちはイスラム教に入信し、使いを他の島々におくると、その住民たちも改宗した。

イスラム教に改宗することで、国民にとってはイスラム教による習慣、法律、儀式が変わった。なぜイスラム教に改宗したかについては、次のような政治的見地だという説もある(トール・ヘイエルダール、一九九五年)。

モルディブへは船でなら簡単に行けた。モルディブ周辺のスリランカや大半の国は、当時正規の海軍を備えていた。スリランカはすこぶる強力で、あまりにもモルディブに接近していたので、諸王は心の休まる日がなかった。だが、モルディブがイスラム教に変わるとすれば、スリランカの仏教徒たちがモルディブを征服しようとした場合、アラブ人の保護が得られる。祖先は、アラブ人はあまりにも遠くに住んでいたので、わざわざモルディブの内政に干渉しない（実際、干渉しなかった）が、仮にスリランカがその宗教的主権をモルディブに押しつけようとすれば全島民を保護してくれるものと思っていた。

イスラム教に改宗以降の王はスルタンを名乗った。ティームゲ朝は十四世紀後半まで続いた。続くヒラーリー朝はスルタンの座を巡って親子・兄弟で争い、時には数週間でスルタンが交代することもあった。スルタンは徴税による富やココヤシロープ、タカラガイ、干し魚などのモルディブ産品および外国船との優先取引をもつものの、軍は持たず、決して強い権力があったわけではなかった。長期間安定的にスルタンの座を守るためには、結婚政策など様々な策略が必要だった。十五世紀になるとインド洋の制海権や商取引をめぐって勢力争いが行われ、海外勢力との関係が重要になってきた。モルディブのスルタンや有力者は、インドの商人らに交易権を与える見返りに保護を求めた。

たとえば一四八九年にスルタンになったが九カ月で兄弟に地位を譲ることになったカル・ムハンマドはインド・カンナノール（現在のケーララ州）のアリ・ラジャ（ムスリム商人の長を意味する称号）に助けを求めた。アリ・ラジャは貢物を受け取る見返りに保護を与え、カルの二回目のスルタン在位は一五年、三回目の在位は一四年と長期になった。

仏教については、破壊された仏教遺跡はまだまだ残ってはいるが、イスラム教への改宗時に文献や経典類はすべて破棄されたと見られる。仏教伝来当初は上座部仏教であったが、どの様にして大乗仏教（イスラム教に改宗する直前の仏教は生贄を伴う宗教儀式から密教の可能性が高い）に変わったのかなど、仏教史的な部分は謎のままである。

『宝貝』
モルディブでは、十世紀初頭から数世紀の間、宝貝（注二四）が養殖され、交易に使われていた。イブン・バットゥー

タの記述によると、

島民の貨幣は「ワドア」と呼ぶ宝貝である。これは一種の軟体動物で、海で採集し、海岸に掘った穴に入れておくと、その肉は腐り、白い殻だけが残る。その一〇〇個をシャー、七〇〇個をファール、一万二〇〇〇個をクッター、一〇〇万個をブストゥーという。市場での取引はこの宝貝を媒介として行われる。通常四ブストゥーは金貨一ディナールであるが、時には一〇ブストゥーに下落することもある。ベンガル人も宝貝を貨幣に用いているので、モルディブ人は彼らからこの宝貝で米を買う。島民はこれをイエメンにも売るが、彼らはこれを砂のかわりに船の底荷に使う、この宝貝は黒人の貨幣として彼らの生国アフリカでも使われている。私は宝貝がマリやジュジュで一一五〇対一ディナールの割合で売られているのを見たことがある。

イブン・バットゥータ自身も宝貝の交易を行い、嵐にあって積荷を失ったこともある。当時、モルディブからスリランカまで九日、インド南西岸のカリカットからモルディブへの帰航には一〇日間、モルディブからベンガルまでは四三日間帆走した（トール・ヘイエルダール、一九九五年）。

ポルトガル領インドの歴史家J・ド・パルシュも著書（一五六三年刊行）の中で、モルディブの宝貝を底荷のかわりに積んでベンガルや暹羅《シャム》に向かう船が多いことを記している。これらの地域では値段の安いものを買うのに（小口の銅貨を使うように）宝貝を貨幣として使う。ポルトガル王国へすら持ち込まれた。

十七世紀、アラビア商人に代わってポルトガル商人が（銃の力によって）超大量にモルディブの宝貝をギニア、ペニン、コンゴへも輸出され、その地域ではそうした宝貝を大切にしていた。大型船で持ち込むと、その貨幣としての価値が大暴落し、次第に人々の関心から遠ざかってしまった。

四、近世

1 インド

(1) ムガル帝国

■バーブル

デリーの王座を再び獲得しようと，イブラヒーム・ローディーの弟のマフムード・ローディーを含む多くのアフガン人が結集した。メーワートの支配者ハサン・ハーン・メーワートら、ほとんどすべての著名なラージプートの王たちがラーナー・サンガのもとで戦うための軍隊を派遣した。バーブルは兵たちを奮起させるため、ラーナー・サンガに対する戦争をジハード（聖戦）であると宣言して戦った（カーヌワ〈Khanua〉の戦い、一五二七年）。バーブルはヒンドゥスタン平原での覇権を不動のものとし、西はパンジャーブ地方から、東はガンジス川中流域にかけて次々と征服した。

東部のウッタル・プラデーシュは依然としてアフガン人の領主たちの支配下にあった。しばらくしてマフムード・ローディーがビハールに到着すると、アフガン人たちは彼のもとに兵力を結集した。

一五二九年初め、バーブルは東方に向けアーグラを出発した。彼はアフガン軍とベンガルのノストラ・シャーの連合軍にガーガラ川でぶつかり、連合軍を退却させたけれども、決定的な勝利を得ることはできなかった。自らの病気と中央アジアでの状況を憂慮して協定を結ぶことを決意した。ビハールのほとんどをアフガン人領主たちの手中に残したままアーグラに帰った。間もなくカーブルへの旅の途中ラホールの近くで死去した（一五三〇年、享年四十七歳）。

庭園づくりを何よりの楽しみとし、アーグラ城の対岸を北へ三キロメートルほど遡ったところのラーム・

バーク庭園などチャール・バーク（ペルシャ様式の庭園）を造った。バーブルの肖像画はそのほとんどが書物を手にして描かれており、バーブルが勇猛な武人であったと同時に優れた文人であったことを示している。「バーブル・ナーマ（行伝）」によると、マージューン（麻薬なども混じった練り物）をしばしば服用していた。一五二七年夏頃から、気分が悪くなったり、高熱や悪寒におそわれることがあった。

バーブルには四人の男児がいたが、妃マーヒムに産ませた長子フマーユーンを特に愛した。フマーユーンは心やさしく、詩文を好み信仰あつい息子であった。フマーユーンが熱病をわずらい、重態となり、医師もサジを投げた。このとき病気回復の祈祷をしていたイスラム聖者ミール・アブーが、息子の生命を救いたければ、それに匹敵するほど大切なものを神に捧げて贖《アガナ》うようにと教えた。ミール・アブーが息子の生命にかわる大切なものとして暗に教えたのは、「光の山（コイ・ヌール）」（注一）と称されるこの世に二つとない大ダイヤモンドだったが、バーブルはそのように受け取らず、自分の生命で贖おうとした。バーブルが必死で祈ると、願はかなえられフマーユーンは回復したが、バーブルが発熱して倒れ、衰弱していった。バーブルの遺骸は遺言に従いハイバル峠を越えてアフガニスタンの都カーブルに運ばれ、サマルカンドの手前のヒンズークシ山領を遠く望む丘の中腹に葬られた。石棺に墓標を立てかけただけの簡素なものである（渡辺建夫、一九八八年）（表4-1参照）。

『毒薬事件』

一五二六年十二月二十一日、パーニーパットの戦いで戦死したイブラヒーム・ローディーの母親は、バーブルを毒殺しようとして、インド人の料理人を使い食事に毒薬をまぜさせた。幸いにも口にした毒が少量であったため、バーブルは死なず、五日間で回復した。バーブルは宮廷会議で実行犯たちを尋問したのち処罰した。

毒見人を八つ裂きにさせ、料理人は生きたまま皮をはがさせた。

女の一人は象の下敷きにさせ、他の一人は銃で撃たせた。
イブラヒームの母親を監視下におき、遺児をカーブルへと追放しこれも監視下においた。
実行犯に比べ、首謀者に対する処置はむしろ寛大であった（間野英二、二〇一三年）。

■フマーユーン

二十二歳で帝位を継いだフマーユーン（在位一五三〇年―一五四〇年、一五五五年―一五五六年）は、父から詩人の気質と誠実で心やさしい性格を受け継いだ。教養があり、数学など学才にも恵まれていたが、必要な行動をあとまわしにして、宴会や享楽（バラ水を使って小さな球状にしたアヘンを飲むことを含む）を優先する癖があった。ガンジス河下流のビハール地方で興ったアフガン系のイスラム王シェール・ハーン（スール朝、在位一五三九年―一五四五年）がベンガル地方を押さえたあと大軍を率いて攻めてきた。これを迎え撃とうとしたフマーユーンは大敗し、命からがら逃げ出した。アフガニスタンに逃れようとすると、腹違いの次弟カームランと三番目の弟アスカリが父バーブルから受け継いだものだと居座って、フマーユーンが都カーブルにはいることを拒んだため、インドの西のはずれのシンド地方へ落ち延びた。こうして父バーブルが彼に残した広大なムガル領国の大半を十年ほどでなくしてしまった。彼は弟達にしばしば裏切られたが、そのたびに許した。三十三歳の時、末弟ヒンダルの師父でペルシャ人のシェイフ・アリー・アクバルの娘ハミーダ・バーヌー（十四歳）と結婚した。一五四二年十月十五日、砂漠の中の小さな町ウマルコットで長男アクバルが生まれた。

その後、シンドも遂われたフマーユーンは幼いアクバルと妻のハミーダを弟のカームランにあずけ、サファヴィー朝の王タフマースプのもとに身を寄せた。タフマースプはフマーユーンを温かく迎え、二人は意気投合して友情を深めたが、フマーユーンを庇護するにあたり、シーア派への帰依とシーア派をインドの国教とすること、インドを奪還した時はカンダハルを割譲することの三つを条件とした。

一五四五年、弟のアスカリからカンダハルを奪取すると、もう一人の弟カームランをカーブルから追放した。

	皇帝名	在位	主な出来事・建築物
1	バーブル	1526-1530	第１次パーニーパットの戦い（1526） ムガル帝国建国
2	フマーユーン	1530-1540 1555-1556	スール朝により支配中断（1540-1555）
3	アクバル	1556-1605	第２次パーニーパットの戦い（1556） ラージプートとの同盟、ジズヤの廃止（1564）
4	ジャハーンギール	1605-1627	第1次ムガル・サファヴィー戦争（1622-1623）
5	シャー・ジャハーン	1627-1658	タージ・マハルの建設（1632-1653） 第2次ムガル・サファヴィー戦争（1649）
6	アウラングゼーブ	1658-1707	シヴァージーの反乱、ジズヤの復活（1679） ヒンドゥー教徒への弾圧 デカン戦争、帝国の領土拡大
7	バハードゥル・シャー１世	1707-1712	
8	ジャハーンダール・シャー	1712-1713	ズルフィカール・ハーンによる改革 ジズヤの廃止
9	ファッルフシャル	1713-1719	サイイド兄弟による政治
10	ラフィー・ウッダラジャート	1719-1719	
11	ラフィー・ウッダウラ	1719-1719	
12	ムハンマド・シャー	1719-1748	宰相や諸州の太守が独立、マラーター同盟 軍のデリー攻撃（1737）、ナーディル・ シャーのデリー掠奪・破壊（1738-1739）
13	アフマド・シャー	1748-1754	アフマド・アブダーリーの侵略・掠奪
14	アーラムギール２世	1754-1759	（インド北西部10回余り、1748-1760） プラッシーの戦い（1757）
15	シャー・アーラム２世	1759-1806	第３次パーニーパットの戦い（1761） ブクサールの戦い（1764）、皇帝は年金受給 ローヒラー族のデリー襲撃（1788） デリーの戦い（1803） ムガル帝国は英国保護下に入る（1805）
16	アクバル２世	1806-1837	第３次マラーター戦争（1817-1818）
17	バハードゥル・シャー	1837-1858	第１次シク戦争（1845-1846） 第２次シク戦争（1848-1849）、インド大反乱 （1857-1858）、ムガル帝国の滅亡

表4－1　ムガル帝国皇帝

その後の九年間、アフガニスタンの覇権を巡って、弟たちと争った。

一五五四年、シェール・シャー（シェール・ハーンの即位後名）の後継者争いが始まった。将軍バイラム・ハーンはフマーユーン軍を指揮し、スール朝を破った。フマーユーンは一五五五年デリーに帰還し、ムガル帝国皇帝に復帰した。しかし、図書館の屋上で、金星が昇る時刻について占星術師と議論した後、衣服の裾に足を取られて階段を踏み外し石段で頭を打って、二日後に亡くなった（享年四十七歳）。

再建されたムガル帝国の宮廷内でペルシャ文化やペルシャ風の儀礼・作法が目立ってきた。フマーユーンは当時もっとも文化の栄えていたアフガニスタン西部の都市ヘラートなどからペルシャ語の詩集や神学書、天文学書などを多数持ち帰ったという。またペルシャからイスラム細密画家を招きその後の繊細・華麗なムガル細密画の発展を導いた。父バーブルはトルコ語で詩を書き、トルコ語で回想録「バーブル・ナーマ」を著したが、フマーユーンはペルシャ語の詩を愛した。彼の十五歳下の異母妹グルダバダン・ベーガムがペルシャ語で「フマーユーン・ナーマ」を著した。フマーユーンの墓廟の主任建築家はペルシャから招聘されたミーラーク・ギヤースで、丸屋根のシルエットはペルシャのサファビー朝の都イスファハーンのイスラム寺院の丸屋根に似ている。緑の多い広大な庭園の中央に墓というより王宮か離宮を思わせる優美・華麗な廟堂を配する様式はムガル朝を通じての伝統となり、タージ・マハルにつながっていく。

『シェール・シャー』

シェール・ハーン（在位一五三九年―一五四五年）はローディ朝のバフロール・ローディーに仕えるためにやってきたアフガン人の孫だった。マフムード・ローディーがフマーユーン率いるムガル軍に敗れた後、ジャウンプルとベナーレス（現在のヴァーラーナシー）からベンガルまでの地域に強力な同盟関係を築いた。これをもとにフマーユーン軍を撃破して、スール朝（一五三九年―一五五五年）を開いた。ラージプートとの戦いに追われ、事故で受けた傷がもとで死んだ。

シェール・ハーンは一五三九年十二月に王位に就くとシェール・シャーを名のり、数々の行政制度をつくりあげた。

・ルピー銀貨とパイサ銅貨を基準とする安定した貨幣制度を導入し、交易の繁栄をもたらした。
・農民からの地租を現金納に改めた。耕地面積の測量や、作物の作柄調査のために検見《ケミ》法（注一）を導入し、地租課税額を市場価格の実勢に応じた換算法により算出した。
・地方の徴税官が特定の地方と癒着するのを防ぐために、二年ごとに行政官を交代させた。
・犯罪は村単位で責任を負わせ、迅速に対処した。
・進軍中に引き起こしたいかなる損害もきちんと弁償した。
・北部インドを横断する街道を四本建設し、果樹を植えた。街道沿いに一定の間隔を置いて一七〇〇カ所の隊商宿が建てられた。
・駅伝制を整備した。
・イスラム教徒ではあったが、ヒンドゥー教徒とイスラム教徒を公平に扱った。

シェール・シャーの後継者たちは、父の行政改革を継続したが、人望は得られなかった。血の粛清が続き、権力争いが続いた結果、フマーユーンに帝位を取り戻された。第三代ムガル皇帝アクバルはシェール・シャーの行政改革を引き継ぎ、ムガル帝国の富と権力を築いた（フランシス・ロビンソン、二〇〇九年）。

■アクバル

父フマーユーンが事故で亡くなった時、長子アクバル（在位一五五六年―一六〇五年）は十三歳であった。フマーユーンがアクバルの執政に指名したバイラム・ハーンが摂政として補佐にあたり、アクバルを正式に即位させ、ムガル帝国の権力強化に着手した。

当時、スール朝の王侯たちはアフガン系王朝の権威回復をもくろんでおり、またこの混乱に乗じて野心的な諸侯や将軍たちが兵を動かした。ヒンドゥー教徒のヘームー将軍が他に機先を制し、ムガル軍を追い払ってデリーに入城すると、ヒンドゥー王ヴィクラマディティヤと称した。一五五六年十一月五日、アクバルとバイラム・ハーンは、パーニーパットの戦場で、圧倒的に優勢なヘームー軍と対戦した。非常に苦戦を強いられたが、象の背で指揮していたヘームーの眼に矢があたったため、敵軍が総崩れとなり、ムガル軍が勝利した。

その後バイラム・ハーンは勢力をもち、専横が目に余るようになってきた。アクバルは十八歳になった時、乳母のマハーム・アナガーとその息子アドハム・ハーン(注三)らと秘かに謀りバイラム・ハーンを解任した。自分の部下に宰相位が授与されるという屈辱で、バイラム・ハーンは謀反に走り、アクバルの養父アトガ・ハーンこと、シャムスッディーン・ムハンマドに反乱を鎮圧された。アクバルはバイラム・ハーンを許し、メッカ巡礼に送り出したが、バイラム・ハーンは、その途中グジャラート地方で、私怨を抱くアフガン人によって暗殺された（一五六一年）。

一五六一年、アクバルはインド中央部のイスラム王国マールワーを奪うため兵を送り、バズ・バハール王の軍を破ってその都マンドゥーを占領した。この時ムガル軍を指揮していたアドハム・ハーンは戦利品として数頭の象と名ばかりの品を都アーグラに送っただけで、敵王バズ・バハールの財宝や後宮の女たちのほとんどを自分のものとして着服してしまった。つまり君主に戦利品をすべて送るという慣習(注四)を守らなかった。このことを知ったアクバルは事実究明のため、マンドゥーへ急行し問責した。アドハム・ハーンは母マハーム・アナガーのとりなしで戦利品のすべてを差し出すことを約し、ようやく許された。

その翌年、アドハム・ハーンは新たに宰相に任命されたアトガ・ハーン(注五)に私怨を抱き、宮廷内で刺殺した。これに怒ったアクバルは、すぐさま廷臣に命じ、アドハム・ハーを宮殿階上のテラスから地上に突き落として殺させた。マハーム・アナガーはこの衝撃から立ち直ることができず、四十日後に死亡した。アクバルは帝国の実権を掌握した。

アクバルは近隣のイスラム王国を平定しムガル領へ編入した。一五六四年にはインド北東のビハール地方へ兵を送り、一五六八年にはメーワール王国の都チットールを落とし、また同年ベンガル地方のイスラム王スレイマーンの臣従を受け入れた。一五七三年にはグジャラート地方を征服、その後もカシミール地方、シンド地方、オリッサ地方などを次々と併合し、南インドを除いてインド中・北部のほぼ全域を支配下においた。この広大な版図をもつ帝国を安定、永続させるため、アクバルは国内的には徹底したヒンドゥー勢力への融和策をとった。特に勇猛な兵を擁するラージプート諸王に対する懐柔策は、ムガル帝国最大の同盟者としての最高の礼をもって処遇し婚姻関係を結んでいった。アクバルはラージプートの王女と結婚した。彼の跡継ぎのジャハーンギールの母もラージプート、ジャハーンギールの子シャー・ジャハーンの母もラージプートであった。このようにして、このトルコ・モンゴル王朝はトルコ人とかモンゴルであるよりはインド人的になっていった。アクバルはラージプートの称賛者であり、近親感をいだいていた。結婚政策およびその他の政策によりラージプートの支配者階級と同盟を結成し、それが彼の帝国を著しく強化した。

こうしてアクバルの治世四十年（一五九五年）頃には、帝国領は次の一二州に編成された。

ベンガル州（オリッサ地方を含む）、ビハール州、アラーハーバード州、アワド（Oudh）州、アーグラ州、マールワー州、グジャラート州、アジメール州、デリー州、ラホール州、ムルターン州（タッタ地方を含む）、カーブル州（カンダハル地方とカシミール地方を含む）。

アクバルの晩年には、デカン地方のハーンデーシュ地方、その南東のベラール地方、さらにアフマドナガル地方も帝国の州に加えられた。各州の頂点にはスーバダール（州長官）が置かれ、その下にディワーン（歳入部門監督）が置かれた。

行財政の改革

貴族はすべてマンサブ（注六）（官職位階、特定地域の徴税権のついた領地を与えられた）を授与された。官僚は、地方に権力基盤を築くのを阻止するため、定期的に帝国全域の任地へ移動させられた。また、ジャーギール（土地の授与）という古い制度の代わりに、現金で公務員に支払いをする制度を導入した。

アクバルはスール朝のシェール・シャーの改革をもとに整備した効率的な徴税制度を行い、実質的な黒字財政を維持した。その目的は国家の収益を最大にするとともに耕作者たちの生産性を高めるよう奨励することであった。

ラージャ・トーダル・マルは優れた将軍であったが、歳入の行政における知識と手腕によりアクバル治世の財政改革も指導した。あらたに標準を定めた度量衡に基いて、正確な生産高統計を得るため、地域や作物に対する基準評価額が算出された。国家は作物の性質に応じて、その評価額の三分の一から五分の一を税として徴収した。税金は硬貨で納めなければならなかったので、耕作者は市場に参入せざるを得なかった。ムガル帝国の経済政策は地方の余剰農産物を国家が買い上げた点と、地方の生産力の増加を奨励した点で、スール朝よりはるかに成功を収めた。一五六四年、イスラム教徒以外に課せられる人頭税（ジズヤ）を廃止した。

宗教改革

アクバルの宮廷には、ありとあらゆる宗教の人々、何か新しい思想とか思いつきをもったあらゆる人々が集まってきた。アクバルの治世において、ヒンドゥー文化とイスラム文化がうまく融合・発展し、ムガル王朝はインドの王朝として確立してきた。

アクバルは文字を読むことはできなかったが、あらゆる種類の知識に対して抑えがたい渇望をもち、歴史、神学、詩歌その他の書物を所有するのを好んだ。そしてほかの人たちが彼のために本を読んだ。彼は驚異的な記憶力で普通の人が目を通して学ぶよりももっと多くのものを耳から学ぶことができた。彼は文学的・哲学的・宗教的質問に関して論争するのを好み、彼自身も積極的に論争に参加した。

当初、アクバルはアジメールのイスラム聖者廟への巡礼を欠かさず、熱心なイスラム信徒であったが、三十歳を過ぎるころイスラム教が唯一優れた宗教であるとの考えに疑問を抱くようになった。帝都ファテープル・

シークリー（注七）にはイスラム教、ヒンドゥー教、キリスト教、ジャイナ教、ユダヤ教、ゾロアスター教などの神学者、学僧、宣教師らが集まり、宗教論議を戦わせた。いずれも自宗の優位を主張し、相手を口汚く罵るだけなのに失望し、自ら新たな宗教を開くことにした。一五八二年、アクバルが四十歳のとき新宗教「ディーニー・イラーヒー（神聖教）」の開教を宣言したが、新宗教の教義はあいまいでイスラム教やヒンドゥー教その他を混ぜ合わせたものだった。アクバルは、彼が発効した金貨に「アッラー・アクバル」と刻印させた。本来は「アッラー（神）は偉大（アクバル）なり」という意味であったが、「アクバルは神なり」と読ませようとした。神への礼拝の際にのみ用いられていた最敬礼の跪拝を、自分自身（アクバル帝）に向かって行うよう宮廷での儀礼を改めた。しかし、「神聖教」は、宮廷のなかだけで実践され、信者もほとんどが貴族だった。アクバルはこの個人宗教を通じて、帝国を動かす貴族たちの団結を強化することをねらっていて、そのために、神聖教の信者たちに対し、皇帝への忠誠心を何よりも優先し、他の者への個人的な忠誠心を抑制することを要求した（フランシス・ロビンソン、二〇〇九年）。

その他の改革

・多くの社会的・教育的改革を導入
　サティー（寡婦殉死）は、本人が自発的に強く望まない限り禁止
　　（財産分与が絡んでいて、強制されることがあった）
　結婚許可可能年齢を少女は十四歳から、少年は十六歳からに引き上げた
・教育の科目要綱を改正
　道徳教育と数学、そして農学・幾何学・天文学・行政学・論理学・歴史学など
・サンスクリット語・アラビア語・ギリシャ語などの作品のペルシャ語への翻訳のために大きな翻訳局を設立した。主な作品は、

「スィンハーサン・バティースィー」（スィンハーサナドヴァートリンシカー〈獅子座三十二話〉）
「アタルヴァ・ヴェーダ」、「聖書」
「マハーバーラタ」（注八）、「ギーター」、「ラーマーヤナ」
「パンチャタントラ（五編の物語）、地理書の諸作品を含む多くの作品
「コーラン」

一五八六年―一五九八年、アクバルはラホールに住み北西部の状況を監視したが、その間にデカンの事態は悪化した。国家間の戦争、君主の死による貴族間の派閥抗争が起こった。

アクバルはムガル朝でただ一人大帝と称された。後継の男子になかなか恵まれず、神に祈願して男子を三人授かったが、次男ムラードと三男ダニエルは酒害でなくなった。長男サリームは父アクバルに反抗し、父を毒殺しようとした。その後もアクバルが南インドのデカン地方へ遠征中、アーグラ城に迫り、帝位を奪おうとした。また、アクバルが最も信頼するアブール・ファズル（注九）を自分の皇位継承を妨害していると考え恨んでいたため、自分の加担者に殺させた。サリームは酒やアヘンの悪習や、既に他の青年と婚約していた娘と結婚するなど品行に問題があったが、それ以上に父アクバルとの間に宗教上の対立があった。サリームは信仰に関しては正統派の教義を奉じる熱心なイスラム信徒であったので、アクバルのやり方は異端・異教的なものに思えた。ムガル宮廷内の保守的なイスラム教徒やイスラム指導者たちの目にもそう映り、アクバルに批判的な考えをもつ者達がサリームの下に集まり担ごうとした。サリームは何度も父に反抗しては、アクバルの妃のサリマ・スルターン（酒害で死んだ第二王子の生母）などの説得で謝罪したが、また反抗をくりかえした。この間、サリームの息子のフスローを次期皇帝に推す動きが表面化し、逆に脅威をあたえるようになった。アクバルの晩年になってようやく宮廷に顔をだした。アクバルは息子の顔を平手打ちし、彼を医師の監督下におくと、息子の部下たちを投獄した。それから間もなく、アクバルの健康がにわかに衰え、口がきけなくなった。サリームを後継者

に指名し、六十三歳で没した。

一五七九年に、ポルトガルがアクバル帝からカルカッタ近くのフーグリに工場を建てる許可を得て以来、フーグリがヨーロッパ人の商業中心地となった。ポルトガル人はベンガル沿岸や河岸に拠点を置き、貿易やキリスト教の布教をした。また、治安の悪化を利用して掠奪を行った。やがて英国、フランス、オランダなどが進出してきて競いだし、一五八〇年スペインによる本国の併合をきっかけにポルトガルは劣勢になってきた。

『ムスリムとヒンドゥーの共存』

初代皇帝バーブルは自民族の言葉であるトルコ語で詩を書き、言行録「バーブル・ナーマ」を著した。次のフマーユーン帝は、ペルシャ語で詩文を書いた。三代目のアクバルはイスラム文化とヒンドゥー文化に等距離をおこうとしたようだったが、身辺にペルシャ人の学者、文人を多数おき、信頼した宮廷史家アブール・ファズルにペルシャ語で「アクバル・ナーマ」を著させた。アクバル治世二十七年（一五八三年）に行った税制改革の一環としてそれまでヒンドゥー語で書かれていた税務関係の文書をペルシャ語で書くよう改めた。

当時急速に拡大する領土をうまく統治するための有能な人材の供給源はペルシャで、ペルシャ人の登用が増えてきた。イスラム文化とヒンドゥー文化の調和と融合を目指したアクバル帝の一五九五年にはマンサブ五〇〇以上の位階をもつものは九八人で、トルコ系三十三人、ペルシャ系二十三人、ラージプート系二十一人などであった。ジャハーンギール帝（在位一六〇五年―一六二七年）の一六二〇年にはトルコ系二十二人、ペルシャ系三十三人と逆転し、ラージプート系の数は変化なしであった。

ムガルの支配が長く続く間に、イスラム教徒とヒンドゥー教徒がまじりあい、信仰や文化や習慣が溶けあっていった。しかしムガルの支配をあくまで拒絶し、ヒンドゥー教とその習俗の純粋性を守り抜こうとするものもいて、その最も大きな勢力がラージプート族であった。メーワールのプラタープ・シングは最後まで抵抗し、さらに二十年余りメーワールの山岳地帯に隠れてムガル軍に戦を挑みつづけた。ついにはチットール城とアジメール、マンダルガルを除いた旧メーワール王国領のほとんどを奪還した。

しかし、アクバルの次のジャハーンギール帝のとき、プラタープ・シングの後をついだアマル・シングが、フッラム皇子(のちのシャー・ジャハーン帝)の軍と戦った末、名誉ある条約のもとにムガル皇帝への臣従を誓うことになった。こうしてすべてのラージプート諸王がその王位と領土の保障と引き換えにムガル帝国に服属し、同盟国となった。つまり、ラージプート諸王はイスラム皇帝の宗主権を認めることで、ヒンドゥー王国として生きのびることができた。

■ジャハーンギール

アクバルの死から数日後、サリームが即位し、名前をジャハーンギール(「世界の支配者」)(在位一六〇五年―一六二七年)に改めた。ジャハーンギールは正しい支配者として世に知られることを望み、アーグラ城の城壁からヤムナー川の河岸まで六〇個の鐘が取り付けられた「正義の鎖」を吊り下げた。官僚に不当な仕打ちを受けていると感じたものはだれであれ、鐘を鳴らして皇帝の注意をひくことができた。

即位した時、ジャハーンギールはすでに三十六歳になっていた。第一皇子のフスローはイスラム行者のような生活を好み、教養があり、温和な性格であった。十六歳の時結婚したハーン・アザムの娘のみを妃として愛した。アクバルが死んで父が皇帝になると、父からの猜疑の目に耐えきれず腹心の兵をつれて都アーグラから逃げ出した。それが謀叛と見なされ、捕らえられて監禁された。一時許されたが、また若い廷臣たちにそそのかされて父帝殺害の陰謀に加担し、これが露見して両眼を刺し潰された(皇族の者に科せられる伝統的な刑)。その後、十三年間父の監視下に置かれた。

ジャハーンギールは父親のアクバル帝の政策を継続し、強化したので、領土の大部分が平和を享受した。彼は知的好奇心が旺盛で観察眼が鋭く思慮深いが、種々の刺激を好み、特に酩酊状態が好きで毎日アヘンをのみ、強い酒を飲んだ。ジャハーンギール帝の最初の妃はラージプート王家から嫁いだマーン・バーイーで、長女スルターン・ウル・ニサー、長男フスローを産み、後宮内で威勢を誇ったが十数年後（一六〇三年）自殺した。確かな理由は判っていない。ジャハーンギールは十八歳の皇子時代、すでに二十人近い妃と三百人余の侍妾をかかえていたと言われ、以後も女性遍歴を続けていた。帝位について二年目（一六〇七年）、ジャハーンギール（三十六歳）は敬愛する義母サリマ・スルターン（アクバルの未亡人）の宮殿でミルザー・ギヤース・ベーグ（注一〇）の娘メフルン・ニサーに出会い見染めた。メフルン・ニサーはこの時二十九歳の子持ちの寡婦で、夫が法に違背した嫌疑で討たれ、サリマ・スルターンのもとに出仕していた。ジャハーンギールが結婚を申し込んでから、後宮に入るまでに四年かかったという。メフルン・ニサーは、皇帝の寵愛を独占し、第一皇妃となり、「ヌール・ジャハーン（世界の光）」の称号をおくられた。彼女は非常に聡明で知性豊か、しかも才気煥発な性格であった。その聡明さを深く信頼したジャハーンギールはしだいに政治向きのことを相談するようになった。ジャハーンギールが署名した勅令は、さらにヌール・ジャハーンが署名し押印して発令された。公的な場にも出席し、ついには政務のほとんどが彼女にまかされ、ジャハーンギールはあとで彼女から報告をうけ承認するだけとなった。金貨にも皇妃ヌール・ジャハーンの名が刻印された。ジャハーンギールは国政を妻にまかせ自分は自然観察や美術鑑賞の日々を送った。ペルシャの細密画はさらに写実的精緻なものへと移っていった。

ヌール・ジャハーンが後宮に入った年（一六一一年）には、彼女の父ミルザー・ギヤース・ベーグは廷臣として最高の位階を極め、宰相となり、「イティマード・ウッ・ダーラ（帝国の柱石）」という称号を与えられた。彼女の弟アーサフ・ハーンもマンサブ三〇〇〇の位階を得て重臣の列に加わり、他の兄弟達もそれぞれ栄進した。翌年にはアーサフ・ハーンの娘アルジュマンド・バーヌー（後のムムターズ）が夫の第三皇子フッラム（後の第五代皇帝シャー・ジャハーン）と結婚し、さらに八年後には前夫との間にもうけた一人娘ラドリ・バーヌーが夫の第四皇子シャーリヤールに嫁いだ。ヌール・ジャハーンは父母のためにアーグラ郊外に墓廟を建てた。

ジャハーンギール帝は長年の酒とアヘンで体を壊し、晩年は喘息で苦しめられた。一六二六年もいつものようにヒンドゥスタン平原の乾期の酷熱を避けるためラホールを発してアフガニスタンのカーブルへ向かった。突如マハーバット将軍の兵が襲ってきて、皇帝と皇妃らを監禁した。マハーバットは皇帝後継問題で遠ざけられ力を削ごうとされていて、ヌール・ジャハーンに恨みをもっていた。ヌール・ジャハーンは緻密な粘り強い政治力で難を逃れ、逆にマハーバットを追い払った。

一六二七年十月、ジャハーンギールはふたたび療養のためカシミールへ向かう途中衰弱死した。皇帝の死を見届けたヌール・ジャハーンの弟アーサフ・ハーンは彼女に謹慎を命じ、女婿のフッラム皇子を皇帝にする準備を始めた。第一皇子のフスローはすでに五年前に殺され、第二皇子パルウィズも前年に酒毒がまわり死んでいた。一時的な傀儡としてフスローの遺児デワール・バクシュを皇帝の座につけ、シンド地方にいたフッラム皇子に皇帝の逝去を報せ皇帝登位のため都に向かうよう使者を送った。

第四皇子シャーリヤールが新皇帝を宣言してラホール城にたてこもったが、アーサフ・ハーンの兵に包囲され捕らえられた。シャーリヤールは、ムガル王家の息子にしばしば科せられてきたように、赤く灼いた鉄針で両眼を刺し潰される刑を受けた。アーサフ・ハーンの報せを受けて都アーグラへ向かったフッラム皇子は、皇位継承の可能性のあるムガル王家の男児すべてを殺すようアーサフ・ハーンに命じた。デワール・バクシュ、その弟ゴフラプス、父の末弟ダニヤル皇子の遺児らがことごとく密殺された。騎馬遊牧民の血をひくムガル王家では、バーブル以来皇位継承をめぐって皇子兄弟間で争いが絶えなかったが、次第に陰惨で残酷なものとなり、「王冠か死棺か」と形容されるようになっていった。弟アーサフ・ハーンから、「皇位継承の優先権をもつ第三皇子をさしおいて第四皇子を皇帝とする陰謀を企てた」と断罪されたヌール・ジャハーンは、観念して謹慎し、年額二〇万ルピーの年金を受け取り、引退生活に入った。十八年後の一六四五年十二月に亡くなった。

オランダ、英国、フランスは、ポルトガル人に反感を持つ現地人勢力と結びながらポルトガル人の拠点を奪い、各地に貿易拠点を設けていった。英国東インド会社（注一二）は、一六〇八年、ホーキンス大佐をジャハーンギールの七十余年間は海上で静かな貿易活動に従事した。

得た。ポルトガルの失敗から、英国は陸上で現地人と戦争を起こすのは間違いであるとして、少なくとも最初マス・ローが宮廷を訪れ、ムガル帝国領のあらゆる土地で交易を行い、商館を置くことを認める皇帝の勅令をルなどに事務所を作ることを皇帝の勅令（ファルマーン）により許可された。一六一五年には、英国の大使トー帝の宮廷に使節として送った。一六一二年、スーラトに工場を設け、アフマダーバード、アーグラ、アジメー

■シャー・ジャハーン

フッラム皇子は帝位に就く十年前、デカン遠征の戦功により父帝から「シャー・ジャハーン（世界の王）」の称号を許されていた。十五歳のとき、アーサフ・ハーンの娘アルジュマンド・バーヌー（十二歳）を王城内の市で見初め婚約し、五年後に後宮に入れた。婚約中に政治上の理由からペルシャ王家の娘と結婚し、後宮に迎えた。

フッラム皇子が皇帝（在位一六二八年―一六五八年）になると、アーサフ・ハーンは宰相に任じられ、彼の娘アルジュマンド・バーヌーは「ムムターズ・マハル（後宮の選ばれし女）」の称号で呼ばれ、第一皇妃となった。

帝位に就いたシャー・ジャハーンは皇位継承をめぐる争乱の余波として起こった反乱や、ハーン・ジャハーンの謀叛の後始末に忙殺された。一六二九年十月、南インドのアフマドナガル王国領に逃げ込んだ叛臣ハーン・ジャハーンを討つため、デカン遠征に向かった。一六三〇年、アフマドナガル領に侵入し、翌年ハーン・ジャハーンを討ち、二年後にはアフマドナガル王国を滅亡させた。この時も、妃ムムターズは皇帝に同行しブルハーンプルで女児を出産したが、直後に産褥死した。彼女はシャー・ジャハーンとの十八年におよぶ結婚生活の間、十四人の子供を出産した。夫が追討軍とデリー郊外で戦って大敗し、マンドゥー、ブルハーンプルと逃れ、さらにデカン地方から南インド、ベンガル湾に面したオリッサ地方とインド内を西から東、東から西へと反乱と敗走の日々を（父帝ジャハーンギールが死ぬまで）五年間続けたときも、夫の行軍にいつも同行しながら子供

たちを産み育てた。シャー・ジャハーンは亡き妻の世界一美しい墓をつくった。

『タージ・マハル』

タージ・マハルの設計はイスラム世界各地から高名な建築家、工芸美術家が呼び集められ入念に行われた。白大理石や赤砂岩など様々な資材や、最高級の材料がイスラム・ネットワーク(注一二)を通じて各地から集められた。一六三二年から着工し基礎工事を含めて白大理石の廟堂本体が姿を現したのが一六三六年、常時二万人の職人や人夫が働いた。ムムターズの墓石や大理石の衝立に描かれた色鮮やかな草花の象嵌模様に用いられた貴石類では、翡翠と水晶が中国から、トルコ石がチベット、瑠璃とサファイヤがスリランカ、貴橄欖《カンラン》石がエジプト、珊瑚や真珠貝がアラビア、ダイヤモンドがブンデルカンド、縞瑪瑙とアメジストがペルシャからそれぞれ取り寄せられた。

その後、廟堂の左右にイスラム寺院と集会場が赤砂岩で作られ、廟堂の四方に大理石の尖塔が建てられた。最後に中庭をはさんで廟堂と向かいあう形で、南側正面に大楼門が建てられた。その後付帯設備などがつくられ、一六五三年、全工事が終了した。薔薇やチューリップ、百合、マリー・ゴールド、水仙などの花々が咲き乱れ、マンゴー、オレンジ、レモン、ザクロ、ぶどうなどの果実が甘く匂う明るく豊穣な楽園だったという。十九世紀初めにアーグラを占領した英国人が深い森におおわれていたタージ・マハルを発見した。その後、英国人がデザインして、現在のタージ・マハルの庭となった。

タージ・マハルの外側に、ムムターズの侍女だったサティ・ウン・ニサーの墓や、シャー・ジャハーンの他の妃サルヒンディー・ベーガムの墓などが設けられている。正面楼門前の庭のさらに南側には赤砂岩づくりの整然とした街区がつくられ、宿泊施設、市場、畜舎などがあった。西の外側には、タージの庭に常に新鮮な草花を供給するための広い栽園と巨大な給水施設が設けられた。丸屋根の頂部にはムガル建築の特徴の一つである蓮の花弁の屋根飾りがある。丸屋根の上に高く伸びる頂華は、水注しと三日月を重ねイスラム建築のシンボルのようなもので、当時は純金の箔がはってあったが、後に英国軍の手で剥ぎ盗られてしまった。

ムムターズの墓石は中央ホールに置かれたものと、その真下の地下室のものと上下二つある。その脇のシャー・ジャハーンの墓石も同様である。本物の墓石は下の方で、正面入り口にある狭い階段を降りた先の玄室にある。玄室は基壇内にあり、外の地面と、ほぼ同じ高さになっている。今は観光用に下の玄室に入れるが、当時は閉じられていた。ホール内の墓石は誰でも見ることができ、そのため、当初は墓石の周囲に黄金製の手すりが置かれていた。しばらくして、今あるような大理石の透かし彫りの衝立に置き換えられた。また当初は真珠をちりばめたこの世に二つとない美しい刺繍布チャーダルが墓石にかけられていたが、後に掠奪されなくなってしまった（渡辺建夫、一九八八年）。

イスラム教徒にとって、死者の肉体は滅びるが霊魂は生き続け、神による最後の審判を受けるために仮の眠りにつく。そのための一時的な眠りの場として簡素な墓がつくられた。ヒンドゥー教徒は、死者を火葬に付し、その骨と灰を聖なる河に流し、墓はつくらない。死は単に肉体の消滅であり、霊魂はそのまま生きつづけ何度でも生まれ変わるという、輪廻転生の考えである。しかし、祖霊を祀る習慣はあった。そこへ聖者の霊廟に参拝して祈るという信仰がペルシャから入ってきた。[注一三]それは単に聖者の遺徳を慕うだけでなく、神に近い人間として超能力をもち、奇跡を行うと信じられた。イスラム聖者を葬った霊廟には、非常な霊力（バラカ）があると考えられ、さまざまな人々が訪れそれぞれの願いごとを祈った。イスラム教徒にとって精神的慰安の場となったばかりでなく、ヒンドゥー教徒も多数訪れて、その霊力にすがった。タージ・マハルは亡き妻の想い出のために建てられた墓ではなく「インドのイスラム教徒の精神的中心となる聖者廟として構想された」と言われている（渡辺建夫、一九八八年）。

タージ・マハル建設費用については諸説あるが、宮廷史家アブダール・ハミール・ラホリの「皇帝行伝（バードシャー・ナーマ）」は、五〇〇〇万ルピーと記している。他に、九八〇万ルピー、一八五〇万ルピー、あるいは四〇〇〇万ルピーとも言われている。シャー・ジャハーンがアーグラ城内にたてたモーティー・マスジッドの建設費が三〇〇万ルピー、デリーの新王城建設費が六〇〇万ルピーと言われる。タージ・マハルは一九八三年、世界遺産に登録された。

ポルトガル人たちは、一五七九年頃に、ベンガルのフーグリー地域に住居をさだめ、掠奪や不正取引、また奴隷貿易などを営んでいた。暴力や欺瞞によってヒンドゥー教徒と回教徒の孤児を捕らえ、キリスト教徒として育てた。しかし、一六三二年、ポルトガル人がシャー・ジャハーンの皇妃ムムターズ・マハルの奴隷の少女二人を捕らえたとき、シャー・ジャハーンはフーグリーの町を攻め落とした。ポルトガル人の居住区は破壊され、四〇〇〇人の捕虜がアーグラに連れていかれた（P・N・チョプラ、一九九四年）。彼らはイスラムへの改宗を迫られ、改宗を拒んだものは殺害された。ベンガルにおけるポルトガル権益は大打撃を受け、以降は海賊としてベンガル沿岸で掠奪を行った。ポルトガル人の海賊がアラカンの王と組んでベンガル各地を掠奪したことは、ベンガル人の間で長く言い伝えられ、ベンガル語でポルトガルを「ハルマド（悪名高き海賊）」と呼んだ（堀口松城、二〇〇九年）。

一六三三年、英国はベンガル最初の工場をパラソールに作ることを認められた。一六三九年にマドラスを拠点に進出をはかり、フーグリ（一六五一年）、次いでダッカ、ラジマハール、マルダでの工場設立の許可を得た。

シャー・ジャハーンは自らの地位の偉大さを建築や美術で表現するために、帝国の財産をつぎ込んだ。戴冠式にのぞむにあたって製作を命じた「孔雀の玉座」は、材料として八六〇万ルピー相当の宝石と一四〇万ルピー相当の金を注文し、七年の歳月をかけて完成した。初めてこの玉座にのぼった一六三五年、シャー・ジャハーンは自らの事績を書かせた挿絵入りの史書「バードシャー・ナーマ」を製作した。

シャー・ジャハーンはムガル帝国の勢力拡大をめざして努力を続けた。インダス川下流域のシンド地方の人々を管理し、その地方の牧畜民に課税する制度をつくりあげた。またムガル帝国に抵抗していたラージプートのブンデラ族をムガル体制に組み込ませた。北方のヒマラヤ地方ではガルワールとバルチスターンを支配下におき、北東ではアッサム地方のアーホム王国の独立を認めた。

ムガル国家において、ウラマー（イスラム学者）の勢力が強まり厳格にシャリア（イスラム法）を守ることを要求するようになってきたこともあり、非イスラムに対する迫害が見られるようになってきた。シャー・ジャハーンは新しく建てられたヒンドゥー寺院の破壊を命じ、また旧寺院の修復を禁じた。そのため、バラナスでは七六の寺院が破壊された。

一六三六年、シャー・ジャハーンはアフマドナガル王国を打倒・併合し、デカン地方で領土を拡大した。同年五月にはビジャープル（Bijapur）王国とゴールコンダ王国に帝国の宗主権を認めさせ、皇帝の名を刻んだ硬貨を鋳造し使用させた。しかし、北西方面では、一六四九年にサファヴィー朝が再度カンダハルを攻略し、以後、帝国がカンダハルを獲得することはなかった。

西はアフガニスタン北部から東はアッサムまで、北はチベット高原の南端から南はデカン高原の中央部まで帝国を支配し、アクバル帝時代以降、帝国の歳入は二倍になった。新たな領土を獲得したこともあるが、生産性が高まったことも大きかった。帝国の歳入の七分の一が皇帝の宝庫に入ってきた。シャー・ジャハーンは莫大な資金を軍事行動や建設事業につぎ込んだが、それでも一六四〇年代にはその統治の初めから蓄積した準備金が、九五〇〇万ルピー（半分は硬貨で、半分は宝石で）あったという。

皇子たち

シャー・ジャハーンの第一皇子ダーラー・シコーは父から溺愛され、常に父の身辺にとどまった。学問を好み、宗教学に没頭しイスラム神秘主義を信奉した。またヒンドゥー教の教義にも関心をもち、ヴェーダについて学び、古代ヒンドゥー教（バラモン教）の奥義書ウパニシャッドをペルシャ語に翻訳した。曽祖父アクバルと同様に、イスラム教とヒンドゥー教との間に橋をかけようと考えていたと言われている。

第三皇子のアウラングゼーブは十六歳からデカン遠征に加わり、グジャラート平定戦など絶え間なく指揮してきた。その戦塵のなかで、自らを果敢、苛烈、非情な性格に鍛え上げ、兄たちと力ずくで戦ってでも帝位を自分のものとしたいと思うようになった。父親以上に敬虔なイスラム教徒で、兄ダーラー・シコーの行為は預言者モハメッドの教えからの逸脱・背教とうつった。

一六五七年、シャー・ジャハーンが六十五歳の時、精力剤の用いすぎで一時重態となり、皇帝逝去の噂が伝わった。第二皇子のシャー・シュジャーが任地のベンガル地方で、第四皇子のムラード・バフシュがグジャラート地方でそれぞれ新帝を宣して挙兵し、デカン地方にいた第三皇子のアウラングゼーブも機をうかがっていた。その間、病気をもち直したシャー・ジャハーンは、床を離れたが、ダーラー・シコーに全権を委ねてデリーからアーグラに退いた。皇太子として帝国の政治・軍事の大権を委ねられたダーラー・シコーは息子のスレイマン・シコーに大軍を与え、第二皇子シャー・シュジャー軍をバラナス近郊で破り、次に自ら兵を率いて南へ向かい、第三皇子アウラングゼーブと第四皇子ムラード・バフシュの連合軍と対戦した。しかし、百戦錬磨のアウラングゼーブに惨敗したダーラー・シコーは妻子とわずかな兵だけをつれてデリーへ落ち延びた。アーグラに入ったアウラングゼーブは、父に使いを送り、今度の戦いは父帝への反逆ではなく、ヒンドゥーの教えにたぶらかされイスラムの教えに背いた異端者ダーラー・シコーを討つための戦いであると釈明させた。父シャー・ジャハーンは一言もなかったが、引き続き味方すると書いた手紙を秘かにシコーに送ろうとして途中で奪われ、アウラングゼーブに読まれてしまった。激しく怒ったアウラングゼーブは、父をアーグラ城内に幽閉した。その後弟のムラードもサリームガル城に幽閉し、デリーに入城すると第六代ムガル皇帝を宣した。

ダーラー・シコーはデリーからラホールなど逃避行をつづけ、最後はかつて生命を助けてやった地方領主に裏切られ、デリーへ送られて斬首された。ダーラー・シコーの息子シピールはグワリオール城に十五年間幽閉された後、許されて出獄した。兄のスレイマーンは同じ城でポウスタの(注一四)刑に処せられた。

アーグラ城に幽閉されたシャー・ジャハーンは、イスラム神学者について教理を学び、瞑想、祈拝をして静かな余生を送った。一六六六年、七十四歳で息を引き取ると、遺骸は翌朝タージ・マハルへ運ばれ、ムムターズの脇に葬られた。

■アウラングゼーブ

アウラングゼーブはアーラムギール（世界を奪った者）一世（在位一六五八年―一七〇七年）として即位した。アウラングゼーブも、帝位に就く一年前、遠征先のデカン地方でやはり産褥死した妃ディルラス・バーヌーを殉教者として祀るために壮麗な墓廟をアウランガーバードに建てた。ビービー・カ・マクバラーと呼ばれるこの廟は、タージ・マハルと姿かたちがそっくりなことで知られている。彼女はペルシャ王家から嫁ぎ、夫の軍旅に従い、夫の出征先で男児出産の際になくなった。タージ・マハルより一回り小さいとはいえ、六十万ルピーもの大金を投じて造営した（一六六一年完成）。同じころ、ラホールに当時世界最大のイスラム寺院バードシャーヒー・マスジットを建造した（一六七四年完成）。

ムガル朝の国家統治の基本はイスラム法（シャリーア）に置かれていた。刑罰もイスラム法にのっとって施行されていた。ムスリムに対し、賭け事、飲酒、アヘンの摂取を禁止し、主要な都市や町に風紀取締官をおいた。ヒンドゥー教徒が聖廟や祭礼に行く度に課される巡礼税が復活した。厳格な宗教政策をとり、ヒンドゥー教だけ弾圧したのではなく、イスマーイール派のムスリムやスーフィーも弾圧した。しかし、マラーター、ジャート（農民カーストの総称）などのヒンドゥー勢が急速に強大化してムガル帝国支配を脅かすようになると、反ヒンドゥー的な姿勢を強めていった。

アウラングゼーブはイスラム教徒を優遇するため、一六六五年、それまで一律に二・五％だった課税を、ヒンドゥー教徒の商人に対して二倍に引き上げ、二年後にはイスラム教徒の商人に対する課税は廃止した。またその翌年には、ムガル領内でのヒンドゥー教の祭礼を禁止し、さらに翌一六六九年にはヒンドゥー寺院の廃棄令が公布された。ムガル領内の住民は大半がヒンドゥー教徒であった。

二年後には直轄領内の徴税役人は全てイスラム教徒であることなどの指示がだされ、一六七九年非イスラム教徒に対する人頭税ジズヤを復活した。イスラム教徒を優遇することで、ヒンドゥー教からイスラム教への改宗を奨励しようとした。また、異教徒でもムガル軍に軍籍のある者は人頭税を免除されるという付帯条項を加えて、ラージプートとの同盟関係は従来同様に維持できると考えた。アウラングゼーブはイスラム布教に貢献し、教義にも忠実で、正統派イスラム教徒の正しい行いを明確に示すために、イスラム法学者の見解を集めた「ファターワーイェ・アーラムギーリ（アーラムギールの教令集）」の作成を命令した。その生活は清貧、謹厳そのものの皇帝として聖者並みに崇敬されたが、厳しいヒンドゥー教弾圧政策と、それによって引き起こされたヒンドゥー教徒の反乱に対する戦争でムガル帝国の衰退を招いたと言われている。

シヴァージー

マラーターのシヴァージーは、デカン地方のヒンドゥー教徒をまとめあげ一大勢力をつくり上げた。彼は、西インドで最も重要な港だったスーラトで掠奪するなど、ムガル帝国の領土を幾度となく襲撃した。一六六五年、アウラングゼーブは圧倒的多数の軍勢で攻め、シヴァージーを降服させたが、シヴァージーに屈辱的な態度で接し、その上与えたマンサブ（位階）はその実力に見合わないものだったので、激怒したシヴァージーは宮廷を退去し、なんとか自分の領地へ逃げ帰った。二年後、アウラングゼーブはシヴァージーを許し、高位の貴族に取り立てたが、シヴァージーはまもなく二度目のスーラト掠奪をはじめ、ムガル帝国領を襲撃した。一六七四年、ヒンドゥー教を奉じるマラーター王国を創ると、王位（在位一六七四年—一六八〇年）に就いた。ジズヤの復活に対し、シヴァージーはアウラングゼーブに皮肉をこめて抗議の手紙に「現在の繁栄はジズヤを課さなかった三人の皇帝たち—アクバル、ジャハーンギール、シャー・ジャハーン—の努力の賜物である。……圧政に虐げられどの村でも収穫が減少しているのに、ジズヤというさらなる辛苦をおしつけるのはティムールの名と名誉を汚す」と記して送った。

マールワー王国など

一六七八年、マールワー王国の君主ジャスワント・シングの死後、後継者がいなかったため、アウラングゼーブは直ちにマールワー王国の併合を宣言し、ジョードブルを占拠した。マールワー王国ではジャスワント・シングの遺児アジート・シングを王として蜂起した。さらにメーワール王国も反乱を起こした。

アクバル皇子

アウラングゼーブの四男アクバル皇子はメーワール王国のチットールを占拠したが、一六八〇年、ラージプートのゲリラに負けたことでチットールから左遷され、アウラングゼーブに恨みを抱いた。マールワー王国のラージプートに父帝の偏狭な行為が、帝国の破滅を招くとそそのかされ、その考えに同意した。一六八一年一月一日、アクバルは皇帝を宣し、姉のゼーブンニサー・ベーグムの支持も得て、父帝に反旗を翻した。アクバルは軍一万二〇〇〇を率いてアジメールに進撃し、メーワール王国のラージ・シングから騎兵六〇〇〇を提供されるなど、マールワー王国の領土を通過したときには軍勢二万五〇〇〇になっていた。しかし、アウラングゼーブの軍勢に敗北し、デカンのマラーター王国に逃げた。アウラングゼーブは、メーワール王国に好条件を与えて講和した。その後アクバルが逃げたマラーター王国に征討をかけるためデカンに赴き、アウランガーバードに軍営を構えた。デカン征服のために戦い続け、死ぬまで北インドに帰らなかった。アクバルはマラーターの君主サンバージーの保護下に数年おり、デカン戦争が激化すると、一六八六年、イランのサファヴィー朝へ送られ、そこで死んだ（一七〇六年）。

各地の反乱

ラージプートも離反し、反乱を起こすなどムガル帝国に分裂の兆しが見え始めた。一六八一年から四年以上、アウラングゼーブはマラーター王サンバージー（在位一六八〇年—一六八九年、シヴァージーの息子）と戦ったが決着はつかなかった。一六八六年にはビジャープル王国、一六八七年にはゴールコンダ王国を滅ぼした。一六八九年、アウラングゼーブはサンバージーを破り、捕らえた後処刑した。さらに、王国の拠点ラーイガドを落とし、サンバージーの息子シャーフーを捕虜にした。マラーター王国はサンバージーの弟ラージャー・ラームを第三代王とし、南方のシェンジ（ジンシー）へと移動した。そこも圧迫されたため、マラーターの拠点サーターラーに入りムガル軍に反撃した。

アウラングゼーブはマラーターと戦い続けた結果、帝国の重心はデカンへ移り、デリーを中心とする北インドと分断されてしまった。十七世紀の終わりごろ、オランダ、フランス、英国の各東インド会社が、インド亜大陸沿岸に足場を得て独断的な行動をとるようになったが、皇帝の威光をしめせなかった。一六九〇年、ボンベイの英国人は英国国王の肖像を刻んだルピー硬貨を鋳造した。

一六八〇年代にはアーグラ周辺のジャート族が重税に抗議して反乱を起こすようになり、デリーとデカンをつなぐ公道を行く旅人や商人の隊列を掠奪するようになった。一六九一年以降、ジャート族はチュラーマンに率いられて反乱を起こし、アーグラの西のバラトプルを拠点に半独立の政権をもつようになった。一六九〇年代にはベンガルでも深刻な反乱が起こった。一六九八年にはこの反乱を鎮圧したが、ベンガルは長く続いた反乱のために疲弊した。

アウラングゼーブの死去

アウラングゼーブの治世に、ムガル帝国の版図は最大となったが、その宗教不寛容政策は宗教対立を招いた。強引な領土の拡大による莫大な戦費は財政を破綻させ、帝国は衰退期に向かっていった。アウラングゼーブは晩年「自分のやり方は間違っていた」と後悔した。自分の死後、息子たちが帝位をめぐって争うことを危惧し、帝国は息子たちで分割するようにと遺言した。一七〇七年、アウラングゼーブはアフマドナガルで死去した（享年八十九歳）。埋葬は質素にして、費用は帽子作り（四ルピーと二アンナ）と「コーラン」の写本（三〇五ルピー）で得た収入でまかなってほしいと言い残した。彼の遺体はアウランガーバード近郊のフルダバードにあるスーフィー聖者ザイフル・ハクの墓廟のそばに埋葬された。スンニー派の教えにしたがった屋根のない白大理石の質素な墓である。

その後、帝国軍はデカンからの全面撤退を決め、ムガル帝国の宮廷にいたサンバージーの王子シャーフーを釈放した。シャーフーはマラーター王国に向かい、シヴァージー二世（ラージャー・ラームの息子）の母ターラー・バーイーと対決して勝利し、翌年マラーター王（在位一七〇八年―一七四九年）となった。

英・仏の台頭

ムガル側も奨励したため、特定地域で英国、フランスを相手国とする対外交易が盛んになった。英国はボンベイ（一六六八年）、カルカッタ（一六九〇年）を拠点とした。一方、フランスは一六七二年にポンディシェリー、一六七四年にベンガルのシャンデルナゴルに工場を設立し、英国とインド経営を競うようになった。

一六八六年、英国はフーグリを掠奪しムガル帝国に戦争をしかけたが敗れた。英国はベンガルの商館から追い出され、ガンジス河口の熱病の蔓延る島に避難せざるを得なかった。スーラト、マチリーパトナム、ヴィシャーカパトナムの商館は接収され、ボンベイの要塞は包囲された。英国は再び謙虚に陳情し、インド人支配者の庇護のもとに低姿勢で交易にあたる意志を表明した。英国との交易はインドの職人や商人に恩恵を与え、ひいては国家の財政を潤すものだったので、ムガル側はすんなり英国のばかげた過ちを許した。英国が、イラン、西アジア、北・東アフリカ、東アジアとインドの交易と輸出を完全に壊滅できる卓越した海軍力を持っていることとも知っていた。こうしたことからアウラングゼーブは一五万ルピーの賠償金支払いで交易を再開することを許した。一六九八年、英国はスターナティ（シュタヌティ）、カリカタ（カルカッタ）、ゴーヴィンドプル（ゴビンドプル）という三村のザミンダーリー（徴税徴収権）を購入した。ここにウィリアム要塞が築かれ、ベンガル地方の英国東インド会社商館などを置いた。ここには商人、職人、住民たちが近隣の治安悪化を避けて集まるようになり、世界的な貿易中継地としてだけでなく、商工業・文化都市として発展をとげた。

■バハードゥル・シャー一世／ジャハーンダール・シャー／ファッルフシャル／ムハンマド・シャー／アフマド・シャー

バハードゥル・シャー一世

アウラングゼーブの死後、長男ムアッザムは猛烈な勢いでアフガニスタンからアーグラに駆けつけると国庫を押さえ、弟のアーザムとその二人の息子、およびもう一人の弟カーム・パフシュをうちまかした。ムアッザムはバハードゥル・シャー一世（在位一七〇七年―一七一二年）の称号で玉座についた。即位したときには既に六十四歳であった。バハードゥル・シャーはインド人を多数貴族にとりたてたので、トルコ系とイラン系の貴族が憤慨し君主の利益より自分達の利益を優先するようになった。領土の各地で反乱が頻発した。デリーおよびアーグラ周辺ではジャート族の反乱が起こった。ラージプートは自分達の領地の支配権を握り、パンジャーブではシク教徒、デカンではマラーターが反乱を起こした。バハードゥル・シャー一世は六十八歳で病死した。

ジャハーンダール・シャー

バハードゥル・シャーが臨終のうちから四人の息子が帝位を巡って戦った。ジャハーンダール・シャー（在位一七一二年―一七一三年）が三人の兄弟（アジーム・ウッシャーン、ラフィー・ウッシャーン、ジャハーン・シャー）を抹殺して頂点に立った。最有力貴族のズルフィカール・ハーンが味方したおかげだった。まもなく臣下の貴族たちの信頼を失った。

翌年一月にアジーム・ウッシャーンの息子ファッルフシャルはベンガルで軍を招集し、皇帝への即位を宣言した。ビハールおよびアラーハーバード（Allahabad, ペルシャ語でイラーハーバード、ウッタル・プラデーシュ州）の地方長官たち、つまりサイイド兄弟（アブドゥッラー・ハーンおよびフサイン・アリー・ハーン）と同盟を結び、デリーへ出陣してジャハーンダール・シャーを打ち負かした。

ファッルフシャル

ファッルフシャル（在位一七一三年―一七一九年）は帝位継承に際して協力を得たサイイド兄弟に報いるため兄のアブドゥッラー・ハーンに宰相と財務大臣を、弟のフサイン・アリー・ハーンには軍務大臣（軍務司令官）の地位を与えた。しかし、ファッルフシャルはサイイド兄弟と対立し、一七一九年にサイイド兄弟によって廃位・幽閉され、後に殺害された。

一七一七年、英国はムガル皇帝から、以前（一六九一年）あたえられていた特権を確認し、さらに同様の特権をグジャラートとデカンに拡大する勅令を得た。英国は関税免除の代わりに年間三千ルピーを支払うことで、ベンガルへの商品持ち込み、カルカッタでの土地の入手、ベンガル内の居住を認められた。英国はこの関税免除を拡大解釈し、東インド会社社長の許可により社員の私的交易にまで強引に適用したので、英国側とムガル帝国との間で絶えず紛争をもたらした。しかし、十八世紀の前半のベンガルは、ムルシド・クリー・ハーンやアリーヴァルディー・ハーンなど有力太守（地方長官）によって支配されており、英国商人を厳重に統制し、彼らが特権を悪用することを防いだ。カルカッタの要塞を補強することも、町を勝手に支配することも許されなかったので、東インド会社は単なるザミンダール（徴税請負人）の地位にとどまった。

ムハンマド・シャー

サイイド兄弟は帝位を思うように操り、ファッルフシャルを廃位した後、アウラングゼーブの子孫を二人、傀儡の皇帝として即位させたが、早世してしまい（殺害した）、バハードゥル・シャーの末の息子ジャハーン・シャーの息子ムハンマド・シャー（在位一七一九年―一七四八年）を即位させた。最初、ムハンマド・シャーはサイイド兄弟の傀儡でしかなかったが、一七二〇年、イラン系とトルコ系の貴族たちと協力して、フサイン・アリー・ハーンを暗殺し、アブドゥッラー・ハーンもハサンプルの戦いで打ち破った。ムハンマド・シャーが実権を掌握したかたちになったが、彼は後宮で快楽にふけるようになり、協力した貴族たちは失望させられた。

貴族たちはそれぞれ独立する方向に向かった。一七二四年、宰相カマルッディーン・ハーンが職を辞して、デカンのハイデラバードに下野し、帝国から独立した。帝国はこれを阻止するため軍を差し向けたが、打ち破られた。これにより、ハイデラバード地方にニザーム王国（ハイデラバード藩王国アーサフ・ジャーヒー朝）が形成された。同様のことが、他の地方長官にもみられ、一七二〇年代にはアワド太守、ベンガル太守等肥沃な地方の長官らが独立し、そのまま地方王朝が建国されていった。

マラーター王国も急速に勢力を拡大し、宰相バージー・ラーオの代になると、ニザーム王国を下したのち、北インド方面へと進出し始めた。彼は諸侯らに宰相に対する忠誠を誓わせ、征服した土地の領有を認めて、いわゆるマラーター同盟を形成した。一七三七年三月、バージー・ラーオ率いるマラーター軍は帝都デリーを攻撃し（デリーの戦い）、その周辺を掠奪した。

十八世紀になるとイランではサファヴィー朝は完全に衰退し、混乱に乗じて軍人出身のナーディル・シャー（在位一七三六年—一七四七年）がアフシャール朝を創始した。一七三八年以降、ナーディル・シャーはムガル帝国領に侵攻し、カーブルなどアフガニスタン地方を制圧した。ムガル帝国は皇帝自ら軍を率いてこれを迎撃したが、貴族らに纏まりがなく大敗を喫し、ムハンマド・シャー自らが出向いて講和した（カルナールの戦い、一七三九年二月）。同年三月二十日、ナーディル・シャーは軍とともにデリーへ入城し占領したが、これに不服だったデリーの住人は「ナーディル・シャーの死亡」という虚偽の情報により、数千人のナーディル・シャーの兵士を殺害した（三月二十一日）。その復讐は迅速かつ恐怖すべきもので、デリーのある地区の住民の大虐殺が命令され、五時間ものあいだ、野獣のような獰猛さで実行された。

ナーディル・シャーはムハンマド・シャーの反撃がないのを見定めた上で、象三〇〇頭、ラクダ一万頭、金銀延板三億ルピー、金銀の皿、宝石、大砲、シャー・ジャハーンの「孔雀の玉座」を掠奪していった。イラン軍は五月にデリーから撤退したものの、インダス川以西の地域の割譲を強いられた。

アフマド・シャー

ムハンマド・シャーの死後、息子のアフマド・シャー（在位一七四八年—一七五四年）が即位すると、ハイデラバードのニザームの息子ガーズィー・ウッディーンをミール・バフシー（軍務長官）に、アワドの君主サフダル・ジャングをワジール（宰相）に任命した。しかし、政権の主導権は宦官の筆頭で、亡きムハンマド・

シャーの後宮監督官だったナワーブ・ジャウド・ハーンが握っていた。アフマド・シャーが国政を顧みず気楽に過ごしている間に、アフシャール朝の武将で、ナーディル・シャーの死後自立してドゥッラーニー朝を創始したアフマド・ドゥッラーニー（在位一七四七年―一七七二年）はパンジャーブを何度も侵略し、ヘラートからラホールにいたる地域を支配下に置いた。

サフダル・ジャングを中心とするイラン系貴族とガーズィー・ウッディーンやナワーブ・ジャウド・ハーンらトルコ系貴族が対立し、一七五二年八月、サフダル・ジャングがナワーブを暗殺したが、トルコ系貴族との争いに敗れた。サフダル・ジャングは宰相職を失い、アワドへ退却した。マラーターと手を組んだガーズィー・ウッディーンは、一七五四年六月、自分に宰相職を与えるようアフマド・シャーに要求したが断られ、アフマド・シャーの目をつぶし廃位した。その後、ジャハンダール・シャーの年老いた息子（五十五歳）をアーラムギール二世として皇帝の座に就けた。

■アーラムギール二世／シャー・アーラム二世／アクバル二世／バハードゥル・シャー二世

アーラムギール二世

アーラムギール二世(在位一七五四年―一七五九年)は政治に無関心だったので、宰相ガーズィー・ウッディーンの意のままになった。ガーズィー・ウッディーンは、収入源を確保してくれるはずの軍に支払う資金を調達する能力がなく、彼が実権を握るときに協力してくれたマラーターに報酬を支払うこともできなかったので、マラーターはデリー郊外を掠奪した。ガーズィー・ウッディーンは、一七五六年、軍を動員し、ローヒラー族が支配していたパンジャーブのラホールを奪った。ローヒラー族の族長ナジーブ・ハーンは、アフガンのアフマド・ドゥッラーニーと連絡を取っていた。アフマド・ドゥッラーニーはアフガン軍を率いて一七四八年から一七六〇年まで一〇回余りもデリー、アーグラ、マトゥラーなどインド北西部を侵略・掠奪した。ムガル軍はアワドの太守の援軍を得て、アフガン軍に勝利し、さしあたり脅威を取り除くことができたが、帝国はさらに弱体化した。

一七五九年一一月アーラムギール二世は宰相ガーズィー・ウッディーンに殺害された。代わりにシャー・ジャハーン三世が擁立されたが、翌年廃位された。

シャー・アーラム二世

アーラムギール二世の長男アリー・ガウハールはあらかじめ帝位を受け継ぐよう定められていた。宰相ガーズィー・ウッディーンにつけ狙われていたので逃れていたが、アーラムギール二世暗殺の報せによりシャー・アーラム二世（在位一七五九年―一八〇六年）として皇帝即位を宣言した。

一七六〇年、シャー・アーラム二世はベンガルに侵攻し、首都ムルシダーバードを占領しようとしたが、ベンガル太守は英国東インド会社に助けを求めたため敗れて西ビハールまで逃れた。翌年一月、再び英国軍と交戦したが敗れ、ベンガル、ビハールにおける権益要求を認める代わりに、日額一八〇〇ルピーが与えられることになった。

一七六一年以降、シャー・アーラム二世はアワド太守シュジャー・ウッダウラの保護をうけ、デリー進出を図ったが失敗した。一七六三年末、前ベンガル太守ミール・カーシムが英国軍との争いに敗れてアワドに逃げてきた。皇帝シャー・アーラム二世、太守シュジャー・ウッダウラ、前ベンガル太守ミール・カーシムの三者同盟が結成され、ビハールとアワドの州境にあるブクサールで英国東インド会社の軍と会戦したが敗れた（ブクサールの戦い、一七六四年）。英国東インド会社は、アワド太守にシュジャー・ウッダウラを捕らえさせ投獄し、シャー・アーラム二世とアラーハーバード条約を締結し（一七六五年）、以下の条項を認めさせた。
・皇帝は英国東インド会社にベンガル、ビハール、オリッサの三州に対しディワーニー（徴税権）を与える。
・その代わり、英国は皇帝に対して、年額二六〇万ルピーを年金として与える。
・皇帝は年額二八〇万ルピーに相当するアラーハーバードとコラーの両区域を英国東インド会社から割譲さ

れる。

・アワド太守はその領土を保障されるが、英国東インド会社にアラーハーバードとコラーの両区域を割譲する。

・アワド太守は、戦時賠償として英国東インド会社に五〇〇万ルピーを支払う。

これ以後、シャー・アーラム二世は、英国からの年金受給者となり、六年にわたってアラーハーバード砦に、事実上英国の囚人として暮らした。

一七六五年、デリーの宮廷で混乱が発生し、シャー・アーラム二世は英国にデリー帰還を求めたが、かなわなかった。一七六九年末以降マラーターが北インド一帯のアフガン勢力を制圧し、シンディア家の当主マハーダージー・シンディアがデリーを占領した。シャー・アーラム二世は、マハーダージー・シンディアと協定を結び、デリーへの帰還を果たした。

一七七二年〜一七八二年に、デリーではイラン系の貴族のミールザー・ナジャフ・ハーンが国事を牛耳るようになった。彼はデリーにおける皇帝の権威を確保し、最新の軍事技術に後れをとらないこと、有能なヨーロッパの士官を雇うことを重視していた。こうしてシク教徒に勝利し、ジャート族を粉砕し、アフガン系ローヒラー族に断固とした措置をとり、マラーターの掠奪からデリーを守った。ミールザー・ナジャフ・ハーンが死ぬまでに、デリー政権の権威はパンジャーブ地方のサトレジ川からアーグラの南の密林にいたる地域と、ガンジス川からジャイプルにいたる地域まで回復していた。ミールザー・ナジャフ・ハーンの死後、彼の副官四人が彼の役割を引き継ごうとして争った。

一七八四年、マラーター同盟のシンディア家当主マハーダージー・シンディアがシャー・アーラム二世を支援して副官たちの争いを平定し、莫大な貢物と引き換えに帝国の摂政と総司令官の役目をつかんだ。マハーダージー・シンディアは勢力拡大のためにラージャスターンのラールソートでラージプートの連合軍と戦ったが敗北した（ラールソートの戦い、一七八七年）。彼はその責任を追及されて権力が弱まり、ヒンドゥー教徒が摂政であることに対して憤慨していたイスラム教徒から排斥され、デリーから撤退した。
一七八八年七月十八日から十月二日までローヒラー族の族長グラム・カーディル・ハーンが報復のためにデリーを占領し、シャー・アーラム二世ら帝室の人々に暴行を加えた。グラム・カーディル・ハーンが食糧不足からデリーを離れると、再びマハーダージー・シンディアが舞い戻り、追撃をかけて殺害し、掠奪された財宝は取り戻された。一八〇三年まで、マラーター同盟(注一六)の傘の下で、ムガル帝国は何とか持ちこたえた。
一七八四年に英国で「インド法」が成立し、インド亜大陸は東インド会社による支配から英国政府が任命したインド総督のもと、政府による直接支配へと移行した。(表4-2参照)
一八〇三年、英国軍はデリー城壁の下でマラーター同盟シンディア家の軍と交戦して勝利した(デリーの戦い)。シンディア家の保護下にあったムガル帝国は英国の保護下に入ることになった。一八〇五年五月二十三日にムガル帝国と英国との間に条約が締結され、シャー・アーラム二世にデリー周辺の地域の税収入と月額九万ルピーが支払われることになった。シャー・アーラム二世は一八〇六年になくなった。

『サー・ウィリアム・ジョーンズ』
ウィリアム・ジョーンズ(一七四六年―一七九四年)は早くから語学の才能を示し、ラテン語やギリシャ語などヨーロッパの古典語を含む諸言語の他、ヘブライ語、ペルシャ語、アラビア語を学んだ。しかし、生活のために法律の職業を選んだ。一七八三年にナイトの爵位を与えられ、カルカッタに英国東インド会社の上級裁判所判事として赴任した。彼はサンスクリット語を学びたいと希望したが、バラモンは誰一人として、たとえ多額の報酬を差し出されようと、一介の異邦人であり、闖入者にすぎぬもののために、この聖なる言語を教えようとはしなかった。色々苦労したあげく、バラモンではない一人のヴァイドヤすなわち医療の施術者をつかまえた。しかし彼とても、彼自身の持ち出した特殊の厳重な条件つきでようやく教えることに同意した。インドの古語を学びたいというジョーンズの熱意はきわめて大きかったので、そのすべての条項に同意した。サンスクリット語はジョーンズの心をとらえ、特に古いドラマの発見は彼の心を魅了した。「マヌ法典」や「シャクンタラー」などの翻訳を出版した。ヨーロッパは彼の著書と翻訳とを通じて、サンスクリット文学の至宝のいくつかをうかがい知ることができた。一七八四年、サー・ウィリアム・ジョーンズは、後の王立アジア協会の母体となったベンガル・アジア協会を設立した。

アクバル二世

シャー・アーラム二世の息子のアクバル二世（在位一八〇六年―一八三七年）が即位した。デリーでさえも、皇帝の権威は「赤い城」の中だけに限られた。皇帝は宮廷儀式や大きな祝祭の日に、目を見張るような行列を作って民衆の前にでた。

帝室の財産は減少していったが、デリーは重要な交易品の集積地となり、繁栄して人口は一五万人になった。一八三七年、アクバル二世は死去した（享年八十一歳）。

バハードゥル・シャー二世

アクバル二世の息子のバハードゥル・シャー二世（在位一八三七年―一八五八年）が六十二歳で皇帝に即位した。一八四五年～一八四九年の二次にわたるシク戦争で、英国はシク教徒に勝利し、パンジャーブなど北西インドを併合して、全インドを植民地化した。英国は反抗的な勢力をインドから一掃するとともに、ムガル帝国の名目的主権さえ奪おうとしたが、その前に英国によるインド支配に対する人々の不満が高まり、兵士の反乱が起こった。

一八五七年五月、シパーヒー(注一七)（セポイ、インド人傭兵）はデリーを占領し、ムガル帝国の復活を宣言した。バハードゥル・シャー二世はシパーヒーの傀儡となり、彼らに身をゆだねた。デリーの反乱政府は、バハードゥル・シャー二世を名目上の君主とし、執行機関として兵士六人と一般人四人からなる「行政会議」が結成された。行政会議はヒンドゥーとムスリムそれぞれ五人からなっていて、ザミンダーリー制（地税を永久に固定し、旧地主に土地の使用権を認め、代わりに地税を納入する義務を課した）を廃止し、実際の土地工作者にその土地の権利を認めるなど、民主制に似た体制が樹立された。

皇帝は反乱に乗り気ではなく、人を介して英国側と折衝をし、「皇帝の地位と年金を保証すること」という条件をだして停戦を申し出た。英国側の条件は「デリーを開城し、皇帝はデリーを去る」であり、停戦交渉は実現しなかった。しかし、同年九月に英国軍がデリーを再び奪取し、無差別虐殺、掠奪、破壊行為が始まり、市民は全員追い払われた。ヒンドゥー教徒は一八五八年一月まで、イスラム教徒は一八五九年一月までデリーに戻ることは許されなかった。バハードゥル・シャー二世は自身の生命の保障のみを条件として降服した。その後、一八五八年三月に英国による裁判で反逆罪に問われ、同年十月、ジーナト・マハル妃、ジャワーン・バット王子とともに、ラングーン（現ミャンマーのヤンゴン）に追放されて、一八六二年、その地で死去した（享年八十七歳）。

■ムガル帝国没落の原因

ムガル帝国が繁栄の絶頂期から短期間のうちに滅亡した原因の主なものは、（一）デカン高原での泥沼のような戦争に人と金を浪費したこと、（二）アウラングゼーブ帝がデカン高原に滞在し続けて首都を留守にした間に帝国の行政が混乱してきた、（三）アウラングゼーブ帝の狂信的政策によるヒンドゥー教徒たち、とくにラージプート族の疎外、（四）ムガル貴族の性格と帝国軍隊能力の驚くべき堕落など、と言われている。

アウラングゼーブ帝の後継者たちは、帝の死後、王位継承争いを続けた。その間、州の長官などが自立して事実上独立の王国を樹立した。一七一〇年代にベンガルで、ムルシド・クリー・ハーンが独立の動きをみせ、一七二〇年代には、デカンでニザーム・ウル・ムルクが事実上独立した。アワドではサアーダト・ハーンが事実上独立のアワド王国を建国した。

こうしてムガル帝国の主要な州が離れていった頃、イランのアフシャール朝のナーディル・シャーが「カルナールの戦い、一七三九年」後、混乱に対する反撃で住民を虐殺し、「孔雀の玉座」を含む大量の掠奪品をもってイランに帰った。このことは、ムガル帝国の組織が完全に崩壊していたという事実を世界に暴露した。シク教団やジャートなど非ムスリムの政治勢力が力を持ってきた。シク教団の第十代グル、ゴーヴィンド(在任一六七五年―一七〇八年）は、カールサ（武装集団）を創設してムガル帝国と本格的に戦った。十八世紀には大軍団が編成され、たびたび侵入してきたアフガン軍とも戦いながら、一七六五年にはパンジャーブに事実上のシク王国を建国した。

ジャートはデリー周辺からパンジャーブ地方にかけて広く見られた農民カーストの総称であるが、そのなかには、ムスリムやシク教徒も数多く存在した。一六六九年、マトゥラーのザミンダールであるゴークラーがジャート勢力を結集して反乱を起こした。反乱は鎮圧され、ゴークラーは殺されたが、その意思はラージャ・ラームやチュラーマンに引き継がれ抵抗を続けた。一七五七年にはバダン・シングのもとでバーラトプル王国を樹立した。さらに、スーラジ・マルはラージャスタン東部からドアーブにかけて支配権を拡張した。

マラーター王国では、バーラージー・ヴィシュヴァナートがペーシュワー（宰相）となった。息子のバーラージーラーオが後を継いで、ペーシュワー位が世襲されるようになり、王国の実権を掌握していった。ペーシュワーの下で台頭した新興の勢力はデカンを超えインド各地に進出して、デリーを脅かした。

⑵ 周辺情報

■ベンガル

ベンガルでは、太守ムルシド・クリー・ハーン（在位一七一七年―一七二七年）が実質的にはムガル帝国から独立して統治していた。その後、彼の養子とその息子が跡を継いだが、一七四〇年、アリーヴァルディー・ハーンが太守位を簒奪した。一七五六年、アリーヴァルディー・ハーンが死ぬと、孫のシラージュ・ウッダウラ（Siraj-ud-Daulah）が、二十九歳で太守になった。シラージュは祖父が太守のときその地位を奪おうとしたことがあった。叔母のガシティ・ベグムや従兄弟たちと敵対しており、アリーヴァルディー・ハーンの異母妹の夫ミール・ジャアファルも太守の地位を欲していた。

シラージュが、（ガシティが頼みとしていた）ダッカ市長のフセイン・クリ・カーンを暗殺したので、ガシティは後任市長にラジャ・ラジ・バラブを任命した。すると、シラージュはラジ・バラブを公金横領の容疑で家族全員の逮捕と財産取り押さえのため兵隊を送った。ラジ・バラブの息子のクリシュナ・ダスはカルカッタの英国人居留地に逃れこんだ。

当時、英国とフランスは要塞強化の工事を進めていたが、シラージュは工事の中止を求めた。さらに、英国にはクリシュナの引き渡しと、以前から主張していた東インド会社社員の私的貿易の関税支払いを要求した。フランスは工事中止の要求に従う姿勢を示したが、英国は、三つの要求を拒否し、シラージュの使者を追い返した。これにより、一七五六年五月、シラージュは軍に首都ムルシダーバードの英国の工場を襲わせ、工場長の英国人を拘束した。六月半ば、一万五〇〇〇人の兵士と五〇〇頭の象と五〇の大砲でカルカッタを攻撃した。英国守備隊は公称五〇〇名（実際は半分位）の英国人、ポルトガル人、アルメニア人の混成部隊であったが、司令官ドレークは自分達の力を過大評価し、英国植民地史上最悪の敗北に陥った。

その夜、一四六名の英国側捕虜がフォート・ウィリアム内の「ブラック・ホール」と名付けられた小さな牢獄（約二三平方メートル）に収容され、一二三名が窒息死する事件が起こった。これはシラージュもその部下も牢獄の大きさなどフォート・ウィリアムの内部をよく知らなかったせいで起こった惨事であった。英国側はドレークの一方的説明を根拠に、「ブラック・ホールの悲劇」(注一八)としてシラージュやベンガル側の残酷さを大きく広めた。

翌年一月、マドラスからロバート・クライブ（一七二五年―一七七四年）の率いた英国東インド会社軍がカルカッタを奪回した。六月、フランス東インド会社の支援を受けたシラージュ・ウッダウラ軍と英国東インド会社軍は、プラッシー（カルカッタの北約一五〇キロメートル）の地で戦い、シラージュ・ウッダウラ側の完敗に終わった。アリーヴァルディー・ハーンの義理の弟、ミール・ジャアファルがベンガル太守に擁立され、事前に結ばれた条約通り、次のことがなされた。

・シラージュ・ウッダウラによるカルカッタ攻撃で英国東インド会社が被った損害の賠償として一〇〇〇万ルピーを支払う。

・カルカッタの南、カルピーまでの地を英国東インド会社のザミンダーリーのもとにおく。

さらに一七五七年十二月

・カルカッタ郡の一部を含む二四郡のザミンダーリーを英国東インド会社に授与する。

一七五八年、ベンガル太守ミール・ジャアファルは英国東インド会社に対し、カルカッタおよびその周辺のザミンダーリーからの租税を免除した。

『プラッシーの戦い』

一七五七年、英国東インド会社軍と、フランス東インド会社の支援を受けたベンガル太守シラージュ・ウッダウラ軍がベンガル地方のプラッシーで戦った。

クライブの率いる英軍は、英兵九五〇人、インド人傭兵二一〇〇人、それに六ポンド砲八門を備えていた。太守軍は大砲四〇門、歩兵五万人、騎兵一万八〇〇〇人に、フランスの精鋭五〇人が加勢していた。しかし、当時は雨季（モンスーン）の最中で、前夜からの激しい雨により火薬が水浸しになり、四〇門の大砲はほとんど役に立たなかった。

午後になって太守軍は攻撃に出たが、ミール・ジャアファルの指揮する主力軍は傍観していた。クライブが太守の参謀長ミール・ジャアファルを後任太守にすえることを条件に味方にしていたためである。太守軍のなかで戦ったのは親衛隊とフランス軍だけであったが、太守軍が優勢になると、ミール・ジャアファルは「明日の勝利を期して」退却するよう進言した。太守がその助言を受け入れると、前線の兵士たちは混乱し、戦意を失った。戦況は逆転し、太守はラクダに乗って戦場を逃れたが、数日後パトナで捕らえられて処刑された。

この戦争で太守軍が英国軍に与えた損害は、死者二〇人（うち英国人兵四人）、負傷者四七人（うち英国人兵一一人）であった。


その後、ミール・ジャアファルは英国東インド会社の専横に反発し、両者の対立が高まった。

一七六〇年、英国東インド会社はミール・ジャアファルを太守位から追放し、その女婿ミール・カーシムを太守にすえた。このときの両者間の条約により、ミール・カーシムは英国東インド会社に対して、その軍費にあてるために、バルドワン、ミドナプル、チッタゴン三郡の徴税権を授与した。（この三郡からの租税により、ヨーロッパ人騎兵五〇〇騎、ヨーロッパ人歩兵二〇〇〇人、インド人傭兵八〇〇〇人が保持された）

一七六三年二月、ミール・カーシムは、英国東インド会社に認められていた自由通関権に干渉しようとしたことから、両者の間に紛争が起きた。英国東インド会社は再びミール・ジャアファルを太守に就け、敗れたミール・カーシムはアワド地方に逃れた。

ミール・カーシムは、アワド太守シュジャー・ウッダウラ（Shuja ud-Daula）の援助を受け、亡命中のムガル皇帝シャー・アーラム二世も加わって、一七六四年、英国東インド会社に対抗しようとしたが敗れた。翌一七六五年八月十六日、シャー・アーラム二世はアラーハーバード条約を結び、六年にわたってアラーハーバード砦に、事実上英国の囚人として暮らした。

また、すでにザミンダーリーが与えられていたカルカッタ周辺の二四郡と徴税権の与えられていたバルドワン、ミドナプル、チッタゴン三郡をあらためてディーワーニーとして授与する勅令を発した。この勅令により、ベンガル州全体が、英国東インド会社のディーワーニーのもとにおかれることになった。

アワド太守シュジャー・ウッダウラは英国東インド会社に対して戦争賠償金として五〇〇万ルピーを支払わ

せられたが、さらに軍事同盟を結び、アワドが外敵から攻撃を受けた際には、彼が軍の費用を負担する条件で会社が軍事的支援をすることを約した。この同盟によって、アワド太守は会社に従属することになった。

英国東インド会社は、一七六五年からベンガルの真の支配者となった。会社の軍隊が唯一ベンガルの防衛にあたった。会社はベンガルの民衆の福利に関心はなかった。一七六六年から一七六八年まで三年間に、約五七〇〇万ポンドの富がベンガルから流出した。一七七〇年、ベンガルは飢饉に見舞われ人口の三分の一が命を落とした。旱魃だが　会社の対応が悪く深刻化した。

■英国東インド会社

初期の東インド会社はオランダやフランスとの通商権の縄張り争いに追われており、インド人とはできるだけ摩擦を避けようと務めた。西海岸のスーラト（後にボンベイに移される）と南海岸のマスリパタム（後にマドラスに移される）を拠点に綿布・絹織物・硝石・インド藍（インディゴ）などを求めて、内陸に商業基地（商館）を建設することに専念した。彼らは取引のためには詐欺や脅迫も辞さない代わりに、皇帝や太守の前では、額を地になすりつけんばかりにへりくだり、下級役人にまで賄賂をつかませる抜け目のない商人たちであった。アウラングゼーブ帝の死後、ムガル帝国は崩壊の一途をたどり始め、国内は群雄割拠の様相を呈していった。ヨーロッパ列強間では、十七世紀末までにポルトガル、ついでオランダが脱落し、英国とフランスがしのぎを削るようになった。

英国東インド会社は、カルカッタ、マドラス、ボンベイなどを中心にフランスの東インド会社と争った。一七五七年プラッシーの戦いでフランスを破り、インドの覇権を握った後は、単なる貿易会社にとどまらず、政治的にもインドを支配するようになっていった。東インド会社の駐在員たちは、熱帯の気候や疫病に冒されないうちに、できるだけ短時日に、できるだけ多くの富をもって帰国することに努めた。一攫千金を夢見る若者たちは、ベンガルの書記のポストに殺到した。その年俸一〇〇〇ギニ（一〇五〇ポンド＝約九〇万円）は、悪条件ぞろいの海外駐在員の給料としては、決して高額とは言えなかったが、本俸など彼らの眼中にはなかった。東インド会社の職員たちは、土侯や土着商人から多額の賄賂を受け、会社の自由通関証やその他の特権を利用して個人で商業を営み、財をなして帰国した。それは商取引という名の恐喝・詐欺・掠奪行為であった。

クライブは、ベンガル太守から個人的プレゼント一六万ポンドを含めて二八万ポンドを得たと言われている。また、ベンガル知事ヴァンシタートは、ベンガルでの現地支配者が更迭されたとき、新しく支配者になる者に対して二二万五〇〇〇ポンドを要求したと言われている。(木村雅昭、二〇二〇年)

東インド会社職員のこのような傍若無人の行状は、本国議会でも問題となり、一七七三年に東インド会社に関する規制法が制定され、会社を政府の直接監督下に置くことになった。カルカッタに総督府と最高法院が設置されて、ウォレン・ヘースティングズが初代総督(在任一七七三年―一七八五年)に任命された。インドにおける近代的官僚制度への布石がうたれたわけであるが、それは「公然たる掠奪が……ずっと陰険な合法的収奪の形をとった」だけのことだと言われている。(表4-2参照)

英国東インド会社は、十九世紀初頭の「ナポレオン戦争」が終結すると、ふたたびアジアに進出し、中国との「アヘン戦争」(一八四〇年―一八四二年)で香港を獲得した。インドでは英国の強引な統治に対して人々の不満が高まり、一八五七年、北部のメーラトでシパーヒーによる反乱が起こった。反乱は各地に広まり、鎮圧するのに約一年半かかった。英国議会から統治失敗の責任を追及され、東インド会社はインドの行政権をヴィクトリア女王に譲渡することになった。一八五八年八月、英本国は、インド統治改善法を制定して、東インド会社が保有するすべての権限を英国王に委譲させた。東インド会社は解散し、約二五〇年にわたる活動に終止符がうたれた。東インド会社の株主に対しては、一八七四年まで配当金を支払うと約束していたので、一八七四年一月一日まで残務処理が存続した。

『民族意識の欠如』

広大なインド亜大陸には、ベンガル人・タミル人・マラータ―族・ラージプート族・シク族などが独立して住んでいた。彼らはそれぞれの種族・宗教・言語・王国を越えた国家とか民族を考えることはなかった。北インドを広く旅行した英国人のヒーバー司教は、「ヒンドゥスターン人はベンガル人を英国人と同程度に外国人だとみなしている」と伝えている。さらに、度重なる相互侵略によって、互いに激しい敵意や憎悪を抱き合っていたので、十九世紀の初めに、英国軍がマラータ―戦争に出陣したとき、ベンガルの貴族や商人たちは英国軍に加担し、進んで物資の援助を申し出たという。

プラッシーの戦い（一七五七年）でも、英国軍の三分の二が他地方からの傭兵であった。カール・マルクス（一八一八年―一八八三年）は「インド人がインド自身の負担で養うインド人軍の力によって、英国に従属させられている」と言い、次のように分析している（「イギリスのインド支配の将来の結果」、一八五三年）。

ムガル帝国の至上権は、ムガルの太守たちによって破られ、太守たちの権力はマラータ―族たちによって、さらにマラータ―族の権力はアフガン人によって打ち破られた。すべての勢力が互いに入り乱れて争っているうちに、英国人が割り込んできて、これら全部を従えることができた。イスラム教徒とヒンドゥー教徒に分裂しているばかりか、種族と種族、カーストとカーストとに分かれている国、またすべての成員の間の一般的な反目と、生来の排他性の結果生じた一種の均衡の上にその体制が基礎をおいているような社会は、征服の餌になるよう運命づけられていたのではないだろうか。

一般大衆

一般大衆にとって、外国人の侵入や支配者の交替はほとんどかかわりのない出来事であった。プラッシーの戦いの後、クライブが七〇〇名の軍勢（英国兵二〇〇名）を率いて首都ムルシダーバードに入洛したとき、赤

	総督名/(在任期間)/爵位	出身・履歴	出来事
	[ベンガル総督]		
1	Warren Hastings (1773-1785)	18歳で入社 商館会議メンバー ベンガル知事	カルカッタに最高裁判所設置(1774) 第1次ロヒラ戦争(1773-1774). 第1次マラータ戦争(1775-1782). 第2次マイソール戦争(1780-1784) カルカッタにヒンドゥー・カレッジ(1781)とカルカッタ・マドラサ（アリヤ大学）設立（1781). 英国でインド法成立（1784）. ベンガル・アジア協会創設(1784)
臨時	J. Macpherson/(1785-1786)/准男爵		
2	Charles Cornwallis (1786-1793) 侯爵		第3次マイソール戦争(1790-1792)、 政府要職からのインド人排除、永代地税制度の導入 ベナレスにサンスクリット・カレッジ設立（1791）
3	John Shore/(1793-1798) ティンマス男爵	社員*（19年間）	第2次ロヒラ戦争（1794）
臨時	Alured Clarke/(1798)		
4	Richard Wellesley (1798-1805) 侯爵	貴族	第4次マイソール戦争でマイソール征服(1799) 第2次マラーター戦争(1803-1805）に勝利 政府要職からインド人を完全に排除. シク王国成立(1801)
5	C. Cornwallis/(1805)/侯爵		再任、在職中に死去
臨時	G. Barlow/(1805-1807)/准男爵		
6	G. Elliot-Murray-Kynynmound (1807-1813)/初代ミントー男爵	貴族 インド庁長官	ジャワ遠征、財政再建 摂政皇太子ジョージの圧力で解任
7	Francis Rawdon-Hastings (1813-1823)	貴族 軍人	英国・ネパール戦争(1814-1815),スガウリ講和条約(1816). 第3次マラータ戦争でマラータ同盟征服(1817-1818). カルカッタにヒンドゥー・カレッジ（現プレジデンシー大学）設立（1817)、 ピンダレー掃討戦（1817-1818）
臨時	John Adam/(1823)		
8	William Pitt Amherst (1823-1828)/侯爵	外交官 対中賠償交渉団長	第1次英緬戦争(1824-1826)
臨時	W.B. Bayley/(1828-1828)		
9	W.H Cavendish-Bentinck/(1828-1833		ベンガルでサティー禁止条例（1829）
	[インド総督]		
9	W.H.Cavendish-Bentinck/(1833-1835) (貴族への叙任辞退)		タギー撲滅（1829-1835）、 カルカッタに医学校と病院設立（1835）
臨時	C.T.Metcalfe/(1835-1836) 准男爵		カルカッタに公共図書館（現インド国立図書館）設立(1836)
10	George Eden (1836-1842) オークランド伯爵	貴族 商務長官	第1次アフガン戦争（1838-1842） 最初のベンガル新聞Sambad Prabhajer発刊（1839). ボンベイ銀行(現インド国営銀行)設立（1840）
11	Edward Law (1842-1844) エレンボロー男爵		グワリオール遠征(1843)英国がマラーターを打倒 マドラス銀行(現インド国営銀行）設立（1843) インド奴隷法(1843)、シンド地方併合(1843)
臨時	W.W.Bird/(1844)		
12	Henry Hardinge (1844-1848)/子爵	軍人	第1次 英シク戦争(1845-1846) アッサム茶の栽培奨励
13	James Andrew Brown-Ramsay (1848-1856) ダルハウジー侯爵	貴族 商務長官	「失権の原理」に基づく併合政策実施(1848-1856) 第2次シク戦争(1848-1849)でシク帝国撲滅 カルカッタ女学校設立（1849). 第2次英緬戦争(1852) 最初の電信腺(ダイヤモンド・ハーバーとカルカッタ間)敷設(1851), ボンベイとターネー間鉄道客車運行(1853) 郵便法令(1854), ロンドンでICS公開試験開始（1853）
14	Charles John Canning (1856-1858)/子爵	父は首相 郵政大臣	ヒンドゥー寡婦の再婚認容(1856), カルカッタ大学・ボンベイ大学・マドゥラス大学設立(1857) インド大反乱鎮圧(1857-1858)
	[インド副王兼総督」	（英国王が任命）	
14	Charles John Canning (1858-1862)/伯爵		ヴィクトリ女王の直接統治宣言（1858.11.1） 考古学的研究の導入
15	James Bruce (1862-1863) (初代)エルギン伯爵	貴族. カナダ総督 中国特使. 日本特使	カルカッタ高等裁判所・ボンベイ高等裁判所・マドラス高等裁判所設立（1862)、 ワッハ-ビ-運動鎮圧. 在任中に心臓発作で死亡.
臨時	R.C.Napier/(1863)/男爵		
臨時	W.Denison/(1863-1864)		

16	John Laird Mair Lawrence (1864-1869)/男爵	社員出身 34年間インド勤務	ブータン戦争(1864-1865). 英国は アッサムとベンガルを併合. 鉄道・灌漑の建設. 都市・兵舎・監獄の衛生状態の改善
17	Richard Southwell Bourke (1869-1872) メイヨー伯爵	アイルランド貴族 アイルランド貴族相3回	財政再建(軍事費・行政費・公共事業費の削減. 塩税・所得税の導入). 最初の国政調査実施(1879) 暗殺された（1872）
臨時	John Strachey/(1872)		
臨時	F.Napier/(1872)/男爵		
18	Thomas George Baring (1872-1876) ノースブルック伯爵	貴族 曾祖父は会社会長 インド省次官	M.A.O.College(後のアリーガル大学)設立(1875) Prince of Wales EdwardVII の来印 ソールズベリー（インド相）と対立し辞職
19	Edward Robert Bulwer-Lytton (1876-1880) 伯爵	貴族 リスボン公使	ヴィクトリア女王のインド皇帝就任(1876) マドラス管区・ボンベイ管区の大飢饉（1876 - 1878） 塩税の減税・軍隊の改革・飢饉対策法の制定. 第２次アフガン戦争(1878-1880)
20	G. F. S. Robinson (1880-1884) リポン侯爵	父が首相 インド相 カソリック教徒	第２次アフガン戦争の後始末. アラブの反乱鎮圧のためのインド軍遠征費半額を本国政府に負担させた. イルバート法案提出(1883)と廃案（1884）
21	F.T.Hamilton-Temple-Blackwood (1884-1888) ダファリン侯爵	貴族. カナダ総督 駐露大使 トルコ大使	第3次英緬戦争(1885)で上ビルマ併合し、ビルマをインドの属州とした(1886). シッキムからチベット人追放. 国民協議会(1883)・インド国民会議(派)(1885)創立
22	H.C.K.Petty-FitzMaurice (1888-1894) ランズダウン侯爵	貴族 インド省次官 カナダ総督	シッキム保護国化(1890) 12歳以下の少女の結婚禁止(1891) 英国とアフガニスタン間でデュランド・ライン 画定
23	Victor Alexander Bruce (1894-1899) (第9代)エルギン伯爵	貴族 父が総督	チトラル遠征(1895), ボンベイに線ペスト拡大(1896) 全国的大飢饉(1896-1897)
24	George Nathaniel Curzon (1899-1905)/男爵 侯爵に昇進(1921)	貴族 インド省次官 外務省次官	北西辺境州新設(1901). アニー・ベサントがヒンドゥー女学校設立(1904). F. Younghusbandのチベット遠征(1903-1904). 遺跡保護法制定. ベンガル分割令(1905)
25	G.Elliot-Murray-Kynynmound (1905-1910) 第4代ミントー伯爵	曾祖父が総督 カナダ総督	J. Tata がTISCO設立(1905). ムスリム連盟設立(1906). ベンガル分割に反対するスワデシ運動(1905-1911) モーリー・ミント改革(インド政府法)制定(1909年)
26	Charles Hardinge (1910-1916) 男爵	祖父が総督 外交官 外務次官	ベンガル分割廃止(1911). デリー遷都(1911). 第１次世界大戦(1914-1918), プネーに 女子大学SNDT創立(1916) インド・中国間にマクマホン・ライン作成(1914)
27	Frederic John Napier Thesiger (1916-1921) チェルムスフォード子爵	貴族 オーストラリア州知事	第3次アフガン戦争(1918-1919)の結果アフガニスタン独立. インド政府法(1919)・ローラット法(1919)制定 ジャリアンワーラーバーグの虐殺（1919） キラーファト運動（1919-1920). アリーガル・ムスリム大学設立(1920). 非協力運動(1920-1922)
28	Rufus Daniel Isaacs (1921-1926) レディング侯爵	学歴無し. (ユダヤ人) 24歳で法学院入学 主席判官 駐米大使	ローラット法廃止,　ヒンドゥーとイスラムの抵抗運動を分断. 最初の州議会選挙実施. 反選挙運動弾圧. インド軍将校のインド人化を初めて実施. 政府上級ポストの半分以上をインド人化 国際連盟加盟. 国産綿製品の消費税全廃
29	E.F. Lindley Wood (1926-1931)/アーヴン男爵 ハリファックス伯爵(1944~)	祖父はインド庁長官 教育大臣 農林大臣	サイモン委員会(1928). ガンディーの塩の行進(1930-). 反英運動弾圧 第1回ロンドン円卓会議(1930). イクバールのイスラム国家構想(1930)
30	Freeman Freeman-Thomas (1931-1936) ウィリングドン侯爵	ボンベイ知事 マドラス知事 カナダ総督	第2回ロンドン円卓会議(1931). 第2次不服従運動弾圧 第3回ロンドン円卓会議(1932). パキスタン宣言(1933) 新インド統治法成立(1935)
31	Victor Alexander John Hope (1936-1943) リンリスゴー侯爵	貴族	州議会選挙(1937). 第２次世界大戦に参戦(1939). クリップス使節団訪印(1942),「インドから出て行け運動」を弾圧(1942), ベンガル飢饉(1943)
32	F.M.A.P.Wavell (1943-1947)/伯爵	中東方面軍司令官 インド軍司令官	戦時体制強化, 第2次世界大戦終了(1945) 総選挙(1946). 海軍反乱（1946）
33	L.F.A.V.N.Mounthatten (1947)/伯爵	王族. 連合軍東南方面 最高司令官	インド連邦創設
	［インド連邦総督」		
33	L.F.A.V.N.Mounthatten (1947-1948)/伯爵	ヴィクトリア女王の 曽孫	(独立インドの初代総督)
34	Chakravarti Rajagopalachari (1948-1950)		(最後の総督)

＊社員：　英国東インド会社社員

表4－2　インド歴代総督

毛の兵士を見ようと十万人程の見物人が集まってきた。「もし、彼らがヨーロッパ人をやっつけてやろうと思ったら、棒切れや石をもってしてでもそれができたかもしれない」と後年クライブは、議会委員会でその時の恐怖を告白している。インドの植民地化に行政手腕を揮ったジョン・マルカムも「土着民の結合の不足が、我が権力の最強の基盤の一つであると思われる。それが他のなにものにもまして権力確立に貢献してくれた」と述懐している。（森本達雄、一九八〇年）

ヒンドゥー大衆にとって支配者は圧政のために存在しているとしか思えなかった。ヒンドゥーの伝統によれば、土地は元来「王の所有物」であり、収穫の六分の一を「王の取り分」として納めてきたが、ムガル時代になると、ヒンドゥー融和政策の実践者であったアクバルでさえそれを三分の一に、さらに彼の後継者たちは二分の一にまで引き上げた。農民の暮らしは困窮をきわめ、不作や飢饉に備えて蓄えるなど、思いもおよばなくなった。

その後、帝位継承をめぐって陰謀や暗殺がくりかえされ、その日の糧に追われる人民の目には、支配者の交替は茶番劇であった。ラーム・モーハン・ローイが「神がこの国をムガルの圧政者の軛から解き放ち、英国人の支配下に置かれたことを謝する」と言ったのは、ヒンドゥー教徒一般の本心らしい。英国人の侵略を前にして、ヒンドゥー大衆が無感動であったのは、新しい支配者への危機感よりも、当面の圧政者に対する怒りや憎しみの方がはるかに強かったからであろう。（森本達雄，一九八〇年）

土地制度の改悪

どうすれば効率よく地税を徴収できるかが考えられ、地税はうなぎのぼりに上がった。コーンウォリス総督（在任一七八六年―一七九三年）は、ザミンダーリー制を採用した。

一七六四年～一七六五年　ベンガル太守が徴収した地税　八一万七〇〇〇ポンド
一七六五年～一七六六年　東インド会社徴税権　一四七万ポンド

一七七一年〜一七七二年　東インド会社徴税権　　二三四万一〇〇〇ポンド
一七九三年〜　　　　　　東インド会社徴税権（固定）　三四〇万ポンド

地税を滞納した地主や農民の所有地は、容赦なく競売に付され、旧地主や農民の圧倒的多数が土地なき小作人になりさがっていった。買い手のほとんどが、英国人と利害を共にする新興商人や高利貸しであった。十九世紀に入って英本国の資本主義が急ピッチで進むにつれ、インドは原料を供給する農業植民地に変えられていった。綿花・ジュート・インド藍（インディゴ）・茶などの栽培が強要され、農村の伝統的な自給自足体制が崩壊し、農民が高価な穀物を買わされるはめに追い込まれた。

『大飢饉』

古来インドでは、大飢饉は五十年ごとにやってくるとの言い伝えがあり十一世紀から十七世紀までに十四回の大飢饉があった。ところが、東インド会社が徴税権を獲得した一七六五年から一八五八年までの九十年間には十二回、さらに英国の直接政治の最初の約半世紀間（一八六〇年―一九〇八年）には二十回に急増している。

一七七〇年のベンガル・ビハール大飢饉では、人口の三分の一以上が餓死した（この飢饉で同地方の優秀な職工がほとんど死滅したことが、インドの綿産業の没落に拍車をかけたとする学者さえある）。それはすべて「英国支配がもたらした蔓延的な人災（重税、失業、貧困、人口増加、労働意欲の喪失、食糧不足）」であった。

大反乱以来、農村の生活は益々困窮し、上がる一方の地税や小作料の重圧のなかで、農民は家財道具を売り払い、生命の綱とも頼む牛や水牛まで手放さなければならなかった。さらに大凶作が襲った。

英国の産業革命を支える農業革命

十七世紀、十八世紀のインド社会は商工業においても、交易の面においても決して遅れた発展水準にあったのではない。ヨーロッパ市場においても胡椒等の第一次産品とともに繊維製品（モスリン・キャラコ・更紗など）をはじめ諸々の加工品(注一九)が珍重された。東インド会社の初期の主な業務はインドの工業製品、織物類その他の品々や香料類などをヨーロッパに運ぶことであった。十八世紀後半、英国に産業革命が起こると、綿布の流れ(注二〇)は英国からインドへと転換し、インドからは原料の綿花が英国に輸出されるようになった。

掠奪同様にして集められたインドの富は、すべて英本国に持ち帰られ、当時進行しつつあった「産業革命」の大きな推進力となった。ワットの蒸気機関もカートライトの動力織機も、大規模にそれらを実用化する資本の蓄積と、近代工場から量産される製品の市場を必要とした。植民地インドは、資本と原料の供給および市場の提供の両面から英国の産業革命を成功させる手助けをさせられた。英国の産業資本家たちは、自国の市場からインド商品を締めだし、インドの市場を英国製品のために開放することを考えた。議会に働きかけて、インドの絹物やキャラコの着用禁止令をださせ、反面、さまざまな手段を用いてインドの国内産業を妨害し、無税の英国製品を市場に反乱させた。英国の機械生産に太刀打ちできなくなったインドの織物産業は、凋落の一途をたどりだし、十八世紀までは、世界の主な綿製品の産出・輸出国であったインドが、十九世紀半ばまでには、完全に綿製品の輸入国になってしまった。こうして職を失い、路頭に迷いでた数千万の職工や職人は、餓死するか、農村に帰るより他はなかった。インドは、英国の工業製品のために原料を提供し、それに市場を提供する、工業国英国の農業植民地と化した。

『英国の産業革命』

一七〇八年	トマス・ニューコメン	（発明／改良） 蒸気機関の考案

一七三三年　ジョン・ケイ　飛梭の発明
一七三五年　エイブラハム・ダービー父子　コークス製鉄法
一七六四年　ジェイムズ・ハーグリーブス　ジェニー（多軸）紡績機
一七六九年　リチャード・アークライト　紡績機の改良
一七七六年　ジェームズ・ワット　蒸気機関の改良
一七七九年　サミュエル・クロンプトン　ミュール紡績機
一七八〇年代　ジェームズ・ワット　蒸気機関の実用化
一七八四年　エドモンド・カートライト　力織機の発明

『人種的偏見』

英国人はこれまでの侵略者たちとも違い、海の外に本拠を置き、植民地から搾れるだけ富を搾りとる経済的搾取に徹しきった。東インド会社の駐在員たちは、熱帯の気候や疫病に冒されないうちに、できるだけ短時日に、できるだけ多くの富を持って帰国することばかり考えた。

政治的権力の拡大にともなって、現地の英国人一般の間にインド人に対して人種的偏見と優越感が目に見えてあらわになった。プラッシーの戦い以前にはベンガル太守に対して東インド会社はへりくだり、「額を地になすりつけて」挨拶していたが、支配者の座についたとたんに、インド人を「ブラック・インディアン」「木石漢」「半ゴリラ・半ニグロ」などと公然と嘲弄《チヨウロウ》しはじめた。英国のある歴史家は、こうした同胞の意識の変化を次のように観察している。

英国人とインド人の社交は、個人的友情の形で行われていた。それは十八世紀の生活ではよく見受けられた。ところが、その世紀が終わりに近づくにつれて、一般の英国人の態度が、ヒンドゥー教の迷信や回教徒の偏狭を非難する態度から、征服された劣等民族への軽蔑の態度へと変わっていった。インドを単に、誤れる慣習と堕落した人民の国としてだけではなく、いつまでたっても本質的に良くない国とみなす「優越コンプレックス」が形成されていった。

征服者のこうした思い上がりは、「鋼鉄の枠」と呼ばれた官僚機構の強化と並行して増大していった。総督コーンウォリス（在任一七八六年—一七九三年）は、インド人判事を英国人に代えた。また植民地の拡大という特命を帯びてきた総督ウェルズリー（在任一七九八年—一八〇五年）は、人種的差別政策をさらに徹底させ、政府の要職からインド人を完全に締め出してしまった。

キリスト教の宣教師たちのヒンドゥー教に対する批判・攻撃も激しく、インドの社会に巣食うさまざまな封建的因習や迷信をすべてヒンドゥー教の教義に由来するものと考え、キリスト教の宗教的・道徳的優越性を露骨に主張し、改宗をせまった。

一八二四年、バーラクプルの第四十七連隊の兵士が、ブラフマン（ヒンドゥーの最高カースト）が聖なる土地を離れて「黒い水（海）」を渡るとカーストを失うと言って、ビルマ出兵を拒否して蜂起した。反乱はたちまち鎮圧され、首謀者六人に絞首刑が、参加者全員に十四年の重労働が言い渡された。その後も、辺境地方、第二次ビルマ戦争、中国の太平天国の乱などへの遠征を巡っていざこざが絶えず、政府は一八五六年に一般募兵法を制定して新規志願兵にはいかなる勤務地にも赴くことを義務付けた。シパーヒーたちは、彼らの信仰をキリスト教に改宗させようとするための挑戦であるとみなした。

■カーナティック戦争

インド南東のカルナータカ沿岸では、英国東インド会社がマドラス、フランス東インド会社がポンディシェリーを拠点としてそれぞれインド経営を展開していた。ヨーロッパでオーストリア継承戦争（一七四八年）を戦っていた英国とフランスはカルナータカ沿岸でも戦争状態（第一次カーナティック戦争、一七四四年—

一七四八年）となり、英国がフランス船を捕らえたため、フランス艦隊がマドラスを占領した。オーストリア継承戦争が終わるとインドでも停戦となり、マドラスは英国に返還された。

フランスのインド総督デュプレックス（在位一七四二年―一七六三年）は、よく訓練された近代的なフランス軍を使ってインド人支配者のあいだの紛争に介入し、一方に加担することで勝利した側から金銭あるいは領土の見返りを得る戦略をとった。一七四八年、カーナティックでは、太守のアヌワールッディーンに対して陰謀をはかるチャンダー・サーヒブと密約を結びアヌワールッディーンを戦死させた。アヌワールッディーンの息子ムハンマド・アリーはティルチラーパッリ（トリチノポリ）に逃れた。チャンダー・サーヒブはフランスにポンディシェリー近郊の八〇村を報償として与えた。ハイデラバードでは、ニザーム（君主）ムルク・アーサフ・ジャーが死去すると息子のナースィル・ジャングと孫のムザッファル・ジャングの間で後継争いが起こった。デュプレックスはムザッファル・ジャングと密約を結んだ。ナースィル・ジャングは殺され、ムザッファル・ジャングが太守の地位を継承した（第二次カーナティック戦争、一七五〇年―一七五四年）。新ニザームは謝礼としてポンディシェリー近郊の領地と旧マチリーパトナムの町をフランス東インド会社に与えた。またフランス東インド会社とその軍隊にそれぞれ五〇万ルピーずつを支払った。デュプレックス個人も二〇〇万ルピーなどを受け取った。

一七五一年からチャンダー・サーヒフはフランスの援助のもとで、ムハンマド・アリーの籠城するティルチラーパッリ要塞を攻めたが、英国東インド会社の若い書記官ロバート・クライブは手薄な首都アールコットを攻撃し占拠して、ティルチラーパッリの包囲を放棄させた。一七五二年にはチャンダー・サーヒフ自身も敗れ、タンジャーヴール・マラーター王国に援助を求めたが、裏切られて殺害された。デュプレックスは善戦したが、フランスは戦争の長期化を避けるため、一七五四年本国に帰還させ、和議を結んで戦争は終結した。

ヨーロッパで七年戦争（一七五六年―一七六三年）が勃発すると、南インドでも英仏の戦争が勃発した（第三次カーナティック戦争、一七五八年―一七六三年）。フランスは一七五八年末からマドラス包囲戦で英国をせめたが、人員と弾薬の補充を受けた英国が持ちこたえた。かねて行っていた大規模な軍艦建造計画の結果、フランスの約五〇隻に対して、英国は約三五〇隻の艦隊を派遣した。制海権の獲得と強力な海軍の援護を受けた英国は反撃にでて、一七六〇年、フランス軍に決定的な勝利をおさめた。英国はフランスの南インドの拠点であるポンディシェリーを兵糧攻めにして、一七六一年占領し、一七六三年のパリ条約締結をもって戦争は終了した。フランスはポンディシェリーを返還されたが、事実上インドから撤退しなければならなかった。

『インドでの戦争からの教訓』

フランス人のポンディシェリー総督デュプレックスは敏腕な政治家で、インドの政治状態を容易く把握した。

1. ヨーロッパ式に訓練された一握りのインド人兵士たちは、インド人支配者たちの非常に多くの訓練されていない大集団には手に負えない。

2. インドの政治的支配者層の不安定性とインド人支配者たちのあいだの絶え間ない抗争。

1.と2.から、少人数でもよく訓練された軍隊が、抗争している当事者の一方に味方するなら、容易に成功を収めることができる。

デュプレックス総督は、カーナティックの太守が、マドラス奪回のため、兵力一万の軍隊を派遣したとき、僅か五〇〇の兵で彼らを完全に敗走させ、この理論を実証した。

まもなく、ロバート・クライブら英国人が同様の政策を遂行した。

1. インドにナショナリズムが欠如している状況で、英国はインドの支配者たちの内部抗争に乗じて、自らの政治的企てを推進できる。

2. ヨーロッパ人であれインド人であれ、西洋式の訓練を経た兵士は、近代的な武器と砲兵の援護があれば、激戦において旧式なインド軍を容易に打ち破ることができる。

3．インド人は金払いさえよければだれにでも雇われる。
この政策は、最終的に英国のインド征服へと導いた。

■マイソール戦争

ヴィジャヤナガル王国の崩壊後、その継承国家としてできたマイソール王家（ヒンドゥー教徒のオデヤ朝）では、イスラム教徒のハイダル・アリーとティプー・スルタン親子(注二一)が農業を奨励し、産業の近代化を図るなどして国力を再建した。これに宗主国を自任するマラーター同盟と、北に隣接するハイデラバード王国が、英国東インド会社と結んで攻撃をかけた。ハイダル・アリーはマラーター同盟とハイデラバード王国とは妥協しながら、英国に的を絞り、マドラス攻撃をしようとしたので、一七六九年、英国は講和した（第一次マイソール戦争）。

一七八〇年、マイソール王国の実権を握るハイダル・アリーはフランスやマラーター同盟と結んで英国に宣戦布告してマドラスを攻撃した（第二次マイソール戦争、一七八〇年—一七八四年）。一七八二年にハイダル・アリーは戦いの最中に死去した。オデヤ家の王を廃して自らスルタンとなったティプー・スルタンは戦争を継続したが、フランスが一七八三年のパリ条約で英国と講和してインドでの戦争から脱落したため、翌年マンガロールで講和した。ティプー・スルタンは英国の国力の高さを認識し、国内の土地制度の改革、近代産業の育成などに着手した。

新たにベンガル総督となったコーンウォリス（在位一七八六年—一七九三年）は、一七九〇年、マイソール王国が南部のヒンドゥー勢力を攻撃したことを口実に、マラーター同盟、ハイデラバードの軍も加えて三方からマイソール王国に侵攻した。フランスは革命中で援軍をだす余力はなく、一七九二年、ティプー・スルタンは降服した（第三次マイソール戦争、一七九〇年—一七九二年）。シュリーランガパトム（セリンガパタム）条約によってティプーは領土の半分を英国とその同盟勢力に割譲し、賠償金三三〇〇万ルピーを支払った。

英国のベンガル総督ウェルズリーは、マイソール王国がフランスと同盟することを恐れ、一七九九年総攻撃を開始し、マラーター同盟も加わりマドラスとボンベイの両側から攻撃した。ティプー・スルタンは英国の示す屈辱的な条件での講和を拒否し銃弾に撃たれて死んだ。マイソール王国は降服し、英国の南インド支配は確立した（第四次マイソール戦争、一七九九年）。マイソール王国のほぼ半分は英国とその同盟者であるニザーム（君主）のあいだで分譲された。縮小したマイソール王国は、ハイダル・アリーによって政権をうばわれたヒンドゥー教徒の前王家が復位したが、軍事保護条約を押し付けられ、実質的な独立を失って藩王国として英国に従属することになった。

■マラーター王国とマラーター同盟

シャーフー

アウラングゼーブの死後釈放されシヴァージーの孫シャーフーは、マラーター王国に向かった。コールハープルで息子シヴァージー二世（ラージャー・ラームの息子）を擁して反ムガル闘争を率いていたターラー・バーイーと対決して勝利し、マラーター王となった（一七〇八年）。マラーターの諸侯（サルダール）たちは、権力の座を目指すシャーフー派とコールハープル派のどちらかに加わったので、マラーター王国を中心とする諸侯の同盟ができた。一七一〇年、シャーフーはシヴァージー二世にコールハープル地方一帯を領地として与えたので、シヴァージー二世を初代とするマラーター王国の分国ができた。その後、分国はシヴァージー二世の弟サンバージー二世が王となり、マラーター王国とはワールナー条約を交わして分離した。

バラモン出身のバーラージー・ヴィシュヴァナートは、一介の租税官から徐々に官僚機構の階段を上りつめていったが、シャーフーに忠誠を誓い、敵対勢力の鎮圧に功をなした。外交手腕に長けた彼はマラーターの大サルダールを多数シャーフーの陣営に導きいれた。シャーフーは彼をペーシュワー（宰相）（在位一七一四年―一七二〇年）に任じた。

バーラージー・ヴィシュヴァナート

バーラージー・ヴィシュヴァナートは着々とマラーターのサルダール達に対するシャーフーならびに彼自身の権威を固めていった。コールハープル地方を除く、マハーラーシュトラのほとんどの地域を勢力下においた。サイイド兄弟と協約を結び、かつてのシヴァージーの王国領は全てシャーフーに返還された。シャーフーはムガル皇帝の宗主権を名目的に認めていたが、さらに見返りとして、一万五〇〇〇の騎兵を皇帝に提供すること、デカンにおける反乱と掠奪に歯止めをかけること、さらに毎年一〇〇万ルピーを支払うことを約束した。一七一九年、マラーターの軍勢を率いたバーラージー・ヴィシュヴァナートはサイイド兄弟がファッルフシャルを打倒するのに加勢した。

バージー・ラーオ一世

一七二〇年、バーラージー・ヴィシュヴァナートは没し、二十歳の息子バージー・ラー

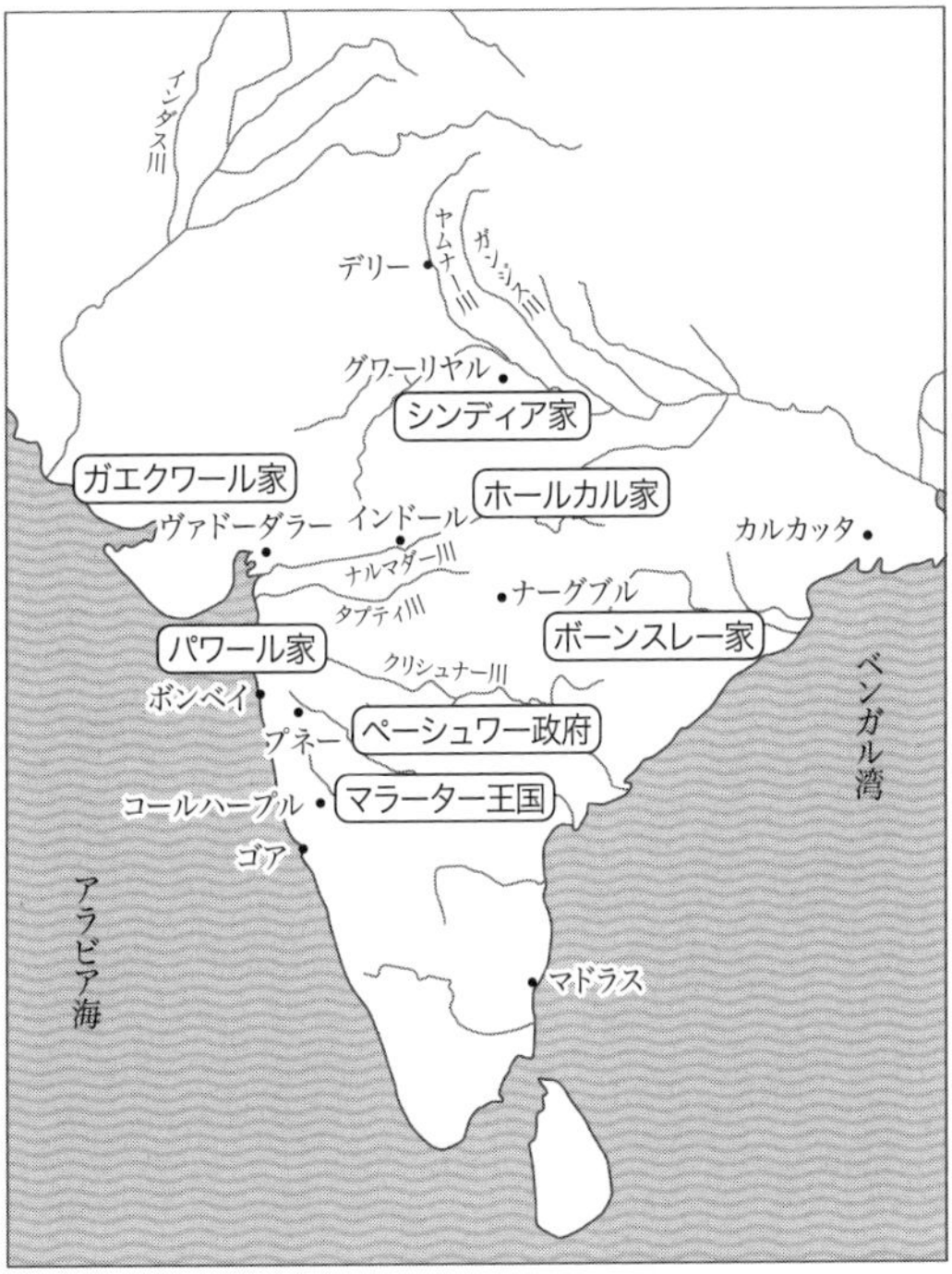

図4−1　マラーター同盟

オ一世(在位一七二〇年―一七四〇年)が跡を継いだ。バージー・ラーオ一世は勇敢で優れた指揮官で、シヴァージーの再来とも言われた。ムガル帝国の分裂と衰退に乗じてデカンからインド中部、北インド全体に勢力を伸ばし、広大な版図を領した。随行した武将たち(マラーター諸侯)に征服地を領有させ、諸侯が王国宰相に忠誠と貢納を誓い、宰相がその領土の権益を認める形をとった。これにより、北インドにはシンディア家、マールワーにはホールカル家、グジャラートにはガーイクワード家がそれぞれ統治を許された。のちに英国人はこの統治形態を「マラーター同盟」と呼んだ。(図4-1参照)

バーラージー・バージー・ラーオ

一七四〇年にバージー・ラーオ一世が没すると、息子のバーラージー・バージー・ラーオ(在位一七四〇年―一七六一年)が宰相となった。国王シャーフーは一七四九年に死去し、遺言によって国家事業のすべての権限が宰相の手に委ねられた。宰相職は既に世襲になっており、宰相は事実上の国家元首であった。政府は宰相の根拠地であるプネー(プーナ)に移され(一七五〇年)、マラーターの領土はさらに拡大した。ベンガルにも再三侵略し、オリッサが割譲された(一七五一年)。ハイデラバードのニザームはウドギルで敗れ、広大な領地を割譲した(一七六〇年)。北インドではムガル帝国の内政にも関与した。しかし、パンジャーブでは、アフガニスタンのドゥッラーニー(Durrānī)朝アフマド・シャー・ドゥッラーニー(在位一七四七年―一七七二年)と対決することになった。アフマド・シャー・ドゥッラーニーはローヒラーカンドのナジーブッダウラやアワドのシュジャー・ウッダウラと同盟を組んでいた。一七六一年一月十四日、パーニーパットにおいてアフマド・シャー・ドゥッラーニーとマラーターグ軍の戦端が開かれ最終的にアフマド・シャーが大勝した。しかし、アフマド・シャーは北インドを直接支配する気はなく、シャー・アーラム二世をムガル朝皇帝と追認し、カンダハルへ帰還した。(近藤信明、〈小谷汪之、二〇〇七年〉の補説13)

バーラージー・バージー・ラーオが同年六月に没した後、マラーターは統率力を失い、同盟の結束は緩んだ。ナーグプルのボーンスレー家、インドールのホールカル家、グワーリヤルのシンディア家、ヴァドーラーのガーイクワード家が分立した。

マーダヴ・ラーオ

マーダヴ・ラーオが十七歳で宰相（在位一七六一年―一七七二年）の地位に就いた。ハイデラバードのニザームを破り、マイソールのハイダル・アリーを屈伏させた。またローヒラー勢力を打ち破り、ラージプートの国々とジャートの領主権を制圧することによって、北インドでの支配権を立て直した。これに協力していたシンディア家のマハーダージー・シンディアがムガル皇帝シャー・アーラム二世をデリーに連れ戻した（一七七一年）。一七七二年、マーダヴ・ラーオは結核で死去した。

バーラージー・バージー・ラーオの弟ラグナート・ラーオとマーダヴ・ラーオの弟のナーラーヤン・ラーオのあいだで後継者争いが起こった。ナーラーヤン・ラーオが宰相位（在位一七七三年）についたが暗殺され（ラグナート・ラーオの関与は明らかだが証拠がない）。ラグナート・ラーオが宰相位に就いたが、ナーラーヤン・ラーオの死後に息子が生まれた。

マーダヴ・ラーオ・ナーラーヤン

この幼児がマーダヴ・ラーオ・ナーラーヤン（在位一七七四年―一七九五年）の名前で宰相位に就けられた。不満を抱いたラグナート・ラーオは英国に接近し、彼らの支援で権力を奪おうと試みた。これが第一次マラーター戦争（一七七五年―一七八二年）の引き金になった。英国は南インドで第二次マイソール戦争を戦っていたため、サルバイ条約（注一二）（一七八二年）を締結して兵を引かざるを得なかった。

プネーでは、ナーナー・ファドナヴィース（一七四二年―一八〇〇年、主席書記の意）を中核とするマーダヴ・ラーオ・ナーラーヤンの支持者たちと、ラグナート・ラーオの取り巻きのあいだで、陰謀が渦巻いていた。諸侯は北インドになかば独立し、宰相に対する忠誠は名ばかりのもので、相互に敵対した。第三次マイソール戦争でコーンウォリス（第二代ベンガル総督、在位一七八六年―一七九三年）に味方し、譲渡された領土の三分の一を得た。

マラーターのなかでもシンディア家が最も有力で、当主マハーダージー・シンディア（在位一七六八年―一七九四年）はフランスとポルトガルの将校と砲手の力をかりて、ヒンドゥーとムスリムの兵士からなる、強力なヨーロッパ式の軍隊を組織し、アーグラの近くに専用の軍需工場を建設した。ムガル帝国の内政にも関与して、一七八四年にはムガル帝国の摂政に任命された。彼は一七九四年に死去した。

バージー・ラーオ二世

マーダヴ・ラーオ・ナーラーヤンが一七九五年に死去（自殺）すると、ラグナート・ラーオの息子バージー・ラーオ二世（在位一七九五年―一八一八年）が宰相位を継いだ。しかし、ナーナー・ファドナヴィースの死後バージー・ラーオ二世と諸侯の関係は険悪となった。

バージー・ラーオ二世とホールカル家のヤシュワント・ラーオ・ホールカルは特に仲が悪く、一八〇二年、ヤシュワント・ラーオは、宰相府とシンディア家の軍を破り、プネーを占領した。

バージー・ラーオ二世は英国の保護を求め、軍事保護条約「パセイン条約」を結んだ。パセイン条約にはマラーター王国の領土割譲なども約してあったため、マラーター諸侯の怒りを買った。ホールカル家、シンディア家、ボーンスレー家は同盟して英国に立ち向かった。激しい戦いが各地で行われ、初めは静観していたホールカル家も激しく戦い英国と互角以上に奮闘した（第二次マラーター戦争、一八〇三年―一八〇五年）。

戦争による拡張政策で東インド会社の負債は三一〇〇万ポンドとふくれあがった。英本国ではナポレオンの脅威にさらされており、戦争に関する方針で対立したリチャード・ウェルズリー総督は事実上の更迭で解任された。長引く戦争に英国の財源は底を尽きかけていて、英国は使者を送ってヤシュワント・ラーオに講和を要請した。ほぼ現状維持に近いラージガート条約が結ばれることになったが、一八〇六年改定されて、ホールカル家に占領地の大半が返還され、事実上引き分けという形になった。シンディア家も英国に割譲した領土の大半を返還された。

ヤシュワント・ラーオは一八一一年突然死去し、幼い息子マルハール・ラーオ・ホールカル二世が跡を継いだ。マラーターの領土はほとんど無管轄で諸侯の内紛が起こっていた。

一八一四年、宰相バージー・ラーオ二世とガーイクワード家との間にグジャラートのアフマダーバード領有をめぐり争いが発生し、その調停は英国にゆだねられた。だが、一八一五年七月一四日、プネーでガエクワード家の使節が宰相家臣によって暗殺された。英国側はこれを口実に宰相に圧力をかけはじめ、一八一七年六月、プーナ（プネー）条約（注一三）を押しつけた。この条約は「形式においても、実質においても、マラーター同盟を解体すること」を強制するものだった。

一八一六年、バージー・ラーオ二世はシンディア家とホールカル家を誘って共同で英国に立ち向かうことを提案したが、英国はこの動きを察知していた。一八一七年十一月、バージー・ラーオ二世はプネー近郊の英国駐在官邸を攻撃させ、第三次マラーター戦争が始まった。マラーター側は圧倒的多数であったにも拘わらず敗北した。ボーンスレー家とシンディア家、ホールカル家も個別に英国に敗北し、軍事保護条約を締結しなければならなかった。英国は翌年二月、マラーター王国の首都サーターラーを占領し、マラーター王プラタープ・シング（在位一八〇八年―一八三九年）を保護下に置いた。バージー・ラーオ二世は長引く追撃戦に疲弊し、六月三日英国に降伏した。

宰相は退位させられ、カーンプル近くのビトゥールで年金（八〇万ルピー）生活者となった。宰相府は併合され、拡大した形でボンベイ管区が生まれた。ホールカル家とボーンスレー家は英国の保護軍を受け入れた。宰相の領土の一部に小さなサーターラー王国をつくり、英国の監督下に、シヴァージー王の子孫（プラタープ・シング）に統治させた。マラーター諸侯の領土は藩王国となり、英国の間接的支配のもとに領土の支配を許された。シンディア家やホールカル家の支配下に置かれていたラージプート諸王国も英国と軍事保護条約を締結し、藩王国となった。

プラタープ・シングは、一八三九年、ポルトガルと陰謀を企てたとして英国によって廃位され、年金受給者としてヴァーラーナシーへ追放された。シャハージー（在位一八三九年―一八四八年）が死去し、サーターラー藩王国はとり潰された。ボーンスレー家は一八五三年とり潰された。ゴールパデー家、パトワルダン家など南マラーター地方の多くの小領国は藩王国となった。

コールハープルのマラーター王国(注一四)は、一八一二年に英国と軍事保護条約を締結し、従属下の藩王国となった。しばしば継承者が途絶えたが、一族から養子が迎えられ、藩王位を継承した。

『軍事保護同盟』

インドの現地政権に英軍の費用を負担させてその政権を保護する政策は、かなり前からあったが、ウェルズリ総督はインドの諸国を英国の宗主権に服従させる手段とした。インドの現地政権は領土内に英軍を常時駐屯させ、その維持のための駐留費を支払わされた。これはインド政権の保護という名目だったが、実際はインドの支配者が英国に貢納金を払う制度でしかなかった。時には年間の駐留費の代わりに領土の一部を割譲した。

　軍事保護条約にはたいてい次の条項が盛り込まれていた。

・インドの支配者が英国人駐在官を宮廷に置くことを認める
・英国の許可なしにヨーロッパ人を雇わないこと
・総督に相談なしにほかのインド人支配者と交渉してはならない

その見返りとして、英国はインド支配者を敵から守ることを請け負い、また同盟国の内政には干渉しないと約束したが、その約束を殆ど守らなかった。英国が提供した駐屯軍を維持する経費はきわめて高く国家の経済を逼迫させ、民衆を困窮させた。また保護国の軍隊を解体させられたため、何十万という兵士や将校たちが生活の糧を奪われた。

■シク教徒・シク王国

十六世紀初め、パンジャーブ地方のラホールを拠点として、ナーナク（一四六九年―一五三八年）がイスラム教の影響を受けてヒンドゥー教の改革を掲げ「シク教（スィク教、シーク教）」を創始した。一神教信仰、偶像崇拝の否定、カーストの否認などを説いた。シクとは弟子の意味でナーナクを師（グル）とし、その弟子として忠実に教えを守ることからシク教と言われた。ナーナクから始まる九人のグルが続き、一〇人のグルの言葉は「グル・グランド」に収められ、聖典とされている。信者の信仰形態は

・唯一なる「絶対真理」を崇拝し、それを読誦し、祈りを捧げる。
・いかなる職業も貴賤はなく、精一杯働くことがより良い来世に繋がる善行とされる。
・「神聖なるもの」は全ての人に存在し、すべての人は平等である。
・「唯一なるもの」に奉仕するため、信者は共同体を作り助け合う。

従って、シク教徒の考えでは人種、貴賤、男女の差は否定される。元々下層のカーストとされた商工業者が多かったが、次第に農村の小領主層にも広がっていった。

ナーナクはヒンドゥー教とイスラム教の統合を説き、平和主義と平等主義を掲げる宗教改革者として登場したが、既存教団や国家から激しい宗教的迫害を受けた。第五代のグル・アルジュン（在任一五八一年―一六〇六年）はアクバル帝死後の後継争いに際し、皇子フスローに加担したとして、ジャハーンギール帝によって処刑された。第七代グルとなったハルラーイ（在任一六三八年―一六六〇年）はシャー・ジャハーンの後継争いに際して、ダーラー・シコーを支持してアウラングゼーブと対立した。第九代のテーグ・バハードゥルはアウラングゼーブ帝によって殺された。特に十七世紀にアウラングゼーブ帝のイスラム教強制政策が始まると、シク教徒は自己防衛のために武装を開始し、ムガル帝国としばしば戦った。第十代のグル・ゴービンド・シング（在位一六七五年―一七〇八年）は、軍事集団カールサー（純粋）党を結成し、党員は頭文字にKがつく五つのもの、ケーシュ（髪、髭）、カンガー（櫛）、カッチュ（短袴）、カラー（右腕に腕輪）、クリパーン（懐剣）

を常に備え、名前の最後に「シング（シン、獅子の意）」をつけなければならないとした。女性はすべて「コウル（王女の意）」がつく。アウラングゼーブ帝の死後はパンジャーブ地方にシク教徒の小王国が多数自立した。

十九世紀には西北インドで大勢力となり、ラホールを拠点としていた王ランジット・シング（在位一七九九年―一八三九年）は周辺の小王国を統合し、パンジャーブにシク王国を築いた。のちにはカシミール、ペシャワール、ムルターンをも征服した。ランジット・シングはヨーロッパ人顧問の助言を得て、ヨーロッパ式の強力で、規律が取れ、優れた装備を持った軍隊を創設し、グルカ族、ビハール人、オリッサ人、パタン（パシュトゥーン）人、ドーグラー、パンジャーブのムスリムからも兵を募った。ラホールには大砲を製造するための近代的な鋳造所を建設し、ムスリムを砲手として雇った。彼の軍隊は英国東インド会社の軍隊につぎ、アジアで第二の強さを誇ったと言われている。ランジット・シングが死ぬと王位継承を巡って内紛が生じた。英国はアフガニスタンとイランにロシアが進出していることを警戒し、それに隣接するパンジャーブ地方のシク王国をその配下におさめようとした。一八四五年から、国境に大軍を集結させてシク王国を挑発し、シク軍に先にサトレジ川を越えて攻撃させて開戦し、苦戦の末大勝した（第一次シク戦争）。一八四六年英国東インド会社は和平条約（ラホール条約）を締結、シク王国は賠償金の支払いとカシミールの放棄を約束、カシミールにはヒンドゥー教徒のグラーブ・シングを藩王とする藩王国を置くことを認めた。

一八四八年、パンジャーブで英国に対する反乱が起き、英軍が出兵した。グジャラートの戦いでシク軍を破り、シク王国は敗北した（第二次シク戦争、一八四八年―一八四九年）。パンジャーブは英国の直轄地となった。

その後、シク教徒はイスラム教徒と激しく対立していたため、一八五七年にインド大反乱が起きると、英国の傭兵として反乱鎮圧に回った。シク教徒の兵士は、ネパールのグルカ兵とならんで勇猛果敢で知られている。

■植民地支配に対する抵抗運動

ヘイスティングスがインドに来た一七七〇年から一八五七年の大反乱までに一一回もの大規模な武装蜂起が

起こっている。

・一七六四年～一七七四年　ダルブムの蜂起　　ザミンダールが中心
・一七八三年　ラングプールの反乱　一般農民が中心
・一七八九年　ビシュヌプールの反乱　一般農民が中心
・一七九九年　チュアールの蜂起　ザミンダール、部族が中心
・一七九九年　シレットの反乱　藩王、貴族と農民が中心
・一八三一年　パラセットのティトウ・ミルの運動　ワッハービー(注二五)が中心
・一八三一年～一八三二年　コルの反乱　部族と農民が中心
・一八三二年　ガンガナラヤンの反乱　部族が中心
・一八三三年～一八三九年　マイメンシンのバガルパンティの蜂起　農民が中心
・一八三八年～一八四七年　フェラジの反乱　ワッハービーと農民が中心
・一八五五年～一八五六年　シャンタルの反乱　部族が中心

英国は度重なる武装反乱をその都度何とか鎮圧しながら進み、その過程で内報者を育てて内部から裏切らせるなど、謀略を駆使した。反乱の直接の対象は金貸し、地主、徴税官であったが、その背後にある英国植民地体制への抵抗であった（堀口松城、二〇〇九年）。

藩王国を除く英国の直轄領土は、ベンガル・マドラス・ボンベイに分かれていた。初期の段階では、これらは相互に独立性が強かったが、ベンガル管区知事はベンガル総督に格上げされ、マドラス・ボンベイ両管区はその管轄下におかれることになった（一八三三年実施）。ベンガル総督はインド総督と改称され、マドラス・ボンベイ両管区は独立の立法権を剥奪された。

■インド大反乱

産業革命が進み、交通・通信も大きく近代化した西欧では、啓蒙主義・功利主義の勃興とともに、インド社会を近代的に変革しようとし始めた。一八三七年には公用語がペルシャ語から英語になり、一八四四年には英語教育を受けたものを政府に優先的に採用すると決定された。やがて学校教育制度を整え「西洋の進歩した」知識の普及を目指した。キリスト教会・伝導団も、一八三〇年代には西洋の知識と価値体系をインドに導入する媒介者として活動した。彼らは寡婦の再婚不可や幼児婚などの風習を、法改正によって変えるよう迫った。

大反乱のときの諸宣言文などから見るかぎり、皇帝や諸王家の人々などが反乱に参加した理由は、英国統治の「不正」である　英国人はインド人の信仰（ヒンドゥー教やイスラム教）を迷信だとして排除し、キリスト教への改宗を押しつけているように見えた。こうした西欧的価値の押しつけが，旧支配層のみならず、反乱を民間で主導したムスリムのウラマーやヒンドゥーの聖者など宗教的指導者、知識人までをも立ち上がらせた。

農村において、東インド会社は高額の地税を徴収するための種々の土地所有権設定を通じて、あるところでは大地主を排除し、あるところでは直接耕作者に対する高額地税の負担など、地主や農民の不満を引き起こす政策を施行した。大地主も農民も立ち上がった。

東インド会社は傭兵を使って軍事的に支配領域を拡大し、十九世紀なかばにはほぼ征服を完成していた。傭兵にとって衰亡していく領主や貴族に仕えるより、きちんと現金給与を支払う東インド会社に勤務するほうが有利であったが、十九世紀になるとインド国内にはもはや打倒すべき支配者はほぼ消滅してしまった。雇用条件の悪化にたえるか、これまで抵抗してきた海外遠征に出かけていくかの選択を迫られた。一八五六年には海外勤務を受け入れなければ解雇という通達を出された。このようなときにインド大反乱がおきた（辛島昇、二〇〇四年）。

『ダルハウジーの併合政策』

ダルハウジー総督（在位一八四八年―一八五六年）は、英国製品のインドへの輸出を伸ばそうとして、当初から英国の直接支配を可能な限り拡張することをねらっていた。［失権の原理］（英国に従属している土侯国の支配者が子供を持たずに死亡したとき、養子による相続を認めず英領に併合する政策）は二十年前に制定されていたが、藩王国を英国領に併合すると、藩王国の家臣などが失業し、住民なども不満をもつようになるため、英国はむやみに併合しなかった。ダルハウジーは失権の原理を厳格に適用した。藩王国を三つの範疇に分け、二番目、三番目の範疇の藩王国については、養子による王位継承を拒否できるとした。

（1）かつて、いかなる国にも従属したことがなかった国

（2）ムガル帝国などのインドの王国にではなく、英国東インド会社に初めて従属した国

（3）英国政府によってつくり出された、あるいは復活された国

この原則によって、後継者が途絶えたサータ―ラー藩王国（一八四八年）、サンバルプル藩王国（注二六）（一八四九年）、ジャーンシー藩王国（一八五三年）、ナーグプル藩王国（一八五三年）、タンジャーヴール藩王国（注二七）（一八五五年）などを漸次英国領に併合した。また、一八五一年に旧マラーター王国の宰相バージー・ラーオ二世が死ぬと、その養子ナーナー・サーヒブに年金の支払いを拒否した。一八五六年には、アワド藩王国を内政紊乱により全内政権を東インド会社に譲渡させ、藩王に年金受領者になることを強制したが、拒否されたためアワド藩王国を併合した。

ダルハウジー（注二八）による藩王国の強引な併合策が実施され、インドの支配者層をはじめ各階層の不満が高まった。英国の行政はインド人を大規模にキリスト教に改宗させるつもりだという漠然とした懸念が人々の間に広まった。当時のインド、特に北部・中部一帯は不気味な緊張とあわただしさにつつまれていた。街頭や寺院では、

予言者が「プラッシーの戦いから百年目の一八五七年に、英国支配は終わり、英国人は海に追われて死ぬ！」と語り、説教僧は「英国人たちは、この国の宗教を滅ぼし、インドをキリスト教化するつもりだ」と絶叫した。

一八五七年に入ると、王権や土地を掠奪されて英国人に遺恨を抱く旧支配者たちのあいだに、秘密組織結成の宗教的動きがみられ、吟遊詩人・説教層・乞食などに身をやつした密使が、資金の調達や連絡に奔走し始めた。

その頃、アーグラの長官ハーヴェイは、旅先で、小麦粉を丸く焼いたチャパティーとよばれる主食のパンが、村から村へとものすごい速さで配られていくのを目撃している。チャパティーを受け取った村番は、「五個のチャパティーを焼いて、次の五つの村に配れ」という指示に従い、そして五つの村に同じ命令を伝える。チャパティーは北インドを南東から北西に向かって、一夜のうちに一六〇マイルも二〇〇マイルも運ばれていった。

この頃、シパーヒーたちに新式のライフルで射程距離・的中率ともにすぐれたエンフィールド銃が導入されることになった。弾丸と火薬を含む弾薬筒を使用する点で画期的であったが、装填には弾薬筒の端を歯で噛み切って銃口から挿入する仕組みであった。湿気を防ぐために弾薬筒には牛や豚の脂（アブラ）が塗られていた。

ある日、ブラフマン出身の兵士がこの事実をつきとめた。牛はヒンドゥー教徒から神聖視され、豚はイスラム教徒から不浄視される動物である。その脂を口にしなければならぬというのは、シパーヒーにとって一大事件であった。シパーヒーたちは夜ごと集まって密談を重ね、エンフィールド銃と弾薬筒が支給されても受けとらないことを申し合わせた。そのころ、シパーヒーたちの手から手へ赤い蓮の花が手渡されていった。

二月、最初に弾薬筒の使用を拒否したベルハンブルの第十九歩兵連隊には、武装解除と連隊の解散が命ぜられた。三月、同じ命令がバーラクプルの第三十四連隊に出されたとき、マンガル・バーンディーというシパーヒーが銃をとって練兵場に飛び出し、宗教のために立ち上がれと仲間に決起を促した。彼は駆け付けた英国人士官を撃ち、剣を抜いて切りつけた。シパーヒーたちはバーンディーの呼びかけに応えなかったが、彼を逮捕せよという上官の命令にも服さなかった。バーンディーは自決を図ったが、捕らえられて処刑された。一兵卒のこの英雄的行為は、たちまちベンガル管区の全連隊に伝わり、シパーヒーたちの血をわかせた。

四月二十日に、軍事基地メーラト（デリー北東約八〇キロメートル）でも、第三騎兵連隊の一個中隊に弾薬筒が手渡された。九〇人のうち五人が受け取った。命令を拒否した八五人は軍法会議にかけられ、十年の重労働を言い渡された。反逆者たちは五月九日、全連隊の前で軍服をはがされ、足枷をかけられた。

こうして、五月十日の夕方、メーラトの三個連隊（メーラトには第三騎兵連隊と、第十一、第二十歩兵連隊の約二二〇〇人のインド兵が駐屯していた）が一斉に蜂起した。騎兵隊員数十人はまっすぐ監獄に駆けつけて、前日投獄された仲間を救出した。シパーヒーたちは武器庫に押し入って銃や弾薬を奪い、英国軍人を射殺した。シパーヒー蜂起の報せが伝わると、群衆が押し寄せてきて英国人居住区に殺到した。近隣の村々からも農民が押し寄せ、英国人に関係あるすべての建物に火が放たれ財産は掠奪された。

そして反乱部隊は夜の内にデリーに向かって進軍した。翌十一日にデリーに到着し、デリー駐留のシパーヒー部隊を味方につけて駐留英国軍を駆逐し、デリーを占拠した。皇帝からの降服勧告にも屈せず抵抗した。火薬庫守備隊の英国人らも、後から後から攻めてくる反乱軍をみて、今やこれまでと思い、火薬庫守備隊のウィロビー中尉は導火線に点火した。約五〇万バレルの火薬は大音響とともに爆発し、英国人九人の守備隊員中四人が死んだ。反乱軍側の死者は四〇〇人を越えたかもしれない。デリー市に二つしかない火薬庫の一つで、反乱軍はこの後ずっと火薬不足に悩まされた。

反乱軍はムガル皇帝バハードゥル・シャー二世を擁立し、デリーに政権（立憲君主制に近い）をうち立てた。各地で民衆が反乱に加わった。英国の取り潰し政策に反発した藩王国も加わった。

東インド会社に約四十年シパーヒーとして勤務したバフト・ハーン（本名ムハンマド・バクシュ）もローヒルカンドの中心バレーリー市で五月三十一日蜂起した後、デリーへの進軍を開始した。彼はローヒラー族の族長ナジーブ・ハーンの一族とも伝えらえている。膨大な額の金（一一〇万ルピーとも四〇万ルピーとも言われている）を持ってきたせいもあって総司令官になった。三〇〇〇人もの聖戦士（民間の宗教的義勇兵）がバフト・ハーンとともに到着した。デリー市は興奮の渦の中にあったが、皇帝は自身の地位と年金にしか関心を持たなかった。人を介して英国側と折衝をしたが、停戦交渉は実現しなかった。

反乱軍では、皇帝とミルザー・ムガル王子の親子対立、総司令官をはずされた王子たちや、バフト・ハーンの内部抗争などがあったが、七月中には何度も英軍と激しく戦い、英国人の多くもデリー占領を諦めかけた。

反乱軍は内部抗争しながらも激しく戦い、七月二十三日の強力な進攻が頂点であった。反乱軍内部の対立に加え、八月七日、デリー市のもう一つの火薬庫が爆発し(注二九)、働いていた労働者や女、子供など四〇〇人が死んだ。犯人の詮索で、皇帝の寵臣ハキーム・アフサヌッラー・ハーンが黒幕とされ、シパーヒーたちと皇帝とがもめる騒動があった。

九月十四日、英国軍は総攻撃を開始した。反乱軍側は市街戦で苛烈に抵抗した。十九日の午後、ラホール門近くのバーン砲台が落ちてから戦況は急転した。皇帝は赤城(ラール・キラー)を抜け出し、フマーユーンの墓まで逃げた。翌日反乱軍が退却を開始した。バフト・ハーンは、フマーユーンの墓にやってきて、皇帝も自分とともに退却するよう要請したが、皇帝は断った。皇帝は自身の生命の保障のみを条件として降伏し、裁判にかけられた。一八五八年十月、ラングーンに追放されて、一八六二年十一月七日、ラングーンで死んだ(享年八十七歳)。

カーンプル

ナーナー・サーヒブはマラーター同盟の元ペーシュワー(宰相)バージー・ラーオ二世の養子であった。一八五一年にバージー・ラーオ二世が死んだ時、英国東インド会社は形式的にはナーナー・サーヒブを相続人と認めたが、バージー・ラーオ二世の受けていた年金八〇万ルピーを打ち切り、また治外法権の特権も無くした。そのため、大反乱を陰謀したのではないかと言われている。その根拠として、次の三つがあげられる。
1.ナーナー・サーヒブが、一八五七年四月に巡礼と称してラクナウ、ベナーレス、アラーハーバード、ガヤー、プーリー、ナーシク、ウッジャイン、マトゥラーなど旅して仲間を集めていたと思われる。

2．ナーナー・サーヒブは一八五六年には英国の諸銀行に五〇万ポンドも預金していたのに、反乱時までに三〇〇〇ポンドを残して、引き出した。

3．ナーナー・サーヒブはバージー・ラーオ二世から相続する年金についての東インド会社の措置を不当として、一八五三年に英国まで臣下のアズィームッラー・ハーンを派遣して要求を訴えた。訴えは東インド会社の重役会、議会、女王など、その交渉相手を絞ることさえできず空回りした。ただ使者が帰国途中、クリミア戦争における英国軍の苦戦を見たことが、インド大反乱を企画する大きな刺激となった。

アズィームッラー・ハーンによると、ナーナーは反乱が五月三十日前後に起こると予言したという。実際に各地の蜂起は五月三十日前後に集中して起こった。

カーンプルのシパーヒーは六月四日に反乱し国庫を襲い、牢獄を解放してデリーに向かった。しかし、彼らはナーナー・サーヒブを擁してカーンプルに戻ってきた。カーンプルの英国軍は男女合わせて七五〇人余が孤立状態に陥った。彼らは籠城に持ちこたえられなくなり、六月二十七日、ナーナー・サーヒブに降服、そこからガンジス川沿いに脱出をはかった。このとき、ナーナー・サーヒブが安全を保障したにもかかわらず、船をめがけて発砲・放火する者があり、英国人男子は四人を残して全滅した（「カーンプルの虐殺」）。

六月末、ナーナー・サーヒブの政府がカーンプルに成立した。ナーナーは、マラーター同盟の宰相を名のった。マラーター同盟の宰相の復権にしては、ヒンドゥー色はなく、ムスリムが多く、シパーヒー、さらに周辺農村のザミーンダールが加わった混成部隊であった。マラーター同盟の本拠地から遠く離れたところに成立したため、ナーナー・サーヒブは少なくともカーンプルでは大きな権限を持ちえなかったと言われている。

七月七日、十五日、十六日とアラーハーバードから来た英国軍と戦ったが、最終的に反乱軍は敗北し、ナーナー・サーヒブは身一つでアワドに逃れて行った。カーンプルは英国軍が再び占拠した。英国軍が立ち去ると、またいつの間にか敗者が集合してゲリラ戦の一翼となっていった。

ナーナー・サーヒブの部将の一人であったターンティヤ・トーペーは、ジャーンシーの王妃ラクシュミー・バーイーとともにシンディア家のあるグワーリヤルにまで転戦し、一八五九年四月に捕らえられるまで戦い続けた。

アワド

アワドではタールクダールと呼ばれる大土地保有者までも反乱側に立った。反乱政権の初期にはカルカッタに追放された藩王の息子、ビルジース・カーダル（十一歳）を擁立した。その母ハズラト・マハルの発言権は大きかったので、シパーヒーは種々の要求を提出し、デリーと繫がりを持ちつつ、デリーと同様のシパーヒーが実権をもつ政体をつくろうとした。

一八五七年六月三十日の「チンハットの戦い」で目覚ましい活躍をしたアフマッドゥッラーは、指導者として際立ったが、王妃たちに危険視され攻撃された。アフマッドゥッラーは市を離れて活動し、英国軍に助力した王妃側の総理大臣を捕らえて監禁し、最後には殺した。彼は反乱軍の権勢の頂点に達したが、英国軍は何度も援軍を得て、ついに首都ラクナウを陥落させた。その後はゲリラ戦の指揮者として各地を転戦していった。

ビハール

ビハールでは大領主クンワル・シングが八十歳近いにもかかわらず、最後まで妥協せずに戦い、ヒンドゥー第一の英雄と言われた。十九世紀初頭には。ビハールの大土地保有層の没落と貧窮ぶりは英国人の目に明らかだった。反乱前後のクンワル・シングは文字通り破産に瀕していた。ただし、用意周到に反乱の準備をしていたという説と、成り行きで指導者を引き受けたという説とあり、現在ではいずれとも定めがたい。

一八五七年七月二十六日にシャーアーバード（ジャグディーシュプル）で成立したクンワル・シングの政権は八月十二日にはエアー少佐率いる英国軍に敗れて山岳地帯に逃れ、八カ月間各地を転戦した。ターンティヤ・トーペーなどが立てこもったカールピーに合流したが、十一月三日、カールピーの反乱軍が敗北したため、ラクナウに行き、ハズラト・マハルからアーズィムガルに封ぜられた。この間、ナーナー・サーヒブの蜂起したカーンプルに再び集結した反乱軍と英国軍との戦闘に、姿を見せている。アーズィムガルでは一八五八年三月二十七日の戦いでディーム大佐に勝利をおさめたが、アラーハーバードから補強にやってきたケル指揮の英国軍に敗れた。シャーアーバードに戻り四月二十三日、ルグラン大尉の軍隊に圧倒的な勝利をおさめ大尉を戦死させたが、自らも重傷を負い、三日後に死亡した。シャーアーバードは、彼が転戦している八カ月間は英軍支配下に置かれていたが、彼がもどってからその死後まで、弟のアマル・シング及び部下のハルキャン・シングを中心にした反乱政府の支配下におかれた。クンワル・シングの部隊の欠員は村人が自発的に補った。村人は常に彼の味方であった。

ジャーンシー

ジャーンシーではガンガーダル・ラーオ王とラクシュミー・バーイーの間に生まれた男子が三カ月後に亡くなった。一八五三年、王が亡くなる一日前、ヒンドゥーの古式にのっとってダーモーダルという五歳の少年と養子縁組が行われた。失権政策以前であれば、息子の後見人としてラクシュミー・バーイーにジャーンシーの統治権が付与されるはずであった。王の死後英国と交渉を再開し、六万ルピーも費やしてロンドンに特使を派遣したにもかかわらず無駄に終わった。

ジャーンシーの反乱軍は、一八五七年六月三日になって立ち上がった。六月四日にはジャーンシーの市民も英軍基地を襲撃した。七日には、英国人は降服した後に全員殺害された。英国人捕虜の死を招いてしまったからには、英国との全面対決しかなくなった。

シパーヒーたちはジャーンシーに政府を樹立することなく、六月十一日、デリーに行軍していった。ラクシュミー・バーイーは私財で兵を集め、英国本体と戦う前に周辺の敵対勢力と戦った。彼女は男たちと同じ乗馬ズボンを穿き、腰帯を締め、短剣を吊るし、頭にターバンを巻くようになった。一八五八年三月二十二日、反乱鎮圧の英国軍がジャーンシー城の前に姿を現した。二十三日、最新の武器（一八ポンド砲二門、一〇インチ砲二門など）で固めた一五〇〇名の英国軍は、旧ジャーンシー軍の兵士を中心にした騎兵四〇〇、歩兵五〇〇、地主軍、アフガン人部隊など一万人ほどと戦った。この戦いでは、女性たちが、看護兵ばかりでなく、砲手、弾薬運び、通常兵士として戦った。

三月三十一日、戦いの最中にナーナー・サーヒブの部将、ターンティヤ・トーペーが援軍として現れ、ヒュー・ローズ軍を背後から衝いた。四月三日、総攻撃をかけた英国軍により、ジャーンシー城は遂に陥落した。ラクシュミー・バーイーは、城壁から馬に乗ったまま飛び降りて、ターンティヤ・トーペーなどの集結していたカールピーに向かった。カールピーでは、ナーナー・サーヒブの弟ラーオ・サーヒブその他の人々と合流し、英国軍と戦った。

五月末、突然反乱軍は、マラーター同盟のかつての最有力諸侯の一人だったグワーリヤルのシンディア家の城を占領した。彼らはそこで、マラーター同盟の宰相（その時点ではラーオ・サーヒブ）の復権を確認した。しかし、六月半ばに英国軍の総攻撃を受け屈した。ラクシュミー・バーイーは、この戦いのなかで死んだ。

インド大反乱は、一八五九年一月、ターンティヤ・トーペーがジャイプル近くのシカールでホームズ大佐と戦って敗北した時をもって潰滅したとされる。ターンティヤ・トーペーは、四月に捕らえられるまで戦い続けた。

英国は大反乱以前から藩王国の内政に干渉してきたが、理論的には藩王国は従属していても、主権国とみなされていた。いまや存続を許される代償として、藩王たちは英国を宗主国として認めさせられた。

大反乱の敗因と意義

カニング総督（注三〇）（在位一八五六年—一八六二年）は急遽ボンベイ、マドラス両管区から兵を呼び寄せた。前年ペルシャの反乱（注三一）を鎮圧し、太平天国の乱（注三二）もようやく下火となったので、ネパールのグルカ兵、パンジャーブ地方の精悍なシク族などを味方につけ、強力な軍隊をインドに結集できた。

インドに住むヒンドゥー教徒とムスリムなど、同じ文化を共有する人々（インド民族）が、文化を共有しない「異民族」たる英国人に対して闘ったのだが、インド側の敗因については、次のように言われている。

・圧倒的な軍事力・組織力の差があった。シパーヒーのなかには指揮官としての訓練を受けた人物がいなかった。反乱勢力を結集し、新しい人民政府を樹立するための構想と組織力・指導力を持つ中心勢力が生まれなかった。
・民衆的な規模にまで発展したのは中北部一帯においてのみだった。
・インド全土の約四割を占める土侯国の多くが中立の立場をとるか、英国の味方をした。
・初め反乱軍側についた土侯や地主たちが、戦況の不利が伝えられると、特権の維持のために英国の買収工作に乗せられて同胞を裏切った。
・都市の富裕商人や新興知識層のほとんどが冷淡な傍観的態度をとった。

英国人は緊密に結びついていた。そして非常に有能な指導者をもち、程度の高い政治的軍事組織をもっていた。そして相手方よりもはるかに情報に通じており、インド人勢力の不統一と対立を余すところなく利用した。彼らは海を支配していたので、安全な基地と補給網とをもち、一時敗北を蒙ったときでも、すぐさま回復し、再び攻勢に転ずることができた。インド人側は昔ながらのやり方、相手のことどころか、インド内の他の地域のこともわかっていなかった。

インド大反乱は、オスマン帝国、ムガル帝国、清朝とアジアの諸勢力が次々と崩壊して、西欧諸国による植民地支配体制へと転換する世界的な流れの中の事件だった。太平天国の乱、インド大反乱と西欧支配への抵抗が相次いで起こり、かつ敗北したことは、アジアの人々に危機意識を抱かせた。英国の植民地支配は、出発点からその根幹を揺るがすほどの抵抗が起こったことにより、問題をはらんだシステムであることを世界に示した。インドに住むヒンドゥー教徒とムスリムなど、同じ文化を共有する「インド民族」が「異民族」である英国人に対して戦ったことで、インドという政治的領域内では、「インド民族」が主権をもつのだと主張し、インド人による政府を持つという意思を表明した（辛島昇、二〇〇四年）。

英国への影響

英国は反乱を深刻に受け止め、統治方式に多くの変革を行った。

・東インド会社は責任を取る形で終焉し、インドは英国の公式の植民地となった。
・西欧的価値を押しつけ、インド社会を改革することを使命としなくなった。
・「法と秩序」は厳正に守らせるが、旧来の大土地所有者などを温存し、間接統治の形をとるようになった。
・藩王国も取り潰さずにその忠誠心を育て、英国の直轄領地とする方針に変わった。
・ヒンドゥー教やイスラム教などの宗教にも非介入政策が採用された。
・軍のあり方に問題があるが、結果としては兵となる母集団を変革した。

『インド人』

一八五七年から一八五八年の反乱は、連合州とその境界の地域の外側のほんの周辺に限られていたので、インド人のとか国民的なものとしての運動とみなす根拠はほとんどない。政治的または民族的編成単位という意味でのインドは、一八五七年の時点では、インドに住む人々の考えのなかに存在していなかった。彼らは、シク族、マラーター族、ヒンドゥスタン人、ベンガル人、オリヤ人、タミル族などについては語ったが、一インド人という考えはもっていなかった。連合州の人々は英国人と同じように、ベンガル人を外国人とみなしていた。ヒンドゥー・パド・パドシャーヒー（ヒンドゥー教徒の政権）というスローガンにもかかわらず、マラーター族は西のシク族とラージプート族、東のベンガル人、南のタミル族やカンナダ族、北のヒンドゥスタン人などの領土を平気で荒らしていた。

インドという考えは、過ぎし時代の文学作品にのみ見られることであり、理論の上ではいまだに生き残っていたが、一九六〇年代または一九七〇年代までは、事実上の政治に適用されなかった。インド大反乱を経験して、ヒンドゥーもムスリムも英国人に比べれば、生活・文化において同質性をもち、その政治領域がインドだという自覚が生まれたと言われている。

■ムスリムのワッハービー運動（ムジャーヒディーン〈聖戦士団〉運動）

一八二〇年頃、サイイド・アフマド・バレルヴィー（Sayyid Ahmad Barelvi 一七八六年—一八三一年）というムスリムの一説教師によってはじめられ、西北辺境地方から東ベンガル一帯の広範な地域に広がった。

サイイド・アフマドはイスラム国家の再興を目指し、信仰の純潔と同時に異教徒支配を追放する聖戦の実行が急務であると考えるようになった。トンク国の太守アミール・ハーンの軍隊に騎兵隊員として加わり、七年間軍事訓練を受け、兵法・戦略を学んだ。一八一七年にアミール・ハーンが英国と同盟を結んだので、サイイド・アフマドは軍隊を去り、各地に遊説を開始した。「コーラン」と「スンナ（預言者マホメットの言行）」に基づく信仰の原点復帰と、聖戦の叫びは、とくに下層のムスリムたちから熱狂的な歓迎を受けた。

一八二一年、サイイド・アフマドは聖戦を始めるに先立ち、信者(七五〇人)を伴ってメッカ巡礼の旅にのぼり、アラブのワッハービー派の運動を見聞し、ますますイスラム国家建設の情熱をかきたてられた。サイイド・アフマドは自らイマーム（ムハンマドの後継者）を称し、「ムスリムはダール・アルハルブ（非イスラム支配の地）に住んではならない、ダール・アルイスラム（イスラム支配の地）を建設するか、またはイスラム支配者の地に移住するかである」という宗教原理に基づいて、ペシャワールに新しいイスラム政権の樹立を夢見た。当面の敵はランジット・シングの率いるシク王国で、一八二六年、家族を伴った五、六百人から成る聖戦騎士団はイマームを先頭にラーエ・バレリーからラージプターナー—シンド—バルーチスタンと大きく迂回してペシャワールに入った。サイイド・アフマドの呼びかけに応じて、辺境地方の部族が緑の旗のもとに集まり、イスラムの迫害者シク族に対決を挑んだが、互角の攻防戦を繰り返したのち、一八三一年五月パーラーコートで敵の奇襲に遭い、サイイド・アフマドは討ち死にした。

聖戦はその後も、ヴィラーヤト・アリー、イナーヤト・アリーなど有能な後継者のもとで三十年にわたってつづけられた。一八四九年に英国がシク戦争に勝利をおさめ、パンジャーブを征服してからは、ワッハービーの矛先は、当然英国支配に向けられた。全国的な組織網から兵士と資金と武器の援助を受けながら、インダス川流域に解放集落をつくって英国に抵抗した。英国は一八五〇年から一八五七年までに十六回（二十回説あり）に及ぶ討伐隊を送り、掃討に困難をきわめた。討伐隊の増強や裏面からの巧みな外交手段を用いて切り崩しを画策し、主だった指導者たちは相次いで戦死するか、捕らえられてアンダマン島に流された。一八六三年、新たに英国の遠征隊が派遣され、ワッハービー主義者たちを打ち破り、運動は鎮圧された。総督メーヨー（在位一八六九年―一八七二年）は、反ワッハービーのシーア派、スンニー派の神学者を集めて、インドは「ダール・アルハルブ」ではなく「ダール・アルイスラム」である、ゆえに聖戦の根拠は無意味である、と言わせた。こうして、ワッハービーの聖戦は手足をもがれ、魂まで奪われて消滅した。

総督メーヨーは一八七二年二月、アンダマン島視察中にパタン族の囚人の手にかかって暗殺された。一説によれば、ワッハービーの兵士であったともいわれている。この運動の民衆的、反英的性格の激しさから、一八五七年の大反乱とともに「最初の解放戦争」と呼ばれており、インドにおける最初のムスリム民族主義の戦いとも言われている。

(3) ゾロアスター教

ゾロアスター教は、自然崇拝の原イラン多神教（古代アーリア人が信仰していたミスラやアーユなど様々な神）を母体とし、ザラスシュトラス・スピターマ（紀元前一〇〇〇年〜紀元前六世紀）がそれを体系化したと考えられている。天の神ヴァルナに道徳的意味を付与されてアフラ・マズダーという宇宙創造の至高神となった。火のみでなく、水、空気、土も神聖なものととらえている。それまでのイランに存在した多神教を一神教的宗教に改革し、倫理的要素を付加した二元論・終末論を軸とする新宗教（ゾロアスター教）が創設された。

近世ペルシャ語の伝承「サンジャーン物語」（一六〇〇年編集）によると、イラン高原で迫害に耐えかねたゾロアスター教徒たちは、七一六年から九三六年の間のいずれかの時期にペルシャ湾からインド西海岸にたどりついた。インド西海岸にはサーサーン王朝時代からゾロアスター教徒コロニーが先在していた。亡命ゾロアスター教徒たちは九三六年にインド西海岸の漁村サンジャーンを支配していたヒンドゥー教徒の王ジャーディー・ラーナーの保護を得て、周辺地域に定住した。その後発展して、十四世紀初頭には五大管区をもつようになった。なかでも、ナヴサーリーを本拠とするバガリアー神官団が目立ってきた。

十六世紀には世知にたけた神官メヘルジ・ラーナーが力をもち、それまで平等だった五大管区内でも、メヘルジ・ラーナー家（バガリアー神官団）がインド・ゾロアスター教神官団の中枢となった。

バガリアー神官団のセート家はナヴサーリーからムガル帝国最大の貿易港スーラトに移住した。セート家のロスタム・マーネク（一六三三年―一七二一年）はゾロアスター教神官の資格は取得しているが、神官として祭式を執行することはなく、英国商館、ポルトガル商館、オランダ商館のために働いた。交渉能力に優れていて、一六六〇年にムガル帝国のスーラト知事と英国商館が対立した際には、英国商館の仲介者としてデリーの宮廷に赴き、アウラングゼーブ皇帝に直訴して、英国商館側に有利な裁定を引き出した。一六六四年、スーラトはマラーター族の侵攻を受け焼き払われたが、ロスタム・マーネクの邸宅だけは掠奪を免れた。彼はマラーター族の指導者シヴァージーと交渉して捕虜たちの釈放にこぎつけたと言われている。

一七三六年に英国東インド会社がボンベイに大規模な造船所を建設しようと計画した際、ロスタム・マーネクの孫の舅ロウジー・ワーディーがその総指揮を委ねられた。彼は一〇人の弟子職人たちを引き連れボンベイ入りして、一七五〇年にアジア初の乾ドック式造船所を完成させた。ロウジーの造船技術は息子や孫にも継承され、次第に造船財閥としての地位を確立した。英国海軍と結びついてフリゲート艦[注三三]の発注を受け、英国海軍の艦船の何割かは、ワーディー家の手によってボンベイ造船所で竣工した。一八四二年にアヘン戦争で清朝を破った英国海軍旗艦、一八五三年のクリミア戦争でロシア海軍を破った戦艦など、名鑑四〇〇隻以上を建造し、第二次世界大戦にいたるまで英国海軍御用達の造船業者だった。

一八〇〇年には、ボンベイの人口のかなりの部分がインド・ゾロアスター教徒で、市内にはキリスト教会やヒンドゥー寺院以上にゾロアスター教拝火寺院が点在していたという。一八五五年にはボンベイ市の不動産の約半分はインド・ゾロアスター教徒が所有していた。

インド・ゾロアスター教徒の指導的人材はナヴサーリーの神官団から供給されていた。ジャムセートジー・ジージーボーイ（一七八三年―一八五九年）はナヴサーリーの神官家系に生まれたが、神官としてではなく貿易業者として生きることを選び、十六歳でカルカッタにでて、中国に渡航した。ここで、インドのアヘンを中国に輸出し、中国のお茶と絹を英国に輸出し、英国から工業製品をインドに輸入する三角貿易を思いついた。彼は終生このやり方で巨万の富を築いた。一八四二年、アヘン戦争で中国が惨敗し、ワーディー家製造の英国海軍旗艦の甲板上で南京条約が調印された。ジャムセートジー・ジージーボーイは英国への多大の貢献を表彰され、インド人として初の男爵に叙爵された。彼はボンベイ、ナヴサーリー、スーラト、プーナなどに病院、学校、孤児院など慈善施設を多数建設し、インド・ゾロアスター教徒の間では非常に評判が高い。一九九〇年代以降に中国で発表された諸論文によると、十九世紀のアヘン貿易で中国人民からみれば「天人ともに許さざる」不正な利益をあげていた麻薬商人の半分以上が、インド・ゾロアスター教徒であったことが分かってきた。彼らは英国籍を名のって商業活動を行っていたので、統計上は一括して英国人扱いされていた。十九世紀中葉に作成された清朝の広東官憲の公文書に記された人名の分析から、インド・ゾロアスター教徒がアヘン貿易で果たした役割が浮き出てきた（青木健、二〇一九年）。

(4) 社会改革

■行政

州はいくつかの県に分割され、県が行政の構成単位となった。それぞれの県は一人の英国人判事のもとに民事裁判所をもち、四つの控訴州裁判所は県裁判所とカルカッタの高等徴税裁判所との間を調停するために設立された。地方巡回する四つの裁判所は、二人の英国人判事のもとで、それぞれに刑事裁判の執行もまかされていた。一方、高等軍事・治安裁判所は参事会における総督の支配下に置かれた。民事裁判の判事は行政長官としてふるまい、警察を制御した。それぞれの県は警察署長（ダロガ）をもつ数多くの警察署（ターナー）に分けられていた。

コーンウォリス総督（在位一七八六年―一七九三年）はインド人を要職から外した。ウェズリー総督（在位一七九八年―一八〇五年）はこれを完全に実施した。不満を持つ人々が増えてきたためもあって、国中に盗賊がはびこり生命と財産は極めて不安に脅かされた。法廷はひどく遅れ、長年裁判はほとんど開かれなかった。

総督ベンティンク卿（在位一八二八年―一八三五年）は、有能な役人スリーマンの援助で強盗を撲滅した。また、原始的な生活をしている種族を文明の範囲内にもたらそうとした。女神に人間の犠牲《イケニエ》を捧げるのを常としていたマドラスのコンド族やベンガルのコル族は、ベンティンク総督の思いやりのある気配りのもとに、徐々に文明の要素を吸収していた。ベンティンク総督は、司法・行政上の高い地位にインド人を採用する政策を定めた。東インド会社特許状法が一八三三年に一新されたとき、会社のいかなる地位・役目・職業にもつくことができないインド人は一人もいないと、力強く言明した。

ダルハウジー卿が総督（在位一八四八年―一八五六年）の時、准知事がベンガルに任命された。公共土木工事局が設置され、道路や用水路建設などの大規模な計画が立てられた。鉄道・電気・電報、さらに安価な郵便が導入された。公共教育局が設立され、学校・単科大学・総合大学などの創立が計画された。女子教育の重要性も十二分に認められた（P・N・チョプラ、一九九四年）。

■教育
初等教育はきわめて広く行われていた。ヒンドゥーのあいだでは町や村にある学校を通じて、読み書きと算術を学んだ。初等教育を受けたのは主にバラモン・クシャトリヤ・ヴァイシャなど高カーストであったが、低カーストのなかにもしばしば教育を受ける機会を得た者もいた。

ムスリムの場合は、モスクに付随するマクタブ（アラビア語の読み書きを教える初等教育学校）のモウルヴィー（イスラム学識者）によって教育がなされた。

平均識字率は、のちの英国支配期のそれを下回ってはいなかった。ただし、上層階級のわずかな女性を例外として、女子には教育の機会がほとんど与えられていなかった。

東インド会社はインドを支配して最初の六十年間、インド人の教育にほとんど関心を示さなかった。十八世紀頃から、行政の急迫した事情と通商のためインド人たち、特にカルカッタ、ボンベイ、マドラスの居住者たちに英語の知識の習得を駆り立てた。

一七八一年	ヒンドゥーカレッジ（サンスクリット語研究）	カルカッタ
	カルカッタ・マドラサ（イスラム法とそれに関する教科を習得）	カルカッタ
一七九一年	サンスクリット・カレッジ（ヒンドゥー法とヒンドゥー哲学習得）	ベナーレス
一八一六年頃	私的な英語学校（少人数）	カルカッタ、ボンベイ、マドラス
一八一七年	ヒンドゥー大学（ベンガル語・英語・文法・歴史・地理・天文学・数学など）	カルカッタ
一八三五年	プレジデンシー・カレッジ（西欧の科学と文学を英語で教授）	カルカッタ
一八四九年	ベスーン大学（最初の女子大学）（創立時の生徒数は六〇名未満）	カルカッタ
一八五七年	総合大学（西洋の文芸・科学を中心に英語で教授）	カルカッタ、ボンベイ、マドラス

イスラム教徒たちは非常に伝統的で、外国のものを学ぶことを好まず、むしろウルドゥー語やペルシャ語を学ぶのを好んだ。ヒンドゥー教徒たちは、イスラム教徒たちよりもよく英語を学んだので、政庁の官職に就く者もイスラム教徒より多かった。

『ウルドゥー語』

ウルドゥーとは、トルコ語で軍隊の陣営を意味する「オルドゥー」がなまったもので、十八世紀頃宮廷を中心に北インドで広く使用されていた言語をザバーネ＝ウルドゥーエ＝ムアッラー（「高貴なる陣営のことば」の意）と称していたところ、それが簡略的にウルドゥー語（ザバーネ＝ウルドゥー）といわれるようになった。もともとこの言語は、色々な母語を話す人々の集まる軍隊の陣営やバザールなどで、ヒンディー語を文法的基礎としつつ、ペルシャ・アラビア語系の語彙を大幅に取り入れた共通語の話し言葉としてできた言語で、その起源は古く十三ないし十四世紀ごろまで遡りうる。歴代のムスリム宮廷、とりわけムガル朝においては、ペルシャ語が宮廷の雅語的公用語の位置を占めていたので、ウルドゥー語は話し言葉として大いに発達した。書き言葉として文学作品に登場してくるのは十八世紀以降になってからである。

ウルドゥー語とヒンディー語は、日常会話のレベルではほとんど変わらない。しかし、ヒンディー語がデーヴァーナーガリー文字で書かれ、サンスクリット系の語彙を有するのに対し、ウルドゥー語はペルシャ・アラビア文字で書かれ、アラビア語やペルシャ語の語彙を非常に多く有している。また北インドのみならず、ベンガルや南インドのハイデラバードにおいても、上流のムスリムの間において用いられていた。今日のパキスタンの国語である。

■サティー／幼児婚／寡婦再婚／女嬰児

サティー

一六五八年から一六六七年までインドに滞在したフランス人医師のベルニエは、「夫の死体と共に妻が焼死すること（サティー）は、世論の偏見や習慣の結果であり、妻達を夫に隷属させ、夫の健康にとりわけ心を配らせざるを得なくさせ、夫を毒殺するのを妨げるための、男達の策略以外のものではない」と記している。

サティーを拒否した女性は誰からも相手にされなくなり、不可触民という最下層のカーストに置かれた。しかし、親類達が主人の命を受けて、「幼い子供達の利益や子供達への愛情を優先させるべき」と警告して思いとどまらせる場合もあった。ベルニエ自身が親類達に頼まれて、サティーを決心した女性を思いとどまらせたこともあった。

十八世紀の初め、サティーはほとんど行われなくなったが、英国植民地時代の十八世紀以降、ベンガル地方の都市部で盛んになった。ベンガル地方の法律が寡婦に相続権を認めたため、夫の親族によってサティーを強制されたと言われている。

一八一八年、ベンガルの知識人ラーム・モーハン・ローイは、さまざまな宗教について幅広い知識をもち、独自の立場からヒンドゥー教の改革を目指した。真のヒンドゥー教の精神は古代の伝統に求められるべきであり、古典の記述にないサティーは後代の堕落した産物であると主張し、その廃絶を訴えた。彼は法律で禁止するのではなく、説得してやめさせるのが適切だと考えた。他方、従来の慣習を保持する保守派ヒンドゥーたちは、署名運動を行って、政府に不介入を求める陳情書を提出した。

ベンティンク総督（在位一八二八年―一八三五年）は、一八一五年から一八一八年の間にベンガル管区だけで八〇〇人の寡婦の命を奪ったサティーの慣行を断固として禁止し、全面的なサティー禁止条例の制定に踏み切った（一八二九年ベンガル条例第一七号）。一八三〇年には、ボンベイ管区、マドラス管区でも制定された。

幼児婚／寡婦再婚

インドでは幼児婚が行われてきたせいで、夫を亡くした妻が若い（幼い）場合がよくあった。高位のカースト、とくにバラモンの諸カーストのあいだでは、寡婦は再婚することができなかった。寡婦は実家に帰るか、婚家にとどまって、強い抑圧のもとで家内労働に従事するかであった。そんななかで、寡婦が私生児を生むといったこともあって、寡婦の問題が社会問題となっていた。その一つの解決策が寡婦の再婚だった。イーシュヴァル・チャンドラ・ヴィエヒヤサーガル（カルカッタのサンスクリット・カレッジの校長）は、インド古典文献では寡婦の再婚を禁止していないと主張した。女子教育や低カースト解放運動で有名なプネーのジョーティーラーオ・フレーも寡婦再婚運動に取り組んだ。一八五六年、ヒンドゥー寡婦再婚法が制定された。しかし、実際に寡婦が再婚することは困難であった。一八六五年、寡婦再婚奨励協会が設立された。何組かの寡婦再婚を行うことができたが、一八七一年、この協会の副会長であったモーローバー・カーノーバーが一人の寡婦と再婚した直後に、何者かに暗殺された。寡婦再婚運動はしだいに力を失っていき、一八八〇年代になると幼児婚の問題が主要な問題となり、一八九一年にインド刑法が改定され、結婚同意年齢が十歳から十二歳に引き上げられた。

女嬰児殺し

ラージプート族などでは女の嬰児殺しが一般に行われていた。彼らの社会の習慣と因習では、娘の結婚にはかなりの支出と苦労が伴ったからである。嬰児には一般には母親が乳を飲ませないか、より直接的な方法をとられた。十九世紀の後半には一部分は説得によって、また一部分は法律によって最終的には止められた。

2 ネパール

ネパールは全土に小王国が分立し、カトマンズ盆地では、バクタプル、カトマンズ、パタンそれぞれを別のマッラ王が支配する三都マッラ朝時代となった。西ネパールでも、カス・マッラ王朝が滅びて諸侯が割拠し、カルナリ地方には二二諸国が、ガンダキ地方には二四諸国が分立した。

(1) バクタプル・マッラ朝

一四八二年にヤクシャ王が没すると、長子ラーヤ王（在位一四八二年―一五〇九年）が即位したが、次弟ラトナ、三弟ラナ、五弟アリと、王子同様に遇された王女の子ピーマも加わって連立統治を強いられた。野心家のラトナは、当時のカトマンズを世襲的に支配していたヴァイシャ出身の一二人の執政者（マハー・パートラ）を制圧して、一四八四年カトマンズ・マッラ王国を樹立した。ラトナはパタンへの影響力を奪い、ラーヤ王はバクタプル（バドガウン）のみ統治した。ラーヤ王後、四代の王の父子継承はつづいたが、叔父や弟との連立統治を強いられて政権は極めて弱かった。ジャガッジョーティル王（在位一六一三年頃―一六三六年頃）の治世にカトマンズからパタンが独立すると、王はバクタプルの単独統治を維持した。

次王ナレーシャ（在位一六三六年頃―一六四三年）および彼の子ジャガットプラカーシャ王（在位一六四三年―一六七二年）の治世に、カトマンズ王の攻撃を受け、屈辱的な講和を強いられた。次のジターミトラ王（在位一六七二年―一六九六年）の治世では、有能な宰相バーギラーマに支えられて二都カトマンズ、パタンとの協調政策をとり、バクタプルは繁栄した。しかしカトマンズに野心的な宰相ラクシュミーナーラーヤナ・ジョーシーが登場すると、三都の関係は悪化した。カトマンズはパタンと組んでバクタプルを包囲したが、バクタプルは秘かにパタンと談合し、逆にカトマンズを攻撃した。このように状況に応じて同盟関係を換えて覇権を争う駆け引きに狂奔した。紛争が続くうちに、三都または二都に跨る宗教行事に支障が生じてきたので、一六九六年にバクタプルとパタン間で祭事優先の条約が結ばれた。

プーパティーンドラ王（在位一六九六年―一七二二年）の即位後まもなく三都友好条約が締結された（一六九七／八年）が、一六九八年末にはカトマンズがバクタプルを攻撃し、パタンも圧力をかけてきた。王は盆地外のゴルカやマクワンプル、タナフンと友好関係を保ち、これら三国の支持を背景に逆にパタンに圧力をかけて友好条約を強要し、カトマンズを孤立させるなど、巧みな外交政策を操って国の安全を守った。王の策謀に激怒したパタン王ヨーガナレーンドラがバクタプル攻撃を繰り返したので、刺客を放ってヨーガナレーンドラを毒殺した。混乱したパタンをカトマンズが支配しようとしたため、ヨーガナレーンドラの王女ヨーガマティーが支援を求めた。王はカトマンズを打ち破り、王女の子をパタン王に就けた。

次王ラナジット王（在位一七二二年―一七六九年）は自国で鋳造させた銀貨をラサに流通させてチベット交

易で膨大な利益をあげ、経済的繁栄をもたらした。王は東方の支配領域を、ドラカを含めてドゥド・コシ川まで広げた。一七六二年から一七六三年にかけて、パタンの長老たちに迎えられてパタン王となった。

西方の小国だったゴルカが着々と力を強め、一七六八年にプリトビナラヤン・シャハ王がカトマンズを奇襲して制圧し、カトマンズ王はパタンに逃れた。パタンの長老たちがゴルカへの降服を決めたため、カトマンズ王とパタン王はバクタプルに庇護を求め、カトマンズ王国とパタン王国は消滅した。ラナジット王が二王の庇護を受け入れたため、一七六九年にゴルカ軍はバクタプルに攻め込み、激戦のすえに降服させた。負傷したカトマンズ王は日ならず死去し、パタン王は獄死した。ラナジット王は聖地ヴァーラーナシー行きを望み、世捨て人として生涯を閉じた。バクタプル王国も消滅した。

(2) カトマンズ・マッラ朝

一四八四年にカトマンズ（カンティプル）を独立させたラトナ王（在位一四八四年―一五二〇年）は、長兄ラーヤ、三弟ラナ、甥ピーマとともにバクタプルの連立統治を続ける一方、バクタプル領のヌワコートを支配し、パタンのマハー・パートラを味方につけてパタンへの影響力を固めた。一五一六年にはバネパを制して三弟ラナに統治させた。ラトナ王は銅貨を鋳造し、ネパール中に流通させて経済の活性化をはかり、古代からのインド、チベットとの交易に加えてイスラム圏との交易により経済を繁栄させた。

四代王マヘーンドラ（在位一五六〇年頃―一五七四年）はインドから銀を輸入し、銀貨を鋳造して盆地内はもちろんチベットにも流通させ、チベットから大量の金を手に入れ、その金をインドに売って巨富を築いた。彼の銀貨は特に「マヘーンドラ・マッリー」と呼ばれた。一五六四年には盆地内で最高最大の三層の美麗なタレージュ寺院[注二四]を造営し、これをきっかけにカトマンズは都としておおいに発展した。

六代王シヴァシンハ（在位一五八〇年頃―一六二〇年）は強力な統治者のマハー・パートラを倒してパタンを併合し、東方はドラカ、シンドゥリまで、北方はチベット領ケルンまで、南方はマクワンプルまで、西方はガンダギ川を越えて支配を広げた。やがてシヴァシンハ王に衰えが見えると、パタンの重臣たちは王の次子シッディナラシンハを擁してパタン独立を果たした。シヴァシンハ王の没後、長子ラクシュミーナラシンハ（在位一六二〇年―一六四一年、一六五二年没）が即位したが、パタンの圧力を受けて一六二一年に両国の友好条約を結び、パタンを公式に独立国として認めさせられた。

皇太子プラタープパは軟弱な父王を投獄してマッラ王（在位一六四一年―一六七四年）となった。三都統一の野望を抱いていて、国土の拡大、経済の繁栄、建築美術、工芸および文学の振興に力を発揮した。執政ピーマの武力と智力によりパタンやバクタプルを攻撃し、またチベットのケルン、クティなどを支配下にいれてチベット交易を強化した。執政ピーマはチベットと通商協定を結んだ。ネパールで独占的に鋳造した貨幣をチベット市場で流通させること、ネパールはチベットに通商代表をおき、三二商館を開設できることなどが取り決められ、ネパールは二重、三重の莫大な利益を得て、飛躍的な経済繁栄を遂げた。この対チベット通商協定は、以後近代期の後半まで維持された。王は莫大な富によって王宮の拡充、整備に努め、また一六七〇年には大人工池ラーニー・ポカリを建設した。一六七二年にマッラ王の守護者ハヌマーン像を造って王宮の門（ドーカ）の前に安置したので、ハヌマンドーカ王宮と呼ばれるようになった。

執政ピーマの権威が高まるにつれ、他の重臣たちの妬みを買った。またカトマンズの飛躍的な経済繁栄をバクタプルは快く思っていなかった。バクタプルゆかりの重臣で、ピーマの政敵ナラデーヴァ・マヤーシンハはピーマがチベット滞在中に王に対して、「ピーマはチベットで自らが統治者として振る舞っている」と中傷した。王は中傷を信じて、帰国したピーマを殺害した。バクタプルやパタンとは講和と離反の駆け引きで目まぐるしく変身し、ピーマを殺害した後は有能な側近に恵まれず、プラタープパ王の三都統一はならなかった。

プラタープパ王の没後、王子たちのあいだで後継について紛争がおこり、パタン王シュリーニヴァーサの裁定で年長のヌリペーンドラ（在位一六七四年―一六八〇年）が王となり、重臣チクティが宰相に任じられた。王が若年だったため、チクティ宰相が実権を握り、反対派を一掃した。王の死後、弟パールティヴェーンドラ（在位一六八〇年―一六八七年）が即位するが、勢力を強めた宰相ラクシュミーナーラーヤナ・ジョーシーに毒殺された。宰相はチクティ前宰相に王毒殺の罪を着せた。

バクタプル王ジターミトラ立ち会いのもとに嫡子のブーパーレーンドラ王（在位一六八七年―一七〇〇年）が八歳で即位し、ラクシュミーナーラーヤナが宰相に任命された。プラターバ王の子マヒーパテーンドラが権力を持つのを恐れた宰相は自分の手勢に彼を殺害させ、権勢をふるった。宰相は一六八八年に孤立していたパタンを味方につけてバクタプルを孤立させると有能な宰相バーギラーマを追放した。一六九〇年に、前王殺害の冤罪を着せられて処刑されたチクティ前宰相配下のカサ族の残党に斬殺された。

ブーパーレーンドラ王は、この上、三都間の不仲があっては自国の危機を招くと判断し、ネパール暦八一八年（西暦一六九七年―一六九八年）三都友好条約を結んだが、直後に小競合いが繰り返された。

一七一七年にパタン王が没したあと王位継承者がいなかったため、パタンの長老たちの要請を受けて、次王パースカラ（在位一七〇〇年―一七二二年）がマヒーンドラシンハを名乗ってパタン王を兼ねた。

三都が攻防に目を奪われているうちに、ゴルカはチベット交易ルートとインド交易ルートを断って盆地を経済的危機に陥れた。一七六三年には盆地の東側と南側の諸国を次々に制圧して盆地包囲網を完成させた。一七六八年九月、人々がインドラ・ジャートラー大祭に酔いしれて眠りについた頃、ゴルカ軍がハヌマンドーカ王宮を急襲して占拠し、玉座にゴルカ王プリトビナラヤン王が座った。ジャヤプラカーシャ王（在位一七三六年―一七四六年、一七五〇年―一七六八年）はパタンに逃れた。カトマンズ・マッラ朝は崩壊した。

(3) パタン・マッラ朝

パタンを併合したカトマンズ王シヴァシンハからパタン統治を任されていた皇太子は王の治世中に没した。重臣たちは王の衰えに乗じて皇太子の次子シッディナラシンハを擁してパタンの独立を果たした。シッディナラシンハ王（在位一六一九年―一六六一年、一七一〇年没）は、翌年父王が没して長兄ラクシュミーナラシンハがカトマンズ王に即位すると、カトマンズに圧力をかけ、二国間の友好条約を結んでパタンを独立国として認めさせた。信心深い王はクリシュナ寺院、デグタレ寺院などを建立し、王務を皇太子シュリーニヴァーサに任せて聖地巡礼の旅に出た。一六六一年に出家して皇太子に譲位した。シュリーニヴァーサ王（在位一六六一年―一六八五年、一六八七年没）は即位直後からカトマンズ王プラターバのバクタプル攻撃を支援したが、プラターバ王の三都統一の野望を知り、バクタプルと内通して孤立させた。このあとパタン王は二都との和合・離反を繰り返した。バクタプル王とカトマンズ王が相次いで没したため、パタンの二都への影響は強まり、カトマンズ王プラターバの没後王位継承争いが起こると最年長のヌリペーンドラを王位に就けた。一六八五年に皇太子ヨーガナレーンドラに譲位した。

ゴルカは伝統的にパタンと友好関係にあったが、翌年、カトマンズ、バクタプルと談合してパタンを孤立させた。目まぐるしく組手と相手を代えた紛争はやまず、ヨーガナレーンドラ王（在位一六八五年―一七〇五年）はバクタプル王が放った刺客に暗殺された。

ヨーガナレーンドラ王には嫡子がいなかったため、王女ヨーガマティーの子、つづいて王の姉の子、王の外妃の庶子、王の甥の子が次々に王位に就いたが、実権はヨーガマティー王女が握っていた。ついに王位継承者がいなくなり、重臣たちはカトマンズ王パースカラをパタン王として迎え、マヒーンドラシンハ王（在位一七一七年―一七二二年）を名乗らせた。この王が没すると、王女系の一族ヨーガプラカーシャ王（在位一七二二年―一七二九年）、ヴィシュヌ王（在位一七二九年―一七四五年）が即位した。ヨーガマティー王女は、ヴィシュヌ王治世当初までパタン王国を実質統治していたが、この王治世の後期には王女に代わって長老たちが統治にかかわるようになった。

ヴィシュヌ王は嫡子に恵まれなかったので、カトマンズ王に追放されて庇護を求めてきた王弟のラージャプラカーシャに王位を後継させた。長老集団の意のままにならなかったため、失明させられて没した。ヴィシュヌ王の外孫ヴィシュヴァジット（在位一七五八年―一七六〇年）を即位させたが、不祥事を起こして自殺した。長老たちはカトマンズ王ジャヤプラカーシャをパタン王（在位一七六〇年―一七六二年）に迎えたが、長老集団の意に沿わなかったため、バクタプル王ラナジットを王（在位一七六二年―一七六三年）に迎えた。民意を重んじる王の政策に不同意の長老集団は彼を追放して、再びジャヤプラカーシャを王（在位一七六三年―一七六四年）に迎えた。パタンは末期的状態になっていた。

ゴルカは着々と力をつけ、三都の争いにかかわってきていたが、ゴルカ王プリトビナラヤン・シャハが盆地のチベット、インド双方の交易ルートを完全に封鎖したため、三都は経済恐慌に陥った。長老集団は経済封鎖解除を願って一七六四年にゴルカ王の弟ダルマルダン・シャハをパタン王（在位一七六四年―一七六五年）に迎えたが、ゴルカ王はパタン領を攻撃した。王は監禁されたが脱出して兄王の軍に合流した。長老集団はヴィシュヴァジット王の末裔と伝えられるテージャナラシンハ（在位一七六五年―一七六八年）を王位に就けた。

プリトビナラヤン王による完全な盆地包囲網によって三都は極度の経済恐慌と生活困窮に陥ったため盆地内の富裕階級、司祭階級、有力者たちはゴルカ側につくのが得策と考えるようになった。民衆もゴルカ待望論に傾いていった。一七六八年八月、カトマンズが制圧され、ジャヤプラカーシャ王はパタンに庇護を求めてきたが、長老集団がゴルカへの降伏を決めたため、テージャナラシンハ王とともにバクタプルに庇護を求めた。同年十月、パタンはゴルカに無血降伏した。翌一七六九年にバクタプルも陥落して、テージャナラシンハ王は捕らえられて獄死した。パタン・マッラ朝は消滅した。

(4) 盆地外勢力

セーナ王国

セーナ王国はパルパを首都としてタナフン、ブトワル、マクワンプル、モランなどの中東部タライ地方を支配していた。主要なセーナ王統譜では、セーナ王統はラージプートの武門メーワール王国（チットール）を出自としている。これらの王統譜には、年代・在位期の記述がなく、王名が必ずしも一致せず、ムクンダ・セーナ王まで一三代、一六代あるいは二八代と記すものもある。これらの王統譜でセーナ姓を名乗るのは、カーマ・セーナ、チャンドラ・セーナ、ルドラ・セーナ、ムクンダ・セーナの四代で（「古代セーナ王統譜」）、王名もバヴァダッタ作「セーナ王統譜」の記述と一致する。

カトマンズ王ラトナの治世にチベット人が多数侵入してきた。ラトナ王は鎮圧できずにムクンダ・セーナ王に支援を求めたので、カサ族の軍隊を派遣して鎮圧した。以後、カサ族はカトマンズの軍事面で重要な役割を担った。ムクンダ王は、ラトナ王とは友好的であったが、次王の治世中、一五二四年から一五二六年にかけてカトマンズに侵入して各地を占拠し、放火、掠奪を行った。

ムクンダ王は全領土を四分割して四人の王子に与えた。パルパをマーニキャに、タナフンをブリンギーに、ブトワルをヴィヤーナカに、マクワンプル以東をローハンガに与えた。三都が主に関わったのはマクワンプル・セーナ王国で、ローハンガ王のあと、ラーガヴァ王、ハリハラ（インドラ）王と継承された。マクワンプル・セーナ王国は一七六二年にゴルカ王プリトビナラヤンに制圧された。他のセーナ王国も順次滅亡しネパール王国に併合された。

二二諸国、二四諸国

西ネパールでは、マラヤ・ヴァルマーがカサ王国を倒して中部カルナリ地方を制した後、ダイレク、サリャーン、ジャージャルコート、ムルク、ジュムラに分裂されて、カルナリ地方全体の小王国化が進んだ。これらの小王国は二二諸国と呼ばれる。二二諸国という呼称の由来は、ジュムラ王国の民衆が〈二二の峡谷に住む人々〉と呼ばれており、〈二二の峡谷〉がジュムラ王国を意味することから、ジュムラ中心に歴史が動いてきたカルナリ地方の小王国の総称として〈二二諸国〉と呼ばれるようになった。二二諸国の国名は研究者により必ずしも一致していないが、資料に共通し、実在を確認されている主要な国名を挙げると、ジュムラ、ジャージャルコート、ダイレク、ルクム、サリャーン、バジャーン、ドーティ、アチャーム、ロルパ、ダーン、ピュータンなどで、ほぼカルナリ、セティ、ベリ、ラプティ各県の、いわゆるカルナリ地方に含まれている。

二二諸国以東のガンダギ地方も、カサ王国の消滅後には土侯たちの小王国が割拠し、〈二四諸国〉と呼ばれた。二〇数国程度の多くの国々という意味で漠然と用いられている。これらの史料にほぼ共通し、実在が確認されている主要な小王国は、パルパ、パルバト、グルミ、アルガ、カンチー、カスキ、ラムジュン、タナフン、ヌワコート、リシン、ギリン、パイユン、ビルコート、ドール、ガラフン、サタフンなどで、ダウラギリ、ガンダキ地方に含まれている。

ゴルカ王朝

ゴルカ王朝王統譜やゴルカ王統譜によると、ムクンダ・セーナ王の支配下にあったゴルカは、その後カンドカーという王が支配したが、ラムジュン王ヤショーブラフマ・シャハの王子ドラヴィヤ・シャハがカンドカー王をうってゴルカを支配したと伝えられている。このドラヴィヤ・シャハ王がゴルカ王朝の始祖と見られている。実在を裏付ける根本史料はないが、この王の即位年が、ゴルカ王統譜などで、一五五九年と一致している。ドラヴィヤ・シャハ王の王統をたどると、伝承の域をでないが、ラーナーの称号を用いた初代チトール王リシ・ラージャにたどりつく。この王から発して、シャハ姓を初めて名乗った祖父のカスキ王、父のラムジュン王をへてドラヴィヤのゴルカ支配にいたると伝えられている。ドラヴィヤ王の二代後のチャトラ・シャハ王が、自身の名と年代一六〇九年を刻んだ銘文によって実在が確認された最初のシャハ王である。

最初に盆地と接触したのはラーム王（在位一六一四年頃—一六三六年頃）で、一六二六年頃、シッディナラシンハ王が独立させたパタン王国を訪れ友好関係を結び、ダンバル王（在位一六三七年頃—一六五一年頃）、ルドラ王（在位一六六六年頃—一六七四年）の三代にわたってパタンとの友好を保った。次王プリトビパティ王（在位一六七七年頃—一七一六年頃）は、ときにカトマンズと、ときにバクタプルと結んで攪乱政策をとり、三都への影響力を強めた。

ナラブーパール王（在位一七一七年頃―一七四二年）も父王同様に三都を撹乱し、三都のチベット交易ルートの要衝ヌワコート支配を試みたが、マッラ王たちが結束して迎撃したために失敗に終わった。以後王は積極的な友好政策に転じ、王自身はバクタプル王と、皇太子プリトビナラヤンはカトマンズの皇太子と盟友関係を結んだ。さらに皇太子はバクタプルを訪れて皇太子とも盟友関係を結んで三年間滞在し、三都間の関係を把握した。

ネパール統一

プリトビナラヤン・シャハ王

一七四二年に父王の死をうけて、プリトビナラヤン・シャハ（在位一七四二年―一七七五年）が即位した。ただちにヌワコートを攻撃したが、マッラ王たちの連合軍に迎撃されて手痛い敗北を喫した。王は執政カールゥ・パンデに国政をまかせて、ヴァーラーナシーに旅行し、第二王妃の父の援助で新式銃と大量の火薬を持ち帰って軍事組織を整備した。執政カールゥ・パンデはラムジュンに赴いて友好関係を結び、カスキ、タナフン、パルパなどの近隣諸国を友好国にして周辺の安全を確保した。王は、一七四四年に再度ヌワコートを攻撃して制圧に成功した。さらにもう一つの交易ルートのカーブレ・パランチョークと、盆地南側のインド交易ルートの要衝マクワンプルも抑えて盆地に経済的打撃を与えた。盆地東側の諸国を無血で次々に制圧し、盆地包囲作戦の標的パタン領のキルティプル攻撃を行った。パタン王は弟のダルマルダン・シャハであり、キルティプルは降伏した。盆地を完全に包囲すると、一七六八年九月二十五日、インドラ・ジャートラー大祭の夜、カトマンズを襲撃して一気にハヌマンドーカ王宮を陥落させた。カトマンズ王はパタンに逃れたが、パタンの長老たちはゴルカに無血で降伏したため、パタン王とともにバクタプルに庇護を求めた。バクタプル王が二王を庇護して敵対したのでゴルカは王宮に攻め入り激戦の末に三王とも捕えた（一七六九年十一月十日）。プリトビナラヤン王はカトマンズを首都にゴルカ朝を開いた。

ついで王は西方の二四諸国の制圧を試みたが、連合軍に大敗した。東方では国境を接していたチャウダンディー・セーナ王国を一気に制圧し（一七七三年）、メチ川を越えてティスタ川周辺まで支配し、ブータンと国境を接するにいたった。

プラタープシンハ王

二代王プラタープシンハ（在位一七七五年―一七七七年）はチベット交易協定を締結し、両国の銀貨を同等にすること、ケルン、クティの交易ルート以外に金銀を運ばないことを定めた。王はチトワンを併合した。在位二年一〇カ月の後天然痘で死去し、九人の内妃が殉死した。

ラナバハドゥル王

三代王ラナバハドゥル（在位一七七七年―一七九九年、一八〇六年没）は二歳半で即位したため王母ラジェンドラクシュミーが摂政となり、ガンダキ地方の二四諸国をつぎつぎに手中におさめた。王母の没後は叔父のバハドゥルが摂政となってカルナリ地方の二二諸国を併合し、現インド領のアルモラ、ガルワールにまで進出した。

一方、チベットが交易協定を守らずに粗悪になったマッラ銀貨の流通に固執し、ゴルカは自国の高純度の銀貨への交換を主張して対立した。その上チベットは協定外の新交易ルートを開いたため、ネパール軍は協定違反を理由にチベットのケルン、クティを占拠し、要衝のゾンガ、シカーゾンを制圧した（第一次ネパール・チベット戦争）。清国の乾隆帝によって派遣された重臣の巴忠《ハチュウ》は両国を講和させたが、チベットが講和協定を守らなかったため、ネパール軍は一七九一年に再度チベットに侵入してタシルンポ寺院の財宝を掠奪した。チベットは協定に乾隆帝の最終的な許可がなかったことに異を唱え協定の無効を主張して清国の援軍を求めた。清国はこれを受け入れ大軍をネパールに送り、両軍ともに疲弊して一七九二年講和を結んだ。清国の仲介によってネパール・チベット条約が締結された。この条約は、ネパール人にチベット、清国への旅行、工場の開設、交易権があたえられ、さらに外国勢力がネパールを攻撃した際には清国がネパールを必ず支援するという条項が入れられた。摂政はこの条項をしばしば持ち出して英国東インド会社を牽制した。バハドゥルの九年間の摂政時代に、国土はプリトビナラヤン王の支配領域の三倍に広がった。

ラナバハドゥル王は成年に達すると、口実を設けて摂政バハドゥルを投獄し、統治権を奪った。王は嫡子をさしおいて、溺愛する内妃の庶子ギルバンユッダ・ビクラム（在位一七九九年―一八一六年）に王位を譲って出家した。

ギルバンユッダ・ビクラム王

第一正妃ラージラジェンシュワリー・デビーを新王の摂政に任じ、自らは法王として院政をとるつもりだったが、執政ダモダル・バンデらが王を奉じて首都をヌワコートに移し、新政府樹立を宣言した。その後、法王はビムセン・タパの手引きで首都に入り軍を味方につけ、ダモダルを捕らえて処刑した。法王は正式に統治権を持つ執権となり、ビムセンを執政に任じた。身の危険を感じた反法王派の弟シェールバハドゥルらは法王を暗殺した。自身もかけつけた側近に刺殺された。

ネパール・英国戦争

ネパールのゴルカ王朝はさらなる勢力拡大をめざして進出し、タライ地方の領有権を主張する英国東インド会社と武力衝突が起きた（ネパール・英国戦争、一八一四年―一八一五年）。近代装備、兵力などで圧倒する英国軍は、緒戦では敗退を繰り返したが、西ネパールでは優勢となり、ネパール軍が和平を申し出て、スガウリ（Sugauli　ビハール州）で講和条約が締結された（Sugauli Treaty, 一八一五年）。この条約で、ネパールはマハカリ川以東、メチ川を越えてティスタ川までのタライ地方を放棄し、これらの土地の損失補填として英国が毎年二〇万ルピーをネパールに支払うこと、さらにガルワールおよび東方のシッキム王国が支配していた領域を放棄すること、ネパールに公使を常駐させることなどが定められた。

この戦争によってネパール兵の勇猛さが評価され、英国軍の傭兵制度ができ、英国軍に加わってグルカ（ゴルカの英語訛り）兵と呼ばれるようになった。

執政ビムセン・タパは、摂政復帰の可能性がある第一王妃ラージラジェンシュワリー・デビーに殉死を強要し、敵対勢力は徹底的に排除した。こうして幼いギルバンユッダ王に代わって統治権を完全に把握した。一八一六年にギルバンユッダ王が天然痘で死去した。

ラジェンドラ・ビクラム王

二歳のラジェンドラ・ビクラム（在位一八一六年—一八四七年）が即位し、故ラナバハドゥル法王の新しい王妃ラリト・トリプル・スンダリー・デビーが摂政となった。彼女はタパ家の出で、執権ビムセンを全面的に支えたので、ビムセンは統治権を完全に掌握し、王に代わる最高統治者に上り詰めた。英国がインドを着々と植民地化していくのを目前にして、英国がネパールに入ることを恐れ、軍事組織の近代的改革の必要性を痛感し、免税地を没収して軍事費を捻出した。フランスから軍事専門家を招いてネパール軍に近代的な訓練を受けさせ、軍服もフランス式にして、階級制も西欧式に将軍・大佐・中尉などを採り入れた。近代的な大砲・小銃・弾丸などを製造する軍需工場・基地・兵舎、さらに各地に塞を建設した。ビムセンは対英戦争で事実上敗れたが、巧みな駆け引きで両国の対等な関係を基調にしたスガウリ講和条約の締結にこぎつけ、公使を常駐させることにとどめて英国による植民地化を防いだ。

ビンセンは裁判制度や経済政策など、様々な改革を行った。ブラーフマナや寺院に対する免税地没収によって国家収入、軍事費を確保する一方、地税制度の整備を行った。いったんタライ地方を放棄して年金二〇万ルピーを得ることにしたが、その年金を放棄してタライ地方を取り戻した。ビンセンはその土地から年金の五倍の一〇〇万ルピーの地税を取り立てることに成功した。関税局を設置して関税制度の整備を図り、交易奨励策をとった。インド関係の交易は盛んになり、チベット市場でもネパール通貨の流通再開に成功した。

ビムセンを強力に支持してきた摂政ラリト・トリプル・スンダリーがコレラで死去した（一八三二年）。これを契機にパンデ一族など反ビムセン勢力が台頭し、第一王妃の王子が急死した際にビムセンに毒殺の容疑をかけて幽閉し、自殺に追い込んだ。

皇太子は粗暴で乱行が激しく、父王も乱行を止めようとしなかったため、王族、軍幹部、重臣および市民が結集して、皇太子の粗暴行為と彼の統治権の停止を王に求めた。困惑した王は、第二王妃に内政・外交の全権を委譲した。第二王妃は、我が子ラネンドラを王にするため、インドに逃亡していたビムセンの甥マートバルシンハを呼び戻した。マートバルシンハは、第二王妃の意に反し、皇太子を擁して王に退位を勧めた。そのため王と第二王妃は共通の敵マートバルシンハの暗殺を目論み、王妃の寵臣ガガシンハ・カワースが具体的な計画をたて、彼の甥ジャンガ・バハドゥルに命じて銃殺させた（一八四五年五月）。九月にファッテジャンガ・シャハが首相となって内閣を組み、ガガシンハ・カワースをはじめとして、アビマンシンハ・ラナ、ダルバンジャン・バンデが閣僚となった。

王宮大虐殺事件

王妃の寵臣ガガシンハ・カワースは全軍最高司令官に取り立てられて首相を凌ぐ権力者となり、暗殺実行者のジャンガも大臣兼将軍に任命された。ガガシンハは一八四六年自邸で礼拝供養中に隣人に銃殺された。激昂した王妃は、首謀者を探索するために、その夜全重臣を軍事会議場に集めた。ジャンガはいち早く弟たちと到着し王妃と王子たちを護衛するため自分の軍隊で軍事会議場を包囲した。全重臣が参集したのに首相だけがこなかったので、ジャンガが弟に迎えに行かせると、首相邸に王と首相がいた。首相は軍事会議場に入ったが、王は首相邸に戻って身を隠した。王妃の首謀者追及のさなか、突然首相が何者かに銃殺され混乱状態となった。ジャンガは王妃の命令を受けて、その場にいた主要な重臣の大部分を銃殺した。王妃はジャンガを大臣兼全軍最高司令官に任命し、王宮大虐殺事件は七時間以内に終わった。重臣たちの大虐殺によって生じた官職や軍の空位・空席をジャンガは弟・甥たち・信頼厚い者たちに与え、政治的にも軍事的にも自らの勢力を確固たるものにした。

ジャンガは王から首相の任命を受けて、反ジャンガ集団を掃討し最高権力者の立場を確立すると、皇太子を殺害して我が子を王位につけようとした第二王妃の野望を告発し、第二王妃をヴァーラーナシーに追放した。

第二王妃とともにヴァーラーナシーに出国した王は、亡命者たちにそそのかされて挙兵したが、国庫を完全に掌握したジャンガはラジェンドラ王の廃位と皇太子スレンドラ・ビクラムの即位（在位一八四七年―一八八一年）を宣言した。ラジェンドラは捕らえられて王宮内に幽閉された。ジャンガは新王を傀儡として統治の全権を掌握した（佐伯和彦、二〇〇三年）。

3 シッキム

シッキムの先住民であるレプチャ族（注三五）の原始宗教は一種の自然崇拝教で、ボン教またはシャーマン教ともいわれ、精霊と妖怪の崇拝と魔法魔術との奇妙な組み合わせである。

『ラマ僧』

導師リンポチェとして知られているパドゥマ・サンパワ（インドのナーランダー大学の神秘教教師）は、八世紀頃、シッキムとブータンにチベットを通じて仏教を伝えた。しかし、シッキムにラマ教（注三六）の地盤が確立したのは、ラツン・チェンボがシッキムに着いた十七世紀の半ば頃である。彼は様々な僧院で何年も修行し、その学の深さと英知で高名になった。ラツン・チェンボは当時流行していた仏教の多数派の一つであるニンマ派の二人のラマ僧と一緒にシッキムの北門から入った。シンガリラ峠の西門からいま一人のラマ僧セムパハ・チェンボ（カルトク派）と、南門からダージリンとナムチを経てもう一人のラマ僧リグジン・チェンボ（ヌガダク派）がやってきた。この三人のラマ僧が会った場所はレプチャ族によって「三賢者」という意味のヨクサムと名づけられたところであった。三人のラマ僧は導師リンポチェの「四人の高貴な家柄の兄弟がシッキムで会って、その統治をはかるであろう」という予言にしたがい東チベットのカームという勇敢な先祖の後裔であるプンツォークと呼ばれる人物を探した。プンツォーク（当時三十八歳）は探し出され、東方からきた第四の優れたラマ僧として支配者にまつりあげられて、ナムギャル（ナムゲエ）というラツン自身の姓とチョギャル（ダルマ・ラジャ＝法王）の称号を与えられた。一六四二年の出来事と信じられている（ジョン・クロードの「シッキムとブータン白書」）。

十五世紀から十六世紀にかけてチベット仏教の各宗派のあいだで権力闘争が生じ、ドック派の一部の僧たちが信者とともにシッキムに逃れた。先住民のレプチャ族がいたが、チベット僧たちは、貴族として、精霊崇拝の彼らを仏教に改宗させて支配した。プンツォ・ナムギャル（Phuntsong Namgyal, 在位一六四二年―一六七〇年）が擁立され、チョギャル（ダルマ・ラージャ）としてヨクサムを首都にナムギャル朝を開いた。プンツォ・ナムギャルは、北インドで今日ヒマーチャル・プラデーシュと呼ばれる地域をかつて支配していた藩王インドゥラボディの子孫であったという。ほどなくデンジョン・ギャルポとして知られるようになった。数年でその国全土に蔓延っていた小部族の族長を平定し、広大な地域を支配した。その権威はチベットのファリを越えたタンラの北まで、東はブータンのパロ近くのタゴン峠に、南はインドのビハールとベンガルの境界近くのティタリヤに及んだ。西はネパールのティマル川の岸にあるティマル・チョルテン地方をも治めた。首都をヨクサムに選んだ。

ブティヤと呼ばれるチベット貴族たちはレプチャの懐柔策として、レプチャの娘を妻に迎えた。プンツォ王はブティヤ貴族のみの一二人による議会を設立して統治を補佐させ、シッキムを一二ゾン（地区）に分けて、各ゾンのレプチャ有力者をゾンペン（地区長官）にした。ゾンペンの土地は王の所有とされたあと、ゾンペンが地主として管理する一種の封建制度が確立された。

プンツォ王が没すると、嫡子テンスン（在位一六七〇年―一七〇〇年）が跡を継いだ。首都をヨクサムからラブデンツェに遷した。議会とゾンペンとのあいだに対立が生じたため、議会の定員を八人に減らし、レプチャからも議員を出す妥協策をとった。

一七〇〇年にチャドル（在位一七〇〇年―一七一七年）が王位を継いだが、父王のブータン人の妃の王女が継承権を主張してブータン軍の介入を招いた。チャドルはブータン軍に抗しきれずチベットに亡命したが、庇護者の六世ダライ・ラマが急死したため、ブータンに屈服し、ブータン軍は撤退した。しかし、ブータン人が入植した現カリンポン地方は失われた。息子のギュルメ王（在位一七一七年―一七三三年）の治世にも、ブータン軍がしばしば侵攻したため、首都ラプデンツェを城塞化することにして、ツォン族に強制労働を課したので、ツォン族はリンブー領域に逃亡した。プンツォ・ナムギャル王（在位一七三三年―一七八〇年）が跡を継いだ。

一七六九年、ネパール統一を果たしたプリトビナラヤン王が東方に進出した際、ギュルメ王の強制労働に反発したリンブー族はネパールに協力した。ネパール軍はシンガリラ山脈の西の領土と、タライ地方ではティスタ川までも占領した。

一七八〇年、息子のテンジン王（在位一七八〇年―一七九三年）が王位を継承した。この治世でもネパールとの小競り合いが続き、一時はシッキム軍がネパールの領土に進撃した。それがネパール軍の総攻撃を誘い、一七八八年から一七八九年にかけてチヤ峠を越えて首都ラプデンツェを急襲した。テンジン王は王妃、王子らとともに首都を脱出し、チベットに亡命した。ネパール軍はティスタ川西岸のシッキム領全域を制圧した。一七九三年、テンジン王は亡命先のラサで客死すると、嫡子ツグフド（在位一七九三年―一八六一年、一八六三年没）が七代王となって帰国し、首都をトゥムロンに遷した。

一八一四年にネパール・英国戦争が勃発すると、英国は失った旧シッキム領を与える約束をして、ツグフド王に協力を求めた。一八一六年に戦争は終結し、スガウリ講和条約によってネパールはメチ川とティスタ川の間の地域を放棄した。翌年、シッキムと英国の間でティタリヤ条約が締結され、ダージリンなどを含むティスタ川西岸全域がシッキムに譲渡されたが、シッキムは事実上英国の保護国となった。その後英国は、シッキムに譲渡したダージリンの割譲を申し入れ、保証金として毎年三〇〇〇ルピーを支払うことで合意した。後に六〇〇〇ルピーまで増額された。英国へのダージリン割譲は、英国の帝国主義を警戒しているチベットを激怒させ、そのため、ツグフド王も次第に反英的になった。

一八四九年、ツグフド王は首都トゥムロンをおとずれたダージリン長官キャンベル博士と博物学者フッカー博士を逮捕・監禁した。英国は直ちに出兵したためツグフド王は降伏した。報復としてダージリン割譲の保証金六〇〇〇ルピーを打ち切られ、タライ地方の大ランジット川とランマン川以南のシッキム領も取り上げられて、現在のインド・シッキム州の領域になった。

『ダージリン』

一八二七年、シッキムとネパール間にミチー川の東側に位置するオントー（Onto）ヒルの管轄権を巡って国境紛争が起こった。シッキム国王はティタリヤ条約(一八一七年)第三条に基づきインド総督ベンティンク（William Bentinck）（在位一八二八年―一八三五年）にこれを委ねた。ベンティンクは、一八二八年、ティタリヤ国境守備隊長ロイド（George William Aylmer Lloiyde）およびマルダの商業駐在官グラント（J.W.Grant）をこの紛争の調査・解決のために当該国境地域に派遣した。かれらは、その途中ダージリン（Darjeering, Dorejeling, Dorge Liang）という小さな山村を通り、この地がサナトリウムとしてまた軍事的要地として好適であることを発見し、総督に報告した。

ベンティンクは、一八三〇年、ダージリンの獲得について参事会にはかったが、当時はネパールやシッキムに対する刺激や悪感情が起こることを危惧され、取り上げられなかった。しかし、一八三四年～一八三五年、英国はシッキム国王より、シッキム・ネパール間の国勢調査を委ねられた。ベンティンクは、再びロイドをこの任務につけて派遣し、領土の交換もしくは金銭で譲り受ける交渉を成そうとしたが、交渉は難行した。シッキム側も、ネパールとの国境紛争、チベット関係の不安定、さらに国内でのレプチャの反抗により不断の英国の援助・保護を必要としていた。シッキム国王は、ついに英国にダージリンを無条件で割譲することを余儀なくされた（一八三五年二月一日）。その後、英国は要求されて年額三〇〇〇ルピーの補償を支払うことを決定し、一八四六年に、六〇〇〇ルピーに増額された。

ダージリンはヒマラヤに対する英国の監視所となり、またラサへの道も開かれた。この地の開発が進められ、ネパール、シッキム、ブータンから移民が増え、一八三九年に一〇〇人足らずであった人口が、一八四九年には約一万人となった。

茶の栽培は一八四一年頃から始められ、最高級の茶が得られるようになった。

4 ブータン

西ブータンでは数世代前からドゥク派座主たちが西ブータンの有力な氏族・家族と親密な関係を結んでいたため、ンガワン・ナムゲルは十七代ドゥク派座主（在位一六一六年―一六五一年）として迎えられた。しかし、ドゥク派以外の、ラマ五派（サキャ派、ニンマ派、ラ派、バラ派、ネニン派）はドゥク派の覇権の実現に抵抗した。チベットのツァン地方の知事に支援を依頼したが、チベット軍は二度侵攻していずれも失敗した。ンガワンはラマ五派の抵抗を退けて、一六三七年にブナカ・ゾン(注三七)を建立し、一六四一年にはラ派所有のゾンを奪取してタシチェ・ゾンと命名すると、ブナカを冬の首都に、ティンプーを夏の首都にさだめて、ドゥク派による西ブータン統一を果たした。

十四世紀に学僧ロンチェン・ラプジャンパ・ディメ・オエセルが中央ブータンのブムタン谷に来訪して多くの寺を建立した。十五世紀には、ブータン生まれの著名な学僧ペマ・リンパがやはりブムタン谷に多くの寺院を建立してニンマ派を普及させた。彼の子孫は中央ブータン及び東ブータンへのニンマ派の普及に貢献した。世俗的な権力は、東ブータンでは、チベット王朝末期の二王チックデツェン（在位八一五年―八四一年）、ダルマ（ランダルマ）（在位八四一年―八四二年）を兄弟にもつヴァンマを共通の祖先と主張する氏族たちが支配し、中央ブータンではドゥンという貴族が支配していた。彼らはンガワン座主に激しく抵抗したので、ンガワン座主は中央ブータンの入口、トンサを支配するにとどまった。

ンガワン座主はシャプドゥン（「高貴な僧侶」の意）の称号を名乗った。この称号は彼の死後、宗教・政治の両面を支配するドゥク派国家元首の象徴となり、シャプドゥンの化身と認定されたゲルツァプ（公式後継者）が国家元首となった。シャプドゥンは一六五一年に死去した。しかし、対外的にはチベット政府の侵攻・介入を恐れたこと、国内的には中央および東ブータンへの勢力拡大のなかばで体制が不安定であったことで、シャプドゥンのカリスマ性に依存する必要があった。瞑想入りと公表されて一七〇五年まで死は隠蔽された。

シャプドゥンは亡くなる前にブータンを統治するための政治体制を作った。宗教面は僧院の大僧正（ジェ・ケンポ）、政治面は政府の摂政（デシ）が担当する政教二分体制がとられた。初代大僧正にはシャプドゥンの西ブータン入りに同行したペカル・ジュンネが、初代摂政には側近テンジン・ドゥクゲが就任した。摂政はしだいに統治の最高責任者にのし上がった。

中央の行政組織は、夏の首都と冬の首都にドゥク派の中央僧院が季節移動し、政府の中枢として機能した。ティンプーとプナカおよびワンディポダン・ゾンに城主（ゾンポン＝知事）が任命された。中央から東ブータンにはトンサ領主（ペンロップ）、南の地方はダガ領主、西の方はパロ領主がおかれた。

シャプドゥンの瞑想入りがつづくなか、生前から伯父―甥相続制にかなう者として認めていたテンジン・ラプゲ（在位一六七九年―一六九四年、一六九六年没）が初代ゲルツァプとしてドゥク派座主に就任し、四代摂政も兼任した。二代目のキンガ・ゲルツェン（在位一六九八年―一七一三年）のときシャプドゥンの死が公表されると、権力闘争が始まった。八代摂政となったドゥク・ラプゲはキンガ座主を毒殺すると、六歳のチョクレナムゲル・（在位一七一四年―一七二四年、一七三四年没）を公式にゲルツァプとして即位させたが、中央僧院はジクメ・ノルプ（在位一七二九年―一七三四年）を化身ゲルツァプに就け、二人の化身が立って国家が二分された。二派の争いは内戦に発展し、中央僧院の求めで清国とチベットが仲介して和解したが、二人の化身はあいついで死んだ。

ジクメ・ノルプの兄で十代摂政となったミパム・ワンポ（在位一七三六年―一七三八年）はチベット政府の支持を得て化身ゲルツァプに即位したが、その代償としてチベット生まれのジクメ・タクパをシャプドゥンの「意」（注三八）の化身として認めさせた。中央僧院はその密約に怒ってミパムを毒殺し、ドゥクダ・ナムゲル（在位一七四〇年―一七六二年）をジャンベル・ドルジェ（注三九）の化身として六代ゲルツァプに選んだ。複数のシャプドゥンの化身を公式に正当化するために、密教における身口意《シンクイ》の三密の教理を導入して、身・口・意によるシャプドゥン三化身論を打ち立て、化身が乱立した。

一七四六年に、十三代摂政シェラプ・ワンチュクは、乱立する化身たちを首都ブナカに集め、四人の化身がそろった。化身順位として、六代ゲルツァプのドゥクダ・ナムゲルと「意」の化身ジクメ・タクパが最高位を分かち合い、その下にテンジン・ラプゲの化身ジクメ・センゲ、最下位に「口」の化身シャキァ・テンジンが位置した。しかし、最高位の二人があいついで没したため、ジクメ・センゲが最高位に就いた。ところが、三世パンチェン・ラマ（注四〇）によって認定された「意」の新化身チェキ・ゲルツェンがチベットから送り込まれた。十六代摂政シダルは新化身を擁して統治しようとしたが、中央僧院はこれに反発して対立した。

十三代摂政シェラプ・ワンチュクの治世、アッサムを支配していたアーホム王国が、ムガル帝国との戦闘で衰退したのに乗じて、ブータン軍は北西アッサムに進出、徴税権を奪取した。また、ドゥアール地方を挟んで南境にあったクーチ・ビハール王国の王家の内紛に乗じて徐々に内政に介入した。一七六五年から十五代摂政ドゥク・テンジンが首都に知事と軍隊をおき、国政の指揮をとった。一七七二年、十六代摂政シダルが傀儡の国王をすえると反発が生じ、それを抑圧するために摂政自ら軍隊を率いて遠征に向かった。シダルの不在に乗じて中央僧院の反シダル勢力は最高位化身ジクメ・センゲを擁してシダルの摂政廃位を宣言し、十七代摂政ルパ・キンガ・リンチェンを任命した。十七代摂政が没すると、ジクメ・センゲ自ら十八代摂政を兼務して、政教の長として全権を掌握した。

一方、ブータン軍の遠征をうけたクーチ・ビハール王国が英国東インド会社に支援を求めたため、ベンガル総督ヘースティグズは一七七三年に軍隊を派遣してブータン軍を撃退した（クーチ・ビハール戦争、第一次ブータン・英国戦争）。この戦争は三世パンチェン・ラマの仲介で講和が成立し、クーチ・ビハール王国への行政権は英国に譲渡された。

十九世紀に入ると、一五年間に一〇人の摂政が交代し、政情の不安定がつづいた。一八三〇年にはジャンベル・ドルジュの化身系譜は絶え、テンジン・ラプゲの化身系譜も自然消滅して、シャプドゥンの「意」の化身系譜がドゥク派座主として、「口」の化身系譜が座主空位の際の代理として残った。

英国は一八二六年にアッサムを制圧し、アーホム国を滅ぼすと、一八四一年にはアッサムを併合した。ブータンはその代償として年間一〇〇〇ルピーの補償金を得た（佐伯和彦〈小谷汪文、二〇〇七年〉の補説23）。

> 『アッサム茶』
> 英国人たちはこれまで中国から茶を輸入していたが、一八三八年にアッサムで試験的に茶の栽培を始めた。一九三九年、資本金五〇万ポンドでアッサム茶会社が設立され、十九世紀中葉までは、事実上インドにおける茶の生産を独占していた。アッサムの気候は茶栽培に適してはいたが、住民は茶園で働くことを好まず、プランターはやむなく労働力の三分の二を、ビハールや北西諸州などから調達しなければならなかった。茶園の農業労働者は家族全員を一単位として、通常三〇年契約で雇った。政府の規制も奥地までは及ばず、かれらの生活・労働条件は極めて劣悪で、死亡率・罹病率が高かった（梶谷素久、一九八一年）。

5 セイロン

一五〇五年、ロレンソ・デ・アルメイダ（ポルトガル領インドの初代総督ドン・フランシスコ・デ・アルメイダの息子）がコーチンからモルディブに向かう途中で嵐に遭い、ゴールに漂着した。水と食糧を補給した後、コーッテ王国に近いコロンボから上陸した。一五一七年にはポルトガルが軍事的に支援することと引き換えにシナモン貿易の拠点が築かれた。一五一八年、ポルトガルがコロンボに砦を建設した。

一五二一年、コーッテ王国のヴィジャヤバーフ六世は三人の息子に暗殺され、王国は分裂した。長男ブーワナイカバーフ七世がコーッテ王国の主要部分、次男ライガマバンダラがライガマ王国、三男のマーヤドゥンネーが内陸のシーターワカ王国を得た。キャンディの勢力はそれを機にウダ・ラタ王国として独立した。シーターワカ王国は一五三八年、ライガマバンダラが死亡したためライガマ王国を併合した。コーッテ王ダルマパーラ（在位一五五一年―一五九七年）はウダ・ラタ王とともにカトリックに改宗することで、ポルトガルと同盟を結び、シーターワカ王国に対抗した。シーターワカ王国は、一五八二年、ウダ・ラタを滅ぼしたが、一五九三年、コーッテ王国に併合された。

ポルトガルは海軍と大砲の力によって北方ではジャフナ王国を保護国化し（一五九一年）、ダルマパーラの死後、コーッテ王国を支配下に置いた。

ポルトガルの庇護下でカトリックに改宗していたコナップ・バンダーラ（王配下の武将〈謀反の咎で処刑された〉の息子）はキャンディを解放した後、仏教に再改宗し、ウィマラ・ダルマスーリヤと称して、キャンディ王国（ウダ・ラタ）の王位（在位一五九一年―一六〇四年）に就いた。仏歯寺の建立などを通して、仏教王としての地位を固めた。ポルトガルは、ウィマラ・ダルマスーリヤが王権の象徴である仏歯を保持することを認め、キャンディ王国を正統な王権として公認した（杉本良男、一九八七年）。

その後、ポルトガルが王国東海岸の港を占拠すると、キャンディ王国のセナラト王との関係は悪化し、息子のラージャシンハ二世はオランダの力を借りて戦った。オランダは一六四一年にコロンボを、一六五八年にジャフナを占領して、ポルトガル勢力をセイロン島から一掃した。オランダとキャンディ王国とは条約を結んだが、オランダはポルトガルから奪った低地の占拠を続け、キャンディは高地での支配を続けた。一七三九年、キャンディ王家に世継ぎが絶えると、それまで婚姻を繰り返していた南インドのナーヤッカル家(マドゥライのナーヤカ朝)から王を迎えた。新王ヴィジャヤ・ラージャシンハ(在位一七三九年―一七四七年)は、サンガの乱れによって、正式の具足戒ができなくなっていた状況を改善するため、暹羅《シャム》(タイ王国)に使節を送った。暹羅から僧侶がやってきて(一七五三年)、具足戒を行った。しかし、そこで設立したシャム派(シャム・ニカーヤ)は高位カーストであるゴイガマの者しか僧侶として認めなかった。

ムスリムはアラビアから南インドへ渡り、セイロンに来た人々もあった。十七世紀にはジャワ、十九世紀にはマレーからもきてマラッカラと呼ばれて定住した。セイロンのムスリムは、ムーア人(アラブ人)を主体に、インド・ムスリム、マレー人など様々な民族からなっている。彼らは南インドとの商業交易に携わったので、タミル人との接触が多く、タミル語を母語とするようになった。居住地は三分の一が東海岸、一〇分の一がキャンディ周辺、その他はコロンボや南西部などで島内に散らばっている。ポルトガルやオランダの圧迫をのがれて住み着いたキャンディのムスリムは、他民族と共存し合うとともに宗教的、文化的アイデンティティーを強く持ち、市内に四つの大きなモスクを祀った。

ポルトガルは、一五〇五年に沿岸支配の拠点を確立してから、フランシスコ会、イエズス会の宣教師を送り込んで布教活動を開始し、ミッションスクールも作られた。十七世紀にカラーワにカトリックが増大し、コーッテ王国、ジャフナ半島で信者が増えた。オランダ統治の際にはプロテスタントの布教も行われた。

一七九五年、オランダにバタヴィア共和国[注四一]が成立すると、英国は南アジアにおけるオランダ領を占拠した。セイロンのオランダ領は英国東インド会社マドラス管区の管轄下に置かれた。キャンディ王国との間に争いが起こり、一八〇三年にはキャンディを占領するが、その後駆逐された。しかし、スリー・ヴィクラマ・ラージャシンハ王(在位一七九八年―一八一五年)と貴族たちのあいだが不和になり、一八一五年の英国の攻撃では、英国と通じた貴族たちが離反した。スリー・ヴィクラマ・ラージャシンハ王は捕らえられて廃位され、王妃とともに南インドのヴェッロール(ヴェールール)に幽閉されて生涯を終えた(一八三二年)。一八三二年には、セイロン全体が英国の統一的植民地行政下に置かれた。

ポルトガルの時代から始まったシナモン貿易への集中はオランダ東インド会社、(注四二)英国東インド会社においても同様であった。一八三〇年代には自由貿易への方針転換がはかられ、プランテーションが導入された。最初はコーヒーで、一八五〇年〜一八八〇年の間が最盛期であったが、葉の病害によって成り立たなくなり、ティー・プランテーションに代わった。ゴム、ココナッツのプランテーションも行われた。


『仏歯』

仏歯は四世紀にインドのカリンガ国からもたらされ、アヌラーダプラのダンマチャッカ（法輪堂）におさめられて祀られた。仏歯には強い力があると信じられ、王権の象徴となった（法顕「仏国記」）。チョーラ朝の勢力をセイロンから駆逐したヴィジャヤバーフ一世（在位一〇五五年—一一一〇年）はポロンナルワに仏歯寺を建立し、ビルマ（現ミャンマー）から僧を招くなどして、仏教の保護に力をそそいだ。王都が移動するたびに仏歯も移動して、現在はキャンディ市中心部の王宮に隣接する仏歯寺に安置されている。

エサラ月（七月）の新月から満月にかけての二週間で行われるエサラ・ペラヘラ（行列・行進）では、仏歯を入れた舎利容器が象の背中に乗せられて、神々の象徴である武器とともに町中を練り歩く。行列に仏歯が加わったのは一七七五年からで、以前はキャンディのヒンドゥー教の守護神（ナータ、ヴィシュヌ、カタラガマ、パッティニ）をまつる祭祀であった。現在では仏歯寺が仏教の精神的中心とみなされているために仏教に帰依するという意図が強い。仏歯は雨を呼ぶともいわれ、作物の豊作をもたらす祈願の対象でもある。

6 モルディブ

カル・ムハンマドの孫で一五五〇年にスルタンとなったハッサン九世は、インドのゴアを攻略して（一五一〇年）勢力を強めていたポルトガルに助けを求めた。モルディブを離れインドのコチンでキリスト教に改宗した。ポルトガルはモルディブに遠征隊を送り込み、マレを攻略した。三度目の遠征隊（一五五八年）は、ポルトガル人を父母にもちモルディブで生まれ育ったアンディリ・アディリン（Andhiri Adhirin）が率いた。アンディリはスルタンを殺害し、ハッサンを飾りのスルタンに据え摂政となり、一五年六カ月にわたりモルディブを支配した。タリク（注四三）（王統年代記）にポルトガル人の残酷な統治について書かれている。ポルトガルがキリスト教への改宗を強制したことに住民は強く抵抗した。

北ティラドゥンマティ環礁ウティーム島出身のタクルファーヌ兄弟らは、ポルトガルにゲリラ攻撃を仕掛け、インドのアリ・ラジャの援助も得て一五七三年にポルトガルを駆逐した。この日はポルトガルがマレの人々に改宗しない者は殺害するとした日だった。モルディブのナショナルデー（イスラム暦の三月の初日）となった。その後二度ほどポルトガルの遠征隊が現れたが、スルタンは要塞を建設しポルトガルの侵入を防いだ。モルディブはその後もポルトガルとカンナノールのアリ・ラジャへの貢物を送り続けていた。

セイロンがオランダ支配下に置かれる（一六四五年）と、モルディブはコロンボのオランダに貢物を送るようになった。モルディブがココナツロープ、アンバーグリス、マット、タカラガイを供給する見返りに、オランダはマラバール海岸からの攻撃に対しモルディブを保護し、胡椒、シナモン、クローブ、ナツメグ、アレカナッツを供給するなど良好な関係にあった。西欧列強に加えて、インド南西部のマラバール海岸を本拠地とする勢力からの攻撃が繰り返された。一七五二年にはカンナノールのアリ・ラジャがマレを襲い、宮殿を焼き、モルディブのスルタン・大臣らを拉致し、三カ月と二十日モルディブを支配下に置いた。一七五三年ドン・バンダーレイン（後のスルタン、ガージー・ハッサン・イズディィン）がアリ・ラジャらを駆逐した。モルディブはポンディシェリーのフランス総督にも保護を求め、一七五四年までフランス部隊（二八人）がモルディブに駐留した。

英国の勢力が強まり、一七九六年にオランダが英国に敗れセイロンから撤退すると、モルディブも南アジアにおける英国の派遣を認め、セイロンとの交易を続ける権利を得るため、英国のセイロン総督にマットや漆器などの貢物を献上した。（荒井悦代、〈荒井悦代・今泉慎也、二〇二一年〉の第5章）

五、近代

1 インド

(1) 英領インド

インド大反乱が起こったのは、英国東インド会社の雇用条件や宗教的慣習などに関するインド兵士の不満によるものとされ、英国東インド会社はその責を負い統治権を英国政府に渡すことになった。一八五八年、インド統治改善法によってインド帝国すなわち英領インドが成立した。英本国の内閣の一員であるインド担当国務大臣とインド省が統治することになり、インド省には一五名のインド諮問会議が設置された。インドにはその下部組織として五年任期のインド総督と参事会が置かれ、インド政庁を統括して各州の知事を任命した。一八七七年、ヴィクトリア女王がインド皇帝を兼任して即位した。インド総督が副王を兼任し、英国植民地支配は形式的にも完成した。一八七〇年には英印間に直接の電信も敷かれ、インドに関するすべての政策は英本国の内閣と議会・インド省が決定することになった。関税・通貨の交換比率、地税を含む税制、鉄道・灌漑の政府支出など経済政策、文教政策、軍事・外交政策などすべてであった。しかも、インド統治にかかった費用は「本国費」としてインド人の税金から支払われるのが原則であった。

インド東部の国境は、三回のビルマ戦争（一八二四年—一八二六年、一八五二年—一八五三年、一八八五年）によりビルマをインド帝国に併合したことで画定した。インド北西部ではロシアの南下を防ごうとする英国がアフガニスタンに軍隊を送り込んだが全滅した（第一次アフガン戦争、一八三八年—一八四二年）。その後も英国はアフガニスタンに外交使節を常駐しようとして拒否され侵攻したが敗れた（第二次アフガン戦争、一八七八年—一八八〇年）。しかし、外交交渉でアフガニスタン国王から外交権を譲り受け、アフガニスタンを事実上の保護国とした。インド帝国の外相デュランド（M. Durand）が出向いてアフガニスタン国王との間で条約が調印され、国境線（デュランド・ライン、現在のアフガニスタンとパキスタン国境線）が画定された（一八九三年）。

藩王国を除く英国の直轄領土は、ベンガル、マドラス、ボンベイに分かれていた。初期の段階では、これらは相互に独立性が強かったが、ベンガル管区知事はベンガル総督に格上げされ、マドラス、ボンベイ両管区はその管轄下に置かれることになった（一八三三年実施）。ベンガル総督はインド総督と改称され、マドラス、ボンベイ両管区は独立の立法権を剥奪された。

ベンガル管区は広大になり、いくつかの行政単位（州）に分割し、それぞれに行政責任者（準知事あるいは地方長官）を任命する体制が徐々に形成されていった。一八七六年には、北西州（一八三六年成立）、中央州（一八五三年成立）、ベラール州（一八五三年成立）、アワド州（一八五六年成立）、ベンガル州（一八六三年成立）、パンジャーブ州（一八五九年成立）、であった。シンド地方は、一八四三年、英国東インド会社によって占領され、その後ボンベイ管区に統合された。

藩王国の取り潰しは、インド大反乱の原因の一つであることから、大反乱後は藩王国の取り潰しは行われなくなった。大小五八四もの藩王国は、全インドの領土としては四五％、人口は二五％を占めた。英国人の駐在官を通じて間接統治が行われた。建前としては外交権・防衛権を除き、反英に傾かない限り、内政には介入しないことになっていた。藩王を帝国の忠実な盟友として保護し、英領インド内に反英運動が起こっても英領インドのあいだにモザイクのように配置された藩王国がインド統治の継続のための安全弁として働いた（図5-1参照）。

ヒンドゥーやムスリムなどの宗教にも不介入政策が採用された。軍を再編し、第一にインド兵の比重を減らした。インド大反乱以前には英国人対インド人は一対六であったが、ベンガルでは一対一、その他では一対二とした。

第二に「インド軍は国内の治安用にのみ使用せよ」という勧告がでた。実際には兵となる母集団を変え、厄介なブラフマンや上層ムスリム、ラージプート族を敬遠した。軍隊内に人種・宗教などの対立をもちこみ、民族意識の盛り上がりを阻止しようとした。その頃のシパーヒーの状態は次のようである。

・軍隊を民衆から隔絶させるため、新聞などインド人部隊に届けることは許されない。

・一切の重要ポストは英国人の手中に握られ、インド人に「王命による将校」は拝命させない。

・強力な軍事兵器をインド人部隊に与えることはなく、英国人部隊のために取っておかれた。

官僚制と軍隊

インド政庁は官僚制と軍隊の二つで支えられた。

官僚制

インド総督—州知事—県知事　　英国人

インド高等文官制（注二）（Indian Civil Service）

縁故採用を廃止し、一八五三年からロンドンで公開試験により毎年二〇人から六〇人を採用。

（一九二二年からインドでも試験を実施）

英印軍（司令官は英国人、兵士はインド人）

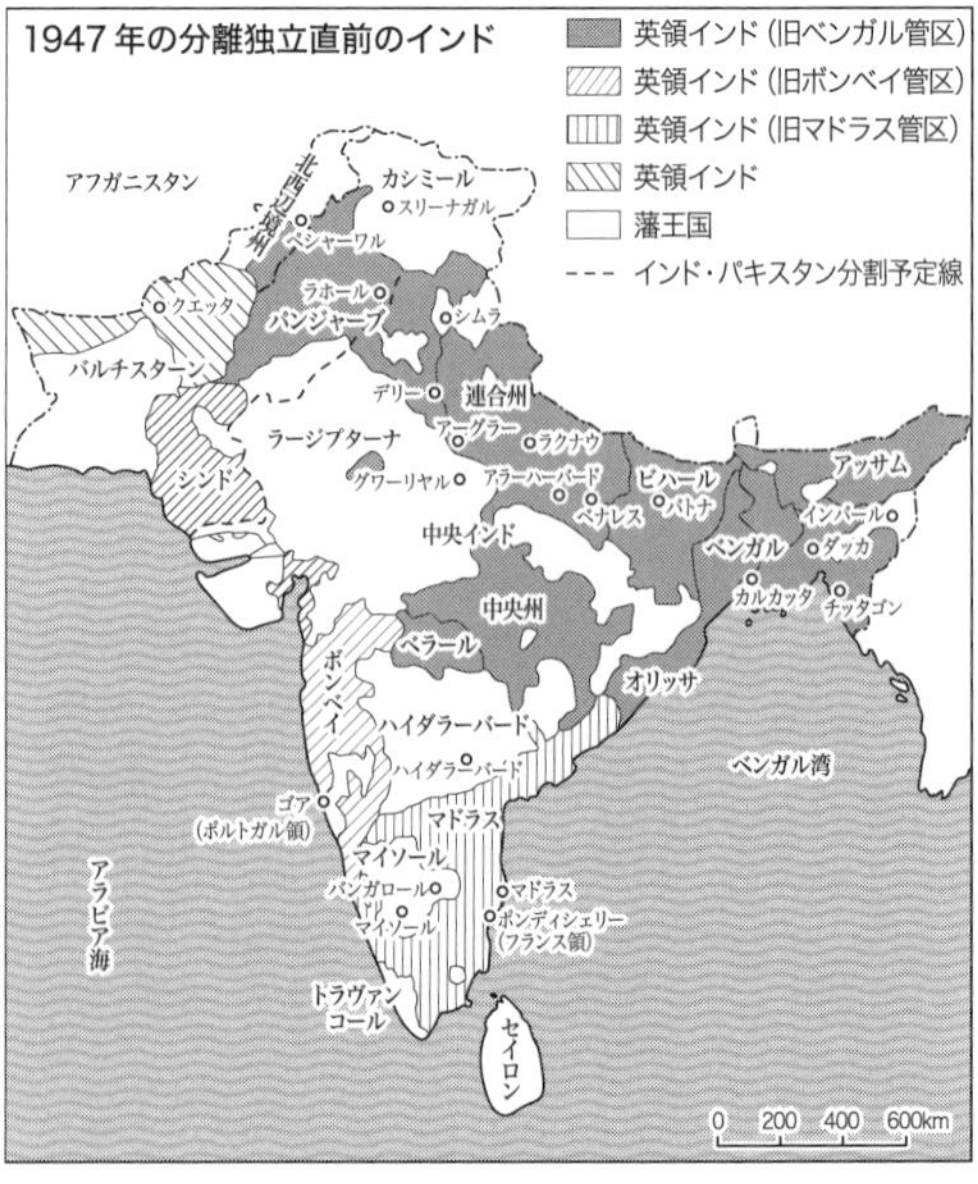

図5−1　インド内英国植民地と藩王国

・兵を募集する母集団を変え、シク族、グルカ族、パタン族などを採用した。
・部隊は種々の言語、カースト、宗教の異なる人々を混ぜて構成し、団結して反英活動を行い難くした。
・海外派兵の任務
　北西辺境（現アフガニスタン、パキスタン国境地方）の治安
　スエズ運河（一八六九年開通）を守り、アフリカを通るインド・ルートの確保
　中国（義和団の乱〈一八九七年―一九〇〇年〉の鎮圧）、イラン、中東、東アフリカなど
インド軍の数は平時では、約一三万人から一五万人で、報酬・年金は十分に支給された。軍の費用はインド政庁の財源で賄われたため、インドは常に対英負債を抱え、英国は軍事的戦略的に圧倒的な有利さを誇った。

教育制度

英領時代の教育政策は一八五四年に出された監督局総裁ウッドの通達に従っていて、初等教育を軽視し、中等教育以上は私立学校に依存し、それに補助金を交付するものであった。初等教育の管轄権をあまり財政力のない地方自治体に委ねたので、初頭教育は義務教育にはならなかった。中等教育は私立学校のかたちで発展したが、生徒の大部分は中・上流階級の子弟だった。教員養成が圧倒的に不十分で、教員不足が中等教育の普及を妨げる結果になった。一八八二年まで、中等教員養成校は英領インド全体で二校しかなかった。高等教育は重視されており、一八五七年にはカルカッタ、ボンベイ、マドラスで英語を教授用語として西洋の文芸・科学を中心とする大学が発足した。

一方、バローダ藩王国（藩主ガエクワード、グジャラート州南端のカンベイ湾近く）では、インドで初めての義務教育が実施されて成功した。一八九三年、一部地域に試験的に導入され、一九〇六年からは藩王国全体に施行された。これは民族運動に大きな反応を呼び起こし、ゴーカレーを中心として義務教育の要求が急速に巻き起こった。一九一一年、ゴーカレーはボンベイ立法参事会に義務教育法案を提出したが、州政府などに反

対され、法案は葬りさられた。英領時代の教育制度の結果は、一九四七年の独立時に識字率三五％であった。

ナショナリズムの影響をおそれたカーゾン総督（在位一八九九年―一九〇五年）は大学教育への政府の介入を強化する「教育改革」を行ったため、エリート教育ではインド固有の文化・言語が軽視された。しかし、他方では、英語で高等教育を受けた教師、弁護士、官吏など、西洋の知識・学問への接近が容易に可能な知識人・エリート層が出現した。彼らは全体としては英国統治の「協力者」であったが、そのなかからインド国民会議（派）の指導者となり、その知識を使って英国支配に対抗する者がでてきた。

(2) 民族意識

ヒンドゥー教徒

ヒンドゥー教徒たちは、とくに地方にある都市化地域では、回教徒支配下にあった歴史的に長い期間の従属とイスラム教徒の宗教的迫害に耐え抜いてきたので、民族主義や愛国心という意識を徐々に失っていった。英国人がベンガルにおいて彼らの支配を押しつけたとき、有名な指導者たちでさえ、その支配を快く受け入れ、それを神意にもとづく行為と考えたという。これに反して、一八一八年まで独立していたマハーラーシュトラでの反抗は大きく、英国の行政制度に対する不満が高まった（P・N・チョプラ、一九九四年）。

・すべての上級官職からのインド人たちの排除
・日頃英国人の役人たちがインド人に与えたあからさまな侮辱
・様々な直接的・間接的方法による英国への莫大な富の流出などから引き起こされた人々の貧困の増大
・インドの産業の故意による破壊や地税の多額の増加など
・貿易と産業の崩壊は　生活の手段を失った何百万という人を無理矢理農業へと押しやった
・英国人によるインド人への肉体的危害や無差別な暴力に対して、犯罪者は少しばかり罰されるか、まったく罰せられなかった

・ヨーロッパ人のクラブからインド人の入場を拒否された（社会的排他性）
・官吏たちの黙認／公然とした支援のもとでのキリスト教宣教師たちの宣教活動と、政庁がインド人をキリスト教に改宗させようとしたことに起因する漠然とした恐怖

これらすべてが、インドにおける民族主義の精神の成長を助長した。そして、一八六一年に始められた組織的・考古学的発掘結果は、インドとアフガニスタンのいたるところに記録を残したアショーカ大王についての歴史的事実を明らかにした。これらをインド人が学んだとき、劣等感に苛まれていたヒンドゥー教徒たちの感情を一変させた。先祖たちがギリシャ人やローマ人と同じほど偉大であり、ヨーロッパの有名な国民に伝えられている民族と同じ語族（インド・ヨーロッパ語族）に属し、さらにインドに源を発する仏教は、今日でも全人類の五分の一の宗教であるということを知った（P・N・チョプラ、一九九四年）。

偉大なる文化と豊かな歴史的伝統という共通の遺産は共通の民族という考えをヒンドゥー教徒たちに吹き込んだ。共通の宗教の絆で補われたインドの過去の意外な事実は、彼らの心が通いあうのに役立った。そして相互の交わりは、通商語としての英語の使用により、また鉄道・汽船・安価な郵便・電報などの容易な伝達方法で促進された。このように共通の宗教・文化・歴史的伝統の基盤の上になりたった民族主義はヒンドゥー教徒のものになった。民族的感情が煽動され、すべての外国製のものを放棄し、ベンガルの言葉・食物・衣服・作法・習慣などを用いるようになった。

ムスリム

ムスリムに対する英国の態度は政治的暴動に対する激しい弾圧から、懐柔策へと方向転換していったが、敬虔なムスリムへの政治的弾圧は眠りかけていたワッハービー運動を呼び覚ました。カルカッタ最高裁判所の裁判長J・P・ノーマン（一八一九年―一八七一年）が一八七一年八月に、インド総督メイヨー（Mayo, 在位一八六九年―一八七二年）が翌年二月に暗殺された。

ヒンドゥー中産階級は英語教育を受け入れ官僚などになり、英国支配に適応していったが、かつて、ムガル

朝の貴族・軍人官僚・文人として栄華を誇っていたムスリムの上層は、次第に反英的になった。彼らの活動や思想は中東・西アジアのムスリム世界全体の動向と密接に関係しており、十八世紀後半からのキリスト教世界の広がりに対して、ムスリム世界全体が危機感を感じていた。

　このような危機からの脱却を目指して、近代派のイスラム改革を志向するサイイド・アフマド・ハーン(Sayyid Ahmad Khan, 一八一七年—一八九七年）とその弟子たちがアリーガル運動（注二）（ムスリムの文化運動）を推進した。ムスリム子弟に英語教育を施し、インド政庁のもとでムスリム中産階級を育てようとした。一八七五年には西洋の諸科学や英語とイスラムの双方を教えるムハマダン・アングロ・オリエンタル・カレッジ（後のアリーガル大学）が設立された。彼らは国民会議派（注三）には批判的であり、国民会議派が掲げるインドの「国民（ネイション）」は「ヒンドゥー・ネイション」にすぎないとして、国民会議派に参加することを控えた。一八八六年、全インド・ムスリム教育会議を設立した。

　一方、伝統的・復古的なイスラム改革を志向するデーオバンド学院（一八六七年創立）の運動が起こった。英語や西欧文化教育を拒否し、クルアーン（神の啓示）やハディース（ムハンマドの言行）を教育し、外国支配への抵抗を維持しようとする学派であった。彼らは国民会議派の結成を歓迎した。両者の運動は、思想や方向性は異なっていたが、自らの正当性をイスラムに依りながら新たな道を模索した。

　はじめ、ムスリムは保守的な態度で英国や近代的なものに背を向けていたので、英国はムスリムを遠ざけていた。ヒンドゥーは西洋の自由主義理念や人権思想を学ぶにつれて政治意識が高くなり、英国に対する反抗的態度が次第に大きくなってきた。英国は一八七〇年ごろから新しい同盟者を必要とし、これまでのヒンドゥーを助けてムスリムを無視する立場からムスリムに融和する態度をとり、逆にヒンドゥーを抑える政策に転換した。

インド人としての自覚

一八五三年にはボンベイ（現ムンバイ）—ターネー間（三四キロメートル）に鉄道が敷かれ、英語による学校教育など、近代化が進められた。ヒンドゥー教徒たちはキリスト教や英語教育などを通じて西洋の合理的思考にも接するようになった。その影響により、キリスト教や西洋思想に反発して、ヒンドゥー教の本来の姿を復活させることを主張する人々と、キリスト教や西洋思想を容認して遅れたインド社会の革新を目指す人々の二つの運動が起こった。ヒンドゥー教改革運動はその両側面が微妙に共存しながら展開し、宗教改革運動としてのみでなく、インド社会の変革、そしてインド民族の独立、インド人としてのアイデンティティーの自覚を目指す運動に転化していった。

『ヒンドゥー教とイスラム教の違い（簡易版）』

	ヒンドゥー教	イスラム教
偶像	崇拝	破壊
戦争	侵略者としての栄光	聖戦
音楽	礼拝儀式に使用	騒音
牛	神聖視	食用
豚	食用	忌み嫌う

ヒンドゥー教改革運動の団体・組織

・ブラーフモ協会　一八二八年、カルカッタでラーム・モーハン・ローイ（一七七四年―一八三三年）によって創設された。ローイはイスラム教、キリスト教の影響を受け、ヒンドゥー教の儀式や因習を見直した。カースト制度に反対し、特にサティや幼児婚を強く非難して、その禁止に取り組んだ。

・アーリア協会　一八七五年、グジャラート出身の苦行者ダヤーナンダ・サラスヴァティー（一八二四年―一八八三年）が創立。古代の「ヴェーダ」こそあらゆる知識の根源であるとして、「ヴェーダに帰れ」

と説いた。

・ラーマクリシュナ・ミッション　ベンガル地方のバラモン出身のラーマクリシュナがヒンドゥー教のカーリー神との一体化を体験し、さらにアッラーやイエスとの神秘体験をかさねるなかで、世界の宗教は根底において一つであるという信念に到達した。その弟子のスワミ・ヴィヴェーカーナンダ（注四）（一八六三年―一九〇二年）が一八九三年に世界宗教会議で世界の宗教の一致と協調を説いて大きな反響を呼んだ。ヴィヴェーカーナンダは一八九七年にラーマクリシュナ・ミッションを設立し、布教と教育を開始した。その教えはインド人の自覚と独立運動に大きな影響を与えた。

社会改革運動家

各地で種々の社会改革運動が行われた。

（マハーラーシュトラ）

・マハーデーヴ・ゴーヴィンド・ラーナデー　寡婦再婚奨励運動、幼児婚反対

一八八七年　国民社会会議創設

・ジョーティラーオ・フレー（注五）（一八二七年―一八九〇年）、花作り（シュードラ）

不可触民を含む低カーストのための学校（女学校を含む）を複数創設

シュードラやアティ・シュードラ（不可触民）はクシャトリヤの子孫と主張

一八七三年、真理探究協会（Satyashodhak Sama）設立

バラモンの祭祀に頼らずに儀式を行う改革を進めた

（南インドのアーンドラ）

・カンドゥクーリ・ヴィーレーサリンガム　宗教改革や寡婦再婚運動

（南インドのケーララ）

・ナーラーヤナ・グル（ティーヤルもしくはイーラワルと呼ばれる上位不可触民）
ティーヤルのために数多くの寺院建設
シュリー・ナーラーヤナ・ダルマ堅持協会設立

『チャンバル渓谷の群盗（ダコイット）』

インド中央部を南北に縦断するヴィンディア山脈に発し、アーグラの南でヤムナー河に合流するチャンバル河流域に広がる一大侵食地帯をチャンバル渓谷という。二〇～三〇メートル、時には二〇〇メートルを超す無数の崖山の群れで、牛や羊、人も迷い込んだら二度と戻れないという。群盗のほとんどがチャンバル渓谷を根城にしていた。

「タグ（タギー）」という群盗は五〇〇年もの間に二〇〇〇万人以上の人間を縊殺《イサツ》しつづけた。彼らはカーリー女神の絶対的信奉者で、カーリーから授かった〃黄色いネッカチーフ〃を腰に巻き、裕福な商人を装いインド全土をくまなく渉猟しつづけ、出遭った旅人はことごとく〃ネッカチーフ〃で縊《クビ》り殺した。イスラムがインドを支配し、何百というヒンドゥー領主の支配体制と社会秩序が崩れだしたことが、こんな殺人集団社会を長く存在し続けさせた大きな一因と言われている。

英国軍人・ウィリアム・スリーマン（一七八八年―一八五六年）はタグを二年間にわたる掃討作戦で壊滅させた（一八三五年）。スリーマンが言うには、「王侯、領主の軍隊と盗賊集団の違いは、ただその規模の差だけだと民衆は言っている。両者とも秋の収穫期になると、〃神々〃のお告げを受け、前者は敵の居城や都市を襲い掠奪、後者は村々や商人の倉を襲う、その違いだけに過ぎない」。

十八～十九世紀頃、やはりチャンバルに巣食うピンダリーという騎馬集団が猛威を振るっていた。五〇人から五〇〇〇人もの群をなし、町々、村々を疾風のごとく襲い、家々を襲い、婦女子を犯し、娘たちをかっ攫い、ありとあらゆる乱暴狼藉を働いた。襲撃された村では、ピンダリーの手にかかるよりはと、自ら家に火を放ち、一家心中した者も少なくない。地方の小さな土侯などは手の施しようがなく、領地の掠奪が続いている間、城門を固く閉ざして一歩も外へ出なかったという。ピンダリーの前身はムガル支配に反逆したザミンダール（ムガル支配下の税徴収人）、大地主、豪族たちであった。ピンダリーも十九世紀初頭英国によって鎮圧された。

たいていのダコイットの寿命はせいぜい二、三年で、その間にほとんどが警察や村人の手によって殺された。ラージャ・マン・シン（一八九六年―一九五五年）を頭とするダコイットは、一九四〇年から一九五五年にかけて十五年間もの間チャンバル渓谷を荒らしまわっていた。官憲の発表した殺人だけで警官三二名を含む二〇〇人、実際は三〇〇人を超すと言われる。マン・シンが生きながらえた最大の理由は、掠奪した金を、寺院・学校・病院などの建立に惜しみなく費やし、婦女子に危害を加えなかったからだと言われている。アーナンダ・デオは、マン・シンが警察との銃撃戦で壮絶な死を遂げる前の数年間、彼のボディガードだった。彼の死を機にダコイットから足を洗い、アンベードカル（注六）と出会い仏教に改宗した（山際素男、二〇〇三年）。

仏教復興の動き

一八九一年、セイロンのコロンボでアナガーリカ・ダルマパーラ（注七）（Anagarika Dharmapala）（一八六四年―一九三三年）がマハーボーディ協会（大菩薩会）を設立し、翌年、拠点をカルカッタに移して、インドにおける仏教復興を目指した。こうした仏教復興の動きには、ヘンリー・オルコット（一八三二年―一九〇七年）とヘレナ・P・ブラヴァツキー（一八三一年―一八九一年）が設立した神智学協会（注八）も関連していた（長崎暢子、二〇一九年）。

『大英帝国とインド』

インド総督カーゾン（在位一八九九年—一九〇五年）は次のように述べた（木村雅昭、二〇二〇年）。

大英帝国こそが英国人の性格を鍛え上げ、そしてこの英国人特有の性格が存在してこそ、大英帝国を建設することができた。……

もしもインドがなかったなら、ケープや南アフリカを領有することもなければ、メソポタミアで優越的な地位を占めることもなく、ペルシャ湾を統制下におくこともなければ、アデンやアラブの首長国を守護する必要もない。またインドがなければセイロンやペルシャ、アフガニスタン、チベット、暹羅、海峡地帯を保有ないし影響下に置く必要もない。その一方でインドは、東南アジアや中国、日本、さらには太平洋諸島へと英国の権益を拡大してゆく上での基地であり、さらにオーストラリアやニュージーランドの白人領の安全保障にも不可欠な役割を演じていたのである。……

もしもわれわれがインドを失い—そしてインドが自立することもなければ、そのまま放っておかれるとも考えられないので—他の国が我々にとって代わると—われわれに対して張り巡らされた敵対的な関税によって、この頼りになるマーケットを失い、我々の恐るべき戦闘力の主な部分を失い、アジアにおける我々の影響力は急速に消滅し、三等国へと沈み込むだろう。……

インドが存続する限り、インドは帝国システムの支配的な構成要素であり、たとえそうしたくても、インド領有がもたらす義務を免れ得ないのである。

大英帝国の中でインドこそがその礎と位置づけられていたことは、スエズ運河を通り、アフリカを通るインド・ルート（エンパイア・ルート）の確保が英帝国主義外交の第一義的な関心事をなしていたことからわかる。この時代に、帝国の尖兵として惜しみなく働いたのはインド軍であり、アジア・アフリカの各地で戦った場合でも、それに要した費用の大部分を、英本国ではなくてインドが負担した。このことが、インドの重要性をますます高めた。この時代の英国世論が忌み嫌ったのは、「帝国領土の喪失」と同時に「帝国のための出費」だった。したがってインドがあってこそ、そうした世論に遠慮することなく、帝国領土を拡大することができた。

インド自身、英国の工業製品の輸出市場として、ますます重要となってきた。ドイツやフランス、米国で産業革命が進行するにつれ、かつてはこれらの国々へ（英国から）大量に輸出されていた製品が次第に競争力を失うばかりか保護関税によってこれらの市場から締め出されたとき、インドはそれらに代わる重要な市場として登場してくることになった。

英国の代表的な綿工業において、英国の全輸出量のうちインドが占める割合は、一八二〇年には五％、一九世紀末には二五％であった。

一九一三年の輸出市場

一位	インド	総額七〇二〇万ポンド
二位	ドイツ	四〇六〇万ポンド
三位	オーストラリア	三四〇〇万ポンド
四位	米国	二九二〇万ポンド

（木村雅昭、二〇二〇年）

『大飢饉と疫病』

十九世紀の最終四半期には、世界各地の英領で「エルニーニョ」と呼ばれる気象現象に起因する旱魃が頻発した。エジプト、南アフリカ、インド、中国、ブラジルなどで深刻な旱魃による食糧危機が起こり、各地で多数の死者をもたらした。歴史人口学者のA・マハーラトナの推計によると、英領インドでは、

一八七六～一八七八年　八二〇万人死亡

一八九六〜一八九七年　約二六〇万〜四一〇万人死亡
一八九九〜一九〇〇年　約二一〇万〜三二〇万人死亡
飢饉に加えて、天然痘、コレラ、ペスト、マラリアなどの疫病による人的被害も多大であった。
一八九〇年代初頭〜一九三〇年代末　コレラによる死者　約八〇〇万人
ペストによる死者　約一二五〇万人
疫病マラリアは飢饉に連動して起こり、多大の死者をもたらしたので、飢饉による死者と疫病による死者を切り分けることは難しい（脇村孝平、二〇〇二年）（長崎暢子、二〇一九年）。

(3) 民族運動／反英運動

英国に対する不満が高まってきた。スレンドラナート・バネルジー（一八四八年―一九二五年）は、一八七一年、インド高等文官試験に合格してシレット（現バングラデシュの北東部）の治安判事補に就職したが、上司と対立し、不当な理由で解任された。これを機に、バネルジーはインド各地でインド人に対する差別待遇に抗議する運動を始めた。一八七六年には、インド人協会を設立し、英国支配に対するインドの民族運動の最初の組織的運動を開始した。またアラーハーバード、カーンプル、ラクナウ、メーラト、ラホールに協会の支部を作り、地方の政治団体とも連絡をとり、「インド国民のあいだに統一と団結の精神を目覚めさせ、……共通の不満や共通の解決の着想をとおして彼らを結び付けよう」と努力した。バネルジーの政治運動は、インド・ナショナリズムの成長を大きく前進させた。その名「スレンドラナート」をもじって、「不屈の人（サレンダー・ノット）」と呼ばれた。

一八八三年、司法上の人種差別をなくす法案（イルバート法案）（注九）が提出されたが、廃案になった。全インド的性格を有する政治組織が切望され、バネルジーの提唱で同年十二月二十八日〜三十日に国民協議会がカルカッタで開かれた。協議会にはヒンドゥー教徒とイスラム教徒の両者百名以上の代表者たちが出席した。カルカッタのほか、ボンベイ、マドラス、ラホール、アラーハーバード、デリー、カタック、ジャバルプル、ナーグプル、アフマダーバード、バンキプル、ムザッファルプル、ダルバーンガ、デオガル、サゴル、バーガルプル、メーラト、テジプル、ホサインプルなどの代表を含んでいた。バネルジーらの反英国的な民族運動組織である全インド国民協議会は、大反乱の苦い経験を忘れえず暴力の爆発を恐れていた英国側を警戒させた。

会の進行は民族賛歌ではじまった。議題は、産業及び技術教育、文官勤務におけるインド人のより広範の雇用、行政機能からの裁判の分離、代議政体、国家基金、武器取り締まり法などを含んでいた。第二回の会議は、再びカルカッタで催されたが、時を同じくしてボンベイでインド国民会議（派）(Indian National Congress)の会が開かれた。

アラン・オクタヴィアン・ヒュームは、本当の民族主義運動の基礎をつくってやることで、増大していく大きな力の捌け口の安全弁とすることを思いついた。彼はダファリン総督にそのことを進言し、総督もその計画に賛成した。ヒュームは、カルカッタ大学卒業生で指導的な地位にあるインド人たちに協力を呼びかけ、インド国民会議（派）を組織した。一八八五年十二月二十八日、インド各地からの代表七二名がボンベイに集まり、第一回大会が開催された。国民会議の担い手は西洋教育を受けたいわゆる中産階級であり、弁護士・高級官僚予備軍・ジャーナリスト／教師など、カルカッタやボンベイの都市の専門職が多かった。カルカッタの弁護士W・C・ボネルジーが議長を務めた。

国民会議では支配者への決議や請願のかたちをとって英帝国の枠内での要求をだすという議会主義的な方法がとられ、社会改革運動は持ち出さなかった。初期の国民会議での主な要求は、

・選挙で選ばれたインド人が立法参事会や行政に参加すること
・高等文官職をインド人にも開放すること（英国とインドで同時に試験を実施、志願者の年齢を引き上げる）
・軍費を節約して税負担額を軽減すること

インド民族運動と英国人の一部が交流と影響を持ち続けており、国民会議議長のリストには、一九一七年ま

でに四人の英国人名[注一〇]が記されている。

ヒュームは当初、英国政府の敵対者を好まなかった。反政府主義者として知られていたバネルジーが第一回の国民会議派大会に招待された時、この組織の知らせは国民協議会に伝えられておらず、バネルジーは国民協議会の差し迫った会議を考慮して出席しなかった。しかし、翌年の国民会議（派）第二回大会からはバネルジーの全インド国民協議会が合流して大きな組織となった。第二回大会では、一般の人々も入会し、四三四名が名前を登録して信任状を提出した。しかしベンガルの声のみを反映させたとして、英国やアリーガルのムスリム指導者サイイド・アフマド・ハーン（一八一七年―一八九七年）は不満であった。サイイド・アフマド・ハーンは第三回の大会にムスリムが参加するのを実際に思いとどまらせた。

		（参加者）	（ムスリム）	（ムスリム参加率）
第一回	一八八五年	七二人	二人	二・八％
第二回	一八八六年	四三四人	三三人	七・六％
第六回	一八九〇年	七〇二人	一五六人	二二・二％
第三一回	一九一五年	？	？	二・五％

（P・N・チョプラ、一九九四年）

会議派は、毎年順番に異なった都市で三日間集会し、行政と裁判機構の分離（一八八六年と一九〇五年の間に十回承認）、陪審団による裁判、塩税と収入税の削減、永代居住地の拡張を含む多くの決議案を通過させ、施政の様々な分野での悪弊と改革に対して抗議した（P・N・チョプラ、一九九四年）。

『アラン・オクタヴィアン・ヒューム』

ヒューム（一八二九年―一九一二年）はスコットランドで生まれた。英国海軍のフリゲート艦「バンガード」で士官候補生となった後、英国東インド会社の行政職に就く者たちの教育訓練をする東インド会社カレッジに入学し、ロンドンのユニバシティ・カレッジ病院で医学を学び、一八四九年にイターワーのインド内務省に派遣された。ウッタルプラデーシュ州の関税局長官、インド農業省の長官を務めた。インドの住民に同情的な立場をとったため英国政府と対立して左遷され（一八七九年）、一八八二年に職を辞した。退職後、政治的な活動を行い、民主主義とインドの自治を提唱し、一八八五年のインド国民会議の創設に尽力した。創設から一九〇八年まで、インド国民会議の事務総長を務めた。

インドでは鳥類学者として知られており、インド亜大陸の一〇万二〇〇〇点の鳥類資料を集めた。一八九四年に英国に戻り、南ロンドン植物研究所を設立した。

初期の国民会議（派）の指導者の一人、ゾロアスター教徒のダーダーバーイー・ナオロジー[注一一]（Dadabhai Naoroji）（一八二五年―一九一七年）は、「富の流出論」（一八六七年）を唱え、インドの歳入のうち約四分の一は、インドの国外で英国の資産になり、その結果インドは常に出血させられると主張した。ムガル帝国やマラーター同盟がどれほど農民を搾取しても、搾取された富はインド国内で消費されたが、英国時代には、英帝国支配を守るために使われた。ナオロジーは英国へ行って英国下院議員となり、インド財政支出の増大を問題にする議会決議を提出した（一八九四年）。それを受けてウェルビー委員会（インド軍海外派兵を検討する委員会）が作られ検討された。R・C・ダット[注一二]（一八四八年―一九〇九年）は、重い地租がこの流出を支払っているとして、高額地租と流出を結び付けた。インドから英国へ送られる内訳は、本国費、鉄道等投資の利子の送金、軍事費などで、その額は大体インド政庁の年歳入の約五分の一であった。その結果、一八九六年の国民会議のカルカッタ大会では、「インドの貧困と飢饉は富の流出による」と表明された。インドの知識人は、非英国統治、すなわちインドの独立を求めるようになった。一九〇六年、カルカッタでの国民会議において、議長ナオロジーは、「如何なる良い政府といえども、自治政府には換えられない」と初めて自治を公に主張した（饒平名智太郎・鹿子木員信、一九二二年。中村平治、二〇一一年。〈長崎暢子、二〇一九年〉の第1章4）。

『新しい女性』

インドでは女性が近親者以外の男性と接触することを嫌う風潮もあり、この時代の女子教育はおもに家庭か女学校で行われたが、一八八〇年代に、カルカッタ大学、ボンベイ大学で女性の学位取得者が誕生した。また一八八〇年代にはパンディター・ラマーバーイーやコーネリア・ソーラーブジー、アーナンディバーイー・ジョーシーなど、英国や米国の高等教育機関で学ぶ女性も現れた。医学の分野では女性患者の治療にあたる女性医師に対する需要が大きかったことから、医師を目指す女性たちが見られた。

一八八九年のボンベイの国民会議（派）年次大会には教育者・サンスクリット学者としても有名なパンディター・ラマーバーイー、インド最初の女医カーダムビニー・ガングリー、雑誌「バーラト（ヒンドゥー語のインド）」の編者・文筆家であったスヴォルナ・クマーリー・デーヴィーをはじめとして一〇人の女性が参加した。翌年のカルカッタ大会には上記のガングリーとデーヴィーが正式代表に選ばれた。当時の女性たちは組織の中枢にはいなかったが、様々に活躍した。一九〇五年の大会では、のちに民族歌のようになる「バンデー・マータラム」を歌った。ガングリーは一九〇六年の年次大会では、集まった活動家の妻たちを集めて女性会議を開催した。彼女はまた、一九〇八年には、当時アフリカで行われていたモーハンダース・カラムチャンド・ガンディー[注一三]（Mohandas Karamchand Gandhi, 一八六九年—一九四八年）の活動を支援するために女性委員会を組織した。

女子教育に積極的な男性エリートも、女性たちの社会進出などには批判的であった。女性にふさわしい教育を模索して、ドーンドー・ケーシャヴ・カルヴェーが日本女子大学[注一四]に倣い、一九一六年にプーナ（現プネー）にインド初の女子大学（今日のシュリーマティ・ナティバイ・ダモール・タカルシー〈SNDT〉女子大学）を設立した。一九三六年、ボンベイに本部を移転した。

ベンガル分割令／廃止

一八九二年のインド参事会法では、総督参事会や州参事会への民間メンバーの推薦が制限されながらも規定され、回教徒たちのための単独の代表制という原則が取り入れられた。一九〇五年、カーゾン総督（在位一八九九年―一九〇五年）は、イスラム教徒が多い東とヒンドゥー教徒が多い西を分離させ、反英闘争を分裂させることを狙い、ベンガル分割令を発した。ベンガルの人々は法にかなったあらゆる手段で反対した。一九〇三年十二月から一九〇五年十月のあいだに、三千回以上の公開集会（出席者は五百人から五万人まで）が行われた。約七万人が署名した陳情書が、インド担当国務大臣に提出された。十九世紀終わり頃から国民会議派のなかに台頭してきたバール・ガンガーダル・ティラク（注一五）（Bal Gangadahar Thlak，一八五六年―一九二〇年）らの急進派（過激派）は、一九〇六年、カルカッタで開催された大会で、ボイコット（英国製品不買）・スワデシー（国産品愛用）・スワラージ（自治）・民族教育の四綱領を掲げて大々的な反対運動を起こした。日露戦争（一九〇四年―一九〇五年）で日本がロシアに勝利したことは、アジアの小国でもヨーロッパに勝てるとの自信を人々に与えた。会議派の穏健派は過激派の動きを好まず、論争は激化し、一九〇七年のスーラト大会で会議派は分裂した。

ベンガル分割に対するムスリムの反応は複雑であった。カルカッタの国民会議（派）の主導権のもとから自由になる機会かもしれなかったからであった。アーガー・ハーンらムスリム代表団は、一九〇六年、シムラにミントー総督(在位一九〇五年―一九一〇年)を訪問し、インドのムスリムは人口的に少数派であるため、「選挙」制度がムスリムへの「留保」なしに進む場合の懸念を表明した。彼らは、人口比でなく、政治的重要性、帝国を守る防衛努力の基盤のうえに、ムスリムへの留保がなされるべきと主張した。その結果、インドにおける分離選挙制が採用された。さらに、この代表団派遣をきっかけに、全インド・ムスリム連盟が成立した（一九〇六年十二月三十日）。

英国は急進派に対してはティラクを逮捕するなど弾圧を加え、一方イスラム教徒に対しては全インド・ムスリム連盟の結成を働きかけて懐柔を図った。反対運動は会議派の分裂と弾圧によって下火となったが、インド民族が初めて組織的な指導のもとで民族的な自覚を持ち、自治を求めて立ち上がったと言われている。ベンガル分割令そのものは一九一一年十二月に撤回された。同時に英国はカルカッタからデリーへ遷都すると発表した。ベンガルはボンベイ、マドラスと同様に、州知事がおさめる管区となった。また一九一二年には、ベンガルからビハール・オリッサ州、アッサム州が分かれてベンガルとは別の州になった。

一九〇九年から一九一九年までの一〇年間に三〇〇の新聞と三五〇のプレスが処罰され、一三〇の新聞社が閉鎖され五〇〇の書物が没収された。それでもプレスは引き続き革命を広めるために活動した。首都をカルカッタからデリーに移した理由の一つは、こうして作りだされた英国上層部の不安感であった。

モーリー・ミントー改革

一九〇九年の参事会法改定（モーリー・ミントー改革（注一六））では選挙で選ばれた議員を総督・副総督の評議会、およびボンベイ州とマドラス州の執行評議会に参入させた。しかし、これは宗派別代表制を採り入れ、（1）ムスリム議員を選ぶ選挙権はムスリムのみがもつ、（2）少数派保護のため、ムスリム議員定数はその人口比よりやや多くする、という原則に立って特別の選挙区を設置したものだった。会議派はしばらく幻惑されていたが、やがて幻滅を感じた。

テロ手段

会議派から締め出された過激派らは、秘密革命派を生み出し、政治にテロ手段を求めた。彼らは武器を手に入れるため強盗行為におよんだり、爆弾を製造したりした。一九〇八年にカルカッタの近くのある庭園で武器が発見されて暴露し、宗教思想家のオーロビンド(注一七)（一八七二年―一九五〇年）や数多くの若者が逮捕された。オーロビンドは無罪を言い渡されたが、多くの人がアンダマン諸島に流刑または禁固刑に処された。この時以来、この秘密革命陰謀団はインドの政治の特色となり、徐々にインド中に広がった。重要な中心地はベンガル、マハーラーシュトラ、パンジャーブなどであった。

デリーでも、アミール・チャンド、ラース・ビハーリー・ボース(注一八)らを中心に地下組織が生まれ、一九一二年にハーディング総督の暗殺をはかった。手榴弾は従者の一人を即死させ、ハーディング総督も大怪我をおったが、計画は失敗した。R・B・ボースらは群衆に紛れて逃れ、デーラドゥーン（ウッタラーカンド州の冬の州都）の森林研究所で仕事を続けた。翌年、負傷したハーディング総督がデーラドゥーンに静養のために訪れたが、R・B・ボースは総督の歓迎会を開き、彼を讃える挨拶を行った（中島岳志、二〇〇六年）。

第一次世界大戦が始まると、在外インド人革命家たちが、米国やカナダやドイツから帰国した。彼らの多くは学生やパンジャーブ地方出身の出稼ぎ労働者たちであった。彼らは海外のいたるところで人種差別待遇をうけ、植民地民族の屈辱をいやというほど味わわされていた。一方、ドイツ在住のインド人たちは、ヴィシーンドラナート・チャットパディヤーヤを中心に組織をつくり、本国での大規模な武装蜂起を計画した。ドイツ政府から武器・弾薬・資金などの援助を受けて、油槽船マブリック号に積んで送ったが、米国海軍に捕らえられて初志は貫徹できなかった。戦争中にドイツ政府が革命党員に手渡した小銃の数は、七万五〇〇〇梃にのぼると言われている。

インドに帰った活動家たちは、富豪の邸宅を襲ったり、輸送列車を転覆したりして資金を集め、一方シパーヒーに蜂起を呼びかけながら決起の日をまった。V・G・ビグレイ（V・G・ビングレー）やR・B・ボースを首謀者とする反乱党の一味はラホールに四カ所の秘密本部を置いて、一九一五年二月十九日にラホールやパンジャーブの連隊の兵器庫を襲撃する手筈をととのえていたが、スパイに嗅ぎつけられ、当日の未明に警官隊に踏み込まれた。ラホールの連隊だけは決起したが、事前に計画がもれていたため鎮圧された。逮捕者四〇〇〇名、処刑者八〇〇名を出した（ラホール陰謀事件）。V・G・ピグレイは、一カ月後にメーラトで捕らえられて死刑、R・B・ボースはベナレスに逃れ、再起を期して海外亡命した。

ティラクはマンダレーの刑務所（一九〇八年～一九一四年）から釈放された。その後もスワラージ（自治）を目標に設定し、人々に分かりやすい言葉で直接訴え、大衆運動を先導したので、穏健派ばかりか、英国政府にとっても恐怖となった。

第一次世界大戦

一九一四年八月、第一次世界大戦が勃発すると、インドは英国の植民地として、自動的に戦争にまきこまれた。一部の過激派学生や革命家たちのあいだでは独立が叫ばれ、ボイコットやテロ事件が見られたが、土侯国はもとより、会議派までが進んで戦争協力を申し出た。会議派は「平和と自由と民主主義と民族自決のための戦争」という連合国側の謳い文句を額面どおり信用した穏健派指導部が、全面協力によって「英国連邦の構成分子として、その地位にふさわしい権利」を獲得できるものと期待した。

大戦開始二日後に、たまたまアフリカから英国を訪れたモーハンダース・カラムチャンド・ガンディーは、「英国の危急を私たちの好機に代えてはいけない。」という独特の道義心にもとづいて、在英インド人に戦争協力を呼びかけ、野戦衛生隊を編成しようとした。当時のインドの知識層一般のあいだには、英帝国への底抜けの信頼感があったようである。

こうしてインドは、当時のインド政府の年間税収入と同額の一億ポンドの寄付金に加えて、毎年三〇〇〇万ポンドの派兵費を引き受けた。また大戦中に、一〇〇万人近い兵士を戦場に送り、一〇万人の尊い血を流したと伝えられている。物資面でも、武器・弾薬はもとより、車両・レール・綿製品・食糧・牛馬など多量の軍需品を提供した。戦争景気にあおられて、鉄鋼・石炭・紡績などの生産は高まり、ターター財閥などブルジョアジーの進出はめざましかったが、食糧や燃料の不足で物価は高騰し、民衆の生活は辛苦をきわめた。一方英国は、戦争協力を得た後は言葉巧みに自治の確約をさけたので、さすがの穏健派にも苛立ちの色が見え始めた。

自治要求

このような声を集めて「インドの自治」を要求しようと、英国人の神智学者でインド民族運動の熱心な支持者であったアニー・ベサント(注一九)(Annie Wood Besant)夫人と過激派のティラクは、一九一六年、マドラスとプーナにそれぞれ「自治連盟」を結成した。民衆から熱狂的に迎えられたが、反響の大きさに驚いた政府は、出版・言論法をこじつけて、煽動的演説のかどで関係者に保証金を要求し、さらにベサント夫人・他二名の活動家を逮捕した。

ムスリム連盟は、親英的であったが、一九一一年に英国政府が連盟に一言の相談もなくベンガル分割案を撤回したこと、一九一二年~一九一三年のバルカン戦争で、英国がトルコに冷淡であったことで、不信感をもつようになった。そこで、世界大戦が勃発してトルコがドイツに味方したとき、英国に協力するのは教主に弓をひくことになるとして、連盟ははっきりと反英決議を打ち出した。

ムスリム知識層のあいだに、従来の宗団主義にもとづく保守派の政策に批判的な若い指導者たち、ムハンマド・アリー・ジンナー(注二〇)、マウラーナ・アブル・カラーム・アーザードらが現れ、被支配者同志のつまらぬ争いごとをさけるよう提案し、会議派の民族主義に接近しはじめた。

ティラクは、今こそ穏健派と過激派が手を結ぶときと考え、両派は一九一五年のボンベイ大会で和解した。一九一六年に、会議派とムスリム連盟は共にラクナウで年次大会を開き、「隷属の地位から、自治政府をもった帝国内の平等の地位へ」とインドを引き上げることを要求し、そのためにともに闘うことを決議した。ジンナーとティラクを中心として、「ラクナウ協定」が成立し、ヒンドゥーとムスリムの協力のための条件が整った。

会議派は全インド人の政党であることをいっそう明確化する必要に迫られ、政治的に覚醒しつつあった不可触民（被抑圧階級）勢力を傘下に収めようとした。会議派はこれまで政治を優先し、社会改革をあとまわしにしてきたが、一九一七年十一月の集会で、不可触民の集会を開催し、ラクナウ協定を承認した。不可触民の代表は、その交換条件として、不可触民差別撤廃を全インドに向けて宣言するよう要求した。その年のカルカッタ年次大会で「被抑圧階級への差別撤廃勧告（注二一）」が採択された。しかし、この決議に関して、なんの対策もなされなかった。

モンタギュー・チェムスファッド報告

ラクナウ協定を頂点として盛り上がった自治要求は、もはや弾圧では制しきれなくなってきた。インド担当相エドウィン・モンタギューは一九一七年八月二十日に、下院で「英帝国の構成分子として、インドに責任政府を一歩一歩実現させるべく、自治制度を漸次発展させる」との方針を声明した。次の日政府は、軍隊に九名のインド人将校を任命することを発表し、さらにベサント夫人・他二名の釈放を命じた。十月にロシア革命が起こり、あわてた英国政府は、翌月モンタギューをインドに遣わして統治の改革に着手した。

米国は当初中立を維持していたが、ドイツが無制限潜水艦攻撃を開始したことで、一九一七年四月に参戦した。ウィルソン大統領は、一九一八年一月十八日、「一四カ条の原則（注二二）」を議会で発表し、戦争終結の明確化と戦後処理の方向性を示した。その中に〝民族自決〟が含まれていた。インド人は当然戦後に自治が約束されていると思った。しかし、七月に「インド統治法改革に関する報告」として本国で開示提出されたものは、自治とは程遠いものであった。会議派は再び穏健派と過激派に分かれ、穏健派指導者たちは、十一月にあらたに「インド自由連合」を結成した。モンタギュー・チェムスファッド報告をもとにして作成された「インド統治改革法」は、一九一九年末に成立した。中央政府には、形式的には上下二院制を設けたが、実権はすべて総督と総督参事会が握り、総督には立法府の採択した法案をくつがえす権限さえ付与されていた。

一方、州政庁は、二系列の行政機関に分かれる。

（一）教育・保健衛生・農業・地方自治など…………州知事が州議会から任命したインド人大臣が担当
（二）治安維持・司法・州財政・地税・灌漑など……知事の直接管轄下

政府は、戦時中、インド防衛法（弾圧法）を遺憾なく活用して、言論や政治活動を取り締まり、テロリストだけでなく、多くの民族主義者も有無を言わせず投獄した。同法は戦後六カ月で失効となるため、これに代わる治安法令として、一九一八年夏、「ローラット法案」が発表された。それは戦時下の弾圧法をそのまま踏襲した〝令状なしの逮捕、裁判なしの投獄、上告不能〟の暗黒法であった。一九一九年三月、立法府におけるインド人議員全員の反対投票を押し切って、「ローラット法」(注二三)（正式名称「刑事法緊急権限法」）を成立させた。インド全土に激しい憤りが沸き起こった。

(4) 非暴力的不服従運動

ガンディーは一九一五年に帰国後、自分の目で真のインドを見て確かめるためにしばらく旅をした。ビハール州の農村チャンバーランで農場の大半を所有している英国人が小作人のインド人に対し、小作料を四五%から七五%に引き上げるという一方的な取り決めがなされた。ガンディーはこれに対し粘り強く立ち向かい、農民に有利な判定をもたらした。アフマダーバードの繊維労働者のストライキでは、労働者とともに断食をして、会社側を調停に応じさせた。ボンベイ管区ケーダー県の地税減額闘争でも、非暴力的不服従運動を指導した。

ローラット法のニュースが報ぜられると、ガンディーら二〇人程の人々は法案が立法化されるなら抵抗するという「サティヤーグラハの誓い」(注二四)をなし、サティヤーグラハ協会をつくった。ローラット法が成立（一九一九年三月十八日）したため、サティヤーグラハが始まった。具体的な行として、自己を浄化するための断食と祈りの「行」、すなわち国中のハルタール（一斉罷業）を呼びかけた。

ガンディーは、サティヤーグラハの行動の日を三月三十日とした。その後行動の日が四月六日に変更されたが、いくつかの大都市で三月に一斉休業に入ってしまい、運動は徐々に広がった。四月六日以降、警官隊の発砲や棍棒（鉄板を先にまいた強力な警棒）の襲撃があり、民衆は激怒して非暴力の限界を超えてしまった。反乱（ガダル）党の残党を恐れるパンジャーブ政庁の弾圧は熾烈を極めた。民衆は激昂し、アムリットサルやラホールで暴動が発生した。ガンディーは、早速パンジャーブに向かったが、デリー近くの駅で捕らえられ、ボンベイに連れ戻された。ガンディーにとっては「ヒマラヤの（ように大きな）誤算」であった。ガンディーは運動の停止を命じたが、悲劇が起こっていた。

　アムリットサルでは、四月十二日に集会禁止令がだされたが、翌日はまだ市民に徹底していなかった。十三日はヒンドゥー暦の新年にあたり、女性や子供を含む市民が、ジャリヤーンワーラー公園で集会を行っていた。そこへダイヤー准将が一五〇人の兵士（一〇〇人はネパール人傭兵）を率いて現れ、無差別に発砲した。政府側の調査委員会の報告で死者三七九人、負傷者一二〇〇人（会議派の調査では、死者一二〇〇人、負傷者三六〇〇人）がでた。パンジャーブに戒厳令が敷かれ、無差別逮捕・公開鞭打ちなどについても他州には極秘にされた。英国はハンター委員会という調査委員会を任命し、事件を調査させたが、結果はダイヤー准将を免責するものだった。さらにダイヤー准将には「帝国の功労者」として一般人から募った二万ポンドが贈られた。

　十五日に、パンジャーブ地方に厳重な戒厳令がしかれ、軍部による「恐怖政治」がはじまった。すべての民族運動の指導者に逮捕状がだされ、また、往来で英国人を見かけたときには、インド人は、車馬を降りて挙手の礼をすることが強要され、命に服さないものは公開鞭打ちに処せられた。大反乱以来、英国人たちはインド人たちの暴力行為に脅え、少しでも反抗・抗議される前に残虐行為で報いた。ある農村では、ヒンドゥーとムスリムの不仲を煽ろうと牛と豚の死体を並べて放置させた。それを見た村人たちが警察署につめかけ抗議すると、たちまちラホールから爆撃機が（注二五）飛んできて村に爆弾を投下した。大虐殺行為は次第に他の地方にも伝わった。詩人ラビンドラナート・タゴールはナイトの称号（一九一三年にノーベル文学賞を受けたときに英国から贈られた）を返却した。非暴力をもって始めたサティヤーグラハ闘争が、インド中に暴力行為を引き起こしたのを見たガンディーは、四月十八日運動の中止を宣言した。
一九一九年十二月に国民会議派年次大会はアムリットサルで開催された。七〇〇〇人を超える代議員が出席し、会場に入れなかった一般市民や農民が場外にあふれた。ガンディーの提言で、モンタギュー・チェルムスファッド改革案を将来の自治への足がかりとして受諾し、パンジャーブの残虐行為に関する重要決議(アムリットサルの虐殺事件の責任究明および民衆側の暴力の反省)と、ローラット法の撤回要求を採択した。

『女性の組織』

女性が組織をつくったのは、二十世紀の初頭からである。一九一七年には、マドラス(現チェンナイ)を中心として女性インド協会が発足し、女性参政権要求を掲げた。(注二六)神智学協会メンバーのマーガレット・カズンズ(英国・アイルランドでの女性参政権運動に深く関与)、アニー・ベサント(労働運動、社会主義運動の活動)ら白人女性が創設にあたって協力した。

一九二七年には、全インド女性会議がプーナ(現プネー)で創設大会を開催した。当初は女子教育の普及を目指したが、間もなくより広範な問題に取り組むようになった。国際女性会議のインド支部として、インド民族協議会が組織された(一九二五年)。宗教の別を問わず、女性の福利の追求を目指し、政治的には中立を保ったものの、そのメンバーは上位カースト・ヒンドゥーに偏り、政治的にもガンディー指導下の国民会議派関連の女性であった。

女性参政権の要求は、一九一七年に訪印したインド担当大臣モンタギューに陳情した。一九一九年の統治法は時期尚早として認められなかったが、各州議会の決定に委ねることとなり、一九二〇年代には、ボンベイ管区・マドラス管区を皮切りに各州の議会が女性の参政権を認めるようになった。

(5) 独立に向けて

■非協力運動

第一次大戦でドイツが敗れたとき、インドのムスリムは、ドイツに味方したトルコの運命に注目した。トルコのスルタンは、全世界のイスラム教の教主であった。英国は大戦中ムスリムを宥めるために、戦後トルコに苛酷な処置をとらないと明言していたが、連合国は約束を無視してカリフを廃位しようとした。そこで、インドのムスリムは、一九一九年十一月に、ムハンマド・アリー、ショウカト・アリー兄弟らを中心に第一回キラーファト（Khilafat Movement）会議を開き、カリフ制度の擁護運動(注二七)をすることにした。英国政府に撤回させるには、会議派とヒンドゥー教徒の援助を得て運動を強力に展開する必要があった。ガンディーは、グジャラートとアフリカで自分を支持した有力な商人たちがムスリムだったこともあり、ムスリム教徒を一貫して支持した。彼は反英運動のために逮捕されているムスリムのアリー兄弟らの釈放をよびかけた。ガンディーが議長をつとめ、彼の率いる国民会議派が反英の立場で協力し、第一次非暴力・不服従運動（非協力運動）を展開した。ガンディーはこの運動で、ヒンドゥー教とイスラム教をともに英国からの独立という共通目的で結束させようとした。

トルコの敗戦処理を決めたセーブル条約(注二八)草案が発表されると、ムスリムたちはイスラム世界の解体を狙ったものとして憤然とした。キラーファト委員会は、六月にガンディーの提案する「非協力」を今後の運動方針として採択した。会議派は九月の臨時大会で従来の政治的協力から非協力へと一八〇度方向転換した。具体的には、(一) 称号・名誉職の返還、(二) 政府行事への出席拒否、(三) 公立学校からの子弟の引き揚げ、(四) 裁判所のボイコット、(五) 軍人・教職員・労働者の海外派兵拒否、(六) 新統治法に基づく選挙ボイコット（候補者の引き揚げと有権者の投票拒否）、(七) 外国製品のボイコットなどが決められた。

十二月のナーグプルでの定期大会で、右の非協力運動方針が確認され、さらに手織木綿（カーダール）などの「国産品愛用運動」と「不可触民制の除去」、「自治運動資金のための募金奨励」などが決議された。また会議派の最終目標を「英帝国内における自治政府」から「自治の達成」に置き換えた。

ガンディー指導のもとで大衆の政党へと脱皮しつつあった会議派に賛同する人々もいたが、過激派・穏健派を問わず、古くからの指導者たちのなかには、C・R・ダース、B・C・パール、ラージパト・ラーイ、アニー・ベサント、ジンナーたちのように、「非協力」を単なる思いつきとして反対した人々もいた。ジンナーは会議派を去った。

非協力闘争は一九二〇年八月に再開された。ガンディーは南アフリカ時代に送られた功労賞を政府に返した。多くのインド人が名誉職や称号を返却した。またC・R・ダース、モティラール・ネルー[注二九]とジャワハルラール・ネルー[注三〇]、ラージェンドラ・プラサード（後の初代インド大統領）、ヴァッラブバーイー・パテール（同じく副首相）らの弁護士たちが数多く法曹界を離れて運動に加わった。スバース・チャンドラ・ボースはインド高等文官（ICS）の職をなげうって、英国からインドに帰った。公立学校の多くの学生は、学業をすてて会議派の義勇隊員に志願し、農村に行って会議派のメッセージを伝えて、農村青年の決起をうながし、禁酒（酒は英国政府の財源）を説き、紡ぎ車（チャルカ）の普及に献身した。

国民教育運動

一九二〇年、国民会議派カルカッタ臨時大会は、ガンディーの動議で統治政府に対する「非協力運動」を発足させた。この非協力運動には、「国民教育」を含めた建設的な側面が含まれている。英国統治政府は、必要とする人材の獲得のために、西洋文化と英語を学ぶ近代学校制度を発足させた（一八五四年）。他方、インドの在来の教育組織は、時代の要求に応えられないとして、統治政府の放任ないし抑圧政策により、十九世紀末までにほとんど消滅した。しかし、インド復興の観点から、自国の言語・文化に基づく教育機関の設立が望まれ、詩人ラビンドラナート・タゴールが一九〇一年にカルカッタ（現コルカタ）の近傍シャーンティニケータンに創設した「ブラフマチャルヤ・アーシュラム（梵行塾）」などができてきた。

ガンディーは、子弟に公立学校をボイコットさせるだけでなく、ビルマ（現ミャンマー）を含む各地に国民学校と国民大学を出現させ（一九二二年に両者あわせて一三〇〇校以上、就学者一〇万人以上）、そこで子弟の教育を行った。教育の究極の目的が「心の開発」あるいは「自己実現」による人格の形成にあるとして、古代インドの教育理念に立つ国民教育概念を提示した。現存の大学を、英国支配機構への協力者、大衆の搾取者、西洋の模倣者の養成機関と断じ、その廃絶と自ら構想する国民大学の創造に傾注した。国民大学は各地に出現し、その先駆けとなるアフマダーバードに創設した「グジャラート・ヴィッディヤーピート（注三一）（学問の府）」（一九二〇年設立）では、ガンディー自ら学長に就任し政治・経済活動のかたわら終生その職にあって同大学の育成に尽くした。ガンディーは、人口の大部分は農民であり、農村こそ真にインド文明の宿るところであり、大学の最大の目的は、農民への奉仕ないし農村の復活以外のものではないとした。ガンディーの教育思想を整理し同大学に与えたのが、一九二八年の教育原理であって、その要点は（一）民族運動の活動家の養成、（二）大学の経済的自立、（三）真実と非暴力の堅持、（四）不可触民制の一掃、（五）手紡ぎの実行、（六）母語の使用、（七）ヒンディー語・ヒンドゥースターニー語の必修、（八）手わざの訓練の重視、（九）農村の福祉に役立つ教育、（十）農村向きの教育課程、（十一）真実と非暴力に一致する宗教教育、（十二）体育の必修、である。（長崎暢子、二〇一九年）

同様にアリーガルにはイスラム民族学校が創設された。国民大学には不可触民の入学を認める規則を設け、またアラーハーバードには女子大学もつくられた。こうした建設的な運動での協力が、多様な地域・宗教・諸階層の協調を幾重にも成立させた。

国民会議（派）の組織改革

国民会議はガンディーのイニシアティヴで組織改革を行った、一九二〇年末には新規約を採択し、それによってはじめて全国大会を議決機関とし、全国委員会および執行委員会をおくという組織が整えられ、国民会議派という政党（運動組織）になった。英領インドの一一州は、会議派組織では、言語に応じて二〇州に分けられ、各州には会議派州委員会や県委員会から村（会議派党員が五人以上いること）に至るまでの組織がつくられた。年間四アンナ（四分の一ルピー）の党費を払えば、誰でも党員になれるという党員資格も決められた。この指令系統の整備によって全国統一の運動が可能になり、会議派の目標は「合法かつ平和的なあらゆる方法を用いてインド人民による自治を獲得すること」と定められた（辛島昇、二〇〇四年）。

ガンディーへの財政支援

商人・資本家層はルピー高や増税などインド政庁の政策に反対する声をあげ始めたが、大戦中に莫大な利益をあげた者もいて、ガンディーのところにお金を送ってきた。グジャラート地方の商人、ヒンドゥー教徒のマールワリーという商人集団や、メーモンと呼ばれるムスリム商人集団などが、民族運動を財政的に支援し始めた。

各地の非協力運動

非協力運動は土侯国を除くインド全土をおおい、各地で同盟休業や労働者のストライキ、ときには非暴力の域をこえた農民暴動などが頻発した。ベンガル州会議派委員会が鉄道組合と海員組合を指導して行ったアッサム・ベンガル鉄道のストライキは、東ベンガルとアッサムの交通を完全に麻痺させた。また、ベンガル州のミドナプルで、新しい統治法の実施にともなう州政庁の追加予算に対して、税金不払い運動がくりひろげられた。当局は財産没収、投獄、鞭打ちなどあらゆる手段を用いて徴税を強行したが、効なく、ついに政策変更を余儀なくされた。

同じころ西北辺境地方では、キラーファト運動に熱中したムスリムが聖遷（ヒジュラ）を始めたが、アフガニスタン政府が移民を許可しなかったので引き返すなど混乱状態にあった。パンジャーブでは貧しいシク教徒[注二二]の農民が宗教の浄化を叫んで改革運動を起こした。

一九二一年九月に英国皇太子プリンス・オヴ・ウェールズがインドを親善訪問したが、行く先々で弔旗を掲げた同盟休業やストライキで迎えられた。総督は弾圧の強化を指令し、ガンディーを除く第一級の指導者を全員投獄した。

チャウリ・チャウラ暴動

ガンディーは非暴力的非協力をまず一地方で成功させ、他の地方にも漸次ひろげていこうとした。そのため、サティヤーグラハ訓練の行き届いたボンベイ州バルドーリ地区の農民をもって、納税拒否闘争を始めることを決め、一九二二年二月一日、一週間後に闘争を開始する旨を総督に通告した。ところが、二月五日、連合州のチャウリ・チャウラ（Chauri-Chaura）という小さな村で、警官隊の発砲に怒った三〇〇〇人の群衆が、警察署を襲撃して火を放ち、警官二十二人を焼き殺した。ガンディーは直ちに会議派運営委員会を招集し、いっさいの不服従運動の停止を提案・決議し五日間の贖罪の断食に入った。国民教育運動も国民大学の若干を除き停止された。

中止命令は国民を驚かせ落胆させた。そのころ獄中にいたネルー父子、ラージパト・ラーイら会議派の指導者たちは、少数の者の非行を理由に、国を挙げての大運動を突如として中止したガンディーの真意に戸惑い憤慨した。それでもなおガンディーは、この事件を放置しておくことは民衆と警官とのあいだの暴力的衝突を拡大することになると考えた。

キラーファト運動の消滅

トルコと連合国の間でローザンヌ条約（一九二三年）が締結され、つづいてカリフの廃止が決定されるとムスリムは混乱状態に陥り、親英派、親会議派、汎イスラム主義者、社会主義者、地方有力者に細分化された。彼らは中央組織としての活動の方向を見失い、むしろ地方政治のなかに活路を見出した。一九二四年、ムスリム連盟は一九一八年以来、初めて会議派と別個に集会を開き、（1）地方自治権をもつ州の連邦、（2）分離選挙、によって少数派ムスリムの問題は解決すると訴えた。

不服従運動の突然で一方的な停止は、キラーファト運動のムスリム同盟者にとっては、この上ない背信行為に思われた。非暴力はヒンドゥーに信奉する教義であって、ムスリムには「聖戦」あるのみである。支柱を失ったキラーファト運動は急激に弱体化し、一九二四年カリフ制の廃止によって、本来の目標を失い、自然消滅した。このことは、ムスリム一般のあいだに、ガンディーと会議派への不信をつのらせ、多くの会議派所属のムスリム党員は、ムスリム連盟に移った。

政府は運動の衰退を見届けて、三月十日にガンディーを逮捕し、六カ年の禁固刑を申し渡した。ガンディーは、一九二四年一月に獄中で急性盲腸炎にかかり、プーナの病院で手術を受けた後、刑期を待たずに釈放された。ガンディーはその後一九二八年まで、積極的な政治運動から身をひき、「建設的プログラム（手紡ぎ・手織りの奨励、国民学校の設置、禁酒運動普及、村や町におけるパンチャーヤト〈代表委員会〉の設置、社会奉仕部の設置など）」に従って社会改革に献身した。この建設的プログラムには、次の一項目が加えられている。

「よりよい生活に向けて被抑圧階級を組織化すること。彼らの社会的、知的、道徳的状態を改善すること。彼らの子供たちを国民学校に通わせるよう勧めること。彼らに他の市民と同じ便宜をあたえること」

ガンディーらは財源として一九二一年一〇〇〇万ルピーの募金をもとに発足させたティラク・スワラージ基金をあて、この計画を実行に移した。予定では、この基金のうちから五〇万ルピーが不可触民向上運動のために支出されるはずであったが、運営にあたり金額や使途について意見の調整がつかず、ほとんど成果を見ぬまま、運動は暗礁に乗り上げてしまった。不可触民にあてられた金額はわずか四万三〇〇〇ルピーだった。

ヒンドゥーとムスリムの対立は激化し、一九二四年には、デリー、グルバルガ、ラクナウ、アラーハーバードなど北インドの各地で暴動事件にまでエスカレートした。九月に発生したコハットの流血騒動は凄惨で、掠奪・強制改宗・婦女暴行がほしいままにされ、一五五人のヒンドゥー教徒が虐殺されて、同地のヒンドゥー教徒は一人残らず他の町に避難した。

ガンディーはこの報せを聞いていたく悲しみ、「今必要なのは一つの宗教ではなく、さまざまな宗教の信者が互いに尊敬しあい、寛容になることである。」といって、二十一日間の断食に入った。各党各宗教の代表三〇〇人がデリーに集まって「統一会議」を開き、信仰の自由と、宗教による強制や暴力の排除を決議した。

会議派沈滞期

一九二二年以降、会議派は議会をボイコットしつづけようとする固守派（ガンディーは投獄中）と、議会政党としての活動を選んだ独立党グループとが対立したが、一九二六年には議会活動と不服従運動の双方を行うようになった。議会活動の貢献も大きな成果があり、中央立法議会で力を持つようになったインド人議員がインド軍の財源をインド負担にすることに反対した結果、インド軍の遠征費用に関して英国が応分の負担を果たすようになった。これは第二次世界大戦のインド軍の費用問題につながった。

この頃は、政治の焦点が中央政府や会議派ではなく、州や地域政治に拡散した。パンジャーブ州の連合党（一九二三年結成）、マドラス州の正義党（一九一六年結成）、ベンガル州の大衆党（一九二九年結成）などの地域政党が州政治をにぎわした。正義党（正式名は南インド自由連盟）は、教育機関や上級・下級の官僚機構に非バラモンを参入させることを要求した。一九二〇年選挙では会議派が選挙をボイコットしたため、彼らが勝利し、三人のインド人大臣にはすべて非バラモンが任命された。一九二六年には正義党は独立党に敗北したが、独立党が内閣を組閣することを州知事に拒否されたため、正義党系の非バラモンが組閣している。こうして正義党は会議派との対抗関係のなかから非バラモンの地位向上をはかり、彼らの留保制を地方公共団体や高等教育に導入した。一九二〇年代後半には非バラモン運動のなかにも、カースト制度廃止を訴える急進的な自尊運動が登場してきた。一九三七年には、ラーマスワミー・ナーイッカルが自尊運動を起こし、正義党総裁に選ばれた。ヒンドゥーイズムをバラモン支配の道具に過ぎないと批判し、ヒンドゥーイズムをドラヴィダ民族におしつけることに反対して、南インドから会議派批判を行った。

ムスリムにとってはカリフ性が崩壊した後キラーファト運動の目的は見失われ、反英運動は沈滞した。一九二〇年九月から一九二二年三月まで続いた「(ヒンドゥーとムスリムの）統一運動」も崩壊し、アーザードやM・A・アンサーリーなどの「民族派ムスリム」(会議派支持派）と「パキスタン支持派」とに分岐していった。

ヒンドゥー側では、一九一五年にヒンドゥー大連合（マハー・サバー）が設立され、ムスリム分離選挙を容認したりキラーファト運動を支持したりする会議派の協調行為をムスリムへの偏重だとして批判を強めるようになった。革命的テロリストのV・D・サーヴァルカルは、著書「ヒンドゥートヴァ（ヒンドゥーであること）」を公刊し（一九二三年）、インドという政治的単位とヒンドゥーという文化的・民族的単位を一致させようと主張するヒンドゥー・ナショナリズムの原理をうちたてた。つづいて、彼の忠実な支持者であるK・B・ヘードゲーワールがナーグプルで一九二五年に民族奉仕団（RSS：Rashtriya Swayamsevak Sangh/National Volunteers Organization）を設立した。バラモンなど高いカーストの子弟を組織して各地の支部に組み入れ、棒術演習などを中心とする集団活動、シヴァージーなど歴史上の人物に関する説教、参加者全員による討論の三つを活動の三本柱とし、社会的・文化的活動を行った。

地方では、民族意識の覚醒が全国にひろがりつつあって、会議派は次第に農村の支配層に支持を広げていった（辛島昇、二〇〇四年）。

統治法改正準備

一九一九年に成立したインド統治法の現状を調査・報告するために法定委員会が任命された。委員長サイモンの名をとり、サイモン委員会と呼ばれる。インドの独立に関する委員会であるにもかかわらず、委員が全員英国人で、インド人が含まれていなかった。ガンディーはこの委員会に対する有名な反対文を出した。

独立は神からの賜（タマモノ）である。外国人の委員会が決定すべき事柄ではない。

国民会議派はサイモン委員会のボイコットを決定した。一九二八年二月にサイモン委員会がボンベイに上陸すると、インドをあげて反対運動が起き、民衆と警官隊の衝突が各地で発生した。ラホールでは非暴力のデモ隊の先頭にたっていた会議派の指導者ラージパット・ラーイが英人警官に棍棒で殴り殺された。

サイモン委員会は一九二八年と一九二九年の二度インドを訪れ、一九三〇年に報告書を提出した。その後、インドにふさわしい憲法を考案するため、円卓会議がロンドンで開催されることになった。英国政府は、サイモン委員会にインド人を入れなかった理由として、インド側世論の分裂を指摘し、できるならかなりの程度まで一般的な同意をもった憲法をインド人の手で作成するようにとうながした。インド側諸政党は、モティラール・ネルーを委員長とする全政党委員会が発足、一九二八年八月いわゆる「ネルー憲法」を発表した。それは人民主権、議会制民主主義、普通選挙などとともに、英国内の自治領の地位を求め、強い中央集権国家にしようとするもので、完全独立を望むS・C・ボースら左翼青年層に批判された。(注三三) ジンナーが代表するムスリム連盟は州に自治権のある連邦制的傾向を望み、「分離選挙」や「特別保留議席制度」を要求し、会議派との対立をいっそう深めた。

アーウィン総督（在位一九二六年―一九三一年）は、事態を収拾しようと、一九二九年十月に「将来、インドに自治領（ドミニオン）の地位を与える」こと、およびロンドンにおいて統治法の改革を進めるため円卓会議を開催するとの譲歩的な宣言を行った。将来の「自治領」を約束することで、インド側、特に穏健派を「大英帝国」内に引き戻そうとしたのだが、会議派の青年層はそれでは満足しなかった。

会議派内では、その年末のカルカッタ大会で、ジャワハルラール・ネルーやS・C・ボースら若い急進派は完全独立を主張し、他は段階的には自治領の地位で満足すべきだとした。結局、ガンディーが折衷案をだして、英国政府がネルー報告を一年以内に採用するならば、会議派は自治領を受け入れるが、そうでない場合には、断固として完全独立を要求し、それを承認させるという方針を決議した。

独立の日

一九二九年十二月のラホールにおける会議派大会は、急進派のJ・ネルーを議長に選び、目標は「完全独立」とした。一月二十六日を「独立の日」と定めた。また、全インド会議派委員会に「いつでも適当と思われるときに、納税拒否を含む市民的不服従運動の実施に乗り出す」権限を与えた。

一月二十六日、全国いたるところの町や村で大集会が催され、ガンディーが起草した「独立の誓い」が朗読され会衆が声をあわせてそれを復唱した。「英国統治に服従してきたのは、人と神に罪をおかしてきたことである」。それは一種の独立宣言ともいうべきものであり、外国に支配者の非行と残虐行為を力強く糾弾し、自由の獲得を目指して戦うことを呼びかけた。

塩の行進

塩は人（動物）にとって必需品であり、自然の恵みである。外国政府が高い税金をかけて専売してはならない。ガンディーは国民のだれもが戦いの意味を了解できる塩税の拒否を選んだ。

時期が熟したことを直感したガンディーは一九三〇年二月二十七日に、運動の計画を発表し、塩税法への挑戦を宣言した。アーウィン総督に一一項目の要求を提出した。(注三四)

① 禁酒の完全実施
② ルピーの対スターリング換算比率の切り下げ――一ルピーを一シリング四ペンスに
③ 地租を最低五〇％切り下げ
④ 塩税の廃止
⑤ 軍事費の削減
⑥ 高級官僚（ＩＣＳ）の給料減額
⑦ 外国布に対する保護関税
⑧ 沿岸航路の保護
⑨ 殺人を犯していない政治犯の釈放
⑩ 中央情報局の廃止か人民による管理
⑪ 人民が管理して行う銃砲のライセンスの発行

そして、もしこれらの要求が聞き入れられないなら、道場の仲間とともに塩税法を犯す行動を開始することを付け加えた。総督からは、例にもれず、形式的な返事がきただけであった（長崎暢子、二〇〇四年）。

三月十二日未明、ガンディーは七十八人の精選された弟子たちをつれて、サーバルマティのアーシュラム（道場）を出発し、ボンベイ近くのダンディー海岸まで約三八五キロメートルを行進した。塩の行進に参加する条件として、カーディー（チャルカで紡いだ綿糸を織って作られた布）の着用を必須とした。これを創り上げることのできる忍耐力のある者は、塩の行進中に英国に弾圧されても抵抗しない我慢強さを持ち合わせていると考えたためである。学者、ジャーナリスト、織工、賤民もいた。年齢もガンディーの六十一歳から十六歳の少年まで含まれていた。ガンディーは朝四時に起きて、祈りを捧げ、一日一九キロメートルの距離を誰よりも速く歩いた。休止する村ごとに、短い演説をして、塩税と一一項目について説明した。行進には女性詩人で社会運動家のサロージニー・ナーイドゥーも加わっていた。ダンディー海岸についたガンディーは、海水で沐浴して身を浄め祈りを捧げ、海岸に散在する小さな塩の塊を拾い集めた。サティヤーグラハの隊員たちもガンディーにならって塩税法を犯した。警官たちの棍棒襲撃がはじまった。彼らは見物に集まった群衆までも見境なく殴打した。

ガンディーは、会議派の全機関に、同様の手段を実行し各自の地域で不服従運動を開始するよう命令した。国中が熱狂しているのを見て、ネルーたちはこの方法を最初ガンディーから提案されたときその効果を疑ったことを恥じた。

この第二次非協力運動でも、第一次非協力闘争のときとおなじように、官職や公立学校からの引き揚げ、外国製品のボイコット、税金の不払い運動など、同盟休業やストライキが全国各地で行われた。また、海運業・保険会社など、英国系事業のボイコットも行った。農民はボンベイ州や中央州で森林法に違反し（立ち入り禁止の政府所有林に入って木を切り倒し、インドの自然の恵みはインド人が受けるべきことを示威する運動）、連合州・パンジャーブ州などでは地税の不払い運動を開始した。

ネルーは一九三〇年四月一日から四日までの間に二十二の集会で、約二十五万人の聴衆に向かって熱弁をふるい、今おこなっている運動は国民解放の闘争であると宣言した。アラーハーバードでは彼の母、妻、二人の妹が運動に参加する決心をした。妻のカマラーはネルーを助けて組織づくりにすばらしい才能を発揮した。四月十四日、ネルーは塩専売法違反の罪で捕らえられ、ナイニー刑務所（六カ月の罪）に入れられた。運動は国中に広がった。アフガニスタンとの国境の町ペシャワールでは、警官がデモ隊に機関銃を発射し、ボンベイでは大ストライキと大デモがあり、カルカッタでは警官が「不法」製塩所を襲撃した。あらゆる村で反英集会が持たれた。

政府は五月四日にガンディーを逮捕、つづく数週間に十万人の男女を投獄した。会議派を非合法と決めつけ言論統制などあらゆる種類の弾圧法が次々と出された。無差別な発砲や棍棒攻撃、集団投獄、財産没収、騎馬隊の突入によるピケ破りなどが、毎日のように繰り返された。

テロ組織では、一九二八年に「ヒンドゥスターン社会主義共和連盟」が発足し、都市労働者のなかに熱心な共鳴者をもった、一九二九年四月、同連盟のバハガード・シングとバトゥケシュワール・ダッタの二人はデリーの中央議会（「治安法」が論ぜられている最中）の床に不発の爆弾を投げ込んだ。二人は「抗議のために爆弾をなげた」と言ってあえて逃亡をはからなかった。事件のあと、ラホールで爆弾工場が発覚し、多くの党員が逮捕された。この事件の裁判中に、拘留中の未決囚たちが、牢獄内の処遇を憤ってハンガー・ストライキを始めた。ジャティン・ダースは六十四日間の断食の末に一命を落とした。

東ベンガルのチッタゴンでは、革命家のスールヤ・センが「チッタゴン共和軍」を組織して、英国軍の兵器庫を襲撃、武装蜂起をはかった。チッタゴン市は数日間共和軍の手に落ちたが、間もなく英国軍に撃退され、山中にたてこもって抵抗をつづけた。そのほか、何人かの英国人判事・刑務所長の暗殺や、ベンガル州知事・ボンベイ州知事・パンジャーブ州知事らの暗殺未遂事件が相次いで発生した。暴力革命路線は、インド独立運動にあっては、少数派の散発的な行動であったが、その直情的愛国心と行動は民衆の心に訴えるものがあった。しかしそれは、ガンディーを深く悲しませ、その前進をしばしば鈍らせた。

政府はこのようなさまざまなインド国民の抵抗に対して、片手で棍棒をふるいながら、片手で会議派との妥協の糸口を探る「二面政策」をもって臨んだ。

第一回円卓会議

一九三〇年十一月〜一九三一年一月の第一回円卓会議（ロンドン）に、会議派代表は参加しなかった。不可触民の代表として出席したアンベードカルは中央の議会および地方議会において、不可触民の議席枠を設ける分離選挙を主張した。

一九三一年に入ると、政府は会議派の非合法を解き、運営委員たちを釈放した。会議派運営委員会はガンディーに総督との交渉を一任した。非暴力運動の政治囚の釈放、没収財産の返還、製塩の無税許可などを約し、代わりに会議派は不服従運動を中止して、次期円卓会議に出席することを承諾した。

第二回円卓会議

第二回円卓会議は一九三一年九月に始まった。インド側代表メンバーすべてが、政府の一方的な指名によって選ばれた人たちで、そのほとんどがインド国内では最も反動的とみなされていた連中であった。ガンディーは完全自治の早期実現を要求したが、議題は宗派・階層ごとにどのように議席を分配するかという制度問題に転じてしまった。ガンディーは、会議派は単なる一政党ではなく、あらゆる階級・主義・宗教に属する人民を含む民族的政党であると主張したが、かえってムスリム連盟を硬化させる結果になった。ガンディーは完全に孤立し、各宗教団体や政党代表の駆け引きがつづき、英国政府の分裂工作にうまくはまってしまった。

十二月二十八日、ガンディーがインドに帰ると、円卓会議における会議派の敗北と、英国内閣がマグドナルドを首相とする保守労働連合内閣に代わったことによる政府の弾圧が待っていた。

非協力運動が再開された。政府は徹底した強硬政策をもってこれに臨み、会議派を再び非合法団体とし、指導者をつぎつぎに投獄していった。ガンディーも帰国した一週間後に捕らえられ、裁判なしで投獄された。

『刑務所』

ガンディーは各地で大衆にサティヤーグラハの教えを説き、悪法を無視して進んで牢獄に行こうと呼びかけた。

一九二一年、政府は弾圧を強化して会議派義勇隊を非合法とし、集会やデモンストレーションを禁じた。その年の暮れまでに、ガンディーを除く第一級の指導者を全員投獄した。学生や一般人も、政府の押しつけた人道に反する弾圧法にあえて違反して、自らすすんで牢獄に赴いた。十二月から翌年一月末までの間に、およそ三万人の政治犯が各地の牢獄をうずめたという。

政治犯の待遇は苛酷で、牛馬にもひとしい重労働を課せられ、少しでも不平不満を訴えれば、たちどころに鞭打ちに処せられた。女・子供とて容赦はなかった。ネルーは隣室から聞こえてくる女看守の罵倒に憤然として身をわななかせたという。

英国統治下のインドの囚人はカーストや社会的地位によってABCに区分され、等級によって待遇がいちじるしく異なっていた。生涯に九回、延べ日数三二六二日を獄中で過ごしたネルーでさえ、「初めて鉄門をくぐったときには、心が緊張し、神経の高ぶりはどうしようもなかった」と述べている。ガンディーやネルーは獄中で手紙や自叙伝などを書いていたが、用箋の使用が許されていたのはA級囚人だけで、A級囚人は千人に一人位の割合であった。

ネルーが、一九二三年にナブハ藩王国（いっさいの政治活動禁止）のジャイトの街で捕らえられたときには手錠をかけられ、設備の悪いことで知られる地方監獄の独房に入れられた。湿った低い天井の房で、立つと頭がつかえた。夜、床の上に寝ると、ネズミが顔の上を飛び越していた。裁判により三十カ月の入獄がきまったが、ナブハ当局は刑の執行を中止してネルーを藩王国外に追放した。

第二次非協力闘争では、女性が積極的に運動に参加した。身分や階層を問わず、家庭の主婦や娘たちが驚くべき組織力をもって行動し、外国製品の店や酒屋の前で炎天下にピケをはった。また男性の活動家が次々に投獄されたあと、夫や息子や兄弟に代わって、会議派を背負ってたった。

『二つの世界』

インド社会のカースト制度を揶揄（ヤユ）した英国人みずからが、その上に「支配者階級」という、きわめて排他的な特権階級を形成し、インド人社会から遊離していった。インドは英国人官僚の世界とインド人民衆の世界とに分断された。その二つの世界の間には相互に嫌悪しあっているという点を除いて、なに一つ共通点はなかった。

英国の統治時代を通して人種的偏見は公認となり、ホテルやレストラン、鉄道の座席や待合室、公園のベンチにまで、「ヨーロッパ人専用」の啓示がまかり通った。ボンベイ海岸にある英国統治の記念碑インド門を見下ろすようにそそり立つタージ・マハール・ホテルは、今日もインド第一級のホテルとして知られる。このホテルは有名なターター財団の創設者ジャムセートジー・ターターが、あるとき英人専用のホテル（当時最大のワトソンズ・ホテル）を締め出されたことに一念発起して、より豪華なホテルを建設したものである。一九〇三年十二月十六日に開業し、以来ムンバイ第一のホテルとなり、インドを訪問する世界の政治家・王侯貴族・有名人らが客となっている。

■ダリト

ダリト（注三五）（不可触民）の起源は今もって謎と言われているが、いくつかの説がある。

・不可触民は、アーリア人がインドを征服したとき、最も抵抗した人々であり、そのため他の職業に就くことも禁じられ、他の人々との接触も禁じられた。仕方なく、死んだ動物を扱い、死んだ動物の肉を食べるようになった。

・アーリア人が先住民との混血を嫌い、不可触民制を作った。またアーリア人に屈服するのを潔しとしなかった先住民の中には、アーリア人の妻子を掠奪したりするものが現れ、散々彼らを悩ました揚げ句、結局征服され奴隷的身分におとされ忌まわしい存在として扱われるようになった。
・雑婚によって生まれた子供はより低い位置に置いた。女性のヴァルナが男性のヴァルナよりも高い雑婚を「逆毛婚」とよんで特に嫌い、そのような男女の間に生まれた子供をシュードラよりもさらに低い地位へ追いやり、「アウトカースト（不可触民）」とした。
・不可触民はもともとブロークン・メン（色々の理由で散り散りになった人々）であり、これら貧しい人々は肉食と仏教を捨てきれず、不可触民として扱われるようになった。
・四世紀頃、仏教とブラーミニズムとが主導権を争った。ブラーミンたちは牛肉食を放棄し、仏教徒的戒律を採用して、仏教の興隆によって失った特権的地位と権力を取り戻し、その他の者たちを奴隷化した（ダナンジャイ・キール、二〇〇五年）。
・貧しいカースト・ヒンドゥーたちが、常に自分よりみじめな状態の人間を作り出し、せめてもの満足をえようとする。

一九一七年五月時点で、不可触民が八〇〇〇万人、山間未開部族が四〇〇〇万人、合計一億二〇〇〇万人の九〇％は農村に住んでいた。

この頃、カースト差別を批判する低カーストやダリトの主張と運動が各地で展開してきた。連合州（現ウッタル・プラデーシュ州）では、スワーミ・アチュータ―ナンドが、一九二二年にアーディ・ヒンドゥー運動を開始し、月刊誌「アチュート」（不可触民）を創刊した。マングー・ラームはパンジャーブのチャマールを組織し、アード・ダルム運動を始めた。彼は地元の学校で学ぶ唯一人のダリトであったが、教室に入れてもらえなかった。自分たちの集団こそがインドの「先住者」と自己規定し、「オリジナルの」という意味をもつ「アーディ」、

「アード」という用語を使った。「我々はこの国のオリジナルの住民であり、我々の宗教はアード・ダルムである。ヒンドゥー民族はよそからやってきて我々を奴隷化した。」と主張した。彼らの宗教はアード・ダルムで、平等主義的なバクティ信仰であった。ケーララ地域のイーラワルは仏教を信仰していた（長崎暢子、二〇一九年）。

ダリトの現在の総数は二億人と推計されている。ヴァルナの枠組みの外にあるため、アウト・カーストもしくはアヴァルナの呼称がある。ダリトのなかには、バッルバン（占師と医師を兼ねる）、皮革労働者（チャマール）、マハール（食肉処理業者）、バーリヤ（太鼓叩き）、バンギー（街路清掃人）、バーリヤ（街の手工業者）、洗濯人（ドービー）などが含まれる。ダリトの中にも序列があり、接触する物体の浄・不浄の度合いにより決められていて、バッルバンというジャーティ（職業・血縁集団）は最高位をしめ、バンギーは特に低い地位に置かれている。南インドの不可触民カースト（注二六）はマハールと呼ばれ、マハールの中で種々の職種に分かれている。近代化とともにカースト制批判も強まって、一九一九年のインド統治法ではダリトにも議席が与えられた。

ガンディーは、不可触民制度はカースト・ヒンドゥーが作り出した罪悪であるから、その撤廃にはカースト・ヒンドゥーの懺悔・改心がまず必要であると説き、不可触民解放はカースト・ヒンドゥーの主導のもとに行われるべきとした。ガンディーはヴァイシャ（カースト・ヒンドゥー）出身であり、また利害を異にする雑多な社会集団の集合体である「インド人」の代弁者と自任していた。一九二〇年十二月二十九日付の「ヤング・インディアン」（ガンディーの機関紙）紙上で、「政府に対する非協力運動は、支配される者の間における協力を意味している。それゆえ、もしヒンドゥーたちが不可触民という罪悪を除去しないならば、一年たってもあるいは一〇〇年たっても、スワラージは実現しない。」また「スワラージは、ヒンドゥーとムスリムの統合なくしては達成できないように、不可触民制という罪悪の除去なくしては達成できない」と強調している。しかし、アンベードカルにとっては、このように主張するガンディーが実際の局面では消極的態度に終始するので不思議であった。

アンベードカルは、不可触民制を生んだのはカースト制度であり、またヒンドゥー教の差別主義であると主張した。不可触民制を廃するためには、カースト制度とヒンドゥー教を葬り去るとともに、不可触民自身が自覚し、団結し、向上せねばならぬと唱えた。不可触民解放の主導権は、あくまでも不可触民がもつべきだとした。

一九二四年七月、アンベードカルはボンベイで被抑圧者救済会を設立し、不可触民の地位向上運動に立ち上がった。活動範囲はボンベイ州内に限られたが、教育普及、文化普及、経済状態改善、苦情の受け付け、陳情など広範囲で活動した。一九二六年、アンベードカルは、ボンベイ州立法参事会に保留された二名の被抑圧階級議員のうちの一人として指名され、政界の表舞台に登場した。一九二八年八月には、被抑圧者階級教育協会を設立し、不可触民出身の学生に宿舎の提供や学資の援助を行った。

一九二七年、州立法参事会で不可触民に開放すべきことが決議された(一九二三年)が実行されていない、ボンベイ州マハード市におけるチャオダール貯水池利用権獲得の大衆運動を組織した。その際、カースト秩序を支える正典とみなされた「マヌ法典」を公の場で燃やした。カースト・ヒンドゥーたちはマハード市当局に圧力をかけ、チャオダール貯水池開放の決定を取り消させ、また同貯水池の私有化をはかった。法廷闘争におよび、一〇年の歳月を費やしてアンベードカル側が勝訴した。この運動は、マハール以外の不可触民に必ずしも共感を呼ばなかった。同じこの地方の不可触民カーストであるチャーンバールは、皮革関係の仕事に携わり、経済的にマハールより恵まれていた。アンベードカルの呼びかけに、マハール偏重であると批判し、ごく一部の者を除き、冷淡であった。

ハリジャン運動

一九三二年八月十七日英国首相マグドナルドは第二回円卓会議で紛糾した選挙制問題に決着をつけるべく「コミュナル裁定」(宗教・人種・身分別分離議席)を発表した。選挙区の数も、ヒンドゥー教徒・ムスリム・

シク教徒・英印混血人・ヨーロッパ人・非圧迫階級・インド人キリスト教徒・商工業者・地主ならびに資本家・労働者・大学関係者・婦人の十二に細分されていた。明らかに少数派擁護の名目のもとに、政治的に目覚めたヒンドゥー勢力を抑圧するため、カースト・ヒンドゥー（カーストに属するもの）と、非圧迫階級（不可触民）に分離し、法律によって一定数の議席と別個の選挙区を賤民にあたえることになった。インドの複雑な社会事情を巧みに利用して、各党各宗教観の対立を激化させ、民族の統一を阻止しようとするものである。

イェラーヴダの刑務所で裁定に関する政府の方針を知ったガンディーは愕然とした。彼は不可触民をこのように法律で特別扱いすることは、ヒンドゥー社会の呪うべき慣習をかえって永久化し、その廃絶をいっそう困難にすると考えた。彼はさっそくインド担当相サミュエル・ホーアに書簡を送って、その撤回を要求したが、返事はなかった。

八月、マグドナルド首相の声明が発表されると、ガンディーは再び首相に手紙を送り、圧迫階級の分離選挙制が撤回されない場合、九月二十日正午を期して「死にいたるまで断食をつづける」ことを宣言したが、首相は撤回の意志のないことを通達してきた。ガンディーは獄中で断食を開始した。それはたんに英国政府に裁定の撤回を求める政治的断食にとどまらず、「ヒンドゥー教徒の良心を正しい宗教的な行動に向けさせることを意図した」宗教的悲願でもあった。インド中が驚きと不安の渦中に巻き込まれ、各党各派の指導者たちが動き出し、全国から政府に嘆願が殺到した。いたるところでヒンドゥー教徒が断食を行い、寺院や教会では集会がもたれた。多くの寺院が賤民のために門戸を開き、(注三七)村の井戸や公道の使用も許可された。因襲的なブラフマンが掃除夫や皮職人と食事を共にする姿もみられたという。

マーラヴィーヤの提唱で、ヒンドゥー教徒の指導者たちがプーナに集まり、賤民のために一四八の保留議席を確保することにして、分離選挙制だけは廃止するという妥協的な「プーナ協定」を取り決めた。九月二十六日、政府もこれを認めたため、その日の夕方、ガンディーは断食を解いた。

ガンディーは、それから不可触民を「ハリジャン(注三八)（神の子）」と呼び、その開放と農村再建運動に専心する決意をした。そのために、彼の主宰する「ヤング・インディア紙」を「ハリジャン紙」と改名した。また運動の中心団体として「ハリジャン奉仕団」を組織し、サーバルマティ道場をハリジャン運動のセンターに開放して、アーシュラムを奥地のワルダに移した。一九三三年八月に出獄すると、ただちに九カ月にわたる遊説の旅にでて、偏見の愚かさを説き、神の前では人間はすべて平等であることを教え、ひたすらハリジャンの解放に情熱をそそいだ。これに対して極右ヒンドゥー教徒集団サナタニストは、ガンディーを異教徒呼ばわりし、講演を妨害する者や爆弾を投げる者まであらわれた。

会議派急進派のS・C・ボースやネルーは、ガンディーが政治運動から身を退いて社会運動に熱心すぎるのを不満に思っていたが、ガンディーは「インドは都市にではなく、農村に生きている。農村から貧困を拭い去ることに成功したとき、わたしは自治を獲得したことになる。」と言明した。ガンディーにとって、政治的独立は、国民の精神的・経済的成長と並行して、車の両輪のように同時に推し進めるべきものであった。

■新インド統治法と選挙

第三回円卓会議（一九三二年十一月―十二月）は会議派ぬきで行われた。かたちのうえで円卓会議の審議を経てできたものが一九三五年の「新インド統治法」である。四七八カ条からなる「世界最長文の欺瞞的憲法」と表された。連邦制の導入と州政府での自治は認めたが、実際には様々な保留事項を設けて、自治は見せかけのものにすぎなかった。主な内容は、

（1）藩王国も含めた連邦制の採用（主要藩王の二分の一以上の賛成を得られず不成立）
（2）中央政府においては両頭政治の確立
（3）州では責任自治制の導入
（4）総督、州知事は権限を保持

基本的に州権のかなりの部分をインド人に渡しながら、主権の決定的な機能（防衛、外交、財政通貨政策な

らびに国家の負債管理）を中央で総督を中心に保持するというものだった。そのため、植民地インドから英国への富の流れは、第二次世界大戦の時期までほとんど変わることがなかった。

一九三七年に新インド統治法のもとでの州議会選挙が実施されると、国民会議派は一一州中の七州（マドラス州・ボンベイ州・中央州・ビハール州・連合州・オリッサ州・北西辺境州）で単独の州政府を実現させ、アッサム州・シンド州で会議派と他党との連立政権、パンジャーブ州・ベンガル州ではムスリム連盟系政権が誕生した。選挙戦の間は、連合州で会議派と連盟のあいだで暗黙のうちに選挙後の連立内閣が約束されていた。ところが、選挙の結果絶対多数を獲得した会議派は、連盟の申し出を一蹴して、入閣を条件に連盟議員の会議派加入を主張した。これにはジンナーばかりでなく、他の多くのムスリムの指導者たちも会議派に敵対した。こうして、会議派とムスリム連盟とは、遠く離れていった。ムスリム連盟は、ムスリムはヒンドゥー教徒たちから分離した国家を創り、二つのコミュニティーが同じ国家のなかに住むことは不可能であるという考えを公然と唱えた。

■初等義務教育

一九三七年の州議会選挙に圧勝した会議派にとって、教育では初等義務教育の実現が最大の政策課題であった。同年十月二十二日と二十三日、ワルダー市内の学園に、教育家・学者・州文部相など数十名の招待者・希望者からなる「国民教育会議」を招集し、実務的議論を行った。ガンディーは七〇万村中三〇万村に学校がない実情から、財政依存の観念を捨て子供たちの労働による自給自足的教育に徹することを主張した。

白熱の討議を経たのち、次の四項の決議を採択した。（1）七年の無償義務教育、（2）母国語による教育、（3）児童を取り巻く環境を考慮し選んだ手仕事をコアとする学習、（4）手仕事の実施で生じる利益による教師の給与の支弁、である。

この教育システムは教授言語を自国語とすることで、従来一一年要したマトリキュレーション（高校卒業）

レベルまでの教育を七年に短縮し、初等・中等教育合体の一貫教育での手仕事で利益を生じさせ、公的財政に依らず農村の教育の復活を実現した。また手仕事を通して各教科をこれに関連付けて教えるコア・カリキュラムとし、かつそれを師弟同行の活動とすることで全人格的作用を期するものであった。ガンディーはこれを「国民に対する究極・最上の贈物」かつ「一歩前進」と述べている。ガンディーは手仕事のなかでも特に古来の伝承であり、民族運動のシンボルでもあったチャルカー（糸紡ぎ車）、あるいは単純な道具で繊細な糸を紡ぐタクリー（心棒）による手紡ぎを推奨した。州当局が生産物の処理ならびに生徒の職の斡旋に責任をおうことと、教師の確保にあたり、青年に一年以上の奉仕義務を課すことを求めた。翌一九三八年、S・C・ボース議長のもとでの会議派ハリプラ大会はこの初等教育システムを会議派政権の政策とした（長崎暢子、二〇一九年）。

同年、この教育の推進機関である「全インド教育協会」がセーワーグラームに設立され、「全インドベーシック・エデュケーション会議」を創始し、毎年開催され各地の実施状況を検討した。第二次世界大戦の勃発、ガンディーおよび民族運動家やこの教育のワーカーたちの一斉逮捕などに阻まれたが、進展した。

一九四四年に釈放されたガンディーは、この教育の価値が認識されていることに満足し、翌年には、セーワーグラーム・アーシュラムで開催の前記第三回会議で、この教育を伝統的教育観である「母胎に宿ったときから死の間際まで」の、四段階（七歳以下、七歳〜十四歳、青年、成人）からなる生涯教育とすることを提案し承認された。この方針は直ちに行動に移されたが、ガンディーは、印パ分離独立を容認し社会主義や工業化の道をたどる会議派と決別した。

■第二次世界大戦

一九三九年九月三日、英国はドイツに宣戦布告して第二次世界大戦が始まった。九月一日ポーランド開戦の日にインド統治法は修正可決され、九月三日にインド総督リンリスゴー（在位一九三六年―一九四三年）は「インド人民はドイツと戦争状態にある」としてインド人の協力を求めた。これに対するインド側の反応は、

（戦争協力について）

会議派　英国政府が独立の要求を受け入れ、直ちに州国民政府を樹立するなら協力する。戦争目的を明示し、それがどうインドに適用されるか明言を求める。

ムスリム連盟　連盟をイスラム教徒の唯一の代表団体として認めること、連盟の同意なしにいかなる憲法改正も行わないこと、会議派と対等の処遇を条件とする。

自由連盟、全インド・キリスト教会議、土侯諸国など　無条件に戦争協力

英国政府は言葉巧みに戦争目的の明示をかわし、戦後の憲法修正やインド側各宗団、政党、ならびに土侯の代表との協議をほのめかすのみであった。会議派はインドを戦争に引き入れた英国への抗議として、自治州から会議派閣僚を辞職（総辞職）させた。つづいて、一九四〇年十月からは、ガンディーの指導により不服従運動（サティヤーグラハ）が開始されたが、「選ばれた個人による抵抗運動」として大衆化しないようにして、インド政庁との全面的対決を避けた。

これを最も喜んだのはムスリム連盟で、ジンナーは会議派のヒンドゥー支配から解放されたことを祝して、総辞職の日（十二月二十二日）をムスリムの「救いと感謝の日」として、これを機会に反会議派勢力の結集を呼びかけた。

パンジャーブ（連合党）とベンガル（農民大衆党）の州政権はムスリム主導の政党が政権を担当しており、戦争協力を表明し、兵士を供給し、軍需物資と資金を提供した。一九四一年十二月に日米が参戦して以降、中国を後方支援する抗日兵站基地として、インドの戦略的重要性は一層増加していった。インド政庁としてはその親英的姿勢の維持が求められ、次第に会議派離れが起こり、ムスリムへの譲歩と接近が進んでいった。

パキスタン構想

一九三〇年のムスリム連盟の議長演説で、汎イスラム主義の詩人ムハンマド・イクバールが、あいまいな表現ではあるが、イスラム教徒が過半数を占める北西の諸州が「単一国家」を形成する将来を示唆したことからパキスタン構想が生まれた。(注三九) これまでこのような構想はなく、分離選挙制を存続させ、それを確保する方向のみを要求していた。同時に強大な中央集権的政府ではなく、州に最大限の権限を与える連邦制を目標とした。パンジャーブ（イスラム教徒の比率が五六％）とベンガル（同五四％）の両州においては、イスラム教徒に割り当てられた議席数が人口比よりも少なかったために、人口比に応じて議席を配分せよとの要求が具体的にあげられた。同じ方向が一九二九年のムスリム連盟の会議で一四項目要求として採択され、イスラム教徒に大幅な官職を割り当てることと、中央・州政府の閣僚の三分の一をイスラム教徒に与えるよう声明した。その政治的な力はまだ弱かったが、イスラム教が多数を占める州を支配しようとする遠大な目標が設定された。

一九三七年の会議派の州政権参加から激化した会議派と連盟の対立によって、「別個のムスリム国家」の理想が、にわかに具体化し始め、ジンナーは二億五四〇〇万人のヒンドゥーに対して多数派になる見込みのない九二〇〇万人のムスリムを、会議派のヒンドゥー支配から擁護することの必要を叫んだ。ネルーやアーザードら会議派の指導者は、かつてのヒンドゥー&ムスリムの統一戦線を復活すべく、問題解決のための話し合いを求めたが、ジンナーは会談に応じなかった。このような指導者間の対立は、民衆のあいだにも敏感に反映して、コミュナル騒動が各地に発生した。一方、「分割統治」を植民地政策の支柱としてきた英国政府は、このような対立関係を見逃さず、会議派を牽制するため、連盟の「パキスタン構想」を支援する向きにまわった。

ムスリム連盟は、一九四〇年三月のラホール大会で「パキスタン決議」を採択し、「インドの西北および東部地帯のように、ムスリムが多数いる地域は、まとまって独立国家を構成すべきである」という分離独立の方向が正式に打ち出された。

インド経済

第一次、第二次世界大戦中、英国はインド人の企業家に生産の向上を求め、土着資本の増加を禁じた制限法を撤廃したので、インドの実業家は急速に成長した。一九二七年、彼らはインド商工会議連盟（ＦＩＣＣＩ：Federation of Indian Chambers of Commerce and Industry）を設立した。メンバーは地域、カースト、宗教の差別のない国家の各部門の代表で、インドの通商、産業の国民的保護者だと自認していた。経済自立のためには、適当な額の国家資本の投資が必要なことに同意していた。ネルーは社会主義（共産主義と資本主義の中間）への願望があった。

大西洋憲章

一九四一年八月九日から十二日、英国のチャーチル首相と米国のルーズベルト大統領が大西洋上（カナダのニューファンドランド島沖）で会談し、連合軍側の戦争目的を明らかにした「大西洋憲章」が発表された。

一　米国と英国は領土拡大を求めないこと
二　関係国の国民の意思に反して領土を変更しないこと
三　全ての人民が民族自決の権利を有すること
四　貿易障壁を引き下げること
五　すべての人により良い経済・社会状況を確保するために世界的に協力すること
六　恐怖と欠乏からの自由の必要性
七　海洋の自由の必要性
八　侵略国の軍縮と戦後の共同軍縮を行うこと

三項目目に民族自決が記されている。しかし、植民地を失うと没落することになる英国は、「大西洋憲章はドイツに主権を奪われた東欧白人国家についてのものだ。」と付言した。ガンディーは英国への協力を拒否した。

一九四一年十二月八日太平洋戦争が勃発し、翌年二月日本はシンガポールを陥落させ、ビルマに侵入して、三月八日ラングーンを占領した。連合軍の内部にも、インドに自由を与えないために、いつまでも戦争協力を得られないでいる英国帝国主義に対する批判の声が高まりはじめた。ルーズベルト大統領は、大西洋憲章は全世界に適用されるべきことを宣言した。

クリップス使節団

こうした戦局の緊迫と国際世論に突き上げられて、英国政府も、局面の打開をはかるために、一九四二年三月、労働党出身のスタフォード・クリップスを政府特使としてインドに派遣した。

クリップスは戦争後の自治領の地位と憲法制定会議の設立を約束したが、施政の実質的変化をすぐ導入することを拒んだので、会議派も彼の提案を拒絶した。ムスリム連盟はパキスタン独立についての明確な言質が得られなかったため反対した。ガンディーは「英国がインドにとどまっているからインドと日本は戦わざるをえなくなる」として英国にインドから出て行ってくれと強硬に要求した。彼の本心は、このすぐあとに委員会に提出された決議草案から見る限り、「独立を与えられたら、日本と講和する」というものであった（長崎暢子、一九九六年）。

クイット・インディア

会議派はガンディー指導による非暴力の民族運動を再開した。ガンディーは積極的行動を求める国民の声と、連合国がインドの独立に同情的であるとの国際情勢を見合わせながら、今後のインドのとるべき道を考えていた。ガンディーの新しい闘争方針は「クイット・インディア（インドをでていけ）」のスローガンで表現された。この決議案は、八月七、八日にボンベイで開催された全インド国民会議派委員会で公開討議に付され、八日夜遅くに原案が採択された。

けれども、八月九日早暁に、英国政府は先手をうって弾圧に乗り出した。ガンディー、ネルー、アーザードらをはじめ、会議派の主な指導者たちの一斉大量検挙が行われ、会議派自体も非合法団体であると宣告された。その結果、ボンベイで行われた婦人団体反戦デモを皮切りに、ガンディーをはじめ逮捕者の即時釈放を叫ぶ抗議運動が自然発生的に各地で突発した。指導者を失った大衆行動は、しばしば非暴力の限界を越え、電話線は切断され、鉄道のレールや枕木ははずされ、郵便局・警察署・鉄道駅には火が放たれた。政府はいっさいの会合や行進を禁じ、軍隊と警察を動員して、発砲や棍棒攻撃、催涙ガスなどの武力で応酬した。激しい弾圧のもとで運動はしだいに鎮静化していった。この八月蜂起で、発砲による死者は九四〇人、同じく負傷者は一六二〇人、逮捕者六万二二九人、放火または破壊された駅は三一八、電信電話切断一万二〇〇〇、放火または破壊された郵便局九四五、列車脱線件数五九であった。

S・C・ボース

S・C・ボースは、一九二九年以降、一九三七年十二月に次年度会議派議長に当選するまで、インド国内に自由の身でいたことは数カ月しかない。あまりにも急進的なやり方でガンディーと対立し、一九三九年一月、議長に再当選するも、不信任表明されて辞任した。一九四〇年七月、大衆デモの先導と治安妨害の容疑で逮捕され、戦争終結まで収監されることになった。獄中でハンガーストライキを行い、衰弱のため仮釈放されていた十二月にインドを脱出し、ソヴィエト連邦に亡命しようとした。ソヴィエト大使は入国を認めなかったので、英国の敵であるドイツに向かいベルリンに到着した。一九四一年十一月からラジオで盛んに祖国の独立を呼びかけた。ガンディーは「彼こそが我民族のネタジ（指導者）だった」と賛辞を送っている。

彼は、日本軍の東南アジア侵略がはじまると、日本軍部の援助に期待を寄せ、ドイツと日本の潜水艦と飛行機を乗り継いで来日した。一九四三年七月に日本軍部の援助をとりつけてシンガポールに赴き、在日亡命革命家ラース・ビハーリー・ボースから「インド独立連盟」総裁を引き継ぎ、またインド国民軍（ＩＮＡ：Indian

National Army、捕虜として日本の掌中にあったインド人兵士からなる軍）の最高指揮官となった。ついで十月、シンガポールに「自由インド仮政府」を樹立して、英・米に宣戦を布告した。日本軍とともにインドやビルマの英国軍と戦いインパール作戦にも協力したが、日本軍の敗北によって英印軍に降服した。その後、シンガポールにもどり、日本の敗戦三日後にモスクワへ亡命をはかったが、途中、台湾で飛行機事故死した。

ベンガル飢饉

一九四三年—一九四四年、ベンガルで飢饉が起きた。英国がインド支配を確立した当初に起こった一七六六年〜一七七〇年のベンガルおよびビハール地方の飢饉に匹敵するほどの大飢饉であった。つづいて疫病、とりわけコレラとマラリアが発生し、他の地方にも蔓延した。このため死者は約三四〇万人（カルカッタ大学人類学部推計）と言われている。この飢饉をもたらしたのは天変地異や自然の現象ではなく、予知することができ、回避することができたはずの人為による飢饉だった。毎日幾千人もの人々が街中で息絶えていったギリギリの最後の瞬間まで、飢饉の存在は否定され、新聞がこれに言及することは検閲官によって抑えられた。カルカッタの街路上に死体がゴロゴロしていた。一方、上層階級（英国人）の生活はいささかの変化も受けず、ダンス・饗宴・華やかな生活が繰り広げられていた。

この飢饉による死者の数が桁外れの大きさになった理由は、次のように言われている。

一　英国政府は、国境に近づきつつあった日本軍が食料などを調達できないよう、ほとんどすべてのボート・牛車を接収・破壊してしまった。

二　連合軍に対する食糧供給のため、ベンガル全土から食料を大規模に調達してしまい、食料が絶対的に不足していた。

三　英国軍が鉄道を軍事目的で徴用していたため、支援物資の運送に鉄道が使えなかった。

四　ビルマからの多数の避難民がベンガルに押し寄せ、さらに日本のビルマ占領でビルマ米の供給が停止していた。

五　農民が戦争目的に多数徴用され、農村に食料を生産する働き手があまりいなかった。

六　英国に対する帰国要求運動への報復として、救援活動が妨害された。

（堀口松城、二〇〇九年）

この飢饉は戦争状態と政府当局の注意不行届きと先見の明が全くなかったこととの直接の結果であった。この問題に関心を高めた識者たちは、皆なにかこのような危機が迫りつつあることはわかっていた。もし戦争初期の段階に食料事情に適切な処理がほどこされていたならば、避けることができたはずで、戦争の影響を受けたインド以外のどこの国でも、戦争の勃発する前から、この戦争経済の死活の重要さをもつ部門に十分の注意が払われていた。インド政府は飢饉がすでにその猛威を振るい始めた一九四三年の中頃にいたるまで、まったく食糧問題について方針をもっていなかった。これらの問題に対処できるインド人たちはみな投獄されており、どうにも手助けのしようがなかった（ネルー、一九五六年）。

一〇月一日に着任したウェーヴェル新総督（在位一九四三年―一九四七年）は、チャーチル英国首相に食料を送らなければ辞任すると言って緊急輸送を迫り、事態はようやく改善し始めた。

戦後処理

一九四五年八月十五日、第二次世界大戦は終わり、英国では労働党のアトリー政権（注四〇）（一九四五年―一九五一年）が誕生していた。インド政庁はまず、一九三七年以来行われていなかった選挙を一九四六年初頭に施行することを決定した。

このころ英国に降服して再度捕虜となったインド国民軍の将兵たちは、同年十一月から国事犯として裁判にかけられたが、それと同時に捕虜の無罪釈放をもとめる大衆運動がインド各地で始まった。会議派は選挙運動中、インド国民軍の無罪を訴えた。選挙と並行して、ネルーもほとんど三十年ぶりに弁護士として出廷した。

英国政府がインド国民軍を重反逆罪で裁判しようと決めた時、「彼らの動機は祖国愛からであり、インドを帝国主義のくびきから解放するという熱情であった」と弁護した。英国は脱走罪として判決したが、総督の特赦によって減刑された。

有罪判決に抗議する大衆運動は、カルカッタ、ボンベイ、デリーなど主要都市に伝搬し、官庁ストをはじめ各種工場労働者の同盟休業が相次いだ。戦争による物価の高騰・食糧不足・不作・飢饉・失業など民衆のつもりにつもった不満や鬱憤は、ストライキをしばしば半反乱・半暴動の状態にみちびいた。ついにはカルカッタでの空軍兵士のデモや、ボンベイ港でのインド海軍の反乱が勃発（一九四六年二月十八日）した。それは総計七八隻の軍艦、二〇の軍事施設、二万人の水兵が影響を受けるほどのインド海軍史上最大の反乱となった。

英国憲兵隊の出動、英人官邸や商社の放火、英軍の無差別発砲などによる犠牲者の続出を見た会議派やムスリム連盟の指導者たちは、二月二十三日、会議派、ムスリム連盟ともに「犠牲者を出させないよう最善の努力を払う」ことを約束し、海軍中央ストライキ委員会に降服を勧告した。三日間の反乱の犠牲者は死者一八七人、負傷者一〇〇〇人以上であった。

選挙結果は、会議派が十一州中八州で州政権を確立し、ベンガル州、シンド州ではムスリム連盟が、パンジャーブでは連合党と会議派の連立内閣が誕生した。一方、連盟が、中央立法議会の全ムスリム議席の三十を、また地方においても五〇七議席中四二七を獲得した。

三月、英国はペティク・ローレンス、サー・スタフォード・クリップス、A・V・アレキサンダーの三名の閣僚からなる使節団を派遣した。使節団は五月に会議派とムスリム連盟の代表を集めて、三者会談を開いたが、パキスタンの分割を主張する連盟と、統一国家を求める会議派の見解の相違が平行線のままで、会談は失敗に終わった。使節団は五月十六日、使節団自身の推薦案を発表した。その提案は、全インドは現在のインド、パキスタン、バングラデシュにほぼグループ分けされた一連邦国家を形成する。中央政府は防衛、コミュニケーション、外交政策などを扱い、他の問題は州政府の管轄下におく。憲法制定会議は詳細な憲法を起草するために組織される、などというものであった。会議派とムスリム連盟ともにいったんはこれを受諾した（七月六日、全インド委員会）。しかし、ネルーら会議派は、閣僚使節団案では、連邦政府の権限が弱すぎるのではないかと危惧した。ジンナーはムスリムの為の別の国家を要求したけれども、それはあくまでも取引のための最大限要求であって、会議派が受け入れるとは思っていなかった。彼は統一国家内で少数ムスリムの地位がヒンドゥーと平等であることを望んでいた。むしろ安定した強い中央政府を望んだネルーら会議派の方が、分離・独立を最終的に望んだ。（アーイシャ・ジャラール、一九九九年）

数日後（七月十日）、ネルー（国民会議派新党首）は、ボンベイにおける記者会見で、「国民会議派は使節団提案には制憲会議参加以外一切拘束されない」と言った。

まもなく中間政府の構成について混乱が起こった。ムスリム連盟は使節団提案の受け入れを撤回し、完全な主権を持つパキスタンの即時樹立以外に満足できないこと、および、パキスタン実現の直接行動を起こすことを決議した。パキスタンを獲得するための「直接行動の日」を八月十六日とし、全国的なハルタル（無期限ゼネスト）の日とすることを発表した。ベンガル州は八月十六日をムスリム、ヒンドゥー双方の公の休日とし「直接行動の日」と宣言した。

八月十六日の夜明けとともにカルカッタに集まった下層民の群れは、鉄棒、ナイフ、棍棒を手に持ち、どの店がハルタルを無視して扉を開けるか見守った。店を開ける者を見るや、直ちに店の者を襲い、店を壊して商品を掠奪した。ムスリムの襲撃に対しヒンドゥーやシクが反撃し、ムスリムの女性や子供も多数死んだ。警察も英軍もなかなか暴動鎮圧に乗り出さなかった。四日間、カルカッタは大量虐殺・放火・婦女暴行・掠奪・誘拐と惨事が繰り広げられ、死者四七〇〇人、負傷者一万五〇〇〇人、避難民十五万人を数えた。その後暫くの間、カルカッタの街はヒンドゥー地区とムスリム地区とに分けられ、両地区の境界を超える者はほとんどいなくなった。ベンガル分割は動かしがたいものになっていった（堀口松城、二〇〇九年）。

そして、「カルカッタの大虐殺」を合図に、一〇月末から十一月にかけて暴動はベンガル、ビハール、連合州、ボンベイと広がり、インド全土が未曽有のコミュナル騒動の渦中に引き込まれた。一九四六年十一月までに暴動による全国の死者は五〇〇〇人を上まわった。「カルカッタの報復がノーアカーリーで、ノーアカーリーがビハールで、ビハールがガルムクテーシュワルで、……」(陸軍関係者メモ)。パンジャーブ州では、一九四七年一月、散発的な暴力が発生し始めた。三月に入ると暴力は加速され、五月までに、暴力の震源は東の「ベンガル」から西の「パンジャーブ」へと決定的に転換した。インド全土で女性や子供を含めて少なくとも二五万人の生命が失われたといわれている(タリク・アリ、一九八七年)。

一方、九月二日には、ネルーを首班とする会議派中心の臨時政府が誕生し、ついで総督の努力によって十月にはムスリム連盟の参加も実現したが、コミュナル騒動の責任を非難し合って、閣議は機能しなかった。会議派もムスリム連盟も同じ政府を担おうという気はなかった。

十月、東ベンガルの僻地ノーアカーリー地方で、人口の八〇%を占めるムスリムが少数派のヒンドゥー教徒を襲撃し、虐殺や掠奪や婦女誘拐などをほしいままにしているというニュースが伝えられた。都市の政治的なコミュナル騒動が、平和な農村にまで移され、素朴な農民を狂気に駆り立てていることを知って、ガンディーはカルカッタからノーアカーリーへ向かった。ヒンドゥーとムスリムの真の融和を実現しない限り、彼が生涯をかけた愛と非暴力のメッセージも、インドの独立の夢も、すべてが不毛に終わると考えていた。七十七歳のガンディーはベンガリー語通訳など二、三の同行者を伴い、長い竹の杖をついて村から村を裸足で(贖罪の巡礼者は裸足でなければならない)訪ね歩いた。朝四時に起き、暗いうちに三、四マイルの道程を歩いて次の村まで行き、農民の家を一軒一軒訪ねては、ヒンドゥー教徒には勇気をもつよう励まし、回教徒には愛をもつよう手をあわさんばかりに懇願した。やがて村人たちもしだいに平静を取り戻し、忠告や慰めをもとめて彼の周りに集まってくる人々の数がふえた。一九四六年十一月七日から翌年三月二日までに、四十九カ村を訪ね歩いた(森本達雄、一九八〇年)。

ラーマチャンドラ・グハは次のように記している。

ガンディーはベンガルの農村から惨事の報せが届くとすべてをおいて現場に駆け付けた。ベンガルでは暴動でどちらかと言えば被害者側にまわったヒンドゥー教徒を慰めた。七週間の旅で、彼はほとんど裸足で一一六マイルを踏破し、一〇〇カ所以上の村で集会を開いた。その後、ビハールを訪れた。ここではムスリムが主たる受難者であった。さらにデリーにまわった。ここでは虐殺によりすべてを喪失したヒンドゥーやシク教徒が、パンジャーブから難民として流入しはじめていた。かれらは報復の激情にかられており、ガンディーはそれを抑えることに腐心した（ラーマチャンドラ・グハ、二〇一二年）。

一九四七年二月二十日、アトリー首相は、「英国政府は一九四八年六月までにインドを撤退して政権をインド側に譲渡するつもりである。この間に必要な措置をとるように」との歴史的な宣言を行った。同時にマウントバッテン（Louis Francis Albert Victor Nicholas Mountbatten）卿（在任一九四七年—一九四八年）を「最後の総督」としてインドに送り、その処理にあたらせた。

これまで権力移譲を約束しながら、それがいつなのか明らかにしなかった英国が、今回その日程を公表したのは、権力移譲の意志の確かさを示し、事態の収拾をはかろうとした決意の表明であった。だが、英国が権力移譲を急いだ理由はそれだけではなかった。英国は戦勝国であるにもかかわらず、戦争のあいだにインドに対して莫大な負債をかかえていた。十九世紀後半に英領インドが成立して以来、対英負債をかかえてきたのは常にインドで、その負債を帳消しにされることを恐れて、英国はインドを手放さなかった。しかし、第二次世界大戦は長い間の債務関係を一挙に逆転させ、英国が一九四五年時点で一三億ポンドという膨大な負債をインドに対して持つ債務国となった。また英国は米国に対しても戦中に大きな負債を背負っており、戦後になっても英国の経済状態は悪化した。一九四七年には燃料危機に始まり、輸出も落ち込んで、前半だけで米国の戦後借款の半分を使ってしまうという最悪の事態となった。英国はできるだけ早く権力を譲渡し、後継国家に秩序の維持する以外に方法がなかったのである（長崎暢子、二〇一九年）。

三月来印した新総督は、早速、会議派や連盟やシク教徒などの指導者たちと会って談合した。問題の複雑さと情勢の険悪に驚き、分離は避けがたいと判断した。会議派も連盟の強硬な分離要求の前に、ついに統一国家への希望をあきらめていた。マウントバッテン卿は六月二日、国民会議派、ムスリム連盟、シクの七名の指導者と相次いで会談した後、具体的提案を行った。

（1）ムスリムが多数を占める別個の独立国家を作る。ただしその前に、ベンガルとパンジャーブのヒンドゥーが多数を占める地域は、それぞれ州の分割を選ぶ自由がある。

（2）北西辺境州がパキスタンの一部になるか否かは、住民投票で決める。

（3）アッサムのベンガル語を話すシレット地区は、パキスタンの一部になるかどうか住民投票で決める。

（4）ベンガルとパンジャーブについて、インド、パキスタンに属すべき地域画定のため境界線委員会を任命する。

（5）藩王国は当面変化の予定はないが、彼らには二つの国のいずれかに加わることを勧める。

総ての政党が、総督提案を公式・非公式に受け入れることを伝えた。マウントバッテン卿は六月二日の会談後に、ガンディーと会って了承を取り付けた後、六月三日インド国営放送で全国に総督提案を伝えた。翌日、マウントバッテン卿は、主権譲渡の日を一年早めて、一九四七年八月十五日と発表した。

その後、北西辺境州とシレットの住民投票が行われ、パキスタンに参加することが決まった。パンジャーブでは状況が悪化し殺戮が続いていた。ヒンドゥーが多数を占める各地域の議員たちは州の分割を支持しインド残留を選んだ。ベンガルでも東はパキスタン参加を選び、西はインド参加を選んだ。

『インドおよび東西パキスタンの国境線画定「ラドクリフ報告書」』

英国の法学者サー・シリル・ラドクリフを議長にベンガル、パンジャーブの二つの境界線委員会が設置され、ベンガル関係では二名のムスリム判事と二名のヒンドゥー判事が任命された。ラドクリフは一九四七年七月八日にニューデリーに到着し、数日後にラホールとカルカッタを少し見てから二つの境界線委員会の委員と会った。そこで彼は、ムスリム委員とヒンドゥー委員がいかなる点についても意見が一致しないことを知った。彼は、二つの委員会のいずれとも一緒に作業せず、毎日彼のところに届けられる議事録や膨大な資料を読んだ。彼は総ての争点に関する報告書を起案する責任を引き受け、ベンガル、パンジャーブに関する報告書を五週間足らずで完成し、報酬も受けることなく八月十五日帰国した。

マウントバッテン卿は、同報告書を独立の日まで公表しなかった。独立の日、ヒンドゥーが多数を占める地域ではインド国旗が掲げられ、ムスリムが多数を占める地域ではパキスタン国旗が掲げられた。クルナとチッタゴン丘陵地帯では、二日前にはインド国旗が掲げられたが、八月十七日に発表された「ラドクリフ報告書」では、（東）パキスタンに属するとされた。チッタゴン丘陵地帯では住民のほとんどが仏教徒であったので、現地の住民も隣接するアッサム州やミゾラム州などのインド人も、報告書の裁定を悲しんだ。「同丘陵地帯はアッサム州のルシャイ・ヒルズ地区と長い境界線で接している」ということをラドクリフが十分認識していなかったためだろうと言われている。いずれにせよ、すべての当事者が、事前にラドクリフから提出されるべき報告書を受け入れると約束していたため、報告書の内容がいかに奇妙であれ、非論理的であれ、誰もが黙って受け入れるしかなかった。境界線委員会の委員のだれかがラドクリフにもう少し同丘陵地帯の状況を説明していれば、あるいは違った結果になっていたのにと悔やまれた。インド分割が実現する過程で、すでにカルカッタ大虐殺など数十万人と言われる血が流されていたので、これ以上の流血をさけるためには、ラドクリフに一任するしかなかった。マウントバッテン卿は、混乱による危険は一日でも早ければ早いだけ少なくなるとして作業を急がせた。ラドクリフは八月九日には裁定を用意していた。しかし、マウントバッテン卿は「発表が早ければ早いほど、その結果として生ぜざるを得ない暴動の責任を、その分だけ英国が負わねばならなくなる」といって公表を十五日以降にした（堀口松城、二〇〇九年）。

一九四七年六月三日マウントバッテン卿は、インド国営放送を通じて、インド・パキスタン分離プランを発表した。翌日、英国は同年八月中頃に撤退するつもりであることを示唆した。

ジンナーは、パキスタンとヒンドゥスタンを対等な関係に置くことを望んでおり、二つの自治領がそれぞれに総督をもち、マウントバッテンには両者の上に立って監督する地位についてもらいたいと主張していたが、それはかなわなかった。ジンナーには、パキスタン政府にとって地域の分離主義をおさえ、同時に中央集権的な政府機構を実現するために効果的な行政制度をつくりあげることは非常に難しいと分かっていた。もし、ヒンドゥスタンと共通の総督を持つことになれば、パキスタン憲法制定議会が分裂したような場合、会議派は総督を利用してパキスタン政府の頭越しにムスリム地域との個別の合意を取り付けようとするだろう。しかし、ジンナー自身が総督になれば、ムスリム地域に対して幅広い権限を掌握することになる。さらに、軍隊分割を確実に行うためにもいい位置に立つことができる。ジンナーはマウントバッテンに、自身がパキスタンの総督になると告げた。また、マウントバッテンに、会議派陣営に残って「影響力を及ぼしていて」ほしいと頼んだ（アーイシャ・ジャラール、一九九九年）。

マウントバッテン卿がインド自治領の総督に、ジンナーがパキスタンの総督（在位一九四七年―一九四八年）に任命された。ネルーがインド自治領の首相（在位一九四七年―一九六四年）に、リアカット・アリーハーン（在位一九四七年―一九五一年）がパキスタンの首相に任命された。

分離独立は益々民衆を宗教的熱狂へとかりたてた。復讐は復讐をよび、ついに住民は死か逃亡かを選ばねばならなかった。ヒンドゥー、ムスリム、シクたちが、わずか三カ月の間に自分と同じ宗派集団に加わることで安全を得ようと望み国と国のあいだを移動した。こうして世界史上まれに見る宗教による住民の大移動が始まった。一九五一年までに東パンジャーブ(インド領)からはムスリムの難民六五〇万人が西パンジャーブ(パキスタン領) に向かい、西ベンガル (インド領) から東ベンガル (パキスタン領) へはムスリム七〇万人が流入した。西パキスタンからヒンドゥー・シクの難民四九〇万人が東に流れ、東ベンガルから西ベンガル(インド)へは主としてヒンドゥー二六〇万人が流入した。汽車・バス・トラック・馬車・牛車、あらゆる交通手段が動員されたが、大多数は数百マイルの道程を恐怖におののき飢餓にあえぎながらとぼとぼと歩いて行った。道中双方で、掠奪・婦女暴行・強制改宗とあらゆる残虐行為が連鎖的にくりかえされた。落伍した老人や病人は路上に見捨てられ禿鷹の餌食となった。さらに、移住民の間にコレラや天然痘が発生した。この移動で一〇〇万人以上が死んだと言われている。

マウントバッテンの伝記作者フィリップ・ジーグラー(一九二九年生まれ)が執筆したころ(一九八五年)には、インド・パキスタン分離時の暴力による犠牲者は一〇〇万人と推定されていたが、その後の学者の推定する数字は約二〇〇万人である。アンドリュー・ロバーツ (一九六三年生まれ、歴史家、ジャーナリスト) は、マウントバッテンが宗派的暴力を効果的に鎮圧しなかったこと、特にパンジャーブ国境部隊に十分な兵力を割かず、空中からの援護も与えなかったことなど、その軟弱さと不決断を批判している。また、「拙速な撤退」こそが「多くの死」をもたらしたと断言した。軍隊は英国人はじめヨーロッパ人の居住地の近辺に配備された(ラーマチャンドラ・グハ、二〇一二年)。

一九四七年八月十五日午前零時にインドとパキスタンは独立した。もう“God Save the King”を演奏しなくていい。国会議事堂ではネルーの歴史的な演説「運命との約束」に続いて、奉仕の誓いが終わった。しかし、ガンディーは、カルカッタのスラム街にあって、ヒンドゥー・ムスリムの融和のために日夜奮闘していた。ガンディーは最後まで分離独立に反対だった。

民族奉仕団（ＲＳＳ）は難民などへの救済とムスリムへの対抗活動でいちやく名をあげた。その活動を支えたのは、本来インドは一つであるべきとする「統一インド」思想と、それを裏切ったムスリムへの怒りである。ムスリムへの不信感が強まると、ムスリムとの共存をといたガンディーこそこの事態を生んだ元凶であると、ガンディーへの批判が高まった。ＲＳＳにかつて所属していたナトゥラーム・Ｖ・ゴードセーが一九四八年一月三十日にガンディーを暗殺した。ムスリムへの融和を説く存在を許せなかった。ガンディーの暗殺から二週間後、政府は民族奉仕団を非合法化し、活動家は逮捕された。

しかし、一年後インド政府は組織を再度合法化する決定を行った。団の最高指導者Ｍ・Ｓ・ゴールワルカルは、インド憲法と国旗に対する忠誠を明らかにし、その活動を「暴力や秘密を排した文化的分野に」限定するよう、団員に求めることを約束した。ゴールワルカルは内相のパテルに「苦境にある人々に援助を行うことを通じて、我々は国の平和推進に力を入れる」と誓った（ラーマチャンドラ・グハ、二〇一二年）。

■ビルマ

第一次英緬戦争（一八二四年―一八二六年）、第二次英緬戦争（一八五二年）、第三次英緬戦争（一八八六年）を経てビルマ王朝は滅亡し、英領インドに組み込まれた（中田琴子、二〇二〇年）。一八八六年一月一日から一八九七年四月三十日まで準州扱いで、五月一日から正規の州となった。アウンサン将軍らの運動が実って、一九四八年一月四日自主独立した。英連邦を離脱し、主権独立国となった。

■ゾロアスター教徒の財閥

二十世紀に入るとワーディー家は造船業から多角経営に乗り出し、道路舗装工事、ダム建設、橋梁建設、ガス配管などに進出した。現在の当主はロウジーから数えて七代目にあたり建設財閥・土地財閥に近く、プーナのワーディー工業大学やヒマラヤ地理学研究所、ワーディアー経営研究所などに出資している。

ターター財団の創始者、ジャムセートジー・N・ターター（Jamsetji Nusserwanji Tata, 一八三九年―一九〇四年）はグジャラートのパールシー（インドに住むゾロアスター教徒）僧侶の家の生まれである。十四歳でボンベイに出てきて、十七歳でエルフィンストン・カレッジを卒業、東アジアやヨーロッパで修業を積んだ後、二十九歳にして、資本金二万一〇〇〇ルピーで会社を興した。間もなく、ネイピア将軍のアビシニア（エチオピアの旧名）派遣軍の補給の御用商人としての契約を獲得した。彼はガンディーのアフリカでの活動に寄付金を提供した。

マンチェスターに倣い、綿工場をボンベイで操業した。さらに、原料生産地に近いナーグプルに移ることを決め、一八七七年（ヴィクトリア女王がインドの皇帝に就任）、「エムプレス・ミル」と銘打って、紡績工場を造った。その後多角的な事業を企画・立案した、一八六八年にターター電力を創設して水力発電事業を起業、一八九三年に訪中して対中貿易に携わり、同年訪日してボンベイ航路を開設、一九〇三年にタージ・マハル・ホテルを開業してホテル業にも参入、インド東部の鉱山街を丸ごと買い取って鉄鋼業にも乗り出し、英領インドのほとんどの経済活動に進出しておおむね成功を収めた。ターター家はインドの基幹産業を支配する財閥としての基礎を築いた。ジャムセートジーは、ゾロアスター教の近親婚の規定に従って、曽祖父の代に分かれた同族のターター家出身のヒーラーバイ・ターターと結婚した。彼女の兄ダーダーバイ・ターターはターター財閥創業当初からの古参幹部で、中国貿易部門を担当していた。ジャムセートジーは二人の息子をもうけ、どちらにも神官教育を施して、神官の資格を取得させた。

ジャムセートジーの死後、長男のドーラーブジーがターター財閥を継いだ。父のやり残したターター電力とターター・スチールの創設に邁進し、鉄鋼工場を三つに、電力会社を三つそれぞれ拡大した。さらに保険会社、インド科学研究所、セメント会社、印刷会社を創設した。一九三二年にドイツ・ヴァイマール共和国のバート・キッシンゲンで死去した際、彼には子供も甥もいなかったため、初代の妹の息子ナオロージー・サクラトワーラーが臨時に第三代を引き受けた。

ジャムセートジー系統のタータ一家に直系男子が絶えたのでダーダーバイの長男ラータンのフランス人妻（最初のゾロアスター教徒妻を亡くし再婚）との間の息子ジェハーンギール（一九〇四年―一九九三年）が、三十四歳で第四代に就任した。ジェハーンギールは予想以上の経営手腕を発揮し、英領インドの分離独立前後の政治的危機の時代を、ネルーと良好な関係を築きつつインド国民会議派を財政支援して無事に乗り切った。新たに航空産業、重化学工業、銀行業、絵画取引まで手を広げ、一九三九年のタータ一財団の保有資産（この時点でもインド最大）を一九九〇年には約一六〇倍に拡大した。ジェハーンギールは、一九三〇年にゾロアスター教徒の娘テルマと結婚したが、子供には恵まれなかった。

ダーダーバイ・タータ一のもう一人の妹の孫のナーヴァル（ジェハーンギールの再従弟）は、第二代のドーラーブージーの弟ラータンの死後養子（ゾロアスター教神官団の規定による）となって以降、タータ一を名のっていた。ナーヴァル・タータ一は、一九四一年にタータ一財団の取締役に抜擢されてからは、常にジェハーンギールの側近として活動してきた。ジェハーンギールはナーヴァルの長男のラータンがコーネル大学を卒業するとタータ一・スチールのポストにつけた。一九九一年五十四歳でジェハーンギールの後継者となった。自動車産業とＩＴ産業に経営戦略の重点を置いた。

他にも、家電製品のゴードレージュ財閥、運送業のジーナ財閥、外食産業のドーラーブジー財閥などが知られている。また経済的成功を足掛かりにして、インド・ゾロアスター教徒は各界で活躍している。インド独立運動に携わったフェーローズ・ガンディー（一九一二年―一九六〇年）は、インドの初代首相ジャワハルラール・ネルーの一人娘インディラ（後のインド首相）と結婚した。

二十一世紀初頭現在でゾロアスター教徒の総数は世界で約一三万人と推定されている。

インド西海岸（ナヴサーリー、ボンベイなど）　七万五〇〇〇人
パキスタン　二五〇〇人～六〇〇〇人
イラン・イスラム共和国　三万～六万人

英国　五〇〇〇人
アメリカ合衆国とカナダ　一万人
オーストラリア　二五〇〇人
シンガポール、香港、日本、ドイツ　若干名

パキスタンのゾロアスター教徒は英領インド時代にカラチで活躍していたインド・ゾロアスター教徒が、インド・パキスタンの分離独立により取り残された人々である。基本的にはナヴサーリー自身の神官家系で、インド・ゾロアスター教徒とほぼ同様の役割を果たしている。ナヴァリー財団（一九四四年創設）が有名である。ホテル業が中核で、パキスタン国内のほか、ドバイ（アラブ首長国連邦）やトロント（カナダ）にもチェーン店を進出させている。パキスタン建国の父ムハンマド・アリー・ジンナーの妻がゾロアスター教徒であった（青木健、二〇一九年）。

『日本の綿業とターター商会』

一八八九年、三重紡、大阪紡の両者は初めてターター商会を通じてインド綿を直輸入し、これによって日本の綿業資本は急成長を遂げた。一八九一年、来日したR・D・ターター（ターターの甥）は、日本綿業が安く綿花を輸入するためには運賃を下げる必要があると、力説した。当時ボンベイからの直航便はなく、香港、上海を回遊する航路は英国のP＆O汽船（Peninsular and Oriental Steam Navigation Company）などによって独占されていた。ボンベイ―ロンドン間の運賃は値下げされたが、ボンベイ―日本間は高値のままで、輸送量も一カ月一万俵が限度であった。一八九三年、J・N・ターターは、ボンベイでの綿花積み出しの保証と英国の雇船二隻を手配した。有力紡績会社は、一定の積荷を確約し、渋沢栄一、日本郵船社長吉川泰二郎の決断により、三者は二割値下げした運賃で、P＆Oの高額独占運賃打破

に挑んだ。P&O汽船は一〇分の一の価格値下げなど激しいダンピング攻勢をかけ、あるいは英国政府を通じて日本政府に圧力をかけるなどしたが、三者は結束して敗北しなかった。結局植民地の壁は厚く、ターターは共同事業を解消せざるを得なかったが、P&O汽船も和議をよぎなくされ、一八九六年、郵船とP&O汽船ら三者との間に運賃協定が結ばれ、日本側に有利な形で終わった。

② ネパール

ラナ専制政治体制

・ジャンガ

首相兼全軍最高司令官ジャンガは、一八四九年に勅令により、チットールのラーナー家に由来すると伝承される由緒あるラナ姓を賜り、王家の姻戚となる資格と刑罰を受けぬ特権を与えられた。英国との友好を望むジャンガは一八五〇年、英国を訪問して女王に会見した。ジャンガは、英国の社会・政治・文化などを実際に見て、立法・司法・行政などの民政の改革に意欲を抱き実践に移した。のちに国法と呼ばれるネパール最初の記述形式による法規を制定した（一八五四年発布）。国法には、土地の測量、売買などに関する法規もあり、農夫自らが耕作する土地の権利も与えられた。迷信や悪習を払拭する努力もされ、十六歳以下の女性の殉死の禁止など、殉死の慣習の中止にも努力した。一八六四年には人口調査が行われ、翌年にはネパール・チベット間の山道の検地が行われ、両国間の国境地図を作成させた。ジャンガは数多くの社会的・政治的改革をもたらし、ネパール王国を英国の植民地政策から救い、英国を始めとするヨーロッパ諸国にもネパール王国の存在を広く知らしめた。

一八五四年にチベットでネパール商人への暴行、殺害事件が起こりその賠償問題がもつれた。ネパールはチベットに宣戦布告し、ケルン、ゾンガ、クティなどチベット南部の主要地域を占拠した（第二次ネパール・チベット戦争）。清国が仲介役となって何度か和平会議は持たれたが、軍隊を整備したチベットは反撃してきた。両軍とも損害をだしたが、特に大損失を蒙ったチベットは内紛が生じ、戦意を失ってネパールに講和を申し入れた。一八五六年、チベット政府はネパール政府に毎年一万ルピーを支払うこと、チベット政府はネパール商人に対してあらゆる種類の関税を免除すること、ネパールはチベットに商館を開設できることなど、ネパールに有利な講和条約が結ばれた。

ジャンガは長子ジャガネット・ジャンガ（八歳）、次子ジート・ジャンガに、国王の娘（六歳以下）を妻として迎え、自分の娘を皇太子トライローキャに嫁がせて皇太子の義父となった。さらにスレンドラ・ビクラム王から勅令を得て「カスキとラムジュンの大王」の称号と、国家の立法・司法・行政・外交・軍事の全権を与えられた。この地位に就くのはラナ一族に限られ、ジャンガのあと彼の弟たち、父系の甥たちなどと継承順位も勅令によって定められた。ジャンガは異例の称号「首相・大王」を名乗ると同時に国家の全権を掌握し、ラナ専制政治体制を確立した。

英国との友好を重んじるジャンガは、「インド大反乱（一八五七年）」が起きると援軍を送り、反乱軍の主要中心地ラクナウを制圧した。彼はヴィクトリア女王から最高階級のバス勲位（Knight Grand Cross of the Order of the Bath）を受けるとともに、かつてラクナウ太守の支配地だったカリ川とラプティ川間のタライ地方の南側（現在の国境線の地域まで）の譲渡を受けた（佐伯和彦、二〇〇三年）。

・ラノッディープ・シンハ／ビール・シャムシェル

ジャンガの死（コレラ説、七弟ディールによる暗殺説）後、五弟ラノッディープ・シンハ（在位一八七七年―一八八五年）が首相・大王となったが、強力で有能な七弟ディール・シャムシェルが実権を握っていた。ディールが急死したため、ラノッディープはジャンガの長子ジャガネット・ジャンガに首相・大王の座を譲ろうと考えた。ディールの一七人の息子たちは、父ディールの「いかなる手段を講じても王権を握れ」という遺言を守って、首相・大王とジャガネットを殺害し、プリトビ・ビール・ビクラム国王（在位一八八一年―一九一一年）

にシャムシェル兄弟の長兄ビールを首相・大王に任じる勅令を出させた。ビール・シャムシェル首相・大王（在位一八八五年―一九〇一年）は従来の継承順位を破棄して、シャムシェル兄弟とその嫡子で独占する継承順位を宣言した。ビールは国家収入を私物化し、自身や息子たちのために豪華な宮殿をいくつも造った。

・デーブ・シャムシェル

一九〇一年三月にビールが死去した後、デーブ・シャムシェルが首相・大王（在位一九〇一年三月―一九〇一年六月）を継承した。デーブは学識豊かな理想主義者で、民主主義志向が強く、日本の急速な近代化に注目して国王統治下の議会政治の実現を目指した。週刊紙「ゴルカパトラ」を発刊し、新聞雑誌によるマスメディアの基礎を築いた。次の継承順位にあったチャンドラ・シャムシェルは、同年六月、他の弟たちと共謀してデーブを追放し、首相・大王の座に就いた。デーブはダンクタに追放され、その後インドに移り住み、一九一四年に客死した。

・チャンドラ・シャムシェル

チャンドラ・シャムシェル（在位一九〇一年―一九二九年）は、歴代のラナ統治者のなかでも特に強力で、外交・政治戦略に長けていた。九歳から英語教育を受け、カルカッタ大学で学んだ後、オックスフォード大学から法学博士号を受けた。一九〇三年にデリーで催されたエドワード七世即位記念式典にネパール国王が招待され、チャンドラ・シャムシェルが国を代表して首相として出席した。

一九〇三年にロシアがインド攻撃を準備し、チベットと英国で戦争の可能性がでてきた。チャンドラは、チベットと英国に仲介して、一九〇四年、両国は協定を締結した。英国がチベットとの交易を求めてヤングハズバンド大佐率いる遠征隊を派遣した際に協力し、エドワード七世から最高階級のバス勲位を受けた（一九〇八年）。ヨーロッパで第一次世界大戦が始まると（一九一四年）、チャンドラ首相・大王は英国に援軍を申し出て、ネパール軍はプラハ、ポーランド、メソポタミアなどを転戦し、勇猛ぶりを発揮して世界にネパール軍の武名をとどろかせた。一九二三年に英国と友好条約を締結し、公式にネパールを対等な独立国として認知させた。

社会的改善策として一九二〇年に殉死の慣習を完全に廃止し、奴隷の解放を実現した。またカレッジをはじめて開校した。チャンドラ首相・大王は近代化政策によって国家収入を二五〇〇万ルピーに増やしたが、国庫から約四億ルピーを引きだし、外国銀行に預けて私物化した。

ラナ一族による搾取的な専制政治はチャンドラの治世に頂点に達した。インドで激化していた反英的な民族運動の影響を受け、国家意識に目覚めてラナ専制政治を批判するインド在住のネパール人が声を上げた。反ラナ結社「ゴルカ・リーグ」が設立され、ヴァーラーナシーでラナの搾取政策を批判する週刊紙「ゴルカリー」が刊行されたが、チャンドラに弾圧され沈黙させられた。

・ビーム・シャムシェル

チャンドラの死後、ビームが六十四歳で首相・大王（在位一九二九年―一九三二年）を継承した。一九三一年にラナ政権打倒を掲げた政治結社「激しきゴルカ」が結成されたが首謀者たちは逮捕・投獄された。ビームも搾取によって私服を肥やし、約六〇〇〇万ルピー相当の宝石を外国銀行に預け、銀の相場を操作して多量の銀を蓄えた。二年九カ月統治した後、一九三二年に急死した。毒殺の疑いもある。

・ジュッダ・シャムシェル

継承順位に従ってジュッダが五十八歳で首相・大王（在位一九三二年―一九四五年）となった。一九三四年一月五日、ネパール、北インドに大地震が起きた。大地震を機にカトマンズ盆地の近代的整備を進め、近代的な官公庁の建設、幅の広い道路と近代的な住居を建設した。個人的な寄附でもパタンのデグタレ寺院、マハーバウッダ寺院、カトマンズのダラハラー、時計台などの著名な建造物の再建を行った。大地震後、市場が闇相場化したので、賃金や物価を安定させるために規制を設けた。また建材、薬品、穀物、衣類などの必需物資を外国から取り寄せて一般市民に安価で提供した。

ジュッダは産業の近代化に努めた。一九三五年に産業評議会を設立し、ネパール会社法を制定、産業への投資を奨励したので、ピラートナガルなどタライ地方に紡績工場、ジュート工場、水力電気供給会社などが設立された。経済の近代化にも貢献し、一九四五年から紙幣を発行した。貨幣制度の近代化によって国家経済組織の活性化がもたらされたが、紙幣制度によって生じた銀の利潤を個人財産として搾取した。

一九三六年に、国王のもとに民主政府の樹立を目指す「ネパール人民評議会」が結成されたが、厳しい弾圧を受けて四人の幹部が死刑に処せられた。四人の死刑執行は民衆の反感をかい、革命の殉国者として反ラナ運動激化の発火点となった。こうした激しい弾圧はジュッダの背後で実権を握っていたチャンドラの息子モハンが強要していた。自分も抹殺されると恐怖心を抱いたジュッダは、次の継承順位者であるパドマ・シャムシェルに首相・大王の座を譲った。

・パドマ・シャムシェル

パドマ首相・大王（在位一九四五年─一九四八年）は、ディールの六子ビームの唯一人の嫡子で、実質的にはチャンドラの子モハンたちの支配下にあった。

英国では総選挙の結果労働党政権となり、従来の帝国主義的政策から転換した。一九四六年にはインドでネルー首相の中間政府が誕生し、インドにおけるネパール人の民衆運動家たちが安全に活動できるようになった。ヴァーラーナシーでビシュエシュワル・プラサード・コイララ（B・P・コイララ）を中心に「全インド・ネパール国民会議派」が結成され、翌年一月には、インド各地在住のネパール人有志、ネパール国内の同志たちがカルカッタ（現コルカタ）で集会を開き、インド独立への支援、ネパール国王を立憲君主とする人民政府の樹立を目的として「ネパール国民会議派」を結成した。三月、ピラートナガルの紡績工場、ジュート工場の労働者たちが労働条件、居住環境の改善を求めてストライキを始めた。B・P・コイララら国民会議派幹部たちが集結したが、政府は軍を派遣して彼らを逮捕した。B・P・コイララの異母兄マートリカ・プラサード・コイララ（M・P・コイララ）が指導者となってストを強行し、国内の民衆運動の拡大をはかった。この拡大運動の波は一気に広がり、タライ地方のほぼ全域、東部の中間山地におよび、カトマンズまで押し寄せた。追い詰められたパドマ首相・大王が憲法を起草する約束をしたのを受けて拡大運動は中止され、B・P・コイララも釈放された。パドマは直ちに改革委員会を組織し、ネルー首相に要請して法律顧問団を招いたが、モハンらの反対を受けたため、法律顧問団は憲法の原案をネパール政府に託して帰国した。パドマは原案中の国民の権限に制限を加えた上で、「二〇〇四年（西暦一九四八年）ネパール政府憲法」を作成したが、モハンらの圧力によって発布にいたらなかった。パドマは生命の危険すら感じるようになり、ビハール州南部のランチーで高血圧治療をするという口実でカトマンズを離れた。生涯毎月一〇万ルピーを受け取る条件で首相・大王の座をモハンに譲った。

3 シッキム

一八六〇年、ダージリン居住民がシッキム人に拉致される事件が起きると、この事件が発端となって英国軍は本格的に出兵し、ツグフド王を退位に追い込んだ。その子シドゥケオン（在位一八六一年―一八七四年）を即位させると、新国王と英国の間で一八六一年条約が結ばれた。この条約で国権が英国に移譲され、ティタリヤ条約で事実上保護国となっていたシッキムはさらに英国への従属化を深めた。一八五〇年に打ち切られていた年六〇〇〇ルピーの支払いは一八六二年に再開された。王は英国と友好関係を維持増進することに努めた。

一八八七年、チベットが英国とシッキム間で結ばれた条約（一八六一年）を無視してシッキムに出兵したため、英国はチベット軍を襲撃し、チュンビ峡谷を占拠した。清国が乗り出してきて英国と会談を重ね、一八九〇年にシッキム及びチベットに関する英国・清国協定が締結された。この協定により、国境が定められ、英国が内政・外交を含めてシッキムを保護国とすることが確認された。英国はクロード・ホワイト行政官をシッキム担当として派遣した。トゥトブ王（在位一八七四年―一九一四年）の権限を剥奪して全権を掌握し、王と王妃をカリンポンに移した。英国はシッキムの経済基盤である農業開発のためネパール人を未開地に移住させて開拓させたので、ネパール人移民は急増して全人口の圧倒的多数を占めるに至った。トゥトブ王はチベットに亡命を図ったが、逮捕・監禁された。首都はホワイト英国政府代表が居住するガントクに遷された。

チベットは英国・清国協定の当事者でありながら無視されたため、北シッキム領のギャオガンに軍事基地を建設した。英国は一九〇二年に出兵して撃退すると、翌年チベット遠征を行いラサに侵入した。ネパールのチャンドラ・シャムシェル首相・大王の仲介で協定を結び、英国はシッキム経由の交易中心地を二カ所開いてチベットとの直接貿易を行った。

一九一四年にトゥトブ王はガントクで死去し、第一王妃の子シドゥケオン・トゥルク（在位一九一四年）が王位を継いだ。オックスフォード大学に留学して近代教育を受けた王は封建制度の廃止を決意していたが、その年の十二月に不審死を遂げ、トゥトブ王の第二王妃の子タシ・ナムゲル（在位一九一四年―一九六三年）が王位を継ぎ、一九一四年から一九一八年までホワイトの後任のチャールズ・ベル英国政府代表の後見を受けた。

タシ王は様々な分野でシッキムの近代化を推進した。一九一六年には、独立した裁判官のもとに裁判所を設立した。また、強制労働を廃止し、土地改革・税制改革を敢行したので、シッキムは経済的・社会的に目覚ましく発展した。

4 ブータン

十九世紀の後半になると長期の権力闘争の結果、中央政府は弱体化し、トンサとパロの領主が台頭した。やがてトンサ領主ジクメ・ナムゲルが化身を傀儡として非常に強力な実権をもつようになった。

ブータンと英国はドゥアール地方の開拓権を巡って対立し、一八六四年にドゥアール戦争（第二次ブータン・英国戦争）が勃発した。翌年和平条約（シンチュラ条約、一八六五年）が結ばれ、ブータンはアッサム、ベンガルの領地をすべて英国に返還し、ドゥアール地方は英国領となった。ブータンは年間五万ルピーの補償金を得た。

英国はチベットとの間に、シッキム国境の相次ぐ侵犯をめぐって問題を起こし、交渉できないまま、チベットに軍事遠征することになった。一九〇三年、フランシス・ヤングハズバンド率いる遠征隊は、ブータン経由でチベットに出る直接ルートを探すため、ブータンの協力を必要としていた。トンサ知事ウゲン・ワンチュクは英国のラサ遠征軍に参加し、チベットに英国と交渉を開始せざるを得なくさせた。一九〇四年英国・チベット協定は成立し、ウゲン・ワンチュクの英国に対する寄与が認められ、インド帝国ナイトコマンダーという称号が与えられた。これを契機として、ウゲン・ワンチュクはブータンに割拠していた諸勢力を抑え、一九〇七年、全土をほぼ統一し実際的な支配権を掌握した。

同年、ブータン国王は逝去し、その化身は三年間現れなかった。英国はシッキムのガントク駐在政府代表ジョン・クロード・ホワイトを通じて、ウゲン・ワンチュクがブータン国王に任命されるべき旨を伝えた。ウゲン・ワンチュクは全員一致で国王（在位一九〇七年―一九二六年）となり、世襲制のブータン王朝が成立した。

一九一〇年、英国とブータンは新条約を結び、シンチュラ条約（一八六五年）の条項を若干修正し、また一万ルピーまで年次支払を増額した。この修正条約により、英国政府はブータンの内政に干渉しないことを約束し、ブータンは外交関係に関して英国が勧告して指導することを承認した。英国の緩やかな被保護国という立場に置かれた。

一九二六年、ウゲン・ワンチュクの死とともに、長子ジグミ・ワンチュク（在位一九二六年―一九五二年）が跡を継いだ。王は全国を県にわけ、中央政府任命の県知事を配した。

5 セイロン

初期の植民地政策は、解明的なコールブルック・キャメロン委員会報告（一八三二年）を反映した進歩的なもので、英語教育政策が立てられ、セイロンのエリートの子供たちに英語が教えられ始めた。しかし、一八六八年に教育政策の改革を目的としたモルガン委員会の勧告が提出され、地域語を教育の教授言語として使用する学校を増やす計画が立てられた。地方に住んでいた多くの国民は、母語（シンハラ語とタミル語）で初等教育をうけることができるようになった。下級行政官に採用される際には英語を話せることが有利に働くことから、英語教育への関心が高まり、低地の新興カーストなどを中心にキリスト教化をともなった英語化が進行した。それにより西欧化した新興のエリート層が形成され、二十世紀に入ってからの独立運動の主軸となっていった。

一八六四年、コロンボ〜アンベプッサ間の鉄道が開通した。アンベプッサ〜キャンディ間は一八六七年に開通した。英国は一八二八年からコーヒー栽培を開始、一八六八年には世界第三位のコーヒー生産国になったが、その後、コーヒーは病害とブラジルなどとの戦いに敗北し衰退した。一八九〇年、トーマス・リプトンが来島し、荒廃したコーヒー農園を買い取り、紅茶栽培を開始した。

仏教界では、十九世紀にアマラプラ派が設立された。シャム派から締め出されたカーストの者たちがミャンマーに使節を送って実現した改革であり、すべてのカーストに門戸を開いた。一八六四年に、ラーマンニャ派が設立された。これは、アマラプラ派から分かれて設立された部で、カーストの区別はしなかったが、厳しい戒律を課している。

一八八〇年、神智学協会のオルコットが来島した。アナガーリカ・ダルマパーラ（Anagarika Dharmapala）（一八六四年—一九三三年）はオルコットの助手（通訳）としてスリランカをまわり、農村部が抱える問題に直面した。オルコットは仏教系学校のアーナンダ・カレッジ（一八八六年）をコロンボに、ダルマラージャ・カレッジ（一八八七年）をキャンディーに、マヒンダ・カレッジ（一八九二年）をゴールに設立した。

ダルマパーラは、オルコットに従って来日し（一八八九年）、日本をモデルにして、スリランカの独立と発展のための運動にのり出した。一八九一年、インドのブッダガヤの大菩薩寺を巡礼して衝撃を受け、ブッダガヤを仏教徒の手に取り戻す運動を始め、コロンボに大菩薩会を設立した。翌年事務所はカルカッタへ移転したが、大菩薩会の支部はインド国内の多数の都市に置かれ、インド人の仏教理解に変革を与えた。一八九三年、米国シカゴで開催されたシカゴ万国宗教会議に上座部仏教代表として招待された。その後の四〇年間、世界中で精舎設立活動を行った。同時期にセイロンで学校、病院を複数設立し、インドで寺院や精舎を建立した。彼は仏教を現代科学、特に進化論と調和させられるようにしようと苦心した。セイロン内で仏教系教育機関と布教組織（ＹＭＢＡ〈青年仏教会〉一八九八年）を設立し二十世紀の独立運動への機運を高めた。一九一九年には、インド国民会議に倣ったセイロン国民会議（ＣＮＣ：Ceylon National Congress）が設立された。

一九二〇年代には労働運動が行われ、一九三〇年代にはワルポラ・ラーフラのような急進左派仏教徒が政治運動へ身を投ずるようになり、独立運動に多少の激しさが見られるようになってきた。一九三一年、外交・財政・治安を除く一定の範囲で自治を認める統治法「ドノモア憲法（Donoughmore Constitution）」が施行され、国家評議会議員選挙にはアジアではじめて二十一歳以上の男女に選挙権を与える普通選挙が導入された。政治的独立運動はインドの運動と連帯することなく、穏健な親英派が常に主流となって推進したため、自治領としての独立に甘んじた。そのため、インドのような流血の惨事を見ることなく、インド、パキスタン、ビルマなどの民族運動にも助けられ、英国連邦内の自治領として一九四八年二月四日に独立を果たした。

6 モルディブ

一八五七年、モルディブはインドのボーア商人（ムンバイのシーア派ムスリム）との交易などで政治的混乱を避けるため、英国の保護国となった。国防と外交は英国が管轄し、国内問題に関しては干渉しないという取り決めであったが、実際は国内問題に関してセイロンの英国総督に助言を求めていた。スルタンのシャンスッディーン三世（在位第一次一八九三年―一八九三年、第二次一九〇三年―一九三四年）は英国の後ろ盾を得ることで三〇年余りも在位した。

シャンスッディーン三世はセイロンのドノモア憲法に倣って、制憲議会を設立し、英国の助言も得て成文憲法を発布した（一九三二年）。しかし、英国の積極的な関与がモルディブの人々に国内政治への介入と映り、また憲法で定めた輸出入公社の設立に外国人商人が猛反発して一九三三年三月よりストライキを開始した。これにより食糧不足となり、新憲法に対する反発が強まり、憲法制定にかかわった人々はコロンボに逃れた。翌年七月次の憲法が制定されたが、この憲法を巡っても大臣やスルタンが対立し、シャンスッディーン三世は十月に逮捕され、退位・島流しとなった。

新たなスルタンは海外にいて、一九四〇年代は首相としてアミン・ディディがモルディブの政治を率いた。学校教育、保健サービスの改善、女性教育の推進、発電所・電話の導入などに取り組んだ。外国人商人の活動を規制するため、モルディブ貿易公社（ＳＴＯ：State Trade Organizationの前進）を設立した。地方での反乱などに早急に対応するため、各島に広いメインストリートやサッカーグラウンドを整備した。アミンの在任中、一九四八年にセイロンが独立した。モルディブの英国保護領としての地位は継続され、在コロンボの英国大使がモルディブを管轄した。モルディブのセイロンへの使節派遣（朝貢）は取りやめとなった。

一九五二年、アミン・ディディ首相はスルタンに指名されたが就任を拒否し、国民投票によりスルタン制廃止と共和制への移行を進めた。一九五三年一月に自ら初代大統領に就任した。新憲法制定や女性の権利拡大に取り組んだが、保守派に反対された。八月アミン・ディディ大統領が海外にいて不在中マレで起きた食糧不足に対する抗議行動を理由に副大統領が憲法を一時停止し政権を掌握した。帰国したアミン・ディディはマレ近郊のドーニドー島に身を隠したがマレに戻った際に群衆に襲撃されそれが元で死去した。再び国民投票が行われ、スルタン制に復帰した（一九五四年）。新スルタンにムハンマド・ファリード・ディディ、首相にイブラーヒム・アリ・ディディが就任した。

一九五〇年代半ば、旧植民地諸国の独立が相次ぎ、英国は海外における軍事基地を早急に確保しなければならなかった。イブラーヒム・アリ・ディディ首相はモルディブのアッドゥ環礁ガン島の空港（第二次世界大戦中海軍基地として英国が建設・利用）とアッドウ環礁ヒタドゥ島の一部（無線設備として）を英国に一〇〇年間年二〇〇〇ポンドで使用を許可することを暫定的に合意したが、国会内での反発が強く承認されなかった。イブラーヒム・アリ・ディディ首相は辞任し、イブラーヒム・ナシールが首相に就任した。対外取引における問題や南部のアッドゥ環礁などで独立運動が起こった。

一九六二年一月、ナシール首相はマレより武装した警官隊を送り、独立運動の活動家らを逮捕した結果、独立運動は終息した。独立運動の中心であったアブドゥッラ・アフィフは、一九六三年十月、当時英国領のセイシェルに政治亡命した。

六、現　代

1 インド（Republic of India）

(1) ネルー

一九四七年八月十五日、インドは独立自治領（図6-1）となり、最後のインド副王マウントバッテン卿が、インド自治領の初代総督の地位に就いた。マウントバッテン卿は、一九四八年五月十八日にロンドンに帰り、総督の地位はC・ラージャゴーパーラーチャーリ（在位一九四八年—一九五〇年）に引き継がれた。ラージャゴーパーラーチャーリは、一九五〇年一月二十六日にインドが共和国となり、初代大統領が選出されるまで、その任についた。ラージェンドラ・プラサード博士が初代大統領（在位一九五〇年—一九六二年）に選出された。真の行政上の権力は首相を長とする大臣参事会にあり、初代首相にJ・ネルー（在位一九四七年八月十五日—一九六四年五月二十七日）が選出された。（表6-1参照）

英領インドの間に散在していた五八四の藩王国はインドまたはパキスタンの領土に併合された。その際インドは、ヒンドゥー教徒を支配していたジュナガル藩王国（現グジャラート州内）のムスリム太守がパキスタンへの併合を宣言したため、武力侵攻した。太守はパキスタンに逃れ、土侯国は住民投票後、インドに合併された。ムスリム藩王のハイデラバード藩王国（ニザーム藩王国）は独立を求めたが、一九四八年九月にインドが武力介入し、一九五〇年、併合した。パキスタンとの国境地帯にあったカシミールは人口の四分の三がムスリムでありながら、藩王がヒンドゥーであり、インドへの編入に傾いたため、武力衝突が発生した（第一次インド・パキスタン戦争、一九四七年—一九四九年）。一九四九年に停戦を迎えたが、インドの支配するジャンムー・カシミール州と、ギルギット・バルティスタン州およびアーザード・カシミールに分割され、その後もその帰

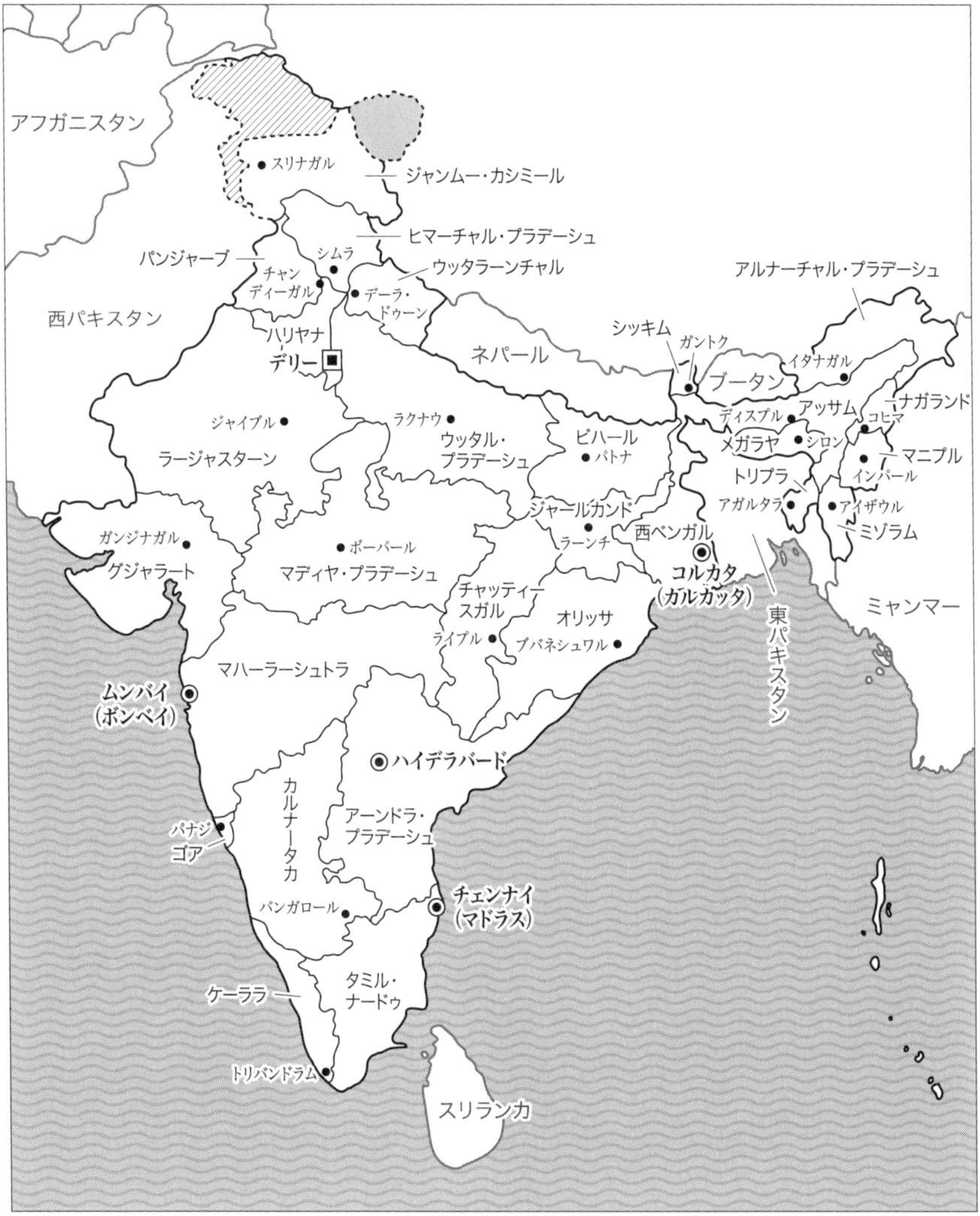
アフガニスタン
スリナガル
ジャンムー・カシミール
ヒマーチャル・プラデーシュ
パンジャーブ
シムラ
チャン
ディーガル
デーラ・
ドゥーン
ウッタラーンチャル
アルナーチャル・プラデーシュ
西パキスタン
ハリヤナ
デリー
ネパール
シッキム
ガントク
イタナガル
ブータン
ナガランド
ジャイプル
ラクナウ
ウッタル・
プラデーシュ
ビハール
パトナ
ディスプル
アッサム
コヒマ
メガラヤ
シロン
マニプル
インパール
ラージャスターン
トリプラ
アガルタラ
アイザウル
ミゾラム
ジャールカンド
ラーンチ
西ベンガル
ガンジナガル
ボーパール
グジャラート
マディヤ・プラデーシュ
コルカタ
(カルカッタ)
東パキスタン
ミャンマー
チャッティー
スガル
オリッサ
ライプル
ブバネシュワル
マハーラーシュトラ
ムンバイ
(ボンベイ)
ハイデラバード
カルナータカ
アーンドラ・
プラデーシュ
パナジ
ゴア
チェンナイ
(マドラス)
バンガロール
タミル・
ナードゥ
ケーララ
トリバンドラム
スリランカ

図6−1　インド地図

	首相		就任日	退任日	所属政党	総督／大統領
1	ネルー (Jawaharlal Nehru)	1次	1947.08.15	1952.04.15	国民会議	マウントバッテン (L. Mountbatten)
						(1947.02.21-1948.06.21)
						ラージャゴーパーラーチャーリー (C.R.)
						国民会議派/(1948.06.21-1950.01.26)
						(最初のインド人総督)
	ネルー (Jawaharlal Nehru)	2次	1952.04.15	1957.04.04	国民会議派	プラサード (Rajendra Prasad)
	ネルー (Jawaharlal Nehru)	3次	1957.04.04	1962.04.02	国民会議派	国民会議派/(1950.01.26-1962.05.13)
	ネルー (Jawaharlal Nehru)	4次	1962.04.02	1964.05.27	国民会議派	ラーダークリシュナン (S. Radhakrishnan)
	ナンダー (Gulzarilal Nanda)	臨時			国民会議派	無所属/(1962.05.13-1967.05.13)
2	シャーストリー (L. B. Syastry)		1964.06.09	1966.01.11	国民会議派	
	ナンダー (Gulzarilal Nanda)	臨時	1966.01.11	1966.01.24	国民会議派	
3	インディラ(Indira Gandhi)	1次	1966.01.24	1971.03.15	国民会議派	フセイン (Zakir Husain)
						無所属/(1967.05.13-1969.05.03)
						ギリ (Varahagiri Venkata Giri)
						無所属/(1969.05.03-1969.07.20)
						ヒダーヤトゥッラー (M. Hidayatullah)
						無所属/(1969.07.20-1969.08.24)臨時
	インディラ(Indira Gandhi)	2次	1971.03.16	1977.03.24	国民会議派	ギリ (Varahagiri Venkata Giri)
						無所属/(1969.08.24-1974.08.24)
						アーメド (Fakhruddin Ali Ahmed)
						国民会議派//(1974.08.24-1977.02.11）
4	デーサーイー (Morarji Desai)		1977.03.24	1979.07.28	ジャナタ党	ジャッティ (B. D. Jatti)
						国民会議派/(1977.02.11-1977.07.25)
						レッディ (Neelam Sanjiva Reddy)
5	シン (Charan Singh)		1979.07.28	1980.01.14	ジャナタ党	ジャナタ党/(1977.07.25-1982.07.25)
6	インディラ (Indira Gandhi)	3次	1980.01.14	1984.10.31	国民会議派	シン (Giani Zail Singh)
						国民会議派/(1982.07.25-1987.07.25)
7	ラジーヴ (Rajiv Gandhi)		1984.10.31	1989.12.02	国民会議派	ヴェンカタラン (Ramaswamy V. Raman)
8	V.P. シン (V. P. Singh)		1989.12.02	1990.11.10	ジャナタ・ダル	国民会議派/(1987.07.25-1992.07.25)
9	シェーカル (Chandra Shekhar)		1990.11.10	1991.06.21	ジャナタ・ダル	
10	ラーオ (P. V. N. Rao)		1991.06.21	1996.05.16	国民会議派	シャルマー (Shankar Dayal Sharma)
11	ヴァージペーイー (A.B. Vajpayee)	1次	1996.05.16	1996.06.01	インド人民党	国民会議派/(1992.07.25-1997.07.25)
12	ガウダ(H.D. Deve Gowda)		1996.06.01	1997.04.21	ジャナタ・ダル	
13	グジュラール (Inder Kumar Gujral)		1997.04.21	1998.03.19	ジャナタ・ダル	ナラヤナン(Kocheril Raman Narayanan)
14	ヴァージペーイー (A.B. Vajpayee)	2次	1998.03.19	1999.10.12	インド人民党	国民会議派/(1997.07.25-2002.07.25)
	ヴァージペーイー (A.B. Vajpayee)	3次	1999.10.12	2004.05.22	インド人民党	カラーム (Abdul Kalam)
15	マンモハン・シン (Manmohan Singh)	1次	2004.05.22	2009.05.22	国民会議派	無所属/(2002.07.25-2007.07.25)
						パティル (Pratibha Devisingh Patil)
	マンモハン・シン (M. Singh)	2次	2009.05.22	2014.05.26	国民会議派	国民会議派/(2007.07.25-2012.07.25)
						ムカルジー (Pranab Kumar Mukherjee)
16	モディ (Narendra D. Modi)	1次	2014.05.26	2019.05.30	インド人民党	国民会議派/(2012.07.25-2017.07.25)
						コーヴィンド (Ram Nath Kovind)
	モディ (Narendra D. Modi)	2次	2019.05.30	2024.06.09	インド人民党	インド人民党/(2017.07.25-2022.07.25)
						ドラウパディ・ムルム(Droupadi Murmu)
	モディ (Narendra D. Modi)	3次	2024.06.09	現職	インド人民党	インド人民党/(2022.07.25-present)

表6－1　インド首相・大統領

属をめぐってカシミール紛争が継続した。（図6-2 カシミール地図参照）

フランスの植民地シャンデルナゴルとポンディシェリは一九五四年にインドに併合され、ポンディシェリ連邦直轄領となった。あくまで返還をこばんでいたポルトガル植民地のゴア、ダマン、ディワは、一九六一年、インドが武力侵攻して併合した。これによってインド国内の植民地はすべて消滅した。

英領時代の州は行政などの便宜からつくられており、言語人口分布地域と対応していないことが問題だった。テルグ語（アーンドラ州）とオリヤ語（オリッサ州）を含めた南インドにおける言語問題は特に深刻で、アーンドラ州設立運動の指導者ポッティ・シュリーラームは一九五二年断食を行って死んだ。その衝撃でネルーはアーンドラ州設立に同意した。

会議派は独立以前、言語地理学的に州の境界線を再編成することに意見が一致していた。ヴァッラブバーイー・パテル（Vallabhbhai Patel, 一八七五年―一九五〇年）は重病で死んだが、パテルの一派がこの問題を推し進めた。一九五〇年から一九五六年にかけ、テルグ語、マラヤム語、マラティ語、グジャラティ語、パンジャビ語で区分けした州が設立を要求してきた。西ベンガルのベンガル州（ベンガル語）はすでに設立されており、アーンドラ・プラデーシュ州（一九五六年、テルグ語）、ケーララ州（一九五六年、マラヤーラム語）、マハーラーシュトラ州（一九六〇年、マラティ語）、グジャラート州（一九六〇年、グジャラート語）などができた。

インド連邦には当時、六つの中央政府直轄地域と十四の州があった。ボンベイ州を二つの州（マハーラーシュトラ州とグジャラート州）に分割（一九六一年）、ナガランド（一九六一年）、ハリヤーナー（一九六六年）が州となり、一九七一年にはメーガーラヤ、マニプル、トリプラ、ヒマーチャル・プラデーシュの四州が加わった。その後、シッキム州（一九七五年）、アルナーチャル・プラデーシュ州とゴア州が創設（一九八七年）された。その後、さらに増え二〇二二年には、州総数が二十八、直轄地域は八となった（表6-2参照）。英語は、多言語のインドの各地方を取り結ぶことのできる唯一の言葉である。

	州	創設年	公用語／主な言語
1	アーンドラ・プラデーシュ州	1956	テルグ語、ウルドゥー語、英語
2	アルナーチャル・プラデーシュ州	1987	英語、アッサム語
3	アッサム州	1947	アッサム語、英語
4	ビハール州	1936	ヒンディー語、ウルドゥー語
5	チャッティースガル州	2000	ヒンディー語
6	ゴア州	1987	コンカニ語
7	グジャラート州	1960	グジャラート語
8	ハリヤーナー州	1966	ヒンディー語
9	ヒマーチャル・プラデーシュ州	1971	ヒンディー語
10	ジャールカンド州	2000	ヒンドゥー語、ウルドゥー語
11	カルナータカ州	1956	カンナダ語
12	ケーララ州	1956	マラヤーラム語
13	マディヤ・プラデーシュ州	1956	ヒンディー語
14	マハーラーシュトラ州	1960	マラティー語
15	マニプル州	1972	マニプル語（メイティ語）
16	メーガーラヤ州	1971	英語
17	ミゾラム州	1987	ミゾ語
18	ナガランド州	1963	英語
19	オリッサ州	1936	オリヤー語
20	パンジャーブ州	1956	パンジャーブ語
21	ラージャスターン州	1956	ヒンディー語
22	シッキム州	1975	ネパール語
23	タミル・ナードゥー州	1956	タミル語
24	テランガーナ州	2014	テルグ語
25	トリプラ州	1972	ベンガル語、コク・ボロック語
26	ウッタル・プラデーシュ州	1950	ヒンディー語、ウルドゥー語
27	ウッタラーカンド州	2000	ヒンディー語
28	西ベンガル州	1960	ベンガル語、英語
A	アンダマン・ニコバル諸島連邦直轄領	1956	ヒンディー語
B	チャンディーガル連邦直轄領	1953	ヒンディー語
C	ダードラー・ナガル・ハヴェーリー及びダマン・ディーウ連邦直轄領	2020	マラーティー語、グジャラート語
D	ジャンムー・カシミール州	2019	ウルドゥー語
E	ラダック連邦直轄領	2019	ウルドゥー語、ラダック語、ヒンドゥー語
F	ラクシャディーブ連邦直轄領	1956	マラヤーラム語
G	デリー首都圏	1985	ヒンディー語、ウルドゥー語、パンジャーブ語
H	ポンディシェリ連邦直轄地域	1963	タミル語

表6−2　インドの州と主な言語

共和制憲法

一九五〇年一月二十六日、アンベードカルを憲法起草委員会議長（注一）として成立したインド憲法が発布された。英領インド時代の一九三五年統治法はじめ英国の統治体制の影響を大きく受けているが、新しい理想を求めた部分もある。

・インドは共和国であり、英連邦に所属するが、英国王への忠誠義務はない。
・基本的人権の保持が謳われ、不可触民制のような差別を禁止し、差別をうけてきた人々に対する留保措置を明記した。
・上下二院制の国会、下院の多数派によって選ばれる首相、形式上の元首である大統領という、議員内閣型の政体を採用した。
・インド高等文官制（ＩＣＳ：Indian Civil Service）における英国人は、独立後、全員退職し、インド人は引き続き勤務する。また制度もインド高等行政官制（ＩＡＳ：Indian Administrative Service）と改称した上存続させた。
・最高裁判所の導入

一九三五年の統治法体制が維持されたのは、連邦と州とで権力を分担する方式で、危機の際には大統領（かつては総督）が直接統治を行う制度が存続し、独立後の中央集権的な性格を支えることになった。最大の変化は普通選挙制の導入である。

インド制憲議会で不可触民を廃止し、差別は罪となった。旧不可触民（憲法上、指定リストに記載されたカーストであることから、指定カースト（注二）〈Scheduled Castes〉という）には議会における留保措置を導入して、ある種の保護を加えた。部族民（＝指定部族（注三）、〈Scheduled Tribes〉）に対しても同様の措置が採用された。具体的には、彼らだけが立候補できる選挙区を設けた。その後、留保措置は教育・公的雇用・議会議席数で一定の優先枠（留保制度）がついた。

政教分離主義と社会主義

パキスタンがイスラム教国として分離したため、インドは国民の多数を占めるヒンドゥー教徒だけでなく、イスラム教徒やシク教徒、その他の宗教の信徒を含めたすべての人々を国民とし、宗教と国家を明確に分離する必要があった。パキスタンとの分割の際に起こった難民・殺戮・宗教紛争やガンディーの暗殺という事態があったため公然と反対する者はおらず、むしろ宗教紛争を否定し、諸宗教への寛容や融和を示すものとして基本的には歓迎された。また政教分離を掲げることにより、住民の四分の三がムスリムからなるカシミール藩王国に対しインドの主権を主張することもできた。

農村の土地改革は独立に先立って行われた。土地改革法には、土地は耕作者のものになること、農民の借金は帳消しになること、農民から憎悪されている金貸しを追放することが明記されていて、地主制度と半封建制度[注四]を一掃しようとしたが、理想通りにはいかなかった。地方の金持ちは、国政レベルでも会議派を支配し、変化に抵抗した。大きな領地のいくつかは分割されたが、改革全体の規模は計画されたものよりはるかに小さかった。（タリク・アリ、一九八七年）

工業面でも、不平等は消えなかった。インド商工会議連盟（ＦＩＣＣＩ：Federation of Indian Chambers of Commerce and Industry）の代表は、経済の性格は大衆の支持を得た資本主義とすることに疑問を持たなかった。一九五一年にネルーは、国が個人経営の産業を制限し、規制し、統括することを承認する「産業法」に積極的な支持を与えた。一九五六年には独占を禁止する「商業法」が可決された。これらの法律により、官吏の力が増大し、官吏が個人会社の死命を制するほどの力を握り、買収・汚職は天文学的レベルに達した。大企業の独占を禁止することは不可能で、一九六一年の政府発表によると、全体の一・六％にあたる大企業が、全民間資本の五三％を持ち、八六％の企業は、わずか一四・六％を保有するのみであった。上位二十社中のトップ四社、ビルラ、タータ―、ダルミア＝サヒュ、マーティン・バーンが全株式資本の二五％を持ち、産業、商業、銀行、新聞の重要部門を支配した（タリク・アリ、一九八七年）。

ネルーはソヴィエト・モデルや、英国労働党のフェビアン社会主義[注五]の伝統に影響を受け、貧困を解決するためには社会主義以外にないと主張し、社会主義的計画経済を推進した。一九五一年には農業生産重視の第一次五カ年計画を打ち出し、一九五六年の第二次五カ年計画以降は統計学者のプラサンタ・チャンドラ・マハラノビスが中心となって、ネルー・マハラノビス型モデルが立案された。鉄鋼など重工業へ莫大な公共投資を行い、その発展を急速な工業化の推進力にしようとした。民間部門に規制をかけ、公共部門の拡大を優先した。輸入品から国産品への代替を推進することで工業化を目指す輸入代替工業化政策を採用した。

この経済政策により、技術力や工業化、農業生産などは緩やかに上昇したが、国民の多くは貧しいままだった。農業投資や伝統的綿工業など基礎産業への投資をおろそかにした結果、インドで最も輸出競争力のあるはずの綿工業などが伸びず、貧困や失業、所得の不平等も未解決のままであった。

政治

ネルーは独立当時から首相と外務大臣を兼任した。一九五〇年に共和制を取った後も、インドは引き続き英連邦に加盟していた。

一九四九年、ネルーは米国に招待された。妹のパンディット夫人が駐米大使としてワシントンに滞在中であった。ネルーは、「インドは米国と友好的ではあるが、政策としては非同盟で進む」ということをはっきりと伝え、再軍備計画が世界平和を妨げていることを率直に話した。帰国後すぐ、正式に新中国承認の手続きをとった。一カ月後に英国も追随した。

国際的には「非同盟・中立」の外交を推進した。一九五四年四月、中華人民共和国の周恩来とともに領土主権の尊重、相互不可侵、内政不干渉、平等互恵、平和共存の五つから成る「平和五原則」を掲げた。元々は、「中華人民共和国とインド共和国の中国チベット地方とインド間の通商・交通に関する協定」の前文に記されたものであったが、同年六月、周首相のインド訪問の際、両国の共同声明の形で再確認され、さらに一般国際関係にも適用されるべきものとして宣言された。同年十月にはネルーは訪中して毛沢東と会談した。一九五五年四月には、第三世界の中心的存在として、周恩来、インドネシア大統領のスカルノ、エジプト大統領のナセルとともにアジア・アフリカ会議（バンドン会議）を開催した。二九カ国代表が参加して反帝国主義・反植民地主義を謳い、前述の平和五原則を拡充した「平和十原則」が定められた。

一　基本的人権と国連憲章の尊重
二　主権と領土の保全
三　人種・国家間の平等
四　内政不干渉
五　自衛権の尊重
六　集団防衛の排除
七　武力侵略の否定
八　国際紛争の平和的解決
九　相互協力の促進
一〇　正義と義務の尊重

一九六一年にはインドのネルー、ユーゴスラヴィアのティトー、エジプトのナセル、インドネシアのスカルノらが提唱して、第一回非同盟諸国首脳会議[注六]が開かれた。

中華人民共和国とは、一九五九年に起きたチベット反乱[注七]で、ダライ・ラマ一四世とチベット亡命政府をインドが中国から匿ったことや国境線などをめぐって決裂した。一九六二年に中印国境紛争が勃発し、インドの敗北に終わった。
ネルーは次にソ連を訪問した。中央アジアの各共和国を訪ね、ムガル帝国の初代バーブル帝の祖先が君臨していたサマルカンドを見、工場や美術館も見学した。フルシチョフ首相（在位一九五八年―一九六四年）に会い強い印象を受けた。インドとソ連の経済協力はこの頃から始まった。
一九六四年、ネルーが病死した（享年七十四歳）。

『ネルーの夢（頭脳立国のための人材育成）』

インド建国の父と呼ばれる初代首相ネルーは、悲願の独立を果たした後、資金も資源もなく、疲弊しきったインドで、唯一の資源「頭脳」の力によって国を興す「頭脳立国」こそが、インドの生きる道だと考えた。中でも、ダムや発電所、道路など国家の基盤となるものすべてを、自前で作り出し、各地方の産業発展に寄与するエリートの養成が急務だと考えた。そこで、ＩＩＴ（Indian Institutes of Technology）の設立が決まった。

ベンガルは英国統治の歴史的な地であり、その中心カルカッタ（現コルカタ）はその拠点として、英国風の建物が立ち並ぶ植民地都市であった。二十世紀になると、ベンガル地方を中心に反英運動が活発化し、英国植民地政府は徹底的な弾圧を行った。一九三〇年、カルカッタに近いカラグプルには、政治犯を収容するための刑務所が建設された。収容者の多くは、独立運動のために戦ったインドの知識人たちであった。独立運動は激化の一途をたどり、刑務所はすぐにいっぱいになった。植民地政府は収容者を次々に処刑したが、追いつかず、かつて英国人統治者が暮らしていた瀟洒な邸宅さえも刑務所として使った。

ネルーは、多くの知識人がインドの独立のために犠牲となったこの地こそ、新生インドの発展を担う人材を生み出すにふさわしいと考え、ＩＩＴのキャンパスを設けることを決めた。そして、かつての英国人統治者の住宅で、後に刑務所として使われた建物をあえてそのままＩＩＴの最初の校舎として用いることにした。

「灰のなかから立ち上がる不死鳥のように、インドのプライドの象徴たれ」

ネルーは、独立のために費やしてきた頭脳とエネルギーを、これからはインドの発展のために尽くして欲しいと考え、ＩＩＴにインドの将来を托した。

ＩＩＴカラグプル校の正面には、ネルーがこの大学のモットーとした言葉が掲げられている。

「Dedicated to the service of the Nation（国家のために身を捧げる）」

資金も技術も何もかもなかった。国連に資金援助を要請し、米国のマサチューセッツ工科大学（ＭＩＴ）をモデルにして、構想から四年後の一九五一年、ＩＩＴは開校した。授業では、高価な実験装置がなくても、黒板と頭脳さえあれば無限に考えることのできる、数学、科学等の純粋理論を学ぶことに特化した（ＮＨＫスペシャル取材班、二〇〇七年）。


『象のインディラ』


第二次世界大戦前、東京の上野動物園には三頭のインド象が飼育されていたが、空襲の際に逃げ出し暴れるのを恐れて殺処分された。戦後、東京で象を見たいという子供たちのために、ネルーは一頭の象を上野動物園に寄贈した。この象の名前はネルーの愛娘と同じ「インディラ」で、インドの国の名そのものであった。一九四九年九月に到着し、一九八三年に死亡するまで、上野動物園のシンボルとして子供たちに愛された。

一九五七年十月、来日したネルーは上野動物園を訪問し、象のインディラに再会した。

(2) シャーストリー

ラール・バハードゥル・シャーストリー（在位一九六四年―一九六六年）が後継した。一九六五年、一九六六年と旱魃により、食糧生産の危機が続いた。第二次五ヵ年計画から重工業政策のため農業部門への投資が削減されたこともあり、旱魃の被害は甚大であった。農業以外の部門の不振もあって第三次五ヵ年計画（一九六一年度―一九六六年度）は目標達成が困難となり、ネルーの「社会主義型社会」路線への信頼が揺らいだ。

憲法は、施行後一五年は英語も連邦の公用語と定めた。一九六五年以降はヒンディーが連邦の公用語となることになったが、非ヒンディー語圏の反発が強く一九六五年にはマドラス州で反ヒンディー語運動が激化した。中央政府は英語も公用語として保証し、事態は鎮静化した。

インドはインド側カシミールの実質的統合を徐々に進めていたが、一九六五年三月から四月にかけて国境で軍事的な小競合いが起こり、八月から九月上旬にかけて全面的にエスカレートした（第二次インド・パキスタン戦争、一九六五年―一九六六年）。戦闘は一進一退を続けたが、九月下旬には国際社会の呼びかけに応じて停戦が成立した。一九六六年一月にソ連の仲介でシャーストリーとアユーブ・カーン（パキスタン大統領）のあいだで、「タシケントン宣言」が合意され終結した。宣言後にシャーストリー首相は心臓発作でソ連のタシケント（現ウズベクスタン）にて客死した（享年六十二）。

(3) インディラ・ガンディー（一）

ネルーの娘インディラ・ガンディー（注八）が首相（在位第一次一九六六年―一九七一年）に選出された。印パ戦争を契機に米国は印パ両国への軍事・経済援助を停止していた。五カ年計画の行き詰まりによる経済危機をのりきるために援助を受ける必要があった。その条件として世界銀行や米国による経済改革に応じざるを得ず、一九六六年には五七・五%ものルピー切り下げが断行された。米国は経済援助を再開した。大胆なルピー切り下げは党内の不満を高め、また、切り下げ後も、貿易収支は順調には改善しなかった。そのような状況で行われた一九六七年二月の第四回総選挙で、会議派は大幅に後退した。中央では政権を維持したものの、州では相次いで非会議派政権が成立した。党内では派閥が対立し分裂につながっていった。インディラ首相は左派的方向へ向かっていき、銀行を国有化し、社会主義的政策を示した。

一九六六年、インディラ首相は旧パンジャーブ州を、新パンジャーブ州（パンジャービー語使用）とハリヤーナー州（ヒンディー語使用）に二分割した。

一九六九年五月三日、ザーキル・フセイン大統領が在任中に亡くなった。会議派長老たちはフセインに代わって連邦下院議長やアーンドラ・プラデーシュ州首相の経験のあるサンジーヴァ・レッディを立てようとした。しかし、インディラは副大統領で、彼女とも関係の良い労働運動指導者のV・V・ギリを推した。インディラはモーラールジー・デーサーイーを蔵相から解任し、一四の民間銀行の国家による接収を大統領令で発令した（副大統領のギリが大統領代行であった）。銀行国有化は最高裁に提訴され、訴えは支持されたが、強引に推し進められた（ラーマチャンドラ・グハ、二〇一二年）。

新大統領の選挙にあたり、会議派はサンジーヴァ・レッディを正式の候補とし、V・V・ギリは無所属として立候補した。野党は、最高裁を退職した元長官、K・スッパ・ラーオを立てた。インディラは党の慣行と規律を破ってギリを支持していたが、公にせず支持者を通じて伝えられ、若い会議派議員たちにギリへの投票を勧誘してまわった。投票日（八月二十日）の四日前、インディラは「良心に従う投票」を主張した。彼女は、会議派に反旗を翻して、対立候補に投票するよう呼びかけ、多数の党員がこれに応じた。第一選考ではいずれも過半数に達せず第二選考によりギリが過半数を得た。最終的に十一月十二日、インディラは会議派から「規律違反」を理由として追放されたが、このときすでに多くの会議派議員はインディラ側にあった。十二月、会議派の本体組織はアフマダーバードで、インディラ側の会議派はボンベイで全国委員会を開いた。それぞれ会議派O（Organization or Old）および会議派R（Requijision or Reform）と呼ばれることになった。

インディラ首相は食糧自給体制を確立すれば、外国の干渉から自由で自律的な国民経済建設が可能になると考え、一九六九年からの第四次五ヵ年計画では、緑の革命(注九)戦略を導入した。パンジャーブ州やタミル・ナードゥ州などで小麦や米などの増産に大きな成果をあげ、その後各地に広がり、一九七〇年代末には食料輸入に頼らなくてもよくなった。一九七〇年から「貧困の追放」を掲げ、食糧危機克服のための食糧穀物の自給自足プログラムを推進した。首相は社会主義的色彩を強くしたが、その政策実行には独断専行が目立つようになり、反対派を排除して自派候補者を州議会選挙レベルにまで押し付けるなど、次第に強権的な姿勢を強めていった。また反米国キャンペーンを張り、貧困追放をスローガンに掲げて下層民や左派勢力の支持をとりつけた。一九六九年には経営代理制度を廃止し、「独占および制限的取引慣行法」（ＭＲＴＰ：Monopoly& Restrictive Trade Practices）を制定し、大規模企業に対するライセンス取得基準を強化した。

一九七一年の選挙で会議派は、下院五一八総議席のうち三五〇席を獲得し大勝した。インディラ首相（在位第二次一九七一年―一九七七年）は、さらに経済統制強化路線を続け、一九七二年に保険会社、一九七三年に石炭産業を国有化した。また一九七三年には外国為替規制法（ＦＥＲＡ：Foreign Exchange Regulation Act）を制定し、外資の出資比率を四〇％以下に引き下げるなど、外資に対して厳しい制限を加えた。

第三次インド・パキスタン戦争（一九七一年）

パキスタンでは、一九七〇年の選挙でムジブル・ラーマン率いるアワミ連盟（Awami League：ＡＬ）が圧勝し東パキスタンの自治権運動が盛り上がったが、ヤヒヤ・カーン政権は一九七一年三月に武力弾圧を開始した。戦闘地域からの難民が西ベンガル州に流れ込んできた。一九七一年四月末までに、インドに五〇万人が避難し、八月末までには八〇〇万人を超え、その後一〇〇〇万人に達した。

インドではバングラデシュ（東パキスタン）独立戦争開始直後から同情が集まり、臨時政府成立後はバングラデシュ承認の世論が高まったが、政府は慎重な立場をとった。インディラ首相は、「インドにとって一千万人の難民は内政問題であり、避難民が一日も早く帰国できるように国際社会が働きかけない場合には、インドは自国の安全のため必要なあらゆる措置を採らざるを得ない」との声明を発表した。シン外相を各国に派遣して、インドの立場を説明し理解を求めた。

この頃、ベトナム戦争に手を焼いた米国は中国との関係正常化に動いていた。米中接近はソ連を動かし、中国に対抗すべくインドとの関係強化を必要とした。インドもまた、パキスタンを支援する中国に備える必要があった。インディラ首相は、モスクワを訪問して、有効期間を二〇年とする「ソ連・インド平和友好協力条約」に調印した（八月九日）。

同年秋、（バングラデシュ）解放軍の活動も活発化し、パキスタン軍駐屯地をしばしば攻撃した。

パキスタンは、十一月五日、ブットー[注一〇]が大統領特使として中国を訪問し支持を求めた。周恩来は、パキスタンが外国の侵略を受けたら、その国家主権と民族独立を守る戦いを支持すると述べた。インディラ首相は、十二月になりヒマラヤが雪で閉ざされ、中国軍が陸路介入できなくなるまで開戦を待った。

十二月三日、パキスタン空軍は八カ所のインド飛行場目がけて飛び立ち、インド側は大規模な空からの攻撃でこれに応えた。カシミールとパンジャーブでは地上でも反撃に出る一方、海でもインド海軍はカラチをめざした。戦闘は東部にも広がり、インドは、東パキスタン国境を突破して部隊と戦車とを進撃させ、首都ダッカに向かった。米国はパキスタンに支援を送りつつ、インドに対する経済的、軍事的援助を打ち切った。

十二月六日、インド政府は、「バングラデシュ人民共和国臨時政府」を承認した。特使がモスクワに派遣され、ソ連閣僚の一人がデリーに到着した。ソ連はインドに、中国又は米国が紛争に介入したら、すぐに報復すると確約を与えた。十二月十三日、インドはパキスタン軍を包囲し、三日後にパキスタン軍は降伏した。二四時間後、西部パキスタンでも、インドの一方的停戦に応じ、ヤヒヤ・カーンはラジオから、部隊に停戦を宣言した。

戦闘は二週間足らずで終わり、損害はパキスタン側航空機八六機に対しインド側四二機、戦車が二二六台に対し八一台であった。捕虜の数は西部戦線で双方数千人の捕虜を出したが、東部ではインド軍は約九万人の捕虜を管理しなければならなかった。この戦争で三〇〇万人が亡くなったと言われている。

東パキスタンはバングラデシュとなった。一九七二年三月にはインド・バングラデシュ友好平和協力条約が締結された。印パ両国は、同年七月にインドのシムラーで、インディラ・ガンディーとズルフィカール・アリー・ブットー両首脳が協定を結び外交的にも戦争は終結した。カシミールでは一九七一年十二月の停戦ラインを実効支配の境界とすることで合意した。（図6―2参照）

パキスタンに対する勝利は、この数世紀のなかで初めてのインドによる軍事的勝利として歓呼に迎えられた。インディラ首相は米国の脅しの戦術に立ち向かい、敵国の解体を冷静に計画したことで賞賛された。一九七二年三月行われた一三州の州議会選挙で会議派は勝利した。しかし、西ベンガル州ではテロ・脅迫・詐術を組み合わせてようやく勝利した。

インディラ・ガンディーの独断専行

会議派の分裂（一九六九年）およびインド・パキスタン戦争での勝利の後、インディラ（在位第二次一九七一年―一九七七年）の独断専行が至る所で目につき始めた。インディラは「緑の革命」を推し進める一方で、自己の手中に権力を集中する行為にで

図6―2　カシミール地図

た。州議会レベルで議員候補者や州首相候補者の選定をインディラが行った。加えて連邦レベルでは司法府の人事介入がなされた。これまでは、最高裁長官が退職した際には、裁判官のなかで最先任者が継承する慣わしであったが、今回は三名の先任同僚を飛び越えて、A・N・ライ判事が昇進した。政府は司法府をしだいに強い統制下におこうとした。ネルーと親交のあったジャヤプラカーシュ・ナーラーヤン（J・P・ナーラーヤン）や、憲法専門家のA・G・ヌーラーニーはこれを批判した（中村平治、一九九七年）（ラーマチャンドラ・グハ、二〇一二年）。

一九七四年はじめ、ビハール州では学生を中心にしてインフレ・汚職・失業や教育制度の不満に対して抗議運動が盛り上がった。学生闘争委員会は、高い道徳的権威をもち、独立運動の英雄でもあったJ・P・ナーラーヤンに運動の指導を願い出た。J・P・ナーラーヤンは、徹頭徹尾非暴力であること、および運動がビハール州に限定されないことという二つの条件のもとにこれを承諾した。学生運動は大衆運動へと転化し始めた。

四月、ガヤー（ビハール州）で学生と警官の衝突が起こり、三名が死亡し、二〇名が重傷を負った。五月には州議会の解散、グジャラート州にならった大統領統治の導入が加わった。六月五日、J・P・ナーラーヤンは、パトナー市の街頭を埋める大規模な行進を組織し、行進はガンディー広場での集会へと流れ込んだ。ナーラーヤンは、インドは独立して二七年になるが、「飢饉、高騰する物価、そして腐敗が至る所に蔓延している。人々はあらゆる種類の不公正に圧殺されている」と言い、「全体革命」を呼びかけた。

ガヤーでの発砲とJ・P・ナーラーヤンのパトナー演説の間に、社会主義者のジョージ・フェルナンデスのもと、鉄道ストが起こった。一〇〇万人の鉄道員が参加し、国の産業の中心を走る西部鉄道が最悪の被害を受けた。多くの都市や町で戦闘的なデモが組織され、数カ所では治安の維持に軍隊が出動した。首相は鉄道員とビハールの学生から注意をそらすため、五月十八日、ラージャスターン州で核の地下実験を行った。一部の層の間では核爆発は愛国主義的な自尊心の盛り上がりを呼んだが、国際的には徹底的に批判された。

インディラの裁判

一九七一年の選挙において、ラーエ・バレーリー選挙区でインディラに敗れた社会主義者のラージ・ナーラーインは、彼女を腐敗行為、とりわけ規定額以上の金を支出したこと、およびキャンペーン中に、公的な組織と政府公務員である官僚を利用したとして訴えた。アラーハーバード高裁で審理されたが、裁判は一九七三年から一九七四年へとずるずる延びた。一九七五年六月十二日、ジャグ・モーハン・シンハ判事は、インディラを有罪とする一四件の罪状のうち、一二件は却下した。罪状は、第一にウッタル・プラデーシュ州政府が高い演壇を用意して、「威圧的な位置から」演説を行えるようにしたこと、第二に、彼女の選挙代理人であるヤシュパール・カプールが、キャンペーン開始時点ではまだ公務員であったことである。判事により議会への当選は無効とされたが、判事は命令の執行を二〇日間猶予し、最高裁への上告期間を与えた。

判決の翌日、野党政治家は大統領官邸の前で座り込みを開始し、（腐敗した）首相を解任するよう大統領に要求した。パトナーではJ・P・ナーラーヤンが声明を発表し、インディラ・ガンディーが職にとどまるのであれば「破廉恥で、冷血きわまりない行為だ」と述べ、いかに外国の勢力が国内の反対派と共謀しているかを語った。

六月二十三日、最高裁はインディラに関する上告の審理を開始した。翌日、判事V・R・クリシュナ・アイヤルはアラーハーバード判決の条件つき差し止めを命じた。首相は議会に登院することはできるが、上告の審理が完全に終わり、判決が下されるまでは議会での投票はできないという内容であった。会議派内の数名の幹部は、彼女は一時的に辞任し、最高裁が彼女の上告を支持し首相に復帰することを許すまで、閣僚の誰かに席を温めさせるよう助言した。ほとんどの法律家は最高裁がアラーハーバード判決を覆すとみていた。

非常事態宣言

息子のサンジャイと、西ベンガル州首相シッダールタ・シャンカル・ライはインディラに辞任を拒絶するように勧めた。経験豊かな法定弁護士であるライはカルカッタから離れ、首相の間近で待機していた。彼らの助言はすぐに聞き入れられた。二十五日、ライは国内非常事態を宣言する大統領令（インド憲法三五二条の国内非常事態規定の発動手続き）の起草を手伝った。言いなりの大統領であるファクルッディーン・アリー・アーメドはすぐ署名した。その晩デリーの新聞社への電力供給が差し止められ、二十六日には新聞が発行されないように手配された。反政府運動の先頭に立ったJ・P・ナーラーヤン、野党党首のモーラールジー・デーサーイー、アラーハーバード高裁に首相の選挙違反を告訴したラージ・ナーラーインや著名なジャーナリストのクルディープ・ナーヤルはじめ、およそ九〇〇〇人が一網打尽にされた。翌日、デリーの公衆とインド中の人々は、国営放送を通じて、「インディラが民主主義的な手続きにいらだち、「非常事態が宣言されあらゆる市民的権利が停止された」と告げられた。非常事態は七カ月続いた。インディラが民主主義的な手続きにいらだち、官僚機構や司法府に、さらに会議派党組織に、首相に忠誠な人間を押し込むという事例などは早くから見られたが、このプロセスは非常事態宣言以後さらに推し進められた。非常事態宣言から一週間のうちに、政府は報道の自由を奪った。

一九七五年八月十五日、ロンドンの「タイムズ」紙は「J・P・釈放キャンペーン」というグループによる一頁大の広告を掲載して、「インドの民主主義を照らす光が消えないよう」願い、政治犯全員、特にJ・P・ナーラーヤンを釈放するようインディラに呼びかけた。彼らはインドの自由を支持した外国の友人たちで、J・ネルーとJ・P・ナーラーヤンがきわめて親密に活動していた時代を十分に知っている古き友人たちであった。彼らはネルーの娘がナーラーヤンを投獄したことに愕然とし、過去の歴史に訴えることが、彼の釈放につながるよう期待した。

十一月になると、J・P・ナーラーヤンの健康状態（腎臓疾患）が悪化した。チャンディーガルの病院に移されたが、医師らが任務を果たせないとわかると、ボンベイのジャスロック病院に移され、腎臓医科専門のM・K・マニ医師による治療に委ねられた。しかし、政治犯一般の釈放は行われず、インド連合の全州で推定三万六〇〇〇人が治安維持法（注一）（MISA：Maintenance of Internal Security Act）のもとで、裁判なしの拘禁を受けていた（ラーマチャンドラ・グハ、二〇一二年）。非常事態期に拘束された人数は、一〇万人から一一万人とも言われる。また新聞が検閲され、二六におよぶ政党の活動が禁止された（長崎暢子、二〇一九年）。野党議員が幽閉される中で、インディラ・ガンディーの支配を永続化するために、一連の憲法改正法案が議会を通過した。一九七五年七月二十二日に成立した第三八次憲法改正は、非常事態宣言を司法審査の対象から外した。二週間後に上程された第三九次憲法改正法案は、首相の選挙については、最高裁では争えず、連邦議会が設置する機関においてのみ審理されるとした。この改正は、インディラ・ガンディーの選挙運動にちょうど間に合うように提案され、しかも、一九七一年選挙での首相の行為にまで遡って最高裁の管轄外とした。

さらに、連邦議会にこれまでにない幅広い権限をあたえる第四二次憲法改正法案があった。それは連邦下院の任期延長を可能にし、実際任期はただちに「五年」から六年に延長された。改正は立法府による法律に対する司法審査の適用除外の対象を拡大し、州に対する中央政府の権限を強化した。

一九七六年一月に、タミル・ナードゥのドラビダ進歩連盟（DMK：Dravida Munnetra Kazhagam）政権の任期が切れると、新たな選挙をせずに、中央政府は同州を大統領統治のもとにおいた。二カ月後、グジャラート州でジャナター戦線が脱党によって過半数を喪失した際にも、同様の措置がなされた。

サンジャイは非常事態宣言後、一カ月もしないうちに、公の席に頻繁に姿を現し、しばしば首相の横にいて、閣僚選任にまで口を出した。リベラルなI・K・グジュラール情報放送相がメディアに対してあまりにソフトであると見ると、より強硬派のV・C・シュクラにすげ替えた。経験豊かなスワラン・シン（ネルー内閣の中軸閣僚）は、非常事態にさほど熱心ではないとみなされて、国防相をバンシー・ラールと交代させられた（シンは第四二次憲法改正法案の担当者となった）。

スラム浄化政策

サンジャイは、首相の二〇項目綱領を補完する五項目の綱領（家族計画・植樹・持参金廃止・非識字の撲滅・スラム浄化）をとりしきった。

首都デリーには自然発生的に生まれたスラムが点々とあり、住宅街や政府官庁で働く低賃金の仕事に従事する移住者の住まいとなっていた。首都にはこうしたスラムが一〇〇カ所ほどあり、約五〇万人が居住していた。サンジャイはこれらのスラムをヤムナー川の東側の農地に移そうとした。これは、デリー開発公団（ＤＤＡ：Delhi Development Authority）の野心的な副総裁、ジャグモーハン（サンジャイの周辺にいる取り巻きの中心的存在）の考えと合致した。ジャグモーハンは以前からデリーを整理することを人生の使命とみなしていた。首相の息子がそれを承認したことで、説得より強制を優先する姿勢を正当化した。非常事態以前の一五年間にＤＤＡが立ち退かせた住民は六万家族であったが非常事態の一五カ月間にその数は倍にのぼった。これに抗議する人々と排除しようとする警官との間に、衝突が起こった。衝突による死者は一〇人から二〇〇人。外出禁止令がオールド・デリーに出され、解除されたのは一カ月後であった。

強制避妊手術政策

多くのインド人は、人口増加により、国のその他の成果を帳消しにしないかと危惧していた。一九〇一年にインドの人口は、約二億四〇〇〇万人であったが、一九七一年には五億五〇〇〇万人近くになった。医療の進歩と栄養価のある食品のおかげで、かつては死亡率の高かった乳児も含め、インド人全般をより長生きさせた。独立後の国民総生産（ＧＮＰ）は年率三％で伸びたが、人口増加が高いため、一人当たりでは年率一％の上昇にすぎなかった。

一九七五年後半あたりから、サンジャイは家族計画に力を入れた。彼は強制的な断種に注目し、その設備が末端の村レベルまで整備されるべきとした。インド全国をめぐり、州の間の競争心をあおった。ある州の首相には他州の首相が達成した手術実績を追い越すよう督励した。政府の下級職員は遅配の賃金を精算してもらうためにも、トラックのドライバーは運転免許を更新するためにも断種証明を提示しなければならなかった。同じことが、スラム住民が再定住の土地を割り当てられる場合にも適用された。

農村でも同様に、サンジャイがその地方を訪問した後、強制的な断種キャンペーンが村のなかで組織された。命令に抵抗して解雇された者、警官隊との衝突で死亡するものが多くでた。

人気歌手のキショール・クマールは、サンジャイの家族計画キャンペーンの資金をつくるプログラムの出演を拒絶した。彼の歌は国営放送の映画音楽専門放送局では禁止され、サンジャイの部下は、レコード会社に彼の歌を売らないよう警告した。この強制避妊手術政策で、施術されたのは八〇〇万人とも一〇〇〇万人とも言われ、千数百人が命を落とした。

選挙準備

一九七七年一月十八日、首相は連邦下院の解散と、新たな選挙の実施を発表した。同時に政敵が次々と釈放されていった。一月十九日、ジャナ・サンガ（人民連盟）、インド・ローク・ダル（チャラン・シンが率いる主として農民からなる政党）、社会党、会議派（主流）の四党の指導者がニューデリーのモーラールジー・デーサーイー邸で会合をもった。翌日、デーサーイーは彼らが単一の選挙シンボルと単一の政党名で選挙を戦うことに決定したと記者会見で語り、Ｊ・Ｐ・ナーラーヤンも出席する会見で、「ジャナタ党」が正式に発足した。ジャナタ党の結成から十日後、ネルー内閣およびインディラ内閣の長老閣僚であるジャグジーヴァン・ラーム（指定カーストの指導者）が中央閣僚を辞任すると発表した。ラームは民主主義を求める会議派（略称ＣＦＤ）を結党した。ＣＦＤは、野党の分裂から会議派が漁夫の利を占めないように、ジャナタ党と候補者を調整するようとりはからった。

(4) ジャナタ党

インディラ首相は選挙によって、自己の政治的立場の再強化を図るつもりであったが、インディラもサンジャイも落選した。長らく与党の忠実な票田とされていた指定カースト集団の多くは、ジャグジーヴァン・ラームの離党で、ジャナタ党に投票し、サンジャイの事業「断種手術とスラム撤去」によって、甚大な被害をこうむったムスリムも会議派から離れた。ジャナタ党とＣＦＤは連邦下院の五四〇議席中の二九八人を当選させた。独立後、会議派以外の政党がはじめて中央を支配した。

選挙結果が判明すると、だれを首相に選ぶかの議論が開始され、チャラン・シン、ジャグジーヴァン・ラーム、モーラールジー・デーサーイーのあいだで猛烈な支持獲得合戦が展開された。ジャナタ党の後ろ盾である大長老J・P・ナーラーヤンとJ・B・クリパラーニーが選択を行うことになり、デーサーイーが首相に決まった。ジャグジーヴァン・ラームは国防相、チャラン・シンは内務相、H・M・パテルは蔵相、アタル・ベハーリー・ヴァージュペーイーは外相に決まった。寄り合い所帯のジャナタ党は派閥抗争に明け暮れた。

ダリトと上位カーストとの衝突

南部インドでは英領時代に導入された差別的優遇措置により、上位カーストが公的職業に占める比率を制限した。ジャナタ政府は、この制度を北部インドにも拡張しようと試みたが、上位カーストからの抗議をまき起こし、ラージプートとブーミハールの学生らはバスや列車を焼き、政府の建物を襲撃した。後進カーストの指導者も譲らず、闘争が起こった。デーサーイーは中央政府の雇用にも後進カーストへの留保を拡大することを検討する委員会（マンダル委員会）(注一二)を設置した。

後進カーストは上位カーストから土地や公職などを取得して、やすやすとかれらの鞘におさまった。そして上位カーストと同様に、ダリト（抑圧されしもの）を侮蔑的に扱い、しばしばかれらの女性を凌辱した。かつては、下層カーストは泣き寝入りするほかなかったが、教育の拡大や政治的代表制によって開かれ、若い世代のダリトたちは、これまで当然のことと受け入れさせられた侮辱、虐待、その他の屈辱をもう我慢しなかった。インディラが権力の座にいた一〇年間、報告された暴行件数は四万件であった。ジャナタ政権の一九七七年四月から一九七八年九月までに一万七七七五件のハリジャン（ダリト）に対する暴虐件数が報告された。このうちの三分の二は、ジャナタ党が政権についた州での件数と推定されている。

一九七八年、ウッタル・プラデーシュ州の町アーグラで、ダリトと上位カーストの衝突があった。B・R・アンベードカルの誕生日（四月十四日）に靴産業で財をなした靴職人のカースト集団ジャータヴが花輪をかけた彼らの英雄の肖像を背に乗せた象を先頭に行進した。上位カーストは、伝統的にヒンドゥーの王を連想させるこうした乗物がダリトによって使われたことに怒り、行進を襲撃した。ジャータヴはその報復に上位カーストの所有する店舗に襲いかかった。散発的な闘いが二週間近くも続き、軍隊が動員された。

マハーラーシュトラ州の内陸の乾燥地帯、マーラトワラで最も深刻な衝突が起こった。この地帯の不可触民は、B・R・アンベードカルの先例に強い影響を受け、多くが仏教に改宗し、自らをダリトという名称に変えた。一群のダリトの作家や詩人が、アウランガバードにあるこの地域の中心的な大学の名称を、彼らの偉大な指導者「アンベードカル」にちなんで改称することを要求した。州政府の決議で、大学の名称がマーラトワル大学からドクター・バーバーサーヘブ・アンベードカル大学へ改称された（一九七八年七月二十七日）。しかし、改称は支配的なマラーター・カーストによって猛烈に反対された。ダリトの集落は攻撃され、放火されて、推定五〇〇〇人が家を失った。大学改称の命令は撤回された。

一九七七年五月二十七日、ビハール州のベルチ村で、九名のハリジャンが上位カーストの暴徒によって焼き殺された。連邦下院の野党指導者Y・B・チャヴァーンは、事件の調査のために現地に赴くと発表した。チャヴァーンがこの約束を実行できないでいるうちに、党の同僚である前首相が代わりに行くことを望んだ。ビハールでの殺害事件はインディラを行動に駆り立てた。彼女はパトナーに飛び、ベルチへ向かった。道路は雨で押し流されていたが、自動車をジープに乗り換え、さらにトラクターに代え、泥濘があまりにも深いため、象に乗り換えた。前首相はベルチに就き、暴力で殺された家族の人々を慰めた。この遠乗りは、ジャナタ政権が貧者やハリジャンの運命に無関心だと告発し、また貧者と下層の民の友人としてのインディラを浮かび上がらせた。会議派の一般党員にも、インディラこそが行動の人であり、彼女のみが権力復帰の闘いを指導できることを示した。

インディラの復活

内相のチャラン・シンは前首相の逮捕がどうしても必要だと考え、連邦捜査局は彼の指示によって、汚職を理由とする告発状を作成した（一九七七年十月）。警察はインディラの身柄を拘束したが、判事の前に出頭すると、判事は、根拠が薄く実態がないとして、告発状を却下した。

一九七八年一月、会議派は公に二つの派に分裂し、インディラについた人々は会議派I（インディラ派）を結成した。翌月この党は、アーンドラ・プラデーシュとカルナータカの州議会選挙で大勝した。少なくとも南インドでは、貧者、アーディバーシー（先住部族）、指定カーストそして女性の救世主としてのインディラのイメージは全く損なわれていなかった。

インディラは、連邦議会に戻るための確実な議席を探し始め、最終的にカルナータカ州のチクマガルール選挙区を選び楽勝した。連邦下院に入るや否や、自分に対する「議員特権動議」に直面せねばならなかった。ジャナタ党議員で多数を占める下院の常任「議員特権」委員会は、一九七四年の首相在任中、インディラがサンジャイのマルチ工場に関する議会による調査を妨害し、それによって意図的に議会を欺いたという報告を行った。多数を占めるジャナタ党は、彼女に対する処罰として一週間の投獄を決定した。このため、彼女は議員を辞職した。彼女の辞職によって再度実施されたチクマガルール補欠選挙に、インディラは再び立候補し、再び勝利した（一九七八年十一月）。

一九七九年七月、社会党系議員は、ジャナタ党から離脱した。そのため、デーサーイー政権は過半数を喪失し、デーサーイーは辞任した。

チャラン・シンは彼の古いライバルであるインディラとのご都合主義的な同盟をでっち上げ、連邦下院での過半数の支持を大統領に納得させることができた。チャラン・シンは一九七九年七月二十八日に首相に就任した。一カ月後、会議派は支持撤回を大統領に通告したので、大統領は中間選挙を行うことを決定した。一九八〇年一月の第七回総選挙では会議派が圧勝した。

ジャナタ党の三年間は喧嘩と内輪もめが続いたが、憲法の改正には成功した。モーラールジーは、一九七七年の選挙前に前首相のなした非常事態が二度と押し付けられないよう、いかなる政府もできないように憲法を正すことを明言し実行した。事実上、インディラが非常事態期に改正した以前の状態に戻し、さらに国家非常事態の宣言をはるかに困難にした。この宣言は議会の三分の二によって承認されねばならず、「武装反乱」に対してのみ発動されることになった。

⑸ シク教

十六世紀初めに、グル・ナーナク（一四六九年―一五三九年）が啓示を受けて布教を開始した。ヒンドゥー教の一派から独立し、イスラム教の影響を受けて成長した一神教である。パンジャーブを本拠地とし、北インド一帯に広がった。当時この地域はムガール帝国であり、宗教に寛容なアクバルの統治下で繁栄していった。一五七四年、第四代グル・ラーム・ダースがパンジャーブ中心部にラームダースプル（現在のアムリトサル）を建設し、そこに黄金寺院（ハリマンディル・サーヒブ）の建設を開始した。黄金寺院は一六〇四年に第五代グル・アルジュンによって完成された。アルジュンは、信徒に対して生産物の一〇分の一税を課し、教団の財政を大幅に強化した。アクバルの死後、ムガル帝国と対立するようになり、グル・アルジュンはムガル帝国の弾圧を受けて死亡した。この頃から、教団組織を整備し、反イスラム・反ヒンドゥー色を強めた。

第一〇代のグル・ゴービンドは教団内の権力構造を廃止し、また武装集団カールサーを組織して、半独立の姿勢を示すようになり、勢力を拡大させた。一七〇八年ゴービンドは暗殺された。四人の息子はムガル帝国との戦争で先に死んでおり、遺言によりグルは擁立されず、この後は聖典「グル・グランド・サーヒブ」が中心的な権威をもつようになった。

ムガル帝国への反乱を起こしたバンダー・シン・バハードゥルは一七一六年に処刑された。一八〇一年にはランジート・シンが首都をラホールとするシク教国を建国したが、彼の死後、後継者争いが起こった。その後、英国との二度の戦に敗れ、一八四九年に英領に併合された。インド大反乱では、英国に協力した。

カールサーという信徒集団に所属しているメンバーは髪の毛と髭を切らず、頭にターバンを着用する習慣がある。男性はシン（Singh：ライオン）、女性はカウル（王女）という名前をもつ。

一九二〇年にシク教の教義を基盤とする政党アカリーダル（「不滅党」の意）が創設された。ヒンドゥー至上主義のジャナ・サンガと連立政権を組んだが、一九七一年には国民会議派に敗れた。アカリーダルは、一九七七年にはパンジャーブ州で再び与党となり、ハリヤーナー州と共用していた州都チャンディーガルのパンジャーブ州編入や水利権などを中央政府に要求したが難航した。

一九七八年四月にアムリトサルでニランカーリー派という教団の大衆集会が開催された。彼らは、実在の生きているグルを信仰していることから、正統信仰派のシク教徒から異端と見なされていた。同じ頃、ジャルナイル・シン・ビンドラーンワーレーという説教師が台頭してきて、ゴールデン・テンプルの境内から過激な説教をした。彼の言葉で激昂した群衆が異端者の集会に襲いかかり、ニランカーリーも反撃し、この襲撃で一五名が死亡した。

『マザー・テレサ』

マザー・テレサ（アグネス・ゴンジャ・ボヤジ、一九一〇年―一九九七年）はカトリック教会の修道女である。オスマン帝国のコソボ州・ユスキュプ（現在の北マケドニア共和国・スコピエ）に生まれた。父はアルーマニア人、母はアルバニア人であった。十八歳で、アイルランドのロレト修道女会にはいり、一九三一年にインドのダージリンに赴いた。カルカッタの聖マリア学院で地理と歴史を教えていたが、一九四六年、「もっと貧しい人の間で働くように」という啓示を受けた。一九四八年、教皇ピウス十二世から修道院外居住の特別許可を得て、カルカッタのスラム街の中へ入っていった。一九五〇年、ローマ教皇庁の認可を受け、修道会「神の愛の宣教者会」を創立した。インド政府の協力でヒンドゥー教の廃寺院を譲り受け「死を待つ人々の家」というホスピスを開設した。また児童養護施設、HIV患者のための家、ハンセン病者のための施設、炊き出し施設、学校などを開設して活動した。一九七九年ノーベル平和賞を受賞した。償金はすべてカルカッタの貧しい人々のために使った。

(6) インディラ・ガンディー（二）

インディラ・ガンディー（在位第三次一九八〇年―一九八四年）は、経済危機克服策として「効率の追求＝近代化」をスローガンとしてかかげ、政治的規制の強化と財閥に対する経済規制の緩和（一九七四年に採用）を踏襲するとともに、ＩＭＦからの巨額の借款により「経済自由化」を進めた。

サンジャイもウッタル・プラデーシュ州アメーティー選挙区で当選し国会議員となった。日本のスズキとマルチ・ウドヨグ社(注一三)（Maruti Udyog Ltd.）との小型乗用車分野での資本・技術提携が行われ、「乗用車革命」と呼ばれた。一九八〇年六月二十三日、サンジャイは自ら操縦する航空機の事故により死亡した。兄のラジーヴ・ガンディー(注一四)が政界入りさせられた。

インド北東部

インド北東部のアッサム州は、少数民族の最も密集している地域の一つである。英国の茶栽培業者によって強制労働をさせられていたが、独立後も同じであった。油田が開発され、工業化のために安い労働力が大量に必要になった。一九八〇年代に入って、四つの総合大学と一つの農業大学を持つようになり、識字率が高まった。人口は約二〇〇〇万人、そのうち八〇％がヒンドゥー教徒であった。

一九七一年のバングラデシュ建国につながるパキスタンの戦争で、大多数のベンガル難民が西ベンガル州に流れ込んできた。その後帰国したのはわずかで多数の人々がインドに居残り、ベンガル州の就労状態が悪化し、難民は仕事を求めてアッサム州にやってきた。土着のアッサム人たちは八〇〇万人もの移住者がやってきたことに抗議した。このうち五〇〇万人は「非合法」移住者で、移住難民労働者の大部分がムスリムであった。

アッサム州の学生たちは全アッサム学生同盟（ＡＡＳＵ：All Assam Students Union）を組織し、移民労働者反対の運動を始めた。彼らの政策は狂信的な郷土愛に基づいていた。AASUの政治要求は、全移住者を見つけ出し、すぐに公民権を剥奪し、バングラデシュに追放するか、他のインド各地に分散させるという四項目だった。AASUの指導者たちは難民が会議派（主流派）の大票田になることを嫌っていた。インド政府はどう対応したらよいかわからず、合法的居住者と非合法的居住者を区別することを約束し、アッサム州とバングラデシュを区分する鉄条網を境界線に張り巡らした。AASUへの投票率は一つの地方で一〇・四七％、他はすべて二％以下であった。

アッサムの民族主義者たちは中央政府に対し武力で対抗した。難民村が襲撃されて、徹底的に破壊された。一九八三年二月二十日、インド近代史上最悪の虐殺事件が、ネーリエという町で勃発し、ダランという町に飛び火した。約五〇〇〇人の無抵抗の老若男女が殺され、十六の村が巻き添えになり、五〇万人の人々が家を失った（タリク・アリ、一九八七年）。

宗教暴動

一九八〇年のジャナタ党の敗北の後、同党のジャナ・サンガ党員は独自の党を結成した。インド人民党[注一五]（BJP：Bharatiya Janata Party/ Indian People's Party）と名づけられ、ヒンドゥーの利益を代表し推進して、北部及び西部インドにおける宗教暴動の先駆けとなった。些細な争いから始まって紛争は急速にエスカレートして暴動が発生し、ムスリムが被害を受けた。

パンジャーブ州では経済力を強めたシク教徒が自治権を要求し、一九八〇年代には無差別のテロ行為にまで発展した。一九八〇年四月にはニランカーリーのグル、バーバー・グルチャラン・シンがニューデリーで射殺された。一九八一年九月にはシク過激派を論難してきた影響力のある新聞の編集長ラーラー・ジャガト・ナーラーインが殺害された。首相はシク教徒をインド連邦の大統領に任命して懐柔しようとした。前パンジャーブ州の首席大臣、当時中央政府の内務大臣のザイル・シンが圧倒的多数で大統領（在位一九八二年—一九八七年）に選出された。しかし、シクの指導者ビンドラーンワーレーの行動には何の影響もなく、配下の者たちは敵対者を殺害し続けた。テロリストたちはアムリトサルのゴールデン・テンプルを要塞化し政府部隊の攻撃に備えた。首相は、一九八四年六月三日から六日まで、武力制圧に乗り出した（ブルースター作戦）。政府の推定では四人の将校、七九人の兵士、四九二人のテロリストが死んだ。別の推定では将兵の死者は五〇〇人だが、多くの巡礼者が放火にまきこまれ、三〇〇〇人が死んだ。

インディラはこの直後から、暗殺の危険があることを、情報機関から警告されていた。彼女個人のボディーガードのうち、シク教徒を交代させるようにも助言されていたが気にもとめなかった。インディラは、同年十月三十一日の朝、自邸から隣接する執務室へ移ろうとしたとき、二人のシク教徒の警備員によって至近距離から射殺された（享年六十六歳）。二人は帰省先から最近戻ったばかりで、ブルースター作戦の報復を実行した。十月三十一日の夜から始まった暴力は、十一月の最初の二日間にかけて拡大し、デリーだけで一〇〇〇人余のシクが殺害された。暴徒は、デリーとその周辺に住むヒンドゥー教徒たちで、市で働く指定カーストの掃除人、郊外の村に住むジャート農民やグッジャルの牧畜民らである。しばしば彼らは、市議会議員、連邦議員、さらには連邦閣僚の会議派政治家に率いられ、この仕事の協力で金と酒が約束されていた。

北部インドの他の都市や町でも、シクは攻撃された。ウッタル・プラデーシュ州の事件では、二〇〇名のシク教徒が殺害された、インドールでは二〇名、ボカーロの鉄鋼都市では六〇名が殺害されたが、いずれもデリーと同様に地元の会議派政治家がやらせたものだった。

カルカッタでは五万人のシク教徒の住民がいたが、負傷者はごく少なく死者はいなかった。西ベンガル州首相ジョティ・バスは、警察に平和の維持を命じた。指示は尊重され、市の強力な労働組合は油断なく見張っていて、行政による迅速な行動が宗教暴力を事前に阻止しうることを示した。残念ながらこの教訓は他の地域では生かされなかった（ラーマチャンドラ・グハ、二〇一二年）。

⑺ラジーヴ・ガンディー

長男のラジーヴ・ガンディー（在位一九八四年―一九八九年）が首相に就任した。就任から一カ月後、未曽有の大規模産業事故に見舞われた。十二月三日の未明、白煙が中央インドのマディヤ・プラデーシュ州の州都ボーパールの街に充満し始め、家で寝ていた市民らは咳、吐き気、目の焼けつくような感覚に襲われた。米国企業ユニオン・カーバイド社が経営する農薬工場から流れ出たメチル・イソシアネート（ＭＩＣ：Methyl isocyanate）（致死性のガス）であった。地下のタンクに貯蔵され、通常は大気に放出される前にガス洗浄器を通じて無害化されるはずであったが、この日には予期されなかった化学反応により、ＭＩＣは有害な状態のまま放出された。ガス漏れの数時間後には少なくとも四〇〇人がガスを吸って死亡した。最終的には三〇〇〇人以上が死亡し、五万人がその後、ガスを原因とする疾病や障害に苦しんだ（目の見えなくなった人は一万人以上など）。州政府発表では、死者五二九五人、負傷者五六万八〇〇〇人とされるが、実際の死者は二万人にも上ると言われ、史上最悪の産業事故[注一六]となった。被害者の多くは工場に隣接するスラムや掘っ建て小屋の住人であった。新たなガス漏れを恐れた数千人の住人がボーパールを立ち退かざるをえなかった（ラーマチャンドラ・グハ、二〇一二年）。

十二月の終わり、八回目の総選挙が行われた。インディラ暗殺に対する同情票で、会議派は圧倒的な勝利をおさめた。ラジーヴ首相は政府の官僚的システムを解体し、電気通信、工業・教育システムの近代化・科学技術の発展に尽力した。これまでのソ連寄りの施政から、米国との関係改善や、中華人民共和国との関係改善に着手した。

一九八五年秋にはオリッサ州の部族地域で、雨不足とそれによる被害で、一〇〇〇人以上の死者が出た。

一九八七年には、より深刻な旱魃が発生した。オリッサの丘陵だけでなく、西部インドの半乾燥地帯、特にグジャラートとラージャスターンの被害が深刻だった、二十世紀最大の旱魃であると考えられ、推定二億人が被害を受け、家畜の死体が散在した。

インド西北部

パンジャーブでは武闘派が再びゴールデン・テンプルを根城にした。テロリズムの再発に対処する警察力は三万四〇〇〇人に増強された。テロは止むことなく、バスは街道で停止させられ、ヒンドゥー教徒の乗客がシク教徒とより分けられて殺害された。ヒンドゥー教徒はハリヤーナー州に逃げ込み始めた。一九八八年五月の大作戦で、五〇人ほどのテロリストたちは寺院の内陣にこもったが、七二時間の包囲の後、食料と水をたたれて降伏した。

一九八七年、ジャンムー・カシミール州議会の選挙が実施されたが、中央からの独立を主張するムスリム統一戦線（ＭＵＦ：Muslim United Front）の活動家は政府によって弾圧された。彼らはパキスタンに支援をもとめ、青年グループはパキスタン軍の訓練キャンプに参加して闘争方法を学んできた。カシミール峡谷はカラシニコフ・雷管・火炎瓶・爆発性ゼラチン・臼砲と顔を隠した武闘派の棲家となった。一九八九年前半だけで、九七件の暴力事件が発生し、五二名が死亡、二五〇名が負傷した（ラーマチャンドラ・グハ、二〇一二年）。

スリランカ

隣国スリランカでは、タミル・イーラム解放の虎（注一七）（ＬＴＴＥ：Liberation Tigers of Tamil Eelam）が、島の北部と東部から成る独立国家の樹立を目標にスリランカ軍のキャンプを襲撃し、民間人にも残虐行為を働いていた。ＬＴＴＥの戦士は、インドのタミル・ナードゥ州を安全な避難地として長らく利用してきた。州政府も、中央政府が大目に見ていたことから、彼らの活動を積極的に支援した。一九八七年の夏、ラジーヴはスリランカ大統領のＪ・Ｒ・ジャヤワルダナから、紛争の仲裁に助力するよう求められた。インド平和維持軍（ＩＰＫＦ：Indian Pease Keeping Force）の投入が開始され、最終的には四万八〇〇〇人が駐屯した。彼らはシンハラ人の間では主権の侵害とみなされ、タミル人からは、インドはこれまで常に自分の側にいたはずであったと考えられて不評であった。ＩＰＫＦが武装勢力に対する行動を起こすと、大勢は一転してインド側に不利となり、彼らは占領軍とみなされた。一九九〇年春まで完全な撤退は実現せず、一〇〇〇人以上の兵士がこの紛争で死亡した。

経済政策では、電子産業など一部で規制緩和が行われ、また積極的な経済政策によって都市部の消費が拡大したが、経済格差は拡大し貧困大衆の支持が離れて行った。蔵相のV・P・シンは脱税の疑いのある企業グループへの一連の立ち入り捜査を実施したが、これは彼の権限を越えるものとされた。シンは国防ポストにまわされ、その後さらに閣僚から完全に外されてしまった。その直後(一九八七年)、スウェーデンの武器製造会社(ボフォールズ社)とインド政府との間の取引で、インド側の仲介企業と複数の個人が五〇〇〇万ドルに達する賄賂を受け取ったとの報道が流れた。そのなかにラジーヴが含まれるとの疑惑が一挙に広まり、ラジーヴ首相は辞任に追い込まれた。

(8) ジャナタ・ダル党(一)

一九八九年の総選挙で、ラジーヴは落選こそしなかったが、会議派は大幅に後退して野党に転じた。かつてラジーヴ内閣の閣僚で、離党後ジャナタ・ダル(JD:Janata Dal, 人民党)を率いて善戦したV・P・シンが首相(在位一九八九年十二月—一九九〇年十一月)となった。インド人民党(BJP:Bharatiya Janata Party)やインド共産党(CPI—M:Communist Party of India-Marxist)は閣外協力をすることになった、この選挙では、第六二次憲法改正(一九八八年)により、十八歳以上の男女有権者が参加した。

V・P・シン首相は「その他の後進諸階級(注一八)(OBC:Other Backward Class)」に行政や高等教育機関への採用において優遇的な特別枠を設ける留保を中央政府でも実施する政策を発表した。デーサーイー政権が設置したマンダル委員会の基本的な勧告の実施である。南部ではOBCの留保についてすでに導入されている州が多く、また工業部門が活発で、教育を受けた青年は政府雇用のみに依存することはなかった。さらに、上層カーストは、南部では人口の一〇%程度であるが、北部では二〇%以上あり、利害関係が深刻で、反OBC留保運動が広がった。政府の職を得る可能性が狭められたとして二〇〇件近い焼身自殺の企てがなされた（目的を達したのは六二件）。学生たちのデモ行進、政府建物への攻撃、警官隊との乱闘が起こり、六つの州で警官の発砲により五〇人以上が死亡した。最高裁判所が乗り出しいったん留保措置を停止させて、事態は沈静化した。

一方、ＢＪＰのヒンドゥー主義運動は急速に盛り上がりをみせ、現代のラーマ神を気取る同党指導者Ｌ・Ｋ・アードワーニーは、西部のグジャラート州から北インドのアヨーディヤにむけて、ラーマ寺建立運動のための自動車行進を行った。彼はビハール州政府により逮捕され、アヨーディヤへの行進を阻止された。これでＢＪＰのシン内閣支持は撤回され、シン内閣は不信任となって辞職した、会議派を組み入れていたジャナタ・ダル（人民党）左派のチャンドラ・シェーカルが首相に任命された（一九九〇年十一月）。その後、会議派が支持を撤回した結果、同内閣は辞職し、一九九一年五月に第一〇回総選挙を挙行した。その選挙運動中、ラジーヴ元首相はタミル過激派の手で暗殺された（一九九一年五月二十一日、享年四十六歳）。

(9)　ナラシンハ・ラーオ

ラジーヴへの同情票もあって会議派は勢力を回復し、過半数には届かなかったものの第一党となった。会議派は諸派の支持を受けて、同年六月アーンドラ・プラデーシュ州出身のナラシンハ・ラーオ（在位一九九一年―一九九六年）政権を発足させた。

一九九一年の総選挙で会議派は南部での良好な実績により政権に復帰したが、北部での地盤を回復するためには、後進カーストを引き戻さなければならなかった。ラーオ首相は一九九一年九月二十六日、新たな政府命令を出して、マンダル委員会報告を承認した。ただし、ＯＢＣに二七％の職を割り当てるに際しては、彼らのなかで「より貧しい層に属する者を優先する」という条件をつけた。一方、提起された訴えの審理を継続中であった最高裁判所は、一九九二年十一月十六日、マンダル委員会の勧告とそれを実施する政府命令を合憲と判断した。二点の留保合計で政府の職の五〇％を超えてはならないこと、および、カースト基準は新規採用のみに適用され昇進には適用されないことを付け加えた。中央政府は一九九三年には以上の線にそった留保制度を各機関で施行した。

マンモハン・シン蔵相の元で一九九一年七月から始まった経済自由化によって経済は成長軌道に乗り、ＩＴ(Information Technology) 分野が急成長を遂げた。

『アヨーディヤのラーマ寺』

叙事詩ラーマーヤナの英雄が歴史上の人物であったという証拠はないが、ヒンドゥー教徒の神話のなかで、ラーマは実在する。北インドのウッタル・プラデーシュ州のアヨーディヤは、古代コーサラ国の初期の首都であり、ラーマ王子の誕生地としても知られていて、ヒンドゥー教ではインドの七つの聖なる町の筆頭であった。一五二八年にムガル皇帝バーブル麾下の将軍ミール・バーキーが建てた大きなモスクの内部がラーマの生誕地と信じられ、モスクが建つ前には、ラーマ神を祀った寺院があったと言われていた。

十九世紀以来、この土地の占有を要求して対立するヒンドゥー教徒とイスラム教徒の間で何回か衝突が発生した。そのため英国支配者は、ムスリムがモスクの中で祈り、ヒンドゥーは外の台座で神への捧げものをするという妥協を成立させていた。一九四九年、ヒンドゥーの利益に好意的な役人が、ラーマ神の童像（ラーマ・ララー）をモスクのなかに置くことを許可した。童像の参拝は十二月の特定の日のみに許されることになった。

一九八〇年代のはじめに、ヒンドゥー協会(注一九)（ＶＨＰ：Vishva Hindu Parishad/ World Council of Hindus）は「ラーマの生誕地の解放」を求めるキャンペーンを開始した。彼らの神（ラーマ）を「ムスリムの牢獄」から救出するよう過激な演説が繰りひろげられ、最終的にはラーマ像の公開参拝が許可された。インドの歴史家や考古学者は、例外なしにアヨーディヤのラーマ寺院の存在を否定しており、バーブリー・マスジット（モスク）の歴史的な遺産を尊重すべきとする立場を表明してきた（中村平治、一九九七年)。

一九八一年二月十九日、タミル・ナードゥー州でハリジャンの村落ミナークシープラムの一〇〇〇人の住民がムスリムに改宗し、宗教と個人名だけでなく、村名までもラフマトガルと変えた。上層カースト地主による抑圧、学校への入学、政府の雇用における差別に反発し、すべての信者の間での平等を説く信仰を受け入れることで、社会的烙印からの脱却を望んだものと思われる(ラーマチャンドラ・グハ、二〇一二年)。ミナークシープラム事件はヒンドゥー至上主義団体の民族義勇団(注二〇)(民族奉仕団、RSS：Rashtriya Swayamevak Sangh/ National Volunteers Organization)や傘下の団体の憤激を買い、RSSはVHPを拠点に活動を広めた。

一九九二年十二月はじめ、アヨーディヤにあるイスラム寺院(ラーマ寺)が数千人のヒンドゥー教徒たちにより破壊された。これを契機に全国に暴動が広がり、警官の発砲などでムスリムを中心に一二〇〇人以上の死者を出した。国民会議派政府は、急遽、地元の州政府(インド人民党)を解任し、RSSを始めとするヒンドゥー原理主義団体を非合法化し、インド人民党の幹部も投獄した。政府はさらにマスジド破壊弾劾決議を可決し､続いてアヨーディヤの係争地を取得する方針を決定した。報復としてバングラデシュやパキスタンでヒンドゥー寺院が破壊され、予定されていたSAARC(注二一)首脳会議も延期された。

事件は裁判で争われ、最高裁にまで持ち込まれた。二〇一九年、最高裁判所は寺院の跡地をヒンドゥー教の聖地として寺院建設を許可し、アヨーディヤの別の土地がイスラム教徒のモスク建設用に引き渡されることになった。また、一九九二年のモスク破壊は違憲とされた。

⑽ジャナタ・ダル党(二)

アヨーディヤ事件についての対応の悪さ、貧困大衆の生活改善がされないことに加え、証券スキャンダル、砂糖取引疑惑、電話網入札疑惑、「闇の外貨送金」疑惑などで、会議派の人気はなくなった。一九九六年四月の連邦下院選挙では会議派は惨敗し、インド人民党（ＢＪＰ）が初めて第一党になった。しかし、ＢＪＰは過半数におよばなかったため、いったんはアタル・ビハーリー・ヴァージペーイー（バジパイ）を首相として組閣したが、二週間足らずで崩壊した。代わって、「統一戦線」政府のデーヴェー・ガウダ（在位一九九六年―一九九七年）が政権を担ったが、インドラ・クマール・グジュラール（在位一九九七年―一九九八年）に代わった。

一九九七年六月二十五日、初の不可触賤民出身のコチェリル・ラーマン・ナラヤナン大統領（在位一九九七年―二〇〇二年）が就任した。一九九八年には、故ラジーブ・ガンディー夫人ソニア・ガンディーの選挙応援参加で、会議派政権奪還を目指したが実現しなかった。

⑾ インド人民党

ＢＪＰはヒンドゥー民族主義を自制し、反会議派や利害関係の一致で有力な州政党と選挙協力を行って、効率的に議席を獲得した。十数党の個別政党を寄せ集めて国民民主同盟（ＮＤＡ：National Democratic Alliance）をつくり、インド人民党のヴァージペーイーが首相（在位一九九八年―二〇〇四年）に就いた。

一九九八年五月十一日と十三日、ヴァージペーイー政権がコードネーム「シャクティ」を突如実施し、核保有国であることを世界に宣言した。インドに対抗してパキスタンも同月地下核実験を行った。

カシミールでは、パキスタンとの関係及び自治権運動で複雑な問題を抱え込んでいたが、一九八〇年代から「ジャンムー・カシミール解放戦線」などの過激派が勢力を増してきた。アフガニスタンからソ連が撤退したのち、イスラム武装勢力やパキスタンをベースとする勢力が進出してきて、一九九五年三月にはパキスタン寄りの「聖戦士団」およびアフガニスタン武装勢力とインド軍および国境警備隊との間で大規模な戦闘が起こった。そのような状況下で、一九九九年五月、カシミールのカールギル地区でパキスタン軍が管理ライン（停戦ライン）を越えて同地区の一部を占領し、両軍が衝突した。インド側は空軍まで動員して反撃した。（カールギル戦争、一九九九年）パキスタンのシャリーフ首相が、米国のクリントン大統領に仲介を頼み、停戦にいたった。インド側五〇〇名、パキスタン側二〇〇〇名の将兵が戦死した。核兵器の実戦使用が懸念され、米国などから経済制裁を受けた。

二〇〇〇年三月クリントン大統領が来印し、インド議会で演説した。ＩＴ・バイオ・クリーンエネルギーの分野での両国の経済関係強化の必要性を強調した。

二〇〇〇年九月ヴァージペーイー首相が訪米し、ＣＴＢＴ（包括的核実験禁止条約）発効まで核実験を凍結することを条件に米国から経済制裁の一部解除をとりつけた。インドはＣＴＢＴに署名していなかったため、制裁の解除は実行に移されなかった。

二〇〇一年九月十一日米国同時多発テロが起き、米国はアフガニスタン（アルカイダ(注一二)の指導者オサマ・ビンラディンを匿う）への空爆を行うためにインドとパキスタンの協力を必要とした。

同年十二月十三日、インド国会議事堂がパキスタンのカシミール武装勢力、ラシュカレ・タイバ（ＬｅＴ）、ジャイシュ・エ・モハンマド（ＪｅＭ）によって襲撃された（越境テロ）。ヴァージペーイー連立政権は、すべての外交・交通関係を直ちに遮断し、軍をカシミール管理ラインのみならず印パ間の国境全域に大動員した。越境テロは、二〇〇二年五月十四日にも起こり、ジャンムーのカルチャックでインド陸軍駐屯地が襲撃された。軍事行動開始は不可避と考えられたが、米国のアーミテージ国務副長官がパキスタンのムシャラフ大統領から「越境侵入の恒久的停止」の言質を得て、ヴァージペーイー首相に伝え、何とか治まった。

二〇〇二年二月二十七日、グジャラート州のゴードラー駅において、急行列車が炎上し、ヒンドゥー教徒の乗客五八人が亡くなった。翌二十八日、地元メディアや州首相、政党関係者はこの事件が国家諜報機関によるテロ行為であると繰り返し述べた。世界ヒンドゥー協会（ＶＨＰ）のメンバーをはじめとするヒンドゥーの暴徒たちが「ゴードラーの復讐」の名のもとムスリム居住地区の襲撃を開始した。「暴動」はグジャラートの中央部、東部、南部を中心に約三カ月続き、最終的な死者数はＮＧＯ団体の推計で二〇〇〇人以上に達し、その多くはムスリムであった。グジャラート州のモディ州首相はヒンドゥーによるムスリム殺害を黙認したとして国際的な非難をあびた（岡本誠子、二〇一七年）。

『アマルティア・セン』
アマルティア・セン（一九三三年―）はベンガルで生まれ、九歳の時、一九四三年のベンガル大飢饉（餓死者二〇〇万人以上）を経験した。インドはなぜ貧しいのかという疑問から、経済学者になろうとした。貧困や不平等などについて深く研究を重ね、ミクロ経済学の視点から貧困のメカニズムを解明し、特に途上国の購買力と飢餓の関係を説明することに成功した。一九九八年ノーベル経済学賞を受賞した。

⑿ マンモハン・シン

二〇〇四年の総選挙では国民会議派が第一党となり、国民会議派中心の政党連合である統一進歩同盟（ＵＰＡ：United Progressive Alliance）が政権を得た。ソニア会議派総裁が首相就任を固辞したため、かつての財務相、シク教徒のマンモハン・シンが首相（在位第一次二〇〇四年―二〇〇九年）に就任した。二〇〇四年十二月二十六日スマトラ島沖地震が起こった。震源地はアンダマン・ニコバル諸島近くで被害は甚大であった（マグニチュード九・一―九・三、死者一万二四〇七人、行方不明一万人以上）。

二〇〇六年三月、原子力の民間分野での協力「米印核協力」を結んだ。経済発展を支えるエネルギー源の確保のため原子力発電の拡大や技術開発は必須であり、そのため国際原子力市場への復帰が重要な課題であった。二〇〇八年十月、米国との民生用原子力協力協定を締結した。米国との協定をきらう左翼政党は、会議派の決定を不服としてＵＰＡ支持を撤回した。ＵＰＡ政権は議会で信任投票を余儀なくされたが、社会主義党などの支持を確保し信任投票を乗り切った。

二〇〇八年十一月二十六日から二十九日朝にかけて、ムンバイで外国人向けのホテルや鉄道駅など複数の場所が、イスラム過激派と見られる勢力に襲撃され（ムンバイ同時多発テロ）、外国人を含む死者一七二人、負傷者二三九人を出した。デカン・ムジャーヒディーン（デカンの聖戦士）と名乗る犯行声明（電子メール）が報道機関に送られてきた。

二〇〇九年からの第二次UPA政権は、ソニア・ガンディーの息子ラーフルが首相を望まなかったため、マンモハン・シン（在位第二次二〇〇九年—二〇一四年）が続投した。経済が停滞したのに加え、携帯電話免許をめぐる汚職事件などが起こり、会議派離れが起きた。

⒀ ナレンドラ・モディ

二〇一四年五月の総選挙ではインド人民党が大勝し、ナレンドラ・モディ首相（在位第一次二〇一四年—二〇一九年）が就任し、人民党政権が発足した。二〇一七年六月、インド・パキスタン両国が上海協力機構(注二三)（SCO：Shanghai Cooperation Organization）に正式に加盟した。

ジャンムー・カシミール州は多くの軍隊と治安部隊が「占領軍」として駐留しイスラム教徒住民の人権を侵害することが頻発し、しばしば衝突が繰り返されている。二〇一六年七〜八月にも治安部隊と反インド・デモ隊が衝突し、四〇日間で六四人が死亡した。中央政府のインド人民党（BJP）は同州に特別な地位を与えている憲法条項を廃止し、完全併合をかかげた。ヒンドゥー教徒の居住区建設を進めており、同時にBJPの支持母体であるヒンドゥー至上主義団体のRSSはイスラム教徒に対するヘイトキャンペーンを続けていた。

ナレンドラ・モディ首相（在位第二次二〇一九年—二〇二四年）はヒンドゥー至上主義で、カシミール問題ではパキスタンに対して強硬路線を取り、双方の銃撃戦が起きた。二〇一九年八月五日、国内で唯一イスラム教徒が多数派となっているジャンムー・カシミール州の特別自治権(注二四)について規定していたインド憲法第三七〇条を廃止し、特別自治権を剥奪する大統領令を公布してインターネットなどを制限した。また、十月三十一日にはジャンムー・カシミール州は廃止され、ラダック連邦直轄領とジャンムー・カシミール連邦直轄領とに分割された。これに対し、パキスタン・中国は反発したが、インド政府は国際社会の批判は内政干渉であるとし

て一切受け付けないと表明した。（朝日新聞、二〇一九年八月七日朝刊、同年八月九日朝刊）

二〇二四年の総選挙でナレンドラ・モディが三期目の首相に就任した。

核について

一九七〇年、米ソ英三国により核拡散防止条約（ＮＰＴ：Treaty on the Non-Proliferation of Nuclear Weapons）が発効された。締約国・地域数は一九一カ国・地域（二〇二一年現在）であるが、インド、パキスタン、イスラエル、南スーダンは非締約国である。日本は一九七六年に批准した。インドは、既存の核保有国の核兵器独占体制を排他的に保障するものとして、調印を拒否した。

プラカーシ・シャー国連インド大使（前駐日大使）は、一九九三年、ＮＰＴが核拡散防止を理念として掲げながら、核保有国（国連安保理常任理事国である米・英・ロ・仏・中国）は核兵器の全面的破棄どころか、その独占体制を強化していると痛烈に批判した。日本は米国の核の傘下にあるとの認識を示し、「ヒロシマとナガサキの悲劇を二度と繰り返してはならない」と発言した。

一九九六年九月、インドは国連総会で包括的核実験禁止条約（ＣＴＢＴ：Comprehensive Nuclear Test Ban Treaty）案に反対票を投じ国際社会で孤立した。

英印関係

独立後の一九五〇年代以降も、多くのインド人が景気の見通しが上向きであった英国に移住した。彼らの多くは英国に移住していた同郷人が親族を呼び寄せるという「連鎖移住」の制度を利用した。西ロンドンやマンチェスターにコミュニティーを作っている。また英国では医師の三割がインド人という。歴史的に反英感情が残っているものの英語圏を中心に商売をしている。

米印関係

冷戦期には中立非同盟路線（実態は旧ソ連寄り）のインドと、パキスタンを軍事パートナーとしていた米国との関係はよくなかったが、冷戦終結を契機に米印関係は改善し始めた。

一九九八年、核実験を強行した際には、米国はじめ西側諸国から経済制裁を受けた。現在では経済・軍事交流をはじめとして良好な関係を築いている。

二〇〇一年九月十一日同時多発テロが起き、米国はアフガニスタン（オサマ・ビンラディンを匿う）への空爆を行うためにインドとパキスタンの協力を必要とした。

二〇〇六年三月、「米印核協力」により、原子力の民間分野で協力している。

インドではソフトウエア産業の設立が盛んになっており、そのため、ハイテク産業での米国とのつながりが大きく、米国で就職したり、インターネットを通じてインド国内での開発、運営などが行われたりしている。NASA（National Aeronautics and Space Administration）のエンジニアの一割はインド人だという（NHKスペシャル「インドの衝撃」、二〇〇九年）。米国に留学するインド人学生は多く、中国人学生と一位、二位を競い、その四分の三以上が科学・技術・工学・数学（STEM）分野を学んでいる。

米国との時差が一二時間で、米国で夜発注すると翌朝インドから完成品がオンラインで届いている場合もある。この言語と時差の特性を利用し、インドにコールセンターを置く企業も増えている。

米国の科学者の一二%、医師の三八%、NASAの科学者の三六%、マイクロソフトの従業員の三四%、IBMの従業員の二八%、インテルの従業員の一七%、ゼロックスの従業員の一三%がインド系米国人であり、インド系米国人は一〇〇万〜二〇〇万人程いると言われている。印僑の九人に一人が年収一億円以上、人口は〇・五%ながら、全米の億万長者の一〇%を占める。

日印関係

一九四八年、極東国際軍事裁判（東京裁判）において、インド代表のラダ・ビノード・パール（一八八五年—一九五七年）判事は、「英国や米国が無罪なら、日本も無罪である」と主張した。(注二五)但し、日本の戦争責任が存在しないという立場ではない。インドは一九五一年のサンフランシスコで開かれた講和会議(注二六)に欠席した。

一九五二年四月にインドと日本の国交が回復し、同年六月九日に平和条約が締結された。一九五四年、日本とインドの友好と世界平和を祈念して、一〇粒の仏舎利が日本に贈呈され、日本の各地に仏舎利塔が建立された（釧路市の日本山妙法寺、姫路市の名古山霊苑、熊本市の花岡山など）。

一九五七年五月、岸信介首相がインドを訪問した。（注二七）十月、ネルー首相が国賓として来日し、広島平和記念公園で開かれた歓迎集会に出席して、原爆犠牲者の冥福を祈った。インドでは、広島の原爆記念日（八月六日）に国会が会期中の際は黙祷を捧げているほか、昭和天皇崩御（一九八九年一月七日）の際には三日間喪に服した。

森喜朗首相（二〇〇〇年）、小泉純一郎首相（二〇〇五年）、安倍晋三首相（二〇〇七年）、鳩山由紀夫首相（二〇〇九年）がインドを訪れた。二〇〇八年には、麻生太郎・シン両首相により日印安全保障宣言が締結された。二〇一一年八月一日、日本・インド経済連携協定が発効した。二〇一四年から二〇一八年には安倍首相とモディ首相が交互に三回ずつ訪印・訪日を繰り返した。

新仏教

仏教は、以前、インド国内ではすでに無くなったと言われており、現在の仏教徒はアンベードカル以降に改宗した人々からなる。アンベードカルは、仏教には、理性、慈悲、平等という他の宗教に見られない三つの原理が一体となってあると言って仏教に改宗することにした。インド仏教徒協会を創設し（一九五四年）、仏教の復興をはかった。仏陀二五〇〇年祭を期して、一九五六年十月十四日に三帰依・五戒を授けられ正式に仏教徒となった。白サリー、白シャツ姿の約三〇万人（一説には五〇万人とも、六〇万人とも）とともに改宗した。

ヒンドゥー・マハールの中には純粋に宗教的な理由から仏教への改宗を拒んだ者もいるようだが、カースト・ヒンドゥーとの間の伝統的な社会・経済関係を断つことのできない貧困民もいるとみられる。ウッタル・プラデーシュ州アーグラのジャータウ・カーストのように、アンベードカルに従って集団改宗した例もあり、都市居住者の中に個人的に改宗した者もあったが、マハール以外の改宗者の数は限られている。改宗以後、マハールは他カーストからこれまで以上に孤立したが、カースト内部においては、従来存在していたサブ・カースト

（内婚集団）の壁、地域や宗派の壁が破られ、マハール全体の連帯が強化されたという。

ヒンドゥー教を離れた者は法的には「不可触民」ではなくなり、指定カーストのリストから外されるが、彼らは従来通りの差別を受けた。非宗教国家にあるまじきヒンドゥー教保護政策により仏教布教活動が阻害されてきたとして、激しい請願運動が繰り返された。マハーラーシュトラ州では、一九六一年以降マハール・カーストの仏教徒は「その他の後進的階級」のリストに加えられ、教育・経済面における保護の対象とされるようになった。中央政府は、一九六九年に指定カーストを対象とした奨学金（高校卒以上）の受給資格を、仏教・キリスト教に改宗した前不可触民にまで広げることを決めた。（山崎元一、一九七九年）

仏教を通して世界人類への「愛」をインドから再び蘇らせ発信しようと願ったアンベードカルが志半ばで倒れた（一九五六年十二月六日糖尿病で死去、享年六十五歳）後、しばらく指導者が現れず、仏教界の指導層は国民会議派にかき回され分断されていった。

日本人僧・佐々井秀嶺（一九三五年生まれ、一九八八年インド市民権取得）は、一九六八年渡印し、インド仏教徒の中に入り、以来仏教復興に身命を賭した。ビハール州ブッダガヤにある大菩提寺[注一七]を仏教徒の手に返せという解放運動を一九九二年に開始した。仏教が衰滅した後、長年放置されていた大塔をいつしかヒンドゥー教徒が自分たちのものとして扱うようになっていた。ヒンドゥー教では仏陀はビシュヌ神の化身という伝説があり、今も大菩提寺はヒンドゥー教のものだと民族奉仕団（ＲＳＳ）や世界ヒンドゥー協会（ＶＨＰ）は主張しているが、世界の仏教界、学者たちのほとんどは仏教遺跡であることを認めている。

『宗教的人口』

	一九五一年	二〇一一年	識字率
ヒンドゥー教徒	八四・九九％	七九・八％	六五・一％
イスラム教徒	九・九三％	一四・二％	五九・一％

キリスト教	二・三%	二・三%	八〇・三%
シク教徒	一・七四%	一・七%	六九・四%
ジャイナ教徒	〇・四五%	〇・四%	九四・一%
仏教徒	〇・〇六%	〇・七%	七二・七%
ゾロアスター教徒	〇・〇三%	〇・〇一%以下	？
その他	〇・五〇%	〇・七%	
無提示		〇・二%	

（長崎暢子、二〇一九年）

『中間層』

国立応用経済研究所の調査（二〇〇七年）によると中間層の年収は次のようである。

年収		人口
九万ルピー（約二六万円）以下	貧困層	五億人
九万ルピー～二〇万ルピー	中間層（上昇志向層）	二億人
二〇万ルピー～一〇〇万ルピー	中間層	
一〇〇万ルピー以上	富裕層	

製薬産業

一九六〇年代、インドの抗生物質の値段は欧米諸国より高かった。インド政府は米英に「技術移転」の要請をしたが断られた。一九七〇年、インディラ首相時代、「薬の物質特許は認めない」という法律を作った。ただし、薬の「作り方」は特許が認められていたので、作り方を変えた。同じ原料で製法を変えて、いかに低コストで多くの薬を生産できるかという「プロセスケミストリー」を重視し、安価な製法を開発し、それで作られたジェネリック薬を欧米に輸出している。先進国に輸出される薬の場合は、その国の特許制度があるので、コピー薬は輸出できない。二〇年の特許期間が切れてから「ジェネリック薬」として輸出される。

コピー自由の特許法は、特許をもつ先進国にとっては許せない問題であり、国際会議の場でもたびたび問題となった。一九九五年、ＷＴＯ（世界貿易機関）加盟をきっかけに、インドは「十年後には特許法を改正しコピーができないようにする」と約束させられた。二〇〇五年、実際に法改正が行われ、特許登録された新薬はコピーできなくなった。（二〇〇五年までに存在していたコピー薬については、その後も原則使用可）

インドのメーカーは優秀な人材が簡単にあつまることから原薬から自社生産を行っていることが強みである。原薬を自社生産することで、安く作れて早く市場に供給でき、さらに市場の動向を読むことができるというメリットがある。貧困者のために、国立・公立病院での治療と薬代は無料という制度があるが、こうした病院にも数に限りがあり、すべての貧困層が利用できるわけではない。

ダイヤモンド加工技術

インドの産業で最も国際競争力があるのはダイヤモンド加工業である。インドは、十七世紀まで唯一のダイヤモンド産出国であったが、現在の主な産地はボツワナ・ロシア・南アフリカである。第二次世界大戦後、欧米より安く研磨できることからムンバイや近郊の零細工場でカットが始まった。現在では世界の研磨ダイヤモンド取引市場に占めるインドのシェアは金額ベースで五五％、数量ベースで九二％に及ぶ。宝石・宝飾品の輸出額は、一六七億ドル（二〇〇五年度）とインドの輸出全体の二割で、その七割強はダイヤモンドである。インドから日本への輸出品のトップは宝石類で、輸出総額の二割近くある（広瀬崇子・他、二〇〇七年）。

頭脳の逆流

二〇〇七年当時、米国の留学生の中で最も多いのはインドからで、八万三八三三人であった。二位の中国は六万七七二三人、三位が韓国、四位が日本。ほとんどのインド人留学生はＩＩＴはじめ、インドの大学で理工系教育を受けた後、大学院で学ぶために渡米し、大半がそのまま米国に定着して、様々な分野で活躍してきた。サン・マイクロシステムズ創業者のビノッド・コスラ、ホットメール創業者のサビール・バティア、インテルでペンティアムを開発したビノッド・ダーム、ベル研究所で映像のデジタル化に成功したアルマ・ネトラバリなど。しかし、近年、インドからの留学生が目立って減ってきた。インド人留学生を受け入れて百年近い歴史のあるオレゴン州立大学（米国西海岸）の工学部では、二〇〇二年のインド人留学生数が一三六人にのぼったが二〇〇七年には七〇人にまで減少した。これまで米国には、特に努力しなくても優秀な頭脳が集まってきた。しかし、近年世界各国が優秀な頭脳を獲得しようと、あるいは優秀な自国民を引き留めようと、奨学金や研究費など、卒業後の仕事の確保まで様々な好条件を打ち出して対抗し、獲得に成功しつつある。

一九九九年から二〇〇三年の間に、約六万人の印僑エンジニアたちが米国からインドへ帰ってきた。インドの急速な経済成長により、海外企業が続々とインドに進出してきた。印僑起業家たちも祖国に戻ってインドで事業を始めるようになったため、学生たちはわざわざ海外に行く必要がなくなった。

政府も印僑省を設け、印僑がインドに移り住めば二五〇〇万円まで無利子で借りられ、インドで銀行に口座を開けば有利な利率で預金でき、所得税や相続税などの減免を受けられるなどの優遇策が次々と導入された。インド政府は印僑たちにもっとインドの発展に貢献してもらおうと、一月九日を「印僑の日」に定めた。一九一五年一月九日は、ガンディーが祖国を独立に導くために二十年ぶりに帰国した日である。

表6-7にインド亜大陸各国の現状を示した。

② パキスタン（Islamic Republic of Pakistan）

(1) ジンナーからグラム・ムハンマドまで

一九四七年八月十四日、パキスタンは一八〇〇キロメートル離れた東西領域をもって独立した。当初は英国連邦の自治領であった。インドからパキスタンに七二〇万人、パキスタンからインドに七五〇万人が移動し、その際、掠奪、誘拐、殺害など大混乱が起こった。パキスタンでは人口の五人に一人が避難民となった（図6‐3参照）。

分離独立する前の東西パキスタン地域は、どちらも農村社会であった。商工業の発達は不十分であり、その担い手の多くはヒンドゥーであったため、分離独立は深刻な混乱をもたらした。

パキスタンからインドに移動した者には官僚・企業家・商人などが多く含まれていたため、新パキスタンの経済を担う人材が不足した。とりわけ、ヒンドゥー商人の流出による国内流通網の分断は深刻であった。また英領パンジャーブ州を宗教別人口比率に基づいて東西に分けた新国境により、

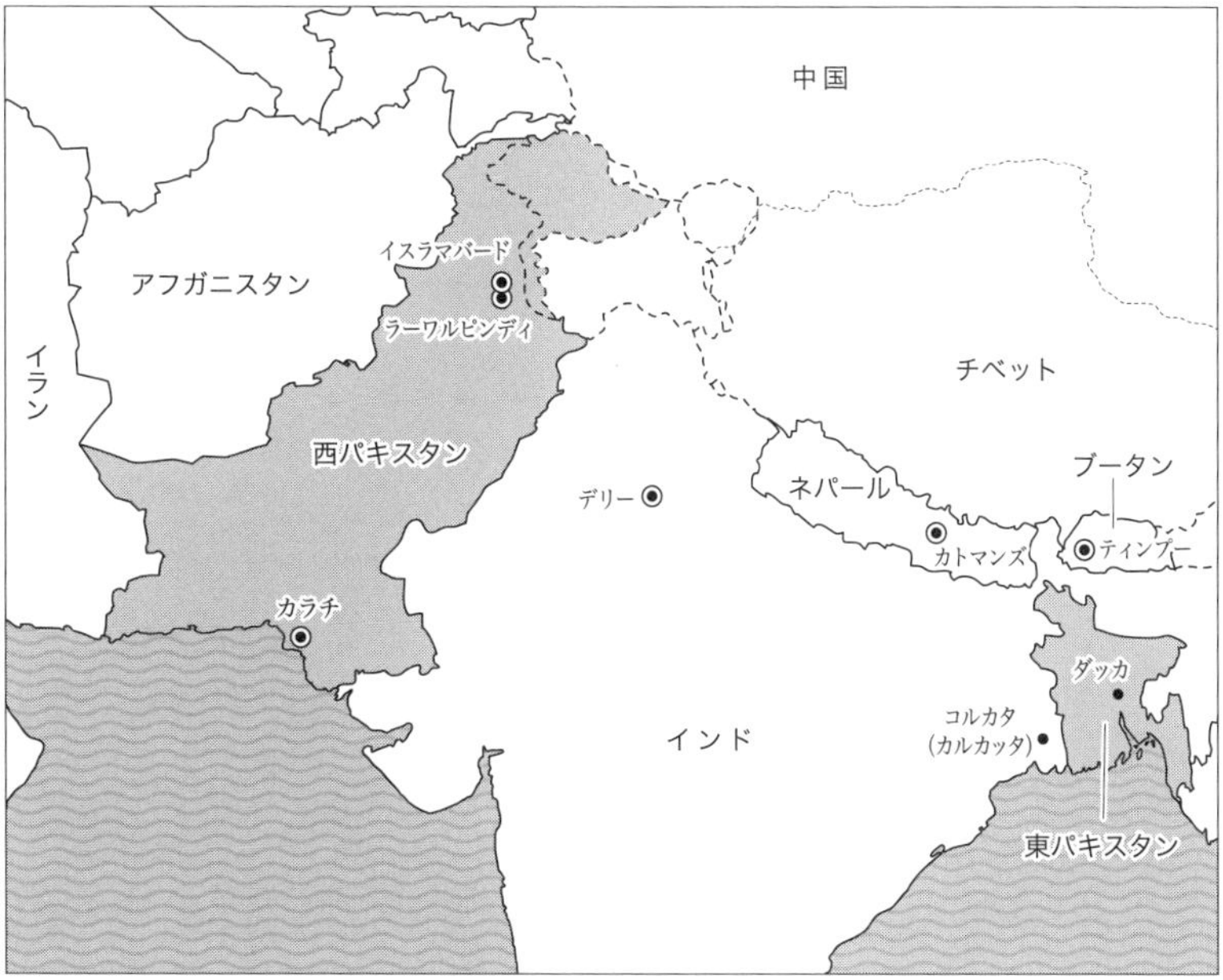

図6‐3　パキスタン地図（1948年―1971年）

	首相	.	就任日	退任日	所属政党	総督／大統領	就任日	退任日		備考
1	リヤーカト・カーン (Liaquat Ali Khan)	暗殺された	1947.10.16	1951.10.16	PML	ジンナー (Muhammad Ali Jinnah)	1947.08.15	1948.09.11	PML	在任中死去
						ナズィームッディーン (Khawaja Nazimuddin)	1948.09.14	1948.11.11	PML	臨時
						ナズィームッディーン (Khawaja Nazimuddin)	1948.11.11	1951.10.17	PML	
2	ナジームッディーン (Khawaja Nazimuddin)		1951.10.17	1953.04.17	PML	グラム・ムハンマド (Malik Ghulam Muhammad)	1951.10.17	1955.10.06	無所属	
3	ボーグラー (Mohammad Ali Borga)		1953.04.17	1955.08.12	PML	ミールザー (Iskander Mirza)	1955.08.07	1955.10.06	RP	臨時
4	アリー (Chaudhry Muhammad Ali)		1955.08.12	1956.09.12	PML	ミールザー (Iskander Mirza)	1955.10.06	1956.03.23	RP	
5	シュフラワルディ (Huseyn Shaheed Suhrawardy)		1956.09.12	1957.10.17	BAL	ミールザー (Iskander Mirza)	1956.03.23	1958.10.27	RP	P.I.共和国
6	チュンドリーガル (Ibrahim Ismail Chundrigar)		1957.10.17	1957.12.16	PML					
7	フェローズ・カーン・ヌーン (Feroz Khan Noon)		1957.12.16	1958.10.07	RP					
	アユーブ・カーン (Ayub Khan)		1958.10.07	1958.10.27	（軍人）					
	[不在 1958.10.09-1971.12.6]					アユーブ・カーン (Ayub Khan)	1958.10.27	1962.06.18	（軍人）	
						アユーブ・カーン (Ayub Khan)	1962.06.18	1969.03.25	CML	
						ヤヒヤー・カーン (Yahya Khan)	1969.03.25	1971.12.20	（軍人）	
8	ヌールル・アミーン (Nurul Amin)		1971.12.7	1971.12.20	PML	ズルフィカル・ブットー (Zulfikar Ali Bhutto)	1971.12.20	1973.08.13	PPP	
	[不在 1971.12.21-1973.08.13]									
9	ズルフィカル・ブットー (Zulfikar Ali Bhutto)		1973.08.14	1977.07.05	PPP	エラーヒ・チョードリー (Fazal Elahi Chaudhry)	1973.08.14	1978.09.16	PPP	
	[不在 1977.07.06-1985.03.23]					ジア-ウル-ハク (Muhammad Zia-ul-Haq)	1978.09.16	1988.08.17	（軍人）	在任中死去
10	ジュネージョ (Mohammad Khan Junejo)		1985.03.24	1988.05.29	PML					
	[不在 1988.05.30-1988.12.01]					イスハーク・カーン (Ghulam Ishaq Khan)	1988.08.17	1988.12.12	無所属	臨時
11	ベーナズィール・ブットー (Benazir Bhutto)	第1次	1988.12.02	1990.08.06	PPP	イスハーク・カーン (Ghulam Ishaq Khan)	1988.12.12	1993.07.18		
12	ナワーズ・シャリーフ (Nawaz Sharif)	第1次	1990.11.06	1993.07.18	PML-N	サッジャード (Wasim Sajjad)	1993.07.18	1993.11.14	PML-N	臨時
	クレーシー (Moeenuddin Ahmad Qureshi)	臨時	1993.07.18	1993.10.19	無所属					
13	ベーナズィール・ブットー (Benazir Bhutto)	第2次	1993.10.19	1996.11.05	PPP	ラガーリー (Farooq Leghari)	1993.11.14	1997.12.02	PPP	
	ハーリド (Malik Meraj Khalid)	臨時	1996.11.05	1997.02.17	無所属	サッジャード (Wasim Sajjad)	1997.12.02	1998.01.01	PML-N	臨時
14	ナワーズ・シャリーフ (Nawaz Sharif)	第2次	1997.02.17	1999.10.12	PML-N	ターラル (Muhammad Rafiq Tarar)	1998.01.01	2001.06.20	PML-N	

	ムシャラフ (Pervez Musharraf)		1999.10.12	2002.11.21	行政長官				
15	ジャマーリー (Zafarullah Khan Jamanli)		2002.11.21	2004.06.26	PML-Q	ムシャラフ (Pervez Musharraf)	2001.06.20	2007.10.06	（軍人）
16	フサイン (Chaudhry Shujaat Hussain)		2004.06.30	2004.08.26	PML-Q	ムシャラフ (Pervez Musharraf)	2007.10.06	2008.08.18	PML-Q
17	ショーカト・アズィズ (Shaukat Aziz)		2004.08.28	2007.11.15	PML-Q				
18	ギーラーニー (Yousaf Raza Gillani)		2008.03.25	2012.06.19	PPP	スームロー (Muhammad Mian Soomro)	2008.08.18	2008.09.09	PML-q 臨時
19	アシュラフ (Raja Pervaiz Ashraf)		2012.06.22	2013.03.24	PPP	ザルダーリー (Asif Ali Zardari)	2008.09.09	2013.09.09	PPP
20	ナワーズ・シャリーフ (Nawaz Sharif)	第3次	2013.06.05	2017.07.28	PML-N	フセイン (Mamnoon Hussain)	2013.09.09	2018.09.08	PML-N
21	アッバースィ (Shahia Khaqan Abbasi)		2017.08.01	2018.03.31	PML-N				
22	イムラン・カーン (Imran Khan Niazi)		2018.08.18	2022.04.10	PTI	アルヴィ (Arif -ur-Rehman Alvi)	2018.09.08	2024.03.09	PPP
23	シャバズ・シャリーフ (M.M.Shebaz Sharif)	第1次	2022.04.11	（現職）	PML-N				
	カーカル (Anwaar ul Haq Kakar)	臨時	2023.08.14	2024.03.03	無所属				
24	シャバズ・シャリーフ (M.M.Shebaz Sharif)	第2次	2024.03.03	（現職）	PML-N	ザルダーリー (Asif Ali Zardari)	2024.03.10	現職	PPP

AL：Awami league　BAL：Bangladesy People's Republic　BNP Bangladesh National Party
CML：Convention Muslim League　LFO：Legal Framwork Order　NPP：National People's Party
PML：Pakistan Muslim League　PML-N：Pakistan Muslim League-Nawaz
PML-Q：PML- カーイデ・アーザム派（カーイデはジンナーの意）　PPP：Pakistan People' s Party
RP：Republic Party　PTI：Pakistan Movement for Justice

表6－3　パキスタン首相・大統領

州　名	言　語	州内使用率	パキスタン内使用率
パンジャーブ州	パンジャービー語	78.70%	48.70%
	サラーイキー語	14.90%	9.80%
北西辺境州（*）	パシュート語	68.30%	13.10%
	ヒンドゥー語	18.10%	2.40%
シンド州	シンド語	52.40%	11.80%
	ウルドゥー語	22.60%	7.80%
バローチスターン州	バローチー語	36.30%	3.00%

"Statistical Pocket Book of Pakistan" (1987)より引用
（*）現カイバル・パクトゥンクワ州（Khyber Pakhtunkhwa Province　2010年4月10日名称変更）

表6－4　パキスタンの言語

農業・農村経済を支えたインダス川の灌漑用水路網、および電力や道路のネットワークが分断されて機能不全に陥った。綿紡績業の工場のほとんどはインドに帰属し、パキスタン領に残った工場の数は、一七工場（全体の四％）に過ぎなかった。西パキスタン最大の商品作物であった綿花は突然その販売先を失った。

ジンナー総督とリヤーカト・アリー・ハーン首相率いるムスリム連盟は国民経済を建設するための戦略として、工業化をはかった。一九四八年、首相は産業政策声明を出し、経済活動の中心は民間企業の自由経済活動に任せ、外国資本も歓迎するという基本方針を示した。一九五〇年にパキスタン産業開発公社（ＰＩＤＣ：Pakistan Industrial Development Corporation）が設立され、製鉄、化学肥料、綿紡績、ジュート（黄麻）紡織、製糖、製紙などさまざまな分野への投資が実施された。これらの工場の多くが民間に払い下げられたが、一二のジュート工場など東パキスタンに設立されたＰＩＤＣプロジェクトの売却先のほとんどが西パキスタン資本家であった。

軽工業・民間資本重視の工業化戦略は、朝鮮戦争（一九五〇年―一九五三年）ブームで資本を蓄積した民間の商業・貿易業者が綿紡績業に投資し、政府の各種優遇措置がこの投資を支えたため、綿紡績業で成功した。この成功で自信を深めた政府は、一九五五／一九五六年度（パキスタンの会計年度は、七月一日から翌年六月三十日まで）開始の第一次五カ年計画を策定した。

この間、一九四七年十月、バフトゥーン民族がカシミールに侵入した。その背後にパキスタンの意向があると見た当時のカシミール藩王は、インドへの帰属を表明するとともに、インドの支援を要請した。インド軍は同地を制圧するが、翌年パキスタンが反撃し、「第一次インド・パキスタン戦争」が始まった。一九四九年の国連の調停によって終焉し、停戦ラインを暫定的な国境とした。

建国の父ジンナーは、一九四八年九月十一日、結核と肺がんの合併症で死去した（享年七十一歳）。続いてリヤーカト・アリー・カーン首相が暗殺され（一九五一年十月）、ムスリム連盟が求心力を失っていった（表6-3参照）。

東パキスタンと国語問題

東パキスタンでは人口の九八％をベンガル人が占めていたが、当初ベンガル語は国語として認められなかった。ウルドゥー語が国語に選ばれたのは、この言語が、パキスタン運動の旗印となったイスラムとの密接な関係のなかで発展してきたからにほかならない。西パキスタンにおいてもパンジャーブ人・カシミール人・パシュトーン（パターン）人・シンド人・バローチ（バルーチュ）人といった複数の民族集団によって構成されていた。その性格も部族民、農民、あるいは都市民（難民）と大きく異なっていた。西パキスタン（一九四七年―一九七一年）の言語使用状況について、その後の資料ではあるが表6-4を記した。国語はウルドゥー語であるが、公用語は英語である（表6-4参照）。

一九四八年三月ダッカを訪問したジンナーは、「ウルドゥー語だけがパキスタンの国語であり、言語が一つでなければどんな国民も固く結ばれないし、一国民として行動することもできない」と明言した。このことはベンガル人に危機意識を与え、ベンガル・ナショナリズムを求める大衆運動が一挙に広がった。

中央政府では、制憲議会の委員会で東ベンガルの自治を制限する提案がなされ（一九五〇年九月）、反政府運動をさらに激しいものにした。特に中産階級の人々は、中央政府こそ東ベンガルの搾取と抑圧の直接の責任者であるとして、「全政党国語行動委員会」は、一九五二年二月二十一日に全国ストを行うことを決定し、ベンガル語が国語として認められるまで運動を続けることを決定した。政府は同年二月二〇日、同日から三〇日間のいかなる集会もデモも禁止するとの命令をだしたが、翌日多くの学生がダッカ大学医学部構内での抗議集会に参加した。これに対し警官が発砲し、四名の犠牲者を出した。(注二八)翌二十二日には、前日の四名の学生の射殺に抗議する鉄道労働者その他の一般大衆を含むデモが各地で発生し、警官隊との衝突で多数の死傷者がでた。その後も全国各地でデモが続いたため、二月末、政府は全政党国語行動委員会の全メンバー逮捕に踏み切り、言語運動は一時的に下火になった。西パキスタンの指導者は、この状況を見て、東ベンガル人の要求を今後も力で抑えて行けると判断した。

当初一九五一年に予定されていた東ベンガル立法議会選挙は、一九五四年まで延期された。

「東パキスタン・アワミ・ムスリム連盟」の評議会は選挙に備えて四野党の統一戦線が支持され、地域的な自治を求める二一項目の選挙綱領が採択された。これには、外交、国防、通貨を除くすべての分野における地域的自治の承認、ベンガル語の国語化、政治的囚人の釈放、言語運動記念碑を発砲地点に建立、二月二十一日の祝日化、ダッカ大学・ラジシャヒ大学の半独立機関化、工場労働者のＩＬＯ条約に沿った権利の保障、ジュート取引の国有化等を含んでいた。ムスリム連盟はイスラムの危機とパキスタンの危機の二つをスローガンにした。統一戦線は三〇九議席中二二三議席を獲得し、ムスリム連盟は九議席のみであった。

統一戦線代表のファズルル・ホクは三月末閣僚名簿を発表したが、支持を得られず、五月半ばにアワミ連盟を含む統一戦線内の同意を得て組閣した。

同月、あらかじめ計画された労働争議などが開始され、アダムジー・ジュート工場やチッタゴンのチャンドラゴナ製紙工場で暴動が起こり、数人が死んだ。グラム・ムハンマド総督は「一九三五年統治法」に基づき、治安悪化を理由にホク内閣を解任して知事統治下におき、中央の国防大臣イスカンダル・ミールザー将軍を東ベンガル知事に任命した。ホクは直ちに自宅軟禁となり、一六〇〇名もの統一戦線の政治指導者・労働者・支持者が逮捕された。逮捕者のなかにはシェイク・ムジブル・ラーマンや当選議員三〇名が含まれていた。

ジンナーは「二民族論」に訴えてパキスタンを建国したが、彼が求めていた国家の形態は、政教分離の近代的な民主国家であった。パキスタンという国家の理念としてイスラムが高らかに謳われる一方で、法と行政面では「政教分離」の論理が一貫していた。

一九五四年一〇月、グラム・ムハンマド総督は食糧不足の深刻化などを理由に制憲議会を解散し、非常事態を宣言した。官僚・軍人中心の内閣がつくられた。第二次制憲議会の議席配分は東西パキスタン同数に修整された。西パキスタン内部の自治要求を未然に防ぐため、西パキスタン諸州を単一の州に統合した（一九五五年一〇月）。東ベンガル州は、一九五五年、東パキスタン州と改名された。

宗教

国勢調査（一九九八年）によれば、パキスタンでは九六％がイスラム教徒で、スンニー派が多数を占めている。スンニー派では四大法学派の一つハナフィー学派のデーオバンド派が最も多く、バレールヴィー派、アフレ・ハディース派と続く。

シーア派のイスマーイール派ではイマーム（指導者）が現在まで連綿と続いている。ギルギット・バルティスタン地方では同派の住民が多く、アーガー・ハーン（イスマーイール派のイマームの称号）財団が学校や病院建設などの農村開発支援事業を積極的に行っている。

ヒンドゥーは二一一万人（一・六％）で、インド国境近くの地域に残ったヒンドゥーのほとんどは指定カーストで農民が多い。シンド州のカラチには二〇〇〇～三〇〇〇人のヒンドゥーがまとまって住んでいる大きなコロニーがありバローチスタン州の南部の海岸に近い僻地にヒングラージというヒンドゥーの聖地がある。

クリスチャンは二〇九万人あまり（一・五九％）が居住していて、二つのグループに大別できる。一つは英国植民地時代にヒンドゥーの低カーストからの改宗者でパンジャーブ州の農村に多く居住している。もう一つはインドのゴアからの移住者で、ほとんどがカラチに住んでいる。前者には、都市部でスィーパー（掃除人）として大使館や大使館員の家庭で働いている者もいる。後者は英語の読み書きができ、会社でクラーク、病院で看護婦として働いているものが多い。

アフマディー(注二〇)二八・六万人（〇・二二％）や少数のパールシー（インドに住むゾロアスター教信者）も住んでいた。ジンナーの二番目の夫人（最初の夫人とは死別）も結婚するにあたりイスラムに改宗したが、以前はパールシーであった。

⑵ イスカンダル・ミールザー

ミールザー総督（在位一九五五年―一九五六年）は、一九五六年に正式に憲法を制定して、パキスタン・イスラム共和国とし、自身が大統領（在位一九五六年―一九五八年）に就任した。イスラムの枠内での民主国家としつつ、東西パキスタンの二州からなる連邦国家として中央には一院制の国民議会を置いた。国語はウルドゥー語とベンガル語で、英語は二〇年間公用語として併用が認められた。

その後は、政党の分裂と極端な連立が繰り返される混迷状態に陥った。一九五八年十月、ミールザー大統領は憲法を廃止し、議会を解散、全国に戒厳令を発布した。

⑶ アユーブ・カーン

戒厳令総司令官に任命されたアユーブ・カーン陸軍総司令官は、世直しを訴え、無血クーデターでミールザー大統領を追放し、政権を握った。アユーブ・カーン（在位一九五八年―一九六九年）は、翌一九五九年三月、公務員追放令を布告し、同年十月に「基礎的民主制」令を布告した。十二月にはこの体制のもと、政党参加を禁止した形で、八万人の代議員を成人普通選挙によって選出した。一九六二年三月には新憲法が施行された。同年四、五月に国民議会、州議会選挙が行われ、六月に大統領就任、国民議会開会、戒厳令解除がつづいた。七月には政党法が成立し、九月にはムスリムの再建大会が開催された。その後、アユーブ・カーンは、ムスリム連盟から軍政を支持する政党CML（Convention Muslim League）を構成し（一九六二年）、自ら総裁に就任した。

パキスタンの首都は一九四七年の独立当時、南部のカラチに定めたが、新生国家の中心としてふさわしい地として、陸軍本部があるラーワンピンディー近郊の原野にイスラマバード（イスラムの都）を建設することにした。中央の緑地帯をはさんで東側に官庁街、西側に住宅地が集中し、碁盤の目状に走る道路網に沿って公共施設地区、商業地区、工業地区など機能的に整然と区分されている（一九六九年完成）。

パキスタン経済は五カ年計画とともに類まれな高度成長を達成した。一九六〇／一九六一年度開始の第二次五カ年計画と、続く第三次五カ年計画では、工業開発に多大の資金が割かれ、パキスタン産業開発公社（PIDC）による投資や、政府系金融機関を通じて民間に様々な優遇融資を行う体制が確立した。五カ年計画に基づく公共投資の資金として、米国などからの援助資金もパキスタンに流入した。アユーブ・カーンの「開発独裁」はソ連型の一国社会主義的な経済計画ではなく、あくまで民間資本主義で、外資も重要な役割を果たす経済計画であった。

PIDCが立ち上げた公企業を譲り受けるなどで民間を中心とした工業化が開花し、ダウード、セーゴル、アダムジーといった「二二の金持ち家族」が形成され、これらの家族は国家産業の九〇％と銀行の八〇％を抑えるに至った。アユーブの家族、特に息子は二二家族の上位に入っていた。少数の大企業への経済力の集中は、グジャラート、パンジャーブなど特定地域の民族・コミュニティーによる他地域の民族・コミュニティーの支配といった状況をもたらした。

成長の源泉は、繊維産業と農業で、西パキスタンでは輸出に依存した民間綿紡績業のブームを生み、綿紡績一貫の大工場が次々とうまれた。東パキスタンでも、PIDCが東西に分割されたため、ジュート工場、綿織維工場の多くがベンガル人企業家に払い下げられたが、これら企業の売却先はほとんど非ベンガル、西パキスタン資本であった。

一九五九年三月、ダライ・ラマがインドに亡命したことで、インドと中国の関係が不穏になり、一九六二年十月にはインド・中国北西部国境のラダック地域でも交戦状態に入った（中印国境紛争）。十一月、中国はラダック地方の一部（アクサイチン地方）を占領しつづけた。中国に接近していたパキスタンは、一九六三年三月、中国とのあいだでギルギット地方の国境に関する協定を結んだ。インドはジャンムー・カシミール全土の領有を主張し、この国境線を認めていない（図6‑2参照）。

インド・パキスタン両国の対立がふたたび激化し、一九六五年四月から両国軍の衝突（第二次インド・パキスタン戦争）が始まった。九月二十二日、両国は国連安保理の停戦決議を受けて、停戦となった。カシミールを分断する停戦ラインは、翌年、ソ連のコスイギン首相の調停によって、事実上の「国境」としての性格を持つことになった。

第二次インド・パキスタン戦争での敗北は、アユーブ政権への強い怒りとともに軍部内のアユーブ批判を表面化させ、さらに民主制復帰への要求となった。一九六六年二月、ラホールで開かれた全野党集会で、アワミ（人民の）連盟（Awami League）のムジブル・ラーマンは東パキスタンの自治を求める六項目綱領を発表した。

一　真の連邦制と人口比に基づく普通選挙制による議会民主主義を確立すること
二　連邦政府の権限は国防と外交のみに限定すること
三　通貨制度は東西両州が別個の通貨をもつか、単一通貨の場合は各州が準備銀行を持ち、資本の移転を規制すること
四　課税率は各州に委ねること
五　外貨は各州が管理し、それぞれが外貨準備制度をもつこと
六　各州は独自の軍隊か準軍隊を持つこと

四月、六項目綱領はパキスタンの分離主義を目指すものであるとして、ムジブル・ラーマンは逮捕された。まもなく釈放されたが再び逮捕され、二年間刑務所を転々とさせられた。東パキスタン全土で大規模な抗議のハルタル（無期限ゼネスト）が行われた。

アユーブ・カーン政権は経済開発を推し進めたが、長引くにつれ腐敗と縁故主義にまみれた。第二次インド・パキスタン戦争が、カシミール問題の解決に寄与しなかったことも、国民の不満を高じさせた。一九六八年になると、学生たちが大統領退陣を求める運動を始め、政府機能は次第に麻痺し、機関も完全に停止した。翌年三月二十五日アユーブは全権を陸軍司令官のヤヒヤ・カーンに譲り渡した。

⑷ ヤヒヤ・カーン

ヤヒヤ・カーン陸軍総司令官が大統領（在位一九六九年―一九七一年）となり、全国に戒厳令を敷いた。立憲政治確立に必要な条件を作るとして、東パキスタンなど各地の政治活動を停止しながら、他方で民主的措置を次々と実行していった。七月に西パキスタン州をもとの四州に戻し，十二月には三〇三名の官僚を、不正行為を理由に処分した。

一九七〇年一月に、政党活動を自由化し、十月五日の選挙が予定された。八月、東パキスタンが洪水に見舞われ十二月に延期された。ところが、十一月十二日、最大級のサイクロンと高波が東パキスタン沿岸部を襲い、二〇万人とも三五万人とも言われる犠牲者がでた。西パキスタンによる災害救助の動きが極めて鈍かったことから東パキスタンでは政権不信が爆発した。

十二月、パキスタンで最初の成人普通選挙による州議会と国会の選挙が行われた。西パキスタンでは、パキスタン人民党（ＰＰＰ：Pakistan Peoples Party）のリーダーのズルフィカール・アリー・ブットーが「衣・食・住」を唱えて勝った。しかし東パキスタンでは、ムジブル・ラーマンに率いられたアワミ連盟のベンガル民族主義者が、東パキスタンの自治を求める六項目の基本政策をかかげ、東西二つのパキスタンの連合と利益の公平な分配などを要求した。結果は国民議会三〇〇議席中アワミ連盟が一六〇議席を獲得した。ただし、西パキスタンでは一議席もとれなかった。一方、ブットー率いるパキスタン人民党は、八一議席を獲得した。ただし、東パキスタンでは一人の候補も立てられなかった。西パキスタンで勝ったブットーは、政権参加の意思を表明し、東パキスタンで最大政党のアワミ連盟と西パキスタンで最大政党のパキスタン人民党が平等な立場で政権を担当すべきであり、憲法起草も平等の発言権を持つべきと主張した。その後も意見はまとまらず、ヤヒヤは国民議会招集を無期限延期とした。

多数のベンガル人は、パキスタンの枠内にとどまる限り自分たちの権利は決して実現しないとの確信を深めた。ムジブルは東パキスタンの独立を獲得するための闘争としてハルタルを呼びかけた。東パキスタン全土で商店もオフィスもシャッターを閉じ、鉄道も空港も閉鎖された。警官とデモ隊の衝突が日常茶飯となった。

三月十五日、ダッカでヤヒヤとムジブル間の交渉が始まり、後からブットーらも加わったが合意しなかった。二十二日の会談でも合意は得られず、翌日も街では激しい抗議行動が続き、バングラデシュ（ベンガル人の国）国旗が掲げられた。ヤヒヤは二十五日の夕刻、密かにダッカ空港からイスラマバードに戻った。翌日のパキスタン放送で、ムジブルとアワミ連盟党員をパキスタンの完全分離の陰謀を企む反逆分子として非難し、アワミ連盟を非合法化して、軍に対しパキスタンの統一を保持する義務を果たすよう命じたことを発表した。

三月二十六日午前一時を期してパキスタン軍は四班に分かれて行動を開始した。一班は、軍に組織的抵抗を行いうる警官隊を襲って鎮圧、二班は、東パキスタン国境警備隊の兵舎を襲撃して無力化、三班は、ダッカ大学に向かいキャンパス内の宿舎で就寝中の教授や学生等の知識人たちを殺害、四班は、スラム地区を襲って火を放ち、政治的デモや集会に真っ先に加わる浮浪者たちを始末した。別の部隊がムジブル・ラーマンの私邸に向かいムジブルを逮捕し、西パキスタンに連行した。

ムジブルは、軍による検束直前にバングラデシュ独立を宣言した。チッタゴン市配備の東ベンガル連帯第八大隊副官ジアウル・ラーマン（Ziaur Rahman, ジア）が、ラジオでムジブル・ラーマンの名のもとにバングラデシュ独立を宣言し（注三二）、内戦が開始された。

パキスタン軍の軍事行動の報せは、瞬く間に東パキスタン中に広がり、大勢の住民の避難が始まった。パキスタン軍はムスリム連盟やイスラム教系の活動家の手引きでヒンドゥー教徒集落を襲撃の的としたため、州内のほとんどのヒンドゥー教徒が、身近な国境からインド領へと脱出した。アワミ連盟首脳部は四月十七日、西部インド国境に近い「ムジノーブル」と名づけた場所（クシュティア県メヘルプル郡）で、バングラデシュ臨時政府を発足させた。拘留中のムジブルを大統領とし、ナズルル・イスラムが副大統領となり大統領を代行して、アワミ連盟書記長タジュディーン・アーメドを首相とした。

また、東パキスタン軍を離脱した将兵や東パキスタン国境警備隊、州警察、民間義勇隊などからバングラデシュ解放軍が構成され、オスマニー大佐（後に将軍）が解放軍総司令官に任命された。四月四日、インド国境に近いテリアバラで、解放軍幹部は「フリーダム・ファイター」と呼ばれる義勇兵を組織した。バングラデシュ解放軍とフリーダム・ファイターはインド国境付近でゲリラ戦を続けた。大量の避難民がインド領内に流れ込み、やがて一〇〇〇万人に達した。

世界銀行はじめ各国は次々とパキスタンに対する援助を停止した。パキスタンは国連の場でインドの内政干渉を非難した。バングラデシュ臨時政府も国連に代表を送り、政治的解決の三条件として、バングラデシュの承認、ムジブル・ラーマンの釈放およびパキスタン軍の撤退を主張した。

十二月三日、パキスタン空軍がインドの飛行場を奇襲し、地上部隊がインド軍陣地を砲撃した。インドはパキスタンとの開戦を宣言した（第三次インド・パキスタン戦争）。

インド軍は各地でパキスタン軍を破り、十二月十六日にはバングラデシュ解放軍とともにダッカのパキスタン軍を降伏させた。十七日夜、西部戦線も停戦し、戦争は終わった。

東パキスタンは独立してバングラデシュとなった。十二月二十日ヤヒヤは敗戦の責任を取って辞任し、全権をズルフィカール・アリー・ブットーに移譲した。

⑸ズルフィカル・ブットー

十二月二十四日、ブットー（在位一九七一年―一九七三年）を大統領とする新内閣が発足した。バングラデシュの独立は、これまでの軍・官僚・実業家による支配体制に責任があるとして、軍に対しヤヒヤを逮捕し二二人の高級将校を解任し、戦争調査委員会を作って責任を追及することを決定した。ブットーは「東パキスタンはパキスタンのものであり、五年ないし一〇年内に取りもどす」と宣言し、反ムジブルの武装闘争グループを支援するなど、バングラデシュの独立承認を拒んだ。また、中国に拒否権発動を依頼してバングラデシュの国連加盟を妨害した。（図6–4参照）

官僚機構は植民地主義の遺産であるとして一三〇〇人を免職とし、企業に対しては二二財閥関係者のパスポートを没収して海外逃亡の道を封じ、海外で不法に保有している外貨の取り締まりを強化した。一九七二年四月二十一日、臨時憲法を施行し戒厳令を解除した。

一九七三年二月国民議会で与野党の合意を得て、八月十四日、新憲法が発効された。本憲法でイスラム教は初めて国教と定められた。政権は、信仰としてのイスラム教、政治形態としての民主主義、経済面での社会主義を基本方針とした。首相率いる内閣が権力を掌握する体制となり、大統領の地位は象徴的なものとなったが、両者ともにムスリムであることが要件に加えられた。同年八月大統領職をファイズ・イラーヒー・チョードリーに譲り、ブットーは首相(在位一九七三年―一九七七年)となった。

戦後処理

ブットーは、中国やソ連を含めアジア・アフリカの二〇カ国以上を歴訪して諸外国との関係を固めた上で、一九七二年六月、インドのインディラ・ガンディー首相と会談した。和平、捕虜の帰還、カシミールでの停戦ライン画定などを定め、捕虜および民間抑留者の送還、カシミール問題の最終的解決などについてさらに検討するため会合をもつというシムラー協定に調印した(七月三日)。

十二月七日、カシミールでの新たなラインに基づく両国軍の移動が完了した。旧東パキスタン(バングラデシュ)において捕らえられたパキスタン軍人、官吏などとその家族約九万三〇〇〇人は、戦後まもなくインド各地の収容所に移送され、抑留されることになった。他方、西パキスタンとインド国境近辺の西部戦線で捕虜となった両国のそれぞれ数百人は、十二月一日、相互に釈放された。

パキスタンはこのインドに抑留されている捕虜の即時無条件釈放を求めたが、インド側はこれらインド・バングラデシュ連合軍に降伏した捕虜については、バングラデシュの参加を要するとの立場をとった。バングラデシュは、パキスタンが同国を承認するまではパキスタンとの話し合いには応じられないとし、また捕虜のうち戦犯容疑者を裁判にかけるとした。

一九七三年四月十七日、インドとバングラデシュは、人道的見地からこの問題を解決するため、共同宣言を出して、在インドのパキスタン人捕虜（戦犯容疑者一九五人を除く）と民間人、パキスタンに抑留されているベンガル人、パキスタンへの送還を希望する在バングラデシュ・非ベンガル人の三者の相互送還を提案した。これをきっかけとして、インド・パキスタン両国間の交渉が行われ、パキスタン人戦争捕虜などの帰還について合意が成立した（デリー協定、八月二十八日）。九月二十八日より一九五人の戦犯を除く戦争捕虜の帰還が始まった。

一九七四年二月二十二日、ラホールで第二回イスラム協力機構首脳会議が開催された。ブットー首相はファイサル・サウジアラビア国王とリビアのカダフィー大佐に支援されて、ムジブル・ラーマンに会議参加を招請した。ムジブルはバングラデシュが国家として承認され、自らがバングラデシュの首脳として処遇されない限り参加しないとの立場をとったので、ブットー首相は遂にバング

図6−4　パキスタン地図（1972年以降）

ラデシュを承認した。七月二十三日、ムジブルは会議出席のために、ラホールに到着した（中野勝一、二〇一四年）（図6-4参照）。

この件について、ソマリアが「バングラデシュのイスラム諸国首脳会議不参加は不自然である」として斡旋し、ブットーはパキスタン人捕虜の戦争犯罪裁判を取りやめることを条件にバングラデシュを承認したとも述べられている（堀口松城、二〇〇九年）。

同年四月、ニューデリーにおいてインド・パキスタン・バングラデシュの三国外相会談が実現した。その結果、バングラデシュが一九五人の戦犯を裁判にかけることなく送還することに合意し、最後の捕虜が帰還した（四月三十日）。

ブットーは一九七二年一月にイラン・トルコ・リビア・エジプト・シリアなど、同年五月〜六月にはサウジアラビア、クウェート、アラブ首長国連邦、ヨルダン、イラクなどを歴訪した。このような政策により、中東諸国との関係が著しく強化され、経済援助も一九七三／一九七四年から三年間にイラン・サウジアラビア・アラブ首長国連邦・リビア・クウェート・カタールから総額約一〇億ドルに達した。また、中東産油国に出稼ぎに行くパキスタン労働者が著しく増え、二〇〇万人を超えた。彼らからの本国送金はパキスタンの重要な外貨獲得源となった。一九七六／一九七七年の本国送金額は四億三七二九万ドルで、中東からの本国送金は外国からの本国送金の四分の三以上に上った。

東パキスタンがバングデシュとして独立した原因の一つに、経済的不平等の問題があったことから、ブットー人民党政権は「イスラム社会主義」という旗印のもとでの一連の再分配的経済政策を採用した。主要企業の国有化（一九七二年）や銀行の国有化（一九七四年）、農村工業（精米・綿繰り・製粉業）の国有化（一九七六年）が実施された。都市労働者階層向けには、新労働政策が発表され（一九七二年）、労働条件の改善がはかられた。農村部での不平等な土地配分を是正するため、土地改革法（一九七二年、一九七七年）が制定された。これらの政策は場当たり的なもので、整合性に欠けていたので、経済に大混乱をもたらした。加えて一九七三年には第一次石油危機が生じ、石油輸入国だったパキスタンは貿易赤字の急増とインフレーションに直撃され、経済は低迷した。

北西辺境州とバローチスタンでは、ブットーの人民党はほとんど浸透することができなかった。バローチスタンでは、一九七〇年の州議会選挙において全国人民党政権が誕生し、パンジャーブ人の官僚や警官を解雇追放するなど、鮮明に反パンジャーブ色を打ち出した州政権に対して、一九七三年、ブットーは州政府解散で応じた。バローチ部族民と連邦政府の対立は武力衝突へと突き進み、一九七七年までつづいたゲリラ戦によって、双方の戦死者は一万人に達した。一九七二年十一月、バローチスタン州と北西辺境州において、州自治権の拡大要求などが活発化し、バローチ・ゲリラによる反乱が頻発した。バローチスタン州のパンジャーブ人入植者の村落が約一〇〇〇人のマッリー部族民などに襲撃され、五人が死亡、数人が負傷、多数の女性と子供が誘拐される事件や、バローチスタン学生組織（ＢＳＯ）によるパキスタン鉄道の警備員や駅員の誘拐事件などが続けて発生した。一九七三年一月には、同州のラスベーラ地区で鉱山の公営化、土地改革に反対する部族民の武装反乱が発生した。連邦政府は事態収拾のため、軍隊を派遣した。その後も、バローチスタン情勢は緊迫化し、ブットー大統領は州内閣を解任したので、野党は強く反発した。一九七三年から一九七七年まで、バローチスタン軍とパキスタン軍は争い、政府は軍隊の他に、イランから供与された武装ヘリコプター（イラン人パイロットが操縦）で反乱を鎮圧しようとした。

一九七四年十月十九日のバローチスタン白書によると、四八八件の事件(狙撃三〇二件、待ち伏せ攻撃一二一件、村・バス・トラックの掠奪六五件、電話線の切断四九件、電話施設の被害八件、軍に対する攻撃二件、その他四〇件）があり、部族民側は死者二四一人、負傷者六二人、軍側は死者八七人、負傷者九三人という。ブットー首相が反政府運動に対し厳しい態度で臨んだのは、東パキスタンについで、バローチスタン州がパキスタンから分離するような事態になれば、国家の存続が困難になるためであった。また、イランにもバローチが居住していて、イラクの支援を受けた反政府運動が発生していた。イランのパーレビ国王はバローチスタン州での反乱・騒動が自国に波及することを危惧して、ゲリラ掃討のために、武装ヘリコプターの供与、および、二億ドルもの財政支援を行った。

北西辺境州では、一九七五年二月八日、ブットー首相の右腕と言われたハヤード・ムハンマド・ハーン・シェールパーオ同州上席大臣がペシャワール大学学生自治会役員就任式での爆発事件で死亡した。事件の背後にNAP(注三二)があるとして、党主など同党指導者を多数逮捕し、同党を非合法化した。隣国（アフガニスタン）の内政干渉によりテロやサボタージュ事件の頻発で、政府は州内閣を解任して、州知事が連邦政府に代わって州政権のすべての職務と権限を果たすよう指示した。ブットー首相は自分と対立するものには厳しい態度で臨み、J・A・ラヒーム商業大臣を追放する（一九七四年七月二日）など、多くの党指導者がPPPから追放され、あるいは離党した。それに伴い、党内の社会主義派の力は弱まり、結党当初の社会主義的色彩は色あせていった。

一九七七年三月の総選挙で、PPPは野党九政党の連合体であるパキスタン全国同盟（PNA：Pakistan National Alliance）に圧勝したが、野党側は不正があったとして選挙の無効を訴えた。PNAの反政府運動は「イスラム体制の樹立」というスローガンを掲げて功を奏した。政府はカラチ県、ラホール郡とハイデラバード郡に戒厳令を布告し、治安維持のため軍を出動させた。与野党会談は九回行われ、六月十五日には総選挙のやり直しなど大筋で合意に達したが、細部の詰めで与野党の意見が対立し、最終的な合意は成立せず、陸軍参謀長のジア-ウル-ハク（Zia-ul-Haq　ズィヤー）のクーデター（一九七七年七月五日）により政権を奪取された。

『アブドゥッサラーム』

ムハンマド・アブドゥッサラーム（Mohammad Abdus Salam）（一九二六年―一九九六年）はパンジャーブ地方にあるジャング県で生まれた。パンジャーブ大学で学んだ後、ケンブリッジ大学に留学し、物理学の学位を得て一九五一年帰国した。その後、パンジャーブ大学教授、ケンブリッジ大学講師、ロンドン大学教授を歴任した後、一九六四年にはイタリアのトリエステに第三世界の物理学者の研究の場として国際理論物理学センターを設立し、一九九三年まで所長を務めた。スティーヴン・ワインバーグやシェルドン・グラショーとともにワインバーグ＝サラーム理論を完成させ、一九七九年のノーベル物理学賞を受賞した。イスラム教徒で初のノーベル科学賞受賞者となった。

⑹ ジア－ウル－ハク

ズィヤー戒厳令総司令官は、軍として行動を起こしたのは政治的混乱を収拾するためであったとして、九〇日以内に総選挙を実施して、民政移管を行うことを約束した。ブットー前首相に陸軍参謀長に抜擢されたこともあり、当初は敵対的ではなかった。しかし、七月十五日、拘禁中のブットー前首相に会った際、前首相に「戒厳令の布告は憲法第六条の大反逆罪に該当する」と言われ、ズィヤー戒厳令総司令官は前首相に対して恐怖心を抱いた。

釈放されて選挙運動が始まると、ブットー前首相は、各地で熱狂的な歓迎を受け、ＰＰＰの人気は依然高かった。日が経つにつれ、ブットー前首相は軍部に対決する演説をするようになり、これに狼狽した軍部は、何とかブットーを封じ込めることを計画した。総選挙は延期され、政治活動は禁止された。七月七日に検事総長に任命されたシャリーフッディーン・ピールザーダ元外相を法律顧問として、軍事政権にとり好ましくない判事を排除するなどさまざまな措置をとった。

九月三日、ブットー前首相はクスーリー議員の父親殺人事件との関連で逮捕された。保釈されると、再度ズィヤー戒厳令総司令官や軍部を脅迫する演説を行った。十七日、ブットーは他のＰＰＰの指導者一〇名とともに再逮捕された。

ズィヤー戒厳令総司令官は、一九七八年七月五日、二二名よりなる内閣を樹立したが、ＰＮＡの中から六名が入閣した。八月二十三日に内閣が改造されたが、閣僚のうちＰＮＡ関係者が半数に達した。ついで最高裁でのブットー上告審に合わせるかのように、ブットー政権下の総選挙の不正行為に関する白書を刊行した（一九七八年七月二十四日）。ブットー政権時代のメディアの弾圧・利用、ブットー一族などの悪行、国家権力の濫用、ブットー政権の経済政策、政敵抹殺についての各々白書を矢継ぎ早に刊行し、ブットー前首相がいかにひどいことを行ったかというイメージを国民に植え付けようとした。一九七九年四月四日、ブットーは政敵暗殺の罪で処刑された。

一九七八年九月十五日、ズィヤー戒厳令総司令官は、大統領の席が空席となった場合は、戒厳令総司令官が大統領に就任することを可能とする大統領継承令（President's Succession Order, 1978）をチョードリー大統領に発布・施行させた上で、翌日同大統領を辞任させ、自ら大統領に就任した。ズィヤーは、これにより、陸軍参謀長、戒厳令総司令官、大統領の三ポストを保持することになった。

ズィヤー軍事政権の経済政策は、ブットー人民党政権による国有化政策の否定と、「経済のイスラム化」政策であった。実質的な軍部の支配を、形式的な民政移管で試行した。大統領権限を強化する第八次憲法改正を行った上で戒厳令を解除した。この改正とは、「大統領は、連邦政府が憲法の規定どおり運営できず、選挙民に信を問う必要がある事態が生じていると判断する場合には、自らの裁量で下院を解散することができる」という内容の第五八条二項（b）を憲法に付け加えたことである。

ズィヤー政権下では、インドのヒンドゥー・コミュナリズムに対抗して、パキスタン国家の「イスラム化」が急速に進行し、政治経済から教育まで様々なイスラム化政策が施行され、特に司法制度の面で顕著であった。一九七九年には、イスラム刑法令が施行され、飲酒・姦通・窃盗などをハッド（コーランに処罰の規定された犯罪で、石打ち・はりつけ・手足の切断・鞭打ち）と定めた。一九八〇年には司法のイスラム化が一層進み、イスラム冒瀆罪（預言者ムハンマドとその子孫を冒瀆する罪）に対して死刑もしくは終身刑を科した。ザカート（喜捨）・ウシュル（十分の一税）令も出された。

一九七九年十二月二十五日―二十六日、ソ連がアフガニスタンに侵攻したので、最高六五〇〇人程度の戦闘部隊を駐留させた（その後も、ソ連軍は駐留しつづけ、多いときは一一万人を超えた）。ソ連軍の侵攻とそれに伴うアフガニスタン紛争はパキスタンにアフガニスタン難民の流入、テロ、武器の蔓延、麻薬禍を生み出すなど経済的、社会的に様々な影響をおよぼした。

ソ連軍の侵攻に伴う難民の流入は一九八〇年一月末には五五万人、八月末には一〇〇万人、一九八一年五月末には二〇〇万人を突破し、多い時には三四〇万人に達した。パキスタン政府は多数の難民救済のために国際社会に援助を仰がざるを得なかった。ソ連軍侵攻から一九八四年頃までは、アフガニスタン空軍機によるパキスタン領空侵犯やアフガニスタン難民キャンプへの爆撃などの事件が発生していた。アフガニスタン問題解決のためのジュネーブ交渉が進展するにつれて、北西辺境州を中心に爆弾テロ事件が頻発するようになり、ペシャワールでは連日のように事件が発生して、多くの犠牲者をだした。その後、テロはイスラマバード・ラホール・カラチなどの主要都市にも拡大した。治安悪化は爆弾テロ以外にも、パシュトゥーンとムハージルに民族間衝突事件、シンド州内陸部における強盗団の出没、カラチ大学はじめ教育機関での学生同士の衝突などでカラシニコフなどの軽火器が使用されるようになった。西側諸国はこぞってパキスタン支援に乗り出した。米国はパキスタン重視の政策をとるようになり、対米関係の改善・緊密化はズィヤー政権の基盤を著しく強化し、その長期化を可能にしたと言われる。カーター政権が向こう二年間で四億ドルの経済・軍事援助を申し出ると報じられると、ズィヤー大統領はパキスタンの安全保障にとって不十分であるとして、（これをピーナッツと称し）一蹴した（一九八〇年一月十八日）。

一九八一年一月にタカ派のレーガンが大統領に就任すると、米国はパキスタンを「前線国家（Frontline State）」と位置づけ、一層パキスタン重視政策を展開した。最終的には、米国が一九八一／一九八二年度より六年間で四〇機のF16戦闘機の売却を含む総額三二億ドルの経済・軍事援助を行うことで合意をみた（一九八一年九月一五日）。

日本の一九八〇年ODA（Official Development Assistance）のなかで、パキスタンはインドネシア、バングラデシュ、タイ、ビルマ、エジプトに次ぐ大口の援助受取国となり、その後も一九八八年まで毎年上位一〇カ国の中に入った。またパキスタン側から見ても、一九八〇年代の日本は一位か二位の援助供与国となった。一九八三年七月十七日～二十二日、ズィヤー大統領が訪日し、翌年四月三十日～五月三日、中曽根康弘首相がパキスタンを訪問した。

ズィヤー大統領はイスラム化政索をとり、刑法を改正して厳しいシャリーア（イスラム法）体系を導入した。経済の分野でもイスラム化政策が推進された。一九八〇年六月にはザカートとウシェルという救貧税を徴収し、生活困窮者などに支給することを目的としたザカート・ウシェル政令を発布・施行した。

国内外の圧力が高まり、ズィヤー大統領は遂に総選挙を実施し、民政移管を行わざるを得なくなった。大統領選挙を行っても勝利は見込めないため、国民投票をすることにした。イスラム化政策の賛否を国民に問い、過半数の賛成が得られれば、ズィヤー大統領が今後五年間そのポストにとどまることを国民により認められたとするものであった。一九八四年十二月一日に国民投票令が発布・施行され、十九日に国民投票は実施された。政府発表によれば、投票率六二％、賛成は九七・七％であったが、意図的に国民のほとんどが反対しないような設問だったという。民主主義回復運動（ＭＲＤ）は投票をボイコットした。総選挙は非政党ベースで、政治活動は室内の政治集会のみを認めた。ズィヤー大統領は一九七三年憲法を改正した上で憲法を回復させ、それに基づき大統領に就任した。首相にはシンド州出身のジュネージョを指名した。憲法を改正して大統領権限を強化し、八年五カ月ばかり続いた戒厳令を解除した。

ジュネージョ首相がズィヤー大統領の意向に反する閣僚や州知事人事を行い、軍の問題にまで口を出すようになって両者の関係は悪化した。特にアフガニスタン政策をめぐる意見の対立がジュネージョ首相の解任の引き金になり、一九八八年五月二十九日、解任された。解任の理由は、①下院設立の目的が未達成、②治安の悪化、③国民の生命・財産・名誉・安全の危機、④パキスタン・イデオロギーの危機、⑤公共のモラルの低下だった。軍部の後押しで首相になれたことを忘れ、その力を軽視したとも言われている（中野勝一、二〇一四年）。

一九八八年八月十七日、ズィヤーは飛行機事故で亡くなった（享年六十四歳）。

『黄金の三日月地帯』

一九八〇年以前、パキスタンはヘロインとは無縁の社会であった。アフガニスタンはこの地域では最大のアヘン（ケシから作られる）生産地であった。アフガニスタンのケシ栽培地はパキスタンと国境を接し、アフガニスタン紛争の際、難民の一部がアヘンをパキスタンに持ち込んだ。この地域にヘロインの製造方法が伝わると、パキスタン領内の部族地域においてアヘンからヘロインを製造する精製所が作られ、またたく間に国民の間に広がり、一九八八年時点で麻薬常用者は二二四万人、そのうちヘロイン常用者は一〇八万人に達した。麻薬取引による収入は年間少なく見積もって、パキスタンのGDPのほぼ四分の一に相当する八〇億〜一〇〇億ドルと言われた。アフガニスタンのニームルーズ州、パキスタンのバローチスターン州とカイバル・パクトゥンクワ州、イランの国境が交錯する地帯で、アフガニスタン東部のジャラーラーバードから南部のカンダハルを経て南西部のザランジ南方へと続く三日月形の国境地帯「黄金の三日月地帯」が麻薬の生産・供給地として注目をあびるようになった。

パキスタンの麻薬取引にはズィヤー軍事政権の高官、特に陸軍関係者がかかわっているとの噂があった。ズィヤー軍事政権時代、麻薬取引にかかわっている大物が一人も逮捕されなかった背景には、彼らの多くはアフガニスタン紛争の作戦面での重要人物であり、彼らを摘発することは米国の政策目標と相いれないものであったため、ズィヤー政権と米国は見て見ぬふりをしたと言われた（中野勝一、二〇一四年）。

(7) ベーナズィール・ブットー（一）／ナワーズ・シャリーフ（一）／ベーナズィール・ブットー（二）

一九八八年、ズィヤーの死後、国際的な軍政反対の圧力もあって総選挙が行われた。一九七七年以来となる政党ベースの総選挙の結果パキスタン人民党（ＰＰＰ）が勝利し、与党となったが、下院選挙で単独過半数を得ることはできなかった。人民党党首ベーナズィール・ブットーがイスラム諸国初の女性首相（在位第一次一九八八年―一九九〇年）となった。彼女は父ズルフィカール・アリー・ブットーの産業国有化や土地改革など社会主義的な路線を否定、民間主導の工業化というズィヤー路線を継承した。一九八九年、英連邦に再加盟を果たした。第八次憲法改正によって大統領に付与された行政権を首相に取り戻そうとしたが、できなかった。イスハーク・カーン大統領（在位一九八八年―一九九三年）は機能麻痺や腐敗を指弾して国会を解散、ベーナズィール・ブットー首相を解任した。首相解任の理由は、①連邦政府・下院に対する国民の信任の喪失、②州自治権の侵害、③汚職・縁故採用、④シンド州の治安維持の失敗、⑤憲法・法律違反、だった。

十月に行われた総選挙でＰＰＰは惨敗し、パキスタン・ムスリム連盟ナワーズ派（ＰＭＬ―Ｎ：Pakistan Muslim League -Nawaz）のナワーズ・シャリーフ（在位第一次一九九〇年―一九九三年）が政権の座についた。

ソ連がアフガニスタンに侵攻（一九七九年）して戦争状態となると、三〇〇万人もの難民がアフガニスタンからパキスタンへ流入した。自主帰還しない難民の滞留が経済負担を招き、また麻薬や武器の還流や密輸の横行など社会問題が深刻化した。シャリーフ政権は、一九九三年を通じて、アフガニスタンでの対抗勢力間の調停を試みたが、成果はあがらなかった。その後内戦を憂い結成されたタリバン[注三二]が急速に台頭した。

シャリーフ首相も首相権限の回復を画策してイスハーク・カーン大統領と衝突し、一九九三年に解任された。解任の理由は、①連邦・下院に対する国民の信任の喪失、②州自治権の侵害、③失政・汚職・縁故主義の横行、④職権濫用、⑤政敵迫害、⑥不透明な民営化政策、だった。

政局混乱の末、大統領も首相とともに辞任することになり、十月に総選挙を行った。

ベーナズィール・ブットーが首相（在位第二次一九九三年―一九九六年）に復帰した。国内では民族対立、隣のアフガニスタンでは一九九四年元日から大規模な内戦が勃発するなど、治安の悪化が深刻な状況であった。

第二次ベーナズィール政権はまたしても権力闘争に明け暮れ、最高裁長官についで、高裁判事についても政治的な任命が行われた。一九九六年十一月、ラガーリー大統領（在位一九九三年―一九九七年）は下院を解散し、ベーナズィール首相はじめ閣僚全員を解任した。解任理由は、①不当・不法な殺人、②電話盗聴、③汚職・縁故主義、④司法権の侵害、だった。

この失脚後、ベーナズィール前首相は夫とともに首相在任中の様々な汚職容疑(注三四)で訴追された。ベーナズィールは国外逃亡し、その後はドバイを本拠に政治活動を続けた。

(8) ナワーズ・シャリーフ（二）

一九九七年の総選挙では、下院でPML―Nが総議席の三分に二に近い一三七議席を獲得し、シャリーフが首相（在位第二次一九九七年―一九九九年）に再任された。

各州議会選挙では、PML―Nがパンジャーブ州で二四〇議席のうち二一〇議席、北西辺境州では、PML―Nがほぼ過半数を獲得した。パンジャーブ州ではシャリーフの弟のシャバズ・シャリーフの単独政権が樹立された。

シャリーフ首相は、政権の座に就くと四月四日、第一三次憲法改正により、大統領による下院解散・首相解任権を定めた第五八条二項（b）を削除し、大統領の州知事任命について、大統領が首相の助言に従い任命すると改正した。さらに、軍幹部の人事について、大統領自らの裁量による任命をできなくした。次いで、三カ月後の七月四日、第一四次憲法改正を行い、議会で議員が立法との関連で、所属する政党の公式な立場に反して投票した場合や投票を棄権した場合、当該議員を失格にすることができるようにした。

しばらくすると、今度は首相と最高裁長官とが様々な問題で対立し、ラガーリー大統領をも巻き込んで最高裁の判事たちがシャー長官派と政府派に分裂して泥仕合の様相を呈した。シャー長官寄りの立場をとったラガーリー大統領は、任期を一年余り残して辞任した。後任には元最高裁判事でシャリーフ一家と親密な関係にあったムハンマド・ラフィーク・タータル（在位一九九八年―二〇〇一年）が選出された。シャリーフ第二次政権が発足すると、国内の治安は再び悪化し、スンニー派とシーア派の宗派対立、政治的対立などによる殺人事件が発生した。一九九八年十月十七日には、ハキーム・サイード・元シンド州知事が白昼殺害された。

シャリーフ首相は軍部までその支配下に置こうとして、ジャハーンギール・カラーマト参謀長に辞任を迫った。カラーマト参謀長は経済や治安悪化などについての軍部の懸念を通報し、国政についての助言機関として「国家安全保障会議」の設立を提案していた。シャリーフ首相は先任の二人の将軍を追い抜いてムシャラフ中将を大将に昇進させ、新陸軍参謀長に任命した。軍は、最高幹部が辞任を強要させられたことは軍を侮辱するものと受け取った。

一九九八年五月、インドの核実験「シャクティ作戦」に対抗してパキスタンも核実験を実施し成功させた。日米はインド・パキスタン両国に経済制裁を科した。一九九九年五月、カシミール領有権を巡ってインドと戦闘（カールギル紛争）が起こったが、クリントン米大統領からの要請を受けて、七月に無条件撤退を決定した。国際社会はこの紛争はパキスタンが引き起こしたものであると非難し、パキスタンは軍を撤退せざるを得なかったが、軍にとっては屈辱的なものであった。米国などの圧力によって撤退を決定したシャリーフ首相に対する軍の不満が高じ、軍と首相との関係は著しく悪化した。同首相がムシャラフ陸軍参謀長を解任するという噂がささやかれ、一九九九年十月十二日、シャリーフ首相はムシャラフ陸軍参謀長を解任した。軍部はこのような事態が発生することを予測して準備しており、その諜報機関がスリランカ訪問中のムシャラフ参謀長に伝えられた。ムシャラフ陸軍参謀長の解任が発表されると、イスラマバードの首相官邸、テレビ局とラジオ局、空港などが制圧された。スリランカから帰国したムシャラフ陸軍参謀長はカラチ空港に着陸し、シャリーフ首相は自宅に拘禁された。軍による無血クーデターは成功した。シャリーフ政権の腐敗や独裁的な体質、強権的な政治手法にうんざりしていた国民は軍の行動を歓迎した。

⑼ ムシャラフ大統領

ムシャラフ陸軍参謀長は、十月十三日の全国向けテレビ・ラジオ演説で、軍の行動は国家の不安定化を防ぐ最後の手段であったとその正統性を強調した。翌日、パキスタン全土に非常事態を宣言して（十月十二日に遡及して発効）、行政長官に就任し、政権を奪取した。政権運営のために、行政長官に安全保障・外交・治安・汚職・財政などの事項につき助言を与える国家安全保障会議（ＮＳＣ）を設立し、大臣よりなる内閣はＮＳＣの指揮下に置くことを発表した。ついで、民主主義回復より、経済の回復を優先し、国家不正取締局を設立し、汚職などの取り締まりに乗り出した。十七日には大臣経験者・実業家・元軍人の二六人が汚職（銀行の債務不履行）容疑で逮捕された。

ターラル大統領（在位一九九八年―二〇〇一年）は引き続きその職にとどまることを認められた。最高裁と高裁などの判事も引き続きその職務を遂行することを認められた。しかし、軍による政権掌握につき、違憲だとしてＰＭＬ―Ｎなどから最高裁に訴えが起こされた。シャリーフ前首相はテロとハイジャックの罪で終身刑となったが、最終的には政府と取引をして、一〇年間は国外にとどまり、政治活動を行わないことを条件に、残りの刑期の免除とサウジアラビアへの亡命が認められ、二〇〇〇年十二月十日、家族とともにサウジアラビアに赴いた。このほかにも、二〇〇〇年七月二十二日に不正取り締まり裁判所より、汚職の罪で一四年の懲役刑と罰金五〇〇〇万ルピーの判決を受けた。

二〇〇一年六月二十日、非常事態宣言改正令により、ターラル大統領を解任した他、上下両院を解散した。同時に「大統領の職が何らかの理由により空席となった場合、行政長官が大統領に就任し、後任が就任するまでその職を保持する」と定めた大統領継承令を発布・施行し、自ら大統領になった。ついで、二〇〇二年四月五日、全国向けテレビ・ラジオ放送で自らの大統領の五年間の任期延長につき、国民投票を実施する意向を明らかにし、四月三十日に国民投票を実施した。結果は投票者の九八％が質問に賛成票を投じ、ムシャラフ大統領は五年間大統領に就任するというお墨付きを得た。さらに、十月六日で任期が切れる陸軍参謀長の任期を無期限延長した。

クーデターまで与党であったPML―Nの反主流派の支持者たちがイスラマバードの同党本部を乗っ取るという事件が起こった。PML―Nの主流派はシャリーフ党首の意向に沿い、軍事政権打倒のためにはベーナズィール元首相率いるPPPとも協力すべしとしていたが、この事件により、同党は完全に二つに分裂した。反主流派は自らをパキスタン・ムスリム連盟カーイデ・アーザム派（PML―Q）と呼んだ。ムシャラフはPML―Qを御用政党とした。ムシャラフ行政長官は首相と州首相の三選を禁ずる改正を憲法に施してベーナズィールとシャリーフの返り咲きを阻止しようとした。

ムシャラフは、二〇〇二年八月二十一日には法的枠組み令（LFO）を発布・施行して、政権基盤を強化するための憲法改正を行い、大統領権限を強化する形で改正した上で憲法を回復させた。同年十一月十六日行政長官の職を辞し、大統領に就任し、五年間は陸軍参謀長も兼任することになった。選挙で第一党となったPML―Qが他の御用政党を抱き込んで多数派工作に成功し、同党のミール・ザファルッラー・カーン・ジャマーリー元バローチスタン州首相が首相に選ばれた。

ベーナズィール元首相は、一九九九年四月五日に国外に逃亡して以来、ドバイに住み、PPPを率い、同時に彼女自身パキスタン、スイスでの汚職裁判を闘うなどしていた。軍事政権を非難する一方で、水面下でムシャラフ大統領との和解により、帰国して政権復帰を果たしたいと望んでいた。ムシャラフ大統領はベーナズィールと和解することでその支持基盤を拡大したいと考えていた。二〇〇七年一月二十四日と七月二十七日、両者は直接会談した。ベーナズィーール元首相は、ムシャラフ大統領の陸軍参謀長の辞任、大統領の下院解散権の撤廃、首相三選禁止令（二〇〇二年七月六日発布・施行）廃止、自らの汚職裁判の撤回などを求めた。

九月十八日ムシャラフ大統領は、大統領に再選されれば軍服を脱ぐ意向を明らかにした。さらに十月五日、ムシャラフ大統領は国民和解令（NRO）という法律を発布・施行した。その主要点は、一九八六年一月一日より、一九九九年十月十二日までの間に、政治的な理由などからなんらかの事件への関与をでっち上げられた者の訴追を撤回する、汚職裁判で被告が欠席のまま裁判所により下された命令や判決は無効とする、同じく汚職裁判で一九九九年十月十二日以前に国家不正取締局によりパキスタン国内外で起こされた係争中の裁判は即時撤回するという三点であった。この法律の恩恵を受ける者は八〇〇〇人以上と言われたが、施行の目的はベーナズィール元首相の汚職裁判の撤回を可能とするための措置であった。二〇〇八年五月二十二日に政府はスイス当局にSGS社訴訟の撤回を通報し、スイス当局は本件訴訟を終結させた。

二〇〇七年十一月三日、ムシャラフ陸軍参謀長は再度パキスタン全土に非常事態宣言を布告し、憲法を一時停止して暫定憲法令（PCO）を発布・施行した。大統領選は予定通り実施され、非公式集計ではムシャラフ大統領の圧勝であった。十一月二十八日、ムシャラフ大統領は、陸軍参謀長を退任し、翌二十九日、文民大統領として就任した。同年十一月十五日、下院の五年の任期が満了し、ムハンマド・ミヤーン・スームロー上院議長を首班とする選挙管理内閣が発足した。シャリーフ元首相もサウジアラビアから帰国した。十二月二十五日、ムシャラフ大統領は非常事態宣言を解除し、PCOを廃止した。

選挙戦が熱を帯びた十二月二十七日、ベーナズィール元首相がラーワルピンディーにおいて暗殺された。PPP中央執行委員会はベーナズィール元首相の長男、ビラーワル（十九歳、オックスフォード大学在籍中）を新委員長、夫のザルダーリーを共同委員長とすることを決定した。実質的にはザルダーリーが率いることになった。

ベーナズィール暗殺後の治安悪化などで選挙は二〇〇八年二月十八日に延期された。結果は下院で過半数を制した政党はなかったが、PPPが八五議席、PML―Nが六五議席、与党PML―Qは三九議席であった。ザルダーリーとシャリーフ元首相はイスラマバード近郊のマリーで会談し、連邦とパンジャーブ州で連立政権を樹立することと、二〇〇七年十一月三日にムシャラフ大統領により解任された判事を連邦政府発足後三〇日以内に議会の議決により復職させることなどで合意した。首相には第一党となったPPPがサイイド・ユースフ・ラザー・ギーラーニーを指名した。

八月七日、連邦の連立四党はムシャラフ大統領に最高裁に約束した議会の信任を得ない場合は憲法の規定に基づき弾劾すると言明した。さらに、十一日から十五日にかけ、各州議会が、ムシャラフ大統領にそれぞれの州議会の信任を得るか、さもなければ辞任するようにとの決議を採択した。八月十八日、ムシャラフ大統領は全国向けテレビ・ラジオで、国家と国益のために辞任を決意したことを表明した。

ムシャラフ大統領の辞任をうけ、九月六日大統領選挙が行われ、PPPのザルダーリーが当選し、大統領（在位二〇〇八年―二〇一三年）に就任した。

ムシャラフ前大統領は、二〇一四年三月三十一日、大反逆罪で起訴され、二〇一九年十二月十七日、「二〇〇七年に憲法を停止したことは国家反逆罪にあたる」として、死刑判決を言い渡された。この裁判が法に則って行われなかったことを理由に、二〇二〇年一月十三日、ラホールの高等裁判所は、裁判をやり直すよう命じた。二〇一六年からドバイで病気療養中であったが、二〇二三年二月五日死去した（享年七十九歳）（日本経済新聞、二〇二三年二月六日）。

『ベーナズィール暗殺事件』

二〇〇七年十月十八日、ベーナズィール元首相は　ムシャラフ大統領の帰国延期要請にもかかわらず、ドバイから帰国した。十九日午前〇時頃、選挙運動のため、カラチ空港から集会場のジンナー廟に向かっていた元首相に対する暗殺未遂事件が起こった。一二〇人以上が死亡、二〇〇人以上が負傷したが、元首相は幸いにも難を逃れた。

十二月二十七日、午後五時一四分頃、ベーナズィール元首相は、ラーワルピンディーのリヤーカト公園でのPPPの選挙集会を終え会場を立ち去る際、車のサンルーフから身を乗り出し支持者の歓呼に応えていたところ、何者かによる銃撃と自爆テロにより負傷し病院に運ばれたが死亡した（享年六十四歳）。ベーナズィール元首相のほか、二四人が死亡、九一人が負傷した。

ベーナズィール元首相暗殺の報せが伝わるや、カラチ・イスラマバード・ラホール・ペシャワール・ムルターンなど国内各地で抗議デモや暴動が発生し、その犠牲者は二七人を超えた。シンド州では州政府の要請によりカラチ郡を含む一六の郡で治安維持のために軍が出動した。政府は三日間の服喪を発表、ＰＰＰは四〇日間の服喪を発表した。

事件の調査はパキスタン警察のほか、ムシャラフ大統領の要請を受けてロンドン警視庁の調査団が調査（二〇〇八年一月四日―十四日）を行った。夫のザルダーリーは国連の調査委員会の設立を求め、国連はこれに応じて七月一日より九カ月間調査を行った。

死因について、政府の内務省スポークスマンは、自爆テロによる爆発の衝撃で車両屋根の右側レバーに頭部をぶつけた頭蓋骨折によるものであるとの見解を発表した。遺体を検視した医師、およびロンドン警視庁も同様であった。ベーナズィールの隣にいたＰＰＰの指導者ナーヒード・ハーン女史は、元首相は自爆犯が自爆する数秒前に車の中に倒れこんだとして、銃撃により傷を負ったと語った。

この事件について様々な謎や不可解なことがあった。死因を特定する遺体の解剖について、警察は認めず、ザルダーリーも拒否した。また事件発生から二時間もたたないうちに事件現場が消防車により洗い流された。調査団に十分な情報提供はなされず、いずれも犯人の特定にいたらなかった。国連調査委員会はその報告書発表後の記者会見で、パキスタン国民の間に存在するザルダーリー陰謀説に関し、彼が事件に関与したことを示す証拠はなかったと述べたが、ベーナズィール暗殺により最も利益を得るのはザルダーリーだとして、彼の陰謀説が根強い。

反テロ法廷は、二〇一一年五月三十日、ムシャラフ前大統領をこの事件の犯人と宣告した。

他方、二〇一二年一月には、最高裁に、ムシャラフ前大統領、バーブル・アワーン前法務大臣、ラフマーン・マリク内務大臣、パルヴェーズ・イラーヒー前パンジャーブ州首相などの告訴を求める訴えがベーナズィール元首相のプロトコール・オフィサーから起こされた。最高裁での審理は進んでいない（中野勝一、二〇一四年)。

『マラーラ・ユースフザイ』

パキスタン北部のカイバル・バクトゥンン州ミンゴラ村に住むマラーラ・ユースフザイ(Malala Yousafzai 一九九七年生まれ)は、タリバンが恐怖政治を展開するなかで、女性の教育の必要性や平和を訴えた。二〇一二年十月九日、タリバンから襲撃されたが、頭部と首に瀕死の重傷を負いながらも女性差別を訴えつづけた。二〇一四年、インドのカイラシュ・サティーアーティ(子供の権利活動家)とともにノーベル平和賞を受賞した。二〇一七年、国連平和大使に任命された。

(10) ザルダーリー大統領

PPPとPML－Nの二大政党の連立は発足して二カ月も経たないうちに対立した。二〇〇七年十一月に当時のムシャラフ大統領に解任されたチョウドリー前長官などの判事の復職について、PPPは先延ばしにしていた。PML－Nは連邦大臣九名がギーラーニー首相(在位二〇〇八年―二〇一二年)に辞表を提出し、九月十三日同党は連立から離れた。パンジャーブ州では二〇一一年二月二十五日に連立から離れた。両党の対立による混乱は、米国や英国も憂慮して、ザルダーリー大統領とシャリーフ元首相に和解を求めた。国内の混乱を危惧したキヤーニー陸軍参謀長の仲裁もあり治まった。二〇〇八年三月二十二日までに最高裁と高裁の判事が全員復職した。

復職したチョウドリー長官らの最高裁は二〇〇九年七月三十一日、ムシャラフ大統領が布告した非常事態宣言などを違憲とした。また、十二月十六日、最高裁はNROに基づき被告が釈放された裁判や取り下げられた裁判を復活させることと、スイス当局に（ザルダーリー大統領の）スイスを含む外国での資金洗浄につき訴追再開を求めるために早急なる措置をとることなどを命じた。

ムシャラフ軍事政権下で内容がゆがめられた憲法を改正して当初の形に戻すべきとの機運が高まり、ザルダーリー大統領の要請を受けて、二〇〇九年六月二十三日に超党派の二六人の議員よりなる憲法改正委員会が設立された。翌年四月二十日に第一八次憲法改正法として発行し、大統領権限が縮小された。

二〇一一年五月二日、アルカイダの最高指導者ウサマ・ビン・ラーディン（注三五）が殺害された。国内では、米国から作戦の事前通報も受けられず、自国領内で米国の単独作戦を許したのは大きな失態であるとして批判の声が上がった。米国に対しても、今回の作戦はパキスタンの主権を侵害するものであると非難した。

最高裁は、再三にわたり政府に対し、スイスでのザルダーリー大統領の汚職訴訟の再開を求める書簡をスイス政府に送るように命じたが、ギーラーニー首相は、憲法第二四八条二項によって、大統領はその在任中、刑事訴訟は免除されていることを盾にこの命令に応じなかった。最高裁は同首相を法定侮辱罪に基づき有罪とした。ギーラーニーは失職し、五年間議員に選出される資格を失った。ラージャ・パルヴェーズ・アシュラフ（在位二〇一二年―二〇一三年）が首相に就任した。最高裁の要求に応じ、十一月五日、遂に政府は在スイス・パキスタン大使館経由で汚職訴追の書簡を送付した。ザルダーリーは大統領の五年の任期を終えた（二〇一三年九月九日）。

⑾ ナワーズ・シャリーフ（三）／イムラン・カーン／シャバズ・シャリーフ

二〇一三年五月の総選挙ではＰＭＬ―Ｎが勝利し、ナワーズ・シャリーフ（在位第三次二〇一三年―二〇一七年）が首相に、大統領にはマムヌーン・フセイン（在位二〇一三年―二〇一八年）が就任した。ナワーズ・シャリーフ首相は二〇一六年四月に発表されたパナマ文書（注三六）に名前が記載されていたことで、最高裁判所は首相及び下院議員の資格がないと判断し、選挙管理委員会に対し失職させるよう命じた。二〇一八年四月十三日に最高裁判所から公職永久追放の決定を下され、同年七月六日汚職罪で禁固一〇年の有罪判決を言い渡され、七月十三日収監された。

二〇一八年九月のパキスタン総選挙では、反腐敗を掲げたパキスタン正義運動（ＰＴＩ：Pakistan Tehreek-e-Insat/Pakistan Movement for Justice）が躍進し、元クリケットのスター選手だったイムラン・カーン（ＰＴＩ議長）が首相（在位二〇一八年―二〇二二年）に、歯科医のアリフ・アルヴィが大統領（在位二〇一八年―二〇二三年）に就任した。二〇二二年四月十日、下院は経済不振を理由としてカーン首相に対する不信任決議を賛成多数で可決した。

ナワーズ・シャリーフの弟ミヤーン・ムハンマド・シャバズ・シャリーフ（ＰＭＬ―Ｎ党首）が後任の首相に指名された。二〇二四年三月選挙で首相に再選された。大統領にはザルダーリーが再選された。

⑿ 核について

ズルフィカル・ブットーは、一九五八年より燃料・電力・天然資源大臣、外務大臣、大統領、首相として、核開発に直接関与し、その間公然と核武装の実用性を説き、かつそれを実行した。多数の若者を核分野の訓練のため欧米に派遣し、一九六三年にパキスタン原子力科学・技術研究所（PINSTECH：Pakistan Institute of Nuclear Science and Technology）を設立した。米国から小型原子炉を購入し、カナダと交渉してカラチ原子力発電所（KANUPP：Karachi Nuclear Power Plant）の設立を実現するなどパキスタンの核開発の基礎を築いた。

ブットーは一九七四年の核実験のずっと前からインドがいずれ核実験を行うことを予測し、パキスタンもインドに対抗して核武装を行う必要性を説いた。一九七一年十二月に政権の座につくや、翌年一月二〇日、パンジャーブ州のムルターンにパキスタンの第一級の科学者をあつめ、核兵器の開発計画を宣言し、三年以内に核兵器を製造するよう協力を求めたと言われる。

核燃料再処理による核兵器製造方法は米国の圧力で失敗に終わったため、ウラン濃縮による方法に切り替えた。このため他の国に気づかれなかった。ブットー失脚後はそれに続く軍事政権や文民政権下で推進された。

A・Q・カーンと核関連技術の流出

アブドゥル・カディール・カーン（Abdul Qadeer Khan, 一九三六年―二〇二一年）は西独、オランダ、ベルギーで学んだ後、オランダのフィジカル・ダイナミック・リサーチ・ラボラトリー（Physical Dynamics Research Laboratoty オランダ語でＦＤＯ）社に就職した。A・Q・カーンは、ＦＤＯ社が下請けであった関係でウレンコ（Urenco）社の濃縮プラント（オランダのアルメロに建設中）で働くことが許可された。インドが核実験を行った際、祖国のために働きたいと考えていたA・Q・カーンはブットー首相に手紙を書いた。一九七四年十二月、ブットー首相の命令により帰国したカーンは、パキスタンは七年以内にウラン濃縮技術を取得できると伝えた。一九七六年三月にＦＤＯ社を退職し、パキスタン原子力委員会（ＰＡＥＣ：Pakistan Atomic Energy Commission）の顧問として迎えられた。一九七六年七月、新たに技術研究所（ＥＲＬ：Engineering Research Laboratories）が設立され、A・Q・カーンの指揮のもとに実施されることになった（一九八一年五月、ＫＲＬ：Khan Research Laboratoriesと改名）。

ブットー政権は中東諸国との連携、関係緊密化に乗り出し、その結果、リビア（数億ドル）やサウジアラビア（最終的に八億ドル）から援助を得た。技術的には中国から、核兵器のデザインに関する情報、ウラン濃縮プラント設立に対する支援、核実験データの提供などを得た。

米国は、一九七八年八月にフランスに圧力をかけ、パキスタンへの再処理プラント売却を阻止した。また、パキスタンがウラン濃縮施設を建設していることが明らかになると対パキスタン援助を停止した（一九七九年四月）。しかし、ソ連によるアフガニスタン侵攻により、ソ連の拡張主義を封じ込めるために戦うことになったパキスタンに対し、その安全保障の強化のために大幅な援助に乗り出した（一九八一年）。

二〇〇四年二月四日、A・Q・カーンは国営テレビで、核関連技術流出について自らの罪を認め、パキスタン国に対し謝罪するとともに、その活動はパキスタン政府のいかなる当局者の承認も得たものでなく、その責任は自分にあると強調した。パキスタン国民に対する謝罪であったにもかかわらずウルドゥー語ではなく（国際社会を意識して）英語で話しかけた。A・Q・カーンはテレビで謝罪する前にムシャラフ大統領と会談して核拡散の事実を認め、その責任はすべて自分にあると語った。これらの活動はパキスタンの法律に違反すると同時にパキスタンの核能力を著しく阻害するものであることを認める一方、自分がこれまで国家の安全保障に果たしてきた貢献を考慮して、罪を許してほしいと大統領に懇願した。翌日、ムシャラフ大統領はA・Q・カーンを赦免した。

A・Q・カーンは自国の核兵器開発のために取得した技術などを外国に密売し莫大な利益を得た「核の闇商人」であり、彼の行為は核技術の拡散を阻止しようとする国際社会の試みに真っ向から挑戦するものであった。A・Q・カーンは密売で得た資金でパキスタン国内やドバイなどで不動産を購入した他、パキスタン国内でモスクや廟の建設・改修、ガス・水道供給プロジェクト、クリニックなど多数の事業に対し財政支援を行った。

核兵器開発を行うのに必要な技術や資機材の供与の流出先として判明しているのは今のところイラン、北朝鮮、リビアで、一九八〇年代末から二〇〇三年頃までと言われている。北朝鮮とは、航続距離が一〇〇〇〜一三〇〇キロメートルでペイロードの大きいミサイルとしてノドン（一基約三〇億ドル）を購入するため、その代金を核関連技術の提供で決済した。

西側諸国、特に米国はA・Q・カーンを厳罰に処するよう強く求めた。ムシャラフ大統領としては、A・Q・カーンは国民の間でイスラム世界初の原爆を作った英雄であり、彼を処罰することも、米国に引き渡すこともできなかった。ムシャラフ大統領はA・Q・カーンをKRL所長のポストから外し首相顧問にした。米国からの圧力が強まり、首相顧問のポストから外し、自宅軟禁にした。二〇〇九年二月六日、イスラマバード高裁により、自宅軟禁措置を解除され、国内の移動の自由は認められた（中野勝一、二〇一四年）。二〇二一年八月、A・Q・カーンは新型コロナウィルスにかかり入院した。十月十一日、イスラマバードの病院で死去した（享年八十五歳）。

⒀テロとの戦い

パキスタンにおいては、国民のほとんどがムスリムでスンニー派が多数を占めている。スンニー派とシーア派の対立は独立以来存在してきたが、一九七〇年代まではそのほとんどはヒジュラ（Hijura）(注三七)暦ムハッラム（Muharram 一番目の月の名）月のアーシューラー(注三八)（Ashura）の際に集中した。行列がスンニー派住民の多い地域やスンニー派のモスクの前を通ったとき、両派の間でいざこざや流血騒ぎが起こったが、その期間が過ぎれば自然に消滅する一時的なものであった。

しかし、一九八〇年代後半に入ると、アーシューラーの際だけでなく、その他の時期にも国内各地で事件やその報復とみられる事件が頻発した。両派の対立抗争事件のほとんどは両派の過激組織の手によるものである。一九八〇〜一九九〇年代、両派の過激組織間の対立抗争の中心地はパンジャーブ州であり、ジャング、ラホール、ムルターン、ラーワルピンディーなど多くの町で様々な事件が発生した。

イラン革命後(注三九)、中東諸国がパキスタン国内のスンニー派とシーア派をそれぞれ支援したことも両派の対立を煽ることになった。サウジアラビアやクウェートなどはパキスタンのスンニー派組織に多額の資金援助を行った。イランはシーア派に対する資金援助だけでなく、何百人という同派の若者に宗教教育を施した。

不法武器

一九七九年ソ連軍によるアフガニスタン侵攻後、様々な武器がパキスタン国内に出回り、入手して使用することも可能になった。二〇〇二年六月五日より各州で不法武器の回収が開始され、十一月末までに二二万四〇〇〇丁以上が回収された。

マドラサ

一九七七年のズィヤー軍事政権発足以降、イスラム化政策と同様に宗教政党の支持を得るため、ザカート基金より多額の資金がマドラサ建設に供与された。また、サウジアラビア・イラク・クウェート・イランがマドラサ建設に多額の資金を提供した。独立当時全国で二四六校に過ぎなかったマドラサは、一九八八年には二八六一校、二〇一一年には二万八九八二校と急増した。内務省の推定によれば、二〇一四年時点の生徒数は三〇〇万人以上である。

マドラサに入学するのは通例五～六歳の子供であり、衣食住が保障される。公立の学校が十分でない農村部で貧しい住民のために教育の場を提供した。コーラン・スンナ(注四〇)・ハディース(注四一)などのイスラム教全般、自分たちの宗派や学派の教義を教えた。さらに他派を中傷するような過激な原理主義思想を叩き込んだマドラサもあった。パキスタンの宗教政党で、マドラサの生徒に軍事訓練も施し、彼らをムジャーヒディーンとともにソ連軍と戦うために、あるいはタリバンに合流するためにアフガニスタンに送り込んだところもあるという。世界銀行は、二〇〇二年六月の報告書において、「軍事教育・訓練を行っているマドラサは推定で全体の一五～二〇％に達した」と指摘している。

二〇〇一年八月十八日、パキスタン・マドラサ委員会政令が発布・施行された。この法律は、マドラサ教育委員会を設立し、同委員会はマドラサのモデル校を設立でき、また既存のマドラサも申請して認められれば同委員会の付属校となり、モデル校と付属校には資金援助が行われることを定めたものである。カラチ、サッカル、イスラマバードにモデル校が設立された。しかし、宗教学校政令でマドラサの登録と収支決算書の提出を求めようとすると強く反対された。

連邦政府はその後五年間にわたるマドラサ改革のためマドラサのカリキュラムに英語・数学・科学・経済などの追加と政府によるマドラサの教師の給与支援を定めた。大方の州や地域との間では同覚書に署名がなされたが、北西辺境州政府は、政府による一方的なカリキュラムの変更に抵抗した。

ムシャラフ政権が進めるマドラサ改革が十分に進まない理由は、

・マドラサ側がカリキュラムの変更や財政状況の開示などマドラサの内情に介入することに強く反発した。

・西側諸国の支援を得て政府がマドラサ改革を進めようとすることに対し、西側諸国がパキスタンのイスラム教育や価値観を変えようとしていると反対した。

政府のマドラサ改革は中途半端で、マドラサがテロの温床とならないようにするとの初期の目的達成には程遠いものであった。

アフガニスタンでの戦争に参加し、生きて帰国しても、宗教狂信者である彼らの働き先はなかなかなく、宗教過激組織間の抗争に関与することが多かった。このような深刻な問題に対する政府の取り組みは十分でなく、事件の犯人や過激組織の活動家の逮捕に役立てる程度であった。

シャリーフ政権（第二次）は一九九七年反テロ法を制定したが、議会において十分に審議を尽くされずに制定され、警察にテロ行為を行いそうな者に対し発砲する権限や令状なしの逮捕権などが与えられたため、政界・法曹界・人権団体などからも強い批判の声が上がった。また宗派の過激組織に対して厳罰で臨んだため、彼らの最大の敵とみなされ、一九九三年一月三日には、ラホールのシャリーフ首相の自宅近くの橋が爆破される事件があった。

九・一一事件の影響

二〇〇一年九月十一日、ニューヨークの世界貿易センタービルに二機の飛行機が突入するという前代未聞のテロ事件が発生した。ムシャラフ大統領は声明を出してテロ行為を強く非難し、テロと戦うための国際的な努力と協力を強調した。米国はパキスタンの全面的支援と協力を求め、パキスタンはそれに応じたが、パキスタンがタリバンとの外交関係を断絶することなども含まれていたので、タリバンを見捨てることになり、パキスタンとしては苦渋の選択であった。ミリタント・グループ（戦闘士グループ）や国内の反米感情にも影響を与えた。二〇〇一年十一月二十二日、在パキスタン・タリバン大使館を閉鎖した。アルカイダとタリバンの兵士（ビン・ラーディンとアラブ兵三〇〇〇人の他、ウズベキスタン人、チェチェン人などその他の国籍のミリタント数千人）がアフガニスタンを逃れ、パキスタン北西部の連邦直轄部族地域（ＦＡＴＡ：Federally

Administered Tribal Areas）に逃げ込み、勢力の強いものになった。

ムシャラフ大統領は米国と協力して五〇〇人あまりのアルカイダ兵士を捕捉した。また二〇〇二年から二〇〇三年にかけ、九・一一事件の首謀者ハーリド・シェイフ・ムハンマドなど三名のアルカイダの大物を国内で逮捕した。また宗派の過激組織、スンニー派のスィパーへ・サハーバ・パキスタン（SSP）、シーア派の組織タヘリーケ・ニファーゼ・フィカ・ジャファリヤ（TNFJ）、カシミールの過激派組織であるラシュカレ・エ・トイバ（LeT）を非合法化し、スンニー・タヘリーグには監視措置をとることにした。カシミールのジハード組織は、インドの国会議事堂を襲撃する事件（二〇〇一年十二月十三日）に関与しており、国際社会から厳しい措置をとるよう求められていた。その後も、二〇〇三年に各々三組織、二〇〇八年にも三組織がそれぞれ非合法化された。しかし、ムシャラフ大統領はこれらの国内過激派組織を完全に断ち切ることを望まなかった。彼らはしばらくすると釈放され、組織を再編し、新しい名前で活動した。

無人機

米国はFATAを本拠としてアフガニスタンの米軍などに越境攻撃しているアルカイダやタリバンの隠れ家、ミリタントが乗った車両を攻撃するため、二〇〇四年から無人機による攻撃を行うようになった。同年六月十八日、ミリタントの指導者ネーク・ムハンマドが殺害された。二〇〇七年から二〇〇九年までにアルカイダの工作員のトップ二〇人のうち、少なくとも一二人は殺害され、多くの基地や隠れ家が破壊された。二〇〇九年八月五日にバイトゥッラー・マフスード（ミリタントの最高指導者）、二〇一三年五月二十九日にパキスタン・タリバン運動（TTP）のナンバー2のワリーウッラフマーン、ハキームッラー・マフスード（バイトゥッラーの後継者）がそれぞれ殺害された。無人機による攻撃はアルカイダやタリバンの指導者などの殺害に大きな成果を上げた反面、女性や子供が犠牲になることが多かった（二五〇〇人以上）。パキスタン政府は公式には、米国の無人機による攻撃がパキスタンの主権を侵害するものであると米国に抗議したが、秘密裡には米国とミリタントに関する情報を共有しているほか、無人機がバローチスタン州のシャムスィー飛行場（クエッタから南西約三二〇キロメートル）から飛び立つのを暗に認めていた。

赤いモスク

首都イスラマバードには、首都移転後まもなく建設されたラール・マスジド（Lal Masjid：「赤いモスク」）(注四二)があり、当時はイスラマバードの宗教行事の中心であった。後に男子と女子のマドラサが併設された。マドラサの学生の多くはＦＡＴＡや北西辺境州の出身であったこともあり、これらの地域で反乱が増加するにつれ、モスクとそのマドラサが戦闘的な活動に関与することが多くなった。二〇〇七年頃は反ムシャラフ大統領のミリタント本部として使われていた。モスクは、タリバンやアルカイダと深い関係があると見られていたアブドゥル・アズィールとアブドゥル・ラシードの兄弟が運営していた。

同年一月に当局がイスラマバードのあちこちの公有地に違法に建設されていたモスクを取り壊したことから、マドラサの女学生が隣接する児童図書館を占拠した。マドラサの学生がイスラムの教えに反する行為に対し、脅迫する、警官を監禁するなど、その活動を先鋭化し、モスクに立てこもり、治安部隊とのにらみ合いが続いた。七月三日、モスク内に立てこもる学生と治安部隊との銃撃戦が起こり、一〇人以上が死亡、負傷者は一五〇人以上を数えた。翌日にはアブドゥル・アズィールが逮捕された。政府は政治家や宗教指導者を派遣して説得工作を試みたが、不調に終わった。十日、軍の特殊部隊がモスクに突入し、アブドゥル・ラシードとマドラサの学生五〇人以上を殺害し、翌十一日にモスクは完全制圧された。

この事件に対するミリタントの反発は強く、国内各地で自爆テロや爆弾により軍や警察関係者やその施設を攻撃する事件が頻発するようになった。十二月十四日、四〇人余りのミリタントの指導者たちは南ワズィーリスタンに集まり、ＴＴＰの旗のもとに統一戦線を結成した。

テロ事件は二〇〇七年に急増し、二〇〇九年まで着実に増加し、中でも自爆テロが著しく増加した。この事件で特殊部隊のモスクへの突入を支持したベーナズィール元首相が二〇〇七年十二月二十七日に殺害された。

ミリタントがその勢力を強めるにつれ、部族地域に加え北西辺境州にもその権力を確立し、そこでは州政府による統治は難しくなった。そのような地域の一つスワートで、二〇〇六年に若い聖職者マウラーナー・ファザルッラーが自らのイスラム軍を創設すると、暴力事件が発生するようになった。赤いモスク事件直後、ファザルッラーはその不法なFMラジオ局を通じて、政府に対するジハードを宣言し、同事件の報復を誓った。軍の車列が襲われ、一三人の兵士が死亡した。ムシャラフ大統領は、治安回復のためスワートに一万の兵力を投入して軍事作戦を展開し、数週間でスワートのほとんどの地域からファザルッラーの勢力を追い払った。数百人のミリタントが殺害され、多くの司令官が逮捕されたが、ファザルッラーと多数のミリタントは周りの山岳地帯に敗走した。

南ワズィーリスタン管区でも、バイトゥッラー勢力が軍の車列を襲うなどの事件が起き、軍は軍事攻勢をかけたが、バイトゥッラーの勢力のほとんどは近くの山岳地帯に逃走し、作戦が終わるとすぐ戻ってきた。

『自爆テロの訓練』

自爆テロがパキスタンで起こったのは一九九五年十一月十九日イスラマバードのエジプト大使館に対するテロが最初であった。九・一一事件（二〇〇一年）後では、二〇〇二年五月八日、カラチのシェラトン・ホテル前で海軍のバスに対する自爆攻撃によりフランス人技師一一人が死亡した。二〇〇七年には一挙に五七件に増加した。二〇〇八年九月二十日には、首都イスラマバードで大量の爆薬を積んだトラックがマリオットホテルに突っ込む自爆攻撃で、米国人一人を含む五七人が死亡、二六六人が負傷した。二〇〇九年には九〇件を数え、その後は減少傾向を示している。発生地域では、カイバル・パフトゥンクワ（Khaibar Pakhtunkhwa）州（二〇一〇年四月十五日北西辺境州から名称変更）が多い。

ザーヒド・フサイン（イスラマバード在住の著名なジャーナリスト）は自爆テロ犯になる訓練を受けた多数の子供たちにインタビューし、その実態につき次のように記している。

・自爆テロ犯のおよそ九割は十二歳から十八歳までの子供で、大人とは違い目につかず、容易にターゲットに接近できる。
・彼らを洗脳することは容易で、自らを犠牲にすることは死後の天国への切符であると教え込む。
・自爆テロ犯を養成するキャンプは南北ワズィーリスタン管区に所在し、当初はアルカイダがその任にあたっていたが、次第にハッカーニー・ネットワークやカーリー・フサインなどバイトゥッラー・マフスードに近いものにとってかわられた。
・親族がミリタント掃討作戦でパキスタン軍により殺害された者が多かった。
・戦いが拡大するにつれ、このような自爆志願者の数は増加した。
・多くの場合、子供は自爆テロになるために厳しい訓練をうけた。イスラムの敵と戦うために訓練を受けるのはムスリムの義務であると教え込まれた者や、殉教は神からの最大の報酬であると教え込まれた者もいる。
・自爆のミッションに向かう心構えができた子供は他の訓練生とは隔離され、家族や友人とも連絡をとることは許されなかった。自爆を決行する日、子供はモスクに連れていかれ、そこで神により殉教者に選ばれたとして祝福される。
・訓練を受けた子供は他のグループに売られることもあった、一人数千ルピーで、カーリー・フサインが運営する訓練センターで訓練を受けた子供には七〇〇〇～一万四〇〇〇ルピーの値がついたという（中野勝一、二〇一四年）。

ビン・ラーディン殺害事件後

二〇一一年五月二日のビン・ラーディン殺害事件後、その報復とみられる事件が続いた。五月十三日、カイバル・パフトゥンクワ州チャールサッダにある治安部隊の訓練施設で自爆テロにより八〇人が死亡、一四〇人が負傷した。ＴＴＰが犯行声明を出した。五月二十二日にはカラチの海軍航空基地にミリタントが侵入して、海軍兵士五人が死亡し、米国から供与されたP3C哨戒機が一機炎上した。

十一月二十六日には、FATAモフマンド管区のアフガニスタン国境付近の軍監視所がアフガニスタンに展開している北大西洋条約機構（注四二）（NATO：North Atlantic Treaty Organization）軍の武装ヘリコプターと戦闘機で攻撃され、パキスタン兵士二四人が死亡、一三人が負傷した。なんの理由もなく攻撃されたため、ザルダーリー大統領、ギーラーニー首相、キヤーニー陸軍参謀長などが、「パキスタンの主権に対する侵害」であると強く非難し、米国に無条件の謝罪を求めた。また事件の報復措置として、アフガニスタン駐留NATO軍向け補給物資のパキスタン経由の陸上輸送をストップさせたほか、米国にバローチスタン州のシャムシー基地から立ち退くよう求めた（七月三日、米国が謝罪したことにより、アフガニスタン駐留NATO軍向け補給物資給路の閉鎖は解除された）。

この事件後、米国は反米感情を考慮してFATAでの無人機による攻撃を停止したが、二〇一二年一月十日に再開した。政府は再三にわたりこのような攻撃はパキスタンの主権侵害であるとして非難・抗議した。

二〇〇一年から米国主導のテロとの戦いで、パキスタンは米国に全面的な支援を約束したが、その後、タリバンとアルカイダに対する作戦などを巡り、相互不信が増大している。この戦いで、民間人三万人、兵士五〇〇〇人が死亡したと言われている。テロとの戦いに伴う治安悪化はパキスタンに様々な悪影響を及ぼした。

①テロとの戦いにかかわる戦費、②対パキスタン外国投資の減少、③民営化プログラムの減少、④経済活動全般の鈍化、⑤インフラの破壊、⑥観光業の不振、⑦失業者の増加、⑧国内難民支援経費の増加

これらの直接・間接の経費や被害額を合わせると、約六七〇億ドルに上るという（経済白書、二〇一一年六月）。

シャリーフ首相（在位第三次二〇一三年―二〇一七年）は、テロは国家の存立を脅かしていると位置づけ、TTPとの和平対話による問題解決を企画した。紆余曲折の後、二〇一四年二月六日と十四日政府が指名した四名の委員とTTPが指名した三名の委員（TTP関係者ではなく宗教関係者）の間で対話が行われ、一カ月の停戦がなされた。政府の要求は、TTPが武器を置くこととパキスタン憲法を認めることであり、TTPの

要求は部族地域からの軍隊の撤退とパキスタンが米国との同盟関係を解消することである。

双方とも対話を継続することに合意したが、その後停戦は打ち切られたままである。政府と軍の間で意見が一致していない。またTTP内部には対話に反対のグループがあり、対話により何の成果もないことから彼らの声が大きくなりつつあると言われている。

『シアールコート』

パンジャーブ州の州都ラホールの東北に、国境の街シアールコート（人口約四〇万人）がある。パキスタン建国の精神的支柱であったムハンマド・イクバールの生誕地として知られている。シアールコートはもともと鍛冶屋町として誕生したコートリー・ロハーランがその発祥の地である。ムガル帝国の軍隊に提供する武具とその修理を担当する村として誕生した。コートリー・ロハーランは今でも手作りの眼科手術用としては世界で最も精巧を極めるとされる器具の製造や、産油国への出稼ぎ労働者の多い村として知られている。

英領インド期に、シアールコートにあったミッション系病院が地元の鍛冶屋に壊れた医療機器の製造を依頼して以来、シアールコートは全インドのミッション系病院への医療機器の供給を一手に引き受けることになった。独立後は、ドイツの技術を導入し、メス、止血鉗子、その他多様な医療機器を製造し輸出している。国内市場向けではなく、国際的下請けとして、輸出市場向けであることが特徴である。世界の病院で使用されている医療機器は多いにもかかわらず、海外の製造問屋のブランドで生産する企業が多いため、それがパキスタンのシアールコートで製造されていることは知られていない。

英領インド期のシアールコートは、スポーツ用具の生産でも知られていて、テニスやバドミントンのラケット、クリケット用のバットやホッケーのステッキ等が主な製品であった。独立後、サッカー・ボールの製造が始まった。一九七〇年までは国内で産出される皮革を利用したボールを製造していたが、使用しているとすぐにゆがんでしまった。ヨーロッパのメーカーの下請けになって、天然皮革の伸縮性を制御する技術を得た。特定の期日に所定の製品を納入できる能力を備えていることも幸いしてアディダス社の下請け工場になった。そして、素材革命がおこり伸縮性の安定した人工皮革に代わった。新規参入が容易になり、サッカー・ボールの生産者も急増した。世界で使われているサッカー・ボールの約三分の二が、この町とその周辺の村で作られ、輸出されている（広瀬崇子・他、二〇〇三年）。

『二十一世紀の災害』

		（死者）	（被災者）	（地域）
二〇〇五年十月	地震（M七・六）	約八万六〇〇〇人	約四〇〇万人	パキスタン北部
		約一三〇〇人	約六〇〇〇〇人	カシミール
二〇一〇年七月～八月	未曽有の洪水	一五〇〇人以上	二〇〇〇万人	国土の1／5が冠水
二〇二二年六月	洪水（過去三十年の平均雨量の三倍の雨量）	一七〇〇人	三三〇〇万人	国土の1／3が冠水
六月二二日	地震（M五・三）	一一〇〇人以上	一五〇〇人以上	アフガニスタン南部（震源）
		一二人以上	一五〇人以上	パキスタン西部

3 バングラデシュ（People's Republic of Bangladesh）

(1) ムジブル・ラーマン

一九七二年一月十日、パキスタンに拘留されていたムジブルは英国経由でダッカに帰還した。（図6－5参照）同年十二月には「バングラデシュ人民共和国」憲法が制定され、民主主義、社会主義、政教分離主義を柱とする議院内閣制に復帰した。しかし、憲法は、野党議員の一人もいない議会で制定したものであった。翌一九七三年三月の初の総選挙結果では、アワミ連盟が圧倒的な勝利をみせた。（表6-5参照）この最初の選挙では圧倒的勝利を望むムジブルの意向を踏まえアワミ連盟党員による様々な組織的不正が報じられた。野党は選挙での公平な戦いはできないとして、街頭活動など攻撃的路線に走り、政府は強硬な弾圧策をとった。独立戦争中に民間に流れた武器は、強盗や殺人だけでなく、政治的抗争や学生運動などにも使われて治安の悪化を招いていた。

アワミ連盟政権は、戦争による混乱の収拾と国家再建を目指して行動を開始したが、解決すべき問題が山積していた。多くの産業においてこれまでは西パキスタン人が経営し、ビハール人が技術を担当していたが、彼らがいなくなった後は、経験のない者しかおらず、生産は落ち込んだ。必要な準備が整わないまま導入された国有化は混乱と非能率を生み、経済復興を著しく阻害した。また、パキスタン軍が独立戦争中に多くの知識人を殺した影響は大きく、国家建設に必要な経済的・専門的知識や経験を持ち合わせた者があまりいなかった。政府は当面の問題処理に追われ、中長期的な人材育成計画の立案・実施になかなか取り組むことができなかった。さらに、世界銀行や日本などの債権国が、パキスタン時代に融資した旧債務の弁済問題が未解決の間は、パキスタン、バングラデシュ双方への新規借款をしなかった。旧債務については、パキスタン分とバングラデシュ分の区分け作業も両国の混乱で容易にすすまなかった。

インフレ、食糧不足、治安悪化が改善されない中で、ムジブルは力による早急な改善を図ろうとし、次第に独裁色を強めていった。一九七四年十二月末、国会議員を含む三名のアワミ連盟党員が殺されたことをきっかけに全国に非常事態が宣言された。翌年一月二十五日、第四次憲法修正で大統領は絶大な権限が与えられ、司法権も制約が加えられた。すべての政党は解散された。二月末、唯一の合法政党として「バングラデシュ農民労働者アワミ連盟（ＢＡＫＳＡＬ：Bangladesh Krishak Sramik Awami Leage/ Bangladesh Worker-

Peasants Peoples League)」が結成され、ムジブルが党首となった。しかし、執行委員会、中央委員会、新党など五つの戦線の指導者の殆どが、アワミ連盟党員であり、BAKSALは実質的にはアワミ連盟と変わらなかった。新聞統制令が施行され、日刊新聞四紙と定期刊行物一二二紙が国家管理下に置かれ、それ以外はすべて発行禁止となった、新しい革命を必要とした治安・汚職・密輸の三問題はどれも自らの党であるアワミ連盟の指導的立場にある者たちに原因があり、彼らの家・親類が深く関わりあったものであった。一九七四年の大洪水、政権の腐敗、経済失政による物価騰貴、飢饉、治安悪化などから、国民はアワミ連盟政権に失望した。

諸外国との関係

一九七二年一月十一日に、東ドイツ、ブルガリアがバングラデシュ人民共和国を承認した。十二日には、ポーランド、モンゴルが承認した。一月二十五日にソ連が承認すると、西側諸国も後に続いた。日本は二月十日に承認した。

・インド

当初は解放軍として歓迎されたインド軍も、だんだん占領軍的存在となり、住民との間で摩擦が

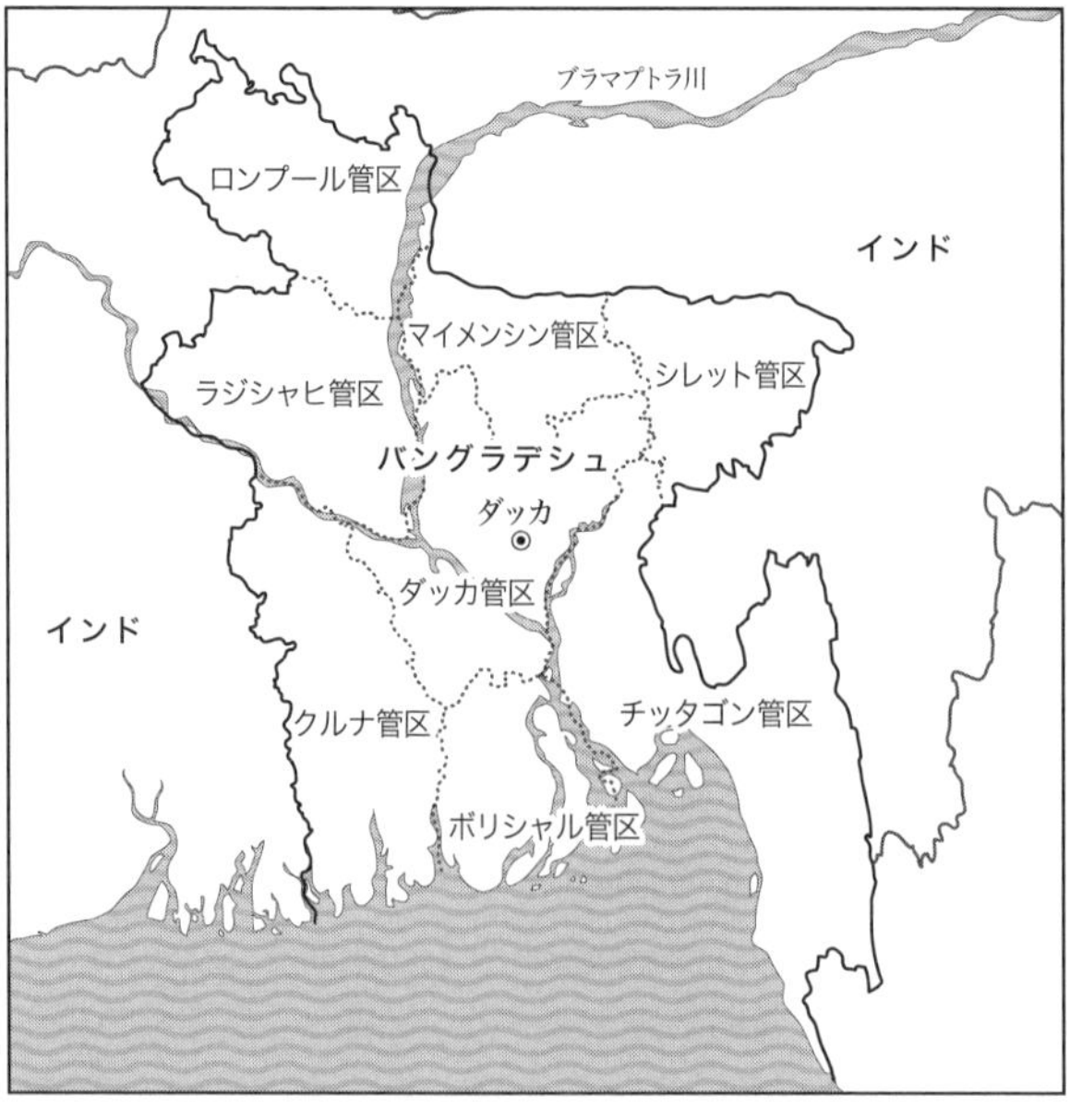

図6−5　バングラデシュ地図

六、現　代

	首相		就任日	退任日	所属政党	大統領
1	アーマド (Tajuddin Ahmad)		1971.04.17	1972.01.12	AL	ムジブル(Sheikh Mujibur Rahman) AL/(1971.04.17-1972.01.12)
2	ムジブル(Sheikh Mujibur Rahman)		1972.01.12	1975.01.25	AL	イスラム (Syed Nazrul Islam) AL/(1971.04.17-1972.01.12)/臨時 チョドリー (Abu Sayeed Chowdhury) AL/(1972.01.12-1973.12.24) ムハマドゥラー (M. Mohammdullah) AL/(1973.12.24-1975.01.25)
3	アリ (Muhammad Mansur Ali)		1975.01.25	1975.08.15	BAKSAL	ムジブル(Sheikh Mujibur Rahman) BAKSAL/(1975.01.25-1975.08.15)
	[不在 1975.08.15-1978.06.29]					ムシュタク(K. Mostaq Ahmad) AL/(1975.08.15-1975.11.06) サエム(A. S. M. Sayem) AL/(1975.11.06-1977.04.21)/ ジア (Ziaur Rahman) (軍人)/(1977.04.21-1978.09.01)
	ラ-マン(Mashiur Rahman)		1978.06.29	1979.03.12	BNP	ジア (Ziaur Rahman) BNP/(1978.09.01-1981.05.30)
4	ラ-マン(Shah Azizur Rahman)		1979.04.15	1982.03.24	BNP	サッタル (Abdus Sattar) BNP/(1981.05.30-1982.03.24)
	[不在 1982.03.24-1984.04.30]					チョードリー (A.F.M.A. Chowdhury) 無所属/(1982.03.27-1983.12.10)
5	カーン (Ataur Rahman Khan)		1984.04.30	1986.07.09	国民党	エルシャド(Hussain Muhammad Ershad) 国民党/(1983.12.11-1990.12.06)
6	チョードリー (M.R. Chowdhury)		1986.07.09	1988.03.27	国民党	
7	アーメド (Moudud Ahmed)		1988.03.27	1989.08.12	国民党	
8	アーメド (Kazi Zafar Ahmed)		1989.08.12	1990.12.06	国民党	アーメド (Shahabuddin Ahmed) 無所属/(1990.12.06-1991.10.10)/臨時
	[不在 1990.12.20-1991.03.20]					
9	ジア (Khaleda Zia)	1次	1991.03.20	1996.03.30	BNP	ビスワス (Abdur Rahman Biswas) BNP(1991.10.10-1996.10.09)
	ラーマン(M. H. Rahman)	臨時	1996.3.31	1996.6.23		
10	ハシナ (Sheikh Hasina)	1次	1996.6.23	2001.07.15	AL	アーメド (Shahabuddin Ahmed) 無所属/(1996.10.09-2001.11.14)
	ラーマン (Latifur Rahman)	臨時	2001.07.15	2001.10.10		チョードリー (B. Chowdhury) BNP/(2001.11.14-2002.06.21)
11	ジア (Khaleda Zia)	2次	2001.10.10	2006.10.29	BNP	シルカル (M. J. Sircar) BNP/(2002.06.21-2002.09.06)
	アーメド (Iajuddin Ahmed)	臨時	2006.10.29	2007.01.11	無所属	アーメド(Iajuddin Ahmed) 無所属/(2002.09.06-2009.02.12)
	ハク(Fazlul Haque)		2007.01.11	2007.01.12	無所属	
	アーメド (Fakhruddin Ahmed)	臨時	2007.01.12	2009.01.06	無所属	ラーマン (Zillur Rahman) AL/(2009.02.12-2013.03.20)
12	ハシナ (Sheikh Hasina)	2次	2009.01.06	2014.01.06	AL	ハーミド(M. Al Hamid) AL/(2013.03.14-2013.04.24)/臨時
	ハシナ (Sheikh Hasina)	3次	2014.01.06	2019.01.06	AL	ハーミド(M. Al Hamid) AL/(2013.04.24-2023.04.24)
	ハシナ (Sheikh Hasina)	4次	2019.01.06	2024.01.06	AL	
	ハシナ (Sheikh Hasina)	5次	2024.01.06	2024.08.05	AL	シャハブッディン(M. shahabuddin) AL/(2023.04.24-present)
	ムハマド・ユヌス（M. Yunus）		2024.08.08	現職	無所属	

AL：Awami League
BAKSAL：Bangladesh Krishak Stramik Awami League (バングラデシュ農民労働者アワミ連盟)
BNL：Bangladesh National League
JP：Jatiya Party (国民党)
BNP：Bangladesh National Party

表6－5　バングラデシュ首相・大統領

生じるようになった。政府はインド軍の撤退を求め何とか同意を取り付けたが、チッタゴン丘陵地帯で部族民反乱が発生し、バングラデシュ軍では対応できなかったため、やむなく再度インド軍の出兵を要請した。そのため、インド軍の撤兵はさらに遅れた。インドは、なかなか改善しない治安情勢の改善のため、政府に「ロッキ・バヒニ」という新しい治安部隊の創設を勧めた。ロッキ・バヒニはアワミ連盟の私兵的組織として指導部や学生運動のリーダーに使われるようになった。

インドとの間では、両国を流れるガンジス河の取水問題が重要であった。インド側がガンジス河から必要な水量を取水しつづけたので、バングラデシュでは、灌漑用水不足による農業生産の低下、水位低下に伴う海水逆流による塩害、下流の工業用水の利用不能に伴う工業生産の低下、淡水漁業や牧畜への影響、内水路交通の支障、飲料水の不足など多大の被害がもたらされた。ムジブル・ラーマン政権は、これらについてインディラ首相に申し入れた（一九七四年五月）。暫定取り決めを結ぶことが合意されたが、予定されていた永久的な水配分協定が作られないまま、一九七五年八月ムジブルは暗殺された。政治的な混乱のなかで、インドは翌年には取り決められた割当量を守らなかったので、バングラデシュ側はインドに対する不満を募らせた。

・**パキスタン**

パキスタンのブットー大統領はバングラデシュ独立の受け入れを拒み、中国に拒否権発動を依頼した。中国は、バングラデシュの国連加盟に対し三年にわたって拒否権を行使した。

一九七四年二月ラホールにおける第二回イスラム諸国首脳会議の初日、会議出席国首脳たちの斡旋により、ブットー大統領はバングラデシュを承認した。

・**米国**

米国は、経済援助については積極的で、南アジアにおけるソ連の優位を少しでも薄めるため、ソ連やインドの数倍に及ぶ援助を供与した。

・日本

バングラデシュの独立戦争に対して、日本でも民間レベルで募金活動が行われ、積極的に応援した。一九七二年三月、早川崇自民党議員が国会議員団を率いてバングラデシュを訪問し、戦後復興への全面的支援を約束した。翌年十月ムジブル・ラーマン首相を公賓として招待し、バングラデシュの経済発展を支援すべく経済使節団の派遣が合意された。一九七四年一月後半、永野茂雄日本商工会議所会頭を団長とする「永野ミッション」は、財界の重鎮一九名、外務・大蔵・通産など関係各省課長クラス七名からなる超大型使節団で、数班に分かれてコミラ・チッタゴン・カプサイなど各地を精力的に視察した。

(2) クーデターによる権力闘争

八月一五日クーデター

一九七五年八月十五日早朝、七人の青年将校が率いる軍の一隊約三〇〇名の兵士がムジブルの私邸を襲い、ムジブルとその親族計一〇名を殺害した（ムジブルの娘二人ハシナとラハナは西ドイツにいたため難を逃れた）。同じ頃、ムジブルの側近として権力を振るっていた甥のシェイク・モニ邸でも、モニ一家・親族一八名が殺された。

首謀者のダリム前ダッカ守備隊長は、午前五時三十分ラジオ放送で、「ムジブル・ラーマン大統領がクーデターで殺害され、新大統領に就任したムシュタク・アーメド（Mostaq Ahmad）前商業相の下に戒厳令が発布された」と宣言した。新大統領のムシュタクは、全国放送で、前政権の身びいきと腐敗によって少数の人々に富が集中し、その仲間内政治で改革は不可能になったため、国民の不満と期待に応えて軍がムジブル政権を倒したものので、クーデターは歴史的必然であると強調した。翌日パキスタンが新政府を承認し、同月三十一日には中国も承認した。

ムジブル・ラーマンはパキスタン独立後の二三年間のうち合計一二年も牢獄に入れられながら、東パキスタンの自治権拡大・独立運動で戦いベンガル人を鼓舞し続けた。彼のカリスマこそが民族の結束と抵抗力の原動力になっていた。しかし、彼は国民に最後まで抵抗するよう訴えながら、自らは早々に投降し、困難な独立戦争の指揮官としての役割を放棄して牢獄にいたことを批判する者は多い。苦しい独立戦争に直接参加しなかったため、国家指導者としての判断力を十分養うことができず、独立後の国家建設にあたって、周囲の取り巻きの必ずしも適切でない助言に左右されることが多かったという。ムジブルの暗殺に関する陰謀の噂を「インド情報機関」(RAW)がキャッチし、政府を通じムジブルに数回にわたり警告したが、ムジブルは「軍人たちは皆自分の子供であり、そういうことは起こらない」と言って取り合わなかった。

ムシュタク大統領は、改めて戒厳令を布告し、現行憲法も国家四原則も有効であることを宣言した。汚職追放の具体策として、汚職や権力の乱用をしたものは死刑または無期懲役、罪に応じて最高一四年の重労働を科すとする戒厳令規則を布告した。この布告により、ナズルル・イスラム前副大統領、ムハンマド・アリ前首相、カマルザマン前工業相、タジュディン元蔵相というアワミ連盟の重鎮四人を含む二六名のアワミ連盟指導者を、汚職、不正、反社会的活動、職権乱用を理由に逮捕し、ムジブル側近を一掃した。身内びいきを排し人事の公正を確保するため、最高人事委員会を設けて主要人事の適正化を図った。安全維持のため武器弾薬の回収に努め、またロッキ・バヒニは解散させた。政党は禁止され、BAKSALも解散された。

クーデターで生まれた政権であることから、軍の発言力が強まったが、軍内部には二つの指揮系統、すなわち、陸軍参謀長ジアウル・ラーマン少将をヘッドとする陸軍首脳部と、青年将校グループが並立した。青年将校グループはクーデターの功をかざして大統領官邸に陣取り、軍隊復帰命令を拒否し続けた。

十一月三日、陸軍内の旧ムジブル派ハリド・ムシャラフ准将率いる三大隊がクーデターを起こし、先のクーデターを起こした青年将校とその家族二九人の国外退去、ジアウル・ラーマン陸軍参謀長の解任、ムシャラフの陸軍参謀長就任などで合意した。ところが、ダッカ中央刑務所に収監されていたアワミ連盟の重鎮四名が殺害され、犯人（青年将校）は国外に逃亡した。ムシュタク大統領は辞任した。後任に任命された最高裁判所長官のサエムが大統領に就任した（十一月六日朝）。

十一月七日午前一時、反ムシャラフ派の下級兵士が反撃にでて、監禁されていたジアウル・ラーマンを救出し、一時間の銃撃戦の末、ムシャラフとその支持者三四名を殺害した。同日早朝のラジオ放送で、下級兵士たちは自らのクーデターを「セポイの革命」と呼び、ムシャラフ派が追放され、ジアウル・ラーマンが陸軍参謀長に復帰し、戒厳令司令官に就任したことを宣言した。

一連のクーデターについて英国やインド紙などにも情報が流れていた。インド派のタジュディン元蔵相が、獄中からセン駐バングラデシュ・インド大使にクーデターによる救出を依頼した。これを受けてインドは、ムシャラフを中心とする軍内部のムジブル派を集めてクーデターを計画した（アワミ連盟指導者を釈放して、ナズルル・イスラムを新大統領に立てるなど）が、十一月二日に漏れて、青年将校たちはインド派の動きを封ずるため、刑務所にいた四人のアワミ連盟重鎮を殺して国外に逃亡した。ムシャラフ派は新政府を率いるべき人物を欠いたままクーデターを決行したが、代わりの人物を探しているうちに反クーデターを招いてしまった。インド政府は否定したが、インドの存在を推測させる情報が多数流布していた（堀口松城、二〇〇九年）。

ジアを救出して陸軍参謀長に復帰させた下級兵士たちは「民族社会党（ＪＳＤ）」軍事部門の「人民革命軍」で、指導者のアブ・タヘルは、独立戦争当時大佐としてゲリラ闘争を指揮したが、反インド派だった。人民革命軍は給与の引き上げ、将官と兵士の差別撤廃、これまでの支配階級のための軍隊から人民に奉仕する軍隊への改組など一二項目要求を掲げ、ジアウル・ラーマンを通して要求の実現を図ろうとした。ジアは、軍の革命的改組には同意しなかった。ダッカ、コミラ、チッタゴンなどの兵舎では将官と兵士との激しい闘争が続き、ダッカでは四〇人以上の将官が殺された。ジアは実力で、ＪＳＤと人民革命軍のダッカ集会を阻止し、軍内部の秩序はようやく回復された。ジアは、現時点での第一の課題は軍人の利益と福祉を守り、国軍を近代的で効率的な軍隊にすることであると述べ、戒厳令規則を改定した。タヘルら三三人は反国家的活動を行ったとして逮捕された。後にタヘルは死刑となり執行後に発表された。

サエムは権力の法的継続性を保つべく大統領にとどまることになった。十一月七日、自ら戒厳令司令官に就任し、八日国会を解散し総選挙を一九七七年二月末までに行うことを発表した。サエム政権では、流通部門における政府統制を大幅に緩和し、国有企業の一部払い下げ、接収企業の旧所有者への補償金支払いなど民間資本の役割を見直すとともに、ムジブル時代の社会主義型経済から経済自由化政策への転換を図った。サエムはジアと密接な協議を行ったうえで、これらの新政策を発表した。中国、パキスタンとの外交関係樹立にも努め、十二月には駐パキスタン初代大使を送り、独立当時政府が接収したパキスタン系企業の補償支払いを決めた。

一九七六年十一月、サエムは、「国民の多くは、ジアウル・ラーマンのもとでの改革を評価し、汚職・腐敗に陥りがちな政党政治への早期復帰は望んでいない」などとして、一九七七年に予定されていた総選挙の無期延期を発表した。ジアを中心とする軍政の継続が明らかになった際、サエム大統領は辞任を申し出たが慰留された。戒厳令司令官の職務はジアに移譲された。

(3) ジアウル・ラーマン

一九七七年四月、サエムは大統領をやめ、ジアは大統領・戒厳令司令官・陸軍参謀長のポストを兼務した。軍内部は、独立戦争中はパキスタン軍の一部であった東ベンガル連帯出身者グループ、独立戦争に義勇軍としてゲリラ戦を戦った青年将校グループ、独立後パキスタンから帰国した正規軍グループの三つに分かれていた。当時はジア率いる東ベンガル連帯出身者が首脳部を握っていたが、正規軍グループも無視しがたい力をもっていた。ジアは民政移管に備えるため、陸軍参謀長のポストを信頼できる部下に移譲して軍の統一を図る必要があったが、同ポストをめぐって、副参謀長のエルシャャド、首都防衛師団のショーカット・アリ、国境警備隊長のダステギールの三少将が争っていた。

十月二日、反乱軍がダッカ空港及び放送局を一時占拠するというクーデター未遂事件があった。当時ダッカ空港は日本赤軍による日航ハイジャック事件(注四四)で緊迫した状況にあった。反乱軍は、空港でハイジャック事件に対応するため管制塔にいた空軍将校ら一一人を射殺、マフムード空軍参謀長を連行したが、政府軍の反撃で五時間後に鎮圧された。この反乱は軍指導部とパキスタン帰りの正規軍グループに不満をもつ青年将校グループが、下級兵士を巻き込んで行った事件と見られた。九月三十日にもボグラの陸軍基地で反乱事件があったことが伝えられた。反乱軍は、下級兵士の給与引き上げとダッカ刑務所に収監中の「八・一五クーデター事件」の首謀者の一人ファルーク少佐らの釈放を求めたが、直ちに制圧された。ジアはクーデター未遂事件に断固たる対応で臨み、軍内部の不満分子を力で抑えた。

一九七七年五月、ジアは国民投票によって大統領職の信任を得た。憲法の非宗教主義を削除し、コーランの一節を挿入してイスラム色を強め、国家四原則（民族主義、社会主義、政教分離主義）の社会主義を社会主義的正義に変えた。

一九七八年には政党活動を解禁した。民主主義戦線の六政党を単一政党にまとめ、バングラデシュ民族主義者党（BNP：Bangladesh Nationalist Party）を結成し、ジア自ら党首に就任した。そのなかには既成政党政治家のうち軍に協力するものだけを硬軟とりまぜて選び抜き取り込んだ。一九七九年二月の国民議会選挙では、三〇〇議席中BNPが二〇七議席を獲得して圧勝した。投票率は全国平均四一・三％で、農村組織が弱かった。ジアは民政移管後、全国を遊説して農村の党組織化に努め、長期政権の基礎固めに力を入れた。

四月二日国会が招集され、四日には公約通り戒厳令が解除された。十六日には閣僚二八人、閣外相一一人、副大臣二人の大型内閣が発足し、民政移管が実現した。ジアは全国の灌漑を整備して生産向上を目指し、また文盲撲滅などのキャンペーンを展開していった。

他方、野党側は、野党間の対立や各野党内部での対立・抗争が続いた。特にアワミ連盟は委員長を決められず、故ムジブル・ラーマンの長女でインドに亡命中のシェイク・ハシナ・ワジェド(注四五)(Sheikh Hasina Wazed)が委員長に担ぎ出された。

ジアは大統領として一九七六年ネパール・インド・パキスタンを訪問し、三カ国との外交関係の強化に努めた。中国との関係も改善し、一九七七年一月に訪問して経済技術協力協定が調印された。三月にはイラン、七月にはサウジアラビア、九月にはエジプトを訪問し、経済援助資金の導入、バングラデシュ労働者の送り込み問題などが話し合われた。これら労働者が本国に送金する外貨は年々増え続け、バングラデシュ経済にとって貴重な外貨資源となった（堀口松城、二〇〇九年）。

対外政策

・日本

一九七八年秋、バングラデシュは、国連安全保障理事会の非常任理事会ポストをめぐって日本と争い当選した。これはジア政権成立以来の全方囲的外交の結果で、アジア諸国、非同盟諸国、イスラム諸国の多くの支持を集めた成果であった。バングラデシュ政府は、今回の選挙のことで日本との友好関係が影響を受けることなく一層発展することを希望した。以降、バングラデシュは国連など国際機関の選挙において、ほとんど常に日本の立候補要請を支持した。日本政府もこの選挙の敗北から多くの教訓を学び、以後の国連の選挙ではほぼ不敗の体制を築くことができた。一九七八年、ジア大統領夫妻は国賓として日本に招かれた。

・国連など

国際経済問題に関する国連特別総会や国連傘下のイスラム諸国会議などにも積極的に参加した。一九七九年五月にはジア大統領が「南アジア地域協力連合首脳会議（ＳＡＡＲＣ）」を呼びかけた（一九八五年に創設された）。

ジア大統領暗殺

一九八一年五月三十日チッタゴンでクーデターが起こり、ジア大統領は暗殺された（享年四十五歳）。クーデターを起こしたのはモンジュル陸軍少将で、彼は革命評議会を樹立し、放送局・空港などを占拠した。チッタゴン放送局を通じて国民に清潔で汚職のない政府樹立のため協力を呼びかけた。特に、ダッカその他の軍事区司令官に対し、直ちにともに軍事行動を起こすよう訴えたが、これに呼応する軍内の動きは見られなかった。ダッカでは病床にあったサッタル副大統領が、大統領代行として、非常事態宣言を布告した。サッタルはクーデター参加将兵に投降を呼びかけ、反乱部隊から投降者が続出した。モンジュルは、ビルマへの脱出を図ったが途中警官隊に捕らえられ、軍に引き渡された直後殺害された。

ＢＮＰ党首は夫人のカレダ・ジアが継承した。事件について、なぜダッカで権力を奪取する段取りがなされていなかったのか、なぜモンジュルは取り調べを受けることなく射殺されたのかなど多くの謎が残された。その説明は事件直後から噂されていて、ダッカにいる男がモンジュルと共謀してジア大統領を暗殺させながら、自らは行動を起こさず、モンジュルを見殺しにした。また、正規軍グループ（独立後パキスタンから帰国）が、この事件を利用して青年将校グループ（フリーダム・ファイター出身）を軍から一掃しようとしたのだという。軍を率いていたエルシャドは、この事件の処理と称して多数の独立派将校を処分し、あるいは退任に追いやり、自身の軍内での指揮権を強化した。副大統領のアブドゥス・サッタルが大統領に就任した。

軍人たちの不満

ジアが最終的に暗殺されるまでに、一七回もの未遂クーデターがあったが、それらは例外なくフリーダム・ファイターによるものだった。彼らは新国家のために苦しい戦争を戦ってきたので、もっと権力と特権が与えられるべきだと思っていた。この点については、パキスタンからの帰国グループの将校たちも同意見だった。

独立後政権に就いたアワミ連盟はアワミ連盟の関係者のみ優遇し、フリーダム・ファイターたちに新国家の政治的・経済的発展に関する仕事を与えなかった。このため、彼らは不満を募らせ、独立の理念を忘れて独裁制に走ったムジブル・ラーマンを倒した。八〇日後、巻き返しを図ったムシャラフ派を、下級兵士たちが「セポイの革命」で葬り、ジアを権力の座に復帰させた。その際、彼らは自分たちの要求を一二項目にまとめ、ジアは彼らの要求を受け入れ署名したはずであった。ところが、ジアはその経済的要求の一部は受け入れたが、政治的要求には一切応じなかった。未遂クーデターに加わるなど規律違反した軍人は厳しく扱い、処刑された者は八〇〇名、除隊させられたものは数百名に及んだ。十一月七日の蜂起でジアを救出し、政権の座につけてくれたアブ・タヘルでさえも死刑に処した。

ジアとしては、下級兵士たちの給与や特典を増やし、軍人全体の生活条件を一律に改善した。また軍装備を近代化し、士官学校を作り、将校を海外留学させて軍のエリートを育成した。ジアは軍を政治から遠ざけ、軍を独立した組織として育成しようとした。ムジブルを殺害した青年将校二名以外の全員を海外の大使館に配属し、退役軍人を各省幹部や警察幹部、また政府系公社の幹部や大使館員としても大量に採用し、軍人によるビジネスにも様々の便益を図った。しかし、軍人たちは不満を募らせた。ジアが国民の間で人気がでて、さらに支持を得ようと国民に近づくと、それを見た将校たちは、ジアが自分たちを排除しようとしていると思った。民政移管によってＢＮＰが勢力を増大するにつれ、軍はジアと政党にますます批判的になっていった（堀口松城、二〇〇九年）。

⑷ エルシャド

一九八二年に食糧不足が発生し、住民による地方政府の米倉襲撃、役人の横流し、投機商人による売り惜しみなど、さらに政府高官による汚職事件が頻発した。陸軍司令官エルシャドは、三月二十四日未明戒厳令を布告し、憲法停止、国会解散を決定した。アブドゥス・サッタル大統領の辞任を要求し、無血クーデターを行った。内閣に代わる「戒厳令司令官顧問会議」を設立し、三月末には、元最高裁長官のアフサヌディン・チョードリーを大統領に任命して軍政を復活した。汚職撲滅のため、腐敗を噂された主要閣僚、閣僚経験者、政府高官、著名な企業家は直ちに逮捕され、些細な汚職や仕事上のミスも追及された。以後政権が代わるたびに前政権の腐敗に対する徹底的な追及が行われるようになった。

軍人の待遇改善

エルシャドは、軍が政治だけでなく経済、社会の各方面において積極的な役割を果たす軍政を目指し、行政への軍人の進出、在外大使館への軍人の派遣、軍事関係予算の増額などを図り、軍人に対する実質的な便益の拡充に努めた。外交官ポストや省庁の高官ポスト、さらに閣僚の三ポストにも軍人を割り当てた。軍人の不満は大幅に解消し、以後軍がクーデターを起こすことはなくなった。

インフラ整備

エルシャド政権では、国際社会からの援助を積極的に活用してインフラ整備に努めた。建設された道路は一万キロメートル、架けられた橋梁は五〇〇を超え、発電量はそれまでの六五〇メガワットから二二五〇メガワットに達した。停電はなくなり、都市、農村を問わず工業化が可能になった。

行政上ベンガル語の使用を義務づけた。休日を日曜日から金曜日に変え、多数のモスクを修復・建築した。麻薬取引に厳罰を与え、女性の権利を守る法律を通した。ヒンドゥー教徒、仏教徒、キリスト教徒それぞれのための福祉基金も設けた。シャバールの独立記念塔やショヒド・ミナールなど多数の歴史的記念碑を建立した。

行政改革についても、省庁を大幅に削減し、遊休公務員の大規模な人員整理も行った。

経済面の規制緩和

経済に対する政府規制の撤廃と緩和が行われ、ほとんどの分野が投資対象として開放され、輸入が自由化された。国営企業・銀行・金融の民営化など経済への国家規制を見直し、市場経済への移行を明確にした。

一九八二年、独立直後に国有化されたジュート工場、繊維工場の多くが元の所有者に返還された。また、外国資本導入のための運動が展開され、チッタゴン輸出加工地区（EPZ：Export Processing Zone）の拡張が行われた。

食糧増産のため、優れた種子や技術の使い方を農民に教えたり、外国製農機具に対する関税を撤廃し、農民の利益を重視する政策をとった。一九八九年～一九九〇年の食糧生産は記録的豊作であった。

一九八三年、エルシャドは自らの政党である「国民党」を組織し、十二月、大統領に就任した。アワミ連盟やBNPなどは、野党連合を結成して反発した。

一九八五年三月、再度戒厳令を発布し、政党活動を禁止した。アワミ連盟のシェイク・ハシナ、BNPのカレダ・ジア両党首を自宅軟禁とし、他の多くの指導者たちを逮捕した。この状況下で国民投票を行い、投票率七二・一％で、うち九四・一％がエルシャドを支持したと伝えられた。野党も外国紙も投票における大規模な不正が行われたことを非難したが、エルシャドは、この選挙をもって国民の信任を得られたとした。八月、人民党など五党からなる「国民戦線」が結成された。翌年一月一日の政治活動全面解禁にあわせ、これを国民党(Jatiya Party)に改組した。五月に国民議会選挙を実施した。BNPは不参加で、国民党が一五三議席、アワミ連盟が七六議席、ジャマティー・イスラミーが一〇議席であったが、かつてない規模の不正な選挙となった。八月末、エルシャドは陸軍を退役し、九月二日国民党党首に就任した。全野党は戒厳令の即時撤廃を要求し大統領選挙のボイコットを決めた、エルシャドは八四％の得票率で当選したが、投票率がかなり低かった。十一月国会が開会し、戒厳令を解除する大統領布告が出され、「民政」へと移管した。

一九八七年十月に入って、野党の反政府運動は活発化し、エルシャド退陣の一点に絞ることで合意した。シェイク・ハシナ（アワミ連盟党首）とカレダ・ジア（BNP党首）は会談し、現政権打倒まで一緒に運動を続けることにした。十一月には全国で県庁包囲デモや一〇万人によるダッカ包囲デモが行われ、各地で警備隊とデモ隊が衝突し多数の死傷者がでた。野党は政府の弾圧に抗議して二日間のゼネストを行い、政府はハシナとカレダを再び自宅軟禁とした。

非常事態宣言（一九八七年十一月末から施行）が、一九八八年四月解除された。新議会が招集され、イスラム教の国教化が決定した。エルシャドはさらに、マドラサ（イスラム宗教学校）の教師や学生を政権の基盤に利用すべく資金援助を行った。

対外政策

エルシャドは任期中、イスラム諸国との友好関係の促進に努め、サウジアラビア（一九八二年五月）、クウェートとヨルダン（一九八三年一月）を訪問し、イスラム諸国会議（一九八三年十二月）をダッカで開催した。インドとはガンジス河水配分問題について会議が開かれ一九八二年に短期の配分取り決めがなされ、一九八五年十一月には、その延長が合意された。

政権末期に中国から潜水艦五隻を購入し、軍事協力も進み、対中依存が急速に高まった。パキスタンとはジア-ウル-ハク大統領との個人的関係を育て、飛行中隊二隊分のミグ19ジェット戦闘機を獲得した。これらのことはインドの強い反発を招いた。

日本とは、援助分野で顕著に発展した。一九八〇年代半ばには、日本の援助額はバングラデシュの受ける二国間援助の二八％前後を占め最大の援助国となった。チッタゴンのＥＰＺに日本企業が多数進出した。

一九八五年十二月、ジア前大統領が提唱したＳＡＡＲＣ（南アジア地域協力連合）が発足した。初代議長国として、エルシャドは六加盟国を歴訪し、各国と経済関係強化について話し合った。

一九八八年八月、大洪水が起きたため、国際社会に対して援助を訴えた。国連総会特別会議が開催され、総額五億ドルの援助の公約があった。

エルシャド退陣

一九八九年七月、エルシャドは事前に与党議員にも諮ることなく、第九次憲法修正案を国会に提出した。「大統領任期を二期一〇年とし、副大統領を任命制から直接選挙制に変える」ということが、殆ど審議のないまま採択された。

一九九〇年三月、第二回ウポジラ（郡）議長選挙が行われ、ウポジラ議会議員三八三のうち与党国民党は一五九、アワミ連盟は一〇六、ジャマティ・イスラミーは二三、ＢＮＰは二〇を獲得した。自信をつけたエルシャドは次期大統領選の準備を開始したが、資金集めを大幅に強化した結果、汚職・不正が目立った。

同年八月、イラク軍のクウェート侵攻の際、サウジアラビアの要請に応え、エルシャドは四〇〇〇人の軍隊の派遣を決めた。バングラデシュは国連でイラクのクウェート侵攻に反対し無条件撤退を求めたが、その後サウジアラビアへの米軍展開などで、派兵を決めたエルシャドに対する批判が激しくなった。石油高騰に由来するインフレへの根強い不満も高まり、十月、アワミ連盟の八政党連合、BNPの七政党連合、左派系五政党連合、ジャマティ・イスラミーなど約三万人がダッカの官庁街で座り込み、エルシャドの退陣と民主化を要求した。機動隊の発砲で六名が死亡し、BNPのカレダ党首を含む五〇〇名が負傷したが、翌日以降も連日デモが行われた。十月半ばからダッカのすべての大学、専門学校が無期限閉鎖された。野党系学生組織は「全党学生統一組織（APSU）」を作りエルシャド政権打倒まで民主化運動を続けることを発表した。

エルシャドは十一月二十七日非常事態を宣言したが、軍からも見放されて退陣を決意した。十二月六日、野党の推したシャハブッディン・アーメド最高裁長官を副大統領に任命し、非常事態宣言を解除して国民議会を解散したあと大統領を辞任した。

アーメド大統領代行には主要野党から前政権の汚職や不正調査のため、エルシャドや政府要人の逮捕要求が出され、その後、エルシャドなど一六人の前閣僚を逮捕させた。エルシャドは、一九九一年から一九九七年には、汚職などの罪で収監された。一九九六年獄中から総選挙に立候補して当選し、政界復帰後は野党指導者として存在感を示した。二〇一九年七月十四日、ダッカ市内の病院で死去した（享年八十九歳）。


一九九〇年にBNP指導部が軍と警察の情報組織を動員して生み出した「民族主義学生党（JCD）」は、旧来の組織であるアワミ連盟系の「バングラデシュ学生連盟（BCL）」や左翼政党系、およびイスラム教系の学生組織に対抗する一大勢力として成長してきた。エルシャド政権の退陣を実現したのは、政党系列を乗り越えて団結した学生による公正選挙を要求する運動であった。

ＢＮＰはＪＣＤを党の中央幹部リクルート組織として育成した。ＪＣＤは小火器を頻繁に使用するようになり、ダッカ大学を中心に学内での組織的暴力が蔓延してきた。学生運動は、政治的民主化の先導者というより、二大政党の暴力的な対決政治の実力部隊、「別動隊」としての性格を強めていった。

(5) **カレダ・ジア（一）**

シャハブッディン・アーメドを大統領代行（在位一九九〇年十二月六日―一九九一年十月十日）とする政党中立的な選挙管理政府が成立した。一九九一年二月の独立後五回目の国民議会選挙で、ＢＮＰが第一党となったが、過半数に達しなかったため、ジャマティ・イスラミーと連立し、首相にはカレダ・ジア（在位第一次一九九一年―一九九六年）が就任した。

一九九一年選挙後の憲法改正によって大統領制が廃止され、議院内閣制に移行したにもかかわらず、一九九〇年代以降の政党政治は与党の議会軽視と野党による議会ボイコットの応酬がつづいた。野党のみでなく、与党議員の欠席も頻繁で、議会が定足数（定員の五分の一の六〇人）を満たせないこともしばしばであった。このような国民議会の空転は、行政の政治化、広範な汚職・腐敗、治安権限の濫用、政治暴力、ハルタルなどをもたらした。

大型サイクロン

一九九一年四月末、大型サイクロンが来襲し、死者一三万九〇〇〇人、被災者数一〇八〇万人、被害総額一〇億ドルに及んだ。日本は一億三三〇〇万ドルの緊急援助を供与するとともに、消防庁のヘリコプター二機を送り救助活動に参加した。米国は三三〇〇万ドルの資金援助に加え、湾岸戦争から帰国途中の艦船七隻をチッタゴンに派遣し、上陸用舟艇七隻、ヘリコプター二八機、海兵隊七〇〇〇人をもって救助活動にあたった。

ロヒンギャ問題

一九九一年後半から、ミャンマーに住むロヒンギャが国境を越えバングラデシュに流入してきた。国際社会に支援を求め、一九九二年三月には国連難民高等弁務官事務所(UNHCR)が、難民キャンプを設け、住居、食糧、医療、医薬品、井戸や電気などの施設が提供され、さらに子供のための学校教育も始まった。難民キャンプで生まれた子供たちはミャンマーに帰国することも難しくなり、帰国しない難民が増えていった。またイスラム過激派グループが難民キャンプの中に勢力を築くようになり、時にはアルカイダなどとの結びつきも噂された。

カレダ首相は一九九二年五月インドを公式訪問し、ナラシンハ・ラーオ首相と会談した。ガンジス川水配分問題については、閣僚レベルの会談を三カ月以内に開催することになった。チッタゴン丘陵において一九八六年以降政府軍との衝突でインドに逃げたチャクマ族三万人の早期帰還を図るためインド側は全面的に協力することなどが合意された。

一九九四年三月日本を訪問し、細川護熙首相との会談で、日本の国連安保理常任理事国入りに対する支持を確認した。日本側からは、ジャムナ橋建設協力のため具体的援助額が示された。カレダ首相一行は東京と大阪で投資セミナーを開き経済界代表と懇談した。

カタール・クウェート・サウジアラビアなどを訪問し、より多くのバングラデシュ出稼ぎ労働者の受け入れを働きかけた。韓国訪問では、チッタゴンに韓国輸出加工区の設置を認め、さらに三五〇〇人のバングラデシュ労働者派遣につき合意された。

一九九四年六月末、アワミ連盟、国民党、ジャマティ・イスラミーなどの野党は、選挙管理内閣設立のための統一綱領を発表し、BNPに受け入れを要求した。十一月には三党の議員計一四七人が辞表を提出し、BNP政権は国会を解散した。一九九六年二月の選挙は、与野党双方による暴力事件(死者一二人、負傷者一〇〇〇人以上)、ハルタル、選挙妨害などを伴い、西側NGOの「自由選挙監視同盟」に自由、公正に行われたとは言い難いと評価された。三月末、ビスワス大統領はハビブル・ラーマン前最高裁長官を首班とする選挙管理内閣を任命した。

⑹シェイク・ハシナ（一）

一九九六年六月の総選挙ではアワミ連盟が勝利し、シェイク・ハシナが首相（在位第一次一九九六年―二〇〇一年）に就任した。インド側はムジブル・ラーマン以来の親インド政権として好意的で、ファラガ堰問題の解決に動き、有効期間三〇年とするガンジス河水配分協定がニューデリーで署名された。合同河川委員会も設置され水問題は前進したが、様々な要因でしばしば滞った。

ＢＮＰは選挙結果を受け入れ最大野党として国会に参加したが、議場から再三退出して審議をボイコットし、そのつど与党と取引をして国会に復帰した。一九九六年十一月、ムジブル・ラーマン暗殺関係者の法的処罰を禁止した免責法の廃止を国会で取り上げた際、ＢＮＰなど野党は審議を拒否した。政府は野党抜きで免責法の廃止を強行した。

十二月、ガンジス河水配分協定が締結されると、ＢＮＰはアワミ連盟が同協定でインドに東北州への貨物の通過権を与えたことを非難し、他の野党とともにデモやハルタルをかけた。ＢＮＰなど野党による抗争は党利党略にもとづくもので、ハルタルが経済活動に及ぼす弊害に閉口する批判は強く、ＢＮＰ党内にも批判があった。

アワミ連盟政権は発足にあたって、国民党からアノワン・フセイン・モンジュを運輸相に、民族社会党からアブドゥル・ロブを船舶相に入閣させていた。一九九八年二月に、二人のＢＮＰ議員を副工業相と水資源担当国務相に任命したところ、ＢＮＰ側が反発し、その二人の党籍を抹消し、議員資格を剥奪するよう国会議長に求めた。国会議長が仲介して妥協案が成立し、三月ＢＮＰは国会復帰した。

政府側は合意を無視し、カレダ党首を首相在任時の汚職容疑で起訴した。ＢＮＰの反政府運動は激化し、七月にはすべてのＢＮＰ議員の一斉辞職によって国会機能を麻痺させようとした。この戦術は一九九五年にアワミ連盟がBNP政権に対し使ったのと同じものであった。この頃大洪水が起こったため、一時休戦となったが、九月に入りBNP所属議員が逮捕されると与野党の抗争が再開されハルタルが続いた。ハルタルによる経済的損害は無視しがたいものがあり、経済界や援助国、国際機関の代表たちは、カレダ党首やハシナ首相などに、ハルタル以外の方法で問題解決を図るよう働きかけた。野党は政府の任期前早期退陣・早期総選挙を要求したが、政府は憲法によって五年の任期が保障されているので野党の要求には応じない。両政党が争っているのは、政府その他政府系企業や機関の人事権、公共事業や補助金の割り当て権限などを握るために政権の座に就きたいからである。五年後に政権が代わると、与野党は同じことを行った。選挙においても、自分の党が勝てば自由かつ公正であり、負ければ相手側に不正があったと騒ぎ立てた。

チッタゴン丘陵

チッタゴン丘陵地帯は二〇以上の少数民族からなり、人口は六〇万人以上である。最有力部族チャクマ族（二五万人）は独立直後から自治要求を出していたが、バングラデシュ政府はこれに応えず、逆にベンガル人を強引に入植させたので紛争が起きていた。この地域の仏教系先住民がインドへ難民として流出した。

一九九七年の和平協定調印によって少数民族とベンガル入植者との間の抗争は終結したが、和平協定に反対する一部少数民族組織の対立などで治安情勢は不安定な状況にあった。アワミ連盟はヒンドゥーや仏教徒などマイノリティーを支持基盤の一つとしていたこともあり、チッタゴン丘陵の経済開発を重視した。カプタイ水力発電所建設のためカプタイ川をせき止めて作られたカプタイ湖は周りの山々の稜線とともに美しい自然を作り出し観光資源となることが予想された。観光開発を含む経済開発のためには政治的安定は必要不可欠の条件である。

『自然災害』

（年）	（死者）	（被災者）	（地域）

一九七〇年	サイクロン	三〇万人～五〇万人	？	インド、東パキスタン
一九七四年	洪水（飢饉被害含む）	二万六〇〇〇人	二万四〇〇〇人	北部諸県
一九八七年	洪水	七〇〇人	一八〇〇万人	国土の1／4冠水
一九八八年	洪水（一五日間冠水）	二〇〇〇人	三五〇〇万人	国土の3／4冠水
一九九一年	サイクロン	一三万九〇〇〇人	一〇八〇万人	バングラデシュ
一九九八年	洪水（七〇日間冠水）（二十世紀最大規模）	二〇〇〇人	三〇〇〇万人	国土の3／7冠水
二〇〇四年	洪水（七月―九月）	八三六人	三五〇〇万人	国土の2／3冠水
二〇〇七年半ば	洪水	？	二〇〇〇万人	国内、インド北部、ネパール
十一月	サイクロン	四〇〇〇人	八〇〇万人	南部
二〇二〇年	サイクロン	九〇人	三〇〇万人	国内、インド東部

バングラデシュの領土の大部分は低平な沖積平野で、ガンジス、ブラフマプトラ、メグナなどの国際河川とその支流・分流が縦横に流れている。雨季（四月～九月）と乾季（十月～三月）をともなう熱帯モンスーン気候帯に属していて、洪水が常襲的に起こり、国土の三分の一は、毎年少なくとも一メートル以上冠水する。これをもとに農耕の基本的環境が形成されている。近年の洪水回数の増加は、長期的な地球温暖化傾向や、河川の浚渫《シュンセツ》が長い間行われないため川床が浅くなり氾濫しやすいこと、エルシャド政権以降洪水対策が行われていない為と言われている。この他、竜巻、河岸浸食、干ばつ、地滑り、鉄砲水の被害も大きい。

対外関係

一九九七年四月、バングラデシュはネパールとともに、ＳＡＡＲＣの下部の地域協力機構として「南アジア成長四角地帯（ＳＡＧＱ：South Asia Growth Quadrangle）」構想を進め、インド・ネパール・ブータン・バングラデシュ四カ国の経済交流の促進を図った。インドはその後、東北七州と隣接する中国、ミャンマーとの国境貿易の拡大を図った。具体的な協力分野の作業部会が設けられ、バングラデシュは天然資源エネルギー開発部会の担当となることなどが決められた。

一九九七年六月、タイの先導で、ベンガル湾を望むバングラデシュ・インド・スリランカ・タイの四カ国が、貿易・投資・人材開発などの分野における協力を推進し、ＡＳＥＡＮ（Associataion of South-East Asian Nations）と南アジアをつなごうとする、新たな経済協力機構「ＢＩＳＴＥＣ」を設立した。当初オブザーバーとして参加したミャンマーもまもなく正式参加し、「ＢＩＭＳＴＥＣ」と改称された。

同じく同年六月、トルコの呼びかけで、「イスラム諸国会議機構（ＯＩＣ：Organisation of Islamic Cooperation）」のメンバーであるエジプト・イラン・パキスタン・バングラデシュ・インドネシア・ナイジェリア・マレーシア・トルコの八カ国による「イスラム圏発展途上国八カ国会議（Ｄ－８）」が発足した。第四回閣僚会議（二〇〇一年二月）がカイロで開かれ、ハシナ首相が議長に選出された。

一九九七年三月には、インド洋を囲む一四カ国が、「環インド洋地域協力連合（ＩＯＲ－ＡＲＣ：Indian Ocean Rim-Association for Regional Cooperation）」を結成し、関税引き下げや自由化を通して域内貿易の拡大を図ろうとした。バングラデシュは当初オブザーバーとして参加したが、同年中に正式加盟が認められた。

一九九八年には、インド、パキスタンの核実験があり、一九九九年五月には、カールギル紛争で緊張が高まり、核戦争の脅威が身近なものになった。(注四六) ハシナ首相は六月一日インドのヴァージペーイー首相及びパキスタンのシャリーフ首相に書簡を送った。また、両国を訪問して関係改善を試みた。

二〇〇〇年三月、クリントン大統領が、米国大統領として初めてバングラデシュを公式訪問した（滞在時間は十一時間あまり）。首脳会談では、縫製品貿易、食料援助プロジェクトの返済猶予問題、ビザ発給基準の緩和などが話し合われた。同年十月、ハシナ首相は訪米の際、「包括的核実験禁止条約（ＣＴＢＴ）」への批准意図を発表した。

二〇〇〇年八月森喜朗首相が、バングラデシュを訪問した。ルプシャ橋建設、大ファリドプール農村インフラなどのプロジェクトに対し総額一億五一三五万ドルの円借款供与が約束され、ＩＴに関する人材育成などへの協力も併せ表明された。

⑺ カレダ・ジア（二）

二〇〇一年十月の総選挙では、ＢＮＰなどの野党連合がアワミ連盟に大差をつけて勝利し、カレダ・ジアが首相（在位第二次二〇〇一年—二〇〇六年）に返り咲いた。

対外関係

・中国

ＢＮＰは従来から中国との関係強化に努めてきたが、二〇〇二年一月朱鎔基首相がダッカを訪問した。貿易問題ではジュート加工品の関税撤廃の発表と繊維品製造能力の強化の検討を約束し、橋梁・上下水道施設・火力発電所などの建設協力に関する七つの覚書に調印した。

カレダ首相は同年十二月中国を訪問し、経済協力と軍事協力の包括協定に調印した。経済面では、ムンシゴンジに架ける六番目の中国・バングラデシュ友好橋建設のための七二五万ドルの無償援助が約束された。先にバングラデシュに建設された中国・バングラデシュ友好国際会議場の建設費用二〇〇〇万ドルについて、無利子借款から無償に切り替えられた。

二〇〇五年四月には、温家宝首相が来訪し、また八月にはカレダ首相が訪中して、原子力・医療・農業・国際問題など、また貿易・投資の拡大について話し合った。

・パキスタン

二〇〇二年七月、ムシャラフ大統領が初めてバングラデシュを訪問し、カレダ首相主催晩餐会などで、バングラデシュ国民に与えた悲劇と苦痛への遺憾を表明した。両国の長年の懸案である独立戦争以来の残留パキスタン人の帰還問題について、パキスタンへの帰国希望者の受け入れを約束した（ただし実際の受け入れは三〇〇万人ものアフガニスタン難民の去就が決着した後）。また、貿易不均衡の改善などについて話し合った。

・タイ

二〇〇二年七月、タイのタクシン首相がバングラデシュを公式訪問し、十二月にはカレダ首相がタイを答礼訪問した。ダッカ―コックスバザール―ミャンマー経由―バンコクの陸路、チェンマイ―チッタゴン間の空路について、またバングラデシュの輸出品目の関税引き下げについて話し合った。

・ミャンマー

ミャンマーの軍事政権とは、内政不干渉の原則に立ち実利的な経済中心の外交を進めた。二〇〇二年十二月、タンシュエ議長がバングラデシュを訪問し、両国間の道路建設などについて話し合った。

二〇〇三年三月、カレダ首相がミャンマーを訪問し、ダッカ・ヤンゴンを結ぶ道路建設が合意された。バングラデシュの難民キャンプに残っている二万二〇〇〇人のロヒンギャ難民についても話し合われ、二カ月後一二六人が帰国した。

・米国

米国は輸出の七五％を占める縫製品の主要な輸出市場でもあり、対テロ戦争のための領空通過、空港使用などの軍事協力要請を断ることはできなかった。国内世論上、政府はバングラデシュ軍のイラク派遣要請も、最終的に断ったが、対米関係を損なうことがないよう、国際テロとの戦いには協力姿勢をとることを鮮明にし、反米活動に関する情報を提供するなど米国への協力姿勢を示した。バングラデシュ縫製品の競争力を恐れる米繊維業界の要請を受け、輸出加工区内の企業に「労働者福祉委員会」を設置し（二〇〇四年）、労働組合もできた（二〇〇七年）。

・日本・その他

政権発足とともに前政権が契約したプロジェクトの見直しが行われ、不正があったとして多くの契約がキャンセルされた。日本側は、政権が代わったからといってすでに発効済みの契約をキャンセルしていては今後の外国投資の誘致は期待できないこと、契約は守るという国際慣行は尊重されるべきことなどを援助国会議である「国際フォーラム」や政府の要人らに訴えて働きかけ一年後に契約が元にもどされた。

カレダ首相は二〇〇五年七月日本を公式訪問した。小泉純一郎首相との会談で国連安保理改革問題、パドマ橋などの経済協力案件が議論され、気象レーダーに関する無償協力協定と文化交流計画の署名式が行われた。滞在中、カレダ首相は池袋西口公園における「ショヒド・ミナール」（言語運動殉教者の記念碑）の礎石式に出席した。

・SAARC（南アジア地域協力連合）

二〇〇五年十一月に開かれたSAARC会議では、アフガニスタンの加盟が認められ、日本・韓国・中国・米国・欧州連合（EU：European Union）がオブザーバー参加を認められた。

二〇〇六年一月から南アジア自由貿易協定（SAFTA：South Asian Free Trade Area）が発効し、関税を〇～五％まで引き下げる自由化計画が始まった。

環境問題など

第二次BNP政権は、成立とともに環境対策としてビニール袋の使用禁止と二気筒のベビー・タクシーの都市での禁止という措置を打ち出し、国内外で高く評価された。経済面では、財政バランスの改善、輸出の回復、アダムジー・ジュート工場など国営企業の民間化実現など成果を収めた。

テロおよび汚職

二〇〇二年六月　バングラデシュ工科大学（BUET：Bangladesh University of Engineering and

Technology）で、ＢＮＰ系学生組織（ＪＣＤ）内の内ゲバ中、女子学生一名が死亡した。七月にはダッカ大学で、ＪＣＤが警察を引き入れ、一般学生に暴力を振るう事件が起こった。新政権が生まれて一年の間に、月平均で殺人三二五名、暴行三〇一名、酸を顔にかけられた者一八名と前政権時代の数字を上回った。政府は十月、軍を動員して「クリーン・ハート作戦」を導入した。一万人以上を検挙し、武器二〇〇〇丁以上を押収する成果を収めたが、拘置者のなかから四四人の死者がでて、国内外から人権侵害に対し強く抗議され、二〇〇三年一月に作戦を終了した。

二〇〇四年一月と五月、シレットのイスラム聖廟で爆発があり、それぞれ二人が死亡、多数が負傷した。五月の爆発事件で、英国大使が重傷を負った。ダッカ郊外のトンギで開かれた集会で、アワミ連盟の国会議員が演説中に射殺され多数が負傷した。その後もアワミ連盟集会や映画館で爆発事件があり、死者がでて多数が負傷した、八月二十一日にはダッカにおける二万五〇〇〇人を集めたアワミ連盟の政治集会でハシナ党首の演説後、一三発の手榴弾が投げつけられ、ハシナ党首は無事であったが、党員など二〇人が死亡、二〇〇人以上が負傷した。

二〇〇五年一月のアワミ連盟の集会でキブリヤ前蔵相が襲われ死んだ。政府は一連の爆弾事件によって秩序を破壊したとして「バングラデシュ・ムスリム戦士団（ＪＭＢ：Jamaat-ul-Mujahidin-Bangladesh）」とその軍事部門たるＪＭＪＢ（Jagrata Muslim Janata Bangladesh）の活動を禁止した。さらにＪＭＢの代表Ｍ・Ａ・ラーマンとＪＭＪＢ指揮官のＳ・イスラムの逮捕を指示した。また、イスラム過激派の精神的指導者と目されたラジシャヒ大学教授アル・ガーリブなど一一人を逮捕した。これら過激派の幹部たちは、元ジャマティ・イスラミーの党員で、党が与党化することで「堕落」したことを不満として離党した者たちであった。これらの過激派はイスラム教に基づく国家建設のため、イスラムの教えに反すると判断した事物や人物を攻撃すべく、前年のシレットなどの映画館の爆破、ＮＧＯやグラミン銀行の事務所や支店の襲撃、共産主義者ないし共産主義をかたる犯罪者の襲撃などを繰り返してきた。政府は、ＪＭＢの最高幹部であるアブドゥル・ラーマンを逮捕し（二〇〇六年三月初め）、二〇〇七年四月までにＪＭＪＢの幹部七人全員を逮捕した。

二〇〇五年八月十七日、全国六四県のうち六三県において、三〇分から四五分の間に、裁判所や県庁など四五九カ所で一斉に爆発事件が起こった。ＪＭＢによる「イスラム国家を実現するため」という犯行声明が残されていた。死者二人、負傷者一〇〇人と事件の大きさの割に被害が少なかったことから、目的は指導者の逮捕指示への反発や、ＪＭＢが全国規模の作戦を行えるほど実力を備えたことを誇示するためと見られた。多数のテロ事件を実行したイスラム過激派グループのリーダーたちが政権末期にようやく逮捕されたが、国民はジャマティ・イスラミーと連立を組むＢＮＰに対して深刻な危惧を抱いた。

汚職は、これまでの政権では例を見ない規模で行われ、およそ政府部門で汚職行為なしに物事が処理される分野はないと言われるほどであった。

(8) 選挙管理政府

前の選挙（一九九六年と二〇〇一年）においては、総辞職の後、中立的な「非政党選挙管理政府」が、国軍（大統領の指揮下）にかかわる職務を除くすべての行政権を引き渡された。選挙管理政府の長（首席顧問、首相に相当）には、もっとも直近の時点に最高裁判所長官を退官した元判事が任ぜられ、首席顧問は、一〇人以内から成る顧問会議（内閣）を組織し、選挙管理政府を指揮する。

ＢＮＰ政権は、二〇〇四年五月、最高裁判事の定年を六十五歳から六十七歳に引き上げる憲法改正を野党議員がボイコットする中で行った。二年後の総選挙を控え、ＢＮＰ寄りのハッサン現最高裁長官に、二〇〇六年の発足する選挙管理内閣の首席顧問を務めさせるためであった。アワミ連盟を中心とする野党連合は、このような不規則な措置によって就任する首席顧問に強硬に反対し、首相官邸包囲デモやハルタルなどを繰り返した。経済界や外国政府が与野党対話を勧めて両党幹事長会議が六回開かれたが合意に至らなかった。ＢＮＰ政権が退陣した日、ハッサン前最高裁長官の方から辞退が表明された。

この混乱を発端として二〇〇七年一月十一日、イアジュン・アーメド（Iajuddin Ahmed）大統領（在位二〇〇二年―二〇〇九年）は軍の支持を背景に非常事態を宣言し、新首席顧問にファクルッディン・アーメド（Fakhruddin Ahmed）（在位二〇〇七年―二〇〇九年）元国立銀行総裁を任命した。新選挙管理政府は、公開の政治活動を禁止しつつ、収賄、暴力的献金強要などの容疑で、BNPのカレダ・ジア党首、アワミ連盟のハシナ党首とその側近ら、既成政党指導者を一斉に逮捕・拘禁した。また、BNP政権の影響下にあった前選挙管理委員会の作成した有権者名簿のうち、約一二〇〇万人分が不正であることを明らかにした。

政党法の整備、写真付きの有権者登録カードの配布の後に、二〇〇八年十二月末、第九回国民議会選挙が実施され、アワミ連盟の率いる政党連合が圧勝し、シェイク・ハシナ（在位第二次二〇〇九年―二〇一四年）が首相に返り咲いた。

BNPは、汚職問題に関する選挙管理内閣の動きや世論の高まりに関係なく多くの仮釈放者を候補者として認定した。アワミ連盟では悪質な汚職に関与した候補者には党の公認を与えず、若い新人を推薦したのが選挙結果に反映された。今回、選挙管理内閣を支援する形で軍が介入し、多数の大物政治家が汚職容疑で逮捕された。

二年間の選挙管理内閣では、汚職対策などの諸改革を国民は期待したが、改革も次第に停滞してきた。洪水やサイクロンにも見舞われ、インフレ率が高まり、国民は総選挙を望むようになった。

対外関係

・インド

二〇〇七年二月、ムカルジー外相が、SAARC首脳会議（インド、四月）の招待状を手交するため訪れた。その際、縫製品について年間二〇〇万着の無税輸入のオファーがあった。

SAARC首脳会談において、マンモハン・シン首相は「二〇〇七年末までに域内の後発国に対する関税免除措置と輸入規制品目の削減を行う」と約束した。

六月には外務次官の間で越境犯罪問題に関し協力強化が合意された。九月、縫製品のインド輸出については八〇〇万着を無税とする了解覚書が調印された。

十二月、ムカルジー外相がサイクロン被害の見舞いのため再度ダッカを訪れ、災害援助の供与と、米五〇万トンの輸出禁止措置の解除を発表した。

二〇〇八年にはインド軍とバングラデシュ軍の協力関係強化も協議された。

・**米英**

米国は民主化支援、経済協力、テロ対策協力を掲げ、民主化支援のため、軍に野党の参加しない選挙に関与しないように申し入れた。経済協力では二〇〇七年には七八〇〇万ドルの開発援助、二〇〇八年には災害援助・食料援助など一億七六〇〇万ドルを供与した。

旧宗主国の英国には五〇万人のバングラデシュ移民が住み、多くの学生が留学している。ガバナンス改善などのため過去三年間で三五〇万ポンド、総選挙に関する民主化支援に一〇〇万ポンドを供与し、最大の援助国になった。二〇〇八年にはミリバンド外相がサイクロン被害見舞いのため来訪した。

・**中国ミャンマー**

二〇〇八年四月楊潔篪外相がダッカを訪問し、バングラデシュ・中国友好展示センター建設計画三〇〇〇万ドルに関する交換公文書署名が行われた。九月にはファクルッディン・アーメド首席顧問が訪中し、胡錦濤主席などと会談し原子力協力、経済協力、留学生受け入れなどが話し合われた。

ミャンマーとはコックスバザールとミャンマーを結ぶ二五キロメートルの道路の建設に合意し、建設費の一四億一〇〇〇万ドルはバングラデシュが全額出資することになった。

ミャンマーから電力輸入の検討などが始まった。ミャンマーの天然ガスを利用する肥料工場をバングラデシュに建設し、製品をミャンマーに送る計画を提案した。二〇〇八年、ミャンマーの海洋資源調査船がベンガル湾でバングラデシュ側の同意なしに探査活動を行ったとして、政府は軍艦をベンガル湾に派遣して海洋調査船を退去させた。両国間の海上国境画定問題が大きな懸案として浮上した。

・日本

日本とバングラデシュの国交樹立三五周年に当たり、これを祝う行事がダッカと東京で開催された。円借款は実績ベースで約四三〇億円、無償協力は技術協力と合わせ約五〇億円、サイクロン災害対策として、深井戸のついた多目的サイクロンシェルター（注四七）三八カ所の建設支援のため約一〇億円の支出を決定した。

⑼ シェイク・ハシナ（二）

ハシナ・アワミ連盟政権は、二〇二一年（独立五〇周年）までに中所得国を目標とする「ビジョン二〇二一」政策、二〇四一年までに先進国入りを目標とする「ビジョン二〇四一」政策を掲げ、全国IT化を目指す「デジタル・バングラデシュ」を打ち出した。

二〇一三年の第一〇回総選挙では、BNP率いる野党一八連合がボイコットするまま総選挙が実施され、与党アワミ連盟が圧勝した。ハシナ首相（在位第三次二〇一四年―二〇一九年）が続投した。

二〇一五年に入り、野党連合が再び反政府運動を強め、二月～三月に一〇〇人以上の死者が発生した。外国人を標的とした襲撃が行われるようになり、二〇一六年七月、ダッカ市内の外国人居住区内のレストランで日本人七人を含む二二人が犠牲となるダッカ襲撃テロ事件が発生した。ハシナ首相は「ゼロ・トレランス」を掲げ、過激派の摘発に全力で取り組んだ。

二〇一八年十二月の総選挙は、前回ボイコットした野党も参加して実施され、与党が圧勝した。シェイク・ハシナ首相（在位第四次二〇一九年―二〇二四年）が三期連続で首相に就任した。二〇二一年三月には、国父ムジブル・ラーマン生誕一〇〇周年（新型コロナにより二〇二〇年実施予定を一年延期）及びバングラデシュ独立五〇周年を盛大に祝福した。

二〇一七年八月以降、バングラデシュに新たに約七〇万人の避難民が流入し、現在も帰還は実現せず、地元住民の負担が増大している。政府は一〇万人規模の居住施設をバシャンチャール島に建設し、避難民の移住を推進しており、二〇一七年時点で約九五万人（国連調査）の避難民が避難している。（大橋正明、二〇一七年）

二〇二三年一二月、選挙の不正を訴えた最大野党BPNがボイコットして対抗勢力不在の選挙が行われた。ハシナ首相（在位第五次二〇二四年）が続投したが、その強権政治に対する抗議活動が激化して多数の死傷者がでた（死者四〇〇人以上）。二〇二四年八月五日首相は辞任して軍用機でインドに逃亡した。シャハブッデン大統領は、暫定政権を率いる「主席顧問」にムハマド・ユヌス（二〇〇六年ノーベル平和賞受賞者）を任命した（八月七日、日本経済新聞）。ユヌスは滞在先のフランスから帰国し、八月八日暫定政権が発足した。

海外への出稼ぎ

中東への出稼ぎは一九六〇年代から始まっていたが、一九七一年の独立後、本格的になった。一九七六年には労働者の雇用促進と技術育成を目的として人材・雇用・訓練局（BMET：Bureau of Manpower, Employment and Training）を設立した。一九八二年の移民法令を廃止して、新たに一九八二年移民法令(Imigration Ordinance）を制定し、海外への出稼ぎを奨励した。

二〇〇八年にはそれまでで最多の八七万五〇五五人が渡航した。労働者の大半は非熟練・半熟練労働者で、男性の場合は建設作業員のほか、清掃員・運転手・仕立屋などである。二〇一六年には、オマーン・サウジアラビア・カタール・バーレーンなど湾岸アラブ諸国が主要な出稼ぎ国であった。中東への出稼ぎ労働者が減少すると、二〇一二年十一月にはマレーシアと労働者の派遣に関する覚書を結び、マレーシアやシンガポールに出向いた。

女性も中東諸国が主な渡航先で、個人の家で働く家事労働者、オフィスやビルの清掃員として働いた。渡航先での出稼ぎ労働者の就労条件や環境は必ずしも良いものではないが、彼らの送金がバングラデシュの家族の日々の生活を支え、教育、家の修繕、土地の購入などにも使われた。

『ムハマド・ユヌス及びグラミン銀行』

ムハマド・ユヌス（Muhammad Yunus, 一九四〇年生）はバングラデシュの経済学者で実業家。ダッカ大学で修士号を取得した後、フルブライト奨学金を得て渡米、一九六九年にヴァンダービル大学で経済学博士号を取得。ミドルテネシー州立大学で経済学の助教授をつとめた後、一九七四年帰国し、チッタゴン大学経済学部教授に就任した。一九七六年に貧困救済プロジェクトをジョブラにて開始したが、銀行の融資は受けられなかった。一九八三年、同プロジェクトはバングラデシュ政府の法律により独立銀行（グラミン銀行）となった。無担保で少額の資金を貸し出すマイクロ・クレジットは八万四〇〇〇村で五五八万人ほどの主に貧しい女性が対象である。

グラミン銀行を通じて貧困層の経済的・社会的基盤の構築に対して努力したことで、二〇〇六年ノーベル平和賞を受賞した。

『ダッカモスリン』

シェイク・ハシナ首相は、二〇一四年十月、繊維省の職員にモスリン復活に取り組むよう指示した。政府はバングラデシュの研究者とともに「モスリンを生み出す黄金の糸をつくり生産を再生する」プロジェクトを開始した。モスリンは手で紡いだ最高級の綿糸を手織りで仕上げた布で、きめが細かく、それをまとった人の体が透けて見えるほどである。非常に薄くて上質であるため、この生地で作られたサリー一着は一つのマッチ箱に納められるものもあるという。

モスリンは、英国植民地以前からダッカの南部地区のみで育てられていたワタの変種から生産されて、ムガル帝国の宮廷で珍重された。十七世紀初めから十八世紀初頭までヨーロッパに輸出されその質の高さは称賛された。しかし、英国の産業革命により、英国の機械製布地を広めるため抑圧を受け、モスリンに使用する特別なワタの品種も美しい布地を生産するための技術も失われていった。モスリンの本物のサンプルは国内では見つからず、二〇一七年、ロンドンのビクトリア・アンド・アルバート博物館から一七一〇年に織られたサリーを入手した。

スウェーデンの植物学者カール・フォン・リンネは、著書「植物種誌」にモスリンに使われてきたワタはアオワタの変種プティ・カルパスだと記している（"Species Plantarum",1753)。研究者たちは、国内各地から集めたワタの変種とビクトリア・アンド・アルバート博物館のサリーのワタの遺伝子とで一致するものがないかを調べ、非常に類似したものを見つけ出し、ラジシャヒ大学植物学部内の農園で栽培した。

彼らはモスリンの先祖伝来の織り方を知る二人の職工を探し出した。この二人は一七一〇年から続くモスリン・サリーのデザインでサリーを織った。一枚の布のコストは三六万タカ（四二四五ドル）と見積もられたという。二年以内に商業生産される予定である。

4 ネパール（Nepal）

モハン・シャムシェル

モハン首相・大王（在位一九四八年―一九五一年）は即位当初から国際情勢への不安を抱き、民主主義的な共和国として独立したインドとの友好を深めるために、ハイデラバード藩王国およびカシミール藩王国との紛争を抱えるインド政府にネパール国軍一〇大隊を派遣する援助を行った。インドの影響力に対して自国の立場を強めるため、即位巡行の際の演説で、英米をはじめとして中国・チベット・フランス・オランダ・ブラジル・ベルギーなど諸外国との友好を訴えた。一九四九年十一月オーストラリアで開催されたアジア・極東経済委員会にネパールも参加した。

インドでは国民会議派の非暴力路線を不満とする反ラナの強硬派が武力闘争を手段とする「ネパール民主会

議」を立ち上げた。一九五〇年四月にカルカッタで国民会議派と民主会議が大同団結して、「ネパール会議派」を結成し、B・P・コイララが武力闘争を含めた運動を担当した。モハン首相・大王は事態打開のためにネルー首相と会談して民主主義導入の助言を受けるとともに、同年七月に、インドとの平和友好条約と通商貿易条約を締結した。ネパール会議派は同年九月にインドで会議を開き、国内での武力革命を決定した。

トリプバン国王

トリプバン国王(在位一九一一年―一九五五年)は、長ずるにつれてラナ専制政治に対して強く批判するようになった。モハンは英国大使ファルコナーと密談して、トリプバン国王の退位を企てたが、失敗したため、国王に対する監視を厳しくした。

生命の危険を感じたトリプバン国王とその家族は、一九五〇年十一月六日、インドに亡命した。王宮脱出の際、たまたま母方の実家に滞在していた二番目の孫ギャネンドラ・ビール・ビクラム・シャハ(四歳)を同行させることができなかった。モハン首相・大王は国王の王宮離脱の翌七日朝、ネパール国会を招集して、トリプバン国王を廃し、ギャネンドラを即位させたが、インドはその正統性を認めなかった。西欧諸国もインドの強固な方針に同調したため、モハンの試みは失敗した。

トリプバン国王が無事にインド大使館に保護されたのを受けて、ネパール会議派は武力行動を開始した。ビールガンジ・ビラートナガル・タライ地方の東部地区・西部地区を制圧し、十二月までに王国の国土の半分近くを支配下に入れた。窮地に追い込まれたモハン首相・大王は、ネルー首相の仲介によって、トリプバン国王、ラナ政府代表、会議派による三者会談に応じ、「デリー協定」が取り決められた。この協定により、国王を立憲君主としてラナ政府は全権を国王に移譲すること、モハンを首相とする会議派との連立内閣を組むこと、総選挙を行って憲法を制定することなどを決定した。一九五一年二月に国王は解放軍とともにカトマンズに帰還し、モハンを首相とするラナ派五人、B・P・コイララら会議派五人の暫定内閣が成立した。モハンは首相になったが大王の称号は廃止され、一〇四年続いたラナ家による専制政治体制は事実上崩壊した。

一九五一年二月十八日、デリー協定に基づいて、総選挙による内閣が組まれるまでの暫定内閣が国王によって承認された。総選挙後に　憲法制定会議が憲法を制定するまで、連立内閣が法的に施行する必要があるため、三月二十日国王は内閣の助言を得て「ネパール暫定統治法二〇〇七年（西暦一九五一年）」を制定した。通称「一九五一年暫定憲法」と呼ばれるこの憲法では、国王は国軍の統帥権を有し、内閣の決定権は国王にあるなど、王権が強いものだった。

ラナ政権復活をあきらめないモハンらは、弟ババルの孫バラト・シャムシェルを中心に暴力主義的な「ククリ党」を結成し政府に抵抗した。反会議派の学生デモの際、警察の発砲事件で学生一人が死亡する事件が発生し、モハンがこの事件を内務省の責任と非難した。内相のB・P・コイララは国王に辞表をだしてモハンを排除した一党内閣の実現を求めた。モハン一派も辞表を提出した。

内閣の総辞職を受けたトリブバン国王は、非妥協的で反ラナ派にも敵が多いB・P・コイララではなく、穏健派のM・P・コイララに組閣を命じた。内閣は、会議派八名、無所属六名で、無所属のうちモハンの長子・弟・二人の甥という四人のラナ一族が含まれており、会議派一党内閣ではないが、民衆からはじめて首相が誕生して民主主義体制の基礎がつくられた。

M・P・コイララがB・P・コイララを入閣させなかったことでコイララ兄弟のあいだに不和が生じ、M・P・コイララは一九五三年に会議派を脱退して国民党を結成した。国王は顧問政府を立ち上げ親政体制を実現したが、国民党以外の政党がこぞって不支持を表明した。一九五三年第二次M・P・コイララ内閣を結成させた。

国王親政

王政復古はインドのネルー首相の仲介と強力な助力によって実現したため、トリプバン国王は国造りにインド政府の強い影響力を受けた。経済援助も受け、カトマンズのガウチャル空港の拡張工事（工費七〇〇万ルピー、一九五三年完成）、カトマンズからラクサウルにいたるトリプバン・ハイウエーのネパール部分一一五キロメートル（工費七〇〇〇万ルピー、一九五六年完成）の建設に着工した。またトリプバン大学への経済援助、教授・

助教授などの派遣も行った。

「デリー協定」以後、Ｍ・Ｐ・コイララ内閣に対して、インドが政治、外交への介入を強めて優位な立場を得ていたため、ネパールにおける反インド感情は根強い。一九五一年六月にネルー首相のネパール訪問の際には、人民評議会や共産党は弔意を示す黒旗を掲げて迎えた。しかし最も強固な反インド派のＴ・Ｐ・アーチャリヤやＤ・Ｒ・レグミもＭ・Ｐ・コイララ内閣に入閣したとたんに豹変した。ネパールの有力な政治家たちは権力側に入れば親インド派となり、権力を離れると反インド派になるという傾向が強い。

一九五四年四月に中印間でチベットに関する条約が成立し、インドがチベットにもっていた権限を放棄して、チベットにおける中国の主権を承認すると、中国はネパールに目を向けた。一九五五年八月にネパールと中国の国交が樹立すると両国の友好関係は深まっていった。

マヘンドラ・ビール・ビクラム・シャハ王

一九五五年三月にトリブバン国王は死去し（享年四十八歳）、マヘンドラ・ビール・ビクラム・シャハ王（在位一九五五年―一九七二年）が即位した。

一九五五年にインドネシアのバンドンで開催された史上初のアジア・アフリカ会議（バンドン会議）に代表を派遣して、平和一〇原則を決議し、同年十二月には国際連合に加盟した。翌一九五六年にはカトマンズで第四回世界ヒンドゥー教徒会議（注四八）を開催した。

一九五五年八月に中国との国交を樹立すると、一九五六年九月には中国と「平和友好協定」が結ばれた。これに基づいて、さらに「チベット関連協定」も締結された。十月には「経済援助協定」が調印された。

同年、ソ連および日本との国交が開かれ、ことにソ連とはその翌年に三〇〇〇万ルーブルの無償援助協定を結んだ。ソ連はさらに一九五九年に技術援助協定を結んで三億ルーブルの援助を行い精糖工場・たばこ工場・水力発電施設を建設した。

一九五九年二月に憲法が公布され、最初の総選挙が行われた。選挙結果はB・P・コイララ率いるネパール会議派が全議席の六二％を占める圧勝であった。B・P・コイララ内閣はトラーシー・ギリら三名の勅任閣僚を追加してネパール史上初の議会制民主主義政府が誕生した。しかし、総選挙で敗北した政党指導者たちは選挙に違法と混乱があったと無効を訴え、反政府運動を展開した。経済政策などに対する批判や反乱が各地で起こった。政府の政策や税への不満を訴える大群衆が王宮前に押し寄せた。

一九六〇年十二月、会議派の関連団体の集会に国軍が侵入してB・P・コイララ首相はじめ列席していた大臣・副大臣および有力な指導者たちが逮捕された。十二月十五日、マヘンドラ国王は憲法第五五条に基づいて非常大権を行使し、全国に非常事態を宣言した(王様クーデター)。国王は十二月二十六日に国王首班の五名の大臣、四名の副大臣からなる内閣を結成した。翌一九六一年一月には全政党および政治目的で結成された階層組織を違法と宣言し、これらの政治結社を禁止した。国王は政党制を廃止してパンチャーヤト（評議機関）[注四九]制を骨格とした国王を頂点とする王制を目指した欽定憲法を公布した（ネパール憲法二〇一九年〈西暦一九六二年〉）。一九六三年四月には、トラーシー・ギリを議長とする内閣を組閣し、K・I・シンハ、リシケシ・シャハらを加えた国会議員の常設委員会を設立して、国家パンチャーヤトの第一回議会を招集した。

一九六〇年三月にB・P・コイララが首相として訪中した際に、中国はネパール領内に侵攻しないこと、ネパール・中国間の国境を画定すること、国境間に非武装地帯を設けること、中国はネパールに一億ルピー相当の無償援助を行うことなどの協定が結ばれた。一九六六年に経済技術協力協定によって一億五〇〇〇万ルピーの贈与を受け、一九六九年には貿易協定を結んだ。

マヘンドラ国王は精力的に諸外国との国交に努め、一九五六年にはスイスと公使交換をし、翌年四月にエジプトと、七月にセイロンとの国交を開き、一九六二年にはパキスタンと通商条約、翌年には通過条約を結んだ。

インドとは、一九五九年十二月にガンダク河協定が締結された。コシ河協定と同様に、一〇年間にインド資本により、トリベニ河のやや下流にダム・運河・関連施設を建設して両国の水力発電および灌漑に役立てようというものである。一九五〇年の通商貿易条約の期限切れに伴い一九六〇年に貿易・通過条約が締結された。一九七〇年の期限切れで、インディラ首相に屈する形で、通過貿易の自由が制限されるなどネパール側に不利なまま調印されることになった。

ネパールは米ソ対立の冷戦時代にあって、いずれの陣営にも属さずに中立の立場をとり、すべての国と友好を保つ、いわゆる非同盟国家への道を選んだ。一九六一年にユーゴスラヴィアのベオグラードで開催された非同盟諸国首脳会議に積極的に参加した。国王は米国・英国・ソ連・中国・西ドイツ・フランス・イタリアなどを公式訪問して、平和国家としてのネパール王国の存在をアピールした。国連の安全保障理事会の非常任理事国にも選ばれた。

ビレンドラ・ビール・ビクラム・シャハ王

一九七二年一月、マヘンドラ国王は心不全で急死し、ビレンドラ・ビール・ビクラム・シャハ（注五〇）（在位一九七二年―二〇〇一年）が即位した。ビレンドラ国王即位直後から、反政府・反パンチャーヤト運動は一段と激化し頻発した。一九六〇年のマヘンドラ国王の王様クーデターによりスンダリジャルで監禁されていたB・P・コイラは一九六八年に解放されるとインドに渡り、一九七二年にネパール会議派の武力闘争を打ち出した。同年八月にはネパール会議派に近い青年たちがサプタリ軍ハリハラブルの警察詰め所を武力攻撃、さらに五三名の武力集団によるオカルドゥンガの軍基地襲撃など次々と起こした。一九七三年にはピラートナガル空港で航空機ハイジャック事件が発生し、国立銀行の現金三〇〇万インド・ルピーが奪われた。一九七四年には国王暗殺未遂事件も起こり国内が混乱した。その対応策として一九七五年十二月に発表された第二次憲法改正は、国王の権限を強め、パンチャーヤト制度を強化する内容で、反政府運動に弾圧的なものであった。王政に対する民主主義的闘争が徐々に国民の間に浸透し、学生運動でも抑圧的なパンチャーヤト制度反対へと展開され、さらに過激な市民運動へと広がった。激しい反政府運動に対応をせまられたビレンドラ国王は、パンチャーヤト制度を定着させて修正を加えていくか、複数政党制を設けるかを問う無記名の国民投票を行った(一九八〇年五月)。結果はパンチャーヤト体制支持率が五四・七九%、複数政党制支持率が四五・二一%であった。国王は第三次憲法改正を実施し、国家パンチャーヤトを直接選挙で選ぶことにしたが、これによりパンチャーヤト体制が揺らいで政党の台頭を招くことになった。

ビレンドラ国王即位後、第四次ビシュタ内閣（一九七一年—一九七三年)、第一次リジャール内閣（一九七三年—一九七五年)、第三次トゥラシー・ギリ内閣（一九七五年—一九七七年)、第五次ビシュタ内閣（一九七七年—一九七九年)、第三次タパ内閣（一九七九年—一九八一年）と、短期で目まぐるしく首相が代わって不安定な政局が続いた。一九八〇年の国民投票後、反パンチャーヤト制、複数政党制支持の指導者たちの存在が国民間で広く知られるようになり、民主主義政治の理念などについての理解も深まった。一方、左翼勢力の指導者の虐殺や、反政府活動家の弾圧がしばしば起こった。

ビレンドラ国王は一九七三年に中国を訪問し、翌年一月五〇〇〇万ルピーの援助を得てカトマンズ環状道路の建設を開始した。一九七八年二月には鄧小平副首相のネパール訪問があり、九月にはビシュタ首相が訪中して製糖・製紙工場建設協定に調印し、親密な関係をつづけた。インドは、ネルー首相が王政復古の仲介をして以来、ネパールへの政治介入を強めた。一九七一年に締結されたインド優位の貿易・通過条約の更新は内容的にはほぼ変わらなかった。ネパールと中国の交易が進んで中国製品がネパールに流入したばかりでなく、一九八八年にネパールが中国から兵器を購入したことはインドを怒らせた。一九八九年三月に貿易条約も失効となり、通過条約ともども失効すると、インド側は、両国間の物資通過の国境地点一五のうち一三地点を封鎖した。そのためネパールには石油製品・石炭・塩・織布・豆類などの生活必需品がほとんど入らなくなり、国民は窮乏し混乱した。インドによる経済封鎖に対する国民の反感と不満が高まり、反政府感情と結びついて、民主化運動が一段と激化した。

一九九〇年四月、国王は複数政党制の実施とそのための憲法公布を宣言して、ネパール会議派のバッタライによる暫定内閣を発足させた。ネパール民主化運動を支持していたインドのV・P・シン首相は、親インド派のバッタライの首相就任に好感を抱いて、同年九月、貿易・通過条約を復活させることに合意した。

一九九一年五月十二日、新憲法に基いて複数政党制による総選挙が行われ、ネパール会議派が過半数一〇三を越える一一三議席を獲得した。G・P・コイララが首相となり組閣した(在位第一次一九九一年―一九九四年)。親インド政策批判や国営ロイヤル・ネパール航空を巡るG・P・コイララ首相の肉親や側近、インドの政治家がらみの利権疑惑などを追及されて、G・P・ココイララ首相は辞任した。

一九九四年十一月の総選挙では、二〇五議席中、統一共産党が八八議席を獲得して第一党となった。アディカリ議長は会議派反主流派、左翼政党との連立工作を図ったが失敗し、少数与党のマン・モハン・アディカリ内閣(一九九四年十一月―一九九五年九月)が発足した。アディカリ首相は、インド・中国をはじめとしてフランス・英国・モンゴルを訪問した。官公庁・学校などの職員ポストを共産党関係者で独占する露骨な人事政策が反感を買い、内閣不信任案が可決されて共産党政権は崩壊した。

アディカリ内閣崩壊後、会議派代表議員団長のデウバが首相に任命された。会議派を中核に王制派の国家民主党(タパ派)、ネパール友愛党との連立内閣(一九九五年九月―一九九七年三月)を組んだ。この間、中国との友好関係は続き、一九九六年十二月に江沢民国家主席がビレンドラ国王の招待を受けてネパールを訪問し、経済技術協力協定が締結されて中国からの無償援助を受けた。

短命政権がつづき、権力闘争に明け暮れて政権を奪いあった。ネパール共産党マオ主義派[注五一]の武力闘争が激化して二〇〇〇年四月にはルクム郡・ドラカ郡・ダイレク郡の警察詰め所が襲撃され、多くの警官が殺害された。

国王は活発に外交政策を行い、一九八三年には訪米してレーガン大統領と会見した。一九八八年には「南アジア地域協力連合(SAARC)」(一九八五年発足)の事務局をカトマンズに設置、一九八九年には国連安全保障理事会の二月の議長国を務めた。一九九五年には一〇八カ国目にあたるアゼルバイジャン共和国と国交を樹立した。

王宮銃撃事件

二〇〇一年六月一日、ナラヤンヒティ王宮で催された月例の王室集会で、ビレンドラ国王夫妻、皇太子ディベンドラ、第二王子ニーラージャン、王女シュルティ、国王の姉二人シャンティとシャラダ、シャラダの夫、国王の三弟ディレンドラ、従妹のジャヤンティーの一〇人が銃撃によって死亡した。国王の次弟ギャネンドラは出席しておらず、出席したギャネンドラ夫人、ギャネンドラの長子パラスの生命には別条がなかった。パウデル副首相は、AFP通信に対し、殺害したのは皇太子で、彼が選んだ結婚相手を国王夫妻に反対されて激高し、自動小銃を発砲して殺害に及んだと言明した。ディベンドラが意識不明のまま即位し、地方にいて難を逃れたギャネンドラが摂政となった。六月四日、国王の死去に伴い、ギャネンドラが即位（在位二〇〇一年—二〇〇八年）した。

十四日夜に新国王に提出された事故調査委員会の報告書は、ディベンドラ皇太子（事件当時）が国王夫妻などを殺害したと結論した。皇太子が自殺だったとしたら、大麻などの麻薬入りたばこを常用し、事件直前には泥酔していた皇太子の体に一八発もの弾痕があるはずがない。ギャネンドラがなぜその場にいなかったのかなど疑問が残った。ギャネンドラの即位後、マオ主義派の武力闘争はさらに激化した。マオ主義派のテロ事件などの責任をとって、G・P・コイララ首相（在位第三次二〇〇〇年三月—二〇〇一年七月）が辞任に追い込まれ、デウバが首相に再任された。

ギャネンドラ王

マオ主義派のゲリラ活動は続き、プラチャンダ党首が人民革命軍を結成して自ら最高司令官就任を宣言したのを受けて、国王は非常大権を行使して国家非常事態宣言を発令した。一九九六年にマオ主義派武力闘争を開始して以来六年間で、市民を含めて四〇〇〇人以上が死亡しているが、二〇〇一年十一月末の非常事態宣言以後の八カ月間には二二九〇人が死亡している。

国王は二〇〇二年一〇月四日、総選挙を実施する能力がないという理由でデウバ首相を罷免し、全閣僚を解任するという超憲法的措置をとって、総選挙実施への対応ができるまでの親政を宣言した。十一日には王政派のチャンダを首相に任命した。

二〇〇五年二月、国王は再度議会・内閣を停止し、絶対君主制を導入した。議会内の七党と議会外のマオ主義派はともに国王の独裁と闘うことで合意した。二〇〇六年四月、国王が直接統治を断念し、国民への権力移譲・議会の復活を発表した。ネパール会議派のG・P・コイララ政権が発足した。五月十八日、議会が国歌変更と政教分離（ヒンドゥー教の国教廃止）を満場一致で決定した。

二〇〇八年五月二十八日、ネパール制憲議会は、連邦民主共和制を宣言して正式に王制が廃止された。ギャネンドラ国王は退位しゴルカ朝は終焉した。

共和制

七月、初代大統領にネパール会議派のラム・バラン・ヤーダフ（在位二〇〇八年―二〇一五年）が就任し、八月、首相にマオ（毛沢東）派のプラチャンダ（プシュパ・カマル・ダハル）（在位第一次二〇〇八年八月―二〇〇九年五月）が選出された。共和制は実現したが、一九八九年に始まった政治の激変の過程で浮上した党派間の対立が調停されないまま、憲法制定を急いだ。二〇一五年九月に、制憲議会が憲法を承認、公布に至った。これは、同年四月に発生した大地震を契機に早期制定で政党の合意がなったことによる。民主化要求運動で手を組んだネパール会議派と左翼政党が、二大政党として激しく対立し、内閣交代が繰り返されている。二〇二三年現在、大統領はネパール会議派のラム・チャンドラ・ポーデル（在位二〇二三年三月―現在）、首相はネパール統一共産党のプシュパ・カマル・ダハル（在位第三次二〇二二年一二月―現在、プラチャンダ）である。

『地震』

			（死者・行方不明者）	（負傷者）	（地域）
一九三四年	M八・一	震源			インドとの国境に近いネパール東部
一月十五日			約一万〇五〇〇人	？	カトマンズの建物の半数以上が全半壊
			七二五三人	？	インド
二〇一五年	M七・八	震源			カトマンズ北西七七キロメートル、深さ一五キロメートル
四月二十五日			八四六〇人	一万四三九八人	ネパール
			七八人	二八八人	インド
			二五人	三八三人	中華人民共和国
			四人	二〇〇人	バングラデシュ

5 シッキム（Kingdom of Sikkim）

一九四七年八月、インドが独立して英国がインドを去ったため、シッキムも英国の支配から解放された。シッキムとインドとは、シッキムの特別な問題について話を続けるため、シッキム宮廷とインド政府の間に現状維持協定が結ばれた（一九四八年二月二十七日）。

独立して新たに自由を獲得したインドに啓発されて、シッキムの農民指導者たちは封建的束縛から解放を求め、人民改革協会（プラジャー・スダーラク・サマージ）、人民会議（プラジャー・サンメーラン）、人民党（プラジャー・マンダル）の三党を立ち上げた。一九四七年一二月七日に、三党は大同団結して、シッキム国家会議（SSC：Sikkim State Congress）を結成すると、同月九日、国王に謁見して地主小作制度の廃止、民主主義政府樹立、インド連邦への参加の実現を要求した（小谷汪之、二〇〇七年の補説22）。

一九五〇年、シッキムはインド・シッキム条約を結び、外交と防衛、通信をインドに委ねる保護国になった。

また同条約により、シッキム王国は民主化を進めることが規定され、参事院（立法府）と行政参事会（内閣）の設立が決定した。しかし、王国の人口は、近年労働力として流入していたネパール系が七五％を占め、民主化が実現した場合はネパール系が主導権を掌握することが危惧されたことから、シッキム王国政府は参事院議席のコミュナル別割当を実施した。すなわち全一七議席のうち六議席をブティヤ・レプチャ系に、六議席をネパール系に分配してこれを選挙議席とし、残る五議席を国王による親任と定めた。ネパール系住民を主体とする政党は不平等な選挙制度に不満を抱いたが、タシ王は親インドの姿勢をとっていたため、インドも彼の治世においてはコミュナル選挙制度を支持していた。

一九六三年、タシ・ナムゲル王が崩御し、息子のパルデン・トンドゥプ・ナムゲル（在位一九六三年―一九七五年）が王位を継承した。パルデン・トンドゥプ王はインドの保護下に置かれているシッキムの現状に不満で、独立追求路線に転じ、インド・シッキム条約改正やシッキムの軍事力増強を強く主張した。

一九七三年の参事院選挙で、王室を支持するブティヤ・レプチャ系のシッキム国民党（SNP：Sikkim National Party）が一八議席中一一議席を占める勝利を収めた。この勝利はコミュナル選挙制の恩恵によるものであり、親インド派でネパール系政党のシッキム国民党（SNC：Sikkim National Congress 一九六〇年結成）などが「不正選挙」と糾弾し、デモや武装蜂起が全国規模で発生した。混乱を収拾できずにインドの保護を求めて事態を乗り切ったが、この結果、シッキムはSNCなどの政党とともに従前以上のインド属国化を強化する「インド・シッキム三者（インド、パルデン・トンドゥプ王、SNCなど政党）協定」に署名させられた。三者協定に基づき、参事院にかわってシッキム立法議会（選挙議席三〇）が創設され、一九七四年に選挙が実施されることになった。この選挙では、コミュナル別割当は廃止され、インド型の小選挙区制が採用された。SNCなど親インド派のネパール系政党は合併してシッキム会議派（SC：Sikkim Congress）を結成した。人口構成で優位なSCが圧勝し、新たに首相に就任したカジ・レンドゥプ・ドルジは、インドの意を受けて、国王の権限を大幅に制限する新憲法を制定した（シッキム統治法、一九七四年）。

一九七五年四月九日、パルデン・トンドゥプ王の退位を求めるデモ隊に王宮軍が発砲した。混乱を収束させるためにインド軍が侵攻し、王宮軍は武装解除され、パルデン・トンドゥプ王は幽閉された。翌日、立法議会は王制廃止とインドへの編入を全会一致で議決し、十四日に行われた国民投票でインド併合が承認された。十五日には、シッキムをインドの二十二番目の州とする憲法改正案がインドの国会に提出され、二十六日両院を通過した。シッキム王国は滅亡し、シッキム州としてインドに編入された。

シッキムは、乞食も失業者もいない国と言われ、人口一八万人のうち、約一三万人が土地に依存している。

6 ブータン（Kingdom of Bhutan）

一九五二年に即位した第三代国王ジグミ・ドルジ・ワンチュク（在位一九五二年—一九七二年）はインドと英国で教育を受けており、農奴解放、教育の普及などの制度改革を行い、近代化政策を開始した。議会と内閣が創立された。議会は一院制で、選出議員と僧院代表、政府任命議員からなる。政党活動は認めていない。一九五三年、一三〇人からなる国会を招集した。一九五六年には、農奴制度を廃止した。中国がチベットを支配するようになり、ブータンはチベットにあるいくつかの僧院を手放した。

一九六一年から経済開発五カ年計画が始まり、次々と継続している。インドとティンプーの南五〇キロメートルのところにあるチュカ水力発電所を建設するための財政援助協定を結んだ。一九六二年、開発途上国援助のためのコロンボ計画（注五二）に加盟し、技術援助を受けられるようになった。

一九六四年、国の急速な改革に反対する勢力によって、当時の首相ジグミ・ペンデン・ドルジが暗殺された。その後に任命された首相による宮廷革命の企み発覚を契機に、首相職が廃止され、国王親政となった。

インドはブータンが各種の国際機関に加盟することを認め、一九七〇年の国連総会ではブータンの国連加盟を提案し、翌一九七一年加盟を認められた。ブータンはインドとの関係を損なうことなく、その外交権を拡大していった。

一九七二年、国王がナイロビで客死し（享年四十四歳）、ジグミ・センゲ・ワンチュクが十六歳で第四代国王（在位一九七二年―二〇〇六年）に即位した。第四代国王は、国民の幸せを第一に優先させる政治を目指し、教育・医療・地方開発・交通・通信などの発展に尽力した。技術と環境、近代化と伝統の調和などを織り込んだ「国民総幸福量」（GNH：Gross National Happiness）が国家指標として打ち出された。また、民主化路線を継承・発展させ、王政から立憲君主制への移行を主導し、一九九八年、行政権を放棄した。

二〇〇六年十二月、第四代国王の退位により、長男のジグミ・ケサル・ナムゲル・ワンチュク[注五三]が即位した。二〇〇八年三月に政党の参加を認めたうえで下院の選挙を実施した。二〇〇八年四月に民主的に選出されたジグミ・ティンレイ（ブータン調和党〈DPT：Druk Phuensum Tsogpa / Bhutan Peace and Prosperity Party〉党首）が首相となった。五月には国会が招集され、七月に憲法が施行された。議会制民主主義に基づく立憲君主制となった。

二〇一三年、二〇一八年、二〇二三年に総選挙が実施され、二〇一三年と二〇二三年には、国民民主党（PDP：People Democratic Party）、二〇一八年にはブータン協同党（DNT：Druk Nyamrap Tshogpa）が第一党になった。現在の首相は国民民主党のツェリン・トブゲ（Tshering Tobgay　在位第二次二〇二四年一月―現在）。

元首はジグミ・ケサル・ナムゲル・ワンチュク国王（在位二〇〇六年―現在）。

小国でありながら複雑な地形を持つ国土は、多言語・多民族を擁している。さらに、ネパール系住民は一〇万人にも達し（約一三％）、問題になっている。

7 スリランカ（Democratic Socialist Republic of Sri Lanka）

一九四八年二月四日、英連邦内の自治領セイロンとして独立した。独立運動を指導した統一国民党（UNP：United Nation Party）党首のドン・スティーヴン・セーナナーヤカが首相（在位一九四七年—一九五二年）に就任した（表6－6参照）。当時のセイロン社会では、西海岸平野でシンハラ人タミル人を含む富裕商人・エリート政治家が住む「低地」と、旧キャンディ王国の地で農業に依存する経済的に遅れたゴイガマ・カースト（シンハラ仏教徒）の住む「高地」とが存在し、さらに宗教・言語・カースト（インドのものとは異なる）などの問題があふれていた。セーナナーヤカはそれらを統合する新しい国民国家の建設を目指し、一九四六年にセイロン国民会議派（CNC：Ceylon National Congress）その他の政党を合体して統一国民党（UNP：United National Party）を結成したが、シンハラ人には不満なものであった。一九五一年にUNPから分かれてスリランカ自由党（SLFP：Sri Lanka Freedom Party）を創立したソロモン・バンダラナイケ（Solomon Bandaranaike）は、シンハラ語を唯一の公用語とするシンハラ・オンリー政策を掲げ、急進的仏教徒と連携してUNPに圧勝した。バンダラナイケは首相（在位一九五六年—一九五九年）に就任した。

シンハラ人とタミル人

人口の四分の一を占めるタミル人は、ジャフナを中心に古くから住みついているスリランカ・タミル（コロンボを中心に西海岸にも多く居住）と、十九世紀以降に中央高地でのプランテーション労働者として南インドから来島したインド・タミルに分かれるが、前者の一部は独立後、連邦党（FP：Federal Party）をつくってタミル人の自治権を主張してきた。連邦党は、シンハラ語のみの公用語、仏教の国教化などの政策に反対し、最初の民族暴動が起こった（一九五七年）。

バンダラナイケは、一九五九年に暗殺され、その後は夫人のシリマヴォ・バンダラナイケ（世界初の女性首相、在位第一次一九六〇年—一九六五年）が政権を引き継いだ。外に向かっては非同盟外交を展開していたが、

	首相		就任日	退任日	政党	大統領
1	セーナ―ナーヤカ (D.S.Senanayake)		1947.09.24	1952.03.22	UNP	
2	D.セーナ―ナーヤカ (D.Senanayaka)		1952.03.26	1953.10.12	UNP	
3	コタラーワン (J. Kotelawala)		1953.10.12	1956.04.12	UNP	
4	ソロモン・バンダラナイケ (S.W.R.D.Bandaranaike)		1956.04.12	1959.09.26	SLFP	
5	ダハナーヤカ (W. Dahanayake)		1959.09.26	1960.03.20	シンハラ	
6	D.セーナ―ナーヤカ (D.Senanayaka)		1960.03.21	1960.07.21	UNP	
7	シリマヴォ (S. Bandaranaike)	1次	1960.07.21	1965.03.25	SLFP	
8	D.セーナ―ナーヤカ (D.Senanayaka)		1965.03.25	1970.05.29	UNP	
9	シリマヴォ (S. Bandaranaike)	2次	1970.05.29	1977.07.23	SLFP	[共和制に移行] ゴパッラワ(W. Gopallawa)
10	ジャヤワルダナ (J.R.Jayawardana)		1977.07.23	1978.02.04	UNP	無所属/(1972.05.22-1978.02.04) ジャヤワルダナ(J.R.Jaewardana)
11	プレマダーサ (R. Premadasa)		1978.02.06	1989.01.02	UNP	NP/(1978.02.04-1982) UNP/(1982-1989.01.02)
12	ウィジェートゥンガ (D.B.Wijetunga)		1989.03.06	1993.05.07	UNP	プレマダーサ(R. Premadasa) UNP/(1989/01.02-1993.05.01)
13	ラニル・ウィクラマシンハ (R. Wickremesinghe)	1次	1993.05.07	1994.08.19	UNP	ウィジェートゥンガ(D.B.Wijetunga)
14	クマーラトゥンガ (C. Kumaratunga)		1994.08.19	1994.11.12	SLFP	UNP/(1993.05.01-1993.05.07)/臨時 UNP/(1993.05.07-1994.11.12)
15	シリマヴォ (S. Bandaranaike)	3次	1994.11.04	2000.08.09	SLFP	クマーラトゥンガ(C.Kumaratunga) SLFP/(1994.11.12-1999)
16	ウィクラマナカ (R. Wickremanayake)		2000.08.10	2001.12.07	SLFP	SLFP/(1999-2005.11.19)
17	ラニル・ウィクラマシンハ (R. Wickremesinghe)	2次	2001.12.09	2004.04.06	UNP	
18	マヒンダ・ラージャパクサ (M. Raajapaksa)		2004.04.06	2005.11.19	SLFP	
19	ウィクラマナカ (R. Wickremanayake)		2005.11.19	2010.04.21	SLFP	M.ラージャパクサ(M.Rajapaksa) SLFP/(2005.11.19-2010)
20	D. M. ジャヤラトナ (D. M. Jayaratne)		2010.04.21	2015.01.09	SLFP	SLFP/(2010-2015.01.09)
21	ラニル・ウィクラマシンハ (R. Wickremesinghe)	3次	2015.01.09	2018.10.26	UNP	シリセーナ(M. Sirisena) SLFP/(2015.01.09-2019.11.18)
22	マヒンダ・ラージャパクサ (M. Raajapaksa)		2018.10.26	2018.12.15	人民戦線	
23	ラニル・ウィクラマシンハ (R. Wickremesinghe)	4次	2018.12.16	2019.11.21	UNP	G.ラージャパクサ(N.G.Rajapaksa) SLPP/(2019.11.18-2022.07.15)
24	マヒンダ・ラージャパクサ (M. Raajapaksa)		2019.11.21	2022.05.12	人民戦線	
25	ラニル・ウィクラマシンハ (R. Wickremesinghe)	5次	2022.05.12	2022.07.14	UNP	ラニル・ウィクラマシンハ (R.Wickremesinghe)
26	グナワルダナ (D. Gunawardena)		2022.07.22	現職		UNP/(2022.07.15-2022.07.21)/臨時 UNP/(2022.07.21-現職)

表6−6　スリランカ首相・大統領

茶・ゴム・ヤシなどの輸出に依存するスリランカの経済は悪化し、失業者が増大した。

一九六五年〜一九七〇年には、D・S・セーナナーヤカの息子のダッドリー・セーナナーヤカ率いるUNPの手に移ったが、一九七〇年〜一九七七年にはシリマヴォが政権に復帰した。

一九七二年、憲法制定に踏み切り、英連邦の自治領から共和制に移行し「セイロン」から「スリランカ共和国」に改称した。シンハラ語は唯一の公用語と規定され、仏教には特別の地位(注五四)が与えられた。また、一九四七年の憲法に存在した少数民保護の特別規定が廃止されたため、シンハラ人とタミル人の対立を決定的にした。スリランカ・タミルとインド・タミル(大部分はヒンドゥー教徒)はタミル統一戦線(TUF:Tamil United Front)をつくって勢力を結集し、武力でタミル人の独立国家イーラムを打ち立てようというゲリラ組織(LTTE〈タミル・イーラム解放の虎〉ほか)を結成した(一九七四年)。大土地所有(五〇エーカー以上)の禁止と土地没収、医療、教育の無償化、米穀の配給制などを実施し、貧民層には受け入れられたが批判も多く、一九七七年の総選挙で国民党のジャヤワルダナ(注五五)に大敗した。

『日本を救ったジャヤワルダナ氏の演説』

第二次世界大戦後の一九五一年、日本と連合諸国の間でサンフランシスコ講和条約が結ばれることになった。戦争に勝った米国・英国・ソ連・中国は、日本の自由を制限するため、日本を四地域に分割する「日本分割占領案」を推し進めていた。当時のセイロンのジャヤワルダナ大蔵大臣(後のスリランカ首相、大統領)は、日本に対する戦時賠償請求を放棄する演説を行った。(以下抜粋)

何故アジアの人々は、日本が自由であるのを熱望するのでしょうか。それは我々が日本と長い年月にわたる関係があるためであり、被支配諸国であったアジア諸国の中で、日本が唯一強く自由であった時、我々は日本を保護者として、また友人として仰いでいた時に抱いた、日本への尊敬の念からです。

わがセイロンの人々は、幸運にも直接に侵略されなかったが、空襲や東南アジア軍の下、大量の数の軍隊の駐留による被害など、また連合軍に対する唯一の生ゴムの生産者であり、わが国の重要産業品である生ゴムの大量採取による損害に対して、我国は当然、賠償を求める権利を有するのです。しかし、我々はその権利を行使するつもりはありません。

なぜなら、アジアで何百万人もの人たちの命を価値あるものにさせた仏陀の「憎しみは憎しみによってはやまず、ただ慈悲によってのみ止む（Hatred ceases not by hatres, But by love.）」との言葉を信じるからです。

この演説が大きく会場の雰囲気を変え、日本の独立を後押しした。ソ連・ポーランド・チェコスロバキアを除く四九カ国が講和条約に署名し、翌年四月二十八日、日本は分割されることなく独立を回復した。

ジャヤワルダナは憲法を改正し、それまでのセイロン総督にかわる国家元首として大統領職を設置した。一九七八年に現行憲法が制定され、国名が「スリランカ民主社会主義共和国」に改称されるとともに、議員内閣制から大統領制（半大統領制）（注五六）に移行し、大統領の権限が強大になった。ジャヤワルダナは第二代大統領（在位一九七八年―一九八九年）に就任した。憲法ではタミル語に国語の地位が与えられたが、公用語とはされず、仏教には引き続き特別な地位が与えられた。過激派に対してはテロリズム防止法を制定して弾圧しつつ、経済自由化政策を推進した。

内戦激化

急激な自由化によってインフレが進行すると、シンハラ農村の青年層は富裕なタミル人に不満を向け、民族紛争が激化した。ジャヤワルダナは一九八二年の選挙を避け、憲法改正によって議員の任期を延長したが、この延命策もタミル人との関係を悪化させ、一九八三年、ジャフナでの衝突をきっかけにコロンボを中心に大暴動が勃発した。シンハラ政府軍とタミル・ゲリラ組織ＬＴＴＥは全面的戦闘状態に突入した。一九八四年に首都がコロンボから、古都コーッテに移され、スリ・ジャヤワルダナプラ・コーッテと命名された。

紛争激化に伴い一九八七年にはインド政府が仲介に乗り出し、インド平和維持軍がスリランカに派遣され北部の治安維持にあたった。平和維持軍は一九九〇年まで駐留したが、事態を改善し和平を繰り出すことはできずに撤退し、政府軍とタミル・ゲリラ組織のあいだで激しい戦闘が再開した。同年には憲法が修正され、翌年タミル語も公用語とされた。

一九八九年にはUNPのプレマダーサ大統領（在位一九八九年―一九九三年）に引き継がれたが、一九九三年暗殺された。その間の一九九一年には平和維持軍を派遣したインド元首相のラジーヴが選挙遊説中に南インドで暗殺された。タミル・ゲリラの手によるものと言われている。

一九九四年、SLFPを主体とする人民連合（PA:People Alliance）が選挙に勝利し、チャンドリカ・クマーラトゥンガ（シリマヴォの娘）が首相に選出された。シリマヴォが首相（在位第三次一九九四年―二〇〇〇年）になり、母娘がスリランカの政治を動かした。クマーラトゥンガは北部・東部に住むタミル人の自治を実現させる方策を打ち出すと同時に軍事的には強力なゲリラ掃討作戦を展開し、一九九九年にはジャフナを奪回した。ゲリラ側のテロも続き、クマーラトゥンガ（在位第二次一九九九年―二〇〇五年）も爆発事件に遭遇して左目を失明した。二〇〇一年の総選挙ではUNPが勝ち、党首ラニル・ウィクラマシンハが首相（在位第二次二〇〇一年―二〇〇四年）に任命された。これによって大統領と首相とが野党と与党に分かれ、その後の政権運営が困難になった。

民族紛争の平和的解決に向けてノルウェーをはじめとする国際的な仲介活動が行われ、政府軍とLTTEが停戦し、二〇〇二年二月にはノルウェーを仲介者として無期限停戦が実現した。

両者の交渉では、交渉を積極的に進めようとする首相と、政治的立場を異にし自身テロ行為の被害者である大統領との対立が強まった。二〇〇三年十一月、首相訪米中に大統領は自らの権限で主要閣僚を更迭し、国会を停止した。首相帰国後にはLTTEとの交渉の無期延期が発表され、ノルウェー政府も仲介から一時的に撤退した。二〇〇四年四月の総選挙では、大統領派、すなわち、人民同盟（PA）人民解放戦線（JVP:

Janatha Vimukthi Peramuna / People's Liberation Front）からなる統一人民自由同盟（ＵＰＦＡ：United People's Freedom Alliance）が勝ち、マヒンダ・ラージャパクサが首相（在位第一次二〇〇四年―二〇〇五年）に就任した。しかし、ＬＴＴＥ側は態度を硬化させていて、交渉は進展しなかった。

二〇〇四年十二月にはスマトラ沖地震（マグニチュード九・一）による津波が大被害（死者三万人以上）をもたらした。

二〇〇六年七月、ＬＴＴＥが東部バッティカロア県にて政府支配地域への農業用水を遮断したため、政府軍は空爆を実施し、戦闘が再燃した。二〇〇七年七月、政府軍が東部州におけるＬＴＴＥ最後の拠点トッピカラを攻略し、同州からＬＴＴＥ勢力を一掃した。二〇〇九年五月、ＬＴＴＥの実効支配地域のほぼすべてが政府軍に制圧され、ＬＴＴＥは事実上壊滅状態に陥り、戦闘放棄声明を発表した。五月十八日、ＬＴＴＥの最高指導者ヴェルピライ・プラブハカラン議長の遺体が発見された。マヒンダ・ラージャパクサ大統領（在位第一次二〇〇五年―二〇一五年）はＬＴＴＥの完全制圧と内戦終結を宣言した。

内戦終結と国内整備

内戦終結後は国防省を国防・都市開発省と改称し、統一の実現と平和の到来とともに余剰となった戦力をインフラ整備にも動員した。復興需要ならびに観光業の復活から二〇一〇年、二〇一一年とＧＤＰが八％台の成長を遂げ、急速な経済発展が続いた。

スリランカの識字率は九二・五％で、開発途上国としては極めて高い。九年間の義務教育を適用し、一九四五年から無償教育制度が成立している。二〇一〇年時点で、スリランカにはおおよそ九六七五の公立学校と八一七の私立学校、そして仏教学校が存在する。国立大学は全土に一五校ある。

無料の国民皆保険制度があるが、コロンボ、ガンポラ、キャンディ、ゴールなどの都市以外では病院は少なく、古くからのアーユルベーダ（有料）に頼りがちである。

一九八一年には、日本からスリランカへ総計一九二億二〇〇〇万円（八四〇〇万ドル）の援助を行い、ペーラーデニヤ大学病院（キャンディ郊外）、テレビ局、文房具工場など、またスリ・ジャヤワルダナプラ・コッテの病院（寝台数一〇〇二）およびコロンボ港の拡充も行った。

外交面では、非同盟の立場を維持しつつ、歴史的・文化的に関係の深いインドと政治・経済・安全保障上、極めて重要な国として良好な関係維持に努めている。近年は中国・パキスタン・イランとの関係も強まり、二〇〇九年には一九八六年以降最大の援助国であった日本に代わって、中国が最大の援助国になっている。

南アジア地域協力機構（ＳＡＡＲＣ）、東南アジア諸国連合地域フォーラム（ＡＲＦ：ASEAN Regional Forum）に加盟しており、最近は南アジアや東南アジア諸国との協力関係強化に力を入れている。

経済危機

歴代の指導者が放漫的な財政運営を行ってきた上、二〇一〇年代前半の空港や港湾、高速道路の建設が国家の債務を急増させた。二〇一七年時点で、総債務が六兆四〇〇〇億円にのぼり、全政府収入の九五％が借金の返済に充てられている。

その後、経済成長の鈍化、二〇一九年にはイスラム過激派によるスリランカ連続爆破テロ事件が起こるなど不安定な情勢が続いた。マヒンダ・ラージャパクサの弟のゴーターバヤ・ラージャパクサが第八代大統領（在位二〇一九年―二〇二二年）に就任、マヒンダ自身も首相（在位二〇一九年―二〇二二年）への復権を果たした。

二〇二〇年に新型コロナウィルスの世界的流行により、主要産業である観光業が壊滅、ラージャパクサ政権時代に拡大した債務の返済に困窮し、物価高と外貨不足から独立以来と言われる経済危機に陥った。大規模な抗議行動がおこり退陣を求められたゴーターバヤ・ラージャパクサ大統領は軍用機でモルディブに脱出した後、辞任した（二〇二二年七月十三日）。首相から大統領に就任したラニル・ウィクラマシンハ（在位二〇二二年―現在）は国家としての破産を宣言し、国際通貨基金（ＩＭＦ：International Money Fund）に支援を要請した。ＩＭＦは国内の経済改革のほか、対外債務（中国、インド、日本）の整理再編を行うことを条件に、スリランカに二九億ドルの金融支援を行うことで暫定合意に達した。

首相はディネーシュ・グナワルダナ（在位二〇二二年—現在）。

『縫製業と女性』

多くの国々で縫製業に女性を優先的に雇用する理由は次のようである。

・長時間にわたり同じ生産ラインに沿って指先を使う細かい作業を行う能力、忍耐強さ、従順さなどが女性固有のものとされる

・男性より低賃金での雇用が可能

・結婚退社により恒常的に低賃金の労働量を確保できる

・経済発展に女性の労働力、とりわけ賃金労働の機会が少ない農村出の女性を積極的に導入しようという動向

かつてはのどかなスリランカの農村でも、市場開放政策実施以降、現金収入の道を模索せざるを得なくなった。

8 モルディブ（Republic of Maldives）

イブラーヒム・ナシール

一九六五年七月二十六日、モルディブは正式に独立し、国連に加盟した。一九六八年には国民投票でスルタン制を廃止し共和国となり、イブラーヒム・ナシールが初代大統領（在位第一次一九六八年—一九七三年）になった。英国は一九六〇年合意に基づきガン島に一九八六年まで駐留することになっていたが、英国労働党内閣が「スエズ運河以東からの撤兵」を表明し、一九七六年四月にガン島から撤退した。

独立初期、首都があるマレ島以外は社会発展レベルが非常に低かったことから、四八名の議員は大統領の指名八人を除き、二十一歳以上の男女普通選挙制に基づき一九のアトル（環礁）と呼ばれる行政区およびマレから選挙で選ばれた。ただし政党は禁止された。ナシール政権は近代化を目指し、近代的英語教育の導入、人頭税の廃止などを行った。国際空港、テレビ・ラジオ放送局の開設などを行ったが、中央集権体制のもとで大統領の周辺に権力と利権が集中した。リゾート島の開発は有力者の利権の温床となった。

ナシール大統領の独裁体制は一九七二年の憲法改正で強化され、同時に政治行政刷新のために首相職がおかれ、八月にアハメド・ザキが首相に就任した。一九七三年九月に国民投票が行われナシールは大統領に再任（在位第二次一九七三年―一九七八年）された。しかし、大統領周辺への利権集中や強圧的政治に対して反発があらわになり、一九七四年の食料品物価高騰への人々の不満が高まった。クーデターの可能性を理由に非常事態宣言がなされ、人気の高いザキ首相が解任され離島へ追放された。さらに首相職も廃止されるなどで人々の不満が増し、反対派の抑圧は不可能になった。ナシール大統領は三選をあきらめ、運輸大臣であったマウムーン・アブドゥル・ガユームが新大統領に就任した。ナシール前大統領とその家族はシンガポールに脱出した。

マウムーン・アブドゥル・ガユーム

ガユーム大統領（在位第一次一九七八年―一九八三年）は国民の支持を維持するため、一九七九年には海外投資法や観光法などを相次いで制定しビジネス環境の整備を進めた。マレ近くのフルレ国際空港（現ヴェラナ国際空港）が拡張されスリランカを経由せず国際的に観光客を呼び集める体制が整った。観光局が設置され、同局は一九八八年には観光省となった。政治面ではナシール前大統領の不正蓄財を調査する諮問委員会を設け、委員会の調査に従って不正蓄財を国庫に没収した。一九八二年英連邦に加盟した。

一九八〇年、一九八三年にはクーデターの動きが露見した。一九八八年十一月にはアッドゥ環礁出身のビジネスマンにより雇われたスリランカのタミル国人民解放組織の襲撃で政権は崩壊の手前までいった。インドに救援を求め、インドはそれに応えて迅速に軍を派遣しクーデターは失敗した。この事件を契機に国家保安隊を増強した。一九八三年―二〇〇三年の大統領選出については、国会で選ばれた同大統領が国民投票では九割以上を得票し当選した。

ガユーム政権は政治社会秩序を乱さないという条件付きで一定の民主化を容認した。社会秩序維持のために国教であるイスラム教スンニー派の地位を強化した。政府は一九九四年七月宗教統一保護法を成立させ他の宗教の自由を制限した。一九九七年の新憲法でもイスラム教スンニー派が国教とされた。一方、イスラム過激主義の影響も排除した。民主化について島開発委員会、アトル委員会の委員を選挙で選ぶこととし、法律委員会を設けるなど改革を宣言し政府批判に対しては強権で抑圧した。

二〇〇三年九月に刑務所収容者が死亡した事件と反政府運動が起った。ガユーム大統領は不満に対処するため人権委員会の設置などを行ったが人々は納得せず、マレで大統領の辞任を求めて大規模な反政府運動が広がった（二〇〇四年八月）。大統領は非常事態宣言を発し抑圧したが、スリランカで亡命政党として設立された非合法のモルディブ民主党（ＭＤＰ）やイスラム勢力などが抗議運動を展開し、さらに国際非難も高まった。ガユーム大統領は逮捕者を釈放し、民主化に向けて改革を行うことを宣言せざるを得なくなった。二〇〇五年六月には国会は多党制を認める決議を行い、ＭＤＰやイスラム主義を代表する正義党、ガユーム大統領のモルディブ人民党（ＤＲＰ）など主要政党が登録を行った。

統治体制については、二〇〇七年八月の国民投票で大統領制が選択された。宗教に関してはイスラム教スンニー派以外の宗教が禁止された。二〇〇八年制定の新憲法では大統領および国会とも五年ごとに普通選挙によって直接選ばれ、大統領は最長二期を務めることができるとされた。選挙委員会が同年八月に設置され、九月には最高裁判所が設置された。

モハメド・ナシード／モハメド・ワヒード

二〇〇八年の選挙ではＭＤＰのモハメド・ナシードが大統領に就任したが、国会ではＭＤＰが少数派にとどまり、政治運営を困難にした。財政赤字や経常収支赤字に加え二〇〇八年のリーマンショックによる世界的な景気後退と観光の落ち込みにより観光関係収入は大きな打撃を受けた。様々な問題に対し強引に立ち向かったが、大統領は退陣に追い込まれ（二〇一二年二月）、副大統領のモハメド・ワヒード（在位二〇一二年―二〇一三年）が昇格した。

アブドゥラ・ヤーミーン

二〇一三年の大統領選挙ではアブドゥラ・ヤーミーン（在位二〇一三年―二〇一八年、ガユーム元大統領の異母弟、モルディブ進歩党〈ＰＰＭ〉）が当選した、経済政策では海外からの投資を積極的に募った。インドのインフラ建設マネージメント会社ＣＭＲの撤退のあと二〇一四年九月の習近平主席の訪問にあわせ国際空港の刷新のため中国の北京都市建設会社と契約を結んだ。空港のあるフルレ島とマレを結ぶ中国・モルディブ友好大橋の建設も同時に合意された。二〇一五年七月にヤーミーン政権は一〇億米ドル以上の投資を条件として外国人の土地所有を可能とする憲法改正案を可決し批判された。ヤーミーン政権の強権化に対して英連邦大臣行動グループなど海外からも批判が強まったが、反発した大統領は英連邦脱退に踏み切った（二〇一六年）。

二〇一七年の地方評議会選挙ではモルディブ統一反対連合（ＭＵＯ）が大勝しＰＰＭは敗北した。さらにＭＵＯは議長に対する不信任案を提出したので政府は国会を停止した。最高裁はヤーミーン政権に政治犯の釈放を命じたが、ヤーミーン大統領は非常事態宣言を発し（二〇一八年二月）、最高裁長官およびガユーム元大統領を逮捕した。政治は混迷が深まった。

イブラヒーム・ソーリフ

二〇一八年九月の大統領選挙ではＭＤＰのイブラヒーム・ソーリフが新大統領（在位二〇一八年―二〇二三年）に当選した。ヤーミーン前大統領は二〇一九年にマネーロンダリングの疑いで逮捕され、十一月禁固五年の判決が言い渡された。第四次憲法改正で外国人の土地所有は再び禁止され、代わりに九九年までのリースが認められることとなった。ソーリフ大統領はインドから一四億ドルの融資枠と通貨スワップの提供を取り付け、前政権の中国依存路線を修正した。その後も、インドから橋や道路の建設費、二〇一九年のコロナウィルスへの対策費などの支援を受けている。二〇二〇年二月九日英連邦に復帰した。

モハメド・ムイズ

二〇二三年の大統領選挙ではモルディブ進歩党（ＰＰＭ）のモハメド・ムイズ（在位二〇二三年―現職）が当選した。首相は不在。

経済基盤は観光と水産業で、二〇一九年の観光客は、中国（二八・四万人）、インド（一六・六万人）、イタリア（一三・六万人）、……日本（四・四万人、第九位）。水産業は輸出産品の九八％を占め、主な魚種はカツオ、マグロ。二〇一一年には後発開発途上国（ＬＤＣ）を正式に脱したが、中央と地方の経済格差の拡大、青年の失業問題など深刻な問題を抱えている。東日本大震災（二〇一一年）の際には、モルデイブ政府からツナ缶八万六四〇〇個、民間から約七〇〇万ルフィア（約四六〇〇万円）とツナ缶（プルトップ缶）約六〇万個を日本に届けた。

海抜平均一・五メートル、最高でも二・四メートル。地球温暖化を原因とする海面上昇や津波等の自然災害により、国土が水没する危機にさらされている。世界で最初に気候変動との戦いの必要性を訴え（一九八七年）、小島嶼国をまとめ、先進国や大国と困難な交渉を行ってきた。フルレ島の北北東に人工島「フルマーレ」の造成が進んでおり、二〇五〇年頃までに最大二四万人が住めるようにする予定である（日下部尚徳、〈荒井悦代・今泉慎也、二〇二一年〉の第14章）。

	国土（1000㎢）	人口（1000人）	名目GDP（億US$）	一人当たりGDP（US$）	民族	宗教
インド共和国	3,287	1,417,170	33,851	2,389	インド・アーリア族、ドラビダ族、モンゴロイド族等	ヒンドゥー教徒（79.8%）、イスラム教徒（14.2%）、キリスト教徒（2.3%）、シク教徒（1.7%）、仏教徒（0.7%）、ジャイナ教徒（0.4%）
パキスタン・イスラム共和国	796	241,490	3,765	1,596	パンジャーブ人、バローチ人、パシュトゥーン人、シンド人等	イスラム教徒（国教）
バングラデシュ人民共和国	147	171,190	3,055	2,688	ベンガル人が大部分チャクマ族等を中心とした仏教系少数民族少数	イスラム教徒（91%）、その他（ヒンドゥー教徒、仏教徒、キリスト教徒、9%）
ネパール	147	30,548	408	1,337	パルバテ・ヒンドゥー、マガル、タルー、タマン、ネワール等	ヒンドゥー教徒（81.3%）、仏教徒（9.0%）、イスラム教徒（4.4%）他
ブータン王国	約38.4	約782	27.7	3,560	チベット系、東ブータン先住民、ネパール系等	チベット系仏教、ヒンドゥー教等
スリランカ民主社会主義共和国	65.6	22,180	771	3,474	シンハラ人（74.9%）、タミル人（15.3%）、スリランカ・ムーア人（9.3%）（一部地域を除く値）	仏教徒（70.1%）、ヒンドゥー教徒（12.6%）、イスラム教徒（9.7%）、キリスト教徒（7.6%）
モルディブ共和国	0.3	（2021年政府）515	61.9	10,880	モルディブ人	イスラム教
（参考）中華人民共和国	9,600	1,400,000	181,000	12,814		
（参考）日本	378	126,494	42,335	33,884		

表6−7　インド亜大陸各国の現状

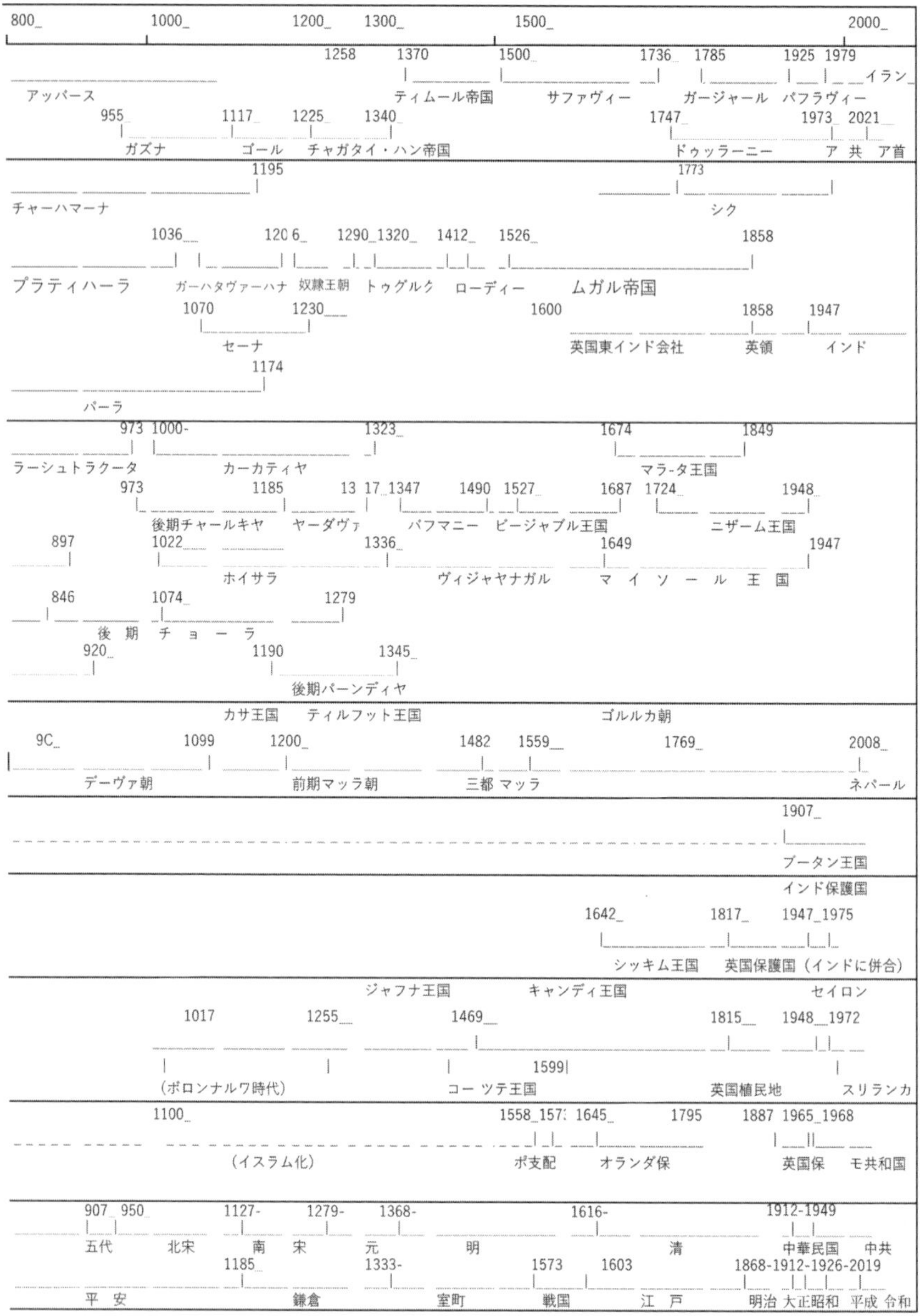

ポ支配：ポルトガル支配、モ共和国：モルディブ共和国、イ共：イラン・イスラム共和国、
ア共：2021年よりアフガニスタン・イスラム首長国、パ共：パキスタン共和国、中共：中華人民共和国

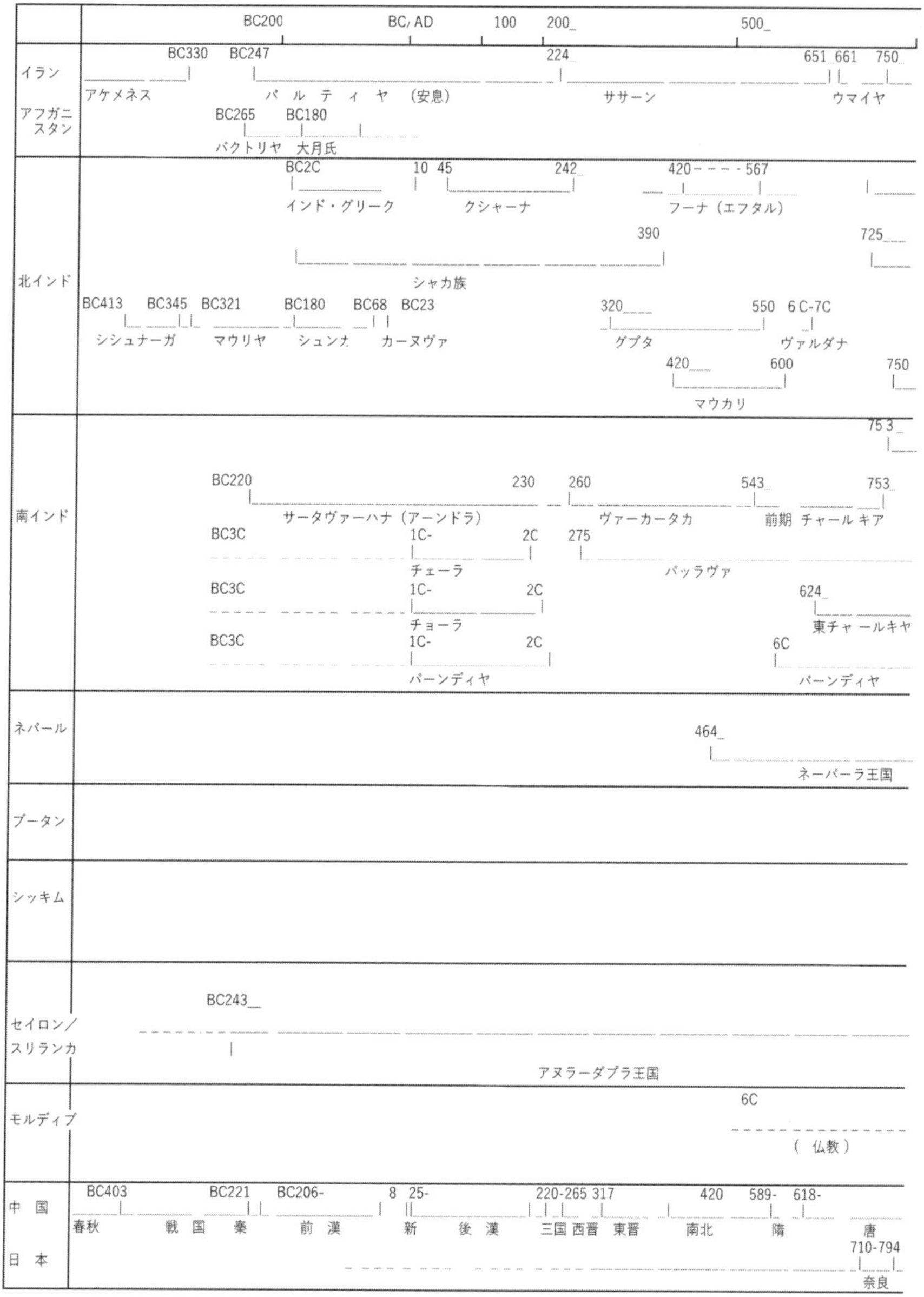

図6−6　インド亜大陸の国々

注

［第一章］

（注一）カンブリア紀：約五億四二〇〇万年前―約四億八八三〇万年前。この時代の岩石が発見され研究された最初の地であるウェールズ（グレートブリテン島の南西）のラテン語名「カンブリア」から命名された。この時代以前に形成された海洋が地球上のほぼ全てを覆い尽くし、海中では様々な海洋生物が現れた。中でも三葉虫等の節足動物が繁栄し、藻類が発達した。カンブリア紀以前の地層から化石がほとんど得られていないが、この時代の地層から一気に多様な生物の化石が発見された。この時代に動物門のほとんどすべてが出現したと考えられ、動物の多様性が一気に増大した可能性があり、これをカンブリア爆発という。これをカンブリア爆発という。地球誕生後、肉眼で見える大きさで硬い殻をもった生物の化石が初めて産出した五億四二〇〇万年以前の期間を先カンブリア時代といい、カンブリア紀以降を顕生代という。

（注二）顕生代：肉眼で見える生物が生息している時代。実際には三葉虫をはじめとする化石として残り甲殻や骨格を有する生物などが多く誕生し始めた時代であるカンブリア紀（五億四二〇〇万年前～四億八八〇〇万年前）以降を指す。古生代（五億四二〇〇万年～二億五一〇〇万年前）、中生代（二億五一〇〇万年前～六五〇〇万年前）、新生代（六五〇〇万年前～現在）を含む。

（注三）ウェゲナー：（一八八〇年―一九三〇年）。ドイツの気象学者、地球物理学者。一九一〇年、世界地図から南アメリカ大陸の海岸線とアフリカ大陸の西海岸線がよく似ていることに気が付き、大陸移動説のアイディアの源になった。一九一二年フランクフルトで開かれたドイツ地質学会で初めて大陸移動説を発表した。著書「大陸と海洋の起源」（第四版）のなかで現存する全ての大陸は、一つの巨大大陸「パンゲア」であったが、約二億年前に分裂して別々に漂流し、現在の位置および形状に至ったとする説を発表した。大陸移動説の根拠を探すために五度のグリーンランド探査を行い、その途中心臓発作により五〇歳で死去した（一九三〇年）。

（注四）大陸移動説：大陸は地球表面上を移動してその位置や形状を変えるという学説で、発想自体は古くからあり、フランドルの地図製作者アブラハム・オルテリウス（一五九六年）、フランシス・ベーコン（一六二〇年）なども西アフリカと南アメリカの形状が似ていると述べている。一般にはアルフレッド・ウェゲナーが一九一二年に大陸移動説を提唱したと言われている。デュトワ（A.L. DuToit, 南アフリカ）はウェゲナーの説を修正し、一つの超大陸でなく、南アメリカ、アフリカ、インド、オーストラリアおよび南極を一つの超大陸（ゴンドワナランド）、北アメリカとユーラシアで一つの超大陸（ローレンシア）として二つにまとめた。大陸を動かす原動力についての説明がなかったため、彼らの仮説は受け入れられなかった。一九五〇年代～一九六〇年代、マントル対流説や、海底拡大説が原動力として提起された。岩石に残された過去の地磁気の調査によって「大陸が移動した」と考えなければならなくなり、その機構をプレートテクトニクス（地球表面を構成する何枚もの固い岩盤〈プレート〉が互いに動くことで大陸移動などが引き起こされるという理論）で説明するようになった。さらにプルームテクトニクス（マントル内の大規模な対流運動の変動）が大陸を動かす原動力であると提起されている。

（注五）亜大陸：大きな半島などのように、大陸の一部で、地理的に他の部分と区別される一区画。

（注六）文化（culture）：人類が作り出した全ての有形・無形の成果の総体。特に精神的なもの。哲学・芸術・道徳・宗教・科学。それぞれの民族・地域・社会に固有の文化があり、学習によって伝習されるとともに相互の交流によって発展してきた。考古学者はふつう、文化にその最初の発見地の地名をとって名付ける。

（注七）ビームベートカーの岩陰遺跡：一八八八年に仏教遺跡として地元民から報告された。後にワカンカーが付近を旅行中スペインやフランスで見たような岩石構造物を目撃し、一九五七年に考古学チームとともにその地域を訪れ、いくつかの先史時代の岩陰遺跡を発見した。それ以降、七五〇以上の岩陰遺跡が特定された。周辺に点在する五〇〇以上の岩陰に絵画が描かれている。

第一期（後期旧石器時代）緑色や暗赤色の線でバイソン、トラ、サイなど

第二期（中石器時代）相対的に小さい。獣類や鳥類、狩猟・戦闘・宗教・埋葬場面など。武器（槍、棒、弓矢）、共同体の踊り。

第三期（金石併用時代）この時期、この地域の洞窟に住む人々が、マールワー高原の農業共同体と接触し、物財を交換していたことを伝えている。

第四期・第五期（初期歴史時代）図式的・装飾的な様式で、主に赤、白、黄で描かれている。人物、騎馬、宗教的シンボルなど。

第六期・第七期（中世）幾何学的な線形の図式的なもの。

（注八）二〇〇三年UNESCOの世界遺産に登録された。

歯科治療（穿孔技術）の形跡：二〇〇一年、メヘルガルで見つかった二人の遺体（男性）を研究していた考古学者たちは、歯にドリルで穴があけられていたことを確認した。その後の研究も含めて九体の成人遺骨から一一個の臼歯に穴があった痕跡を見つけた。九〇〇〇年前から七五〇〇年前の人が原始的な歯学の知識を持っていたことを示す（Coppa, A. et al., 2006）。ビーズの穴あけ技術を虫歯治療に用いたと思われる。紀元前四五〇〇年以後の遺骨で、歯

に穴をあけたという証拠は見つかっていない。

（注九）ラピスラズリー：古代から宝石として、また顔料ウルトラマリンの原料として珍重されてきた。アフガニスタン北東部やロシア（バイカル地方）で産する。和名は瑠璃。

（注一〇）ファイアンス：石英又は石英質の粉を用いた陶器で、表面には色釉が施され、ガラス質の光沢をもつもの。インダス文明においては、石英以外にも凍石の粉を用いていたことが知られている。

（注一一）文明（civilization）：生活を豊かにするもの。特に物質的なもの。広がる範囲は限定されない。「文明」は「文化」も含んだ広い意味の言葉。インダス文明は「インダス川流域を中心に展開した文明」。

（注一二）テラコッタ：陶器や建築用素材などに使われる素焼の焼き物。

（注一三）トレンチ調査：考古学におけるトレンチ(Trench, 試掘坑, trial[test] trench)とは、遺跡の有無や遺構の分布状況を迅速かつ安価に把握して、発掘調査や遺跡の性質を判断するために掘られる溝である。トレンチによる試掘調査の結果は、本格的な調査を行った場合にどの範囲まで調査すべきなのか、その遺跡がどのくらいの重要性を持つのか判断する材料になる。

（注一四）凍石：滑石の一種で俗名石鹸石。白色・淡緑色・灰色を呈し、絹糸状の光沢がある。ステアタイト磁器の原料や紙、織物の目地の充填剤に使用する。メソポタミアの円筒形印章、エジプトのスカラベ、中国の彫像の素材としても使われていた。

（注一五）標準化された度量衡：マーシャルが書いたインダス文明に関する三巻本の中でヘンミーの尺度として紹介されている(Marshall, 1931)。ただし、ケノイヤーはハラッパー遺跡だけの独自の錘の存在を指摘し、ミラーはロータル遺跡で発見された錘が独自の重さを持っていることを指摘している（長田俊樹、二〇一三年）。

（注一六）ガッカル・ハークラー川：古代、インダス河と並行してパンジャブ地方からグジャラート州まで流れていた。インド側で「ガッカル」と呼ばれ、パキスタン側で「ハークラー」と呼ばれるため、ガッカル・ハークラー川となった。紀元前二〇〇〇年頃の地殻変動で土地が隆起し、インダス河流路が変わるとともに、ガッカル・ハークラー川が干上がり涸れたと考えられている。「リグ・ヴェーダ」に「サラスヴァティー」という川の記述があり、その所在が永らく不明であったが、旧河道跡が人工衛星で確認され、「リグ・ヴェーダ」の記述とも合うため、幻の川サラスヴァティーであるとほぼ同定されている。この川の周辺からインダス文明の遺跡が数多く発見されている。

（注一七）封泥：荷物を梱包してから泥で封印し、印章を押印したもの。

（注一八）貝葉：古代インドでオウギヤシ（パルミラヤシ）など植物の葉を乾燥させ、横長の長方形に切り、経典などを書写する際に用いた。貝多羅葉（バイタラヨウ）の略称。

（注一九）ドラヴィダ系の諸言語：ドラヴィダ系の諸言語は、現在ではインドの南部に集中していて、デカン高原東部のアーンドラ・プラデーシュ州のテルグ語、西部のカルナータカ州のカンダナ語、半島南端東部のタミル・ナードゥ州のタミル語、西部アラビア海沿いのケーララ州のマラヤーラム語がその主なものである。しかし、西部の西ガーツ山脈中では、トダ語などいくつかのドラヴィダ系言語が比較的少数の人たちによって話されている。また、中部でも北部も比較的少数の人たちによって話されている。ガンジス川下流域でのマルト語とクルク語、デカン高原中部のゴーンディー語、コラーミー語その他、そしてパキスタンのバローチスタン地方のブラーフーイー語などである（辛島昇、一九八〇年）。

（注二〇）ロゼッタ・ストーン：紀元前一九六年にプトレマイオス五世によってメンフィスで出された勅令が刻まれた石碑の一部である。碑文は古代エジプト語の神聖文字（ヒエログリフ）と民衆文字（デモティック）、ギリシャ文字の三種類の文字が刻まれていた。同一の文章が三種類の文字で記述されていたため、一八二二年、ジャン・フランソワ・シャンポリオンによって解読された。

（注二一）バクトリア・マルギアナ複合：紀元前二二〇〇年から紀元前一五〇〇年頃の青銅器時代、現在のトルクメニスタン、ウズベキスタン、タジキスタン、アフガニスタン北部のアムダリヤ(オクサス)川上流部などに栄えた一連の先史文化を指す考古学用語。

［第二章］

（注一）リグ・ヴェーダ：リグは「賛歌（これを構成する詩節）」、ヴェーダ（Veda）は「聖なる知識、聖典」を意味する。アーリア語族全体の最古の文学作品。紀元前一五〇〇年前後、インダス河を渡ってきたアーリア人たちは戦勝や牧畜、家族の繁栄などの現生利益目的をする祭祀を熱心に行った。その際神々に捧げる賛歌（紀元前一五〇〇年―紀元前五〇〇年）を作り、司祭階級（バラモン）によって後世まで正確に口伝された。イラン最古のゾロアスター教聖典「アヴェスター」と共通点が多い。

（注二）ヴァルナ：インド古来の身分制度のこと。「ヴァルナ」は本来「色」を意味する語である。アーリア人のインド侵入当時、肌の色がそのまま支配者である彼らと被支配者である先住民の区別を示していたため、ヴァルナという語に「身分、階級」の意味が加わり、混血が進み肌の色が身分を示す標識でなくなった後も、身分、階級の意味に使われ続けた。

（注三）マヌ法典：紀元前二世紀から紀元後二世紀にかけて成立したヒンドゥー教の法典（ダルマ・シャーストラ）で、一二章二六八四詩句からなる。世界の創造主ブラフマーの息子にして世界の父、人類の始祖たるマヌが述べたものとされている。バラモンの特権的身分を強調し、四つのヴァルナの区分に応じた宗教的・社会的な義務と規範が明確に定められている。ヒンドゥー教徒にとっての人生の指針とされている。また、原則に違反した者を所属ヴァルナにつなぎとめる条文も様々に盛り込まれている。

（注四）ヒンドゥー教：バラモン教に民間の信仰や伝承が加わって作られた宗教。紀元前三〇〇年頃にカースト制度と共にその原型が形成され、四世紀のグプタ朝時代に発展し定着した。多神教で特定の教祖や経典は持たない。ブラフマー神が世界を創造し、ヴィシュヌ神が維持支配し、シヴァ神が破壊し、再びブラフマー神が創造するとして、創造―維持―破壊―創造が繰り返されるととらえられている。

（注五）バラモン教：バラモンを司祭者としヴェーダ聖典を奉じる宗教。霊魂は不滅であり、行為（カルマ）（業）の結果に従って様々に姿をかえて生まれ変わる。輪廻思想の初期の形も見いだされ、カースト制度を支える。一世紀頃には勢力が失われた。

（注六）マハーバーラタ：サンスクリット語で書かれ、ラーマーヤナと共にインドの二大叙事詩と言われる。ヴィヤーサの作と見なされているが、実際の作者は不明である。紀元前九世紀から紀元前八世紀に起こったパーンダヴァ族とカウラヴァ族（この二つを合わせてバラタ〈バーラタ〉族）の王権（クル族を祖先とする王家の正統性）争いを軸に物語が進められる。登場人物が誰かに教訓を施したり諭したりするときに色々な物語や教典などが語られるという構成で、民間に流布していた様々な神話・伝承が付加されている。そのなかで「自らの身分に応じた職務に最善をつくすことが神への献身にほかならず、解脱への献身である」と説いている。後の時代の吟遊詩人などによって語り継がれていく間にさまざまな要素を加え、一〇万詩句から成る世界一の長編叙事詩となった。成立年代は紀元前四世紀から紀元後四世紀頃とされる。

（注七）ラーマーヤナ：マハーバーラタと並ぶインドの二大叙事詩。サンスクリット語で書かれ、全七巻。コーサラ国の王子ラーマが一四年間の国外追放など数多の苦難を乗り越えて王位に就くまでを物語る。その間、ラーマの妻シーターがさらわれてランカー島（セイロン島）に連行される、また戦いでラーマ達が倒れると猿のハヌマーンがヒマラヤに飛び薬草を持ち帰るなど、インド全土を舞台としている。華やかな武勇談の裏に、父と子、兄と弟、夫と妻の望ましい関係が語られており、人々に人倫の根幹を示すものとして感得された。詩人ヴァールミーキ（紀元前五〇〇年から紀元前一〇〇年頃までのいずれか）が編纂したものとされる。ラーマーヤナの核心部分は第二巻から第六巻とされ、その成立年代は紀元前五世紀～紀元前四世紀で、第一巻と第七巻よりも古い。三世紀頃現在の形になったと推定される。

（注八）釈迦：北伝では紀元前四六三年生誕、紀元前三八三年没。南伝では紀元前五六六年生誕、紀元前四八六年没。シャーキヤ族の小国カピラ王国の王子として生まれた。姓をゴータマ、名をシッダールタという。二十九歳の時出家し修行の末三十五歳ごろブッダガヤーの菩提樹の下で悟りを開き、仏陀《ブッダ》すなわち覚者となった。ワーラーナシ（ベナレスの旧称、インド北部、ウッタルブラデーシュ州南東部の都市）郊外のサールナートの鹿野苑で最初の説法を行い、以後八十歳で没するまでガンジス河地域の中インド各地を周遊して人々を教化した。

（注九）ソーマ祭：ヴェーダ時代の宗教の中心をなす祭。ソーマという植物から造った神酒を捧げる祭祀。ソーマ酒は、一種の興奮飲料で、神々、とりわけインドラはこれを好み、ソーマを痛飲して悪魔を退治した。ソーマ酒を飲むと人間は詩的霊感を得たとされる。リグ・ヴェーダの第九巻の全体がソーマの賛歌である。

（注一〇）マハーヴィーラ：生没年代は紀元前五四九年～紀元前四七七年頃（または、紀元前五四〇年頃～紀元前四六八年頃）。偉大な勇者の意。本名はヴァルダマーナ。マガダ（現ビハール州）のヴァイシャーリー市近郊のクンダ村に、クシャトリヤ出身として生まれた。三十歳で出家し一二年の苦行の後、真理を悟り「ジナ（Jina, 勝利者）」となった。ヴァルダマーナは初めニガンダ（束縛のない）派に入り、その説を改良してジャイナ教を始めた。七十二歳でパータリプトラ（現パトナ）市近郊で没した。

（注一一）貨幣：インド最古の貨幣は紀元前五世紀の銀の打刻印貨幣である。ウッタル・プラデーシュ東部とビハールで流通した。銀貨や銅貨が流通しだした。金貨の存在した可能性もある。

（注一二）サンガ：一般的には特定の目的のための団体。仏教では仏教教団（僧伽）。政治上では共和国。

（注一三）ジャイナ教の宇宙構造論：中央大陸の閻浮提鞞波《ジャンブドゥヴィーパ》は円形で、その広さは直径一〇万ヨージャナ（由旬、一般的には一由旬＝一一・三キロメートル～一四・五キロメートル）、円周三一万六二二七ヨージャナ余り、面積は七九億ヨージャナ余りある。これらは精密に計算されているという。この閻浮提鞞波は一定の間隔を置いて東西に並行して走る七つの山脈で七分されている。その最南端部分はバーラタヴァルシャ（インド）で、扇型（弓形）をしている。（佐藤任、一九八八年）

（注一四）仏典結集：仏陀の死後、教団の内部で仏陀の教えについて意見の違いが出てきた為、仏陀により伝えられた説法を整理して統一する為の仏典編集作業のこと。

第一回　仏陀没一年後　五〇〇人の弟子たちがラージャグリハ（王舎城）郊外に集まり、師の教説（経蔵）と教団の規則（律蔵）をまとめあげた。マハーカーシャパ座長
マガダ国のアジャータシャトル王（阿闍世王）が大檀越後として外護。

第二回　仏陀没百年後　ヴァイシャーリー市にて七〇〇人の比丘が結集。
シシュナーガ朝カーラーショーカ王治世（南伝）

婆娑論によればアショーカ王の時代に、南伝の「マハーヴァンサ」によるとシシュナーガ朝カーラーショーカ王の治

世に、根本分裂が起きた。北伝（中国、朝鮮、日本）と南伝（セイロン、ビルマ、タイ）で記録が異なる。

（北伝）　　　　　　　　　　　　　（南伝）

第三回　西暦二世紀頃　　　　　　　第三回　仏陀没二百年後（紀元前三世紀半ば）

クシャーナ朝カニシカ王　　　　　マウリヤ朝アショーカ王治世

カシミールの比丘五〇〇人結集　　パータリプトラにて一〇〇〇人結集

（小乗仏教一派：説一切有部　　　第四回　紀元前一世紀末

「大唐西域記」）　　　　　　　　セイロンのヴァッタガーマニ・アバヤ王

上座部（小乗）仏教界

アルヴィハーラ石窟寺院にて比丘五〇〇人結集

第五回　一八七一年　ビルマのマンダレー

コンパウンド朝ミンドン王治世

第六回　一九五四年　ビルマのヤンゴン（ラングーン）

（注一五）マハーパドマ：プラーナ文献（ヒンドゥー聖典「古伝承」）によると、マハーパドマはマハーナンディン（シシュナーガ朝の最後の王）とシュードラの女性との間に生まれた。いずれにしても低いカーストの出身であった。

（注一六）チャンドラグプタ：バラモン教の伝説によると、ナンダ朝の後宮にいたムラーという名のシュードラ女性の子である。しかし、最も信憑性の高いのは、マウリヤというのは仏教文学の中で、ピッパラヴァナのモーリヤとよばれている古いクシャトリヤの共和国の支配的氏族の名前に由来しているというもので、チャンドラグプタはこの部族の成員と見られている。

（注一七）カウティリヤ：マウリヤ朝の創設者チャンドラグプタ時代のバラモン出身の宰相で、王が北インドを平定する上に大きな功績があったとされている。「実理論」を著したとされる。

（注一八）メガステネース：紀元前三五〇年～紀元前二九〇年。セレウコス朝に仕えたギリシャ人。マウリヤ朝のチャンドラグプタの治世にシリア王セレウコス・ニカトール（在位紀元前三〇一年─紀元前二八〇年）の大使としてインドに駐在した。「インド誌」の中で、「人々は哲学者（バラモンや仏教の宗教上の師たち）、家長、牧畜者、技能者、軍人、官吏、大臣などと言った七階級にわけられている」と記した。マウリヤ帝国の政治や社会についても記していて、「首都の都市行政は、三十人からなる会議に帰属されていて、この会議は六部門に分けられ、（1）外国人の相応な世話をすること、（2）出生と死亡の登録、（3）製造業の監督、（4）商業の監督、（5）工業の監督、（6）税金の徴収、などの任務が課せられている。」とある。

（注一九）実理論：マウリヤ朝を創始したチャンドラグプタの宰相カウティリヤによって著されたとされるが、それを立証する十分な資料はない。後世の挿入を含むことも指摘されているが、基本となる部分はカウティリヤ以前の古い資料に基づいて編纂されている。現在のかたちにまとめられたのは紀元前三世紀頃と言われており、統治の技術だけでなく法律、経済、建築、軍事、産業など一五巻から成り立っている。経済上の「実利」を論じたというよりも、政治理論書ないし政治経済論、ポリティカル＝エコノミーの書というもの。この書に顕著なのが国王＝国家説で、人民は国家の公民であるとともに、なによりも国王の公民であり、人民を総体として奴隷制的に支配する古代的専制君主の考え方といえる（近藤治、一九九八年）。

（注二〇）プラーナ聖典：サンスクリット語で〈古い物語〉を意味する。主題は（1）宇宙の創造、（2）宇宙の破壊及び再生、（3）神々及び聖賢の系譜、（4）人祖マヌに支配されている期間、（5）王朝の歴史の五項目と言われている。現在プラーナの代表的なものは一八種伝わっているが、先の五項目の他にも多数の神話伝説を含み、また哲学、宗教、祭式、習俗、政治、法制、天文、医学、兵学などを含むヒンドゥー教の百科全書的な文献である。三世紀以前から後世にいたるまで作られ続けられた。「ヴィシュヌ・プラーナ」と「バーガバタ・プラーナ」はヴィシュヌ派のみならずインドの宗教・文化に多大な影響を与え、特に後者はバクティ運動のバイブルとされた。

（注二一）アショーカ：仏教伝説によれば、彼は若いころ非常に残酷で、王位に就くために九九人の兄弟を殺したという。これは仏教信仰により残酷な性格が信心深いものに変わったことを強調するため、仏教信徒の著述家たちによって作られた話で、まともに信じることはできない。

（注二二）沙門：一般にはヴェーダ聖典の権威をみとめないで宗教的修行に努めていた出家修行者に関して用いられる。彼らは自由な思索にふけり、伝統とは無関係に自分の思想を発表していた。仏典においても、ジャイナ教聖典においても、自派の修行者のことを沙門と呼んでいる。沙門のうちには婦人の修行者もいた。いかなる階級のものでも出家して修行すれば、沙門として認められたが、出家とは家を棄てて離脱することであるから、家長の承諾がなければできなかった。彼らに対する尊称としてはbhadanta（大徳）と呼んでいた。メガステネースの伝えるところによると、「当時のインドではカーストないし職業の区別が厳守されていて、その変更が許されない。ただ（種族の別を問わず）全ての種族から哲学者となることのみ、かれらに許されている。何となれば、哲学者たち（sophistai）の実践はやさしいものではなくて、すべての実践のなかで最も忍耐のいるつらい仕事であるからである」という。

（注二三）ダルマ：真理・宗教・正義・義務・規範など広い意味を持つ古代インド思想の中心的概念。

（注二四）アショーカ王碑文：石柱碑文が一番多く、一〇メートルから一三メートルの砂岩を建立したもので、その頭部には獅子頭が飾られている。そのうちでも一番均整のとれた美麗なものはサールナートから出土した獅子頭で、現在のインドの国章となっている。またアショーカ王の石柱には輪が刻まれていて、これは仏教の転法輪（説法）を象徴するものであったが、インド共和国の国旗にも表されている。このほか、国境近くの岩の切り立った摩崖に刻文を記した摩崖法勅碑文があり、洞窟院の碑文や石材刻文もある。仏陀にゆかりのある所には、記念の塔や石柱なども建てさせた。石面に当時のブラーフミー（Brahmi）文字やカローシュティー（Kharosthi）文字で文面が刻まれており、なかにはギリシャ文字やアラム文字（西アジアで使われた）で刻まれたものもある。現在では石柱に刻された法勅を読むことはできないが、法顕（「法顕伝」）や玄奘（「大唐西域記」巻第八）は読んでいる。

（注二五）法勅：古来よりインド社会において、人々が履行すべきものとして規定された生活の規範・原理を意味する。

（注二六）アージーヴィカ教：古代インド社会において、仏教・バラモン教・ジャイナ教と並んで四大宗教の一つに数えられる。その教義は「ニヤティ（宿命）ですべて決まっているものとして、輪廻のカルマ（業）は無因無縁で存在しない」という。指導者マッカリ・ゴーサーラはマハーヴィーラのもとで修行を積んでから、アージーヴィカ教の指導者になったとされる。アショーカ王がアージーヴィカ教の修行者のためバラーバル丘（ブッダガヤーの北方二四キロメートルの地点）の三つの洞院を寄進したことが、その洞院の壁の碑文（二つは即位灌頂後一二年を過ぎた年、他の一つは同じく一九年を過ぎた年）によって知られている。マウリヤ王朝時代以後には急速に没落したと推定されるが、碑文により、十三世紀までは存続していたことが分かっている。

（注二七）ブラーフミー文字：紀元前三世紀にアショーカ王法勅が石に刻まれた際の文字として有名である。しかし、最近の考古学的研究により、南インドとスリランカにおいて発見された陶片に書かれた文字が、放射性炭素年代測定で紀元前六世紀のものと判明した。アラム文字との類似点が指摘されている。またインダス文字を祖先として独自に発達したという説もある。

ブラーフミー文字は南アジア、東南アジア、チベット、モンゴルのほとんどの文字体系の祖と言われている。さらにパスパ文字を通じて朝鮮のハングルにも影響を与えている可能性が高い。日本では梵字、悉曇《シッタン》として知られる。ブラーフミー数字は、現在世界中で使われているアラビア数字の源になっている。

一八三七年、英国のジェームズ・プリンセプは、ギリシャ文字とインド文字を使用した二語併用の貨幣を手掛かりとして、アショーカ王の石柱・磨崖碑文のブラーフミー文字をほぼ解読した。

（注二八）タラント：本来「一アンフォラ（約二六リットル）の水の重さ」という単位であるが、時代が下るにつれ通貨の単位として使われるようになり、古代ギリシャでは「六〇〇〇ドラクマ」とされ、銀二六キログラムに相当した。また金の重さの単位として使われ、人の重さ程度　五〇キログラム（三三キログラム、四一キログラム説もあり）。

（注二九）カローシュティー文字：紀元前六世紀～紀元前五世紀頃、ダレイオス一世によってインダス河以西のアケメネス朝の属州となった地域の言語を表現するために、ブラーフミー文字を知っている者が、アラム文字を借用して、インド語表記に適するように考案したものと考えられている。現パキスタンにあるアショーカ王磨崖碑文がこの文字で表記されている。アショーカ王以後も、シャカ、クシャーナ朝の諸王によって採用されたが、紀元後三世紀頃から衰退しはじめ、五世紀以降はブラーフミー系文字にとってかわられた。ブラーフミー文字と異なって右から左に書かれる。

（注三〇）ヘロドトス：紀元前四八四年頃～紀元前四二五年頃の古代ギリシャの歴史家。各地での目撃・伝聞・文献などに基き、ペルシャ戦争の歴史を軸に、東方諸国の歴史・風土・伝説、ギリシャ諸都市国家の歴史を記した。

（注三一）プルータルコス：Plutarchus, 英語ではプルターク。（四六年頃―一二七年）帝政ローマのギリシャ人著述家。著作に「対比列伝（英雄伝）」、「倫理論集」

（注三二）アリアノス：Lucius Flavius Arrianus Xenophon　九五年生まれ、一七五年没。ローマのギリシャ人政治家・歴史家。主著「アナバシス（Anabasis）」はアレクサンドロス大王の遠征に関する重要な資料。

（注三三）法顕：中国東晋の僧。三三七年頃生まれ、四二二年頃没。三九九年、長安を出発し、陸路インドに赴いた。四〇二年から四一一年までインドに滞在した。一三年四カ月間に二十七国を旅行した。グプタ朝のチャンドラグプタ二世の時代で、パータリプトラで三年間、仏典を研究した。セイロン島に二年間滞在し、海路で帰国した（四一二年）。多くの梵語経典を持ち帰り、律本や「大般涅槃経《ダイハツネハンギョウ》」などを翻訳した。その旅行記を「仏国記」といい、当時の中央アジアやインドについて書かれた貴重な資料である。

（注三四）玄奘：唐の訳経僧、玄奘は戒名、俗名は陳褘（チンイ）、尊称は法師、三蔵など。仏典研究は原典によるべきであると考え、仏跡の巡礼を志した。六二九年に陸路でインドに向かい、六四五年に教典六五七部や仏像等を持って帰還した。翻訳作業で従来の誤りを正し、法相宗の開祖となった。インドへの旅を地誌「大唐西域記」として著した。これが後に伝奇小説「西遊記」の基となった。通過した国一一〇国、伝聞した国二八国、入手した経典六五七部。

（注三五）チャラカ：二世紀頃のインドの内科医。カニシカ王の侍医。医食同源、睡眠と節制の重視など健康法についての記述も多い。「チャラカ・サンヒター」はアーユルヴェーダ（インド医学）の医学書で、タキシラを中心とするアートレーヤ学派の医学をチャラカが改編し、多数の人物の手が加えられたもの。

（注三六）スシュルタ：二世紀～三世紀のインドの外科医と見られるが、紀元前六世紀またはそれ以前とも言われ、確証がない。隆鼻術、帝王切開、白内障、整形手術、脳手術、などの難解な外科手術を手掛けたとされる。スシュルタの医学書「スシュルタ・サンヒター」は全六章からなり、病理学、解剖学、胎生学、治療学、毒物学などを扱う。

（注三七）ナーランダ僧院：施無厭寺、那爛陀寺。五世紀前半、グプタ朝のクマーラグプタ一世によって建てられた。大学の地域は煉瓦塀で囲まれていて、四階建ての建物もあり、三つの大図書館があった。仏教学に限らず、バラモン正統派の教理や哲学、文法学、医学、天文学、数学などにおよび、まさにインド最大の総合大学といえる。インド全土はもとより、諸国から修行僧・学僧が訪れた。唐の玄奘、義浄も訪れ学んだ。玄奘の伝記に、学者たちが様々の業績に通ずることを期待されたとある。論理学と古典注釈学はとりわけて重要で、大学の学者たちは訪れてくるあらゆる派の博士たちと議論を戦うことを要求された。義浄の「南海寄帰内法伝」によると、八院・三百房があり、三千人の僧が学んだという。寄宿舎をもつ教育機関の最初の例の一つである。またこの僧院は二百村から徴収した税で運営されている。遺跡の大きさからも三千人位が寄宿していたと推測されている。一一九三年にゴール朝アイバク麾下の将軍ムハンマド・バッティヤール・ハルジーらイスラム教徒に破壊された。

(注三八) 六派哲学：バラモン教の聖典ヴェーダに収録されている「ウパニシャッド」を基に、それぞれ、自然や世界を理解しようとして発展した六つの学派。

aサーンキヤ学派　　物質的原理と精神的原理の存在を認める二元論
aヨーガ学派　　身心の訓練で解脱を目指す
bヴェーダーンタ学派　　宇宙原理との一体化を説く神秘主義
bミーマーンサー学派　　祭式・儀礼を哲学的に考究する
cニヤーヤ学派　　論理学と認識論に立つ
cヴァイシェーシカ学派　　一元論に立ち宇宙の根本原理ブラフマンを考究する自然哲学
a、b、cはそれぞれ「姉妹学派」とよばれる。

(注三九) アジャンター石窟寺院：ボンベイ東北方約四五〇キロメートルの地点の河沿いの山腹に二九窟掘られている。壁画が剥落した窟室も多い。画風に変遷があるため紀元前一世紀から西暦七世紀頃までに制作されたと推定される。画題は大部分仏陀の生涯および仏陀の前世の物語である。古代絵画として最高の技工と芸術的水準を示すといわれ、グプタ王朝時代の生活、文化をうかがわせる。その様式は日本の法隆寺金堂の壁画などに広範な影響を与えた。

(注四〇) アリカメドゥー：インド考古学局長のウィーラー (R.E.M. Wheeler)（一九四五年）や、ジャンマリーガザール（一九四七年—一九五〇年）の発掘調査により、紀元前一世紀末から西暦二世紀末頃までローマ人の居留地として使われたことがわかった。住宅跡や倉庫跡などがあり、ローマ領でつくられたアンフォラ（ワインの保管用）土器、陶器、ローマン・ガラスなどが出土している。アリカメドゥーは一世紀後半に書かれた「エリュトゥラー海案内記」にでてくる商業地ポドケーに比定されている。一九八九年から一九九二年のアリカメドゥー発掘調査により、ヴィマラ・ベグリーらは、ローマとの貿易は紀元前二世紀から西暦七世紀または八世紀まで続いたと推測した。

(注四一) カーンチープラム：タミル・ナードゥ州にあり、ポンディシェリー県の南隣の県。英国統治下ではカンジーヴァラム（コンジェヴェラム、Conjeevaram）と表記されていた。パッラヴァ朝の首都であったため、数多くの寺院が建立されている。前漢期（紀元前二〇二年—紀元八年）の南海ルートの記述（「漢書」地理志）によると、中国から南シナ海を進み辿り着いた地点が黄支国（コンジェヴェラムと比定される）とあり、中国やインドシナ半島の国々と交易があったことが窺える。

（注四二）ヒッパロスの風：インドと地中海沿岸、アラビア半島とを結ぶ貿易の際利用された季節風で、夏（四月—十月半ば）の南西風と冬（十一月—三月）の北東風のこと。紀元前一世紀のギリシャ人ヒッパロスが発見したという伝説によってこの名で呼ばれるが、実際にはギリシャ人以前にフェニキア人やインド人が利用していたと考えられている。

（注四三）エリュトゥラー海案内記：ギリシャ人航海士がインド洋に吹く季節風を利用した遠洋航海を行う貿易業者のために書いた案内記で、西暦四〇年から七〇年頃成立したと推定される。ローマ帝国とサータヴァーハナ朝の間で季節風貿易が行われており、そのため航海の状況のみでなく、アラビア半島から東南アジアにいたるまで各港での貿易品や各地の特産品等の記述も詳しい。

（注四四）上座部：部派仏教の信徒は、自身の仏教を上座部仏教と呼んだ。小乗という呼び名は大乗からの蔑称である。部派仏教はセイロンからインドシナ半島やインドネシアに伝わったため南方上座部とも呼ばれた。

（注四五）パンチャタントラ：西暦二〇〇年頃、ヴィシュヌ・シャルマーによって作られた。サンスクリット語で記された。王族の子に対して、動物などを用いて政治・処世・倫理を教えるために作られた。児童文学としては世界最古。一巻：友人を失う（三四話）、二巻：友人ができる（一〇話）、三巻：カラスとフクロウ（一八話）、四巻：得たものを失う（一二話）五巻：浅はかな行い（一〇話）の五巻からなる。

（注四六）義浄《ヴィジャヤ》：唐の僧、俗姓は張、字は文明。六七一年、広州の番禺からペルシャ船でインドへ向かい、二〇日足らずで室利《シュリー》仏逝に到着した。この地に六カ月滞在してサンスクリットの文字と発音を学んだ。翌年インドに到着し、玄奘と同じナーランダ僧院などで一三年間学んだ。帰路も室利仏逝で七年間滞在して仏典の翻訳等を行い、六九四年広州に戻った。三〇余国を遊歴し、四〇〇部の教律論（聖典）、舎利三〇〇粒などを齎した。「南海寄帰内法伝」、「大唐西域求法高僧伝」を著した。

（注四七）カトマンズの先住民：非インド・アーリア語族の言語を用い、現在ネパールに居住するネワール族と呼ばれる人々の原型と考えられている。

（注四八）シャクティ派：ヒンドゥー教には、宇宙の創造神ブラフマー、維持神ヴィシュヌ、破壊再生神シヴァの三大主神が信仰され、それぞれの宗派支派に分かれていた。また、これらの主神を活動させる根源力（シャクティ）として配偶神信仰も盛んで、タントラ派、シャクティ派として宗派が形成されていた。

（注四九）独立国：唐の使節王玄策がインドを訪れた際に豪族に襲われたため、唐はチベットに救いを求めた。旧唐書によると、チベット軍一二〇〇人（新唐書では一〇〇〇人）、ネパール軍七〇〇〇余騎（新唐書では七〇〇〇騎）の連合軍がインドに攻め入って豪族の軍を大破した。しかし両唐書ではチベットの功のみを記して、ネパールについてはふれていないので、唐はネパールをチベットの属国とみなしていたようだ。

（注五〇）仏歯：王都が移動するたびに仏歯も移動して、現在はキャンディの仏歯寺に納められている。毎年、シンハラ暦のエサラ月（新暦七―八月）にキャンディ・ペラヘラ祭が開催され、一七七五年以降には仏歯を載せた象を先頭にして旧王国を守護する神々の御神体を載せた象がキャンディ市内を巡行する。仏歯は雨をもたらすとされ、新たな農耕期の始まりにあたって豊作祈願という農耕祭礼の様相をもつ。一九四八年以降はシンハラ人の仏教徒の祭りという意識が高まっている。一九八二年、仏歯寺と旧王都は世界遺産「聖地キャンディ」に登録された。

［第三章］

（注一）ローマとの交易：インド南東部タミル・ナードゥ州ポンディシェリー南郊のアリカメドゥー（Arikamedu）に、ローマ帝国との交易の跡を示す紀元前一世紀～紀元後二世紀の遺跡がある。一九四五年にウィーラー（R.E.M. Wheeler）が調査し、ブドウ酒用のアンフォラ形土器、回転文土器など出土した。

（注二）チャチュ・ナーマ：シリア出身のクーフィーが、インドにイスラム教を初めて伝えた英雄ムハンマド・ビン・アルカーシムの事績を再評価するために、カーシムの子孫から、本書の原典を托され、イスラム暦六一三年（一二一六／一二一七年）にこれを翻訳したもの。現在アラビア語原典は伝承されていない。本書が扱った時代は七世紀から七一三年まで、地域は現在のパキスタン北部を除くインダス川中・下流域で、その史料的価値は高く評価されている。

（注三）ムスリム：イスラム教徒を意味するアラビア語。本来は「（神への）」の意味。イスラム法によると、ムスリムは次の五行を義務づけられている。
（1）信仰告白（神を信じることを声に出す）
（2）礼拝（一日五回お祈りをする）
（3）喜捨（富める者は貧しい者に与える）
（4）断食（イスラム暦九月の一カ月間日中の飲食を断つ）
（5）巡礼（一生に一度はメッカのカーバ神殿、メディナのムハンマドの墓に参る）

（注四）マーピラ：ペルシャ系、アラブ系の商人たちが現地女性と一時婚の形で現地社会に溶け込んだ。十六世紀、この地を

（注五）訪れたポルトガル人バルボサによると、マーピラがマラバール人口の約二〇％を占めていた。

（注六）奴隷兵士：九世紀中頃、中東を支配していたアッバース朝の地方太守だったサーマーン家の君主は、アッバース朝の権威のもとにサーマーン朝（九世紀―十世紀）として独立し、アッバース朝の東部辺境で勢力を振るった。この頃から中央アジアで戦争捕虜などのトルコ人奴隷を購入し、系統的な教育を施した後、イスラム世界に輸出するようになった。

（注七）クトゥブ・ウッディーン・アイバク：中央アジアのトルコ族出身者。若くしてニシャープールの法官の奴隷に売られ、そこで兵士としての教育と訓練を受けた。法官の死後、さる商人のもとに売られ、その商人がゴール朝を興したムハンマドに売りつけたため、ゴール朝の宮廷奴隷の身分となった。ゴール朝の騎兵隊のなかで、中央アジアやインドへの出征中、目覚ましい軍功をあげ、主君の厚い信任を受けるところとなった。主君の死後、自らスルタン（一二〇六年―一二一〇年）を称してデリーに独立した。北インドで確保した領土を強固な統治下におくことに心をくだいたが、ポロに興じていた最中に落馬し、それが原因で死亡した。

（注八）シャムスッディーン・イルトゥトゥミシュ：イルトゥトゥミシュは幼いころから並外れた才能をもっていたため、兄弟からねたまれ、ブハラの奴隷市場に売り払われた。その結果、彼は学識豊かな貴族の家でそだち、アッバース朝の首都バグダードで過ごした。その後クトゥブ・ウッディーンの軍に売り渡され、インド北部のバダーウーンの総督になった（フランシス・ロビンソン、二〇〇九年）。

（注九）スルタン：イスラム世界における地域の支配者。

（注一〇）テュルク：テュルク系言語、およびそれを使う諸民族の総称。ユーラシア大陸の中央部を斜めに貫く、東シベリアからトルコ共和国にまで及ぶシベリア、中央アジア、東欧等に広く分布するトルコ系諸民族。

アフガン・プールの悲劇：この事件をめぐって、様々な噂が流布し、歴史家たちの伝える事件の細部の状況も異なる。バラニー（Barani）は、落雷により崩壊した建物の下敷きになって死亡したという。イブン・バットゥータは、地上高く聳え立つ木製の櫓の上に立てられたクシュクは「ある個所に重量がかかると必ず崩れ落ちる」という仕掛けが施されてあり、ムハンマドはその御前で象を行進させてほしいと願いでた。トゥグルクはそれを許しクシュクは崩壊、内にいたスルタンと息子のマフムードの上に倒れ落ちたと、シャイフ・ルクン・ウッディーン・ザカリヤーゥ（大法官）からの話を伝えている。ニザーム・ウッディーン（Nizam al-Din）も同様の情報を伝えている。ギヤースッディーンの遺体は夜までには、生前に造営させたトゥグルカバード郊外の墓廟に運ばれた。

クシュクの建造を監督・指揮したマリク・ザーダは、その後、ハワージャ・ジャハーンという称号で知られた。本名はアフマド・ブン・アイヤースといい、ムハンマドの宰相たちの長（大宰相）を務め、特別な地位を得た。

（注一一）ムハンマド・ビン・トゥグルク：ムハンマドは有能で、深い教養を身に付けたスルタンだった。書家としても名高く、ペルシャの詩歌にも精通していた。当時の学問に関する幅広い専門的知識を備えていた。宗教上の事柄についてもシリアの学者イブン・タイミーヤ（一三二五年頃没）から大きな影響を受けていて、信仰の厳密な解釈を実践していた。哲学にも関心をもっていた。ズイヤー・ウッディーン・バラニー（一七年間スルタン・ムハンマドと親しく交わった行政官）は、最後の審判の日に神の裁きが下ることを気にもかけずイスラム教徒を大量虐殺できたのは、「無関心と無慈悲な心の所産である哲学者の独断に影響されたから」という。イブン・バトゥータは処刑された著名人（学者、聖者）の一覧表、および非常に寛大な行為、とりわけ異国人への寛大な行為を数多く記録している。（フランシス・ロビンソン、二〇〇九年）。

（注一二）クトゥブ・ミナール：デリーにあるインド最古のミナレット（礼拝を呼びかける塔）。一二〇〇年頃、奴隷王朝のクトゥブ・ウッディーン・アイバクによって、クワットゥル・イスラム・モスク（クトゥブ・モスクもいう）に付属して建てられた。高さ七二・五メートル。地震や落雷などで先端が崩れた後に修復してある。当初は一〇〇メートルほどの高さだったという。基底部一四・三メートル、先端部二・七五メートル。一九九三年に世界遺産に登録された。登録名「デリーのクトゥブ・ミナールとその建造物群」（未完のアライ・ミナールの他にデリーの鉄柱などもある）。

（注一三）バーブル：パミール高原の西のふもとにあるフェルガーナ（中国では大宛）の都アンディジャンの領主の長子として生まれた。本名はザヒールッディーン・ムハンマド（Zahir al-Din Muhammad）だが、その勇胆な人柄から虎を意味するバーブルの名で呼ばれることになった。バーブルの父方の祖は中央アジアから西アジアにかけて一大帝国を築いたティムールでバーブルはその六代孫。母方の祖はモンゴル帝国の創始者チンギス・ハーンまで遡ることができる。バーブル自身はトルコ系遊牧民の血が色濃くながれていて、ふだんはトルコ語で話し、彼の回想録「バーブル・ナーマ」もトルコ語で書かれ、中世チャガタイ・トルコ文学（古代トルコ語文学を基礎とし、ペルシャ古典文学の影響を受けて成立した）の傑作とされている。バーブルの父は彼が一一歳の時事故で急逝したため、幼くして一族の当主となり、以来アフガンを本拠とするまで二十数年間、フェルガーナやサマルカンドをはじめとする中央アジア各地のオアシス都市の争奪に明け暮れることになった。その間弟や叔父たちの裏切りで故地フェルガーナを手放さなければならず、色々苦労したが、思慮深い祖母エフシャンと豪胆な母ハーナムに支えられた。

（注一四）火器：火器を使った装置は、すでに十四世紀から攻囲戦で使われていたが、戦場で火器を使用したのは、バーブルがはじめてだった。その戦術は一五一四年のチャルディラーンの戦いでサファヴィー朝を破ったオスマン帝国や、一五二八年のジャム（現在のアフガニスタン中西部、ゴール州）の戦いでウズベク族を破ったサファヴィー朝が用いた戦術とよく似ている。主な火器は、カザンと呼ばれる四輪の砲車に据えられた一種の迫撃砲、サルブザンと呼ばれる二輪の砲車に据えられた軽砲（口径一〇センチメートル以下の砲）、そして火縄銃だった（フランシス・ロビンソン、二〇〇九年）。

（注一五）ムハンマド：ムハンマド・イブン＝アブドゥッラーフ・イブン＝アブドゥルムッタリブ（アブドゥルムッタリブの息子アブドゥッラーフの息子ムハンマドの意味、ムハンマドは「より誉め讃えられるべき人」の意味）はアラビア半島の商業都市メッカでクライシュ族のハーシム家に生まれた。幼くして両親と死別し、祖父アブドゥルムッタリブと叔父アブー・ターリブの庇護のもとに成長した。成長後は一族の者達と同様に商人となり、シリアへの隊商に参加した。二五歳で年長の寡婦ハディージャと結婚し、二男四女をもうけるが、男子はふたりとも夭折した。四〇歳のころ、メッカ近郊の山中で瞑想中、大天使ジブリール（ガブリエル）に出会い、アッラーの啓示を受けた。預言者としての自覚に目覚めたムハンマドは近親者たちに彼に下った啓示の教えを説き始めた。

（注一六）アラビア語の著作に結実させた：アッバース朝ではバグダードに「知恵の館」（図書館、ギリシャ語文献をアラビア語に翻訳する機関）が作られ、ユークリッドの数学書、ヒポクラテスやガレノスの医学書、プラトンやアリストテレスの哲学書、ギリシャ語の旧約聖書などを翻訳した。イブン・シーナー（十世紀〜十一世紀、哲学者、医者、科学者）やフワーリズミー（九世紀、数学者）を輩出した。

（注一七）ゾロアスター教：ゾロアスター（ザラスシュトラ）がイランで興した宗教。アフラ・マズダーを信仰する。拝火教。紀元前一二〇〇年頃、東北イランに定着するようになったインド・イラン語族の間に広められた。葬送は鳥葬・風葬である。

（注一八）マラッカ海峡における揉め事：チョーラから北宋まで通常一年以内の航海であるが、チョーラの使節は国を出立してから中国に到達する（一〇一五年）のに一一五〇日かかった。当時シュリーヴィジャヤはマラッカ海峡を通過する船舶から積み荷の三分の一を売却するよう強制していた。北宋に入貢するため来航したチョーラはこれに抵抗して揉めたものと思われる。

（注一九）ハリハラ、ブッカのイスラム教からヒンドゥー教への改宗：近年米国のワゴナーは、史料のなかには、ハリハラ、ブッカのイスラムへの改宗とヒンドゥーへの再改宗の事実を見出すことができないと主張した。二人がスルタンによってデリーからこの地に遣わされたことを伝えるサンスクリット語史料があるが、改宗の話はでてこない。ヴィジャヤナガル王国の歴史的役割を、デカン北方からのムスリムの侵入にたいして南方のヒンドゥー社会を三〇〇年にわたって防いだところにあるとするヒンドゥー至上主義者の解釈であるという。

（注二〇）レグア：現在のスペインでは一レグアが五五七二・七メートル、ポルトガルでは五〇〇〇メートル。距離は国と時代によって異なるが、だいたい四キロメートルから六・六キロメートル。

（注二一）サラゴサ条約：この条約によれば、東経一三三度の線は日本の岡山付近を通っており、日本はスペインとポルトガルで分断される形となった。ポルトガルとは、一五四三年にポルトガル人が種子島に漂着して以来交易が始まり、一五五〇年、平戸にポルトガルの商館が設けられた。スペインは、一五四九年にザビエルが布教のため、まず薩摩に上陸した。スペインの商館は一五八四年に平戸に設けられた。

（注二二）ゴア：一九六一年、インドに接収されるまでポルトガル領となった。

（注二三）ネパール暦：中世において一貫して用いられた暦。西暦八七九年十月二十日に始まる。

ラーガヴァ・デーヴァ王が創始したとする伝承が多いが、「パーシャー（口伝）王朝王統」は、この王の治世に賤民サクワーが創始したと伝えている。

（注二四）シンジャーリー語：首都シンジャーにちなんだ言語で、ネパール語の古形である。このためネパール語はカス語とも呼ばれる。ゴルカでも母国語となったため、ゴーカリー語とも呼ばれる。

（注二五）ラクシュマナ・セーナ暦：セーナ王国三代王ラクシュマナ・セーナ（一一七八年頃―一二〇五年）が王国を失った敗戦の年代を起年としている。王は一二〇四年に首都ナディヤーにおけるイスラム教徒との戦闘で大敗し、セーナ王国は事実上崩壊した。

（注二六）ヴィクラマ暦：現在ネパールで用いられているヴィクラマ暦はこの暦に基いた陰陽暦で、バイシャク月（ネパール語で四月のこと）始年である。

（注二七）アニミズム：自然界のあらゆる事物に固有の霊魂や精霊などが宿るとみなし、自然現象はそれらの意志や働きにより起こると信ずる原始的な宗教。

（注二八）ボン教：チベットで最も古くから信仰されてきたアニミズム的・シャーマニズム的信仰体系で、自然崇拝をよりどころとしている。仏教の伝来当初は対立していたが、相互に影響しあって共存している。

（注二九）甥：チベット仏教宗派における座主の相続は、原則として伯父から甥に行われた。ドック派座主の相続も伯父―甥の相続で始まったが、後に父子相続も行われた。

（注三〇）文成公主：唐の皇女で、はじめ吐蕃のソンツェン・ガンポの息子で当時王位にあったグンソン・グンツェン（在位六四一年―六四三年）の妻になり、六四二年に王子マンソン・マンツェンをもうけた。六四三年にグンソン・グンツェン王は落馬が原因で死亡したため、公主はラサにラモチェ寺を建て、唐から取り寄せた釈迦牟尼像を祀って夫の菩提を弔った。夫の死から三年後、グンソン・グンツェン王の死によってふたたび王位についたソンツェン・ガンポ王と再婚した。六四九年にソンツェン・ガンポ王が死去すると、マンソン・マンツェン（在位六五〇年―六七六年）が即位した。文成公主は、六八〇年頃に逝去した。

（注三一）化身：仏が衆生を済度するためにさまざまな形態で出現する際の姿。チベット仏教では、優れた宗教者を化身と考え、その宗教者の没後に、「生まれ変わり」を探し、同一人格の持ち主として扱い、その宗教者の地位を継承させる化身ラマ（いわゆる転生活仏）制度が十四世紀から十六世紀にかけて広く普及、定着した。ダライ・ラマはゲルク派の高位のラマであり、チベット仏教で最上位クラスに位置する化身ラマの名跡である。チベッ仏教では、寺院を含めた財産、資産ならびに支配権を継承するにふさわしい強力な家系を持たない宗派が多かった。そのため、その時の最高権力者の継承者として、彼の生まれ変わりの同一人、つまり化身と認定された者が相続するという化身制度が採られるようになった。

（注三二）ヴィジャヤバーフ六世：ガンポラ王国の王。三度目になる鄭和船団を敵視して船団を襲った。鄭和は反撃して王とその家族を虜にして明へ連れ去った。王の権威が失墜したセイロンではガンポラからコーッテ王国へと政権が移った。その後、謁見した永楽帝は彼らを咎めず、明との友好関係だけを約束させて、帰国させ、再び王位に就くのも止めなかった。これにより、セイロン島でのコーッテ王国は明の後ろ盾を得たことになり、島内の他の王国も統合して一五九七年まで存続することができた。

（注三三）イブン・バットゥータ：モロッコ生まれのイスラム教徒。一三二五年メッカ巡礼のため故郷を出てから、北アフリカ、西アジア、南ロシア、中央アジア、インドを巡って中国に到達し、さらにスペイン、西アフリカに至る大旅行をした。旅行記「三大陸周遊記」を記した。一三三四年から一三四二年までインドに滞在し、トゥグルク朝時代の貴重な記録を残した。一三四二年にはスルタンに任命された大使として中国に赴いた。その後、モルデイプにカーディ（イスラム法上の裁判官）として約一年滞在した。王族から妻を迎えるなど重用されたが、金曜日の祈りに欠席した者をむち打ち刑に処し、泥棒は右手を切り落とすなど厳格な法執行を求めたところ島民から反発を受けた。

（注三四）宝貝：キプラエア・モネタ、インド太平洋海域産軟体動物。ポルトガル領インドの歴史家J・ド・バルシュは、著書（一五六三年）のなかで、宝貝の収集について次のように記している。
「ヤシの葉を折れないように束ねて大きなブッシュをつくり、これを海に投げ込む。すると貝は食物を求めて体をブッシュにひっつける。ブッシュ全体が貝だらけになると岸に引き上げて集める。」（トール・ヘイエルダール、一九九五年）

［第四章］

（注一）光の山（コイ・ヌール）：ハルジー朝のスルタン・アラー・ウッディーンがデカン高原からもたらしたと言われているダイヤモンドで、ほぼ八ミスカール（約三六グラム、一八〇カラット）。バーブルがアーグラに到着した時、フマーユーンが献上した。バーブルはすぐフマーユーンに贈与した。後に、フマーユーンからサファヴィー朝の君主シャー・タフマースプに献上されたが、最終的には戦利品として英軍の手に渡り、ヴィクトリア女王に献上された。持ち主に残忍さと不幸の種をもたらすイメージがつきまとっているが、女性には幸せを運ぶ石として信じられている。現在は一〇五カラットに研磨され、ロンドン塔内の王室宝物館に陳列されている。

（注二）　検見法：田畑の収穫高に応じて貢租量を決める徴税法。検見取法《ケンミドリホウ》ともいう。定免法（過去数カ年の収穫量の平均を基礎として、年の豊凶にかかわらず一定の年貢額を請け負わす方法）に対するもの。

（注三）　アドハム・ハーン：父親はムガル朝の高官、あるいはフマーユーンともいわれ、はっきりしない。それとアクバルの乳兄弟ということとあわせて彼の態度を尊大にした。アトガ・ハーンが宰相になったことに不満をもち、フマーユーン時代以来のもう一人の重臣ムヌイム・ハーンなどにそそのかされ、調子にのりやすいアドハム・ハーンは一五六二年、アーグラー城内の公謁殿で会合中のアトガ・ハーンを短剣で刺し殺した（小谷汪之、二〇〇七年）。

（注四）　君主に戦利品をすべて送るという慣習：掠奪が重要な生活手段となる遊牧国家の伝統によりムガル帝国の基盤は、いかに強力な軍事力を維持していかに近隣諸国から多くの戦利品を獲得するかにあった。ムガル王家はこの軍事集団の首長として、獲得した戦利品をまず自分の管理下におき、その後公平に配下の将兵に分配することで忠誠心を確保し、さらに多くの戦利品を獲得するよう努めた。戦利品を分配する権利こそが、王権の根拠であり源泉だった。

（注五）　アトガ・ハーン：一五四〇年にカナウジの戦いに敗れたフマーユーンが、象に乗ってガンジス川を逃げ渡る際、安全に着岸するのを助けた。以来フマーユーンは彼を近侍させ、彼の妻ジージー・アナガをアクバルの乳母に任用した。フマーユーンのペルシャ亡命中、夫妻はアクバルとともにカンダハールに居残り、その養育に専念した（小谷汪之、二〇〇七年）。

（注六）　マンサブ：位階、マンサブを持つものをマンサブダールという。
マンサブダール制は、官位（マンサブ）保持者（ダール）の制度で、ムガル帝国アクバル帝の時完備した。すべての役人の官位はその指揮する兵士の数に応じて定められ、一〇人の兵士を指揮する位から一万人の兵士を指揮する位まで三三等級に分けられた。民間人に許容される最高の官位は五〇〇〇人の兵士を指揮する官位で、それ以上は皇族のみに解放されていた。役人はその官位に応じて国庫から俸禄を受け取り、それでもって自己の職責を果たすとともに、兵士をも養わなくてはならない。その俸禄は現金による俸給か、それともその俸給に見合う税収の期待できる土地徴税権を授与されるか、どちらかであった。アクバルの時代は原則として前者を適用した。その官位は世襲制ではなく、「適材適所」の採用原理にもとづき、最終的には皇帝にその任命権ならびに昇進・罷免権があった。また、各役人には持ち前の専門部署があるわけではなく、いつ、どこの部署へ転勤させられるかわからなかった（近藤治、一九九八年）。

（注七）ファテープル・シークリー：ムガル帝国の都は当初デリーであったが、アクバル帝はアーグラに遷都した。一五七一年（一五六九年説あり）に、アーグラ近郊に新都ファテープル・シークリーを造営した。アクバル帝が尊崇するスーフィー尊者が住んでいたところであった。城壁と多数の宮殿、モスクはインド独特の赤砂岩で建造され、土着の建築文化とイスラム建築の融合がなされた都市であった。この地方は砂漠に近く慢性的な水不足と猛暑のため、一五八五年には放棄され、新都はラホールに遷された。一九八六年、世界遺産に登録された。

（注八）パンチャタントラ：(Pancatantra) 西暦二〇〇年頃、バラモンのヴィシュヌ・シャルマーが寓話に託して三人の王子たちに政治・処世・倫理について教えるために作った。サンスクリット語で書かれ、五巻からなり、八四の説話が収められている。

第一巻　朋友の分離　三四話
第二巻　朋友の獲得　一〇話
第三巻　鴉（カラス）と梟（フクロウ）の争闘　一八話
第四巻　獲得したものの喪失　一二話
第五巻　思慮亡き行為　一〇話

原本は散逸して現存せず。五五〇年頃、伝本が中世ペルシャ語のパフラビー語に翻訳されたが、これも散逸した。さらに、シリア語に訳された（五七〇年頃）ものは「カリーラとディムナ」と呼ばれ、ペルシャ語、アラビア語、ギリシャ語などに訳された。ベンガルに伝わった一伝本を改編・改定したものは「ヒトーパデージャ」と呼ばれる。「パンチャタントラ」は、東西五十数カ国に訳され、なかには、グリム童話や、ラ・フォンティーヌの寓話に素材を提供している話も多い。チベットや蒙古、また日本に伝わっている話もある。その内容・形式は東西諸国の説話文学に多大の影響を与えた。

（注九）アブール・ファズル：（一五五一年―一六〇二年）、ムガル帝国の宰相。宮廷史家として「アクバル・ナーマ」の他に「アーイニー・アクバリ（アクバル政令集）」を編んだ優れた学者であった。

（注一〇）ミルザー・ギヤース・ベーグ：ペルシャ人で、サファーヴィー朝の王家とは遠い縁戚関係にあった。一五七七年なかば、インドの新天地に移住しようとして、身重の妻とともに交易商人の隊商の一行に加えてもらった。アフガニスタンのカンダハールをでて三日目に妻アスマットは女児を出産した。メフルン・ニサー（「純潔の月」の意）と名付けられた。彼らは、新都ファテープル・シークリーに着き、同行した交易商人マスードの口利きでアスマットはアクバルの皇妃ジョード・バーイーの宮殿に出入りするようになった。ミルザー・ギヤース・ベーグもアクバル帝に接見を許され、ペルシャからの贈り物を差し出し、王室事務の職を得ることができた。アクバルの信任を得て、二年後にはその長になり、十年後にはマンサブ三〇〇〇の位階をあてられ、重臣の一人となった。

（注一一）英国東インド会社：一五九九年、八十名の出資者が東方との貿易を目的として設立した。一六〇〇年十二月三十一日にエリザベス女王から特許状と、条約締結権、交戦権、植民地経営権など、国家に準ずる権限を与えられた。航海ごとに出資者を募った。インドネシアなどの香辛料を得ることを主な目的として、インドのスーラトやジャワ島のバンテンに拠点をおいて、オランダ東インド会社などと貿易利権を巡って激しく争った。一六二三年、オランダ領東インド（現在のインドネシア）のアンボイナ島にて、オランダが英国商館を襲撃して職員全員を殺害した（アンボイナ事件）。英国東インド会社による香辛料貿易は挫折し、英国はアジアから撤退して、インドに拠点を移すことにした。

（注一二）イスラム・ネットワーク：イスラム教徒の五つの主要義務の一つにメッカへの巡礼があり、毎年巡礼月になると世界各地から膨大な数の巡礼者たちが聖地メッカに押し寄せる。これはイスラム世界における人々の多様な移動を促進するとともにメッカを中心とする交通ネットワークとその結節点にあたる都市の発展につながった。イスラム世界は商人・巡礼者・遊牧民などの「移動の民」の手によって作り上げられてきたため、巡礼者たちを柔軟に受け入れる素地ができていた。クルアーンやハディースなどイスラムの教えにおいて、旅人は貧者・病人・孤児とともに保護されるべき対象と見られ、ヒマーヤ（互助制度）やディヤーファ（もてなしの慣行）など、巡礼者たちをささえるイスラム都市社会の相互扶助システムがあった。例えば、モスク、マドラサ（学校）、スーク（市場）、隊商宿・広場・水場など、コミュニケーション媒介機能をもつ様々な施設が建てられた。その中にはワクフ（寄附）による無料の施設もあった。イスラム世界各地の王や行政官にとって、聖地メッカへの巡礼、聖地巡拝のための街道や宿駅の整備、安全の確保は何よりも重要な義務の一つであった。この巡礼街道を旅して、あらゆる国のあらゆる階層の信者たちが聖地を目指し、そこで祈ったあと、情報を交換し、再び散っていった。

（注一三）聖者の霊廟：ペルシャの公教シーア派では、預言者モハメッドの従兄弟であり、女婿であったアリーの血を引く者のみを正統なイマーム（教主）であると考えるイスラム教の一派である。アリーの一派は六八〇年に多数派（スンニー派）の教主の軍にカルバラーで敗れアリーの子フサインと一族の者多数が殺された。シーア派ではこの虐殺を自派最大の悲劇とし、またフサインをイスラム最大の殉教者として祀り上げてきた。ペルシャ各地にはアリーの血をひく歴代イマームの、あるいはイマームの近親者を祀る聖廟が建てられてきた。ペルシャ東部の町マシュハド（殉教地）にある、アッバース朝カリフに毒殺された第八代イマームのアリー・レザーを祀った霊廟はイラン国内のシーア派最大の聖地となり、おおぜいの巡礼者が集まる。
シャー・ジャハーンは、こうしたペルシャの殉教者の聖廟崇拝の習慣をインドにもちこみ、妻を殉教者として祀り上げ、その霊廟をムガル帝国最大のイスラーム聖地に仕立て上げようとしたのではないかと言われている。ムムターズが急死したブルハーンプルは、その九年前、シャー・ジャハーンが長兄フスローを密殺した地でもあった。自ら帝位に就くにあたって、自分の息子以外のムガル王家の男児すべてを抹殺した過去をもつ王権を浄化し聖化してみせるためにも人々の心を和ませる宗教的シンボルが必用だった（渡辺建夫、一九八八年）。

（注一四）ポウスタの刑：食事の前に必ずケシの実を煎じて飲ませる。心身が衰弱し、数カ月のうちに緩慢な死を遂げるという。

（注一五）グラム・カーディル・ハーンの報復：グラム・カーディルはナジーブ・ハーンの孫でもあり、故ムハンマド・シャー帝の妃だったマリカ・イ・ザマーニーから二二〇万ルピーの支払いを受けていた。彼女はシャー・アーラムの父帝アーラムギール二世が彼女の継子アフマド・シャーを盲目にした恨みを晴らし、シャー・アーラムにかえてアフマド・シャーの息子ビダル・バフトを皇帝にしたいと思っていた。それとは別に、一〇年前にミールザー・ナジャフ・ハーンがローヒラー族の城塞を掠奪したことで、シャー・アーラムに報復したいと思っていた。

（注一六）マラーター同盟：一七〇八年から一八一八年、デカン高原を中心とした地域に、マラーター王国およびマラーター諸国により結成された連合体。英国東インド会社との三度のマラーター戦争で敗れ解体した。

（注一七）シパーヒー：(sipahi) ペルシャ語起源のウルドゥー語で兵士、軍隊を意味する。英語訛のセポイ（sepoy）として知られてきた。東インド会社のインド人傭兵をさす。

（注一八）ロバート・クライブ：英国シュロプッシャーの名門の家に生まれた。冒険を好み、学業成績は悪く、学校を転々とした。一七四三年、英国東インド会社の最下級の書記としてマドラスに赴任した。一七五一年に軍隊に入り、フランス軍との戦闘（アールコット攻略）で軍功をあげ、東インド会社の司令官となった。一七五七年、プラッシーの戦いを勝利に導き、ベンガルにおける英国の覇権を確立した。一七五八年―一七六〇年にはベンガル知事となった。一七六〇年帰国して下院議員の席を買い、一七六四年にはナイト（男爵）に叙爵された。一七六五年―一七六七年にはベンガル知事として再びインドに赴き、ムガル皇帝に取り入って、ベンガル、ビハール、オリッサの徴税権を獲得した。統治にあたり、クライブは、ムガル時代の治安・財政の分離体制を存続させ、徴税権は会社が握り、軍事・治安は傀儡太守に担当させるという、いわゆる「二重統治」を採用した。

クライブは、一七六七年帰国すると、インドで私服を肥やしたとして議会で弾劾を受け、一七七三年、ようやく無罪となったが、この間相当な屈辱をうけた。病苦やアヘン中毒にかかり、一七七四年に自殺した。

（注一九）繊維製品はじめ諸々の加工品：北部の都市などでつくられた。

デリー　綿織物、染色、更紗生産

アーグラ　繊維製品とカーペット生産、婦人用絹のレース織、建築用資材生産などの諸工業が活発

ラホール（一〇〇〇を超えるショール生産場、カーペット生産）

パトナ、ベナレス
　ベンガル地方から　豊富な胡椒、上質織布（モスリン）、宝石・真鍮製品、中国絹布など、この地方での農業産物等々の集配地ベナレスサリーと称される上質の綿・絹・毛の織物生産地

（注二〇）綿布の流れ：

綿布輸出	一八一四年	一八二一年	一八二八年	一八三五年
インドから英国へ	約一二七万枚	約五三万枚	約四二万枚	約三一万枚
英国からインドへ	約八二万ヤード	約一九一四万ヤード	約四二八二万ヤード	約五一七八万ヤード

（辛島昇、二〇〇四年）

（注二一）ティプー・スルタン：父ハイダル・アリーの病死後、マイソールの国王（在位一七八二年―一七九九年）に即位した。英国の植民地侵略に抵抗するかたわら、王国の近代改革（中央集権的官僚制度の整備、軍事制度の確立、農地改革、新暦、新しい貨幣システム、度量衡の刷新）に取り組んだ。国際的視野に立った国家建設であったが、あまりに性急、強引なやりかたに反感も買った。

（注二二）サルバイ条約：ベンガル総督ヘースティングズとマハーダージ・シンディヤが一七八二年に次の項目について条約を締結した。
・英国はプランダル条約以降に征服した領土を返還する。ただし、フランス人を入れない。
・マハーダージーにジャムナー以西の地の領有を認める。
・英国は（マーダヴォ・ラーオ・ナーラーヤン）をマラーター王国の宰相として認める。
・英国はラグナート・ラーオ（在位一七七三年）に年金を払う。
・英国はサルセットとバルーチの支配権を認められる。
・マラーター王国はマイソール王国との戦争に協力する。

（注二三）プーナ条約：一八一七年六月十三日英国がバージー・ラーオ二世に押しつけた条約。
・いかなる場合においても英国以外の外国との外交交渉を行ってはならない。
・またそれを保障するために、外交使節を他国に派遣することおよび他国の外交使節を受け入れることを禁じる。
・外国との交渉は英国東インド会社の駐在官を通してのみ行うこと。

（注二四）コールハープルのマラーター王国：一九一一年、ジョージ五世の戴冠式に、ラージャーラーム三世が参加した。一九四七年八月十五日、インド・パキスタン分離独立時、インドに帰属した。

（注二五）ワッハービー：一般にイスラム原理主義として復古主義・純化主義のイスラム改革運動。

（注二六）外見上、イスラム教の復古主義・純化主義的宗教改革のために始まった運動であったが、実際はインドから英国を追い出し、回教徒支配を回復しようとする政治運動。

（注二七）サンバルプル藩王国：一八〇〇年、マラーターのボーンスレー家に征服されたが、一八一八年に第三次マラーター戦争が終結すると、領主に返還され英国保護下の藩王国となった。一八四九年に断絶すると英国の直接支配下におかれた。一八五七年にインド大反乱が勃発すると、藩王の一族であるヴィール・スレーンドラ・サーイーが立ち上がり、一八六二年に降服するまで抵抗を続けた。

（注二八）タンジャーヴール藩王国：マラーター王国の始祖シヴァージーの弟ヴィヤンコージーが建国した国。一八五五年、サラボージー二世の息子シヴァージーが息子なしに死亡し、藩王国は失権の原理により、英国領へと併合された。

（注二九）ダルハウジー：行政面における彼の成果は他の総督や副王のそれよりも顕著で、インド総督中の第一人者である。インド中央立法会議を成立させた。最初の鉄道を敷設し、最初の電信線も彼が直接指導した。二分の一アンナの郵税、最初の大規模灌漑である大ガンガー河の運河計画、近代的な形式の大幹線道路を着手した。また、友人のベチューンが創立した女子の大学（カルカッタ）のベチューン大学を自分個人の費用で維持した。ルールキー工業大学にも援助した。（K・M・パニッカル、一九五九年）

（注三〇）火薬庫爆発：反乱後になって、反乱政府の中でも書記官長というかなりの高官の、ラジャブ・アリーという男が火薬庫に火をつけたことがわかった。彼はかなり前からハドソンの指揮する英国のスパイ機構の一人として働いてきた優秀なスパイであった。英国軍のキャンプに逃げたラジャブ・アリーは、この功績によって、反乱後、英国政府から一万ルピーの褒賞金と土地を貰い、安楽に暮らした。彼の回顧録も残っているという。

（注三一）カニング総督：チャールズ・カニング（初代カニング伯爵）。一八五八年十一月にインドをヴィクトリア女王の直接統治下へ移行した。任命者は国王（女王）で、以降副王の称号も使用。

（注三二）ペルシャの反乱：一八五六年～一八五七年にアフガニスタンを巡って戦われた戦争。英国は、ロシアの南下政策に対してアフガニスタンを緩衝地帯化しようとしたが、かつて同国を併合していたペルシャ（現イラン）の失地回復計画と衝突し開戦した。一八五七年三月、英国は勝利し、ペルシャはアフガニスタンの独立を認めた。

（注三三）太平天国の乱：洪秀全が中心となって起こした中国の大農民反乱（一八五一年―一八六四年）。南京を都に太平天国という独立国家を樹立したが、郷勇などの漢人勢力、外国軍の介入によって滅ぼされた。

（注三四）フリゲート艦：巡洋艦と駆逐艦の中間クラスで、比較的小型・高速の哨戒や偵察等の任務を主とする艦艇を指す呼び名。

（注三五）タレージュ寺院：大寺院の周囲に四基の小寺院をさらにその外囲に一二基の小寺院を配するマンダラ（ヤントラ）形式に則るネパール建築美術史上極めて重要な寺院。

（注三五）レプチャ族：インドのシッキム州、ネパール、ブータンおよびインドのウェストベンガル州に住む民族で、モンゴロイド系民族。人口五万人と推定されている。ラマ教徒。十六世紀以降チベット人に圧迫されて、現在は山間の峡谷地帯に散在していて、農業や牧畜を行っている。

（注三六）ラマ教：チベット仏教に対する俗称。ラマは師を意味する。チベット仏教は七世紀にインドから伝えられた密教的な要素が強い仏教と、土着のボン教とが結びついて展開した。現在、ゲルク派、カギュ派、サキャ派、ニンマ派の四大宗派がある。ダライ・ラマはゲルク派の最高位で、同時にチベット仏教の最高位にある。第二位がパンチェン・ラマである。両者はともに転生霊童（生まれ変わり）の活仏として崇拝される。

（注三七）ゾン：渓谷や河川を見下ろす要害の地に建てられた寺院を兼ねた塞で、ブータン独特の建造物である。行政の中枢がおかれ、国家の中枢である中央僧院は、冬の首都のブナカ・ゾン、夏の首都ティンプーのタシチェ・ゾンを季節移動した。

（注三八）「意」の化身：密教における身口意の三密の教義の一つ。

「ブータン仏教史」の著者テンジン・チュルゲ「身」の化身はシッキム王子で、死去したためブータンには伝わらず、「口」の化身は二代化身ゲルツァプのチョクレ・ナムゲルで、彼の死後、シキャ・テンジンが継いだ。「意」の化身はチベット人ジクメ・タクパ（在位一七四四年―一七六一年）であった。

（注三九）ジャンペル・ドルジェ：当時のシャプドゥンの嫡子。言語障害等重度の障害のためドゥク派座主の継承から外されていたが、シャプドゥンのお世継ぎとして敬われた。二代ゲルツァプのキンガ・ゲルツェンがシャプドゥンの化身であると同時にジャンペル・ドルジェの初代化身とみなされて、ジャンペル・ドルジェの化身系譜も生まれた。

（注四〇）三世パンチェン・ラマ：生没年は一七三八年―一七八〇年。パンチェン・ラマはチベット仏教ゲルク派においてダライ・ラマに次ぐ高位の化身ラマへの称号。一七七二年当時ダライ・ラマはまだ若すぎて大事な役割を果たせない未成年であったため、チベットの摂政であったパンチェン・ラマ（三世）に助けを求めた。

（注四一）バタヴィア共和国：一七九五年、ネーデルランド連邦共和国の崩壊後オランダに成立した国家。古代のオランダ住民バタウィ人にちなんで名づけられたフランスの衛星国。一八〇六年ナポレオン一世が弟ルイを国王とするホラント王国へ移行した。

（注四二）オランダ東インド会社：正式には連合東インド会社（オランダ語でVerenigde Oost-Indische Compagnie, 略称VOC）。一六〇二年、オランダで設立された。世界初の株式会社と言われる。条約の締結権・軍隊の交戦権・植民地経営権など喜望峰以東における諸種の特権を与えられた勅許会社であり、帝国主義の先駆け。

（注四三）タリク：細い銅板にディヴェヒ文字で記し、それを適当な本に整えた短い歴史本、王統年代記。モルディブを一一四一年から一九六八年まで支配していた王（サルタン）で終わっている。

［第五章］

（注一）インド高等文官：一八六四年にサティエンドラナート・タゴール（詩人タゴールの兄）がインド人初の合格者。その後、R・C・ダット（一八六九年）、ベンガル人三人（バハーリー・タフタ、ロメシュ・チャンドラ・ダット、スレンドラナート・バネルジー、一八七一年）、チャンドラ・ボースなどが合格するが、インド人は圧倒的に少なく、事実上閉ざされていた。インド国民会議（派）は高等文官のインド人化を要求に掲げた。

（注二）アリーガル運動：サイイド・アフマド・ハーンは、一八七五年、アリーガルにムハマダン・アングロ・オリエンタル・カレッジを創立し（一九二〇年、アリーガル・ムスリム大学に昇格）、ここを中心としてイスラム文化復興を目指す運動が起こった。啓蒙思想をウルドゥー語で説き、近代ウルドゥー文学の発展を促した。

（注三）国民会議派：一八八五年にボンベイ（現在のムンバイ）で開催されたインド国民会議に参加した人々によって結成されたインド最初の国民横断的な政党。一九二〇年には全国的な組織改革を行い、明確な政党となった。主体はヒンドゥー教徒であるが、ムスリムも含んでおり、政治と宗教を分離させている。

（注四）スワミ・ヴィヴェーカーナンダ：英国植民地支配について「外国人はインドの原料を使ってカネをもうけ、インド人はロバのように重いものを運ぶだけである。外国人は頭を使ってインドの原料を加工してますます豊かになるが、インド人は頭を使わず、外国人が富を持ち去るのを許し、パンを求めて泣いているのだ。」と鋭い指摘をした。彼が死んで間もなく民族主義運動が起こった。

（注五）ジョーティラーオ・フレー：不可触民は、アーリア人がインドを征服したとき、最も激しく抵抗した人々であり、そのため他の職業につくことも禁じられ、他の人々との接触も禁じられた。しかたなく、死んだ動物を扱い、死んだ動物の肉を食べるようになった。このような不可触民たちを解放したのは英国である。だから反英運動は、バラモンの運動であるかぎり、決して不可触民の解放にはならないとした。

（注六）アンベードカル：(Bhimrao Ramji Ambedkar)、（一八九一年—一九五六年）。ボンベイ南方、コンカン地方（現プーナ地区）の出。祖父マーロージー・サクバールはマハール（ボンベイ州最大の不可触民カースト、ヨーロッパ人と接触した最初のインド人）に属し、マハールとしては裕福であった。マーロージーはこの英国・インド軍の退役軍人であった。マーロージーの息子のラームジーは、やはりマハールの英国・インド軍兵士一家の出であるビーマバーイーと結婚した。アンベードカルは一四人兄弟の末子であった。ラームジーは準少佐の地位にあり、一四年間軍隊関係の学校の校長を務めた。息子に勉強を教え、知識を獲得するよう励ました。アンベードカルは、一九〇八年に大学入学資格試験に合格、一九一二年に、ボンベイのエルフィンストーン・カレッジで政治学と経済学の学位取得。ヴァドーダラー（バローダ）藩王国から留学終了後の一〇年間藩王国のために働くという条件で奨学金を受け、一九一三年から一九一六年、ニューヨークのコロンビア大学で、経済学、社会学、歴史学、哲学、人類学、政治学を学ぶ。一九一五年経済学修士号、一九一六年経済学博士号取得。一年後に奨学金がきれたため帰国した。ヴァドーダラー藩王国に仕えたが、差別にたまりかねて辞職し、ボンベイへ戻る。その後、コールハーブル藩王シュリー・シャーフーの知遇を得て、ロンドン大学で科学博士号及び弁護士資格を取得した。一九二三年七月からボンベイで上級法廷弁護士として開業し、大学で教えた。様々な公的組織に対して不可触民について証言し、新聞を発行、ボンベイ州立法参事会のメンバーに任命され、指導的な役割を担うようになった。反カースト（不可触民改革）運動の指導者である。ロンドンの英印円卓会議に出席し、分離選挙を要求した。不可触民に使用を禁止されている道路や井戸の使用を開放せよという反バラモン運動を展開した。一九四七年八月十五日にインドが独立すると、ネルー内閣の法相になるとともに、憲法制定にかかわり草案して、多くを採用された。

一九五四年、インド仏教徒協会を創設し、一九五六年十月には正式に仏教徒となる。これに続いて五〇万人（三〇万人とも六〇万人とも言われる）の不可触民も仏教に改宗した。一九五六年十二月、糖尿病で死去した（享年六十五歳）。

（注七）アナガーリカ・ダルマパーラ：少年時代の名はドン・デーヴィッド・ヘーワーウィターラナといった。セイロン南部の街マータラの商家の長男としてコロンボで生まれた。敬虔な仏教徒の家で、英国国教会系の英語寄宿学校に通ったが、セント・トーマス・カレッジに転校した。二十二歳の時に、文部省の職を放棄し、仏教学校建設の募金活動を進めていた神智学協会幹部のオルコットの助手を務める。仏教復興運動を飛躍的に発展させた。日本を四回訪れている。「ダルマパーラ」はダルマの守護者を意味する。「アナガーリカ」はパーリ語で「家をもたぬ者」を意味し、比丘と在家の間の地位を指す。

（注八）神智学協会：ロシア出身のヘレナ・P・ブラヴァツキー夫人と米国人のヘンリー・S・オルコット大佐が一八七五年に米国ニューヨークで設立した、真理の探究を掲げる神秘主義団体である。東洋、特にインド思想への傾向から南インドのタミル・ナードゥ州のアディヤールに本部を移し、ヒンドゥー教や仏教、ゾロアスター教その他の諸概念と西洋の心霊主義の要素を取り入れた神秘思想により、多くのインド知識人の関心を引きつけ、様々な宗教改革に影響を与えた。独立運動、文芸、アート、女性運動など多岐にまたがる分野にも大きな影響を与えた。

（注九）イルバート法案：一八八三年、インド総督リポン（在位一八八〇年―一八八四年）の参事会に法務委員C・イルバートが提出した法案。インドでの英国人の対インド人差別に一定の緩和を加えるべく、刑事犯に限り県レベルでインド人判事が英国人を裁判できるとした。しかし英国人側の猛烈な反対運動に遭い、総督は翌年原案を全く骨抜きにした形で再提出した。このような英国人側のかたくなな人種差別の姿勢は、インド人の民族的意識を強く刺激し、全国的に組織された継続的な運動の必要が叫ばれた。

（注一〇）四人の英国人（国民会議議長）名：ジョージ・ユール（一八八八年）、ウィリアム・ウェダーバーン（一八八九年、一九一〇年）、ヘンリー・コットン（一九〇四年）、アニー・ベサント（一九一七年）。

（注一一）ダーダーバーイー・ナオロジー：ゾロアスター教聖職者の子としてボンベイ（現ムンバイ）に生まれた。四歳のとき父と死別。英語の高等教育を受け、インド人として初めて物理と数学の教師になった。英国に渡り、「東インド協会」を作った。一八六七年、「インドに対する英国の負債」という論文で「富の流出」論を発表した。帰国後、インド国民会議の開催にあたり、そのメンバーとなって一八八六年には議長を務め、インドの民族運動の指導者の一人となった。再び、英国に向かい、インド人として初めて英国下院議員（一八九二年―一八九五年）になった。その後もインドで国民会議派の指導者として活躍した。国民会議派議長を一八八六年、一八九三年、一九〇六年の三回務めた。彼は英国支配のもとでのインド人官僚枠の拡大や選挙権の拡大など自治拡大の要求にとどまる穏健派であった。

（注一二）R・C・ダット（Romesh Chander Dutt）：インドの行政官、政治家、経済史家。カルカッタの著名な作家・教育家の家系出身で、父は副知事。一八六九年にインド高等文官試験に合格し、最初のインド人高等文官となる、一八九八年よりロンドン大学のインド史講師、一八九九年のインド国民会議議長、一九〇九年よりバローダ藩王国蔵相となる。著作は「ビクトリア期イギリス領インド経済史」、ベンガル農民、インドの飢饉、インド文化史に関する書、インド古典の翻訳など。

（注一三）モーハンダース・カラムチャンド・ガンディー：マハートマ（大聖）・ガンディーと呼ばれた。ヴァイシャに属する。祖父、父、叔父とも藩王国の宰相。グジャラート州の港町ポールバンダルでポールバンダル藩王国の宰相カラムチャンド・ガーンディーとその夫人プタリーバーイーの子として生まれた。十二歳でアルフレッド・ハイスクールに入学。十三歳で（インド幼児婚の慣習による）カストゥルバと結婚した。十八歳で英国の首都ロンドンに渡り、インナー・テンプル法曹院に入学。法廷弁護士になるため勉強した。ロンドン大学を拠点にラテン語を猛勉強し、一八九一年六月到着以来二年八カ月で法廷弁護士の資格を得、英国法学院（インナー・テンプル）の弁護士となった。帰国（一九一五年）後ボンベイでヒンドゥー法を学んだ。初めての裁判で大失敗してしまい、南アフリカで成功したインド人商人の依頼で、英国領南アフリカ連邦（現在の南アフリカ共和国）に渡った。白人優位の人種差別政策下で、列車の車掌にクーリー扱いされるなど人種差別を体験した。依頼された事件を仲裁して調停に持ち込み、当事者たちに円満な解決をもたらした。在留インド人同胞のために二十年闘った。一八九九年のボーア戦争（Boer War, 英国が南アフリカのトランスバール共和国とオレンジ自由国のダイヤモンド、金鉱の独占、支配をねらって開戦。両国は英国の植民地となり、南アフリカ連邦が成立した。）に積極的に従軍して英国から勲章を授けられた。インド帰国後は差別的悪法に対して、粘り強い非暴力の抵抗を展開、受難と入獄を重ねたすえ、運動を勝利に導いた。

（注一四）日本女子大学：一九〇一年（明治三四年）、成瀬仁蔵（一八五八年—一九一九年）が創立した日本初の女子大学。

（注一五）バール・ガンガーダル・ティラク：マハーラーシュトラのバラモン家系（チトパーワ・バラモン）に生まれた。プネーのデカン大学を卒業後、プネーの某私立学校で数学教師となった。その後、ジャーナリストへ転身し、西洋の教育制度を厳しく批判した。大学時代の友人とともに、デカン・エデュケーション・ソサイエティーを組織し、インドの学生の質の改善を目指した。宗教および文化の復興を強調することにより、大衆運動をインドの独立に向かわせようとした。一八九〇年に、インド国民会議に参加した。スワラージ（自治）をスローガンに急進的な動きをとった。ベンガル分割令に反対し、一九〇七年、反政府扇動罪による六年の懲役刑を宣告され、ビルマのマンダレー刑務所に入れられた。一九一六年に、ジョゼフ・バプティスタ、アニー・ベサント、ムハンマド・アリー・ジンナーらとともに「全インド自治同盟（Indian Home Rule Movement）」を結成し、独立運動を続けた。彼の死後、独立運動はM・K・ガンディーが継承した。著書に「ギーター・ラハスヤ」などがある。

（注一六）モーリー・ミントー改革：インド担当大臣J・モーリーとインド総督ミントーによりなされた。一九〇五年〜一九〇八年のベンガル分割反対を契機とするインドの民族運動の高まりに対処するため、一九〇九年にインド統治の手直しをうたって実施した政治改革。イスラム教徒に有利な選挙制度。

（注一七）オーロビンド・ゴーシュ：七歳から大学卒業まで英国で学ぶ。一八九三年に帰国。一九〇三年、カーゾン総督のベンガル分割法案に反対し、ティラクやゴーカレーらとともにベンガルで民族主義的政治活動を展開した。日刊新聞「バンデー・マータラム（Bande Mataram）」を編集した（一九〇六年八月六日に発行）。一九〇八年、逮捕され、一九〇九年出獄。以後南インドのポンディシェリーに隠棲し、宗教団体設立。修道院建設やヨーガの実修・指導を行う。

（注一八）ラース・ビハーリー・ボース：一八八六年生—一九四五年死去、英国領インド帝国で、政府新聞の書記を務めるビノド・ビハーリーの長男として生まれた。インド兵になることを志すが身体的理由により任官を拒否された。デーラドゥーンにある森林研究所で事務主任を務めながら、インド国民会議に参加し、独立運動に身を投じた。チャールズ・ハーディング総督事件（一九一二年十二月二十五日）で総督を負傷させた。その後、一九一五年のラホール事件をビグレイとともに首謀したが、事前に計画が漏れていて失敗した。再起を期して、ラビンドラナート・タゴールの親族といつわり、タゴール訪日の準備をするとのふれこみで、日本郵船の讃岐丸で来日した（一九一五年六月）。東京に住み、インド独立運動のため支援者から送られた大量の武器をインドへ送った。先に日本に亡命していたパグワーン・シンの紹介により孫文（当時袁世凱と対立し日本に亡命していた）と親交を結んだ。米国で革命組織の責任者だったインド人革命家H・L・グプタも来日しており、ボースに大川周明（ファシズム運動の理論的指導者）を紹介した。ボースらの密入国が大英帝国に知られ、大英帝国と同盟関係にあった日本政府は、英国政府の要求により、ボースとグプタに国外退去命令を発令した（一九一五年十一月二十八日）ため、孫文はボースに頭山満（大アジア主義者）を紹介した。頭山や犬養毅、内田良平などのアジア独立主義者たちは新宿の中村屋（パン屋）の相馬愛蔵・黒光夫妻の助けをかりて、その後四カ月間中村屋のアトリエに隠した。頭山らの働きかけもあり、同年中に日本政府はボースの国外退去命令を撤回したが、英国政府による追及は一九一八年まで続き、ボースは日本各地の一七カ所を転々と移り住んだ。グプタは一九一六年二月ごろ、中村屋をでて大川周明宅に隠れていたが、六月に渡米、以降再び米国その他で活動した。頭山の媒酌により、ボースは逃亡中の連絡係を務めた相馬夫妻の娘、俊子と結婚し、一九二三年日本の国籍を取得してインドの独立運動に没頭した。第一次世界大戦が終わり、英国からのボースの追及は終わった。俊子との間に一男一女をもうけたが、俊子は一九二五年肺炎により死去した。

A・M・ナイルなど日本に亡命していたインド独立運動家たちと協力しあい、また英国と対立を強めていた日本政府や軍部と協力関係を結んで、ボースはインド国外における独立運動の有力者の一人となった。一九四二年初頭、かねて植民地軍として駐留していたマレーやシンガポールの英国軍を追放し日本が占領した。捕虜となった英印軍将兵の中から志願者を募ってインド国民軍が編成された。ボースはその長を英印軍の大尉であったモーハン・シンから受け継いだが、結局日本の手先としてしか受け取られず、これらの混乱により心労を重ねた。一九四三年七月四日シンガポールにおけるインド独立連盟総会において、亡命先のドイツからシンガポールに来たスバース・チャンドラ・ボースにインド独立連盟総裁とインド国民軍の指揮権を移譲し、自らはインド独立連盟の名誉総裁となった。インド国民軍は日本軍と共にインドやビルマの英国軍と戦い、インパール作戦にも従軍した。ボースは体調を悪化させ、一九四五年一月二十一日、日本で死去した。長男の防須正秀も沖縄戦で大日本帝国陸軍中尉として戦死した。

昭和初頭の日本では「カレーライス」は英国式に改変されたカレーが、さらに軍隊式に簡略化されて安価な食べ物として普及していた。ボースは一九二七年に中村屋が喫茶部を新設する際、相馬夫妻に本格的なインドカレーを出すよう強く進言した。自らメニュー開発（作り方）にかかわり、「純インド式カリー・ライス」を名物メニューとした。

（注一九）アニー・ベサント：一八四七年生―一九三三年死去。ロンドンのアイルランド系中流階級の家に生まれた。五歳で父を亡くした。貧窮のため、アニーは母の友人のエレン・マリアットに育てられた。マリアットはアニーに優れた教育を受けさせた。一八六七年、英国国教会福音主義派の聖職者フランク・ベサントと結婚し、二人の女児ディグビーとメイベルをもうけたが、結婚は破局した。女性解放運動に参加し、フェビアン協会および神智協会に参加し、一九〇七年から神智学協会総裁を務めた。一八九三年にインドに渡り、マドラス（現チェンナイ）に定住。後のベナレス・ヒンドゥー大学を創設。一九一六年インド自治連盟を設立してティラクらと行動をともにした。同年の国民会議派では、民族派の復帰、国民会議派再統合に尽力し、翌一九一七年の国民会議派カルカッタ大会議長に選出された。第一次世界大戦後はガンディーの路線と対立し、仲は良くなかったが、互いに尊敬しあっていた。

（注二〇）ジンナー：(Muhammad Ali Jinnah) 一八七六年生―一九四八年没。インド・ムスリム連盟の指導者で、独立パキスタンの初代総督、パキスタン建国の父。祖父はカーティヤー半島出身のクシャトリヤ・カーストの出身。父はカーティヤー半島からジンナーが生まれる前にシンドのカラチに移住した。ジンナーの家族はシーア派のホージャー派であるが、ジンナー自身は十二イマーム派。十六歳でボンベイ大学合格、一八九二年ロンドンへ行き、一八九六年リンカーンズ・インド法律協会に入り、弁護士資格取得（十九歳）。その後、ボンベイ弁護士事務所を開業。一八九六年から一九二〇年まで国民会議派に参加。一九四〇年から結核を患っていた。一九四八年九月十一日、結核と肺がんの合併症により死去。

（注二一）被抑圧階級への差別撤廃勧告：一九一七年の国民会議派カルカッタ年次大会で以下が採択された。この会議は、インドの人々に、被抑圧階級の上に慣習によって負わされてきたあらゆる差別（無資格〈ディスアビリティ〉）を除くこと、すなわち、最もいまわしく苛酷な性格をもち、これらの階級を非常な困苦と不自由のもとにおいてきた差別を除くことが、必要であり、正義であり、正当であることを勧告する。
アンベードカルは、この決議は、真の社会改革には関係なく、政治的意図をもってなされたにすぎないと強調している。
(Ambedkar, B.R., "What Congress and Gandhi Have Done to the Untouchavles", Bombay, 1945)

（注二二）十四カ条の原則：第一次世界大戦の講和に向けて米国大統領ウィルソンが発表した。
一　講和交渉の公開・秘密外交の廃止
二　海洋（公海）の自由
三　関税障壁の撤廃（平等な通商関税関係の樹立）
四　軍備縮小
五　植民地の公正な処置
六　ロシアからの撤兵とロシアの政体の自由選択
七　ベルギーの主権回復
八　アルザス＝ロレーヌのフランスへの返還
九　イタリア国境の再調整

一〇　オーストリア＝ハンガリー帝国内の民族自治
一一　バルカン諸国の独立の保障
一二　オスマン帝国支配下の民族の自治の保障
一三　ポーランドの独立
一四　国際平和機構の設立

（注二三）ローラット法：英国のインド政庁が一九一九年に制定した治安法令。正式名称を「刑事法緊急権限法」という。テロ組織による判事の暗殺、陪審員への脅迫が相次いだため、破壊活動の容疑者に対し令状なしの逮捕、裁判なしの投獄、陪審員によらない裁判を認めた。法制定に大きな役割を果たした委員会の長であるシドニー・ローラットの名を冠して「ローラット法」という。

（注二四）サティヤーグラハ：ガンディーが提唱した非暴力抵抗運動。ガンディーは南アフリカでインド人に対する迫害、差別と戦う非暴力運動を進めるうち、非暴力に当たる英語のnon-biolenceでは弱いと考え、サンスクリット語のサティヤ(satya, 真実）とアーグラハ（agrah(a), 主張、懇願）から「サティヤーグラハ（真理の堅持）」という言葉をつくった。真理（サティヤ）という言葉は愛（非暴力）を暗示しており、愛と自己犠牲によって、相手の良心に訴え、相手の鉾先を鈍らせる方法である。不当な権力に対して、その命令や法令に従わず、納税を拒否し、公職を辞任するなどの手段で戦った。ガンディーはサティヤーグラハを南アフリカ共和国でのインド人の権利のための闘争やインド独立運動の中で展開したが、個人的な争いにも応用可能なものであると考えていた。サティヤーグラハを伝えるためにサバルマティ・アシュラム（道場）を立ち上げ、サティヤーグラハを行う人たちに一〇の原則：（1）非暴力、（2）真理（正直）、（3）不盗、（4）貞潔（我欲を捨てること）、（5）非所有、（6）額に汗して働くこと、（7）味覚制御（必要最低限の食事、（8）恐れを捨てること、（9）全ての宗教を同様に敬う、（10）不買運動（スワデジー）、に従うよう説いた。一九二〇年には国民会議派の闘争方法として「サティヤーグラハ」が正式に採択された。

（注二五）ラビンドラナート・タゴール：（一八六一年―一九四一年）インドの詩人、思想家。ベンガル州カルカッタの大商人の家の七人兄弟の末子として生まれた。幼いころより詩をよく作ったが、英国流の厳格な教育になじめなかった。十七歳で英国のユニバーシティ・カレッジ・ロンドン（ＵＣＬ）に留学した。一年半過ごしたが卒業には失敗した。一八八三年結婚し、一八九〇年にはシライホにあったタゴール家の領地管理を行うことになり、農村生活を始めた。ここでヒンドゥー教徒やイスラム教徒の最下層の人々によるベンガル地方の芸能・修行者集団バウルの伝説的ラロン・フォキルに出会い、バウルの歌に絶大な影響を受けた。インド国歌の作詞・作曲、バングラデシュ国歌の作詞を行った。やがて自らの学園を作ろうとして、一九〇一年に寄宿学校（現在のヴィシュヴァ・ヴァーラティ国立大学）を創立し、農村改革運動を進めた。一九〇二年にはインドを訪れた岡倉天心と親交を結び、一九一三年の天心の死まで交友は続いた。一九〇五年に英国がベンガル分割令を出すと反対運動の先頭に立ったが、やがて政治から身を引いた。一九〇九年ベンガル語の詩集「ギタンジャリ」（「歌の捧げもの」の意）を英訳して刊行した。インドの古典を英語で紹介したことで、一九一三年、アジア人として初めてノーベル文学賞を受賞した。一九一四年、英国政府からナイトに叙されたが、一九一九年にアムリットサル事件に抗議してこれを返上した。一九一六年に来日し、日本の国家主義を批判した。マハトマ・ガンディーらのインド独立運動を支持した。

（注二六）女性参政権：英国では一九一八年下院で三十歳以上の女性に参政権が与えられた。主な国では、

一八九三年　英領ニュージーランド（被選挙権は一九一九年から）　一九〇二年　オーストラリア
一九〇六年　フィンランド　一九一三年　ノルウェー　一九一五年　デンマーク、アイスランド
一九一七年　ロシア　一九一八年　カナダ　一九一九年　ドイツ、オランダ
一九二〇年　米国　一九二八年　英国（二一歳以上）　一九四五年フランス、日本
一九五〇年　インド、エルサルバドル、ハイチ

（注二七）カリフ制度の擁護運動：オスマン帝国（トルコ）のカリフおよびカリフ制を守るべきであるという、インドのイスラム教徒の運動。オスマン帝国では政治上の権力者であるスルタンがイスラム教（スンナ派）の最高指導者であるカリフ（ムハンマドの後継者）を兼ねるスルタン＝カリフ制がとられていたが、第一次世界大戦で敗戦国になると広大な領土を失い、また国内にも近代化を目指す改革運動が強まり、カリフの地位は危機に陥った。インドのイスラム教は、カリフの地位を脅かしているのは英国であるとして、一九一九年十一月に全インド・キラーファト会議を開催し、カリフ制擁護をかかげて反英闘争を開始したが、一九二二年、ガンディーは非協力運動を中止した。ムスタファ・ケマルによるトルコ革命が進行し、一九二二年にスルタン制が廃止されてオスマン帝国が滅亡し、さらに一九二四年にはカリフ制も廃止となり運動は消滅した。

（注二八）セーブル条約：第一次世界大戦後の一九二〇年八月十日フランスのセーブルで連合国とトルコのスルタン政府の間に結ばれた講和条約。トルコはオスマン帝国領土を失い、英国はパレスチナ、イラクを委任統治領に、エジプトを保護国にするほか、フランスはシリアを委任統治領に、イタリアは南西アナトリアを、ギリシャはイズミル地方を領有するほか、アルメニアには東北アナトリアの割譲、ダーダネルス海峡の解放などを規定した。しかしこの条約はムスタファ・ケマルら民族派の反対で批准できず、あらためてローザンヌ条約が一九二三年七月二十四日に締結された。

（注二九）モティラール・ネルー：（一八六一年—一九三一年）英領インド北部・北西州のアラーハーバード（現在はウッタル・プラデーシュ州に属する）の富裕なバラモン階級の家柄。顧客の多い弁護士の仕事を兄から譲り受けた。インド国民

会議派の独立運動家。アラーハーバード新市街の家は周囲にベランダを巡らせたビクトリア朝風の、豪壮な大邸宅であった。屋根の上に円天井の見晴らし台があり、そこからきれいに手入れした芝生、薔薇の花壇、クリケット用の芝生、テニス・コート、水泳プールが見渡せた。人々はこの屋敷をアーナンド・バーワン（幸福の館）と呼んだ。一九三〇年、J・ネルーは不服従・非協力運動で、各地の集会に出向いて熱弁をふるい、捕らえられてナイニー刑務所に入れられた。M・ネルーは息子と相談してから、アーナンド・バーワンをスワラージ・バーワン（自由の館）と改名して国民会議派に寄贈した。スワラージ・バーワンは不服従・非協力運動が続けられた期間中、負傷した運動員たちの病院に使われた。M・ネルーも逮捕された。

（注三〇）ジャワハルラール・ネルー：（Jawaharlal Nehru）（一八八九年―一九六四年）M・ネルーの息子、インドの初代首相（在位一九四七年―一九六四年）。英国のハロー校を卒業後、ケンブリッジ大学のトリニティ・カレッジで自然科学を専攻。一九一二年に弁護士資格を取得して帰国。ガンディーの指導下の独立運動に身を投じたあとも、一九二七年のブルッセルの反帝国主義の被抑圧諸民族会議に出席するなど、会議派活動家のなかでも進歩的な国際派として知られていた。

（注三一）グジャラート・ヴィッディヤーピート：今日、数カレッジを傘下に大学院博士課程を有し学生数一五〇〇人を擁する、大学補助金審議会法下の準大学として存在している。

（注三二）シク教：十六世紀初めにナーナクが創始した宗教。イスラム教の影響を受けたヒンドゥー教の改革派。一神教的であり、偶像崇拝やカースト的差別に反対した。信者はパンジャブに多い。

（注三三）スパース・チャンドラ・ボース：（一八九七年―一九四五年）オリッサの裕福な弁護士の家に生まれた。父親は英国により苛酷な扱いを受けていたインド人の人権を擁護することもしばしばあり、ボースはこの父親から大きな影響を受けた。カルカッタ大学で学士号を取得し、一九一九年、英国のケンブリッジ大学フィッツウィリアム・カレッジに大学院留学した。大学院では近代ヨーロッパの国際関係における軍事力の役割について研究。一九二〇年にインドの高等文官試験に四番の成績で合格したが、英国植民地の傀儡になるだけだと判断して資格を返上した。（ただし、二次試験の乗馬試験で不合格になったという説も存在する。）インドに帰国してガンディーの非協力運動に身を投じたが、後に会議派指導部に敵対的になった。

一九四五年八月十八日、ソ連に向かう途中、台湾で飛行機事故により死亡。ボースの遺骨は日本に届けられ、東京都杉並区の日蓮宗連光寺で葬儀が行われた。その後もラージェンドラ・プラサード大統領、ジャワハルラール・ネルー首相、インディラ・ガンディー首相など来日したインドの歴代首脳が連光寺を訪問している（長崎暢子、一九八九年）。

（注三四）一一項目の要求：関税自主権や、為替ルートの切り下げを要求している部分はインド人資本家の立場に立つ国家間交渉の内容であり、軍事費の削減や塩税等の課税品目や課税率、官僚の給与額の決定などは、独立国家が当然持っている権限への要求を提示したもの。地税の減税要求は大恐慌の打撃にあえぐ農民・地主の立場を代弁していた。塩はシンボル的重要性をもっていて、必需品であり、中央政府のほぼ第三位の財源であった。塩税法を破ることは財政的打撃をインド政庁に与えることになった（長崎暢子、二〇一九年）。

（注三五）ダリト：不可触民は英語のuntouchableの訳語。インドではアヴァルナ（種姓をもたぬもの、すなわち四ヴァルナの外に置かれた者）、アチュート（不可触、すなわち触れると穢れる者）、アーディ・ドラヴィダ（原ドラヴィダ人）などの名で呼ばれる。英国政府は十九世紀後半から官庁用語としてdepressed class（被抑圧階級）という語を用いてきたが、その範疇には不可触民だけでなく経済・文化的に後進の部族民（今日の指定部族）なども含まれていた。一九三五年のインド統治法により不可触民が保護政策の対象になると、「指定カースト」（保護の対象として指定されたカースト）という呼称が官庁語として用いられるようになった。インド共和国憲法で不可触民制は廃止された。

（注三六）南インドの不可触民カースト：ボンベイ州（現マハーラーシュトラ州）の最大の不可触民カースト。マハーラーシュトラ地方の伝統的な村落には、耕作農民の他に一二種のカースト（大工・鍛冶・皮革工・縄造り・洗濯人・陶工・床屋・村書記・占星師・神殿番人・金工・マハール）に属する人々が住んでいた。これらのカーストの所属者は、農民のためにそれぞれ固有の職業に従事し、その報酬としても穀物や小土地を与えられていた。マハールがデカン西部に古くから住み着いていた種族の一つであったことは確かで、この地方の呼称マハーラーシュトラは「マハール・ラーシュトラ（マハールの地）」に由来するとの説もある。彼らの大部分はこの地方の主言語であるマラーティー語を話し、同州の全人口の約九%（四〇〇万人、一九七九年時点）を占めている。二十世紀初めの調査によると、この大カースト「マハール」は、さらに五三のサブ・カーストに分かれていた。もともとマハールは、敬虔なヒンドゥー教徒であり、宗教生活は他のヒンドゥー教徒の生活とほとんど同じで、聖地や祭日も同じだった。誕生式・命名式に始まり葬式に終わる人生の様々な儀式もカースト・ヒンドゥーと同様に行われたが、バラモンのサービスが得られなかったため、グル（師匠）、サードゥ（聖人）、パンディット（教師）などと呼ばれるマハール出身の司祭者が、それらの祭式を司った（山崎元一、一九七九年）。

（注三七）寺院解放：ガンディーの断食中、いくつかの寺院が不可触民に門戸を開放したと伝えられた。しかしアンベードカルはそれらのガンディーへの同情と支持を表明するために開放された寺院は荒れ果てた廃寺や実際にはありもしない寺ばかりであったといっている（ダナンジャイ・キール、二〇〇五年）。

（注三八）ハリジャン：アンベードカルは、州議会に対し、不可触民階級はハリジャンという用語を忌避しており、ハリジャンを法的用語として採用しないで欲しいと訴えた。「もし総ての人間をハリジャンと呼ぶというのならば、敢えて異は唱えまい。しかし、不可触民にきれいな名を与えるだけでは無意味である。それより彼らの状態を改善するために具体的なことをするべきだ。」と厳しく批判した（ダナンジャイ・キール、二〇〇五年）。

（注三九）パキスタン構想：一九三〇年のムスリム連盟大会の議長演説で、汎イスラム主義の詩人ムハンマド・イクバールが、西北インドに「ムスリム・インド」（当初は主権国家なみの自治権を有する連邦内の自治州を考えていた）の建設にふれたことに端を発したと言われる。イクバールの提案に啓発された英国留学中の一人のムスリム学生が、円卓会議に訪英したムスリム代表団に、パンジャーブ、アフガン（北西辺境州）、カシミール、シンド、バルチスターンから成る別個のムスリム国家をつくるようにと訴えた。そしてその国を、最初の四州の頭文字P・A・K・Sと、バルチスターンのＳｔａｎ（「州・国」の意）をとって、パキスタン（「清浄の国」「聖なる国」）と呼ぼうと提唱した。当時はムスリム連盟の指導者たちからさえも、「詩人や学生の理想」として、また「実行不可能な夢物語」として見過ごされていた。（森本達雄、一九八〇年）

（注四〇）アトリー：（Clement Richard Attlee）、サイモン委員会に労働党から参加しており、これをきっかけにインド問題に関わるようになった。大戦後にチャーチルに代わり首相（在位一九四五年―一九五一年）として組閣。インド問題の解決をはかり一九四七年独立法で道筋をつけた。

［第六章］

（注一）憲法起草委員会議長：アンベードカルとガンディーは不可触民解放について常に対立していたが、ガンディーはアンベードカルの政治家・法律家としての能力を高く評価していた。適当な憲法学者が見つからず悩んでいたネルーに、アンベードカルの名をあげて推薦した。様々な理由から憲法起草はほとんどアンベードカル一人でなされた。

（注二）指定カースト：一般には被不可触民差別が指定の基準となるため、カースト制での不可触民を指す。独立後、これらの人々への長年の差別に対し、補償が必要との国民合意が成立、不可触民への差別禁止と基本的人権の保障を規定し、特別の優遇措置を国家に義務づけた。指定部族とともに〈後進諸階級〉を構成している。

（注三）指定部族：インド憲法に基づき、大統領令で指定された部族集団の総称。文化的独自性、社会経済的後進性、隔絶度の高い居住が一応の基準とされる。憲法では指定カーストとともに〈後進諸階級〉を構成する。中部と北東部の山岳地帯を中心として、全インドに分布している非インド・アーリヤ系の少数民族が多い。その社会的経済的状態は、指定カーストに比べても遅れている。

（注四）半封建制度：地主・小作関係に基礎をおく土地所有制度。封建的な制度が形を変えて残されたので半封建制度と呼ばれる。

（注五）フェビアン社会主義：英国における社会主義運動の主流をなす思想で、革命によって社会主義体制を根本的に変革しようとする路線に対立して、資本主義社会の枠内で、議会活動や労働運動により社会の弊害や矛盾を部分的に改良し、労働者の地位を改善しようとする思想および運動をいう。

（注六）非同盟諸国首脳会議：第一回は、一九六一年九月、ユーゴスラヴィアのベオグラードで開催され、二五カ国が参加して植民地主義の清算と米ソの共存を呼びかけた。以来三〜五年に一回開催され、途上国の重要な発言の場となっている。参加国も増大して二〇一六年の第一七回会議（ベネズエラのポルマラル）では一二〇カ国が参加した。

（注七）チベット反乱：チベットは一九五一年に中華人民共和国の支配下に入ったが、一九五九年三月、社会主義化の進行を恐れたチベットの支配層は、ダライ・ラマ一四世を擁した反乱をおこし、駐屯する中国人民解放軍を攻撃した。中国軍は反撃し反乱を鎮圧、ダライ・ラマはインドに亡命してチベットの亡命政権を樹立した。中国政府の記録では、人民解放軍は一九五九年三月から一九六二年三月までに中央チベットにおいて、死亡・負傷・捕虜を含めて九万三〇〇〇人のチベット人を殲滅、武器三万五五〇〇丁、砲七〇門を鹵獲したという。

（注八）インディラ・ガンディー：（一九一七年—一九八四年）、ネルー首相の娘。英国オックスフォード大学卒業。一九四二年にパールシー系の政治家フィーローズ・ガンディー（マハトマ・ガンディーとの直接の縁故は無い）と結婚、二人の男子ラジーブとサンジャイをもうけた。一九五九年に夫が死去してからは、ネルー首相の秘書役を務めていた。一九五九年に国民会議総裁に就任したが一年で退任。ネルー首相の死により、父の支持者から政界に進出するよう圧力をかけられ、ラール・バハードゥル・シャーストリー内閣の情報放送大臣に就任した。シャーストリーの死後、首相を務めた。

（注九）緑の革命：改良品種の作付け、灌漑設備の拡大、化学肥料や農薬の投入などで、米や小麦の生産を上げるやり方。高収量品種（High Yielding Varieties）を使用するため、大量の化学肥料や灌漑用水が必要となり、また害虫被害から守るために大量の農薬を使う。化学肥料や農薬などを購入するため、財力のある農民はより豊かになるが、貧農は借金が増える一方でより貧しくなる。インドでは収量は一時的に増えたが、その後急速に収穫量が落ち込んだという事実もあり、環境や持続的な収穫を考えると、「在来種」に戻した方がいい場合もある。

（注一〇）ブットー：（一九二八年—一九七九年）ブットーの家はもともとヒンドゥーのラージプート族であったが、十七世紀にムスリムに改宗したという。十八世紀にラージャスターンから現在のパキスタンのシンド地方に移住した。父親のシャーナワーズ・ブットーは英領時代シンドの著名な政治家で、一九三〇年のロンドンでの円卓会議に、ジンナーとともに参加した。シャーナワーズは、当時ジューナーガド藩王国（藩王はムスリム、住民の多数はヒンドゥーで、最終的にインドが同藩王国を武力で自国に編入した）の首相にまで上りつめた。

ズルフィカル・ブットーは、子供時代をほとんどボンベイで過ごし、ボンベイで教育を受けた後、一九四七年から南カリフォルニア大学、一九四九年からカリフォルニア大学（バークレー校）で学び、政治学で一九五〇年学士号、オックスフォード大学で一九五二年法律学修士号を取得した。一九五三年にはロンドンのリンカーンズ法曹学院より法廷弁護士の資格を取得し、カラチの法律事務所に所属して弁護士を始めた。そのかたわらシンド・ムスリム法律カレッジで教鞭をとった。

一九五八年、ブットーはアユーブ内閣の商業大臣に抜擢された後、一九五九年情報・国家再建大臣、一九六〇年燃料・天然資源大臣、そして、一九六三年外務大臣に任命された（三十五歳）。一九七一年十二月、第三次インド・パキスタン戦争のさなか、ヤヒヤー大統領により副首相兼外相に任命され、同戦争敗北直後に大統領兼戒厳令総司令官に就任した。

一九七二年、ブットーはジア-ウル-ハク（ズイヤー）陸軍准将を少将に昇任させた。（ズイヤーは一九六九年から一九七一年までヨルダン常駐のパキスタン軍事顧問団団長を務め、そのときフサイン国王打倒を企画するパレスチナ人の反乱鎮圧作戦を指揮し、その功により、同国王より勲章を授与された）一九七三年、ブットー政権転覆の陰謀が発覚し、一二名の将官が逮捕された。軍法会議でこの事件を担当したズイヤーは、その裁判でブットーの信任を得て、ほどなく中将に昇進した。一九七六年三月には、先任の六名を飛び越して陸軍参謀長に任命された。

一九七四年十一月十日、ＰＰＰ創立メンバーの一人であるクスーリー議員らが乗った車が銃撃を受け、クスーリー議員は難を逃れたが、彼の父親が銃弾を受けて死亡した。ラホール高裁長官を長とする事件調査委員会が設立されたが、事件の真相は明らかにならず、一九七五年九月、不問にされた。一九七七年七月のクーデターで政権を掌握したズイヤー戒厳令総司令官のもとで事件の再調査が開始され、ブットー前首相は一九七四年の事件との関連で殺人、殺人共謀、殺人教唆などの容疑で諜報部長などとともに逮捕、起訴された。ブットーは最高裁に上告したが、死刑判決は覆らず、再審請求は却下され、一九七九年四月四日処刑された。

（注一一）治安維持法：その犠牲者たちは「インディラおよびサンジャエ維持法」と呼んだ。

（注一二）マンダル委員会：一九七八年十二月、ジャナタ党政権のモラルジー・デーサーイー首相が後進カーストの地位を引きあげるために国会議員Ｂ・Ｐ・マンダルを委員長とする委員会を発足させた。マンダル委員会報告によれば、「三七四三のカーストが後進階層に含まれるとされ、全人口の五二％を占める。公務に関しては一二・五％しか占めていないため、二七％の留保を後進階層に設けることを勧告する。」マンダル委員会がその報告書を提出する以前にジャナタ党は崩壊したため、報告書は一九八〇年十二月にインディラ・ガンディー首相に提出されたが、当時の政権に放置された。一九九〇年八月になってＶ・Ｐ・シン首相はマンダル委員会報告に従って連邦職に後進諸階級二七％と指定カースト一五%、指定部族七・五の枠を設けると発表したが、世論の反発を招き、原案は撤回された。

(注一三) マルチ・ウドヨグ社：サンジャイ・ガンディー創業の民間企業を国有化したもの。

(注一四) ラジーヴ・ガンディー：(一九四四年―一九九一年) ケンブリッジ大学で学ぶ。パイロットとしてインディアン航空に勤務し、学生時代に知り合ったイタリア人のソニア・マイノと結婚した。母インディラ・ガンディーの政治的後継者となるはずであった弟サンジャイ・ガンディーが航空機事故で死亡 (一九八〇年) したため、政界に入った。母インディラが暗殺されたため、国民会議幹部たちに首相になるよう説得された。一九八四年の選挙で国民会議を最多数とし、首相となった。その後政治スキャンダルにより、かつてのクリーンなイメージを失い、一九八九年の選挙で敗北したが、一九九一年まで国民会議の総裁であった。一九九一年五月二十一日、スリランカの反政府組織LTTE闘争に介入したことに対する復讐として、LTTEの闘士による自爆テロで暗殺された (享年四十六歳)。

(注一五) インド人民党：そのイデオロギー的な系譜は、一九一五年創立のヒンドゥー大連盟や、一九二五年創立の民族義勇団 (RSS、宗教活動に重点) にさかのぼることができる。一九五一年、RSSを母体としたインド大連盟S・P・ムカージー (元カルカッタ大学学長、ネルー内閣の閣僚) を総裁にして、デリーで発足した。連盟の目的はヒンドゥー・ラーシュトラ (排他的なヒンドゥー専有国家) の建設にあった。一九七七年、連盟は反会議派の結集体であるジャナタ党に参加するが、一九八〇年に飛び出し、アタル・ビハーリー・ヴァージペーイーを総裁にしてインド人民党 (BJP) として衣替えして新出発した。一九九六年の下院選挙で第一党となり、ヴァージペーイーが大統領から組閣を要請されるが、反対勢力の結束・抵抗によって下院の信任を得られず、わずか一三日の政権で終わった。一九九八年の総選挙で最多議席の一八二議席を獲得し、他党との連立に成功してヴァージペーイー首相のもとに組閣した。一九九九年の総選挙でも一八二議席を獲得し政権維持に成功したが、その後会議派に政権を奪われた。二〇一四年には五四三議席中二八二議席を得て第一党となり、ナレンドラ・モディー政権が誕生した。二〇一九年の選挙でも五四三議席注三〇三議席を得て、ナレンドラ・モディー政権が継続した。

(注一六) 史上最悪の産業事故：調査の結果、MICのガス漏れは、タンクに水がしみ込んだこと、タンクが適切に洗浄されていなかったこと、MICが指定されたよりも高い温度で保存されていたことなどが原因とわかった。一九八〇年に生産を開始する前に、都市計画担当者はユニオン・カーバイド社がより安全で人の少ない立地を選択するよう勧告していた。一九八四年六月の報告では、工場は過去にも断続的にガス漏れやパイプラインの破損を経験していたことが指摘されていた (ラーマチャンドラ・グハ、二〇一二年)。

(注一七) タミル・イーラム解放の虎：イーラムはスリランカを意味するタミル語。「虎」は、「獅子 (シンハ)」つまりライオンの子孫を意味するシンハラ族に対抗するものであると同時に、南インドのチョーラ王家の紋章でもある。かつてスリランカで武装闘争を行っていたテロ組織。二〇〇九年五月十七日敗北を宣言し、民主的プロセスを経てタミル人の民族自決権獲得を目指すことにした。

（注一八）その他の後進諸階級：憲法上優遇措置への対象となっている旧不可触民である「指定カースト（SC）」や「指定部族（ST）」のような社会的抑圧・差別は歴史的に受けてはいないが、社会的・教育的にはSCやSTと同様に後進的な階層を指す。

（注一九）ヒンドゥー協会：世界ヒンドゥー会議、一九六四年設立、一九八〇年初頭で全国五三四県中四三七県に約三〇〇〇の支部（専従活動家は一五〇〇人）をもち、各地でホステルや孤児院、医療センターのようなものを経営しつつ活動を拡大していると言われる。

（注二〇）民族義勇団：インドのヒンドゥー至上主義団体。民族奉仕団とも訳される。一九二五年、医師のケーシャブ・バリラーム・ヘードゲーワール（Keshav Baliram Hedgewar）によって、ヒンドゥー教に基づく文化団体として創設された。多くのメンバーが英国統治に反発し、インド独立運動に加わっていた。ヒンドゥー・イスラム両教徒の融和と非暴力を唱えていたマハトマ・ガンディーを憎悪し、一九四八年、メンバーのナトゥラーム・ゴードセーが暗殺した。

（注二一）SAARC：バングラデシュのジアウル・ラーマン大統領が呼びかけ、一九八五年に創設された。南アジア地域協力連合（SAARC：South Asian Association for Regional Cooperation）は、南アジアにおける比較的緩やかな地域協力の枠組みで、SAARCでは、南アジア諸国民の福祉の増進、経済社会開発及び文化面での協力、協調等の促進を目的としている。加盟国はインド、パキスタン、バングラデシュ、スリランカ、ネパール、ブータン、モルディブ、アフガニスタンの八カ国。

（注二二）アルカイダ：ソ連・アフガン戦争中の一九八八年、ソ連軍への抵抗運動に参加していたウサマ・ビン・ラーディンとその同志らによって結成された。イスラム主義を掲げるスンニー派ムスリムを主体とした国際テロ組織。二〇〇一年の米国同時多発テロ事件など、米国を標的とした数々のテロを実行した。

（注二三）上海協力機構：一九九六年に、中華人民共和国・ロシア連邦・カザフスタン共和国・キルギス共和国・タジキスタン共和国がソ連崩壊で生じた中国と中央アジア各国の国境周辺での緊張問題を解決するため集まった上海ファイブが前身。ウズベキスタン共和国（二〇〇一年）・インド共和国（二〇一七年）・パキスタン・イスラム共和国（二〇一七年）・イラン・イスラム共和国（二〇二一年）が加わった九カ国による多国間協力機構で、中国とロシアが主導する地域協力組織。軍事、政治、経済・貿易、科学技術、文化面などの包括的協力をうたった憲章をもつ。中国の上海で設立されたために上海の名がついているが、本部（事務局）は北京。

（注二四）特別自治権：ジャンムー・カシミール州は人口の大半がイスラム教徒であるため、インド憲法によって一定の自治が認められ、外交・防衛・財政・通信を除く分野では州が独自の政治を行っていた。

（注二五）ラダ・ビノード・パール判事の主張：極東国際軍事裁判では、裁判の方向性が予め決定づけられていることから、この裁判そのものを批判し、被告の全員無罪を主張した。これは裁判憲章の平和に対する罪と人道に対する罪は戦勝国により作られた事後法であり、事後法をもって裁くことは国際法に反するなどの理由で、被告人全員の無罪を主張する「意見書」を発表した。日本の戦争責任が存在しないという立場ではない。

（注二六）サンフランシスコ講和会議：一九五一年九月四日、サンフランシスコのオペラハウスで、日本と連合国側との戦争状態を終結させるための講和会議が開かれた。旧ソ連やポーランドなど共産圏の国々を含む五十二カ国が参加し、日本からは吉田茂首相が出席した。戦後の領土問題や日本への賠償請求などについて話し合われた。最終日の九月八日、四十九カ国が講和条約に調印し、日本の主権が回復した。

（注二七）岸信介首相の訪印：一九五七年五月二十四日、インドを訪問した岸信介首相を歓迎する国民大会で、ネルー首相は日露戦争における日本の勝利がいかにインドの独立運動に深い影響を与えたかを語ったうえで、「インドは敢えてサンフランシスコ条約に参加しなかった。そして日本に対する賠償の権利を放棄した。これは、インドが金銭的要求よりも友情に重きを置くからにほかならない」と演説した。

（注二八）大菩提寺：紀元前三世紀頃、マウリヤ王朝のアショーカ王が仏教に帰依し、ブッダを記念して建立したと言われる。七世紀頃再建され、五十二メートルの大塔は玄奘三蔵の「大塔西域記」（七世紀）にも記述され今日と同じものと想定されている。二〇〇二年、ユネスコ世界遺産に指定された。

（注二九）ダッカ大学医学部構内での警官発砲事件：仲間の学生達だけでなく多数の一般市民が四人の死を悼み、彼らの英雄的行為を顕彰しようと煉瓦や砂や石灰粉を持ち寄って現場を訪れ、小さなショヒド・ミナル（殉難者の碑）が建った。それからは連日のように、学生や一般市民がここを訪れ、パキスタン政府の弾圧を非難し、ベンガル語公用化の即時実現を要求した。

当時政権を握っていたムスリム連盟は、偶像建立はイスラムの教えに反するという口実のもとにこのミナルを取り壊した。一九五四年に実施された総選挙で、ムスリム連盟が敗れて連合戦線が政権を握り、新政権は、一九五六年二月二十一日、公のショヒド・ミナルをダカ大学医学部構内に建立した。その後政府はハミドゥル・イスラムという著名な彫刻家に依頼して、恒久的な殉難碑のデザインを考案させ、母なるベンガルの国土と四人の殉難学生を象徴する姿を表現させた。一九七一年三月二十五日、西パキスタン政府軍が東パキスタン住民の大量虐殺開始と同時に破壊されたが、同年十二月十六日西パキスタン軍がインド軍とバングラデシュ解放軍に無条件降伏した後に再建された。

（注三〇）アフマディー：十九世紀にミルザー・グラーム・アフマドが創始したイスラムの改革派をアフマディーと呼ぶ。アフマディー支持者は、宗教的な戦争を終わらせ流血を非難し、道徳・正義・平和を再建するために神がアフマドを送り込んだと信じている。その教義の根本は、教祖アフマドを預言者とすることであり、一般のイスラムの教えと真っ向うから対立するため、イスラム正統派やウラマー（イスラム宗教学者）から敵視され迫害を受けてきた。アフマディーの相互扶助や協力の精神は強く、教育にも熱心で識字率も一〇〇％近く、パキスタンの政界、官界、軍に多数の人物を輩出した。イスラム世界で初のノーベル賞受賞者であるアブドゥル・サラーム博士はアフマディーであった。一九七四年の憲法改正でアフマディーは非ムスリムとされた。

（注三一）バングラデシュ独立宣言：一九七一年三月二十六日未明、バングラデシュ・ラジオ放送は、ジアウル・ラーマンが、ムジブルの声明として「今日バングラデシュは独立した。最後の勝利まで徹底抗戦しよう」と放送した。四月十日アワミ連盟指導者は、「バングラデシュ人民共和国」の独立を正式に宣言し、三月二十六日にさかのぼって施行すると発表した（堀口松城、二〇〇九年）。

（注三二）NAP：国民アワミ党（アワミ国民党〈ANP〉の前身、National Awami Party〈National Peoples Party〉、一九五七年創設。

（注三三）タリバン：アフガニスタンを実効支配するイスラム教スンニー派諸派デーオバンド派のイスラム主義組織。一九九七年五月二十四日にアフガニスタンをほぼ制圧した。パキスタンは翌二十五日、タリバン政権を承認した。二十六日にサウジアラビア、二十七日にアラブ首長国連邦が同政権を承認。二〇〇一年、イスラムの偶像崇拝禁止の規定に反しているとして、バーミヤンの大仏を破壊すると宣し、世界中の批判を無視して破壊した。同年九・一一同時多発テロを起こしたアルカイダをかくまったという理由で米国などの攻撃を受けて政権が崩壊したが、二〇二一年八月に米軍の撤退により復帰した。

（注三四）汚職容疑：ベーナズィール前首相と夫の汚職容疑の一つが、スイスのSGS社とその子会社COTECNA社にかかわる汚職事件であった、パキスタンでは最大の税収は関税によるものであったが、輸入業者が輸入品価格を過少に申告し、関税などをごまかさないよう検査する業務をこの二社に委託した。この業務委託の見返りにベーナズィール夫妻は両社から契約額の六％（一二〇〇万ドル）をキックバック、コミッションとして得たと言われた。この汚職容疑について、一九九九年四月十五日、ラホール高裁は、ベーナズィール夫妻に対し、収賄の罪で、禁固五年、罰金八六〇万ドル、五年間の公職追放の判決を下した。夫妻は、この判決を不服として最高裁に上告し、最高裁は前述の有罪判決を破棄し、再審を命じた。
ザルダーリー（ベーナズィールの夫）は、常に産業界に賄賂を要求し、「ミスター一〇％」と呼ばれた。妻ベーナズィールの実弟ムルタザー・ブットー殺害容疑でも逮捕された。様々な容疑で逮捕され、合計で一一年余り獄中生活を強いられたが、いずれも最終的に有罪が確定するところまで至らなかった。

(注三五) ウサマ・ビン・ラーディン：アルカイダの指導者。ウサマ・ビン・ラーディンは二〇〇〇年中頃、パキスタンに潜入し、北西の連邦直轄地域などに短期間とどまり、スワート、ハリプールに潜伏後、ハイバル・バフトゥンハー州のアボッターバードで潜伏した。潜伏先を特定する手がかりとなったのは、ワクチン接種としてビン・ラーディンの家族からDNAのサンプルを採取したパキスタン人医師シャキール・アーフリーディーの協力による。その為、同医師は逮捕され、米国のビン・ラーディン殺害作戦でCIAに協力したとして禁錮三三年と罰金三二万ルピーの判決を言い渡された（中野勝一、二〇一四年）。

(注三六) パナマ文書：パナマの法律事務所モサック・フォンセカによって作成された、租税回避行為に関する一連の機密文書。

(注三七) ヒジュラ暦：ムハンマドがメッカからメディナに移住した六二二年を紀元元年とするイスラム暦。

(注三八) アーシュラー：ムハッラム月の十日目。スンニー派にとっては断食決済の日。シーア派にとっては預言者ムハンドの孫フサインがウマイヤ朝の軍との戦いで殉教した日（ヒジュラ暦六一年、西暦六八〇年十月十日）。毎年、シーア派はムハッラム月になるとフサインをしのぶ行事を行い、多数のシーア派の男性が「フサイン、フサイン」と叫びながら、胸を手でうち、鎖などで背中をたたきつけながら町中を練り歩く。

(注三九) イラン革命：一九七八〜一九七九年、フランスのパリに亡命中のホメイニ師を精神的指導者とする、イスラム教十二イマーム派（シーア派）の法学者たちの勢力が、パフラビー朝の第二代皇帝モハンマド・レザー・シャーの親欧米専制に反対して、政権を奪取した。一九七九年二月一日、ホメイニ師が帰国、二月十一日、革命政府が全権力を掌握し、イスラム共和国を樹立した。

(注四〇) スンナ：預言者ムハンマドの言行・範例。ムハンマドがウンマを指導した二三年間に行った慣行や範例。

(注四一) ハディース：預言者ムハンマドの言行録。ムハンマド自身が日常生活の中で語った言葉やその行動についての証言をまとめたもの。

(注四二) 赤いモスク：壁と内部が赤かったことから「ラール・マスジド」と名付けられたこのモスクは、一九六〇年代初め首都がカラチからイスラマバードに移転後まもなくして建設された。後に男子と女子のマドラサが併設された。当初は政府の高官も出席する首都の宗教行事の中心であった。事件の前の数カ月は反ムシャラフ大統領のミリタントの本部として使われていた。併設されているマドラサの学生の多くはFATAや北西辺境州の出身であったこともあり、モスクとそのマドラサが戦闘的な活動に関与することが多くなった。

(注四三) 北大西洋条約機構：北米二カ国と欧州二九カ国の計三一カ国が加盟する政府間軍事同盟。第二次世界大戦後に設立され、一九四九年四月四日に米国ワシントンD.C.で調印された。集団安全保障のシステムであり、独立した加盟国は第三国による攻撃から互いに防衛することに合意している。二〇〇一年九月十一日の米国同時多発テロ事件については、北大西洋条約第五条を発動し、共同組織としては行動しなかったものの、アフガニスタン攻撃（アフガン侵攻、イスラム原理主義武装勢力のタリバンをアフガン政府から追放した作戦）や米国本土防空、領空通過許可などの支援を実施している。

（注四四）日航ハイジャック事件：一九七七年九月二十八日、フランスのパリ発アテネ、カイロ、ボンベイ、バンコク、香港経由羽田行きの日本航空四七二便が、ボンベイ国際空港を離陸直後、武装した日本赤軍グループ五人にハイジャックされ、乗客・乗員一五一人が人質となった。犯人たちはダッカ空港へ行けと指示した。ダッカ空港で犯人たちと交渉するのは、バングラデシュのナンバー2・マフムード空軍司令官になった。機内は発電容量が限られており空調が使えなかった。赤ん坊や病人など一一人が降ろされた。犯人たちの要求は、身代金六〇〇万ドルと日本に囚われている仲間九人を釈放して引き渡すことだった。福田総理は「人命は地球より重い」として犯人の要求にしたがうことを決断した。犯人が要求した九人のうち日本赤軍に合流する意思がある六人が釈放され移送された（十月一日）。犯人一人に対し乗客十人が釈放され、六〇〇万ドルは二〇〇万ドルずつ分けて渡した。追加の解放があった。一〇月二日、ハイジャック機はダッカ空港を離陸し、クェート、シリア・ダマスカス空港を経由しアルジェリア空港に到着した。その後、実行犯五人と釈放された六人がどう逃走したか不明だが、乗員・乗客は無事日本に戻ってきた。警察の懸命の捜索でハイジャック実行犯五人のうち三人を逮捕。釈放された六人のうち三人が逮捕された。

（注四五）シェイク・ハシナ・ワジェド：（一九四七年生まれ）一九四七年に父ムジブル・ラーマンが暗殺された際はドイツにいて難を逃れた。以後、ロンドンを経て家族とともにインドで亡命生活を送ったが、一九八一年に帰国してアワミ連盟の党首になった。子供は一男一女あり、夫は著名な物理学者だったが、二〇〇九年に死去。ハシナが一九九七年に首相として来日した際、早稲田大学から名誉博士号を送られた。

（注四六）バングラデシュの国旗は緑色の地（豊かな大地）に赤い丸（昇る太陽）。ハシナ首相は、二〇一四年来日の際、「父は日本の日の丸を参考にした」と証言した。

核戦争への脅威：バングラデシュでは毎年八月に「ヒロシマ・ナガサキ・デー」の行事を開催し、犠牲者の冥福を祈り、核廃絶への祈りを新たにする。日本は何ゆえ「ヒロシマ・ナガサキ・デー」を全国規模で開催しないのかと不思議がっている。

（注四七）サイクロンシェルター：他の諸国や国際機関の援助で作られたシェルターについている水道は一階でしか使えず、洪水の時は水没して使用できないが、日本のシェルターは二階にも水道が付き洪水時にも使えるなどの配慮がなされている。深井戸はヒ素汚染のない水を汲みだすためであり、サイクロンシェルターは通常、学校校舎などに使われるためシェルターに深井戸を設ける。

（注四八）第四回世界ヒンドゥー教徒会議：インド、セイロン（現スリランカ）、ビルマ（現ミャンマー）、タイ、カンボジア、インドネシア、マレーシア諸国のほか、日本、中国、フランス、英国、米国なども参加した。

（注四九）パンチャーヤト制：パンチャ（五人組）が原意で、地域を代表する五人または五人以上の長老たちが構成する行政組織を単位とする制度。パンチャーヤトという呼称は、制度を指すばかりでなく、議会の呼称としても使われる。

（注五〇）ビレンドラ・ビール・ビクラム・シャハ：皇太子時代に東京大学に数カ月、次いでハーヴァード大学に一年間留学し、その後南米諸国を旅行した。一九六六年には中国を訪問し、文化大革命の紅衛兵運動も見ている。

（注五一）ネパール共産党マオ主義派：一九九三年に、政治腐敗、山村の農民の極貧への不満を背景に、立憲君主制、議会制民主主義の廃止、共和制の実現を唱えて結成された。党主プラチャンダと最高幹部ブラーム・バッタライは武力闘争による社会主義革命を掲げて一九九六年二月からゲリラ、テロ活動を開始した。このマオ主義派は毛沢東主義を標榜しているが、中国側は関係を否定している。

（注五二）コロンボ計画：戦後最も早期に組織された開発途上国援助のための国際機関。一九五〇年、セイロンのコロンボで開催された英連邦外相会議で設立が合意された。当時の正式名称は「アジア及び太平洋の共同的経済社会開発のためのコロンボ・プラン」。主に技術協力を通じてアジア太平洋諸国の経済・社会開発を促進し、その生活水準を向上させることを目的とする（一九五一年七月活動開始）。当初は英連邦諸国の加盟国としたが、その後、その他の国も加わり増加した。

（注五三）第五代国王ジグミ・ケサル・ナムギャル・ワンチュク：インドと英国で教育を受けた。二〇〇八年十一月の戴冠式の翌日、戴冠式の記念スピーチで人々に次のように約束した。
「仏教徒の国民の王として私のなすべきことは、あなたたちの現在の幸福を保証するだけではなく、信心の十分な恵みを得て、よいカルマが成し遂げられる豊かな大地を創造することです」（カルマ：仏教の用語で現世での振る舞いと他者への影響および結果などを仏教的に意味付けし、それらの内容によってその人が生まれ変わる世界が決められるというもの）
二〇一一年十一月、国王はジェツン・ペマ王妃とともに国賓として来日し、東日本大震災の被害者を励ます演説などを行い、非常に謙虚で、博愛心豊かな言動に、日本国民は大きな感動を与えられた。

（注五四）仏教に特別な地位：一九七二年共和国憲法第二章「スリランカ共和国は、仏教に最優先の地位を与えるものであり、これにより、仏教の保護と育成は国の義務とする。同時に、あらゆる宗教は……その権利を保障されるものとする。」

（注五五）ジャヤワルダナ：ジュニウス・リチャード・ジャヤワルダナ（Junius Richard Jayewardene）。

セイロンの最高裁判所判事の一一人の息子の長男として生まれた。ロイヤル・カレッジ・コロンボで学んだ。キリスト教から仏教に改宗し、コロンボ法科大学で優秀な成績を収めて法律家となった。一九三八年、セイロン国家機構（CNC）の活動家となり、一九四六年に国民連帯同盟へ加入し、一九四七年に初代蔵相として入閣した。一九五一年に国際連合に蔵相として参加し、サンフランシスコ講和会議にセイロン代表として出席した。

（注五六）半大統領制：議院内閣制の枠組みを採用しながら大統領を有する政治制度。ドイツ、ロシア、フランスなどが半大統領制を採用している。

姓のジャヤワルダナは「勝利をもたらす」を意味する。一九八三年、スリランカの首都をコロンボからコーッテへ遷都するに当たり、コーッテがかつてジャヤワルダナと呼ばれていたことに加え、彼自身の姓をも絡めてスリ・ジャヤワルダナプラ・コーッテ（輝ける勝利をもたらす町・コーッテ）と改称した。

（注五七）ＤＡＣ：一九六〇年一月、米国の提唱により開発援助グループ（ＤＡＧ：Development Assistance Group）の設立が決定され、三月に第五回会合がワシントンにおいて開催された。原メンバーは、米国・英国・フランス・西ドイツ・イタリア・ベルギー・ポルトガル・カナダ及びＥＣ委員会。日本もＯＥＣＤ（Organization for Economic Co-operation and Development）加盟に先立ちＤＡＧに加盟した。ＤＡＧは、一九六一年九月のＯＥＣＤ発足に伴い、開発援助委員会（ＤＡＣ：Development Assistance Committee）に改組した。

参照・参考文献

【共通】

・ベルニエ（Francois Bernier）「ムガル帝国誌（一）」関美奈子訳、岩波書店、二〇〇一年

・ベルニエ（Francois Bernier）「ムガル帝国誌（二）」倉田信子訳、岩波書店、二〇〇一年

・イブン・バットゥータ「大旅行記5」イブン・ジュザイイ編、家島彦一訳注、二〇〇〇年

・バーブル「バーブル・ナーマ1　ムガル帝国創設者の回想録」間野英二訳注、平凡社、二〇一四年

・バーブル「バーブル・ナーマ2　ムガル帝国創設者の回想録」間野英二訳注、平凡社、二〇一四年

・バーブル「バーブル・ナーマ3　ムガル帝国創設者の回想録」間野英二訳注、平凡社、二〇一五年

・チャンドラ（Bipan Chandra）「近代インドの歴史」粟屋利江訳、山川出版社、二〇〇一年

・サティーシュ・チャンドラ（Satish Chandra）「中世インドの歴史」小名康之・長島弘訳、山川出版社、一九九九年

・チョプラ（Chopra, P. N.）「インド史」三浦愛明・鷲見東觀訳、法蔵館、一九九四年

・ブライアン・ガードナー「イギリス東インド会社」浜本正夫訳、リブロポート、一九八九年

・ペマ・ギャルポ（Pema Gyalpo）「日本の危機！中国の危うさ!!—日本とインドの強い絆と可能性」二〇一八年

・ラーマチャンドラ・グハ（Ramachandra Guha）「インド現代史、一九四七—二〇〇七年　上巻（世界歴史叢書）」佐藤宏訳、明石書院、二〇一二年

・ラーマチャンドラ・グハ（Ramachandra Guha）「インド現代史、一九四七—二〇〇七年　下巻（世界歴史叢書）」佐藤宏訳、明石書院、二〇一二年

・玄奘「玄奘三蔵の旅　大唐西域記　1、2」水谷真成訳、平凡社、一九八三年

・橋場弦、岸本美緒、小松久男、水島司監修「英文　詳説世界史」山川出版社、二〇一九年

・浜渦哲雄「大英帝国インド総督列伝　イギリスはいかにインドを統治したか」中央公論新社、一九九九年

・梶谷素久「大英帝国とインド」第三文明社、一九八一年

・辛島昇・他「インダス文明：インド文化の源流をなすもの」日本放送出版協会、一九八〇年

・辛島昇「南アジア史」山川出版社、二〇〇四年

・辛島昇編「　南アジア史　３　—南インド—　（世界歴史大系）」山川出版社、二〇〇七年

・木崎甲子郎「ヒマラヤはどこから来たか　貝と岩が語る造山運動」中央公論社、一九九四年

・木村雅昭「大英帝国の盛衰：イギリスのインド支配を読み解く」ミネルヴァ書房、二〇二〇年
・近藤英夫編集「四大文明　インダス」日本放送出版協会、二〇〇〇年
・近藤英夫「インダスの考古学（世界の考古学⑱）」東京同成社、二〇一一年
・近藤治「インドの歴史」新書東洋史6、講談社、一九七七年
・近藤治「現代南アジア研究」世界思想社、一九九八年
・ホルスト・クレンゲル「古代オリエント商人の世界」江上波夫訳、山川出版社、一九八三年
・小谷汪之編「南アジア史　2　―中世・近世―（世界歴史大系）」山川出版社、二〇〇七年
・レヴィ（Sylvain Levi）「インド文化史―上古よりクシャーナ時代まで―」山口益・佐々木史郎訳、平楽寺書店、一九六〇年
・間野英二「バーブルームガル帝国の創設者―（世界史リブレット人46）」山川出版社、二〇一三年
・バーバラ・D・メトカーフ、トーマス・R・メトカーフ「インドの歴史」河野肇訳　創土社、二〇〇六年
・森本達男「インド独立史」中央公論社、一九八〇年
・内藤雅雄・中村平治、「南アジアの歴史：複合社会の歴史と文化」有斐閣アルマ、二〇〇六年
・中島岳志「中村屋のボース：インド独立運動と近代日本のアジア主義」白水社、二〇〇五年
・長崎暢子「インド独立：逆光の中のチャンドラ・ボース」朝日新聞社、一九八九年
・長崎暢子「ガンディー―反近代の実験」岩波書店、一九九六年
・長崎暢子編「南アジア史　4　―近代・現代―（世界歴史大系）」山川出版社、二〇一九年
・中村元「中村元選集第5巻：インド古代史　上」春秋社、一九八三年
・中村元「中村元選集第6巻：インド古代史　下」春秋社、一九八三年
・中村平治「インド史への招待　（歴史文化ライブラリー　二七）」吉川弘文館、一九九七年
・テッド・ニールド「超大陸―100億年の地球史」松浦俊輔訳、青土社、二〇〇八年
・西村祐二郎・鈴木盛久・今岡照喜・高木秀雄・金折裕司・磯﨑行雄「基礎地球科学」朝倉書店、二〇一〇年
・ジャワーハルラール・ネルー「インドの発見　上」辻直四郎・飯塚浩二・蝋山芳郎訳、岩波書店、一九五三年
・ジャワーハルラール・ネルー「インドの発見　下」辻直四郎・飯塚浩二・蝋山芳郎訳、岩波書店、一九五六年
・ジャワーハルラール・ネルー「父が子に語る世界歴史1、2、3、4、5、6、7、8」大山聡訳、みすず書房、二〇一六年
・長田（Osada）俊樹「インダス文明の謎　古代文明神話を見直す」京都大学学術出版会、二〇一三年
・長田俊樹編集「インダス　南アジア基層世界を探る」京都大学学術出版会、二〇一三年
・K・M・パニッカル「インドの歴史」坂本徳松・三木亘訳、東洋経済新報社、一九五九年

・フランシス・ロビンソン（Francis Robinson）「ムガル皇帝歴代誌」小名康之監修、月森左知翻訳、創元社、二〇〇九年
・佐藤宏編「南アジア　政治・社会　地域研究シリーズ　8」アジア経済研究所、一九九一年
・シャルマ（R.S. Sharma）「古代インドの歴史」山崎利男・山崎元一訳、山川出版社、一九八五年
・蔀勇造訳「エリュトラー海案内記1、2」平凡社、二〇一六年
・竹中千春「盗賊のインド史　帝国・国家・無法者」有志舎、二〇一〇年
・塚本啓祥「アショーカ王碑文」第三文明社、一九七六年
・角田文衛・上田正昭「古代王権の誕生　Ⅱ東南アジア・南アジア・アメリカ大陸編」角川書店、二〇〇三年
・上杉彰紀「インダス文明　文明社会のダイナミズムを探る」雄山閣、二〇二二年
・吉田晶樹「地球はどうしてできたのか：マントル対流と超大陸の謎」講談社、二〇一四年
・饒平名智太郎・鹿子木員信「ガンヂと真理の把持」改造社、一九二二年
・アルフレッド・ウェゲナー（Alfred Lothar Wegener）「大陸と海洋の起源　第四版」竹内均全訳・解説、講談社、一九九〇年
・ウィーラー（R.E.M. Wheeler）「インダス文明」曽野寿彦訳、みすず書房、一九六六年
・山崎元一・小西正捷編「南アジア史　1　―先史・古代―（世界歴史大系）」山川出版社、二〇〇七年
・山崎元一「古代インドの文明と社会」中央公論社、一九九七年
・Bondioli, A. Cucina, et al., Nature, April 5, 2006
・Coppa, A., et.al., "Early Neolithic tradition of dentistry." Nature 440. pp.755-756
・Farmer Steve, Richrd Sproat, and Michael Witzel, "The Collapse of the Indus-Script Thesis"
・Gadd, C. J. "Seals of Ancieent Indian Style Found at Ur", Proceedings of the British Academy 18. 1932
・Kenoyer, Mark, "Uncovering the Keys to the Lost Indus Cities" Scientific American, 289, 66-75, 2003
・Koskenniemi, K. and A. Parpola, and S. Parpola, Materialls for the Study of the Indus Script, Helsinki, 1973
・Lawler, Andrew, "The Indus Script-Write or Wrong?" Science 306, 2026-2029, 2004
・Lawler, Andrew, "The Ingredients for a 4000-Year-Old Proto-Curry" Science 337, 288, 2012
・Mahadevan, I., The Indus Script: Texts, Concordance and Tables, Archaeological Survey of India, New Delhi, 1977
・Marshall, John Hubert, "First Light on a long-forgotten civilization" Illustrated London News, 20 September 1924: 528-532, 548. (Reprinted in Gregory L. Possrhl (ed.) (1979) Ancient Cities of Indus. Vikas, New Delhi. pp.105-107.)
・R.E.M. Wheeler, "Harappa 1946: The Defenses and Cemetry R 37" Ancient India, Vol.3, 1947

・"The Myth of a Literate Harappan Civilization" Electronic Journal of Vedic Studies (EJVS), 11-(2004), pp.19-57

【インド】

・タリク・アリ（Tariq Ali）「インドを支配するファミリー　ネールー・インディア・ラジブ」出川沙美雄訳、講談社、一九八七年
・広瀬崇子・近藤正規・井上恭子・南埜猛編集「現代インドを知るための60章」明石書店、二〇〇七年
・ダナンジャイ・キール「アンベードカルの生涯」山際素男訳、光文社、二〇〇五年
・NHKスペシャル取材班編集「インドの衝撃」文芸春秋、二〇〇七年
・NHKスペシャル取材班編集「インドの衝撃　続　猛烈インド流ビジネスに学べ」文芸春秋、二〇〇九年
・ロマン・ロラン「ロマン・ロラン全集　一五　伝記Ⅱ」宮本正清訳、みすず書房、一九八〇年
・佐藤宏・内藤雅雄・柳沢悠「もっと知りたいインドⅠ」弘文堂、一九八九年
・臼田雅之・押川文子・小谷汪之「もっと知りたいインドⅡ」弘文堂、一九九二年
・梅原猛・伊東俊太郎・安田喜憲総編集、講座「文明と環境」第5巻、安田喜憲・林俊雄編集「文明の危機―民族移動の世紀（新装版）」朝倉書店、二〇〇八年
・山際素男「不可触民と現代インド」光文社、二〇〇三年
・山崎元一「インド社会と新仏教―アンベードカルの人と思想［付］カースト制度と不可触民制」刀水書房、一九七九年
・山崎利男・高橋満編集「日本とインド交流の歴史」三省堂、一九九三年
・渡辺建夫「タージ・マハル物語」朝日選書三五二、朝日新聞社、一九八八年

【パキスタン】

・アーイシャ・ジャラール（Ayesha Jalal）「パキスタン独立　南アジア　現代への軌跡Ⅲ」井上あえか訳、勁草書房、一九九九年
・小西正捷「もっと知りたいパキスタン」弘文堂、一九八七年
・中野勝一「パキスタン政治史　民主国家への苦難の道」明石書店、二〇一四年
・広瀬崇子・山根総・小田尚也編集「パキスタンを知るための60章」明石書店、二〇〇三年

【バングラデシュ】
・臼田雅之・佐藤宏・谷口晋吉編「もっと知りたいバングラデシュ」弘文堂、一九九三年
・堀口松城編「バングラデシュの歴史—二千年の歩みと明日への模索—(世界歴史叢書)」明石書店、二〇〇九年
・大橋正明・村山真弓・日下部尚徳・安達淳哉編集「バングラデシュを知るための66章　[第3版]」二〇一七年

【ネパール】
・石井溥編「もっと知りたいネパール」弘文堂、一九九二年
・バッタライ・ナビン(Bhattarai Navin)「もっと知りたい国ネパール」心交社、二〇〇八年
・佐伯和彦「ネパール全史(世界歴史叢書)」明石書店、二〇〇三年

【シッキム】
・落合淳隆「植民地主義と国際法」敬文堂、一九八六年
・コエロ(V.H. Coelho)「シッキムとブータン」三田幸夫、内山正熊訳、集英社、一九七三年
・花沢正治「シャシン・マンダラ—花沢正治写真集　秘教ブータン王国・シッキム・ダージリン密教の世界—」平凡社、一九八四年

【ブータン】
・コエロ(V.H. Coelho)「シッキムとブータン」三田幸夫、内山正熊訳、集英社、一九七三年
・花沢正治「シャシン・マンダラ—花沢正治写真集　秘教ブータン王国・シッキム・ダージリン密教の世界—」平凡社、一九八四年
・ブータン王国教育省教育部「ブータンの歴史」平山修一監訳、大久保ひとみ翻訳、明石書店、二〇〇八年

【スリランカ】

・ロバート・ノックス「セイロン島誌」濱屋悦次、平凡社、一九九四年
・竹内雅夫「スリランカ時空の旅―遺跡を旅して知った歴史と仏教―」東洋出版、二〇〇八年
・杉本良男編「もっと知りたいスリランカ」弘文堂、一九八七年
・平松友嗣訳注「マハー・ヴァンサ」冨山房、一九四〇年
・杉本良男・高桑文子・鈴木晋介「スリランカを知るための58章」明石書店、二〇一三年

【モルディブ】

・荒井悦代・今泉慎也編著「モルディブを知るための35章」明石書店、二〇二一年
・トール・ヘイエルダール「モルディブの謎」木村伸義訳、法政大学出版局、一九九六年

【思想・宗教・学問】

・青木健「新ゾロアスター教史：古代中央アジアのアーリヤ人、中世ペルシアの神聖帝国、現代インドの神官財閥（刀水歴史全書99）」刀水書房、二〇一九年
・アマルティア・セン「議論好きなインド人　対話と異端の歴史が紡ぐ多文化世界」佐藤宏・粟屋利江訳、明石書店、二〇〇八年
・B・R・アンベードカル「ブッダとそのダンマ」山際素勇訳、光文社、二〇〇四年
・石坂晋哉「インドの社会運動と民主主義―変革を求める人びと」昭和堂、二〇一五年
・長尾雅人責任編集「世界の名著1　バラモン経典・原始仏典」中央公論社、一九八五年
・Hartz, Paula R.,「ゾロアスター教」奥西峻介訳、青土社、二〇〇四年
・エミール・パンヴェリスト、ゲラルド・ニョリ「ゾロアスター教論考」前田耕作編・監訳、平凡社、一九九六年
・宮坂宥勝「宮坂宥勝著作集　第1巻　仏教の起源」法蔵館、一九九八年
・宮崎正勝「イスラム・ネットワーク　アッバース朝がつなげた世界―（講談社選書メチエ18）」講談社、一九九四年
・宮崎正勝「世界史の誕生とイスラーム」原書房、二〇〇九年

・佐藤次高「世界の歴史8　イスラーム世界の興隆」中央公論社、一九九七年
・佐藤任「古代インドの科学思想」東京書籍、一九八八年
・高田修「仏像の誕生」岩波書店、一九八七年
・辻直四郎「ウパニシャッド」講談社、一九九〇年
・矢野道雄責任編集「科学の名著1　インド天文学・数学集」朝日出版社、一九八三年
・矢野道雄編集・翻訳「科学の名著　第Ⅱ期1　インド医学概論」朝日出版社、一九八八年
・矢野道雄「インド数学の発想―ＩＴ大国の源流をたどる―」ＮＨＫ出版、二〇一一年
・Friedman, Thomas L. "The world is flat" Penguin Books, 2006

中田　琴子（なかた　ことこ）

1980年３月　大阪大学大学院基礎工学研究科生物系後期博士課程修了、工学博士
1980年４月－1990年12月　三菱化生生命科学研究所神経生理学研究室（博士研究員）を経て、豪州CSIRO、米国NCI-NIH、NCI-Frederick、NYU-MSにて生物系の数理解析研究
1991年１月－2005年３月　国立衛生研究所（旧称）化学物質情報部、国立医薬品食品衛生研究所安全情報部（定年退職）
2009年９月－2011年９月　タイ国・PBRU・Fac. of IT (JICA, SV)

【著書】
『アルタイ賛歌』新風舎（2007年）
『インドシナ半島史話』東京図書出版（2020年）

インド亜大陸史話

2024年11月26日　初版第１刷発行

著　者　中田琴子
発行者　中田典昭
発行所　東京図書出版
発行発売　株式会社 リフレ出版
〒112-0001　東京都文京区白山 5-4-1-2F
電話 (03)6772-7906　FAX 0120-41-8080
印　刷　株式会社 ブレイン

ISBN978-4-86641-718-9 C0022
Printed in Japan 2024